基于核心问题的学科选修课程开发与实施

米云林 ◎ 主编

西南交通大学出版社
·成　都·

图书在版编目（CIP）数据

基于核心问题的学科选修课程开发与实施 / 米云林主编. 一成都：西南交通大学出版社，2023.10
ISBN 978-7-5643-9525-4

Ⅰ. ①基… Ⅱ. ①米… Ⅲ. ①高中 - 选修课 - 课程建设 - 研究 Ⅳ. ①G642

中国国家版本馆 CIP 数据核字（2023）第 203067 号

Jiyu Hexin Wenti de Xueke Xuanxiu Kecheng Kaifa yu Shishi
基于核心问题的学科选修课程开发与实施

米云林 / 主编　　责任编辑 / 周媛媛
　　　　　　　　封面设计 / 吴　兵

西南交通大学出版社出版发行
（四川省成都市金牛区二环路北一段 111 号西南交通大学创新大厦 21 楼　610031）
发行部电话：028-87600564　028-87600533
网址：http://www.xnjdcbs.com
印刷：成都中永印务有限责任公司

成品尺寸　185 mm × 260 mm
印张　33　　字数　761 千
版次　2023 年 10 月第 1 版　　印次　2023 年 10 月第 1 次

书号　ISBN 978-7-5643-9525-4
定价　178.00 元

PREFACE 前言

基础教育课程承载着党的教育方针和教育思想，规定了教育目标和教育内容，是国家意志在教育领域的直接体现，在立德树人中发挥着关键作用。全员全程的校本教研中，学校按照《普通高中课程方案（2017 年版 2020 年修订）》《国务院办公厅关于新时代推进普通高中育人方式改革的指导意见》的要求，围绕学校“全面发展 学会研究”的培育目标，基于核心问题进行学科课程、综合实践活动课程、劳动课程、学科选修课程、校本课程五大类课程的开发与实施。在开齐开足开好五类课程的同时，非常强调各类课程需要具备研究性特征，将“培养—研究型”大学附中特色融入学校课程体系的构建与实施之中加以彰显。通过实践研究，形成了由五大类课程、17 个领域组成的学校五育并举的研究性课程体系结构。研究表明，学校的课程体系能承载学校的办学理念，促进学生全面而有个性地发展。

《普通高中学科课程标准》是规定了学科的课程性质与基本理念、学科核心素养与课程目标、课程结构、课程内容、学业质量、实施建议的教学指导性文件。它明确指出，学科选修课程以开阔学科视野，深化学科知识和技能，发展学生的特长个性为课程目标；课程内容关注较广、较新的知识技能与当代社会生活中的重大问题，以模块形式出现，有一定的层次性和选择性，以利于学生获得更多的选择和发展的机会，为培养学生的实践能力和创造能力打下良好的基础。学校教研组组织全体教师进行普通高中《普通高中学科课程标准》的研习，重点研习其中“课程性质与基本理念”“学科核心素养与课程目标”“课程内容”“学业质量”等部分的内容，基于“课程内容”中“选修课程”的要求与建议，立足学校“全面发展 学会研究”的育人目标，结合学校及师生实情，构建了本教研组开发实施的学科选修课程体系。加之学校有二十余年的核心问题教学研究基础，教师们深度认同、积极投身全员全程校本教研，将核心问题教学由学科课堂教学拓展到学科选修的课程教学中。为保证不同的课程从不同的角度形成育人合力，学校强调对课程性质的认识与把握。我们通过校本化的实践研究，提炼出学科选修课程应具有的学科性、情境性、活动性、研究性“四性”，以此引导课程开发实施的观念行为，培育学科核心素养，达成课程的育人功能。

基于核心问题开发与实施的各类课程，以完整合理的核心问题教学中的“提出问题、解决问题、反思提升、评价反馈”四环节，驱动学生活动体验中的学习。我们在基于核心问题开发实施的学科选修课程中 100%的学生参与学科选修课程的“选课走班”，获得基于核心问题的学科选修课程的培育，实现全面而有个性的发展。

本书是基于核心问题的学科选修课程开发与实施的优秀案例。系列的每个课程包含了《川大附中项目课程开发实施规划纲要》（见表 0-1）、一个课程教学方案（见附件）、学生的一个主要研究成果这三项内容。其中《川大附中项目课程开发实施纲要》规范了课程开发实施的路径，将核心问题教学三大项十二小项的课程教学方案落实到每一节课堂，学生研究形成的成果很好地实证了课程开发实施的价值和意义，很好地凸显了基于核心问题开发实施的综合实践活动课程“一形态四功能”特色。其中“一形态”指具有核心问题教学的外在形式特征：融入情境、根植缄默、问题导向、活动体验、思维高阶；“四功能”指具有核心问题教学的内在四大作用：统筹课堂内外、践行五育并举、促进深度体验、积淀研究素养。这样基于核心问题的综合实践活动课程为培育“全面发展 长于研究”的学生打下坚实的基础，促进了学校“培养—研究型”大学附中特色文化的唱响。

表 0-1　川大附中项目课程开发实施规划纲要

课程首席教师（姓名　组处）：

课程参与教师（姓名　组处）：

<table>
<tr><td>课程名称</td><td colspan="8"></td></tr>
<tr><td>课程类型
（勾选）</td><td></td><td>必修的综合实践活动课程</td><td></td><td>必修的劳动课程</td><td></td><td>选修的学科课程</td><td></td><td>选修的校本课程</td></tr>
<tr><td>实施对象</td><td colspan="3"></td><td>建议选课
学生人数</td><td colspan="4"></td></tr>
<tr><td>课程课时及
上课时段</td><td colspan="8"></td></tr>
<tr><td>课程背景</td><td colspan="8">学生背景：
资源背景：</td></tr>
<tr><td>课程内容
（核心问题）</td><td colspan="8"></td></tr>
<tr><td>课程目标</td><td colspan="8">结果性目标：
体验性目标：</td></tr>
<tr><td rowspan="6">课次计划</td><td>课次</td><td>主题</td><td colspan="2">研究环节</td><td>学生活动</td><td colspan="2">课前课后任务</td><td>活动地点</td></tr>
<tr><td>1</td><td></td><td colspan="2"></td><td></td><td colspan="2"></td><td></td></tr>
<tr><td>2</td><td></td><td colspan="2"></td><td></td><td colspan="2"></td><td></td></tr>
<tr><td>3</td><td></td><td colspan="2"></td><td></td><td colspan="2"></td><td></td></tr>
<tr><td>4</td><td></td><td colspan="2"></td><td></td><td colspan="2"></td><td></td></tr>
<tr><td>5</td><td></td><td colspan="2"></td><td></td><td colspan="2"></td><td></td></tr>
<tr><td>学生作品</td><td colspan="8"></td></tr>
<tr><td>评价方式</td><td colspan="8"></td></tr>
<tr><td>安全保障</td><td colspan="8"></td></tr>
<tr><td>条件保障</td><td colspan="8">课程开发组外部保障：
课程开发组内部保障：</td></tr>
<tr><td>开发次第</td><td colspan="8"></td></tr>
<tr><td>课程审批</td><td colspan="8">1.课程教学处：　　签　章　　年　月　日
2.学生发展处：　　签　章　　年　月　日</td></tr>
</table>

本系列丛书成果既是学校课题研究成果的原始素材，又是课题研究成果的现实演绎；既是教师专业成长的阶梯，又是教师专业发展的实证。这些研究成果得到社会的广泛认可，许多案例已经在全国、四川省、成都市各级各类赛课中获奖，在各级各类研究课中获一致好评。

感谢各级教育行政部门与教育科研部门领导专家的关怀指导，感谢各处室与全体教师的辛勤付出，学校聚焦教育教学改革的关键领域，在躬身实践中探索实践智慧、提升理论认识，又在显性表达中探索教育规律、积极举措变革，终成此研究成果，诚望方家拨冗指正。

编　者

2023 年 10 月

附件：

规范课程教学方案的研究与撰写是教师教学观念与教学技能交互作用的重要平台，是落实学生在深度体验中学习与发展的基本保证。学校从课程开发的新角度，借助我校优秀教案的创新性表现，在原有核心问题学科课程教案交流设计规范的基础上，修订成适用于综合实践活动课程的《课程教学方案设计规范》，共有三大方面十二个项目的内容，现分述如下。

课程教学方案设计规范

一、教学分析设计

（一）活动分析

从课程内容的视角厘清本次课内容的主旨、结构、产生背景以及在整个课程的地位作用；也可搜集可利用的相关拓展内容，如联系学生生活和问题的、联系自然和社会的、联系生产和科学研究的内容。

从课程教育的视角发掘活动的教育因素，如活动中蕴涵的课程性质体现、运用的研究思想方法、承载的情感态度价值观等。

（二）学生分析

从学习动机、学习兴趣、学习责任感、学习态度等方面，进行学习心理分析；从显性知识基础、缄默知识基础、研究能力基础等方面，进行学习基础分析；基于前述分析，结合课堂时空、资源条件，初步拟定本次课中的学生活动方式，包括身体活动、思维活动及其交往活动方式等。

（三）目标分析

从学习动机、学习兴趣、学习责任感、学习态度等方面，进行学习心理分析；从显性知识基础、缄默知识基础、研究能力基础等方面，进行学习基础分析；基于前述分析，结合课堂时空、资源条件，初步拟定本次课中的学生活动方式，包括身体活动、思维活动及其交往活动方式等。

（四）资源分析

根据课程需要、人力财力保障和相应技术来开发实施。可列出资源利用及媒体选用清单：包括物质资源及人力资源开发选用清单，说明开发利用设想及来源；包括现代教学媒体及传统教学媒体选用清单，说明选用意图及来源。

（五）主题分析

结合教学目标和课次计划，将前面拟定的活动内容和学生活动方式搭配为本次课的活动主题。学科课程可以基于核心问题进行分析，项目课程是如何生成本次的课次主题的。要求均以学生为主体明确表达，阐明课次主题的解决活动及解决后的反思活动，促进学生在深度体验中学习，实现教学的结果性目标和体验性目标的总体设想。

二、教学实施设计

（一）教学环节

以核心问题为教学逻辑起点，课程以提出问题、解决问题、反思提升、评价反馈的四个环节进行开发与实施。学科课程要以完整的四个教学环节呈现，项目课程需要确定本次课所处教学环节和具体的16个子环节，预设学生活动、教师活动以及相互的搭配呼应。

（二）评价预设

就课堂中教师对学生活动的、以口语为主的评价进行预设：可从四个教学环节16个子环节进行预设；可从核心问题教学的“一形态四功能”进行预设；可从学生对关联的体验情况进行评价预设；可从各类课程性质的凸显进行预设；尤其要针对学生可能出现的亮点或问题来预设相应评价内容。

就课堂教学后完成的教学评价进行预设：选择自我陈述、行为观察、调查访谈等评价方法，设计相应评价量表，就评价的对象、内容进行预设；选择课程性质中的一个或多个进行预设；选择教学目标，尤其是对体验性目标中的一个或多个进行预设。

（三）板书设计

正副板书泾渭分明且又相互配合：既呈现活动形式、路径及内容，又呈现思维方法、路径及结构；既呈现学生发言要点，又呈现教师提升讲解重点。

（四）教学流程

以规范的流程符号表达教学中各要素间的递进关系。

三、教后评价设计

（一）信息搜集

从以下方面搜集整理资料：学生体验的自评互评、自我描述、研究习作、课后反映等原始资料；现场观测记录、课堂实录、检测数据等原始资料；教师自我回忆及其他教师反映的原始资料。

（二）自我评价

结合教学目标，特别是体验性目标及其中的关联体验目标，同时关注课程的性质尤其是研究性的彰显。根据学生课堂中的具体表现和所搜集资料，参照课后其他教师的评议，进行自我评价。

（三）反馈调整

向自身、学生、课程反馈评价信息、评价结果，反馈预设调整改善措施，使其更有利于学生在深度体验中的学习与发展，有利于研究素养的积淀和发展，有利于学校课程性质尤其是研究性的彰显。

CONTENTS 目录

中国革命传统作品之毛泽东诗词专题研讨 …… 向柱文 王 玺 李 磊 001
古韵今声——古典格律诗词及中国风歌词创作研究 …… 陈 奥 郑 芸 山莉莉 016
中国现当代作家作品专题研讨之刘慈欣科幻文学研究 … 林 俊 梁 军 孔令波 036
中国现当代作家作品研习——鲁迅研读系列之“故乡与他乡”
…… 王 曦 任志恒 邓 苹 052
数学建模之“拥堵”问题研究 …… 李洋洋 刘光宇 龙跃文 065
数学美学欣赏 …… 卢中华 梁如均 邓开强 087
“惠”选手机套餐 …… 张 翼 高俊兰 徐小玲 099
走进英语国家社会与文化 …… 李 敏 杜胜蓝 汪建芳 116
英语演讲研习 …… 陈思竹 刘克轩 李蕊攸 129
英文经典歌曲赏析与配词创作分享与展示 …… 刘芸利 陈 吁 周 欣 154
肿瘤的放射性治疗研究 …… 陈小军 胡 隽 陈其伟 171
近地小行星防御研究 …… 胡 隽 肖怀安 陈其伟 189
从大海到用户，NaCl 的奉献之旅 …… 雷良兵 薛 莲 唐燕茹 208
化学与生活——废旧电池的回收利用 …… 许 阳 李 明 陶小蓉 223
防空洞食用菌种植之抑菌研究 …… 胡文文 余宏斌 田时平 239
米酒的制作、鉴定与应用研究 …… 李德成 张丽虹 李金川 256
影响无土栽培草莓营养成分的因素研究 …… 谭玉林 李小琼 毛 楠 270
防空洞食用菌种植后续出菇抑菌研究——抑菌方案的实施研究
…… 颜 玲 田时平 杨 琼 291
防空洞菊花组织脱分化、再分化培养技术初探 …… 杨 帅 曾声蓉 杨 琼 310

不同植物提取物的抑菌活性研究 .... 郑红梅 欧居蓉 马 玲 324
人际密码——人际沟通中的心理与行为研究 .... 林代春 黄立刚 吴林桦 341
自主创业初探之企业篇 .... 徐佳才 崔晓勤 沈 平 357
西方女性史研究 .... 江昊阳 王 娜 刘 武 376
成都地区名人家风研究之杨慎家族 .... 任菲菲 刘 武 马方林 391
自然灾害防治——城市内涝 .... 钟 姝 汪建军 林凡珺 407
阿富汗撤军之我见——时事观察选修课 .... 杨 浩 陈 娟 肖晴文 428
府南河合江亭至沙河公园河段水质检测分析 .... 房华金 谭 妍 刘文娟 441
秦九韶算法探究 .... 杨 洋 周大立 黄远梅 457
算法初步——编程统计高考单词词频及排序算法研究 .... 宋德洪 苏 梅 刘体斌 470
桥梁设计与模型制作 .... 唐 凌 金 钊 谢 芳 488
营养与运动 .... 张红琼 冯 刚 周 智 502

中国革命传统作品之毛泽东诗词专题研讨

川大附中项目课程开发实施规划纲要

课程首席教师：向柱文（语文组）

课程参与教师：王　玺（语文组）　李　磊（语文组）

<table>
<tr><td>课程名称</td><td colspan="8">中国革命传统作品之毛泽东诗词专题研讨</td></tr>
<tr><td>课程类型
（勾选）</td><td></td><td>必修的综合实践活动课程</td><td></td><td>必修的劳动课程</td><td>√</td><td>选修的学科课程</td><td></td><td>选修的校本课程</td></tr>
<tr><td>实施对象</td><td colspan="3">高一年级学生</td><td>建议选课学生人数</td><td colspan="4">30 人以内</td></tr>
<tr><td>课程课时及上课时段</td><td colspan="8">课程课时：5 次 10 课时；上课时段：学校规定的学科选修课程上课时段</td></tr>
<tr><td>课程背景</td><td colspan="8">1.学生背景：高中阶段的学生对于“中国革命传统作品”的概念没有很清晰的认识，但是在之前阶段的学习中，他们已经接触过很多中国革命传统作品，加上历史学科的学习，对 1919 年以后的中国革命历程具有一定的了解。毛泽东对于高中阶段的学生来说是比较熟悉的一位无产阶级革命家，加上小学阶段所学的《七律·长征》及初中阶段的《沁园春·雪》，学生对于这位伟大的无产阶级革命家的诗词风格有了一定的了解。高中阶段的学生有一定的诗词分析鉴赏能力，同时其思维能力基本成熟，能够独立学习和思考，且有一定的探究意识。对于“中国革命传统作品专题研讨”这一课程，能够以自主、合作、探究的学习方式进行学习。学生背景的实际情况待选课学生确定后用“问卷星”进行具体调查分析（A1 技术支持的学情分析）。
2.资源背景：“中国革命传统作品专题研讨”这一课程内容虽是语文学科，但是它与政治、历史学科之间又有着千丝万缕的联系。在历史必修一教科书“国共的十年对峙”一课中有“红军长征”的相关内容，在这节内容里清楚地介绍了红军长征这一历史事件的前因后果。在地理选修三教科书“我国的旅游资源”一节中特别提到了我国的红色旅游资源——井冈山，虽然没有详细介绍，但学生可以从地理学科的知识中去了解红军长征中经过的地点，增加对长征路艰难性的认识，从而更好地理解毛泽东诗词的内容</td></tr>
<tr><td>课程内容
（核心问题）</td><td colspan="8">多途径研讨毛泽东诗词内容、艺术风格及革命情怀，提炼诗词鉴赏方法，撰写毛泽东诗词鉴赏小论文。
问题：毛泽东诗词的主要内容有哪些？具有怎样的艺术风格？其革命情怀有哪些具体内涵？诗词鉴赏的常用方法有哪些？
活动：研讨诗词、提炼方法、撰写论文</td></tr>
</table>

续表

课程目标	1.结果性目标：理解毛泽东诗词的内涵，熟悉其艺术表现手法，认识中国革命的历程，初步掌握诗词鉴赏小论文的写法。 2.体验性目标：鉴赏毛泽东诗词，互相交流，写下自己的感想和认识，进行语言的学习与实践，体验学习革命传统作品对促进文化传承与理解和发展语言建构与运用能力的重要意义					
课次计划	课次	主题	研究环节	学生活动	课前课后任务	活动地点及技术融入
	1	提出问题	1.观看视频，了解毛泽及其诗词； 2.研讨确定课程核心问题	1.观看短视频《一代伟人毛泽东》； 2.分小组交流对毛泽东及其诗词的认知。 3.研究讨论课程核心问题及目标	课前分小组收集整理毛泽东生平资料及主要诗词	教室；制作宣讲 PPT（A3 演示文稿设计与制作）
	2	解决问题	寻找毛泽东足迹，探究其诗歌意象选择与其革命生涯之关联，感受其革命抱负	1.结合到泸定桥等红色旅游景点的实地经历，体会赏析毛泽东诗词，体会作品壮阔豪迈的意境； 2.体会作品中毛泽东的宽广胸襟和政治抱负，启发学生树立远大的志向	1.周末到泸定桥等红色旅游景点实地感受毛泽东《七律·长征》等诗词的意象特征。 2.课后观看电视剧《恰同学少年》第19集并写一篇观后感	教室；PPT演示诗词作品（A3 演示文稿设计与制作），分小组开展课堂学习探究（B3 探究型学习活动设计）
	3	解决问题	邀请“成都毛泽东诗词研究协会”专家专题讲解毛泽东诗词	1.聆听专家讲座，与专家围绕毛泽东的长征主题诗词进行现场交流。 2.精研作品，了解毛泽东诗词的语言特点和长征精神，并思考长征精神的时代意义	1.查阅资料，了解长征这一历史事件的前因后果。 2.搜集毛泽东在长征期间所作的诗词作品并自主阅读	教室；PPT演示诗词作品（A3 演示文稿设计与制作），分小组开展课堂学习探究（B3 探究型学习活动设计）

续表

	课次	主题	研究环节	学生活动	课前课后任务	活动地点及技术融入
课次计划	4	反思提升	现场演绎毛泽东“婉约”类诗词，讨论其诗歌写作风格的多样性，感受革命奉献精神	1.依据毛泽东《虞美人·枕上》《贺新郎·别友》《蝶恋花·答李淑一》中的人物、情节和情感分组进行情境演绎，品味毛泽东诗词作品“偏于豪放，不废婉约”的风格。 2.体会作品中蕴含的革命先辈们的革命精神	课前阅读毛泽东《虞美人·枕上》《贺新郎·别友》《蝶恋花·答李淑一》并任选一首改编成短剧进行排练；课后以“我眼中的毛泽东诗词”为副标题写一篇小论文	教室； PPT演示诗词作品（A3演示文稿设计与制作），分小组开展课堂学习探究（B3探究型学习活动设计）
	5	评价反馈	小论文交流品评	1.按抽签顺序介绍自己论文的观点及内容。 2.给同学论文打分并提出书面优化意见	课前指导教师及各小组对探究活动做初步评议定等，课后进行进一步优化修改和上交	教室； PPT演示诗词作品（A3演示文稿设计与制作），论文优化书面意见（C3创新解决问题的方法）
学生作品	“毛泽东诗词”主题鉴赏论文或“长征精神的时代意义”主题论文					
评价方式	课堂表现（30%）+档案袋质量（30%）+主题论文质量（40%）					
安全保障	教室活动：常规安全保障；校外考查：制定安全预案					
条件保障	课程开发组外部保障：学校介绍信、教室多媒体设备，以便学生外出调研和顺利进行成果展示。 课程开发组内部保障：各组对所负责的探究对象的具体调研与归纳总结					
开发次第	首次开发					
课程审批	1.课程教学处：　　签　章　　年　月　日 2.学生发展处：　　签　章　　年　月　日					

少年心事当拏云

——毛泽东早期诗词专题研讨

一、教学设计分析

（一）内容分析

“中国革命传统作品专题研讨”是《普通高中语文课程标准（2017年版 2020年修订）》（后简称为“语文新课标”）中的一个选修任务群。近年来，已有的研究对其内涵有了一个比较清晰的界定，对其教学内容也有比较一致的认识，并且正在探索多样化的教学方法。但是，关于这一任务群的教学实践研究以及典型课程却很少。目前，语文新课标正在进行第二轮教学实践，为了更有效地进行这一任务群的教学，我们课程组对“中国革命传统作品专题研讨”任务群的教学现状进行调查，从师生对中国革命传统的认识和中国革命传统类课文的课堂教学情况两大维度设计了学生问卷和教师访谈。调查发现：教师与学生对中国革命传统作品的价值都是认可的，但是，现阶段的教学中存在着教学形式单一、教学资源不充足等问题。在此基础上，依据课标、教材、学情将这一任务群的专题转化成学科选修课程进行系列开发，本学期即聚焦“毛泽东诗词”进行专题研讨，然后立足川大附中“基于核心问题的课程开发”的要求，依据学习任务群的教学理念和“语文”与“革命传统”相结合的理念，设计了5次课时的学习任务：①恰同学少年——学习品析诗歌意象，感受革命抱负；②踏遍万水千山——学习鉴赏诗歌语言，感受长征精神；③江山如此多娇——学习诗歌写作手法，感受革命情怀；④无情未必真豪杰——学习赏析诗歌写作风格，感受革命奉献精神；⑤“课程学习成果——毛泽东诗词鉴赏小论文”交流评价。

（二）学生分析

高中阶段的学生对于“中国革命传统作品”的概念没有很清晰的认识，但是在之前阶段的学习中，他们已经接触过很多中国革命传统作品了，如果举出一些例文，高中阶段的学生应该能够准确判断这一例文是不是中国革命传统作品。加上历史学科的学习，对 1919 年以后的中国革命历程，以及一些相关人物的知识有了一定的了解。毛泽东对于高中阶段的学生来说是比较熟悉的一位无产阶级革命家，加上小学阶段所学的《七律·长征》及初中阶段的《沁园春·雪》，学生对于这位伟大的无产阶级革命家的诗词风格有了一定的了解。高中阶段的学生有一定的鉴赏和分析作品的能力，对于一篇新的作品，在仔细读过之后，会形成自己的认识与见解，对于一些体现爱国主义精神的革命传统作品能够正确地分析总结。学生对于毛泽东的诗词以及毛泽东这个人物的认识有了一定的基础，对于一些简单易懂的毛泽东诗词，能够准确地把握其中的语文知识及思想内涵，但是对于一些思想内涵深刻的作品可能不能够独立地分析出其中的主题。高中阶段的学生思维与认识的发展基本成熟，能够独立思考，独立学习，有一定的探究意识。对于“中国革命传统作品专题研讨”这一课程，能够以自主、合作、探究的学习方式进行学习；对于一篇作品的思想内涵，能够有自己的看法和见解，可以通过自主或小组合作的学习形式去学习一些作品。学生背景的实际情况待选课学生确定后用“问卷星”进行具体调查分析。

（三）目标分析

1. 结果性目标

理解毛泽东青少年时代诗词的内涵，熟悉其艺术表现手法，认识其革命抱负，提高自身的核心素养。

2. 体验性目标

鉴赏毛泽东青少年时代的诗词，进行诗歌语言的学习与实践，体验毛泽东诗词的学习对促进文化传承与理解和发展语言建构与运用能力的重要意义。

（四）资源分析

（1）自制 PPT“少年心事当拿云——毛泽东早期诗词专题探讨”，用以展现学习目的、内容及活动方式和要求；

（2）网络视频：观看二十集大型电视文献片《独领风骚——诗人毛泽东》第一集“宏程心路”，借以初步认识诗人毛泽东及毛泽东的诗词。

（五）主题分析

本次课主题：少年心事当拿云——毛泽东早期诗词专题探讨。

首先，从历史价值的角度来看，毛泽东作为中华人民共和国的缔造者，其青少年时期的思想对其一生的发展有着不可忽视的影响，新时代的青年要认识并了解毛泽东诗词的革命情怀，就应该了解其早期诗词内容及情感。其次，从革命传统教育的角度来看，毛泽东的早期诗词已透露出远大的革命抱负以及积极乐观的人生态度，通过学习毛泽东的这些作品，能够达到对学生进行革命传统教育的目的。最后，从文学作品的角度来讲，毛泽东的早期诗词已经表现出成熟的艺术成就，是对中国古代诗词传统文化的卓越传承，具有极高的文学价值，学生学习这些诗词，不仅能够学习鉴赏诗词的方法，学习、积累、建构语言，还能更好地继承中华民族的传统文化，这也达到了发展学生语文学科核心素养的目的。

二、教学实施设计

（一）教学环节

教学环节	学生活动	教师活动	设计意图
导入活动	1.了解毛泽东诗词价值； 2.领会学习主题	1.出示专家评价：“诗歌，是毛泽东的语言故乡，也是他别具一格的生存方式。”	引导学生认识研讨毛泽东的诗词，可以领略一代伟人独领风骚的心路风景和人格魅力

续表

教学环节	学生活动	教师活动	设计意图
导入活动	1.了解毛泽东诗词价值； 2.领会学习主题	2.明确课次主题：少年心事当拿云——毛泽东早期诗词专题探讨	引导学生认识研讨毛泽东的诗词，可以领略一代伟人独领风骚的心路风景和人格魅力
参与活动	1.观看视频，谈感想； 2.赏析诗词，探究手法、情感和志向	1.播放视频：《独领风骚——诗人毛泽东》第一集“宏程心路”； 2.出示学习活动：赏析毛泽东的《呈父亲》《咏蛙》和《沁园春·长沙》，明确其早期诗词情感及艺术手法，探讨其少年心志和远大革命情怀	助力学生具体了解毛泽东早期诗词，并认识其根植于灵魂的家国精神
反思提升	1.归纳整理诗词内容及情感要点； 2.结合背景资料进行深度分析	提出反思要求：归纳出上面几首诗中所表现出的毛泽东的人生抱负志向，并联系PPT所示背景资料探讨其生成的内因和外因	深入探讨毛泽东诗词“诗言志”的特征和毛泽东“志”的来源
评价反馈	1.思考并书面表达思考结果； 2.交流展示，相互点评	给出训练题：青年时代的毛泽东便能心系祖国，立下如此大志。正青春的你们，作为祖国的下一代是否也深受触动？围绕“恰同学少年，风华正茂”来写一写你们的抱负	学以致用，从毛泽东诗词中获得人生启示，树立高尚志向

（二）评价预设

1. 导入活动环节

根据学生领会学习毛泽东诗词价值意义的表现情况做总体性的激励性评价。

2. 参与活动环节

针对学生个体在观看视频和鉴赏诗词过程中的主动表现和积极状态进行具有引导、点拨作用的肯定或纠错性评价。

3. 反思提升环节

就学生参与反思活动的过程和结果进行鼓励性评价。

4. 评价反馈环节

依据学生的书面表达质量以及参与交流评价的情况进行肯定、激励性评价。

（三）板书设计

少年心事当拿云

——毛泽东早期诗词专题研讨

诗　词	情　志	启示
《呈父亲》	立志求学　心怀远大	青春立志　心系家国
《咏蛙》	英雄意识　领袖群伦	
《沁园春·长沙》	国家命运　天下己任	

（四）教学流程

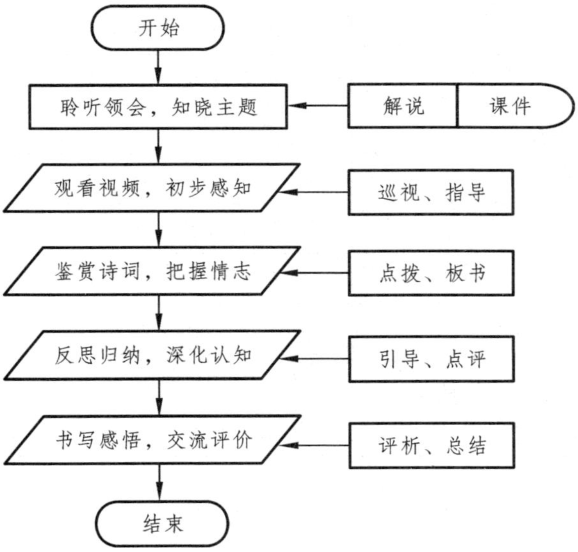

图 1-1　“中国革命传统作品之毛泽东诗词专题研讨”教学流程

三、教后评价设计

（一）信息搜集

课后主要收集了学生课堂上完成的关于自我“抱负”的书面短文共计 36 份。

（二）自我评价

在本次课的主题学习活动中，课堂氛围比较活跃，学生对“毛泽东早期诗词”这一专题的学习兴趣还是比较浓的。在“读”诗歌这一环节中，学生表现得比较积极，并且能够抓住作品的感情基调，无论是豪迈的，还是婉约的，学生都能恰当地读出来；

在“品”作品这一环节中，学生分析作品的艺术手法存在一定的难度，需要教师启发引导；“悟”这一环节中，学生能够大致地感悟作品的情感，但是具体结合作品进行分析，就有一定的难度了；“写”这一环节是建立在前三个环节的基础上的，学生在学习了作品之后多少会有一些感触，所以，学生对课后的写作实践能够认真地对待。整个课堂上，学生学习积极主动，发言比较多，学生自主研讨的时间比较多，教师只是适当地加以引导，学生是课堂的主体。

川大附中项目课程核心问题教学评价表

<table>
<tr><th rowspan="2">评价目标</th><th colspan="3">评价指标</th><th rowspan="2" colspan="2">评价结果</th></tr>
<tr><th>一级指标</th><th>二级指标</th><th>三级指标</th></tr>
<tr><td rowspan="21">实现活动体验中的学习与发展</td><td rowspan="12">具有核心问题教学形态</td><td rowspan="3">核心问题利于活动体验</td><td>内含客观问题和学生活动方式</td><td>8</td><td rowspan="12">每项指标最高评8分

合计 91 分</td></tr>
<tr><td>问题情景与真实生活密切相关</td><td>8</td></tr>
<tr><td>能引发新知识、新方法的生成</td><td>7</td></tr>
<tr><td rowspan="3">教学目标价值引导恰当</td><td>两类目标正确全面</td><td>8</td></tr>
<tr><td>关联体验目标恰当</td><td>8</td></tr>
<tr><td>目标价值引导显现</td><td>7</td></tr>
<tr><td rowspan="3">教学环节完整合理落实</td><td>教学环节清晰完整</td><td>8</td></tr>
<tr><td>环节内容合理充实</td><td>8</td></tr>
<tr><td>学生活动时间充分</td><td>7</td></tr>
<tr><td rowspan="3">教学要素相互匹配促进</td><td>问题目标环节两两匹配</td><td>7</td></tr>
<tr><td>技术促进活动形式内容</td><td>7</td></tr>
<tr><td>课程特点突出氛围浓郁</td><td>8</td></tr>
<tr><td rowspan="9">具有核心问题教学实质</td><td rowspan="3">拓宽学习视野</td><td>课程与现实世界有恰当关联</td><td rowspan="9" colspan="2">选择一个表现突出的二级指标，在相应三级指标的引导下，以现场学生表现为主要依据，以其余指标为背景，于本表的第二页写出150字以上的简要评价</td></tr>
<tr><td>有基于缄默知识的问题解决</td></tr>
<tr><td>有缄默知识运用的追踪剖析</td></tr>
<tr><td rowspan="3">投入实践活动</td><td>有真实而且完整的实践活动</td></tr>
<tr><td>能够全身心地浸渍于活动中</td></tr>
<tr><td>活动的内容结果均丰富深入</td></tr>
<tr><td rowspan="3">感受意义关联</td><td>有核心问题的深层意义感受</td></tr>
<tr><td>有以知识为中心的关联感受</td></tr>
<tr><td>有以个人为中心的关联感受</td></tr>
</table>

续表

<table>
<tr><td rowspan="2">评价目标</td><td colspan="3">评价指标</td><td rowspan="2">评价结果</td></tr>
<tr><td>一级指标</td><td>二级指标</td><td>三级指标</td></tr>
<tr><td rowspan="9">实现活动体验中的学习与发展</td><td rowspan="9">具有核心问题教学实质</td><td rowspan="3">自觉反思体验</td><td>有实质性反思活动的开展</td><td rowspan="9"></td></tr>
<tr><td>有课程新因素的追踪利用</td></tr>
<tr><td>有体验的交流与改善重构</td></tr>
<tr><td rowspan="3">乐于对话分享</td><td>乐于自我表达与认真倾听</td></tr>
<tr><td>乐于合作中成果与思路的分享</td></tr>
<tr><td>有宽容的对话氛围和双向交流</td></tr>
<tr><td rowspan="3">认同体验评价</td><td>认可体验评价</td></tr>
<tr><td>参与体验评价</td></tr>
<tr><td>利用体验评价</td></tr>
<tr><td colspan="5">核心问题教学实质的简要评价</td></tr>
<tr><td colspan="5">从课程整个学习过程，特别是最后一次课，即各小组展示交流本小组所撰写的毛泽东诗词鉴赏小论文的表现来看，学生在核心问题教学实质方面做得最好的应该是“乐于对话分享”。
首先，五个小组都提前认真撰写了“毛泽东诗词鉴赏小论文”，为对话分享做好了充分的准备。第 1 小组的论文为《毛泽东诗词中体现的革命乐观主义精神》，第 2 小组的论文为《毛泽东不同时期诗词的情感变化》，第 3 小组的论文为《万水千山只等闲——毛泽东长征诗词专题研讨》，第 4 小组的论文为《毛泽东长征诗中的伟大情怀》，第 5 小组的论文为《毛泽东长征诗词》。各小组在第 5 次课上课前根据本组论文内容拟写了详实的发言提纲并由推荐出的小组发言代表反复熟悉提纲内容，更难能可贵的是，有两个小组在课前进行了试讲演练。
其次，课堂上，各小组按抽签顺序上台展示交流本组探究成果。各小组均按照论文题目、内容摘要、关键词、主要观点及依据、参考文献等顺序介绍了本组的小论文。多数小组能做到对论文选题理由、具体探究方向及材料依据、探究结论及获得的新的认知等方面进行详细而有创意的表述。上台代表小组发言的同学有的生怕遗漏了本组探究成果，时间超出之后还诚恳要求老师和同学允许他继续陈述。
最后，在各小组互评环节，各小组间的同学发言十分积极主动，甚至出现了争抢着发言的情况。尤其可贵的是，每一个小组起来发言的同学，都能先充分肯定其他小组小论文的优点尤其是观点上的新颖且合理处，再中肯地指出其有待进一步优化的地方，并且提出具体建议。你来我往，有理有据，各小组同学们在相互评价中不时碰撞出思想的火花，加深了对毛泽东诗词内容及艺术价值的认知。
总之，在这次课程成果展示交流课堂上，选修这门课程的绝大多数同学无论是在小组内的协作探究还是在小组间的交流评价中均表现出了乐于自我表达与认真倾听、乐于分享合作中的成果与思路的优秀素养，营造出了宽容的对话和双向交流氛围。学生们在课程学习中凸显出的这些品质，表明本课程的课程目标获得了预期的达成度</td></tr>
</table>

（三）反馈调整

课后静心反思，我发现这次课还是有如下几方面的问题。首先，课前搜集相关材料需要大量时间，而且学习这些内容也需要一定的时间，一部分学生课前没有足够的时间去阅读，所以对教材不熟悉，再加上学生现有水平相对不足，对革命传统的认识不是很全面，对于一些作品中的革命传统精神理解起来比较费力。其次，虽然学生对于毛泽东诗词的学习有兴趣，但是课堂时间有限，难以完成所有的学习项目；学生缺乏将各个学科综合起来的意识与能力，所以一些跨学科的资源没能发挥最大的作用；在语言实践环节，学生还是没能够深入地交流，虽然课堂上留有足够的自主交流时间，但是交流的效果却不是很理想。再次，部分研讨性学习任务因课时有限未能完成，一些课后的实践作业也由于时间原因未能完成。教师在备课时准备了大量的内容，但是，由于课时有限，一些教学任务未能如期完成。加上学生课下花在这一专题上的时间严重不足，所以，课后作业完成得不是很理想。以上不足都需要在下一次课中有针对性地规避。

川大附中项目课程体验性目标点检测表

<table>
<tr><td rowspan="5">基本信息</td><td colspan="2">首席教师</td><td colspan="2">向柱文</td><td>组/处</td><td>语文组</td></tr>
<tr><td colspan="2" rowspan="2">参与教师</td><td colspan="2">王　玺</td><td>组/处</td><td>语文组</td></tr>
<tr><td colspan="2">李　磊</td><td>组/处</td><td>语文组</td></tr>
<tr><td>年　　级</td><td>高一</td><td>上课时间</td><td colspan="3">2021 年 12 月 7 日下午第三四节课</td></tr>
<tr><td>课程名称</td><td colspan="5">中国革命传统作品专题研讨之毛泽东诗词专题研讨</td></tr>
<tr><td>核心问题</td><td colspan="6">多途径研讨毛泽东诗词内容、艺术风格及革命情怀，提炼诗词鉴赏方法，撰写毛泽东诗词鉴赏小论文</td></tr>
<tr><td rowspan="2">教学目标</td><td>结果性目标</td><td colspan="5">理解毛泽东诗词的内涵，熟悉其艺术表现手法，认识中国革命的历程，提高自身的核心素养</td></tr>
<tr><td>体验性目标</td><td colspan="5">鉴赏毛泽东诗词，互相交流，写下自己的感想和认识，进行语言的学习与实践，体验学习革命传统作品对促进文化传承与理解和发展语言建构与运用能力的重要意义</td></tr>
<tr><td>检测点</td><td colspan="6">学习革命传统作品对促进文化传承与理解和发展语言建构与运用能力的重要意义之间的关联</td></tr>
<tr><td>检测任务</td><td colspan="6">撰写毛泽东诗词鉴赏小论文</td></tr>
<tr><td rowspan="3">分类标准</td><td colspan="6">A.观点明确而富有新意，材料详实，分析到位，论文格式规范</td></tr>
<tr><td colspan="6">B.观点明确但缺乏创见，材料充实，分析合理，论文格式完整</td></tr>
<tr><td colspan="6">C.观点基本明确，材料较为单薄，分析肤浅，论文格式不够完整</td></tr>
<tr><td rowspan="4">检测统计</td><td>分类等级</td><td colspan="3">学生人数（总人数 36 人）</td><td colspan="2">所占百分比</td></tr>
<tr><td>A</td><td colspan="3">12</td><td colspan="2">33.3%</td></tr>
<tr><td>B</td><td colspan="3">18</td><td colspan="2">50.0%</td></tr>
<tr><td>C</td><td colspan="3">6</td><td colspan="2">16.7%</td></tr>
</table>

检测分析及结果运用	本课程以学生参与课程学习后完成的“撰写毛泽东诗词鉴赏小论文”为检测任务。从6个小组完成的论文质量来看，第1小组的《毛泽东诗词中体现的革命乐观主义精神》和第6小组的《毛泽东诗词和中国精神》两篇文章质量最高，均做到了观点明确且富有新意，主题阐述分析时既有详实的诗词和相关文献资料作支撑，论述时又始终紧扣文章基本观点，逻辑严密。表明通过该课程的学习，这两组的12名学生在进行毛泽东诗词的专题研讨过程中促进了自身对革命传统文化的理解，而且通过论文来表达自己的理解时又使得语言运用能力获得了理想的发展，在一定程度上建构了自身的语言素养。第3、4、5三个小组提交的论文尽管观点缺乏创见，但文章格式符合论文要求，且用以证明观点的材料也较为充实，分析也能自觉扣住主体观点进行，表明这三个小组的18位同学在课程学习和专题探讨活动中还是较为准确地理解了毛泽东诗词的内涵，且论文写作的语言能力还是得到了一定程度的生成。第2小组的论文质量相对较差，课后了解到，这主要是由于本组组长分工较迟，组内同学在短时间内没法有质量地完成自己所负责的内容。尽管如此，该组同学还是表示参与本课程的学习增进了自己对毛泽东诗词的认识，至少知道了论文的一般写法，收获还是很大的。这些收获一定会助力他们今后的学习，尤其是下学期就将开始的议论文写作系统训练
学生深度体验典型实例	第1小组撰写的小论文《毛泽东诗词中体现的革命乐观主义精神》（兹仅附其“内容摘要”）： 毛泽东诗词境界宏大、意蕴深远，其中不仅充分彰显了毛泽东个人崇高的精神品格和非凡的理想追求，而且展现出其纵观天下的战略视野，流露出深沉赤诚的家国情怀。毛泽东诗词真实反映了中华民族在中国革命和建设不同时期奋起抗争的艰辛历程，清晰地刻画了中国共产党和中国人民为了实现民族独立而持续奋斗的光辉形象，蕴含着丰富的精神内涵。从中能够看出，无论在任何历史时期，毛泽东诗词的主题大多都和“为国家民族而不懈奋斗”相关，其中不怕困难勇于攀登的革命乐观主义精神始终是贯穿在毛泽东诗词当中的主旋律。毛泽东说过：“革命不是请客吃饭，不是做文章，不是绘画绣花，不能那样雅致，那样从容不迫，文质彬彬，那样温良恭俭让。革命是暴动，是一个阶级推翻一个阶级的暴烈的行动。”所以革命不可能没有阻碍，斗争不可能没有流血，但毛泽东面对这些困难却毫不畏惧，勇敢地去面对，永远有着积极向上的心态，这无疑是其能成功领导中国共产党走向胜利的原因之一。 **点评：该内容摘要写得简洁、完整、准确、平实，而且还有一定新意，完全符合论文内容摘要的写作基本要求**
检测反馈	从检测任务完成的情况看，各学习小组完成的论文质量有参差。究其原因，除了高中这个阶段的学生论文写作经验欠缺，能力尚不足外，还与课程组老师在课程教学内容的设置上考虑不周有关。这主要表现在整个课程的推进过程中，教师重视了对毛泽东诗词内容及艺术手法的引导，而忽略了高一学生对论文写作的陌生，没有加强论文知识的指导。但总体而言，参与本课程学习的36名学生还是在一定程度上了解并掌握了论文写作的常规要求和要领，这于他们今后的学习和发展无疑是有积极意义的

毛泽东诗词和中国精神

张锡康　刘伊龙　张行成　李海洋　冯禹尧　王钟灿

【摘　要】中国精神是毛泽东诗词的精髓，如一根红线贯穿其中。毛泽东诗词反映了特定时期中华民族的理性、情感、思维、行为和价值取向，已经转化为富有价值形式的文化符号，汇入到中华民族的精神长河。

【关键词】爱国情怀；忧患意识；革命精神；天下胸怀；乐观心态

毛泽东有一句名言："人是要有一点精神的。"一个国家要有精神，它是国本；一个民族要有精神，它是脊梁。什么是中国精神？在第十二届全国人民代表大会第一次会议闭幕会上，习近平总书记高度概括了中国精神的本质内涵："实现中国梦必须弘扬中国精神。这就是以爱国主义为核心的民族精神，以改革创新为核心的时代精神。这种精神是凝心聚力的兴国之魂、强国之魄。"①

中国精神是毛泽东诗词的精髓，像一根红线贯穿其中。毛泽东诗词反映了特定时期中华民族的理性、情感、思维、行为和价值取向，已经转化为富有价值形式的文化符号，汇入到中华民族的精神长河。毛泽东诗词字里行间所洋溢的中国精神，扣人心弦、催人奋进。

一、深厚的爱国情怀

综观毛泽东的一生，他所做的一切，都是为了他深深热爱的祖国和人民。支撑他的最强大的精神力量，当属蓄积于胸中的深厚的爱国主义情怀。毛泽东诗词在文化取向上凸显了以爱国主义为核心的民族精神，是中华民族维护尊严、追求独立、寻求解放、谋求幸福伟大历程的真实写照。

毛泽东诗词既继承了中国历史上爱国主义文学作品的优秀传统，又赋予了具有时代意味的精神内涵。在毛泽东吟咏祖国河山的诗作中，这种爱国情怀表现得既直接又生动。"踏遍青山人未老""我自欲为江海客"，他既乐山又乐水。毛泽东笔下的山，仪态万千、瑰伟雄奇。会昌山"颠连直接东溟"，昆仑山"横空出世"，庐山"一山飞峙大江边"，井冈山"到处莺歌燕舞，更有潺潺流水"。毛泽东笔下的水，神奇曼妙、变幻无穷。他沉醉于"漫江碧透，百舸争流"的清纯与活力，震撼于"大河上下，顿失滔滔"的静穆与凝重。他欣赏"风起绿洲吹浪去，雨从青野上山来"的自然雅趣，赞美"云横九派浮黄鹤，浪下三吴起白烟"的烟波浩渺，向往"洞庭波涌连天雪，长岛人歌动地诗"。"江山如此多娇，引无数英雄竞折腰"，气壮山河的诗句，使人对伟大祖国油然而生敬意，为自己是中国人而深感自豪。

二、深沉的忧患意识

中华民族饱经沧桑，自古就有"生于忧患而死于安乐"的不朽精神。近代以后，西方列强入侵，封建统治腐败，中华民族遭受了前所未有的苦难。"五月七日，民国奇耻""东海有岛夷，北山尽仇怨""地主重重压迫""遍地哀鸿满城血""长夜难

① 央视网:《习近平在十二届全国人大一次会议闭幕会上发表重要讲话》,2013 年 3 月 17 日，http://news.cntv.cn/2013/03/17/ARTI1363486453202679.shtml。

明赤县天，百年魔怪舞翩跹，人民五亿不团圆”“千村薜荔人遗矢，万户萧疏鬼唱歌”。毛泽东始终忧虑着国家民族的前途和人民大众的命运，忧患意识是毛泽东奋斗精神的不竭动力。

少年毛泽东读过《支那瓜分之命运》一书，开头一句“呜呼，中国其将亡矣！”使他开始意识到国家兴亡，匹夫有责。面对西方列强企图瓜分中国，毛泽东是“我怀郁如焚，放歌倚列嶂”。1915年他的同窗易昌陶不幸病逝，毛泽东为他写有一副挽联：“胡虏多反复，千里度龙山，腥秽待湔，独令我来何济世；生死安足论，百年会有役，奇花初茁，特因君去尚非时。”毛泽东借悼亡以消心中块垒，强烈地抒发了一个热血男儿忧国忧民之志。1925年，“独立寒秋”中的毛泽东，置身于充满生机的山川，再反观军阀割据、危机四伏、民生多艰，忧患意识促使他从内心深处发出振聋发聩的一问：“怅寥廓，问苍茫大地，谁主沉浮？”流露出其将人生追求同国家、民族乃至人类命运联系在一起的英雄使命与宏大抱负。1927年春，中国大地一片白色恐怖，毛泽东吟成苍凉沉郁的《菩萨蛮·黄鹤楼》：“茫茫九派流中国，沉沉一线穿南北，烟雨莽苍苍，龟蛇锁大江。”压抑的笔调表达了“一时不知如何是好”的苍凉心情。

1934年夏天，第五次反“围剿”严重失败，在关乎红军和中国革命前途命运的危急关头，毛泽东写下《清平乐·会昌》，表达了他内心的抑郁和焦虑。正如他后来解释诗中“踏遍青山人未老”一句时所说：“一九三四年，形势危急，准备长征，心情又是郁闷的。”①1935年2月写的《忆秦娥·娄山关》，是毛泽东在长征途中的第一首作品。遵义会议扭转了毛泽东个人的人生境遇，但这首作品却显得极其苍凉凝重，因为他深知“万里长征，千回百折，顺利少于困难不知有多少倍，心情是沉郁的”②。

三、执着的革命精神

深厚的爱国情怀和深沉的忧患意识，激发了毛泽东昂扬的报国之志。在1919年7月《湘江评论》的《民众的大联合》一文中，毛泽东认为到了近代，“强权者，贵族，资本家的联合到了极点”，因此“国家也坏到了极点，人类也苦到了极点，社会也黑暗到了极点”。面对“长夜难明赤县天，百年魔怪舞翩跹，人民五亿不团圆”的社会现实，他积极投身中国革命，决心把中国从帝国主义和封建主义的奴役下解放出来。1918年4月，新民学会创办时，其目的在于“革新学术，砥砺品行，改良人心和风俗”。1921年初，毛泽东将其变成“改造中国和世界”，这不仅成为新民学会的宗旨，也成为毛泽东的毕生追求。

“为有牺牲多壮志，敢教日月换新天。”为了实现改造中国与世界的宏愿，毛泽东一生追求真理，探索救国救民之道。他不断从一个“何以报仇？在我学子！”“指点江山，激扬文字，粪土当年万户侯”的热血青年，变成“唤起工农千百万”“霹雳一声暴动”“横扫千军如卷席”“天翻地覆慨而慷”的无产阶级革命家。在缔造新中国、建设新中国的革命实践中，毛泽东成就了千秋伟业，从根本上改变了中华民族的前途命运，并由此改变了世界的格局。这一伟大实践也催生了毛泽东气吞山河的壮丽史诗。

---

①② 张素华：《毛泽东谈长征》，《毛泽东思想研究》，2016年第1期。

四、博大的天下胸怀

《礼记·孔子闲居》云："天无私覆，地无私载，日月无私照。""天下为公"是中华民族精神的重要内容之一。毛泽东志存高远、胸怀天下，具有谋划大局、创造大局、驾驭大局的过人胆略。毛泽东诗词给人的印象总是纵横捭阖、气势恢宏，不管是写自然景观，写动物姿态，还是写社会实践，都充分表现出毛泽东的宏大气魄和阳刚之气。在《沁园春·雪》中，千里冰封，万里雪飘，长城内外，大河上下，寥寥数语，就把幅员辽阔的大好河山尽收眼底；秦皇汉武、唐宗宋祖、成吉思汗，几个人物，就把错综复杂的中国历史娓娓道来。

毛泽东从不沉湎于纯粹个人的爱恨情仇去寻求创作灵感，而是始终以一个旧世界改造者和新世界创造者的姿态审视和观照一切。毛泽东不少诗句中带有"我"字，如"春来我不先开口""我返自崖君去矣""算人间知己吾和汝"。这里"我"是指他本人。但在很多诗句当中，如"而今我谓昆仑""唯我彭大将军""我失骄杨君失柳"，"我"不光是作者本人，"我"既是个体，也是群体。而在"而今迈步从头越""红军不怕远征难""不到长城非好汉""六亿神州尽舜尧"这些诗句中，"小我"已融入革命洪流的"大我"之中。诗言志的中国诗歌传统，被毛泽东升华为小我与大我，有我与无我合二为一的全新境界。

《念奴娇·昆仑》中，毛泽东倚天抽剑，要把昆仑山劈成三截，原先是"一截遗欧，一截赠美，一截留中国"。后来毛泽东说："改一句：一截留中国，改为一截还东国。忘记了日本人是不对的。这样，英、美、日都涉及了。""太平世界，环球同此凉热。"[①]毛泽东不仅关注中国人民的命运，也关注全人类的前途。他把中华民族的爱国主义发展到一个崭新阶段，使革命精神浸透了深厚的民族底蕴，又使民族精神充满了博大的世界情怀。

五、积极乐观的心态

中国革命的总体特征是敌强我弱，在艰苦卓绝的斗争实践中，毛泽东从不悲观、从不气馁。在《星星之火可以燎原》中，他这样描述必将到来的革命胜利："它是站在海岸遥望海中已经看得见桅杆尖头了的一只航船，它是立于高山之巅远看东方已见光芒四射喷薄欲出的一轮朝日，它是躁动于母腹中的快要成熟了的一个婴儿。"[②]这是何等的豪迈！又是何等的乐观！"自信人生二百年，会当水击三千里"，是毛泽东年轻时写的一首诗中的残句，他后来曾多次提到这句诗，用以表达自己的乐观和坚定。

"丈夫何事足萦怀，要将宇宙看稊米""五岭逶迤腾细浪，乌蒙磅礴走泥丸""小小寰球，有几个苍蝇碰壁"，面对艰难困苦，毛泽东傲视万物，雄视寰宇。"敌军围困万千重，我自岿然不动""冷眼向洋看世界，热风吹雨洒江天""暮色苍茫看劲松，乱云飞渡仍从容"，面对各种挑战，毛泽东气定神闲、从容不迫、沉稳持重。"要向潇湘直进""直下龙岩上杭""直指武夷山下""不到长城非好汉""军民团结如一人，试看天下谁能敌？"乐观的心态和必胜的信念激发出无穷力量，使毛泽东坚定执

---

①② 汪建新:《江山如此多娇:从毛泽东诗词感悟中国共产党人的初心》,2017 年 12 月 25 日，http://dangshi.people.com.cn/n1/2017/1225/c85037-29727414.html?ivk_sa=1024320u&wd=& eqid=bc2e31ee0002d4bb00000006644b7421。

着、勇往直前。毛泽东的自信绝不是盲目乐观，而是源于他对历史潮流的深刻把握与积极响应，源于他对社会矛盾的深入分析和精确判断，源于他对人民利益的高度重视和坚决维护，源于他对崇高理想的坚定信念和不懈追求。他那句“当着天空出现乌云的时候，我们就指出，这不过是暂时的现象，黑暗即将过去，曙光就在前头”①，至今还在深刻地激励着我们。

当毛泽东把改造中国与世界作为自己的人生目标时，改革与创新便成为他奋斗人生的主旋律。毛泽东的历史功绩就在于他领导党和人民进行了新民主主义革命、社会主义革命和建设伟业，使中国社会实现了前所未有的深刻变革。毛泽东诗词是这一伟大历史进程的宏伟史诗，而毛泽东诗词本身也是改革创新的直接产物。

毛泽东诗词评史则对历史有新看法，论人则对人物有新见识，写物则对物象有新寓意，记事则对事件有新视角，是中国传统文化形式与现代生活内容完美结合的艺术奇葩。

参考文献

[1] 汪建新. 品读诗人毛泽东[M]. 北京：中国工人出版社，2020.

[2] 上海辞书出版社文学鉴赏辞典编撰中心. 毛泽东诗词鉴赏[M]. 上海：上海辞书出版社，2011.

① 汪建新:《感悟毛泽东修改诗词的艺术和境界》,2018 年 11 月 8 日 ,http://dangshi.people.com.cn/GB/n1/2018/1108/c85037-30388314.html。

古韵今声
——古典格律诗词及中国风歌词创作研究
川大附中项目课程开发实施规划纲要

课程首席教师：陈　奥（语文组）

课程参与教师：郑　芸（语文组）　山莉莉（语文组）

<table>
<tr><td>课程名称</td><td colspan="8">古韵今声——古典格律诗词及中国风歌词创作研究</td></tr>
<tr><td>课程类型
（勾选）</td><td></td><td>必修的综合实践
活动课程</td><td></td><td>必修的
劳动课程</td><td>√</td><td>选修的
学科课程</td><td></td><td>选修的
校本课程</td></tr>
<tr><td>实施对象</td><td colspan="3">高二年级学生</td><td>建议选课
学生人数</td><td colspan="4">30 人</td></tr>
<tr><td>课程课时及
上课时段</td><td colspan="8">课程课时：5 次 10 课时；上课时段：学校规定的学科选修课程上课时段</td></tr>
<tr><td>课程背景</td><td colspan="8">1.时代背景：习近平总书记在十九大报告中强调：“文化是一个国家、一个民族的灵魂。”“要推动中国优秀传统文化创造性转化、创新性发展。”①中国古典诗词作为中国优秀传统文化的重要载体，以其语言美、形式美、音韵美和意境美等滋养了一代又一代的中华儿女，凝结成生生不息的民族精神。创作中国古典诗词应用于具体的学科认知情境和生活体验情境之中，是中国优秀传统文化创造性转化的生动体现。
2.学科背景：学习任务群 4“语言积累 1.梳理与探究”指出，“在观察、探索语言文字现象，发现语言文字运用问题的过程中，探究语言文字运用规律，增强语言文字运用的敏感性，提高探究、发现的能力，感受祖国语言文字的独特魅力，增强热爱祖国语言文字的感情”。学习任务群 5“文学阅读与写作”要求，“尝试文学写作，撰写文学评论，捕捉创作灵感，与同学交流写作体会，借以提高审美鉴赏能力和表达交流能力”。学习任务群 8“中华传统文化经典研习”及学习任务群 14“中华传统文化专题研讨”同时要求，“依据传统文化学习内容、学生兴趣、学习资源，加深对传统文化的认识和理解，增强传承、弘扬中华优秀传统文化的自信心、责任感”。学习任务群 13“汉字汉语专题研讨”指出，“训练学生从应用中观察语言文字现象的能力和总结规律的综合、分析能力，旨在加深学生对汉字、汉语的理性认识，例如汉字的表意性质、汉语的韵律特点、词汇意义的系统性、文学语言的灵活性等”。古典诗词创作教学贯穿上述必修、选择性必修、选修任务群，整合从语言运用到修辞鉴赏再到文化积淀等一系列语文核心知识，直击语文核心素养。
3.学生背景：从传统文化角度看，高中生对中国传统文化既心怀向往，又心生畏惧。无论是儒释道精神的熔铸，还是宗族民俗乡土文化的浸润，每一专题都可以是一部卷帙浩繁的长卷。而我们的学生，在传统文化热的席卷之下，呈现出两种倾向，一是表现出对经典过于佶屈聱牙、高深莫测的疏离，二是表现出</td></tr>
</table>

① 中华人民共和国国家民族事务委员会网：《习近平在中国共产党第十九次全国代表大会上的报告》，2017 年 10 月 30 日，https://www.neac.gov.cn/seac/c100472/201710/1083685.shtml?eqid=cf2be584001bdcf00000000464745d6b。

<table>
<tr><td>课程背景</td><td colspan="6">对文化形式表象和符号的热衷。古典诗词创作教学中，要充分关注学生上述两种倾向，既要避免教学中传统文化知识过于晦涩枯燥的弊端，充分调动好学生的积极性，又要避免只注重形式导致的表面热闹和肤浅，建构好“运用理性思考，进行文化创造性转化”的深度体验。
从核心素养角度看，“纸上得来终觉浅，绝知此事要躬行”，通过组建古典诗词研习共同体（诗社），学生自主参阅相关诗词写作典籍和专著，通过创作实践，深入体会中华文化创造性转化的具体过程。学生研究的成果可以直接指导创作的过程，而创作实践的成果也可以用来观照和评价研究的过程。
4.资源背景：我们考虑先通过为每位学生量身定制一个“可模仿者”来培养语感，先研读作品，嫁接作品，仿写作品，积累用词。待学生有了自己的诗词作品后，再发放诗词格律研习材料，由学生自行总结规律（过程性资料作为平时成绩），教师从旁点拨，组织评价。
针对学生缺乏语感、语言品味能力、诗词创作常识和写作自信，有必要开发可供模仿的作品总汇及笺注资源，开发涉及诗词格律、对韵、意象、典故相关知识的资源，形成校本教材；开设周末在线网络答疑 QQ 群进行集体或个别的点拨指导，开设微信公众号，编写诗集，展示学生诗词作品</td></tr>
<tr><td>课程内容（核心问题）</td><td colspan="6">研习古典格律诗词创作入门知识，研读、收集、模仿并借鉴典型诗人作品素材，创作、交流、评价及修改完善仿古格律诗词，跨媒介分享展示习作，结集成册并撰写心得体会</td></tr>
<tr><td>课程目标</td><td colspan="6">1.结果性目标：了解古典诗词格律基本范式及对仗、音韵、意象、典故运用的基本规律，掌握古典诗词创作的基本规律，创作至少一首仿古格律诗词，合作原创或填翻中国风歌词。
2.体验性目标：在诗词作品的创作修改、分享展示及评价过程中，体验诗歌创作实践与基本知识之间的内在关联，体验“和诗人词人处于同样的语词素材、格式、体例背景”的古人视角，与抒发现代生活意境和个人生命体验的今人视角之间的关联，在此基础上体验“中华文化的创造性转化”的具体过程。
3.学科核心素养目标：建立起文学创作的兴趣和愿望，愿意用古典诗词的形式表达自己的情感，追求正确的价值观、高尚的审美情趣和审美品位（学业质量描述 5-3），追求表达的准确性、深刻性、灵活性、生动性（学业质量描述 5-2），增强传承民族文化的自信心（学业质量描述 4-4）</td></tr>
<tr><td rowspan="2">课次计划</td><td>课次</td><td>主题</td><td>研究环节</td><td>学生活动</td><td>课前课后任务</td><td>活动地点及技术融合</td></tr>
<tr><td>1</td><td>提出问题：
1.明确课程任务及核心问题；
2.明确课程研习对象；
3.明确组织方式；
4.明确研修流程，发放校本教材</td><td>倾听领会，组建小组，了解流程，商讨对象</td><td>取笔名、归组结社，形成并记录创作预期</td><td>课后研究模仿对象的诗词作品，研读校本教材</td><td>PPT 展示流程及最终成果</td></tr>
</table>

续表

	课次	主题	研究环节	学生活动	课前课后任务	活动地点及技术融合
课次计划	2	解决问题1： 嫁接和仿写，形成至少一个诗词作品；研究诗词格律四要素，研读模仿对象的诗词作品，展示研究成果	研习作品，观摩仿写，交流心得	PPT展示研究成果，课上进行嫁接和仿写	课后固化新创作的诗词作品，研习诗词入门相关材料	提供学习支架，现场投影交流
	3	解决问题2： 搜集文献资料，研习诗词格律、对韵等诗词入门规则，修改原作品	研习材料，梳理成果，修改作品	PPT展示研究成果，课上修改原作品	课后固化修改后的诗词作品，小组讨论确定创作主题	提供学习支架，现场投影交流
	4	反思提升：小组确定创作主题（展示围绕相关主题），结合诗词格律要求，再次进行仿写创作	综合展示，陈述思考，优化修改	课上现场创作	课后固化创作成果	微信公众号发布优秀诗词作品
	5	应用反馈：1.小组现场结合PPT、音乐进行原创作品串烧诵读展示； 2.小组间相互评价打分，教师做总结性评价	汇报展示，交流分享，评价	展示交流	课后将诗词歌谣作品集结成册	多媒体成果展示
学生作品	1.学生创作的古典诗词及中国风歌谣集结成册； 2.各小组学生进行自创诗词歌谣作品诵读展示（配合音乐、PPT展示）					
评价方式	课堂表现（30%）+诗词作品质量（40%）+小组作品展示（30%）					
安全保障	常规安全保障					
条件保障	课程开发组外部保障：教学活动多媒体设备； 课程开发组内部保障：自编导学材料的印制及发放，网络周末在线答疑平台					
开发次第	首次开发					
课程审批	1.课程教学处：　签章　年　月　日 2.学生发展处：　签章　年　月　日					

“古韵今声”诗词创作导入

一、教学设计分析

（一）内容分析

1. 时代背景

习近平总书记在十九大报告中强调“文化是一个国家、一个民族的灵魂”“坚持创造性转化、创新性发展，不断铸就中华文化新辉煌”。中国古典诗词作为中国优秀传统文化的重要载体，以其语言美、形式美、音韵美和意境美等滋养了一代又一代的中华儿女，凝结成生生不息的民族精神。创作中国古典诗词应用于具体的学科认知情境和生活体验情境之中，是中国优秀传统文化创造性转化的生动体现。

2. 学科背景

学习任务群 4“语言积累 1.梳理与探究”指出，“在观察、探索语言文字现象，发现语言文字运用问题的过程中，探究语言文字运用规律，增强语言文字运用的敏感性，提高探究、发现的能力，感受祖国语言文字的独特魅力，增强热爱祖国语言文字的感情”。学习任务群 5“文学阅读与写作”要求，“尝试文学写作，撰写文学评论，捕捉创作灵感，与同学交流写作体会，借以提高审美鉴赏能力和表达交流能力”。学习任务群 8“中华传统文化经典研习”及学习任务群 14“中华传统文化专题研讨”同时要求，“依据传统文化学习内容、学生兴趣、学习资源，加深对传统文化的认识和理解，增强传承、弘扬中华优秀传统文化的自信心、责任感”。学习任务群 13“汉字汉语专题研讨”指出，“训练学生从应用中观察语言文字现象的能力和总结规律的综合、分析能力，旨在加深学生对汉字、汉语的理性认识，例如汉字的表意性质、汉语的韵律特点、词汇意义的系统性、文学语言的灵活性等”。古典诗词创作教学贯穿上述必修、选择性必修、选修任务群，整合从语言运用到修辞鉴赏再到文化积淀等一系列语文核心知识，直击语文核心素养。

3. 课时背景

本课是系列课程导入课，作为一门学科选修课，本课时除了明确揭示系列课程核心任务外，还需要详细介绍任务的背景，以构建更有趣味和意义的学习情境：核心素养时代来临，参与以中国古典诗词语言素材及写作范式抒发现代生活意境与个人生命体验的诗词创作实践活动，融合古今两种视角，在实践中研究诗词创作基本规律，借鉴模仿前人优秀作品，“沉浸醲郁，含英咀华”，建立起文学创作的兴趣和愿望。

本课还需要明确课程研习对象：中国古典格律诗词。古韵即以古典的审美、韵律、运字、体式和谋篇，承继唐宋诗词的铿锵顿挫、精巧蕴藉之美。今声即基于现代生活的立意与意象，写出个体生命的咏叹、青春的芳华和当今中国的时代精神。

本课还需要明确组织方式，通过组建诗社、取笔名、加入线上学习共同体、发放并指导阅读校本教材等活动，营造充满古典韵味和文学品位的氛围。还需要明确研习目标并对接高考考点，学科选修课一定要能够成为学生提升学科核心素养的第二阵地，并树立学生对学习选修课程的信心，建立学习期待。例如：高二下期历来是写作训练的关键时期，同时，相较于缺乏经验与品味语言能力的高一和缺乏时间和精力的高三，本阶段也是进行语言推敲与打磨的最佳时期。因此，在本阶段开展古典诗词创作研究，具有一定的针对性。

本课还有必要通过出示预设的研究成果，刻画可能的研究成果，激发学生的研究兴趣，尽快帮助学生建立学习和创作规划。

（二）学生分析

从传统文化角度看，高中生对中国传统文化既心怀向往，又心生畏惧。无论是儒释道精神的熔铸，还是宗族民俗乡土文化的浸润，每一专题都可以是一部卷帙浩繁的长卷。而我们的学生，在传统文化热的席卷之下，呈现出两种倾向，一是表现出对经典过于佶屈聱牙、高深莫测的疏离，二是表现出对文化形式表象和符号的热衷。古典诗词创作教学中，要充分关注学生上述两种倾向，既要避免教学中传统文化知识过于晦涩枯燥的弊端，充分调动好学生的积极性，又要避免只注重形式导致的表面热闹和肤浅，建构好“运用理性思考，进行文化创造性转化”的深度体验。

从核心素养角度看，“纸上得来终觉浅，绝知此事要躬行”，通过组建古典诗词研习共同体（诗社），学生自主参阅相关诗词写作典籍和专著，通过创作实践，深入体会中华文化创造性转化的具体过程。学生研究的成果可以直接指导创作的过程，而创作实践的成果也可以用来观照和评价研究的过程。

从学生构成角度看，选修学科课程为自主报名，学生对诗词鉴赏及创作很有兴趣，部分学生渴望在创作上能有所突破，也有部分学生的创作预期较弱，需要教师进一步引导、鼓励。我校作为“培养—研究型”大学附中，学校浓厚的研究文化，对于学生的问题意识、研究意识的形成有促进作用。本课程所涉及的研究领域（诗词创作）对于学生而言既熟悉又陌生——学生从小学以来就开始系统接触传统诗词，此为熟悉；学生从未创作过成熟的诗词作品，此为陌生。这种既陌生又熟悉的研究，有利于学生在原有文学创作基础上的顿悟和突破。

（三）目标分析

1. 结果性目标

了解系列课程核心任务、任务背景、研习对象、组织方式、研习目标、预期成果以及所勾连的高考考点，拟定课程研习方向、创作计划，形成学习期待。

2. 体验性目标

在组建诗词研习共同体，感受浓厚的诗词创作氛围，激发自身创作诉求的过程中，体验创作规划、创作准备与创作成果之间的关联。

（四）资源分析

我们考虑先通过为每位学生量身定制一个“可模仿者”来培养语感，先研读作品，嫁接作品，仿写作品，积累用词。待学生有了自己的诗词作品后，再发放诗词格律研习材料，由学生自行总结规律（过程性资料作为平时成绩），教师从旁点拨，组织评价。

针对学生缺乏语感、语言品味能力、诗词创作常识和写作自信，有必要开发可供模仿的作品总汇及笺注资源，开发涉及诗词格律、对韵、意象、典故相关知识的资源，形成校本教材；开设周末在线网络答疑 QQ 群进行集体或个别的点拨指导，开设微信公众号，编写诗集，展示学生诗词作品。

（五）主题分析

基于前述内容、背景、学生及目标分析，达成本节课的教学目标，确定本节课核心问题为“了解系列课程核心任务、任务背景、研习对象、组织方式、研习目标、预期成果以及所勾连的高考考点，拟定课程研习方向、创作计划”。

二、教学实施设计

（一）教学环节

教学环节	学生活动	教师活动	设计意图
提出问题	领会解读，明确任务	1.解读课程任务：研习诗词创作入门方法，深入研读及模仿与己品味相仿诗人的作品佳句，创作、交流、评价及修改完善仿古格律诗词，跨媒介分享展示习作，集结成册并撰写心得体会。 2.明确课程研习对象：格律诗词。 古韵：以古典的审美、韵律、运字、体式和谋篇，承继唐宋诗词的铿锵顿挫、精巧蕴藉之美。 今声：基于现代生活的立意与意象，写出个体生命的咏叹、青春的芳华和当今中国的时代精神。 提出问题：从无到有，从不会到会，我们如何实现跨越？引出： 我们是一群学徒，各自修炼自己的专长； 我们是一个团队，各自扮演自己的角色	知晓内容，明确任务，铺垫关联
解决问题	组建团队	明确组织方式： 1.从诗词作品、词牌里抽字出来为自己取笔名；（研读《红楼梦》第三十七回，黛玉道：“既然定要起诗社，咱们都是诗翁了，先把这些姐妹叔嫂的字样改了才不俗。”） 2.按笔名第一个字的韵部归组结成诗社（每一组就是一个诗社，给诗社起一个名字：××诗社，并选一个社长）； 3.每位同学介绍自己的笔名和渊源	明确团队角色分工理解课程及其内在关联

续表

教学环节	学生活动	教师活动	设计意图
反思提升	回顾总结 交流整合 形成共识	分析案例：探讨创作的核心——模仿和化用。通过《川大附中古韵今声项目课程成果集》，展示往届学生习作和修改完善的过程。明确研修流程，发放校本教材，初定研习模仿对象并开展交流	总结归纳，提升认知，强化知识、策略与解题之间的关联体验
评价反馈	完成小组研习任务	布置个人及小组研习任务：拟定课程研习方向、创作计划，完成选修课问卷调查	从实践层面进一步加深学生对本节课关联体验的实践价值的认知

（二）评价预设

1. 提出问题环节

就学生提出的课程创作方向的问题，展示往届学生原创作品成果，包括一本《川大附中古韵今声项目课程成果集》和一部中国风歌词作品的视频编曲版。

2. 解决问题环节

就学生取笔名活动中碰到的困难，提供校本教材作为支持，要求笔名必须有中国传统文化色彩，不能取英文、日文夹杂的后现代名词。

3. 反思提升环节

就学生表现出的创作不自信问题，提供现当代名人作品，直陈其瑕疵，增强学生创作自信。

4. 评价反馈环节

就学生课后研习可能碰到的困难，制定参考书目《我爱写诗词》两本（高昌著），《唐宋词格律》（龙榆生著），不建议看王力的《诗词格律》，必要时可研读《幼学琼林》《声律启蒙》，校本教材里有《笠翁对韵》。

（三）板书设计

“古韵今声”诗词创作导入

我们为何而来：有所得

1. 我们对古典诗词感兴趣，希望能再次邂逅。
2. 通过创作诗词，理解诗词，提高鉴赏水平。
3. 通过创作诗词，遣词运字，提高写作水平。
4. 学习到有一定门槛的文学常识和中华文化。

（四）教学流程

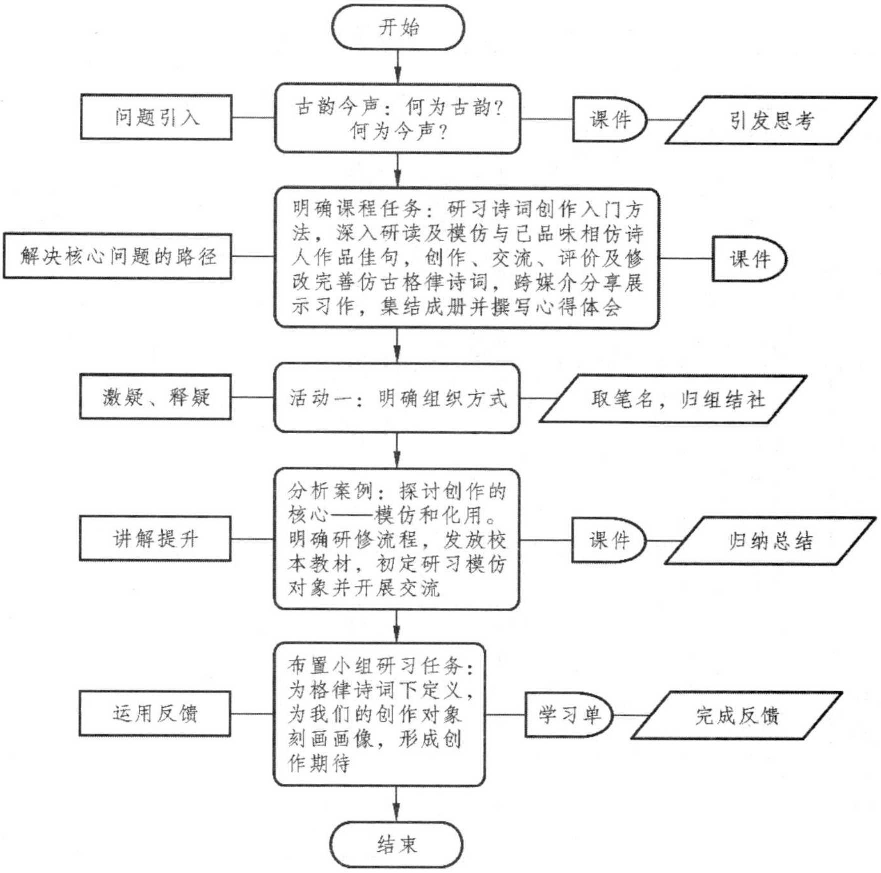

图 2-1　“古韵今声——古典格律诗词及中国风歌词创作研究”教学流程

三、教后评价设计

（一）信息搜集

为切实了解本系列课程二维教学目标的达成情况，课后收集了 37 位同学的问卷调查表，主要调查学生既有的诗词创作能力和实践情况，与课程结束时诗词创作成果作对照研究，现将最终的调查结果公布如下。

（二）自我评价

川大附中项目课程核心问题教学评价表

评价目标	评价指标			评价结果	
	一级指标	二级指标	三级指标		
实现活动体验中的学习与发展	具有核心问题教学形态	核心问题利于活动体验	内含客观问题和学生活动方式	7.5	每项指标最高评8分
			问题情景与真实生活密切相关	7.5	
			能引发新知识、新方法的生成	8	
		教学目标价值引导恰当	两类目标正确全面	7.5	
			关联体验目标恰当	7.5	
			目标价值引导显现	7.5	
		教学环节完整合理落实	教学环节清晰完整	7.5	
			环节内容合理充实	7.5	
			学生活动时间充分	7	
		教学要素相互匹配促进	问题目标环节两两匹配	7.5	
			技术促进活动形式内容	8	
			课程特点突出氛围浓郁	7.5	合计 90.5 分
	具有核心问题教学实质	拓宽学习视野	课程与现实世界有恰当关联	选择一个表现突出的二级指标，在相应三级指标的引导下，以现场学生表现为主要依据，以其余指标为背景，于本表的第二页写出150字以上的简要评价	
			有基于缄默知识的问题解决		
			有缄默知识运用的追踪剖析		
		投入实践活动	有真实而且完整的实践活动		
			能够全身心地浸渍于活动中		
			活动的内容结果均丰富深入		
		感受意义关联	有核心问题的深层意义感受		
			有以知识为中心的关联感受		
			有以个人为中心的关联感受		
		自觉反思体验	有实质性反思活动的开展		
			有课程新因素的追踪利用		
			有体验的交流与改善重构		

续表

<table>
<tr><td rowspan="2">评价目标</td><td colspan="3">评价指标</td><td rowspan="2">评价结果</td></tr>
<tr><td>一级指标</td><td>二级指标</td><td>三级指标</td></tr>
<tr><td rowspan="6">实现活动体验中的学习与发展</td><td rowspan="6">具有核心问题教学实质</td><td rowspan="3">乐于对话分享</td><td>乐于自我表达与认真倾听</td><td rowspan="6"></td></tr>
<tr><td>乐于合作中成果与思路的分享</td></tr>
<tr><td>有宽容的对话氛围和双向交流</td></tr>
<tr><td rowspan="3">认同体验评价</td><td>认可体验评价</td></tr>
<tr><td>参与体验评价</td></tr>
<tr><td>利用体验评价</td></tr>
<tr><td colspan="5">核心问题教学实质的简要评价</td></tr>
<tr><td colspan="5">针对二级指标“感受意义关联”的简要评价：
一、有核心问题的深层意义感受
通过诗词创作研习与实践，同学们对中国古典诗词有了更直观、更深刻的体认，对中国传统文化的底蕴和厚重有了真切的感受。比如高二 8 班古翊君同学在心得体会中说：“在本课程中，我感受到了古典诗词的魅力所在。古典诗词的语言美与音韵美浑然一体，相互成就，最终激发出震撼人心的独特文字力量。‘戴着镣铐跳舞’固然十分困难，然而古人却能游刃有余，不以词害意，令人敬佩！在创作过程中，我也深刻感受到了古典诗词创作的困难，常觉词难尽意，颇费脑筋。然而在老师的指导下，我逐渐感到了创作的精巧与乐趣，对古典诗词也能够发出自己的见解与思考。我希望自己能够在本课程后依然能发展该课题。希望本课程越来越好！”
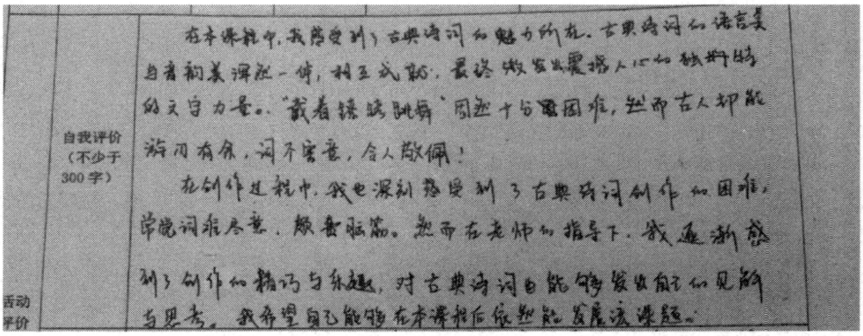
自我评价（不少于300字）
在本课程中，我感受到了古典诗词的魅力所在。古典诗词的语言美与音韵美浑然一体，相互成就，最终激发出震撼人心的独特的文字力量。“戴着镣铐跳舞”固然十分困难，然而古人却能游刃有余，词不害意，令人敬佩！
在创作过程中，我也深刻感受到了古典诗词创作的困难，常觉词难尽意，颇费脑筋。然而在老师的指导下，我逐渐感到了创作的精巧与乐趣，对古典诗词也能够发出自己的见解与思考。我希望自己能够在本课程后依然能发展该课题。
图 2-2　古翊君同学的自我评价
又比如高二 8 班孔一尧同学说：“我认为我对待课程很专注认真，也成功消化了老师所讲的平仄韵律规则，并且依据规则创作出了完整的作品。尽管算不上很优秀，但能够做到不失格律，我已经很满意了。诗词创作比我想象的要复杂很多，在我以前的认知里，仅仅用一些‘古典’的词语再押上韵便可以称得上是诗了，但是通过这门课程，我才认识到它的难度，对古往今来的诗人词人的崇敬之意也上升了一个高度。感谢这门课程！我认为我在课上表现也很优秀！”</td></tr>
</table>

核心问题教学实质的简要评价

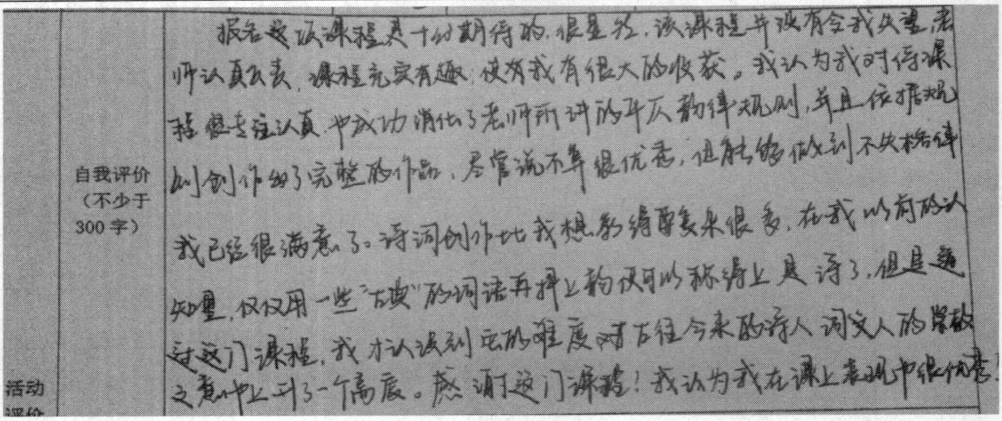

自我评价（不少于300字）	报名选这课程是十分期待的，很显然，该课程并没有令我失望。老师认真负责，课程充实有趣，使得我有很大的收获。我认为我对待课程很专注认真，也成功消化了老师所讲的平仄韵律规则，并且依据规则创作出了完整的作品，尽管说不算很优秀，但能够做到不失格律我已经很满意了。诗词创作比我想象得要难很多，在我以前的认知里，仅仅用一些"古典"的词语再押上韵就可以称得上是诗了，但是通过这门课程，我才认识到它的难度，对古往今来的诗人词人的崇敬之意也上升了一个高度。感谢这门课程！我认为我在课上表现中很优秀！

活动评价

图 2-3　孙一尧同学的自我评价

二、有以知识为中心的关联感受

本课程从知识到能力的演变过程是漫长而曲折的，一些同学经历了知识的顿悟过程。比如高二 11 班何嘉杨说："在上课前，我对古诗的作法一无所知，只是听了一些优美的古风歌曲而对古诗词有一定的兴趣，抱着'试一试'的心态报了这一门课。在课上我学习了古诗的格律、押韵，虽然有一些不明白，但通过鉴赏别人的作品，我逐渐了解了古诗的格律。随后，我也开始慢慢学习作诗，虽然很困难，我也思考了很久，在炼字、押韵方面想了很久，写到深夜才定下来。写成的那一刻，心中不由得欣喜。虽然作出来的诗句仍有不足，但作为我人生中第一首诗，我已经比较满意了。"

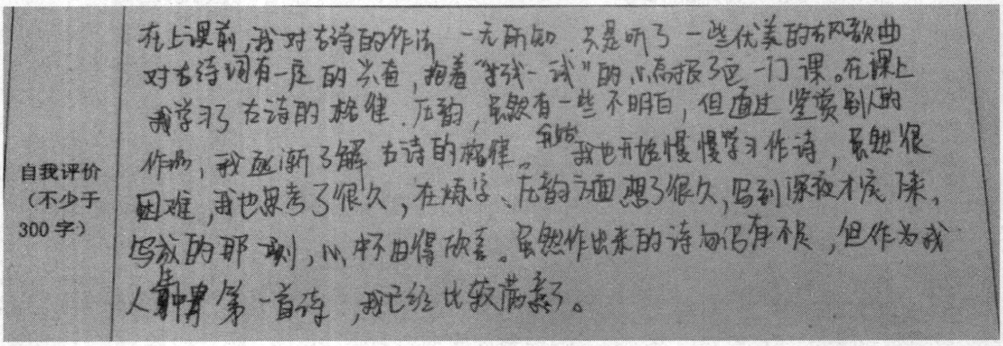

自我评价（不少于300字）	在上课前，我对古诗的作法一无所知，只是听了一些优美的古风歌曲对古诗词有一定的兴趣，抱着"试一试"的心态报了这一门课。在课上我学习了古诗的格律、压韵，虽然有一些不明白，但通过鉴赏别人的作品，我逐渐了解古诗的格律。我也开始慢慢学习作诗，虽然很困难，我也思考了很久，在炼字、压韵方面想了很久，写到深夜才定下来。写成的那一刻，心中不由得欣喜。虽然作出来的诗句仍有不足，但作为我人生中第一首诗，我已经比较满意了。

图 2-4　何嘉杨同学的自我评价

本课程所涉及的相关知识直接可应用于创作实践，并在反思提升和评价反馈中得到不同程度的重构。比如高二 11 班吕媛莉的感受是"本次课堂中，我在老师的指导下初步了解了中国风诗词的和而不同，在专业知识的指导下尝试创作。之后在诗词中表达家国情怀，如第一首诗《无恙》：'敬尔前身吟落魄，幸余后辈咏风光'。在反复的字词推敲中成长，在平仄格律的规范中日益精湛。当然也有不足的地方，如'念清蒸一似星火，盛我中华是昡芒'，在'是'和'似'中有所欠缺，但在与老师的讨论中，得以改为'念卿正道如星火，燎我中华出莽苍'，既提升了意象使用水平，也修正了字音平仄上的差错。之后的词作《卜算子·记庚子年全民抗疫》也继续寄托此类情怀，用最文艺的表达讲述了最真实的情感。在这一次的训练中，平仄合律也有了进一步提升。"

核心问题教学实质的简要评价

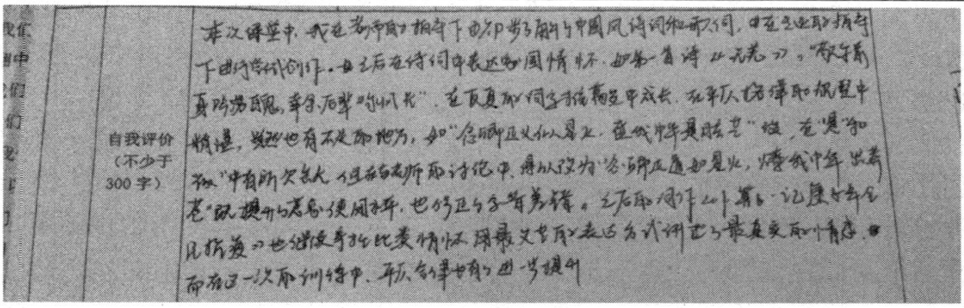

图 2-5　吕媛莉同学的自我评价

一些学生花了很长时间都没有能够突破，顿悟是在偶然因素和必然因素共同作用下产生的，比如高二 12 班胡曦彤说：“记得那次为了交作业，苦思冥想，却没有写下半个字。而在那天的深夜，做着物理题，却突然地闪过这样的画面，又几经老师评讲修改，最后终于写出来了。也许有点幼稚，但我还是很开心。”

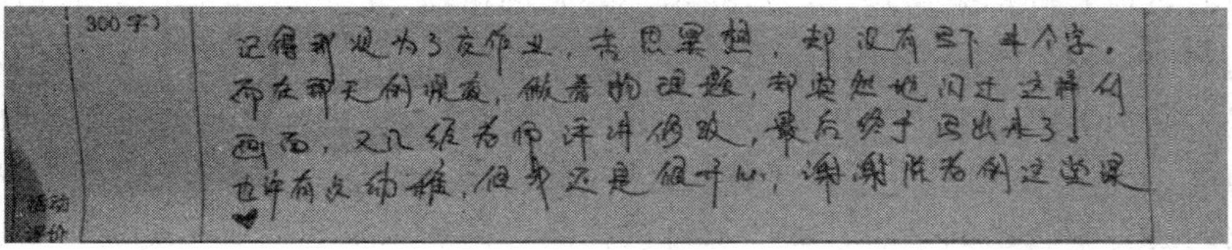

图 2-6　胡曦彤同学的自我评价

三、有以个人为中心的关联感受

在创作诗歌过程中，有一些学生超越教师所给定的知识框架和创作模型，形成了个人独特的创作体验和审美品位。比如，高二 2 班赵博翰同学感受（原文稍作改动）：“作诗难，难于上青天。本来我是更 like 读诗的，但写诗的体验很少，曾有韵意不错的诗，但不知平仄也不懂押韵，现在再看是有些不成熟，所幸而今有所成长。我自己写诗必求诗兴，有诗兴可写，但不一定写得成，写得好。诗兴其实就是感触，喜怒哀乐，人情世故，所以我习惯先有尾句，先有感慨，再求表述，较于先有景而后生情，难度大了（也许是我‘菜’了），毕竟为赋新词强说愁很是让人痛苦。较于自己写作品，仍喜欢读、赏、品，但我也不局限于共情，不懂多少技巧。同学们有些新意十足的作品，很有趣。比如清窗同学《是时》一诗，诗中传达的一种学生的痛苦大抵天下学子均可感的感受十分有趣，有怨声载道，有茫然与失望，但也有走走停停之后柳暗花明的惊喜。再评江晚欲《鹧鸪天》一词，词中大量铺有萧瑟之景，丰富但不凌乱，音韵均好，不足之处是意太悲，情太切。”

有一些学生表现不及自己的预期，生成了这样一段感想。比如，高二 6 班何禹衡（原文稍作修改）：“一方面，我确实通过这个课程学到了关于诗词的一些平常学习课上学不到、平常也不会特别关注的有关古代诗词格律的知识。一直以来知道中国古诗词有音乐美，却不知道中国古诗词为什么有音乐美。这些知识对于提高我的文学素养非常有帮助。另一方面，由于课程次数限制和繁忙的学业，我没能在这次课上大展拳脚，这是我的一个遗憾。不过也从另一个侧面反映了自己的不足，与那些创作出优秀作品的同学未免相形见绌。文学、音乐等艺术创作能力与现在的成绩没有直接联系，但它能够潜移默化地影响一个人的气质，有利于一个人的终身发展。值得一提的是，有的同学是没得选而进入了这门选修课，因为很多人对语文深恶痛绝。让那些‘没得选’的学生也能对诗词提起兴趣，正是这门课努力的方向所在。”

（三）反馈调整

四川大学附属中学选修课程“古韵今声——古典格律诗词及中国风歌词创作研究”共5次10节选修课迄今已全部结束。有始有终，善始善终，一路走来，我们有收获，也有遗憾，“善终”就是要盘点总结好其中的得失。

我们为何而来——为有所得。我们对古典诗词感兴趣，希望能够在课上深度邂逅；我们创作诗词，理解诗词，希望能够借此提高鉴赏水平；我们创作诗词，遣词运字，希望能够借此提高写作水平；我们还希望学习到有一定门槛的文学常识和中华文化。

我们最初的规划是人人创作至少一首古典格律诗词，集结成册；每组原创或填翻中国风歌词，进行配乐编曲；诗词作品诵读展示及视频录制、制作。那么，哪些我们完成了，哪些我们没有完成、尚待完成呢？

我们是一群学徒，各自修炼自己的专长；我们是一个团队，各自扮演自己的角色。我们建立了部落——川大附中古韵今声创作群，里面有各种各样的配套资料，也可以通过它找到老师继续问各种各样的问题。我们的交流其实才刚刚开始。

我们要保管好校本教材，格律知识三章和创作技巧三章是老师们精心为大家量身定制的写诗攻略，虽然最初可能学生看不明白有些部分的内容，但随着创作的深入，是不是一些内容已经派上了用场？——不过也许并没有什么用，终究是要尘封于历史的忘川中。然而，在这些快要忘却的纪念里，始终有一份我们对于彼此的祝福和期许。

我们还有了自己的笔名，那些从诗词作品、词牌以及我们所热爱的某个意象中抽取幻化出来的字眼，就这样闯进了我们的世界和人生，这是一种缘分。我们按照笔名第一个字所属中华通韵的韵部，归组结社，这也是一种缘分。我们计划为每一个诗社起一个名字，选一个社长，并辔同游，曲水流觞，何时成为现实呢？

最后，我们要记得，我们的文字创意站在前人的肩膀上，汇于璀璨的文明中，这是一种幸运。所谓古韵，就是以古典的审美、韵律、运字、体式和谋篇，承继唐宋诗词的铿锵顿挫、精巧蕴藉之美；所谓今声，就是基于现代生活的立意与意象，写出个体生命的咏叹、青春的芳华和当今中国的时代精神。

所以，我们有所得，我们成功了。

28个作品，献给我们自己。

川大附中项目课程体验性目标点检测表

<table>
<tr><td rowspan="5">基本信息</td><td>课程名称</td><td colspan="2">古韵今声——古典格律诗词及中国风歌词创作研究</td><td colspan="2">课程类别</td><td>学科选修课</td></tr>
<tr><td>首席教师</td><td colspan="2">陈奥</td><td colspan="2">组/处</td><td>语文组</td></tr>
<tr><td rowspan="2">参与教师</td><td colspan="2">郑芸</td><td colspan="2">组/处</td><td>语文组</td></tr>
<tr><td colspan="2">山莉莉</td><td colspan="2">组/处</td><td>语文组</td></tr>
<tr><td>年　级</td><td>高二</td><td colspan="2">上课时间</td><td colspan="2">10月13日、10月26日、11月10日、11月24日、12月8日</td></tr>
</table>

<table>
<tr><td>核心问题</td><td colspan="3">问题：如何创作一首仿古格律诗词，如何提炼古典诗词创作法门并用于中国风歌词创作。
活动：研习古典格律诗词创作入门知识，研读、收集、模仿并借鉴典型诗人作品素材，创作、交流、评价及修改完善仿古格律诗词，跨媒介分享展示习作，结集成册并撰写心得体会</td></tr>
<tr><td rowspan="2">课程目标</td><td>结果性目标</td><td colspan="2">了解古典诗词格律基本范式及对仗、音韵、意象、典故运用的基本规律，掌握古典诗词创作的基本规律，创作至少一首仿古格律诗词，合作原创或填翻中国风歌词</td></tr>
<tr><td>体验性目标</td><td colspan="2">在诗词作品的创作修改、分享展示及评价过程中，体验诗歌创作实践与基本知识之间的内在关联，体验“和诗人、词人处于同样的语词素材、格式、体例背景”的古人视角，与抒发现代生活意境和个人生命体验的今人视角之间的关联，在此基础上体验“中华文化的创造性转化”的具体过程</td></tr>
<tr><td>检测点</td><td colspan="3">诗歌创作基本知识与创作实践之间的内在关联</td></tr>
<tr><td>检测任务</td><td colspan="3">在基本掌握诗词创作的基本知识和规律之后，创作出至少一首合律、合格、合情、合意的仿古格律诗词作品或中国风歌词</td></tr>
<tr><td rowspan="4">分类标准</td><td colspan="3">A.能创作出超过一首合律、合格、合情、合意的仿古格律诗词作品或中国风歌词</td></tr>
<tr><td colspan="3">B.能创作出一首合律、合格、合情、合意的仿古格律诗词作品或中国风歌词</td></tr>
<tr><td colspan="3">C.能创作出一首基本合律、合格、合情、合意的仿古格律诗词作品或中国风歌词</td></tr>
<tr><td colspan="3">D.在第五节课时未能提交一首合格仿古格律诗词作品</td></tr>
<tr><td rowspan="5">检测统计</td><td>分类等级</td><td>学生人数（总人数 37 人）</td><td>所占百分比</td></tr>
<tr><td>A</td><td>7</td><td>18.9%</td></tr>
<tr><td>B</td><td>14</td><td>37.8%</td></tr>
<tr><td>C</td><td>7</td><td>18.9%</td></tr>
<tr><td>D</td><td>9</td><td>24.3%</td></tr>
<tr><td>检测分析结果运用</td><td colspan="3">课前调查显示，报本门选修课的同学只有一位有过创作古典格律诗词的经历，且该位同学并没有受过严格的格律训练，只了解粗浅的押韵知识。因此，本门选修课需要帮助学生从不会作格律诗到会作格律诗，也就是刻画一个“从无到有”的过程。
从最终统计结果来看，A 等级的同学有 7 人，这类同学对格律诗词创作有较为深刻的体验并且能够与诗歌创作基本知识关联起来。
难能可贵的是，这些同学还能结合个人的创作及鉴赏体验，对其他同学作出示范和提供建议，他们把对中国传统文化的感知转化为了文化输出。
B 等级的同学有 12 人，这类同学对格律诗词创作有深刻的体验，体现在能够主动进行原创诗歌的打磨，在遇到困难的时候，能够主动联系老师进行指导，能够与老师所传授的诗词创作基础知识关联起来。
C 等级的同学有 7 人，这类同学对格律诗词创作有一定的体验，他们尝试创作出完整作品，但最终没有突破瓶颈，作品中还存在着一些不易改善的问题。他们对于将诗词创作的基本知识与创作实践关联起来的体验，没有 A、B 两类同学深刻。
D 等级的同学有 9 人，这类同学对诗词创作基本知识和创作实践的关联体验不足，未能及时完成相关创作，个别同学是因为时间调配失当导致未能及时提交作品。</td></tr>
</table>

检测分析结果运用	综合来看，A等级的同学有深度体验，能主动把握其关联。在此基础上，能够延伸到自身对中华传统文化的深度体验，这说明学生的深度体验触发的深层次思考带来了更清晰、更明确的行为指引。该类同学占比接近20%，说明课程活动很恰当合适，因而，学生对体验性目标的体验深度高。 A、B等级的同学均对诗词创作有较为深刻的体验，且能主动与中华传统文化的厚重底蕴关联起来。该部分占比56%，说明课程活动较为恰当，因而，班级的体验性目标整体达成度较高，即实现深度体验的面较广。 C、D等级的同学对两者有一定的体验，但体验不深。说明课程的研究活动需要进行调整，或在过程中对同学们的体验进行及时关注，以实现体验性目标的体验深度好、深度体验的群体广的要求。 75%的学生基本实现了课程目标，该统计结果有学生原创成果作为印证，还有部分学生通过线上指导、不断修改逐步完成创作，创作历程有记录，创作指导有落地。因此，该检测结果对课程总体评价及下一步改进有重要参考意义
体验典型实例	优秀作品展示（更多优秀作品见成果集）: 行人 明轮（高二8班古翊君） 人间岁岁繁花去， 暮雪纷纷赤玉灼。 寻至隆冬声愈远， 但听松柏隐征铎。 教师赏评：开头两句对仗工整，“繁花去”的清冷与“赤玉灼”的傲然构成了强烈的对比，“岁岁”与“纷纷”则从形式上强化了韵律的对称之美，开头即入格、入律、入韵。诗人以“赤玉”（红色的玛瑙玉）喻指梅花，别具一格，又独具匠心，既巧妙地避免了“梅”“花”等字平仄失律的问题，又为画面点染了色彩，为“灼”字张本。写诗就是要敢于做第一个吃螃蟹的人，否则梅花何来“雪友”“疏影”“琼英”“清客”那么多的别称呢？自此，梅花的别称又多了一个——赤玉。此诗末两句“寻隐”意蕴高妙，松柏的视觉形象与征铎的听觉形象融为一体，足见作者的雅趣与高格。 忆春日别故人 明轮（高二8班古翊君） 一视墙头绿水活，路长日暮更蹉跎。 忆昔絮絮轻狂语，谁复朝朝戏谑说。 枝上柳绵空自去，影间残花与独酌。 人生固有离别日，天下宴席聚散多。 教师赏评：此诗颔、颈两联对仗工稳，虽“花”字平仄出律，但以物喻人、以景托情的写法能用对仗的方式呈现出来，实属难能可贵。颔联“絮絮轻狂语”“朝朝戏谑说”巧用反语表达拳拳深情，“谁复”二字更是将感情推向高潮，写法很是老道。律诗引宋词之典，想必是唐人羡慕的吧，由此也开了新意
检测反馈	高二11班吕媛莉：本次课堂中，我在老师的指导下初步了解了中国风诗词的和而不同，在专业的指导下尝试创作。之后在诗词中表达家国情怀，如第一首诗《无恙》。“敬尔前身吟落魄，幸余后辈咏风光”，在反复的字词推敲中成长，在平仄格律的规范中日益精湛。当然也有不足的地方，如“念清蒸一似星火，盛我中华是昡芒”，在“是”和“似”中有所欠缺，但在与老师的讨论中，得以改为“念卿正道如星火，燎我中华出莽苍”，既提升了意象使用水平，又修正了字音平仄上的差错。之后的词作《卜算子·记庚子年全民抗疫》也继续寄托此类情怀，用最文艺的表达讲述了最真实

<table>
<tr>
<td>检测
反馈</td>
<td>的情感。在这一次的训练中，平仄合律也有了进一步提升。
高二 3 班金菲蕊：一直都很崇敬艺术，艺术在我心中是很神圣的事物，有受过艺术的熏陶，学过舞，学过画，学过许多乐器，但不会创作。我觉得创作是体会艺术的很重要的途径。虽然上课时有时写作业，但课堂对我的影响很大，我找到了一条很容易上手的途径来表达自己的情感。诗对于我来说，是较为浪漫的东西，我仿佛有了自己的笔，描绘我心中的美好。积累多年的想法、灵感、情绪有了出口，而且自己创作了一个作品。写完诗后发现自己压了一个仄声韵，改了一个小时，因为是第一次创作，被韵、平仄搞得很头疼，但完成之后感觉自己很厉害，仿佛就是下一个李白，而且对成绩影响很大，以前语文是我最头疼的学科，但创作完之后，语文第一次考了年级十几名
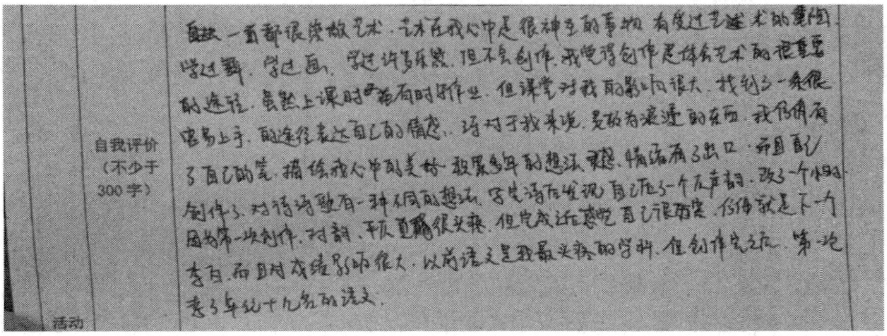

图 2-7　金菲蕊同学的自我评价</td>
</tr>
</table>

修往古之雅韵，发盛世之清音

——高中语文古典诗词创作教学在选修课程三类情境中的应用

陈 奥 郑 芸 山莉莉

习近平总书记在十九大报告中强调“文化是一个国家、一个民族的灵魂”，“创造性转化、创新性发展，不断铸就中华文化新辉煌”。中国古典诗词作为中国优秀传统文化的重要载体，以其语言美、形式美、音韵美和意境美等滋养了一代又一代的中华儿女，凝结成生生不息的民族精神。创作中国古典诗词，应用于高中语文选修课程构建的“个人体验情境”“社会生活情境”和“学科认知情境”（语文新课标“学业水平测试与高考命题建议”中提出）之中，是中国优秀传统文化创造性转化的生动体现。

新高考背景下，无论是个人体验情境、社会生活情境还是学科认知情境，其内在逻辑和任务目的指向都十分具体，具有鲜明的反“应试”倾向。考生的思维及表达能力将在多元、多维、多变的情境中得到更切实的检验。高中语文教情学情迫切需要基于写作赋能以及以写作驱动理解赏析的教法变革，而古典诗词创作实践对上述语文素养和能力的靶点有很强的针对性。四川大学附属中学“古韵今声”选修课程团队已开发两期共 20 节系列课程，带领学生在诗词作品的创作修改、分享展示及评价过程中，体验诗歌创作实践与基本知识之间的内在关联,体验往古诗人词人所处之“语词素材”“语用格式”“体例背景”“审美范式”的古人视角、古典情怀，与抒发现代生活意境和个体生命体验的今人视角、今世气象之间的关联，在此基础上体验“中华文化的创造性转化”的具体过程。从课后检测评价反馈的情况看，多数学生建立起文学创作的兴趣和愿望，体验了用古典诗词的形式表达思想情感的全过程，增强了传承民族文化的自信心。

一、以校本教材聚焦打造“诗味”构建学科认知情境

钟嵘《诗品》中提出了诗的“滋味”说，唐代司空图《与李生论诗书》中也说：“文之难，而诗之难尤难。古今之喻多矣，而愚以为辨于味，而后可以言诗也。”这种“诗味”是优秀诗歌的特质要求。诗的这种“味”很独特，又似乎比较抽象，这就要求我们必须对诗的本质有明确的认识，并向学生做准确、深入、全面的介绍，以调动其创作的悟性和素质，促进其不断进行自觉的揣摩和追求。

于是，我们开发了《古韵今声诗词创作校本教材》。校本教材的编写从以下四个方面立意：

第一，诗要有境界。诗歌来源于生活，但又必须是对生活的一种提炼和升华，它不同于原汁原味的生活本身。好诗须有境界，须有襟抱，而境界和襟抱从根本上看来源于阅读。我们开发了至少两位诗人、两位词人和一位中国风词作者的经典易模仿作品总汇及笺注资源，编辑了共计 208 条筋骨词句素材库，以供学生阅读取经。

第二，诗要有性情。诗有性情起码表现在两个方面，一是诗要有真感情，二是由

于创作主体的不同，每个人的性情自会有不同。我们鼓励学生组建团队创作中国风歌词，我们认为现代流行歌曲是兼具个性与诗意的艺术表达形式，我们希望用歌声唤起同学们诗兴的冲动。校本教材电子版将著名作词人方文山讲歌词创作的 10 部视频选入，以供学生观摩。

第三，诗要兼顾格律与表达。古典诗词同样涉及内容和形式的问题，至于哪一个更重要，不同人或许有不同的说法，但笔者以为二者是不可偏废的。诗词是“戴着镣铐跳舞”，那么，这就既要考虑到“镣铐”——格律的因素，完全不谙格律是冲动，是蛮干，写出来的作品是不能称其为古体诗词的（尽管当代诗词创作可以有一些放宽的变通，但不能完全无视诗词的格律规则）；另一方面也不要完全削足适履，甚至完全违背自己的表达意图。校本教材精心编辑了《绝句律诗平仄查询范式》《殊老师的平仄理解背诵窍门》《中华通韵常用字简表》《平水韵韵表》《古汉语入声字现代汉语常用字转音表》《古汉语入声字一般辨别规律》《常用宋词词谱大全》《领字的运用技巧》《笠翁对韵全文》等文章，供学生在格律和表达两个方面加以研习提高。

第四，重视灵感与磨炼。创作当中有没有灵感的出现？当然会有，灵感是诗词创作过程中的一种思维状态。但这灵感并不是凭空产生的，而是需要建立在平日刻苦磨炼的基础上，灵感是不会光顾没有创作经历的人的头脑的。灵感具有突发性、瞬间性，突如其来，稍纵即逝，所以，我们要格外珍视灵感的出现，及时发现、鼓励并肯定这珍贵的宝物。每期系列课程我们都精心编写《川大附中古韵今声项目课程成果集》，及时鼓励肯定学生的创作，并指出相应的问题。

比如，祁宴（笔名）同学创作的《流云》：“碧天如洗山如黛，任是流云聚自旋。斟酒何需空自恼，直须与月共饮眠。”老师的评价为：碧天如洗，即便是流云，在这万里澄空、千峰开霁、山色如黛的盛景中，也抱聚自旋，优哉游哉。且停下你思念的酒杯，何必自寻烦恼，直到傍晚时分定有无边的月色歆享，彼时再与月共饮，与月同眠吧。作者通过“任”“何需”“直须”等虚字的组合，打通了绝句起承转合的文脉，使景与情自然相融，旷达如流云，流云亦如诗人。瑕疵在两个“自”的重叠，以及“饮”字平仄失律。

又比如惊鹊同学创作的《长》：“晚风托浅雾，煮雪润温茶。逢树上烟火，幸年方二八。”老师的评价为：开头两句营造的氛围实在是温馨又浪漫，“树上烟火”为这一幅图景抹上了最绚烂的一笔。诗题取名《长》，意味深长——这样的时光不徐不疾，悠然漫长；这样的青春刚刚启程，来日方长。值得一提的是，“烟”字被双仄声字夹住犯了孤平，作者为我们示范了下句用孤仄来进行拗救的具体做法，十分巧妙。

二、以创作氛围营造构建个人体验情境

诗词创作最佳的个人体验情境应该是诗词采风，带着学生走进田野，走向大自然，走入黄沙大漠和历史烟云之中。然而，这不可能成为课程开发的普遍情境，也不具有推广可能。

亚川在《“下水”创作与古诗词鉴赏》一文中谈道：“一首作品可以从文艺心理学入手讲解，也可从文化学角度进行鉴赏；可以用原型批评，也可用审美‘格式塔’……但是，从素质教育的要求来看，窃以为还缺少一条路径——从创作入手深化鉴赏，提

高古典诗词的素养。”我们从以上这段话觉察到，实际上就提升古典诗词素养而言，创作本身就是一个深度体验的情境，我们只需要赋予这一情境更真实、更生动、更立体的氛围即可。

我们精心打造了课程组织样态，比如引导学生从诗词作品、词牌里抽字出来为自己取笔名，不论是课堂发言还是 QQ 昵称，还是成果集署名，我们都以笔名称呼；引导学生按笔名第一个字的韵部归组结成诗社，起社名，选社长，明确“我们是一群学徒，各自修炼自己的专长；我们是一个团队，各自扮演自己的角色”的学习预期；引导学生配乐吟诵自己的作品，用音视频形式分享自己的作品，用多种表演形式宣传自己的作品。

三、以跨媒介学习与交流构建课程的社会生活情境

首先，对“跨媒介”这一概念的正确认识和充分运用，有助于解决古诗词创作教学一直以来的难题——为何学生难以在课堂上创作出令人满意的作品，而一旦作为家庭作业往往能够带来惊喜？因为学生在课外有更多的渠道获取自己想要的信息，有更多的时间进行推敲和打磨。他们通过不同的媒介渠道获得信息并加以整合，这实际上构成了诗词创作的外部支持系统和学习支架。其次，在诗词创作教学过程中，修改学生的诗词作品是一个非常耗时耗力又极为重要的过程，会占用教师大量的课内外时间，如果能够将师生、生生交流，以及诗词作品的面批面改搬到网上，则能够最大程度地利用碎片化时间，以“错峰”交流、群体交流的形式让诗词评改的效益最大化。最后，我们就诗作主题给予了建议和引导，并提供了大量的跨媒介素材，要求学生诗题紧贴时事热点、校园活动、时令特点及学生生活，如建党百年、成都大运、国庆抒怀、鼓励抗疫等，让学生查阅研习相关素材，酝酿起兴之灵感。以下是本课尝试开发利用的跨媒介资源：

【跨媒介途径一】通过网络自媒体微信公众号“川大附中古韵今声”（2021 年建立，目前已推送 20 余组学生作品）定期发布优秀学生作品。

【跨媒介途径二】鼓励学生在百度宋词吧、天涯论坛诗词板块、百度古诗词吧等有影响力的贴吧、论坛发表作品，争取帖子加精。

【跨媒介途径三】通过龙榆生唐宋词格律在线网站了解词牌格律，通过中华新韵在线网站查询韵脚，通过“诗词吾爱”网在线检查格律问题。

【跨媒介途径四】建立“川大附中古韵今声创作 QQ 群”，线上发布 16 份校本教材课程资源，向每位同学提供个别或群体指导。

著名诗人、中华诗词学会理事刘梦芙先生曾经说过：“普及诗词必须以写作训练为重点。初、高中要读写并重，边读边写。写作训练必须放在首要地位，贯穿于中小学以至大学的整个教育过程之中，这才是真正的诗教。”一个从不曾作过诗的人读古诗，是很难产生切身之感、切肤之爱的；不进入古人创作的心路历程，就很难体会古诗词推敲语言时深度思考的过程。让学生诗意地栖息在语文大地上，修习古诗词完美的韵姿，方能厚植他们精辟、生动、形象的语言，涵养他们丰富的想象和审美创造力，最终也一定能够反馈到课内学习和语文核心素养的熔铸上，就像金菲蕊同学说的那样：“写完诗后发现自己压了一个仄声韵，改了一个小时，因为是第一次创作，被韵、平

仄搞得很头疼，但完成之后感觉自己很厉害，仿佛就是下一个李白，而且对成绩影响很大，以前语文是我最头疼的学科，但创作完之后，语文第一次考了年级十几名。”

参考文献

[1] 费毅诚，童志斌.“跨媒介阅读与交流”之古诗词创作教学[J].中学语文教学参考，2020（34）：13-14.

[2] 孙铜铜. 在古诗词创作与教学中培养师生语文素养的策略研究[J]. 新作文（语文教学研究），2019（10）：68.

[3] 菜金成. 浅论诗词创作对高中诗词选修课教学的作用[J]. 现代语文（教学研究版），2016（11）：51-52.

[4] 亚川. “下水”创作与古诗词鉴赏[J]. 集宁师专学报，2000（3）：91-94.

中国现当代作家作品专题研讨之
刘慈欣科幻文学研究

川大附中项目课程开发实施规划纲要

课程首席教师：林　俊（语文组）

课程参与教师：梁　军（语文组）　孔令波（语文组）

<table>
<tr><td>课程名称</td><td colspan="8">中国现当代作家作品专题研讨之刘慈欣科幻文学研究</td></tr>
<tr><td>课程类型（勾选）</td><td></td><td>必修的综合实践活动课程</td><td></td><td>必修的劳动课程</td><td>√</td><td>选修的学科课程</td><td></td><td>选修的校本课程</td></tr>
<tr><td>实施对象</td><td colspan="3">高一年级学生</td><td>建议选课学生人数</td><td colspan="4">15～20人</td></tr>
<tr><td>课程课时及上课时段</td><td colspan="8">课程课时：5次10课时；上课时段：学校规定的校本选修课上课时段</td></tr>
<tr><td>课程背景</td><td colspan="8">1.学生背景：高一新生有科幻小说的阅读积淀，抱有对科幻小说的浓厚兴趣。能够依托中国文化思想背景进行世界级优秀科幻小说创作的优秀中国作家凤毛麟角，刘慈欣就是其中的典型代表，学生对刘慈欣的科幻作品非常认可。
2.资源背景：在新课标选修课程安排有“中国现当代作家作品专题研讨”的语文学习任务，我们据此开发实施“刘慈欣科幻文学研究”选修学科课程。刘慈欣作品市场反应热烈，学术研究论文众多，是学生开展研究可以借助的资源。著名科幻杂志《科幻世界》编辑部位于成都人民南路四段，便于探访</td></tr>
<tr><td>课程内容（核心问题）</td><td colspan="8">实地访谈《科幻世界》主编，研读刘慈欣的作品，提炼优秀科幻作品基本要素，用于科幻作品创作，撰写研究报告</td></tr>
<tr><td>核心问题分析</td><td colspan="8">问题：如何提炼优秀科幻作品基本要求，如何用于科幻作品创作。
活动：实地访谈《科幻世界》主编，研读刘慈欣作品，撰写研究报告</td></tr>
<tr><td>课程目标</td><td colspan="8">1.结果性目标：各小组成员阅读刘慈欣文学作品，完成各自的读书笔记；能根据自己的调研过程和收获，撰写出相应调研报告和文学评论；能结合现代技术介绍本组进行刘慈欣科幻文学研究的过程及调研报告和文学评论的形成过程；能对其他小组的研究结果提出自己的评价和建议。
2.体验性目标：在各小组介绍刘慈欣科幻文学研究过程中，体验各小组在研究方法、结果上的共性和差异；学生在展示、交流活动中，再次反思本组开展刘慈欣科幻文学研究的全过程，体验个人责任担当与团队协作之间的关联。在其他小组给出的评价和建议中，体验评价、建议与本组刘慈欣科幻文学研究的改进方向和方法间的关联；在展示交流的过程中，学生能体验到语言表达能力、逻辑思维能力、现场应变能力、团队协作能力与成功的演讲报告间的关联</td></tr>
</table>

续表

	课次	主题	研究环节	学生活动	课前课后任务	活动地点及技术融入
课次计划	1	提出问题：介绍课程开发的背景、意义，提出核心问题	1. 简介刘慈欣及其作品； 2. 明确课程目标； 3. 讨论确定研究	明确核心问题、学习基本调查、研究方法，撰写读书笔记和文学评论的要求，设计访谈方案	课后：根据研究问题分组，明确成员分工，阅读相关作品，完成读书笔记	有多媒体设备的教室； B5 学习小组组织与管理
	2	解决问题：调研收集与方案修改	1. 前往《科幻世界》杂志社对编辑进行访谈调研； 2. 对研究方法途径问题进行研讨	1.利用课堂时间前往《科幻世界》杂志社实地考察访问； 2.基于实地考察和读书笔记，学生将访谈资料进行汇总讨论，围绕研究的问题进行资料的整理和学习	课后：通过查阅文献资料、分析问题，讨论交流等对刘慈欣科幻文学进行初步研究，初步完成各组调研报告	《科幻世界》杂志社； B5 学习小组组织与管理
	3	解决问题：交流讨论，方案调整	1. 分组展示研究结果； 2. 收集评价建议； 3. 对成果表达进行修订	各小组交流调研报告，对本组在研究过程中遇到的问题与困难、困惑与思考展开交流讨论，向老师和其他组同学寻求建议与帮助，并积极进行反思提升，修改完善本组的调研报告；完成本组文学评论	课后：修改、调整各组调研报告、初步完成各组文学评论	有多媒体设备的教室；A3 演示文稿设计与制作； B5 学习小组组织与管理
	4	解决问题：探讨改进与实施方案	1. 分组展示成果； 2. 小组自评互评； 3. 进行适当调整补充	小组内部对完成的文学评论进行多维度的评价，再不断调整；收集评价意见建议，运用现代技术优化课程展示方式	课前各小组完成调查报告和初步完成文学评论；课后根据评价意见完成文学评论，运用现代技术优化课堂展示内容	有多媒体设备的教室； A3 演示文稿设计与制作； B5 学习小组组织与管理； B9 自评与自评活动组织

续表

<table>
<tr><td rowspan="2">课次计划</td><td>课次</td><td>主题</td><td>研究环节</td><td>学生活动</td><td>课前课后任务</td><td>活动地点及技术融入</td></tr>
<tr><td>5</td><td>反思提升，评价反馈：成果展示与交流评价</td><td>1. 研究成果汇总，制作汇报演示文稿；
2. 成果应用反馈，小组讨论交流；
3. 学生点评作品，教师总结</td><td>展示小组研究成果并进行汇报，组内讨论，点评作品</td><td>课前：制作完善固化展示内容，准备汇报材料</td><td>有多媒体设备的教室；
A3 演示文稿设计与制作；
B5 学习小组组织与管理；
B9 自评与自评活动组织</td></tr>
<tr><td>学生作品</td><td colspan="6">调研报告，文学评论和调研过程 PPT 及其他物化资料</td></tr>
<tr><td>评价方式</td><td colspan="6">课堂表现（30%）+档案袋质量（30%）+研究报告质量（40%）</td></tr>
<tr><td>安全保障</td><td colspan="6">教室活动：常规安全保障；校外考查：制定安全预案</td></tr>
<tr><td>条件保障</td><td colspan="6">课程开发组外部保障：学校介绍信、教室多媒体设备，以便学生外出调研和成果展示的顺利；
课程开发组内部保障：各组对所负责的探究对象的具体调研与归纳总结</td></tr>
<tr><td>开发次第</td><td colspan="6">首次开发</td></tr>
<tr><td>课程审批</td><td colspan="6">1.课程教学处：　　签　章　　年　月　日
2.学生发展处：　　签　章　　年　月　日</td></tr>
</table>

刘慈欣科幻文学研究成果分享交流

一、教学设计分析

（一）内容分析

本课程为川大附中选修学科课程中国现当代作家作品专题研讨系列课程之“刘慈欣科幻文学研究”，这是我校首次开展的选修学科课程研究。

本课程在设计和实施时均以《普通高中语文课程标准（2017 年版 2020 年修订）》为依据，旨在“进一步培养理性思维与探究能力，提高学生对现当代文学的理解和认识，提升鉴赏品位，把握时代精神和时代走向”，实现学校“全面发展，长于研究”的培养目标。本学期共安排了五次课。第一次课为提出问题，师生共同确立核心问题，建立团队，学习了调查研究、撰写读书笔记和文学评论等相关知识，设计访谈方案。第二次课、第三次课和第四次课为解决问题环节：学科方面，学生完成读书笔记撰写，进行刘慈欣文学作品研究和评论；综合实践活动方面，学生明确研究问题，拟定访谈问题，寻求社会支持，实施调查访谈，发现真实问题，分解关键问题，展开深入研究，形成研究报告。每个小组完成读书笔记、文学评论和文学创作，形成研究报告。第五次课为学科选修课程的成果分享交流。

为更好地展开课程研究，在课程研究的解决问题阶段，本课程有一次外出：课程组全体学生和所有课程老师前往《科幻世界》杂志社进行访谈，了解刘慈欣的创作思想，明确科幻创作动态，学习科幻文学研究专家讲座，与主编进行交流。

（二）学生分析

1. 研究兴趣

选修学科课程为自主报名，学生对刘慈欣科幻文学非常感兴趣，不乏渴望深度了解科幻文学的相关知识、深入研究科幻文学创作规律与发展的学生。

2. 研究素养

我校作为“培养—研究型”大学附中，学校研究文化的浓厚，对于学生研究问题有熏陶作用，但作为高一新生，需要通过培训使其了解一些基本的科学研究方法，具备一定的研究素养，让学生能通过文献查阅、问卷调查、实地考察等形式，综合运用相关知识开展课题研究。

3. 知识储备

选择本课程的学生共 20 名，学生群体知识体系不够完备。因此本课程设计中有意识促进学生从学科的角度思考问题、主动运用学科知识进行文学评论并运用到科幻文学创作中去。

（三）目标分析

1. 结果性目标

各小组成员能阅读刘慈欣文学作品，完成各自的读书笔记；各小组能根据自己的调研过程和收获，撰写出相应调研报告和文学评论；各小组能结合现代技术介绍本组进行刘慈欣科幻文学研究的过程及调研报告和文学评论的形成；对其他小组的研究结果提出自己的评价和建议。

2. 体验性目标

在各小组介绍本组关于刘慈欣科幻文学的研究过程中，体验各小组在研究方法、结果上的共性和差异；各小组学生在展示、交流活动中，再次反思本组开展刘慈欣科幻文学研究的全过程，体验个人责任担当与团队协作之间的关联；在其他小组给出的评价和建议中，体验评价、建议与本组刘慈欣科幻文学研究的改进方向和方法间的关联。在展示交流的过程中，学生能体验到语言表达能力、逻辑思维能力、现场应变能力、团队协作能力与成功的演讲报告间的关联。

（四）资源分析

本次课为室内的展示交流课，所用主要教学资源如下表所示：

教学资源	选用意图	来源
PPT、投影	用于教学引入、小组展示交流和体会反思	科技楼多媒体设备
黑板	板书本堂课活动中的关键信息，呈现学生素养、辅助教师讲解提炼	科技楼教室

（五）主题分析

按课程规划纲要的课次规划，基于前面对本次课程活动与学生的分析，将本次课的活动主题确定为“研究成果的展示分享交流”。

二、教学实施设计

（一）教学环节

教学环节	学生活动	教师活动	设计意图	技术与教育教学融合
任务解说（约3分钟）	1.学生主持人回顾本次课的课程背景、研究任务及研究过程和收获； 2.其他学生明确本次课任务、目标及要求，为交流做好准备	1.教师课前循环播放学习过程图片，营造氛围； 2.板书课程名称和核心任务	引出本节课分享交流任务	多媒体视频剪辑B3

续表

教学环节	学生活动	教师活动	设计意图	技术与教育教学融合
展示交流（约20分钟）	四个小组分别通过PPT演示和由小组代表解说的方式进行展示交流。 第1小组“刘慈欣短篇科幻小说创作主题的特点”（5分钟）； 第2小组“刘慈欣科幻文学中科学技术融入对科幻文学创作的启发”（5分钟）； 第3小组“刘慈欣文学人物塑造写法切入探究科幻文学人物塑造的要点”（5分钟）； 第4小组“刘慈欣短篇科幻小说创作技法对中学生科幻小说创作的启发”（5分钟）	教师聆听学生发言要点，记录整理交流要点，归类板书	本次课在“刘慈欣科幻文学研究”的课题指引下，分小组从不同角度展示研究的过程及其成果，凸显研究能力在学科课程中的价值和作用，展现学科选修课对素养的培养功能	多媒体课件B3
归纳评价（约4分钟）	聆听老师的总结评价，对本小组的研究过程和研究成果进行再反思，深化对研究的认识	提炼归纳学生的研究成果	通过小组间的相互提问探讨、师评，系统思考问题解决、强化活动体验、激活高阶思维、积淀研究素养	多媒体课件B3
交流讨论（约10分钟）	1.同学针对优秀科幻作文成果，运用本组研究成果进行针对性交流讨论，形成点评意见； 2.小组学生代表上台进行点评	参与、引导各小组同学的探讨互动活动	通过小组内讨论，完成课程提升，强化学生的研究素养，进一步彰显学科选修课的研究性和对学生的教育意义	Word文档B3
课堂小结，反思提升（约3分钟）	学生思考，教师提升内容	教师引导学生对学习过程中的研究方法、品质、精神等进行反思提炼	学生反思学科研究的一般过程、研究方法、品质、精神，为后续研究打下基础	

（二）评价预设

1. 就教学活动中对学生进行的即时、口语为主的评价预设

（1）教学引入环节：由学生主持活动，教师课前播放视频营造氛围，板书核心任务。

（2）展示交流环节：记录学生们展示交流的关键信息，对同学们前期的研究、劳动表现提出表扬，对各小组对所选择研究主题的展示交流情况进行提炼归纳，总结提升。对学生交流中展示的研究精神和小组高效默契合作等素养予以肯定，引导学生自信表达、认真倾听并记录。

（3）总结评价环节：对学生在本节课以及整个研究活动中的表现从研究方法、研究路径、研究成果、研究精神等各方面给予激励性、肯定性评价，让学生对整个研究有更系统、全面的体验，认同体验评价，积淀其研究素养。

2. 就教学活动后的评价预设

本课次教学目标尤其是体验性目标达成情况的视角，对学生上交的过程资料、研究报告、《写实记录表》等进行评价，并及时反馈。

（三）板书设计

刘慈欣科幻文学研究成果分享交流			
课程核心问题：实地访谈《科幻世界》主编，研读刘慈欣的作品，提炼优秀科幻作品基本要素，用于科幻作品创作，撰写研究报告。			
小组	研究课题	研究成果	创作指引
（根据学生发言内容生成）			

（四）教学流程

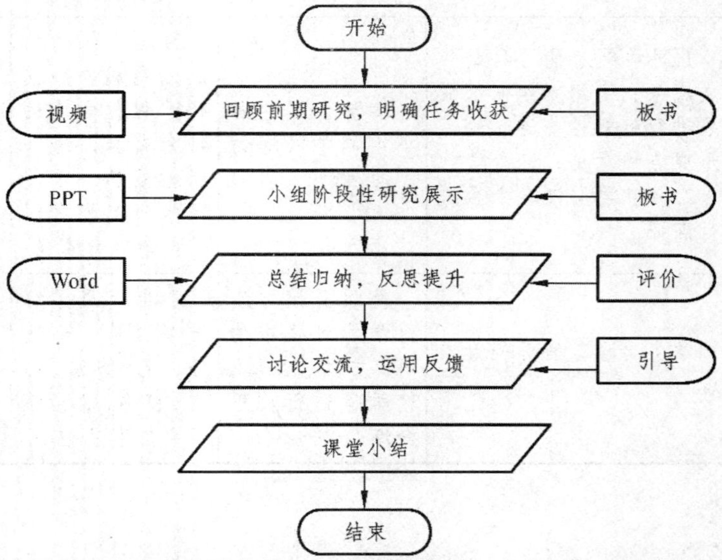

3-1 “中国现当代作家作品专题研讨之刘慈欣科幻文学研究”教学流程体验性

三、教后评价设计

（一）信息搜集

课后听取、搜集了听课教师的反馈意见，并搜集了全班学生的评价反馈练习 20 份，对搜集到的 20 份学生评价反馈练习基于体验性目标达成情况评判标准进行了批阅和分类，按照等级标准标注了等级。

（二）自我评价

川大附中项目课程核心问题教学评价表

<table>
<tr><th rowspan="2">评价目标</th><th colspan="3">评价指标</th><th rowspan="2" colspan="2">评价结果</th></tr>
<tr><th>一级指标</th><th>二级指标</th><th>三级指标</th></tr>
<tr><td rowspan="3">实现活动体验中的学习与发展</td><td rowspan="3">具有核心问题教学形态</td><td rowspan="3">核心问题利于活动体验</td><td>内含客观问题和学生活动方式</td><td>8</td><td rowspan="12">每项指标最高评 8 分
合计 95 分</td></tr>
<tr><td>问题情景与真实生活密切相关</td><td>8</td></tr>
<tr><td>能引发新知识、新方法的生成</td><td>7.5</td></tr>
<tr><td rowspan="21">实现活动体验中的学习与发展</td><td rowspan="9">具有核心问题教学形态</td><td rowspan="3">教学目标价值引导恰当</td><td>两类目标正确全面</td><td>8</td></tr>
<tr><td>关联体验目标恰当</td><td>8</td></tr>
<tr><td>目标价值引导显现</td><td>8</td></tr>
<tr><td rowspan="3">教学环节完整合理落实</td><td>教学环节清晰完整</td><td>8</td></tr>
<tr><td>环节内容合理充实</td><td>8</td></tr>
<tr><td>学生活动时间充分</td><td>8</td></tr>
<tr><td rowspan="3">教学要素相互匹配促进</td><td>问题目标环节两两匹配</td><td>8</td></tr>
<tr><td>技术促进活动形式内容</td><td>7.5</td></tr>
<tr><td>课程特点突出氛围浓郁</td><td>8</td></tr>
<tr><td rowspan="12">具有核心问题教学实质</td><td rowspan="3">拓宽学习视野</td><td>课程与现实世界有恰当关联</td><td rowspan="12" colspan="2">选择一个表现突出的二级指标，在相应三级指标的引导下，以现场学生表现为主要依据，以其余指标为背景，于本表的第二页写出 150 字以上的简要评价</td></tr>
<tr><td>有基于缄默知识的问题解决</td></tr>
<tr><td>有缄默知识运用的追踪剖析</td></tr>
<tr><td rowspan="3">投入实践活动</td><td>有真实而且完整的实践活动</td></tr>
<tr><td>能够全身心地浸渍于活动中</td></tr>
<tr><td>活动的内容结果均丰富深入</td></tr>
<tr><td rowspan="3">感受意义关联</td><td>有核心问题的深层意义感受</td></tr>
<tr><td>有以知识为中心的关联感受</td></tr>
<tr><td>有以个人为中心的关联感受</td></tr>
<tr><td rowspan="3">自觉反思体验</td><td>有实质性反思活动的开展</td></tr>
<tr><td>有课程新因素的追踪利用</td></tr>
<tr><td>有体验的交流与改善重构</td></tr>
</table>

续表

<table>
<tr><td rowspan="6">实现活动体验中的学习与发展</td><td rowspan="6">具有核心问题教学形态</td><td rowspan="3">乐于对话分享</td><td>乐于自我表达与认真倾听</td><td rowspan="6"></td></tr>
<tr><td>乐于合作中成果与思路的分享</td></tr>
<tr><td>有宽容的对话氛围和双向交流</td></tr>
<tr><td rowspan="3">认同体验评价</td><td>认可体验评价</td></tr>
<tr><td>参与体验评价</td></tr>
<tr><td>利用体验评价</td></tr>
<tr><td colspan="5">核心问题教学实质的简要评价：</td></tr>
<tr><td colspan="5">多方面搜集了课程组教师的评价、校本教研领导小组的建议、学生的感受，将多方建议汇总起来，融入后续的课程调整。比如调查研究方法的改进、现当代人物研究与学科内容的契合点、研究内容的表达方式等方面，以努力体现学科选修课程的研究性、专业性以及发挥学科课程的独特育人功能。
【自我评价】
一、学科课程选择方向恰当
本课程实施中我感受到恰当的选题能使课程构建事半功倍，“刘慈欣科幻”是一个有价值、有条件、有热度的选题。
其一，选题的学科专业性。“刘慈欣科幻”属于学科课程现当代作家研究的范畴，在高中课程标准中有明确的要求和方向。
其二，研究条件的丰富。“刘慈欣科幻”不仅可以在网上查找丰富的资料，而且在成都有《科幻世界》杂志社可以专业指引，并且科幻文学本身也具备学科融合特点，可以多学科知识交融研究。
其三，研究对象的热度高。刘慈欣引发的科幻热潮引发学生研究兴趣，积极参与研究，并且与学生热情参与的科幻创作竞赛相结合，能有效指导现实。
二、课程在“一形态四功能”中实现育人
本学期专题研究主题为学校课程的“一形态四功能”，我在课程设计与实施中始终以此为追求实现更好地育人，促进人的发展这一宗旨。从学生的表现来看，一形态四功能得到良好的体现，此处以细节谈学生思维高阶的培养。
细节一思维导图的引入。研究小组在对小说结构进行分析的时候，不仅从双线结构的角度对文本进行作用归纳、内容概括，并且将归纳概括的内容通过思维导图的形式进行展现，可以看到学生的加工与生成，是深度思想内化与表达的体现。
细节二现实关联的体现。现当代作家的研究本身体现出的是时代的特色，而学生各组在不同的角度对刘慈欣科幻文学进行研究的时候多能有效关联现实，使研究的内容与时代相结合，拓展了思维的宽度与深度</td></tr>
</table>

（三）反馈调整

在整个教学实践过程中，核心问题很好地串联起了教学的四个环节，体现了学科选修课程学科性、情境性、活动性和研究性的性质要求。学生活动充分，教学目标基本达成。但教学过程中还反映出了问题，应做调整。我们必须进行群文整合，以一线老师的自身卓拔为前提，博学广识、思维敏捷、创新整合、视野宏观、关注时政，做一个有情怀的文化人。需要做到以下亮点优化：

优化一：梳理课程研究方向。

本次研究从主题、结构、形象、学科融合的角度进行研究，但相对于学生而言可以在此基础上进一步细化，比如专门的形象分析，可从正面、反面、静态、动态着手，从现有研究反馈回来，研究越是具有针对性，学生越是能够有所收获，言之有物，反之则流于空洞泛泛。

优化二：加大学生学科课程融入程度。

学生在研究过程中最重要的是融入课程，在课程活动中深度体验，达成思维的提升与表达流畅。个别小组存在分工侧重不合理，个别组员畏缩畏难将较多的研究内容转移到组长或者其他组员身上，思维与能力提升不足。部分学生在表达时有怯场现象，准备充分的内容并未能合理表达，或者现场有生成的思想不能准确表现出来。

川大附中项目课程体验性目标检测表

<table>
<tr><td rowspan="5">基本信息</td><td>课程名称</td><td>中国现当代作家作品专题研讨之刘慈欣科幻文学研究</td><td>课程类别</td><td>选修的
学科课程</td></tr>
<tr><td>首席教师</td><td>林俊</td><td>组/处</td><td>语文组</td></tr>
<tr><td rowspan="2">参与教师</td><td>梁军</td><td>组/处</td><td>语文组</td></tr>
<tr><td>孔令波</td><td>组/处</td><td>语文组</td></tr>
<tr><td>年　　级</td><td>高一</td><td>上课时间</td><td>2021−2022 学年
上期 12 月 9 日</td></tr>
<tr><td>核心问题</td><td colspan="4">实地访谈《科幻世界》主编，研读刘慈欣的作品，提炼优秀科幻作品基本要素，用于科幻作品创作，撰写研究报告</td></tr>
<tr><td rowspan="2">课程目标</td><td>结果性目标</td><td colspan="3">1.各小组成员能阅读刘慈欣文学作品，完成各自的读书笔记；
2.各小组能根据自己的调研过程和收获，撰写出相应调研报告和文学评论；
3.各小组能结合现代技术介绍本组进行刘慈欣科幻文学研究的过程及调研报告和文学评论的形成；
4.对其他小组的研究结果提出自己的评价和建议</td></tr>
<tr><td>体验性目标</td><td colspan="3">1.在各小组介绍刘慈欣科幻文学研究过程中，体验各小组在研究方法、结果上的共性和差异；
2.各小组学生在展示、交流活动中，再次反思本组开展刘慈欣科幻文学研究的全过程，体验个人责任担当与团队协作之间的关联；
3.在其他小组给出的评价和建议中，体验评价、建议与本组刘慈欣科幻文学研究的改进方向和方法间的关联；
4.在展示交流的过程中，学生能体验到语言表达能力、逻辑思维能力、现场应变能力、团队协作能力与成功的演讲报告间的关联</td></tr>
<tr><td>检测点</td><td colspan="4">对刘慈欣科幻文学的理解与科幻文学创作之间关联的体验</td></tr>
<tr><td>检测任务</td><td colspan="4">结合刘慈欣科幻文学研究，请谈谈你对刘慈欣科幻文学的理解以及怎样运用到科幻文学创作中去（200 字以上）</td></tr>
</table>

续表

<table>
<tr><td rowspan="4">分类标准</td><td colspan="3">A.对刘慈欣科幻文学有较为深刻的理解，并能与科幻文学创作关联起来，且有较为明晰的想法</td></tr>
<tr><td colspan="3">B.对刘慈欣科幻文学有较为深刻的理解，并能与科幻文学创作关联起来</td></tr>
<tr><td colspan="3">C.对刘慈欣科幻文学有一定的理解，并能与科幻文学创作有一定的关联</td></tr>
<tr><td colspan="3">D.对刘慈欣科幻文学的理解空洞或不能与科幻文学创作关联起来</td></tr>
<tr><td rowspan="5">检测统计</td><td>分类等级</td><td>学生人数（总人数20人）</td><td>所占百分比</td></tr>
<tr><td>A</td><td>6</td><td>30%</td></tr>
<tr><td>B</td><td>8</td><td>40%</td></tr>
<tr><td>C</td><td>5</td><td>25%</td></tr>
<tr><td>D</td><td>1</td><td>5%</td></tr>
<tr><td>检测分析结果运用</td><td colspan="3">通过体验性目标点检测的数据分析，我们对学生的体验性目标达成有如下判断：
分层来看，A 等级的同学有 6 人，这类同学对刘慈欣科幻文学有较为深刻的理解，并能与科幻文学创作关联起来，且有较为明晰的想法。更可贵的是这些学生与现实形成了关联，体现了知识的迁移运用。
B 等级的同学有 8 人，这类同学对刘慈欣科幻文学有较为深刻的理解，并能与科幻文学创作关联起来，能从某个方面深度把握科幻文学的内在逻辑，并运用到创作中去。
C 等级的同学有 5 人，对刘慈欣科幻文学有一定的理解，并能与科幻文学创作有一定的关联，但在理解上流于表象，不能深度把握内在逻辑，或者不能主动和创作形成关联。
D 等级的同学有 2 人，对刘慈欣科幻文学的理解空洞或不能与科幻文学创作关联起来。因此，整体来看，学生在本门课程中对刘慈欣科幻文学与科幻文学创作的关联体验深刻、涉及面广。今后的课程开发与实施中，应继续关注学生整体在研究中体验的同时，高度关注学生个体在研究中的体验，以促进每一位学生深度体验基础上的学习和发展</td></tr>
<tr><td>体验典型实例</td><td colspan="3">研究小组在对小说结构进行分析的时候，不仅从双线结构的角度对文本进行作用归纳、内容概括，并且将归纳概括的内容通过思维导图的形式进行展现，可以看到学生的加工与生成，是深度思想内化与表达的体现。
现当代作家的研究本身体现出的是时代的特色，而学生各组在不同的角度对刘慈欣科幻文学进行研究的时候多能有效关联现实，使研究的内容与时代相结合，拓展了思维的宽度与深度</td></tr>
<tr><td>检测反馈</td><td colspan="3">与全体同学进行反馈，集中交流 A、B、C、D 各等级的分类标准；针对 C、D 两类同学进行单独交流，就学生研究过程的体验、研究的方向、研究成果等方面对个人社会责任感的承担进行启发</td></tr>
</table>

科学理论及技术对科幻文学创作的引导作用

流浪行星小组

一、摘要

科学是科幻小说的基石，文学是科幻小说的真实。

二、引言

科幻小说，正是通向科学之美的一座桥梁，它把这种美从方程式中释放出来，以文学形式展现在大众面前。

——刘慈欣

三、研究方法

首先我们的研究对象是科幻小说，为了明白科学理论及技术对科幻文学创作的引导作用，我们首先从《三体》下手，先小组分工每人分段阅读并记录其中的科技元素完成读书笔记，然后集中讨论各自部分科幻理论及技术在文中起到的作用，概括归纳并提出猜想，最后在网上查阅文献证实猜想并得出结论。

四、研究结果和分析

当我们阅读一本科幻小说时，我们进入的是一个又虚幻又真实的世界。虚幻的是故事，真实的是科学。离开科学这个点，作品就不再是科幻小说，而是奇幻、玄幻、魔幻小说。相对于这几类幻想小说而言，科幻小说创作的难点和基石就在于科学知识的应用。优秀的科幻小说须具备“逻辑自洽”“科学元素”“人文思考”三要素。凡尔纳被称为“科幻小说之父”，正是因为他的作品中渗透着物理、天文、地理、生物等各种科学元素，又传递着深刻的人文思考，折射着社会现实，所以，有人称他“既是科学家中的文学家，又是文学家中的科学家”。科学知识是科幻小说的基石，只是为了增强小说的真实性与合理性，即使变成了某种现实，也是小概率事件。所以，科幻小说的本质依然是小说，是虚构性文学作品。

五、结论

科学理论及技术是科幻小说的基石，也可以说，如果没有科学的支撑，一本科幻小说也就没了灵魂，这也使科幻小说具有科普的作用。同样地，文学性也是科幻小说必不可少的一个重要因素，只有科幻的科幻小说不是一部好的科幻小说。倘若科幻小说只重在构建世界，那么相较于玄幻也会略显不足。文学性可以使人物情感与故事内容充分融合，让读者身临其境。所以当科学性与文学性相结合，才能创作出一部完美的科幻小说。

参考文献

[1] 金丹元，张咏絮. 一种不该被“忘却”的类型电影——对中国科幻电影实际上的缺席之思考[J]. 艺术百家，2018（1）：164-171.
[2] 刘媛. 论中国科幻小说科学观念的本土性特征[J].文艺争鸣，2016（5）：138-142.

第四号上升

杨世航

一缕缕阳光透过叶子的缝隙，变成一点点的光晕洒在林早晨身上，惬意又舒服。好像从很远处传来的鸟鸣也很久没听见过了。风从指缝里流过去，像人轻抚一样。林早晨禁不住叹了口气。

“砰砰砰”又接着几声脚步声，林早晨就眼前一黑了。“吃饭了听不到？叫几声了还不答应。放假了就天天闲在家，这个月信息费又在催了，氧气的钱也差不多要没了。唉，快来吃饭。”林早晨不情愿地放下了虚拟感官头盔，就着几盏旧电灯穿过低矮的走廊去到同样低矮的厨房。

这是人类核电站大规模泄漏后的76年，由于航天技术不足以支撑大规模移民，所以人类被迫转向地球内部——莫霍界面以下的地下城。林早晨就生在这儿，长在这儿。从小没见过太阳，天空。见过的活物也只有移民到地下的人和为数不多的巡逻犬。书上写的形形色色的地表生活也只有在虚拟头盔里才见得到一些。昏暗，压抑，巨额的生活开销伴随着他的成长。在地下屈活了几十年，谁不想上去看看呢？前些年来人类总共组织了三次地表探究，就在从地表下降到地底的大坑里搭建了上升器，供人往返。因为最后一次勘探队不慎遭到核辐射，上升计划被迫中断，上升器被封锁，那里成了禁区。

上周地下城一半以上的地区停水停电信息中断，差点连生命循环系统也暂停了。地下能源面临枯竭，居民区一片恐慌。学也不用上了。林早晨打算吃过饭和孙鹏一起去广场转转。孙鹏长得不高，有些痞，有点中二，从小和林早晨一起长大，按我们的话来讲叫发小。现在他也没得学上。广场的虚拟投影停了，就剩为数不多的几盏霓虹灯亮着。偶尔有几个检修的人匆匆走过。也没别人会来了。“估计地下城要废了，也不知道上面怎么样？”孙鹏揣着手，踢着石子。“可不是吗，从地上带下来的东西循环用了七十多年，也差不多了。”

“那啥，你知道吗？”孙鹏突然把脸凑过来。

“干啥？神经兮兮的”。

“听说过一阵子有人会上去一趟。”

“那不是废话，能源枯竭了还不上去，等死啊？”

“不是，我的意思是你想上去吗？”

林早晨被这突如其来的一句话吓了一跳：“说上去就上去啦？省点心吧。”说完便转身要回家去。

“喂喂，上去不也要志愿者吗，悄悄去不就行了。”

林早晨头也没回，径直回到家一头栽到床上。

“上去？”好虚幻没影儿的事，可确确实实吸引住了他。毕竟在这个压抑的地下城待了十八年了。爸妈不会同意的。可上去的机会过一次就少一次，总不能活一辈子连地上都没去过吧！他想着想着就睡着了。

“哐当，哐当”，醒目的警示灯不住地闪着。鲜红的倒计时就在眼前，800米，500

米，200 米。已经能看到亮光了，飞船“轰”地一声呼啸而过。他突然从床上坐起来，不知道为什么，林早晨总觉得心里不踏实。

“妈，你上去过吗？”

“上哪儿去？”

“地上。”

“没去过，我不也是从小在地下长大的。几十年来，地下城拢共也没送几回人上去。快点吃你的饭吧。”

这两天地下城乱得不行，谁还有心思管其他人。孙鹏和林早晨不用去学校，又没人管。就在中心基地四处转，中心基地负责供应电力和循环水，是氧气的核心，最重要的是它还负责生命循环系统的运作。这里也是离上升器最近的地方了。从这儿向上看也只能看到没底的大坑。这里的“天空”也只有离“地面”十几米高的投影器，现在连投影器也撤了，只看得见裸露的岩层，更觉得压抑。

“走，报名去。”孙鹏突然冒出一句。

“得了吧，还真当自己是大英雄了，再说了，我妈不让。”

“哎哟喂，真是个乖宝宝。这么听话也没见你得三好。”

“多损，我可要当五好学生。”

“走吧，不报名也去看看吧。你以为去了就能选上。”

“得得得，听你的。”孙鹏一听，拉着林早晨手就往基地冲。

“真晦气，烦死了你。”

“哎呀，我怎么知道嘛。”

看着孙鹏一脸欠揍的笑，林早晨真想一拳呼他脸上。谁知道呢，因为上次勘探队遭到核辐射导致志愿上升人数锐减，就他俩还是为数不多自愿报名的人。

“既来之则安之，有什么大不了的，别人想上去还上去不了呢。”

林早晨当然也想过上去，可父母好像很反对。“哎呀，烦死了！”他还是只把自己的头埋进枕头里，把这些烦心事丢到梦里去。

一缕阳光洒在了他脸上，耳畔好像又有些若有若无的鸟鸣。林早晨揉了揉眼睛，却又只看见刺眼的节能灯。“唉。”突然他好像想起了什么，怔了一怔。抓起身旁的背包走到门口，又停住脚步，朝桌上的虚拟头盔看了一眼，冲了出去——今天就是 4 号上升计划启动的日子。

林早晨什么也顾不上，就往广场跑，今天的人格外多。小广场难得挤满了人。他环顾了几圈，又径直向基地冲去。果然，孙鹏也在，两人像是心有灵犀一般。“我还以为你不来了呢，行啊，有胆子。”“16 号，孙鹏。17 号，林早晨。18 号……”“到了，走。”挤进狭窄的通道，基地的内部结构就一览无余了。水循环、氧气循环、生命系统的结构都在这里。醒目的警示灯随处可见。紧张的氛围让林早晨不禁攥住了孙鹏的手。“到齐了吧，共 20 个人，都是自愿的吧？”“行了，走吧。”跟着指挥官，穿过几道走廊。“到了，换上防护服。”厚厚的防护服快要把林早晨裹成球了。上升前的最后一次检查之后，他们便分组进入了上升舱。

林早晨不知道为什么有些紧张，握着孙鹏的手，尽量调整自己的呼吸。随着一分钟倒计时开始，他向舷窗外望去，那些平日里躲在家里的人现在好像都跑出来看热闹了。在嘈杂的人群里他好像看见了妈妈，又转瞬被人潮淹没。“10，9，8，7……”“3——2——1——”林早晨脑子一闪，“梦里一样的。”就像他梦里一样的“哐当哐当”，像梦里一样的鲜红的警示灯。随着时间的推移，像梦里一样的倒计时“800，500，200”。一股莫名的紧张一直袭击着他，攥着孙鹏的手也有些微微出汗。亮光开始出现了。“哐当哐当”声伴随着尖锐的呼鸣声。越来越接近，越来越接近。“轰”的一声，刺眼的光让他们已经适应地下生活的眼睛有些刺痛。就这样一群人，像异地归乡一般。熟悉又陌生地环顾四周。

林早晨呢？他好像看到了什么。喉结上下滑动着。他还是闭上了眼睛，看见一缕缕阳光透过叶子的缝隙，变成一点点的光晕洒在他身上，惬意又舒服。好像听见从很远处传来的鸟鸣。风从指缝里流过去，像有人轻抚一样。让林早晨叹了口气。

中国现当代作家作品研习

——鲁迅研读系列之“故乡与他乡”

川大附中项目课程开发实施规划纲要

课程首席教师：王　曦（语文组）

课程参与教师：任志恒（语文组）　邓　苹（语文组）

<table>
<tr><td>课程名称</td><td colspan="8">中国现当代作家作品研习——鲁迅研读系列之“故乡与他乡”</td></tr>
<tr><td>课程类型
（勾选）</td><td></td><td>必修的综合实
践活动课程</td><td></td><td>必修的
劳动课程</td><td>√</td><td>选修的
学科课程</td><td></td><td>选修的
校本课程</td></tr>
<tr><td>实施对象</td><td colspan="3">高二年级学生</td><td colspan="2">建议选课
学生人数</td><td colspan="3">20 人</td></tr>
<tr><td>课程课时及
上课时段</td><td colspan="8">课程课时：5 次课 10 课时；上课时段：学校规定的选修课程上课时段</td></tr>
<tr><td>课程背景</td><td colspan="8">1.学生背景：中学生是当代青年的重要组成部分，他们在这一时期形成的思想将左右未来社会发展的思潮方向。所以中学时期的阅读是人生深刻阅读的起步阶段，当选择具有代表性的作品进行研读。鲁迅是现当代文学家中的一面旗帜，他在小说、杂文、散文、诗歌等领域都取得了丰硕的成果。他的作品思想内涵深邃，艺术风格独特，很多经典篇目被收入中学语文课本，中国现当代作家作品专题探讨无法绕开“鲁迅”这座大山。
学生从初中开始就学习鲁迅作品，对鲁迅其人其事有较多了解，对其散文、小说、杂文等文体也具备一定的常识与分析能力。但遗憾的是，就目前看，中学生教材的编者对学生寄寓的厚望与学生接受鲁迅作品的现状差距较远：首先是情感上的隔膜。鲁迅作品依然是中学生的“三怕”之最怕，很大一部分学生不喜欢鲁迅晦涩的语言，读不懂鲁迅作品的深刻的思想，就产生对鲁迅作品的排斥。了解鲁迅的目的只是应付考试。其次是阅读水平的差距，缺乏理性思维与探究能力。部分学生就学过的几篇文章给“鲁迅”定位，贴上“正面高大、忧国忧民、民族脊梁、斗士”一类标签就万事大吉。不能在阅读认知中还原一个更博学、更真性情、更复杂的鲁迅。
2.资源背景（含技术融合）：
（1）教师资源：我校“‘培养—研究型’现代学校”办学特色、着力开发凸显学校“研究”特色的课程体系、“潜心研究，仁心育人”的教风为课题研究的开展提供了文化氛围和师资资源。开设本课的三位老师，热爱鲁迅作品，坚信鲁迅作品是兼具培养学生情怀和学生思维的最好载体。本着“教学相长”愿望，希望通过这门课程，能带领学生完成鲁迅作品的系列化研读。</td></tr>
</table>

续表

课程背景	（2）学术资源：关于鲁迅作品的研究，范围广，成果多，有部元宝的《鲁迅六讲》、汪晖的《反抗绝望》、王乾坤的《鲁迅的生命哲学》、伊藤虎丸的《鲁迅与日本人》、美国学者李欧梵的《铁屋中的呐喊》、丸山常喜的《“人”与“鬼”的纠葛》等。北大中文系教授钱理群关注中学语文教育，指导中学生深度阅读鲁迅作品，《与鲁迅相遇》《钱理群中学讲鲁迅》都是很好的借鉴。 （3）技术方面：一是演示文稿设计与制作。可以根据教育教学需要（如读书交流会）设计与制作演示文稿，灵活组织、应用多种媒体素材，提升教学内容的解释力，采用可视化方式清晰地展示知识结构和逻辑关系，有序推进课堂教学环节的展开，丰富师生互动。二是利用跨媒体阅读，将文本阅读与新媒体阅读相结合。让艰涩难懂的文本与通俗易懂、喜闻乐见的短视频互相补充，完善学生的阅读框架。三是利用网络平台，进行作品推送，为学生提供一个更开放自由的读书交流平台
课程内容（核心问题）	核心问题：了解高中生的鲁迅作品阅读情况，研读鲁迅作品中“故乡与他乡”主题相关篇目及学术评论，撰写研究报告。 问题：学生对鲁迅作品的真实阅读感受是什么？ 高中生对鲁迅作品的阅读情况如何？ 鲁迅作品阅读对学生而言有何意义？ 活动：研读鲁迅作品及相关评论；分享交流感悟；撰写研究报告
课程目标	1.结果性目标：能够完成相应主题下的鲁迅作品阅读报告。 2.体验性目标：在研读鲁迅作品和学术评论、撰写研究报告的活动中，体验鲁迅作品中“故乡”与“他乡”之间的关联，体验鲁迅作品阅读与个人成长之间的关联

课次计划

课次	主题	研究环节	学生活动	课前课后任务	活动地点及技术融入
1	提出问题	调查现状，发现问题	明确核心问题；发现现实问题；明确活动意义	梳理现状，形成文字报告	教室；演示文稿设计与制作；数据统计
2	解决问题	作品专题化阅读	研读作品及相关评论	继续研读作品及相关评论	教室；跨媒介阅读
3	解决问题	撰写报告	撰写研读报告	对报告和文案进行自我修改完善	教室
4	反思提升	反思研讨，交流评议	交流展示个人研读报告和宣传文案；交流评议	根据讨论再次修改完善报告和文案	教室；演示文稿设计与制作；评价交流
5	评价反馈	反思研讨，交流评议	呈现最终成果，进行网络推广	完成最终成果并上交课程资源包	教室；网络平台输出

续表

学生作品	研读报告、宣传文案设计方案
评价方式	课堂表现（40%）+ 研读报告质量（30% ）+ 文案设计质量（30%）
安全保障	教室活动：常规安全保障
条件保障	课程开发组外部保障：多媒体教室（以便师生展示交流）； 课程开发组内部保障：相关资料汇集整理与分析研讨
开发次第	首次开发
课程审批	1.课程教学处：　签　章　　年　　月　　日 2.学生发展处：　签　章　　年　　月　　日

我谈“故乡与他乡”

一、教学设计分析

（一）内容分析

中学生是当代青年的重要组成部分，他们在这一时期形成的思想将左右未来社会发展的思潮方向。所以中学时期的阅读是人生深刻阅读的起步阶段，应当选择具有代表性的作品进行研读。鲁迅是现当代文学家中的一面旗帜，他在小说、杂文、散文、诗歌等方面都取得了丰硕的成果。他的作品思想内涵深邃，艺术风格独特，很多经典篇目被收入中学语文课本，中国现当代作家作品专题探讨无法绕开“鲁迅”这座大山。

（二）学生分析

中学生是当代青年的重要组成部分，他们在这一时期形成的思想将左右未来社会发展的思潮方向。所以中学时期的阅读是人生深刻阅读的起步阶段，当选择具有代表性的作品进行研读。鲁迅是现当代文学家中的一面旗帜，他在小说、杂文、散文、诗歌等领域都取得了丰硕的成果。他的作品思想内涵深邃，艺术风格独特，很多经典篇目被收入中学语文课本，中国现当代作家作品专题探讨无法绕开“鲁迅”这座大山。

学生从初中开始就学习鲁迅作品，对鲁迅其人其事有较多了解，对其散文、小说、杂文等文体也具备一定的常识与分析能力。但遗憾的是，就目前看，中学生教材的编者对学生寄寓的厚望与学生接受鲁迅作品的现状差距较远：首先是情感上的隔膜。鲁迅作品依然是中学生的“三怕”之最怕，很大一部分学生不喜欢鲁迅晦涩的语言，读不懂鲁迅作品的深刻的思想，就产生对鲁迅作品的排斥。了解鲁迅的目的只是应付考试。其次是阅读水平的差距，缺乏理性思维与探究能力。部分学生就学过的几篇文章给“鲁迅”定位，贴上“正面高大、忧国忧民、民族脊梁、斗士”一类标签就万事大吉，不能在阅读认知中还原一个更博学、更真性情、更复杂的鲁迅。

（三）目标分析

1. 结果性目标

能够完成相应主题下的鲁迅作品阅读报告。

2. 体验性目标

在研读鲁迅作品和学术评论、撰写研究报告和设计海报的活动中，体验鲁迅作品中“故乡”与“他乡”之间的关联，体验鲁迅作品阅读与个人成长之间的关联。

（四）资源分析

1. 教师资源

我校“‘培养—研究型’现代学校”办学特色、着力开发凸显学校“研究”特色的课程体系、“潜心研究，仁心育人”的教风为课题研究的开展提供了文化氛围和师资资源。开设本课的三位老师，热爱鲁迅作品，坚信鲁迅作品是兼具培养学生情怀和学生思维的最好载体。本着“教学相长”愿望，希望通过这门课程，能带领学生完成鲁迅作品的系列化研读。

2. 学术资源

关于鲁迅作品的研究，范围广，成果多，有郜元宝的《鲁迅六讲》、汪晖的《反抗绝望》、王乾坤的《鲁迅的生命哲学》、伊藤虎丸的《鲁迅与日本人》、美国学者李欧梵的《铁屋中的呐喊》、丸山常喜的《“人”与“鬼”的纠葛》等。北大中文系教授钱理群关注中学语文教育，指导中学生深度阅读鲁迅作品，《与鲁迅相遇》《钱理群中学讲鲁迅》都是很好的借鉴。

（五）技术分析

一是演示文稿设计与制作。可以根据教育教学需要（如读书交流会）设计与制作演示文稿，灵活组织、应用多种媒体素材，提升教学内容的解释力，采用可视化方式清晰地展示知识结构和逻辑关系，有序推进课堂教学环节的展开，丰富师生互动。二是利用跨媒体阅读，将文本阅读与新媒体阅读相结合。让艰涩难懂的文本与通俗易懂、喜闻乐见的短视频互相补充，将完善学生的阅读框架。三是利用网络平台，进行作品推送，为学生提供一个更开放自由的读书交流平台。

（六）主题分析

在上述分析的基础上，拟定了本课程的核心问题“了解高中生的鲁迅作品阅读情况，研读鲁迅作品中‘故乡与他乡’主题相关篇目及学术评论，撰写研究报告”。

问题：学生对鲁迅作品的真实阅读感受是什么？

高中生对鲁迅作品的阅读情况如何？

鲁迅作品阅读对学生而言有何意义？

活动：研读鲁迅作品；分享交流阅读感受；撰写研究报告。

各课次计划在核心问题的指导下展开，本次课为课程的第四次课。第一次课为“与鲁迅相遇”，以学生对鲁迅先生的了解、鲁迅作品的阅读为基础，提出核心问题，解读核心问题。第二次课为“静读鲁迅作品”，课程组教师精心收集了“故乡与他乡”为主题的作品，以原初阅读、思考体悟为主体活动，以读书交流会为任务驱动，以便学生能够以新的视角投入阅读。第三次课为“精读学术评论”，学生利用跨媒体阅读，将文本读与新媒体阅读相结合。让艰涩难懂的文本与通俗易懂、喜闻乐见的短视频互相补充，完善学生的阅读框架。第四次课在阅读评析中，要还原一个更博学、更真性情、更复杂的鲁迅。

二、教学实施设计

（一）教学环节

教学环节	学生活动	教师活动	设计意图	技术融合
提出问题	1.学生主持人分享鲁迅文章，进入情境。回顾本次课的课程背景、研究任务及研究过程和收获； 2.其他学生明确本次课任务、目标及要求，为交流做好准备	板书课程名称和核心任务	营造氛围，回顾旧知，引出本节课分享交流任务	多媒体课件B3
解决问题	1.主持人介绍本期主题相关书目以及交流环节； 2.每位同学结合文字发言稿或PPT进行展示交流。进行自评或他评； 3.聆听老师逐一点评，深化对研读鲁迅系列文章的认识	1.听取学生发言要点，记录整理交流要点，并逐一点评。 2.参与、引导同学的探讨互动活动	学生呈现研读的过程及其研读成果。通过老师的总结性点评，强化活动体验，激活学生的高阶思维	多媒体课件B3
反思提升	1.提炼研读某一作家作品的研究路径； 2.提炼阅读学术文献的方法； 3.提炼鲁迅作品中“故乡与他乡”主题下的研读思考	教师引导学生对学习过程中的研读方法、品质、精神等进行反思提炼	反思提升，启发新探索	多媒体课件B3
评价反馈	针对自己的思考点，结合反思提升，整理完善发言稿	布置作业《十八岁在附中读鲁迅》	完善研读成果	Word文档B3

（二）评价预设

1. 提出问题环节

营造氛围，鼓励学生高品质阅读，从个体阅读视野出发，以研究的眼光来阅读。

2. 解决问题环节

对学生给予肯定和鼓励的评价，肯定他们在发言中的独特性和创新性，鼓励其深入研读鲁迅。

3. 反思提升环节

肯定学生在研读过程中的方法、品质、精神。

4. 评价反馈环节

对学生已有文稿进行肯定性、鼓励性、指导性评价。

（三）板书设计

我谈“故乡与他乡”
课程核心问题：了解高中生的鲁迅作品阅读情况，研读鲁迅作品中“故乡与他乡”主题相关篇目及学术评论，撰写研究报告。
研读路径：熟悉文本——关键视角——深处挖掘——关联文本

（四）教学流程

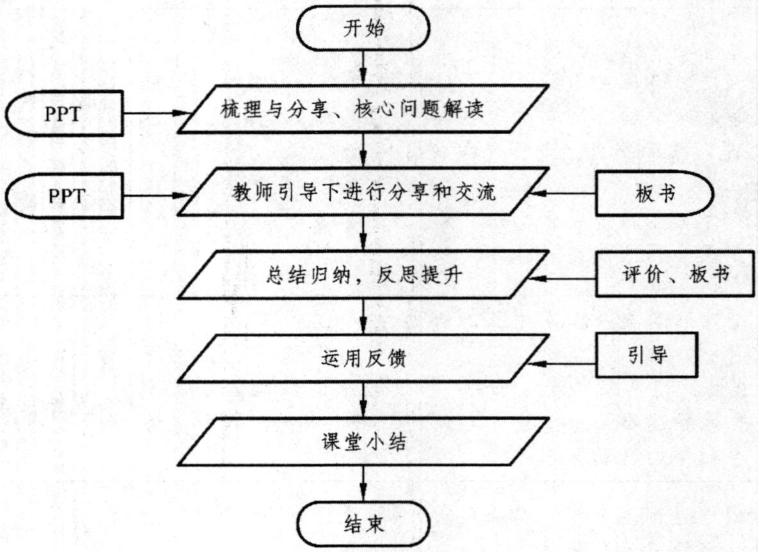

图 4-1 “中国现当代作家作品研习——鲁迅研读系列之‘故乡与他乡’”教学流程

三、教后评价设计

（一）信息搜集

研读交流是研读成果的呈现方式，部分学生在交流中还避免不了阅读初体验的啰嗦与肤浅。但是在老师的引导下，学生在交流中能进行有深度的思考，积极关注他人的阅读视角。

（二）自我评价

川大附中项目课程核心问题教学评价表

评价目标	评价指标			评价结果	
	一级指标	二级指标	三级指标		
实现活动体验中的学习与发展	具有核心问题教学形态	核心问题利于活动体验	内含客观问题和学生活动方式	8	每项指标最高评 8 分
			问题情景与真实生活密切相关	8	
			能引发新知识、新方法的生成	8	
		教学目标价值引导恰当	两类目标正确全面	8	
			关联体验目标恰当	8	
			目标价值引导显现	8	
		教学环节完整合理落实	教学环节清晰完整	8	
			环节内容合理充实	8	
			学生活动时间充分	8	
		教学要素相互匹配促进	问题目标环节两两匹配	8	
			技术促进活动形式内容	7	
			课程特点突出氛围浓郁	8	合计 95 分
	具有核心问题教学实质	拓宽学习视野	课程与现实世界有恰当关联	选择一个表现突出的二级指标，在相应三级指标的引导下，以现场学生表现为主要依据，以其余指标为背景，于本表的第二页写出150字以上的简要评价	
			有基于缄默知识的问题解决		
			有缄默知识运用的追踪剖析		
		投入实践活动	有真实而且完整的实践活动		
			能够全身心地浸渍于活动中		
			活动的内容结果均丰富深入		
		感受意义关联	有核心问题的深层意义感受		
			有以知识为中心的关联感受		
			有以个人为中心的关联感受		
		自觉反思体验	有实质性反思活动的开展		
			有课程新因素的追踪利用		
			有体验的交流与改善重构		
		乐于对话分享	乐于自我表达与认真倾听		
			乐于合作中成果与思路的分享		
			有宽容的对话氛围和双向交流		

实现活动体验中的学习与发展	具有核心问题教学实质	认同体验评价	认可体验评价	
			参与体验评价	
			利用体验评价	
核心问题教学实质的简要评价				
本课程核心问题教学中的“乐于对话分享”这个二级指标较为凸显。 本课程的核心问题是“了解高中生的鲁迅作品阅读情况，研读鲁迅作品中‘故乡与他乡’主题相关篇目及学术评论，撰写研究报告”。学生在这一核心问题的激发与推进下，独立且充分地进行了原著阅读以及相关评论阅读，并对鲁迅的青年时代和其作品表达的思想有了个性化的见解。在读书分享会上，老师们鼓励同学们大胆阐发个人见解，充分营造“宽容的对话氛围”，并对学生发言进行发散式、肯定式、激励式的点评，实现了积极的“双向交流”；每位同学都在读书分享会上进行了发言，角度不同、关注点不同，大家“乐于自我表达与认真倾听”；个体分享过程中，同学们共享思想成果，探讨研究思路、阅读的思维路径等，充分体现了“乐于合作中成果与思路的分享”				

（三）反馈调整

学生在发言交流过程中，采用圆桌会议的形式，老师充当导师角色，适时点拨。但缺乏明确分工，调整为从研读方法、角度、文本深度几个点进行点评，老师各司其职，学生收获更多。

川大附中项目课程体验性目标点检测表

基本信息	首席教师	王曦	组/处	语文
	参与教师	任志恒	组/处	语文
		邓苹	组/处	语文
	年　级	高二	上课时间	2021—2022 学年上期
	课程名称	中国现当代作家作品研习——鲁迅研读系列之“故乡与他乡”		
核心问题	了解高中生的鲁迅作品阅读情况，研读鲁迅作品中“故乡与他乡”主题相关篇目及学术评论，撰写研究报告			
教学目标	结果性目标	能够完成相应主题下的鲁迅作品阅读报告		
	体验性目标	在研读鲁迅作品和学术评论，撰写研究报告的活动中，体验鲁迅作品中“故乡”与“他乡”之间的关联，体验鲁迅作品阅读与个人成长之间的关联		
检测点	研读鲁迅“故乡与他乡”主题相关作品及评论，表达切合主题又有深刻独特的思考			
检测任务	研读鲁迅作品中“故乡与他乡”主题相关篇目及学术评论，撰写研究报告			
分类标准	A.理解深刻，能发表独到见解，语言表达准确，有文采			
	B.理解较深刻，能发表一定见解，语言表达准确，较有文采			
	C.理解正确，能写出观点，语言表达较准确			
	D.理解有偏差，缺乏个人见解，语言欠准确			

<table>
<tr><td rowspan="5">检测
统计</td><td>分类等级</td><td>学生人数（总人数 33 人）</td><td>所占百分比</td></tr>
<tr><td>A</td><td>19</td><td>57.6%</td></tr>
<tr><td>B</td><td>9</td><td>27.3%</td></tr>
<tr><td>C</td><td>5</td><td>15.2%</td></tr>
<tr><td>D</td><td>0</td><td>0</td></tr>
<tr><td>检测分析及结果运用</td><td colspan="3">中国现当代作家作品研习——鲁迅研读系列之“故乡与他乡”这门课程的结果性目标为能够完成相应主题下的鲁迅作品阅读报告；体验性目标为在研读鲁迅作品和学术评论，撰写研究报告活动中，体验鲁迅作品中“故乡”与“他乡”之间的关联，体验鲁迅作品阅读与个人成长之间的关联。我们希望学生在充分而真实地阅读之后，能够实现个体的真实感悟，并且进行真诚的输出。我们在学生的作品中，考查他们对作品的理解程度、个人见解的思想深度，以及表达的准确性等。
从读书交流会以及学生提交的阅读报告来看：全班 33 人，有 19 人获得 A 等，“理解深刻，能发表独到见解，语言表达准确，有文采”，占比 57.6%；9 人获得 B 等，“理解较深刻，能发表一定见解，语言表达准确，较有文采”，占比 27.3%；5 人获得 C 等，“理解正确，能写出观点，语言表达较准确”，占比 15.2%；无人得 D 等，“理解有偏差，缺乏个人见解，语言欠准确”。可见学生实现了真实阅读后的个性化输出</td></tr>
<tr><td>学生深度体验典型实例</td><td colspan="3">1.学生张皓燃发言（部分）：“鲁迅——在黑暗中‘活着’的人”
思考与理性让鲁迅在黑暗之下“活着”，而感性的温度让他在高压之下活得生动。在那样一个时代，拥有思考、理性的鲁迅无疑成为那灰暗下的彩色异类，他对社会的攻击亦会遭到强烈反击，他必将孤身征战，他要一个人咀嚼孤独，他需要一个精神氧吧，他选择夕拾朝花放下一些绝对的理性，流露深埋的感性在回忆中独舐伤口。其笔下的长妈妈，描述起来就是一个受封建礼教禁锢的长工，但鲁迅描绘了一个愚善劳苦之人，甚至有母性的光辉，关于她的文字鲜有刺骨贬讽，多是感激之词，我想亦是对这社会残存善性的珍惜，这样的文字在当时无疑是温暖人心的；而百草园的回忆更是孩童天真心性的释放，对儿时生活的眷恋最是治愈孤独创伤的良药。这是独属于鲁迅的精神返乡，他以感性疗伤也以感性作为理性思考之源，他用过往的生活批判如今的丑恶。
教师点评：当众多的读者在读《朝花夕拾》还停留在关注“朝花”的时候，我们惊喜于张皓然同学看到的“夕拾”。生命早晨开的花，在生命的黄昏时候，再把它拾起来，这是温馨的，更是充满思考的。在某种意义上，高中正好是我们人生的初夏时节，我们回眸一望，童年与少年，那是我们永远的精神家园，对这样的精神家园的眷顾，大概也是我们的生命与鲁迅的生命的相通之处。
2.学生郑星耀发言（部分）：《孤独者》
我很有幸在这个年纪便能对鲁迅的文章进行研读，在提供的材料中，《孤独者》是最吸引我的文章。不知为何，在阅读了这篇文章后，经过百般纠结，我决定总要写点什么。那就让我来试试罢。
什么是“孤独者”？一个人走下去便算得上“孤独者”……
而“我”作为过程的见证者，同样是一个“异类”，又是如何想的？
………
魏连殳得到“新生”了吗？我不知道。
鲁迅得到“新生”了吗？我也不知道。
我只知道“其实地上本没有路，走的人多了，也便成了路”。
如今的人们并不孤独，至少相较于那个愚昧的时代，人们不孤独。而鲁迅则在“苏生的路”上越走越远，直至成为“孤独者”。</td></tr>
</table>

学生深度体验典型实例	**教师点评：谁是孤独者？谁是异乡人？今天我们再读鲁迅，可能除了敬佩于它本身的质量外，恐怕还有一种“与君同行”的长久性和未来性。这就是鲁迅的作品，这就是我们今天仍然读鲁迅的意义。** 3.学生陶静雯发言（部分）：“鲁迅：不必等候炬火，我便是唯一的光” 但“我”其实就是“吕纬甫”，也是鲁迅本人。 《彷徨》小说集表露出新文化运动落潮后鲁迅先生的内心状态。此时此刻，他对中国的生存、发展和前途命运，是有些彷徨的。虽是在写自己，但鲁迅先生与吕纬甫却是彻头彻尾不同的。他选择为革命付出一切，选择了振臂高呼，大声呐喊，选择了要用笔杆子作最锋利的武器，为中国谋出一条生路。理想是注定会破灭的吗？在吕纬甫看来也许是的，但在鲁迅先生眼里，这是绝不可能的。只要相信它、践行它，理想就还有生的希望，哪怕现实再如何不济，它也总是在积蓄力量的。 **教师点评：鲁迅处于一个特殊的风云变幻的时期，加之其独特而惨痛的人生际遇，鲁迅免不了寂寞与孤独。但是这位同学看到了鲁迅最可贵的一点，鲁迅在经历这些后，没有陷入愤世嫉俗、自暴自弃的泥潭，而是拾笔长歌，以安特列夫式的阴冷将人生有价值的东西毁灭给人看**
检测反馈	针对口头发言，当堂点评交流；针对学生感想的书面文字，进行逐一评阅，并反馈全班同学，修改后将集结刊印

孤独者

郑星耀

“穿掘着灵魂的深处，使人受了精神的苦刑而得到创伤，又即从这得伤和养伤和愈合中，得到的苦的涤除，而上了苏生的路。”

——鲁迅

我很有幸在这个年纪便能对鲁迅的文章进行研读，在提供的材料中，《孤独者》是最吸引我的文章。不知为何，在阅读了这篇文章后，经过百般纠结，我决定总要写点什么。那就让我来试试罢。

什么是“孤独者”？一个人走下去便算得上“孤独者”。

《孤独者》中的主人公魏连殳从文章的一开始便是一个“异类”，“我”则是见证这个“异类”走向死亡的转述者。魏连殳从“常说家庭应该破坏，一领薪水却一定立即寄给他的祖母，一日也不拖延”，到最后“在不妥帖的衣冠中，安静地躺着，合了眼，闭着嘴，口角间仿佛含着冰冷的微笑，冷笑着这可笑的死尸”①。从生到死，从“异类”到“可笑”，这中间，来自生活与时代的绝望将他压死了（这里不多讲，只有细读原文方可品味）。可就在这压抑至极的氛围中，一句无比突兀的话出现了，“我的心地就轻松起来，坦然地在潮湿的石路上走，月光底下”②。这种感觉就像是鲁迅一步步将我带到了他的“铁屋子”，四周一片漆黑，压得我喘不过气来。可转头一看，鲁迅走了，“铁屋子”消失了，我也疑惑了。

首先，要明白一点，文中的“我”与魏连殳在身份上都属于“先进”的知识分子，时代的“觉醒者”，更是“异类”。其次魏连殳的孤独与死亡是必然的，并且他自己也早有预料。文中魏连殳失意后与“我”的交谈中透露道：“我虽然没有分得她（魏连殳已逝的祖母）的血液，却也许会继承她的运命。”③他还觉得他祖母的一生是“亲手造成孤独，又放在嘴里去咀嚼的人的一生”④。我想，当时的生活与时代对魏连殳来说定是绝望至极的。

而他应是反抗过，从文中高潮，魏连殳的回信写道：

“你或者愿意知道些我的消息，现在简直告诉你罢：我失败了。先前，我自以为是失败者，现在知道那并不，现在才真是失败者了。先前，还有人愿意我活几天，我自己也还想活几天的时候，活不下去；现在，大可以无须了，然而要活下去……

然而就活下去么?

愿意我活几天的，自己就活不下去。这人已被敌人诱杀了。谁杀的呢？谁也不知道。

人生的变化多么迅速呵!这半年来，我几乎求乞了，实际，也可以算得已经求乞。

---

①② 李明军：《危机的葬送——鲁迅〈孤独者〉论》，《上海鲁迅研究》，2011年第4期，第214-241页。

③④ 施慧玲：《浅议〈在酒楼上〉和〈孤独者〉中的革命形象》，《中国文学》，2013年第27期，第215页。

然而我还有所为，我愿意为此求乞，为此冻馁，为此寂寞，为此辛苦。但灭亡是不愿意的。你看，有一个愿意我活几天的，那力量就这么大。然而现在是没有了，连这一个也没有了。同时，我自己也觉得不配活下去；别人呢？也不配的。同时，我自己又觉得偏要为不愿意我活下去的人们而活下去； 好在愿意我好好地活下去的已经没有了，再没有谁痛心。使这样的人痛心，我是不愿意的。然而现在是没有了，连这一个也没有了。快活极了，舒服极了；我已经躬行我先前所憎恶，所反对的一切，拒斥我先前所崇仰，所主张的一切了。

我已经真的失败，——然而我胜利了。"①

这里看出，他反抗过来自命运中的绝望。可惜，他失败了，放弃了他所崇仰的一切。甚至最后的死亡——仍未逃脱来自命运的绝望。

而"我"作为过程的见证者，同样是一个"异类"，又是如何想的？

在魏连殳死后，"我""快步走着，仿佛要从一种沉重的东西中冲出，但是不能够。耳朵中有什么挣扎着，久之，久之，终于挣扎出来了，隐约像是长嗥，像一匹受伤的狼，当深夜在旷野中嗥叫，惨伤里夹杂着愤怒和悲哀"。这段描写与魏连殳祖母死后，对魏连殳痛哭时的描写相同。那么"我"是否感受到了魏连殳的绝望，并觉察到自己也会有相似命运？我想应该是的。那最后的"走"，又是何故？这就要涉及鲁迅对"绝望"的看法了。

说到"绝望"，那"希望"是必定要讲到的，可在鲁迅写的小说中，例如"希望用这希望的盾，抗拒那空虚中的暗夜的袭来，虽然盾后面也依然是空虚中的暗夜"（《希望》），以及"希望是本无所谓有，无所谓无的"（《故乡》）等中，"希望"是不存在的，"希望"是"虚妄"的。生命、爱情、希望、欢喜……一切一切在终极的意义上都归于虚空，在"真实的绝望"面前都显得那么不真实，甚至是"我"自身的"觉醒"，都可能只是存在于"幻想"之中的。而"我"在无法打破的"铁屋子"中又该如何？

大多数人在此情况下可能便失望了、颓唐了、屈服了，甚至寻了短见。但鲁迅不，他在《〈自选集〉自序》中写道，"绝望之为虚妄，正与希望相同"。是啊，他能质疑希望，也能质疑绝望！希望是虚妄的，那绝望也应该是虚妄的！可绝望的"真实"已然被证实，"我"又如何去反抗？这实际是劳而无功却持续不懈的西绪福斯的人间体现。

于是"我"将思考转化为"反抗绝望"的生命形式："走！"坦然地从"绝望"的痛苦中"得到的苦涤，而上了苏生的路"。但"轻松"与"走"绝不是来自对"希望"的信念与追求，这只是为了某种变化的"可能性"，这"可能性"仅仅在"走"的过程之中，而"我"则在这"走"的过程中获得"新生"！

可怎样才算得"新生"？

魏连殳得到"新生"了吗？我不知道。

鲁迅得到"新生"了吗？我也不知道。

我只知道"其实地上本没有路，走的人多了，也便成了路"。

如今的人们并不孤独，至少相较于那个愚昧的时代。而鲁迅则在"苏生的路"上越走越远，直至成为"孤独者"。

---

① 刘茸茸：《反抗绝望——从〈孤独者〉看鲁迅的生命哲学》，《赤峰学院学报（汉文哲学社会科学版）》，2015年第36期，第8页。

数学建模之“拥堵”问题研究

川大附中项目课程开发实施规划纲要

课程首席教师：李洋洋

课程参与教师：刘光宇（数学组）　龙跃文（数学组）

<table>
<tr><td>课程名称</td><td colspan="8">数学建模之“拥堵”问题研究</td></tr>
<tr><td>课程类型
（勾选）</td><td></td><td>必修的综合实践活动课程</td><td></td><td>必修的劳动课程</td><td>√</td><td>选修的学科课程</td><td></td><td>选修的校本课程</td></tr>
<tr><td>实施对象</td><td colspan="3">高二学生</td><td colspan="2">建议选课学生人数</td><td colspan="3">30 人</td></tr>
<tr><td>课程课时及上课时段</td><td colspan="8">课程课时：10 课时；上课时段：周二下午第三节、第四节课</td></tr>
<tr><td>课程背景</td><td colspan="8">1.社会背景：社会调查是学生进入社会要掌握的基本能力，是指人们运用特定的方法和手段，从社会现实中收集有关社会事实的信息资料，并对其作出描述和解释的一种自觉的社会认识活动。高中生开展社会调查，有利于培养学习意识，增强社会责任感；有利于提高实践精神和动手能力；有助于积极开展理论学习、实践学习、社会学习，养成良好的学习习惯，提高观察能力、分析能力、决策能力、合作能力、沟通能力等水平。
2.学校背景：我校作为“培养—研究”型学校，有良好的社会实践传统，完善的培养研究型学生的方法，优秀的综合实践活动课程体系。附中学子业已基于社会调查、社会实践解决了许多实际问题。我校为了缓解晚自习放学时间的拥堵情况，已经采取了分批放学等措施，但是放学时校园内及校门口街道的拥堵现象依然很严重。因此，调研晚自习后人流拥堵，建立拥堵等级评价模型成为此次学科选修课的研究内容。
3.学科背景：社会调查与数据分析包括社会调查方案的设计、抽样设计、数据分析、报告的撰写，并结合具体社会调查案例，分析在社会调查实施过程中可能遇到的问题，以及解决这些问题的对策。学生需要掌握如何设计问卷和分析数据，以及了解需要用到的相关软件，例如 Excel、SPSS 等数据分析软件，能够全面提升学生数学学科核心素养，对拓宽学生学习视野具有较高的价值。
4.学生背景：高二学生对高中数学知识已有了一定的积淀，对函数已有了较为深刻的认识，而人流拥堵等级评价模型就是加权平均数模型，因此学生在建立数学模型上是有一定的知识基础的。
5.资源背景（含技术融合）：实质上，人流拥堵等级评价模型是平均数模型，而数学模型的建立涉及了一系列计算方法，包括数据分析和数据处理，比如使用 Excel、SPSS 等软件进行数据的处理和拟合。另外，社会调查中调查问卷的设计，可以使用问卷星等软件，帮助学生线上处理调查数据</td></tr>
</table>

续表

<table>
<tr><td>课程内容（核心问题）</td><td colspan="6">以川大附中放学后拥堵调研为载体，研习等级评价模型，用于解决实际生活中的问题，撰写拥堵等级评价模型报告</td></tr>
<tr><td>课程目标</td><td colspan="6">1.结果性目标：
（1）分析记录数据，建立数学模型，进行拥堵等级评价；
（2）记录总结研究过程，生成人流拥堵等级研究报告。
2.体验性目标：
（1）在数据分析活动中，体验问卷设计、分析数据、信息技术应用之间的关联；
（2）在数学建模活动中，体验数学建模与问题情境、信息技术之间的关联</td></tr>
<tr><td rowspan="5">课次计划</td><td>课次</td><td>主题</td><td>研究环节</td><td>学生活动</td><td>课前课后任务</td><td>活动地点及技术融入</td></tr>
<tr><td>1</td><td>制作调查问卷，搜集我校师生、家长及周围居民对学校晚自习后人流拥堵的看法</td><td>第一环节</td><td>明确本课程的研究任务，通过分析搜集到的师生、家长及周围居民的看法，确定主要人流拥堵点，制作接下来要用到的记录表，并对之后的活动进行详细分工</td><td>1.课前通过讨论确定问卷调查因素，发放至目标人群；
2.课后按照相应分工，在特定时间按要求记录相关数据</td><td>机房；
问卷调查软件</td></tr>
<tr><td>2</td><td>分析所得相关数据，学习数据分析常用软件的操作</td><td>第二环节</td><td>通过分析数据，分小组展开讨论，适当调整记录表，并学习使用相关软件</td><td>1.课前整理所得相关数据；
2.课后按照相应分工，在特定时间按要求记录相关数据</td><td>机房；
Excel、SPSS数据处理软件</td></tr>
<tr><td>3</td><td>分析所得相关数据，聚焦数学建模对象</td><td>第二环节</td><td>对所得数据进行客观的、全面的分析，并得出相应结论，最终聚焦第四次课数学建模对象</td><td>1.课前整理所得相关数据；
2.课后学习数学建模相关知识</td><td>机房；
Excel、SPSS数据处理软件</td></tr>
<tr><td>4</td><td>建立模型并应用模型</td><td>第二环节</td><td>建立人流拥堵等级评价数学模型（函数模型、聚类分析法），掌握建模方法、总结建模完整步骤并能利用该模型提出实质性可行的建议和意见</td><td>1.课前学习数学建模相关知识；
2.课后讨论分析生活中的其他“拥堵”现象</td><td>教室</td></tr>
</table>

续表

<table>
<tr><td rowspan="2">课次计划</td><td>课次</td><td>主题</td><td>研究环节</td><td>学生活动</td><td>课前课后任务</td><td>活动地点及技术融入</td></tr>
<tr><td>5</td><td>进一步应用模型</td><td>第三环节</td><td>运用所学的数学建模、聚类分析的方法，研究生活中的其他“拥堵”问题，并建立拥堵等级评价模型</td><td>1.课前搜集、整理研究资料，讨论研究内容；
2.课后整理课程学习研究报告</td><td>教室</td></tr>
<tr><td>学生作品</td><td colspan="6">问卷、各阶段的活动照片、记录表及录像、研究报告</td></tr>
<tr><td>评价方式</td><td colspan="6">准备性评价、过程性评价、终结性评价</td></tr>
<tr><td>安全保障</td><td colspan="6">加强安全教育、设立安全预案制度、建立小组活动安全保障机制</td></tr>
<tr><td>条件保障</td><td colspan="6">课程开发组外部保障：建立安全预案、加强安全教育、建立安全评价机制。
课程开发组内部保障：建立安全预案、加强安全教育、建立安全评价机制课程开发组内部保障</td></tr>
<tr><td>开发次第</td><td colspan="6">首次开发</td></tr>
<tr><td>课程审批</td><td colspan="6">1.课程教学处：　签　章　年　月　日
2.学生发展处：　签　章　年　月　日</td></tr>
</table>

数学建模之“拥堵”问题研究与成果展示交流

一、教学分析设计

（一）活动分析

本次课为本门课程的第五次课。前四次课已经学习了数据调查和分析的方法，学生能够自主探究相似场景下的拥堵问题，因此，本节课活动设计如下：再次回顾建模过程中应用的方法和知识，各小组在课前讨论方案、分析因素、确定对象、调研数据、建立模型，课上展示本小组运用课程习得知识与方法，反馈其研究成果，并根据模型提出建议和意见。

第一小组（“春熙路”地铁站）：思考地铁站所采取的减少拥堵的有效措施，建立“春熙路”地铁站的“拥堵”等级评价模型，并检验最初的猜想是否具有合理性。

第二小组（学生宿舍洗漱间）：建立川大附中学生宿舍洗漱间“拥堵”等级评价模型，并提出建议和意见。

第三小组（川大附中选课系统）：尝试建立川大附中选修课选课系统“拥堵”等级评价模型。

（二）学生分析

从学生已学知识基础来看，学生在前面的学习过程中，已经学习了收集数据的方法，学会了数据分析软件的使用，以及掌握了建立数学模型的基本步骤，所以，学生已经具有解决相似情境下的拥堵问题的知识和方法能力。

从学生已有的研究素养来看，我校作为“培养—研究型”大学附中，为实现“全面发展，长于研究”的办学目标，基于核心问题构建实施了“五育并举”的研究性课程体系，其中包含的综合实践活动课程、学科选修课程、校本课程等都是具有研究性的课程。学生在整个高一学年和高二上期都已进行这些课程的学习，已经知晓研究问题的基本环节与方法，并能进行基本运用，具有基本的研究素养，这为本课程的研究奠定了研究基础。

（三）目标分析

根据本课程规划纲要中确立的课程教学目标，基于本次课的活动分析及学生分析，撰写本次课的教学目标如下：

1. 结果性目标

（1）能够聚焦调查对象，制定表格收集数据；
（2）能够运用聚类分析法分析数据，能借助信息技术手段辅助分析数据。
（3）能够运用数学建模思想解决真实生活实际问题，并提出相应解决方案。

2. 体验性目标

（1）在数据分析与数学模型的建立活动中，体验问题情境与数据选择之间的关联；
（2）在实际问题的解决活动中，体验数学建模过程与信息技术使用之间的关联。

（四）资源分析

本次课为室内的展示交流课，所用主要教学资源如下表所示：

教学资源	选用意图	来源
PPT、投影	用于教学引入、小组展示、交流和反思过程	科技楼多媒体设备
黑板	板书本堂课活动中的关键信息，呈现学生素养、辅助教师讲解提炼	科技楼教室
EXCEL、SPSS、VB 程序	让数据可视化，信息化。 用程序求解数学模型，让求解更加准确	相关软件

（五）主题分析

按课程规划纲要的课次规划，本节课的任务是“学生确定要分析的问题情境，收集并处理数据，建立‘拥堵’等级评价模型并求解数学模型。在整个过程中会采用函数模型、聚类分析法等分析方法求解，总结数学建模完整步骤”。基于本节课在课程中的定位，结合前面对本节课活动与学生的分析，将本次课的内容主题确定为“聚焦生活中的‘拥堵’现象，建立‘拥堵’等级评价模型，并提出实质性的建议和意见”。课程主题确定为“数学建模之‘拥堵’问题研究第五次课”。

（六）核心问题

以川大附中放学后拥堵调研为载体，研习等级评价模型，用于解决实际生活中的问题，撰写拥堵等级评价模型报告。

二、教学实施设计

（一）教学环节

教学环节	学生活动	教师活动	评价预设	设计意图
课程回顾 （约 3 分钟）	1.聆听教师回顾前期准备过程，明确本次课汇报任务； 2.学生代表回顾 K–均值聚类分析的原理及前期研究成果模型	对前面四次课进行简单的小结，并提出本次课的核心问题	师—生评价：肯定学生前期的付出，并再次展示前期成果，带动课堂气氛	激发学生兴趣，明确学习内容

续表

教学环节	学生活动	教师活动	评价预设	设计意图
小组交流汇报（约32分钟）	第一小组（“春熙路”地铁站）：思考地铁站所采取的减少拥堵的有效措施，建立“春熙路”地铁站的“拥堵”等级评价模型，并检验最初猜想是否具有合理性。第一步，课前讨论分析，通过观察和走访，猜想地铁口已实施的降低拥堵等级的方案；第二步，确定量化数据，收集数据并进行数据分析，得到各个点位的聚类中心；第三步，建立“春熙路”地铁站的“拥堵”等级评价模型；第四步，检验初始猜想是否具有合理性。 第二小组（学生宿舍洗漱间）：建立川大附中学生宿舍洗漱间“拥堵”等级评价模型，并提出建议和意见。第一步，课前讨论分析，聚焦校内区域，再次聚焦学生宿舍洗漱间，确定量化数据，并制定表格；第二步，收集数据并进行数据分析，得到各类数据的聚类中心；第三步，建立学生宿舍洗漱间的“拥堵”等级评价模型，并检验模型的稳定性；第四步，提出解决方案，并介绍详细方案内容，模拟方案实施后效果，验证方案的合理性。 第三小组（川大附中选课系统）：尝试建立川大附中选修课选课系统“拥堵”等级评价模型。第一步，课前讨论分析，聚焦要调研的网络“拥堵”情况，尝试确定量化数据；第二步，咨询专业人员相关内容，修改量化数据类型，通过询问法得到相关数据并进行数据的统计和分析；第三步，由于得不到充足的有效数据，因此将问题聚焦在缓解选修课选课系统“拥堵”现象的措施上，并提出相关调整方案	1.归纳学生汇报中生成的知识、步骤、方法； 2.评价：对于学生发言中的凸显学科性、研究性的发言进行总结性评价，对于发言中的错误进行诊断性评价	师—生评价：注重生成性评价，注重学生自己研究中的创造性。 生—生评价：发表自己对其他小组汇报的内容及成果的看法和不理解的问题，也可以提出自己的建议和意见进行交流	培养学生的合作意识与研究精神。培养学生学以致用的优秀品质，利用课程中学习的数据分析的方法和数学建模的步骤，聚焦生活中的相似情境，得到相应的“拥堵”等级评价模型。在生—生评价的过程中，学会聆听他人合理的意见和建议，优化和改善自身的成果和结论，达到事半功倍的效果

续表

教学环节	学生活动	教师活动	评价预设	设计意图
反思提升（5分钟）	学生回答相关问题，总结解决“拥堵”问题的一般步骤	引导学生回顾解决问题的过程，师生共同反思总结、修正完善解决“拥堵”问题的一般步骤，以及其中用到的知识方法和数学思想，并提升到用数学的思想解决实际生活问题的一般步骤	师—生评价：鼓励学生积极发言，并肯定学生发言中正确的知识和方法，侧重形成性和总结性评价	在充分体验的基础上，生成逻辑连贯、前后一致的知识体系，使得研究过程中的知识、方法、思想显性化、具体化、规范化

（二）评价预设

1. 教学活动中的即时评价预设

教学引入环节：回顾此前课程，让学生清楚前面几次课的成果以及研究过程体现出的方法和思想内容，对前期调研过程中展现的积极性和体现的学科素养提出表扬和鼓励，充分发挥学生的主观能动性，营造积极的课堂气氛，激发学生学习的热情，进而完成课程目标；学生代表的回顾，再一次体现了学生对“拥堵”等级评价模型的建立和研究过程体验十分深刻，带动学生接下来的积极发言。

2. 展示过程中的知识性、学术性评价预设

问题解决的评价环节：学生分组展示时，要对学生的展示过程给予诊断性、总结性评价，教师对其研究过程中的闪光点进行激励性评价，鼓励学生思考问题，总结知识方法，并对自己和同学的分析做出正确的评价和必要的补充；学生在数学建模的过程中，除了对数学模型进行分析，还要对其背后的数学思想进行挖掘。对于尚未展示充分的模型评价、改进与推广，教师要引导学生继续研究，将所学研究和解决问题的方法应用于生活，鼓励其发现、研究、解决身边的问题，培养其研究精神。在学生提问的环节中，学会聆听他人合理的意见和建议，优化和改善自身的成果和结论，达到事半功倍的效果，进一步培养了学生的合作交流意识。

（三）板书设计

数学建模之“拥堵”问题研究与成果展示交流

一、提出问题

核心问题：以川大附中放学后拥堵调研为载体，研习等级评价模型，用于解决实际生活中的问题，撰写拥堵等级评价模型报告。

二、解决问题

1.第一小组：“春熙路”地铁站提出猜想→收集数据，建立模型→验证猜想

$$Con=\frac{1}{4}\left[\left(0.68C_S^q+0.32C_S^w\right)+\left(0.37C_G^q+0.63C_G^w\right)+C_E+\left(0.475C_W^q+0.525C_W^w\right)\right]$$

2.第二小组：学生宿舍洗漱间建立模型→提出方案：智能化排队系统→模拟效果

$$Con=0.45C^w+0.18C^s+0.37C^q$$

3.第三小组：选修课选课系统

资料收集→收集数据→聚集方案→两种方案

三、反思提升

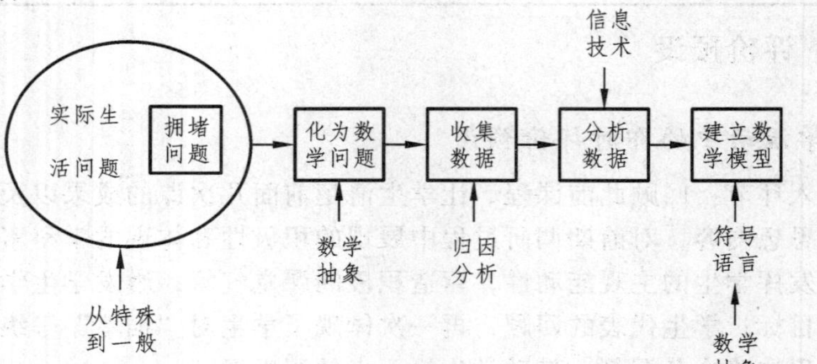

四、评价反馈

1.复习巩固：

2.综合运用：

3.拓广探索：

（四）教学流程

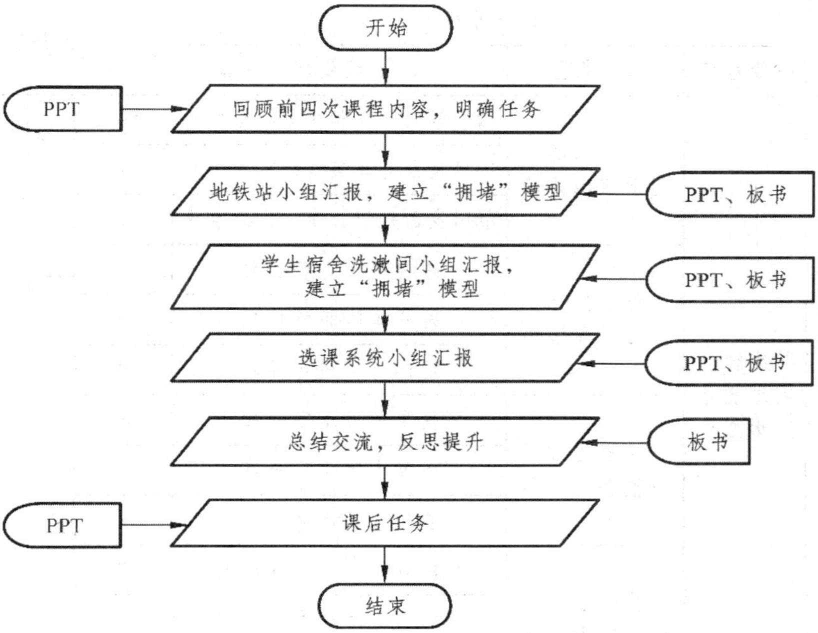

图 5-1　数学建模之“拥堵”问题教学流程图

三、教后评价设计

（一）信息搜集

课后搜集了全班学生的评价反馈 30 份。对搜集到的 30 份学生评价反馈基于关联体验目标达成情况评判标准进行了批阅和分类，并按照等级标准标注了等级；在此基础上完成了《川大附中项目课程体验性目标点检测表》。

（二）自我评价

基于本节课的核心问题设置较为恰当，学生体验到了恰当设置核心问题的重要性和必要性。因此较好地达成了体验性目标和结果性目标，整节课的完成是比较成功的。

1. 学生活动充分，体验层层深入

学生先后经历了独立探究、小组合作、全班展示交流三个活动环节。由于学生活动充分。所以在全班展示环节，学生的展示有内容，有层次，有高潮。

2. 教师的评价实施较好，学生感受意义关联较好

根据《项目课程核心问题教学评价表》，按照核心问题教学形态评价和实质评价的一级、二级、三级指标，结合结果性目标、体验性目标，尤其是关联体验目标，根据学生课堂中的具体表现和收集整理的资料，反思判断自己的教学，对核心问题教学文化的自评情况如下表：

川大附中项目课程核心问题教学评价表

评价目标	评价指标			评价结果	
	一级指标	二级指标	三级指标		
实现活动体验中的学习与发展	具有核心问题教学形态	核心问题利于活动体验	内含学科问题和学生活动方式	8	每项指标最高评8分
			问题情景与真实生活密切相关	8	
			能引发新知识、新方法的生成	7	
		教学目标价值引导恰当	两类目标正确全面	8	
			关联体验目标恰当	7	
			目标价值引导显现	8	
		教学环节完整合理落实	教学环节清晰完整	8	
			环节内容合理充实	8	
			学生活动时间充分	8	
		教学要素相互匹配促进	问题目标环节两两匹配	7	
			技术促进活动形式内容	8	
			学科特点突出氛围浓郁	7	合计__92__分
	具有核心问题教学实质	拓宽学习视野	课堂与现实世界有恰当关联	选择一个表现突出的二级指标，在相应三级指标的引导下，以现场学生表现为主要依据，以其余指标为背景，于本表的第二页写出150字以上的简要评价	
			有基于缄默知识的问题解决		
			有缄默知识运用的追踪剖析		
		投入实践活动	有真实而且完整的实践活动		
			能够全身心地浸渍于活动中		
			活动的内容结果均丰富深入		
		感受意义关联	有核心问题的深层意义感受		
			有以知识为中心的关联感受		
			有以个人为中心的关联感受		
		自觉反思体验	有实质性反思活动的开展		
			有课堂新因素的追踪利用		
			有体验的交流与改善重构		
		乐于对话分享	乐于自我表达与认真倾听		
			乐于合作中成果与思路的分享		
			有宽容的对话氛围和多向交流		

续表

<table>
<tr><td rowspan="2">评价目标</td><td colspan="3">评价指标</td><td rowspan="2">评价结果</td></tr>
<tr><td>一级指标</td><td>二级指标</td><td>三级指标</td></tr>
<tr><td rowspan="3"></td><td rowspan="3"></td><td rowspan="3">认同体验评价</td><td>认可体验评价</td><td rowspan="3"></td></tr>
<tr><td>参与体验评价</td></tr>
<tr><td>利用体验评价</td></tr>
<tr><td colspan="5">核心问题教学实质的简要评价</td></tr>
<tr><td colspan="5">本节课凸显了核心问题教学中“投入实践活动”这一教学实质。
一、有真实而且完整的实践活动
第一小组，实地考察，拍照记录，收集数据。从调查缓解拥堵方案，制定表格，到分析数据，建立数学模型，小组中的每一位成员均参与其中，体验完整的数据收集及建模过程。
第二小组，采访学生，考察宿舍基本情况，收集所需数据，经过数据筛选及分析的过程，最终建立数学模型，并在此基础上，提出可实施的相关方案，同样也经历了真实而完整的实践活动。
第三小组，虽然并未解决最初确定的问题，但是依然在查阅资料、走访调查的过程中收获了很多，并且总结了自己的认识和思考，提出解决方案，实践活动真实且完整。
二、能够全身心地浸渍于活动中
每一位学生都能参与到其中的原因：活动具有吸引力，学生有兴趣参与其中；每一位学生均有自己的任务，分工明确；每一个环节都有阶段性成果，激励学生将研究进行下去，增长学生的士气。三、活动的内容结果均丰富深入
活动的内容全面：学生有等级评价模型、数学建模的基础，并学会了运用 Excel、SPSS 软件处理和分析数据，进行小组讨论，确定周边“拥堵”相关问题。学生讨论出的“拥堵”现象不仅存在于线下，也拓展到了线上；不只有校内，也涉及校外。
活动的结果丰富：学生不仅得到“拥堵”等级评价模型，而且还在此基础上提出创新型的建议及实施方案，尤其第二个小组，提出假想方案及方案规则，解决洗漱间拥堵问题</td></tr>
</table>

（三）反馈调整

川大附中项目课程体验性目标点检测表

<table>
<tr><td rowspan="2">基本信息</td><td>执教教师</td><td>李洋洋</td><td>学　科</td><td>学科选修课程</td></tr>
<tr><td>年级</td><td>高二</td><td>上课时间</td><td>2022 年 6 月 10 日</td></tr>
<tr><td>课题名称</td><td colspan="4">数学建模之“拥堵”问题研究</td></tr>
<tr><td>核心问题</td><td colspan="4">以川大附中放学后拥堵调研为载体，研习等级评价模型，用于解决实际生活中的问题，撰写拥堵等级评价模型报告</td></tr>
<tr><td>教学目标</td><td>结果性目标</td><td colspan="3">1.能够聚焦调查对象，制定表格收集数据；
2.能够运用聚类分析法分析数据，能借助信息技术手段辅助分析数据；
3.能够运用数学建模思想解决真实生活实际问题，并提出相应解决方案</td></tr>
</table>

<table>
<tr><td></td><td>体验性目标</td><td colspan="3">1.在数据分析与数学模型的建立活动中，体验问题情境与数据选择之间的关联；
2.在实际问题的解决活动中，体验数学建模过程与信息技术使用之间的关联</td></tr>
<tr><td>检测点</td><td colspan="4">体验问题情境与数据选择之间的关联</td></tr>
<tr><td>检测任务</td><td colspan="4">在建模的过程中，我们是如何确定要收集什么样的数据的呢？</td></tr>
<tr><td rowspan="4">分类标准</td><td colspan="4">A.能确定要收集什么样的数据，并且能归纳出一般确定方法，对问题情境与数据选择之间的关联体验深刻</td></tr>
<tr><td colspan="4">B.能确定要收集什么样的数据，不能完整归纳出一般确定方法，对问题情境与数据选择之间的关联体验较为深刻</td></tr>
<tr><td colspan="4">C.不太确定要收集什么样的数据，不能归纳出一般确定方法，对问题情境与数据选择之间的关联体验一般</td></tr>
<tr><td colspan="4">D.不能确定要收集什么样的数据，对问题情境与数据选择之间的关联没有体验</td></tr>
<tr><td rowspan="5">检测统计</td><td>分类等级</td><td colspan="2">学生人数（总人数30人）</td><td>百分比</td></tr>
<tr><td>A</td><td colspan="2">20</td><td>66.7%</td></tr>
<tr><td>B</td><td colspan="2">8</td><td>26.7%</td></tr>
<tr><td>C</td><td colspan="2">2</td><td>6.7%</td></tr>
<tr><td>D</td><td colspan="2">0</td><td>0%</td></tr>
<tr><td>检测反馈</td><td colspan="4">针对基于信息收集的检测分析来看，我对C档的2位学生进行了重点交流，让他们深刻体验问题情境与数据选择之间的关联，并且能归纳一般确定方法，激发了学生的学习兴趣，提高了学生学习信心。
以下为学生调整后的回答：
学生1（地铁口小组）：我们在研究地铁口的拥堵情况时，根据实地考察，综合考察地铁站的拥堵点，以闸机口为例，发现造成拥堵的原因主要是人们在通过闸机口的时候，有时候需要打开软件，浪费时间，需要等待，所以确定了一种数据，即等待时间；排队的长短也能直接反映出拥堵情况，因此确定了另一种数据，即人数衡量的排队长度。
学生2（洗漱间小组）：女生宿舍收集的数据类型也是经过调查得到的。我们先采访了学生，得到了造成宿舍洗漱间拥堵的一些因素，例如：洗漱间少、女生洗澡时间较长等，再根据实地调研，确定利用排队长度、洗漱时间、等待时间三个具体数据来衡量拥堵情况</td></tr>
</table>

数学建模之“拥堵”问题研究

——以宿舍洗漱间拥堵问题为例

唐习悦 徐乐妍 李语桐 方梓懿 曾珂

【摘　要】经过问卷调查，宿舍洗漱间拥堵现象十分严重，急需解决。本文将从前期调查与准备、数据分析与建模、模型建立与检验、方案模拟与应用四个模块介绍宿舍洗漱间拥堵问题的解决。其中，使用 Excel、SPSS 软件处理数据，分析结果，得到预期聚类中心，最终构建数学模型。

【关键词】问卷调查；数据处理；Excel；SPSS；K–均值聚类分析

现如今的社会高速发展，“拥堵”问题成为生活中常见的现象。上下班地铁口的拥堵，旅游高峰期景点入口处拥堵，超市卖场促销顾客拥堵，上下学学校门口的拥堵，甚至每天都在经历网络的拥堵。经过前期课程知识的铺垫以及组内成员的详细讨论，我们最终将问题聚焦在身边的拥堵现象——学生宿舍洗漱间的拥堵上。本文将从以下四个模块来介绍研究过程及成果。

一、前期调查与准备

首先，为了确定宿舍洗漱间的拥堵现状，我们小组采取了走访调查及问卷调查两种方式。通过走访调查，发现女生宿舍洗漱间的拥堵情况十分严重，而男生宿舍洗漱间拥堵现象并不明显。通过问卷调查，我们得到了洗漱聚集拥堵时间段，为我们设计数据收集表格做好铺垫。

其次，我们进行了宿舍的实地勘查，统计出要调查的点位，以此做出相应的人员分配与分工，以保障后续工作顺利进行。

最后，经过交流讨论，设计出数据收集表格，如表 5-1：

表 5-1　川大附中住校生晚上洗漱“拥堵”情况调查表

日期：				
地点：				
序号	等待时间	洗漱时间	收集时间	排队长度
			21:30	
			21:35	
			21:40	
			21:45	
			21:50	
			21:55	

续表

序号	等待时间	洗漱时间	收集时间	排队长度
			22:00	
			22:05	
			22:10	
			22:15	
			22:20	
			22:25	
			22:30	
			22:35	
			22:40	
			22:45	
			22:50	
			22:55	
			23:00	

我们利用三类数据量化拥堵情况。其中，等待时间指采集学生到洗漱间等待洗澡至轮到自己洗澡的时间间隔，采用询问法收集数据；洗漱时间指采集学生从开始洗澡至洗澡完毕的时间间隔，同样采用询问法收集数据；排队长度指每 5 分钟采集一次洗漱间门口的排队人数，采集时间为 21:30 至 23:00，采用等时间间隔拍照或人工计数法收集数据。

二、数据分析与建模

做好一切前期准备以及突发状况应对措施，我们怀着激动忐忑的心情开始了第一次的数据收集。我们收集到的数据见表 5-2：

1. 男生宿舍

表 5-2　男生宿舍晚上洗漱“拥堵”情况调查表

日期：5 月 9 日				
地点：男生宿舍二三楼浴室				
序号	等待时间	洗漱时间	收集时间	排队长度
1	0	5	21:30	0
2	0	10	21:35	0
3	0	10	21:40	0
4	0	5	21:45	0
5	0	4	21:50	0

续表

序号	等待时间	洗漱时间	收集时间	排队长度
6	0	10	21:55	0
7	0	10	22:00	0
8	0	15	22:05	0
9	1	10	22:10	0
10	0.5	5	22:15	1
11	5	5	22:20	1
12	4	5	22:25	5
13	4	5	22:30	4
14	1	6	22:35	4
15	1	6	22:40	5
16	5	4	22:45	4
17	1	4	22:50	5
18	1	10	22:55	0
19	0	5	23:00	0
20	0	4		
21	1	4		
22	5	4		
23	0	5		
24	0	4		
25	0	5		

日期：5 月 10 日				
地点：男生宿舍一楼左方浴室				
序号	等待时间	洗漱时间	收集时间	排队长度
1	0	5	21:30	0
2	0	7	21:35	0
3	0	10	21:40	0
4	0	5	21:45	0
5	0	7	21:50	0
6	0	10	21:55	0
7	0	4	22:00	0
8	0	6	22:05	0
9	0	4	22:10	1

续表

序号	等待时间	洗漱时间	收集时间	排队长度
10	0.5	5	22:15	2
11	4	5	22:20	1
12	5	2	22:25	3
13	2	5	22:30	4
14	10	5	22:35	5
15	5	5	22:40	4
16	5	10	22:45	4
17	5	5	22:50	5
18	5	7	22:55	0
19	2.5	9	23:00	0
20	6.5	10		
21	5	6		
22	2	5		
23	5	5		
24	0	5		
25	0	2		

日期：5 月 11 日

地点：男生宿舍二三楼

序号	等待时间	洗漱时间	收集时间	排队长度
1	0	10	21:30	0
2	0	10	21:35	0
3	0	5	21:40	0
4	0	4	21:45	0
5	0	5	21:50	0
6	0	10	21:55	0
7	0	5	22:00	0
8	0	5	22:05	0
9	0	5	22:10	0
10	0	6	22:15	1
11	1	8	22:20	2
12	5	8	22:25	5
13	10	5	22:30	4
14	10	10	22:35	5
15	10	10	22:40	6

续表

序号	等待时间	洗漱时间	收集时间	排队长度
16	1	10	22:45	4
17	10	8	22:50	1
18	10	8	22:55	0
19	10	5	23:00	0
20				
21				
22				
23				
24				
25				

经过数据的筛选，利用 Excel 得到分析如图 5-2、5-3：

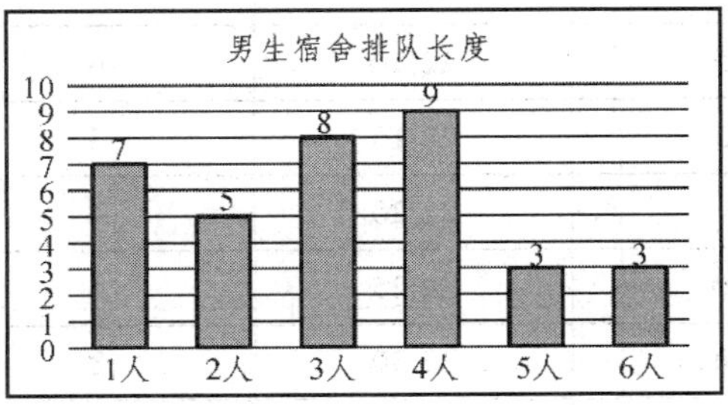

图 5-2　男生宿舍排队长度

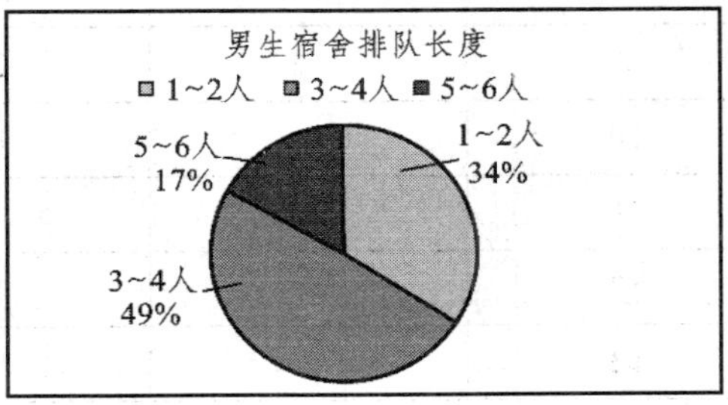

图 5-3　男生宿舍排队长度

经过讨论，分析结果如下：

（1）晚自习后，男生经常会运动后（如打球）才回宿舍，因此洗漱时间集中于晚上十点半以后；

（2）男生宿舍洗漱间等待时间较短，70%等待时间小于 5 分钟，只有 10%的男生等待时间高于 8 分钟，调查数据中最长等待时间为 10 分钟。因此从等待时间来看，男生宿舍洗漱间不构成拥堵；

（3）男生宿舍洗漱时间较短，调查数据中洗漱时间平均值为 6.35 分钟，较短。因此从洗漱时间来看，男生宿舍洗漱间不构成拥堵；

（4）男生宿舍洗漱间排队长度较短，调查数据显示，有 83%的可能排队长度小于或等于 4 人，因此从排队长度来看，男生宿舍洗漱间不构成拥堵。

2. 女生宿舍

我们聚焦女生宿舍洗漱间的拥堵情况，收集到如表 5-3 的数据。

表 5-3　女生宿舍晚上洗漱“拥堵”情况调查表

日期：5 月 10 日				
地点：女生宿舍六楼左				
序号	等待时间	洗漱时间	收集时间	排队长度
1	10	10	21:30	5
2	20	20	21:35	9
3	5	20	21:40	11
4	15	22	21:45	10
5	6	25	21:50	8
6	8	10	21:55	8
7	10	25	22:00	8
8	13	20	22:05	7
9	12	25	22:10	6
10	14	15	22:15	3
11	6	5	22:20	4
12	27	20	22:25	4
13	3	10	22:30	8
14	6	15	22:35	7
15	9	10	22:40	6
16	14	45	22:45	3
17	18	25	22:50	3
18	9	25	22:55	2
19	20	15	23:00	0
20	25	10		
21	27	10		
22	30	30		
23	6	30		
24	9	20		
25	5	20		

日期：5 月 11 日				
地点：女生宿舍六楼左				
序号	等待时间	洗漱时间	收集时间	排队长度
1	15	17.5	21:30	0
2	20	25	21:35	4
3	20	15	21:40	5
4	5	20	21:45	6
5	45	10	21:50	8
6	0	15	21:55	6
7	0	30	22:00	5
8	15	15	22:05	6
9	0	8	22:10	4
10	9	5	22:15	4
11	7	5	22:20	5
12	6	7	22:25	5
13	17	5	22:30	9
14	15	10	22:35	6
15	22	9	22:40	6
16	26	5	22:45	5
17	4	5	22:50	3
18	23	7.5	22:55	1
19	14	10	23:00	0
20	4	10		
21	3	5		
22	26	7		
23	5	10		
24	7	14		
25	5	16		

日期：5 月 12 日				
地点：女生宿舍六楼左				
序号	等待时间	洗漱时间	收集时间	排队长度
1	15	26	21:30	0
2	15	25	21:35	4
3	15	15	21:40	5
4	27	26	21:45	6
5	14	10	21:50	7
6	16	25	21:55	6
7	25	30	22:00	5
8	18	15	22:05	6
9	6	8	22:10	5
10	19	5	22:15	8
11	10	5	22:20	6
12	19	7	22:25	5
13	10	5	22:30	6
14	15	17	22:35	6
15	28	17	22:40	4
16	4	18	22:45	5
17	9	16	22:50	3
18	6	23	22:55	1
19	24	19	23:00	0
20	17	20		
21	25	10		
22	14	7		
23	24	10		
24	10	14		
25	27	16		

经过数据的筛选，利用 Excel 得到分析如下：

从等待时间来看，如图 5-4、5-5 所示：

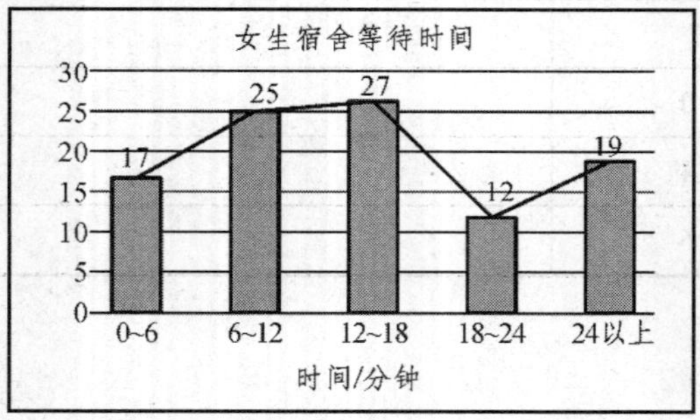

图 5-4　女生宿舍等待时间

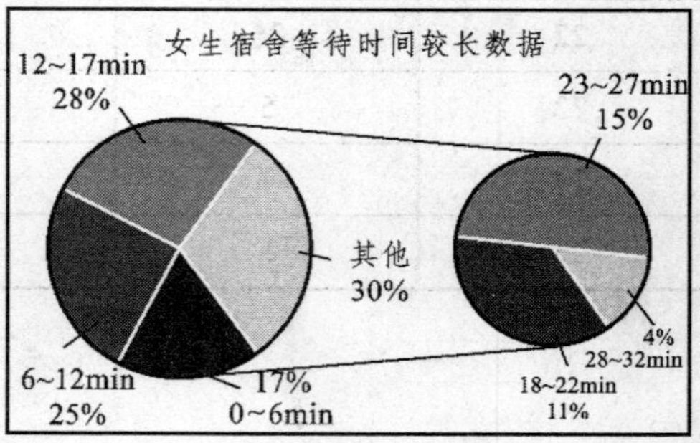

图 5-5　女生等待速度较长时间

利用 SPSS 软件 k–均值聚类分析得到表 5-4：

表 5-4　最终聚类中心

	1	2	3	4	5
等待时间	9	16	4	26	45

得到女生宿舍等待时间拥堵等级分段函数：$C^w=\begin{cases}1,w\leqslant 4\\2,4<w\leqslant 9\\3,9<w\leqslant 16\\4,16<w\leqslant 26\\5,26<w\leqslant 45\\6,w>45\end{cases}$

用同样的方法得到洗漱时间、排队长度拥堵等级分段函数：

$$C^s=\begin{cases}1,s\leqslant 6\\2,6<s\leqslant 13\\3,13<s\leqslant 22\\4,22<s\leqslant 29\\5,29<s\leqslant 45\\6,s>45\end{cases};\qquad C^q=\begin{cases}1,q\leqslant 0\\2,0<q\leqslant 4\\3,4<q\leqslant 6\\4,6<q\leqslant 7\\5,7<q\leqslant 9\\6,q>9\end{cases}$$

三、模型建立与检验

根据前期的数据收集、分析，我们建立了学生晚自习后在女生宿舍洗漱间的等待时间、洗漱时间、排队长度对应拥堵等级的分段函数。为了使模型更合理，更精确，我们采用了加权平均的方式将这三组分段函数结合在一起来构建最终的拥堵等级模型。因此，我们紧接着就“影响洗漱间拥堵程度影响最大的因素”这一问题，对各年级女住校生展开了调查。最终获得了 120 份样本数据，其中有 54 人选择了等待时间，22 人选择了洗漱时间，44 人选择了排队长度，3 个因素对应比例分别为 45%、18%、37%。根据这组比例确定了最终各因素所加权重分别为 0.45、0.18、0.37。将各因素的拥堵等级分段函数与其对应权重结合，并将加权后各因素所对应的拥堵等级相加就可得到最终的女生宿舍洗漱间拥堵等级模型：

$$Con=R_1C^w+R_2C^s+R_3C^q=0.45C^w+0.18C^s+0.37C^q$$

为了检验模型的稳定性，我们重新收集了相关数据，我们将 6 月 1 日所得到的数据代入 VB 程序中得到结果如表 5-5、5-6：

表 5-5　拥堵等级原始数据

拥堵等级
2.46
2.46
2.01
2.38
2.01
2.46
2.46
2.01
2.38
2.01

表 5-6　拥堵等级数据分析

最大值	最小值	极差	平均数	标准差
2.46	2.01	0.35	2.264	0.2094

经分析发现标准差较小，所以我们初步断定模型合理稳定。

四、方案模拟与应用

根据前期调查，我们发现目前宿舍所面临的拥堵情况可大致分为以下两点：一是学生扎堆洗澡，无法估计他人的洗漱时间；譬如男生寝室十点半以后才会出现略有拥堵的情况。二是学生使用盆子排队，需要不定时去看是否轮到自己。这样不仅无法好好利用在寝室学习的时间，还会引发插队等没有素质的现象。

在进行一些实地调查与网络搜索后我们发现，基本各大平台都拥有在线排队的功能，所以我们据此提出了一个猜想：采用智能化排队系统。

在明确方向后，我们提出了一个假想的实施方案：

第一步：将各个楼层各个洗漱间进行编号，并装上刷卡机；

第二步：每个宿舍都安装排队系统显示屏；这个显示屏将会连通整栋楼的洗漱间。

第三步：学生可以通过两种方式预约洗漱；一是直接在洗漱间门口进行刷卡；二是在宿舍排队系统进行提前刷卡预约。轮到自己的顺序时宿舍显示屏会给出提示。

第四步：制定一些相应的规则来确保系统的顺利运行。

以下是一些模拟方案的预期效果。

（1）预约洗漱可以一定程度上避免学生扎堆洗漱，更合理地分配洗漱时间；

（2）排队系统楼层间相互连通的，能让学生更加合理地利用空闲的洗漱间，相应地减少等待时间；

（3）宿舍显示屏可以直接看到排队进度，不需要常去查看是否轮到自己。

在进行二次数据模拟并代入程序后，得到结果如表 5-7，5-8：

表 5-7　6 月 1 号拥堵时间段数据代入

等待时间	洗漱时间	排队长度	拥堵等级
17.6	27.3	8.2	4.19

表 5-8　实时排队系统预设数据

等待时间	洗漱时间	排队长度	拥堵等级
3	27.3	1	1.74

我们发现拥堵等级下降明显，因此我们有充分理由认为目前所提出的方案是可行的。同时，我们也和校方领导以及相关专业人员做了协商，此方案的现实可行度非常高，并且能够直接为学生的生活带来很大程度的便捷，可以提高住校生的在校生活幸福指数，后续我们也将积极跟进此方案的实施。

参考文献

[1] 贺杰. 城市轨道车站客流拥堵等级评价模型研究[D]. 北京：北京交通大学，2014.

[2] 夏雪，盖靖元. 基于 K-Means 聚类算法的城市轨道交通站点分类及客流特征分析[J].现代城市轨道交通，2021（4）：112-118.

数学美学欣赏

川大附中校本课程开发规划纲要

课程首席教师：卢中华（数学组）

课程参与教师：梁如均（数学组） 邓开强（数学组）

<table>
<tr><td>课程名称</td><td colspan="8">数学美学欣赏——生活中的数学美</td></tr>
<tr><td>课程类型（勾选）</td><td></td><td>必修的综合实践活动课程</td><td></td><td>必修的劳动课程</td><td>√</td><td>选修的学科课程</td><td></td><td>选修的校本课程</td></tr>
<tr><td>实施对象</td><td colspan="3">高二年级学生</td><td colspan="2">建议选课学生人数</td><td colspan="3">25人</td></tr>
<tr><td>课程课时及上课时段</td><td colspan="8">课程课时：5课时；上课时段：学校划定课程时间</td></tr>
<tr><td>课程背景</td><td colspan="8">1.学生背景：学生对美的事物总是易于接受，而数学本身就是美，并几乎与所有美的事物都有联系，它是一种理性的美，是一种典型的“心理美”。数学美带给学生的不仅是一种美的享受，更是对学生理性思维、思辨能力的提升，因而作为一线教师应该大胆地尝试将“数学美学欣赏”引入高中数学校本课程中，去呈现数学的美，让学生欣赏数学的美，理解其内在含义，从而让学生理解数学美，美在什么地方，为什么数学是美的，将学生缄默的知识显性化，以致提高自身的审美能力，提升自身的数学素养。
高中数学美学欣赏课程的实施是可行的：学生学习数学已经有十多年了，在这个过程中或多或少都感受过数学的各种美：数字美、对称美、曲线美、逻辑美等，但是进入高中后，数学难度骤增，导致多数学生的数学成绩骤降，从而一下子失去了对数学的热爱。因而现在，绝大多数的学生都不会把高中数学和美联系到一起，这也在一定程度上说明我们数学美学教育的欠缺。然而，本学期高二学生在选修1-1、2-1中将学习简易逻辑知识、圆锥曲线的知识，这两部分的内容很显著地体现了数学的美：逻辑美、曲线美。数学教师应当抓住这个最佳时期，不失时机地向学生揭示数学之美。
2.资源背景：本学期高二学生在选修1-1、2-1中将学习简易逻辑知识、圆锥曲线的知识，这两部分的内容很显著地体现了数学的美：逻辑美、曲线美。数学教师应当抓住这个最佳时期，不失时机地向学生揭示数学之美，从而愉悦他们的心境，激发他们的兴趣，陶冶他们的性情，塑造他们的灵魂，进而让学生领悟数学美，欣赏数学美，创造数学美。开设“数学美学欣赏”这门选修课可以看作是整个数学教学的“味精”，目的不是让学生多学多少数学知识，而是让学生在与数学接触十多载后，换一个角度去观察数学，以一种欣赏的眼光去看待数学，从而激发他们学习数学的热情，培养他们积极探索的兴趣以及提高对数学的整体认识</td></tr>
<tr><td>课程内容（核心问题）</td><td colspan="8">做数学美的问卷调查，从心理和生理角度探究数学美，撰写研究报告或论文</td></tr>
<tr><td>课程目标</td><td colspan="8">1.结果性目标：
（1）了解美学及数学美学的知识；
（2）明了数学美的特征；</td></tr>
</table>

续表

<table>
<tr><td>课程目标</td><td colspan="5">（3）通过研究数学美学欣赏，了解数学美在实际生活中的应用；
（4）对高中数学中数学美学的问题进行分析，激发学生学习数学的热情，将缄默知识显性化。
2.体验性目标：
（1）通过自主、合作、探究等方式对高中的数学美的内容及相关知识进行认真、深入的学习，感受数学的美，体验数学美的特征及价值；
（2）体验生活中的事物与数学美的关联，感知数学美、欣赏数学美；
（3）亲历实践探究活动，体验团队协作，增强自信心和执行力，提升交际能力、协调能力</td></tr>
<tr><td rowspan="6">课次计划</td><td>课次</td><td>主题</td><td>学生活动</td><td>课前课后任务</td><td>活动地点</td></tr>
<tr><td>1</td><td>提出问题：通过图片、视频、多媒体等方式展示自然界的美、引出数学美的概念及数学美的特征；提出课程核心问题：再识数学美，多视角研究生活中数学之美</td><td>欣赏自然界的美、数学之美</td><td>收集资料，了解美学、数学之美相关知识</td><td>多媒体教室</td></tr>
<tr><td>2</td><td>解决问题：学生以组为单位，小组分享、讨论生活中的数学美，并展示本组研究成果</td><td>小组讨论、个人展示</td><td>收集资料、制定学习计划、小组合作完成任务，制作 PPT</td><td>多媒体教室</td></tr>
<tr><td>3</td><td>解决问题：学生以组为单位，小组分享、讨论生活中的数学美，并展示本组研究成果</td><td>小组讨论、个人展示</td><td>收集资料、制定学习计划、小组合作完成任务，制作 PPT</td><td>多媒体教室</td></tr>
<tr><td>4</td><td>反思提升：主要是结合第二、三次课学生交流、讨论的内容进行反思提升，教师再次展示每组的学习成果，师生一起交流、探讨如何感受数学之美，揭示数学美的特征，探究美学的价值，创造数学之美</td><td>小组讨论、交流合作探讨数学美学、品味数学、欣赏数学</td><td>收集资料、完成作业</td><td>多媒体教室</td></tr>
<tr><td>5</td><td>反馈运用：汇报成果、分享收获</td><td>学生展示自己在本次活动课程中的收获</td><td>收集资料、完成个人作业</td><td>多媒体教室</td></tr>
<tr><td>学生作品</td><td colspan="5">多种方式呈现数学的美，如实物、PPT、论文、模型等</td></tr>
<tr><td>评价方式</td><td colspan="5">课堂表现（30%）+档案袋质量（30%）+研究报告（论文）（40%）</td></tr>
<tr><td>安全保障</td><td colspan="5">一般校内活动安全保障</td></tr>
</table>

续表

条件保障	课程开发组外部保障：多媒体教室（能放PPT，观看录像，可以安装“几何画板”） 课程开发组内部保障：数学美学理论的学习与研讨；对综合实践活动的学习、成果汇集整理研讨
开发次第	首次开发
课程审批	1.课程教学处：　签　章　年　月　日 2.学生发展处：　签　章　年　月　日

生活中的数学美

一、教学分析设计

（一）背景分析

学生对美的事物总是易于接受，而数学本身就是美，并几乎与所有美的事物都有联系，它是一种理性的美，是一种典型的“心里美”。数学美带给学生的不仅是一种美的享受，更是对学生理性思维、思辨能力的提升，因而作为一线教师应该大胆地尝试将“数学美学欣赏”引入高中数学校本课程中，去呈现数学的美，让学生欣赏数学的美，理解其内在含义，从而让学生理解数学美，理解数学美在什么地方，为什么数学是美的，将学生缄默的知识显性化，以提高自身的审美能力，提升自身的数学素养。

高中数学美学欣赏课程的实施是可行的：学生学习数学已经有十多年了，在这个过程中或多或少都感受过数学的各种美：数字美、对称美、曲线美、逻辑美，等等。但是进入高中后，数学难度骤增，导致多数学生的数学成绩骤降，从而一下子失去了对数学的热爱。因而现在，绝大多数的学生都不会把高中数学和美联系到一起，这也在一定程度上说明我们数学美学教育的欠缺。然而，本学期高二学生在选修 1-1、2-1 中将学习简易逻辑知识、圆锥曲线的知识，这两部分的内容很显著地体现了数学的逻辑美、曲线美。数学教师应当抓住这个最佳时期，不失时机地向学生揭示数学之美，从而愉悦他们的心境，激发他们的兴趣，陶冶他们的性情，塑造他们的灵魂，进而让学生领悟数学之美，欣赏数学之美，创造数学之美。“生活中的数学美”这门选修课可以看作整个数学教学的“味精”，目的不是让学生多学多少数学知识，而是让学生换一个角度去观察数学，以一种欣赏的眼光去看待数学，从而激发他们学习数学的热情，培养他们积极探索的兴趣以及提高对数学的整体认识。

“生活中的数学美”是一门综合实践活动课程，具有综合性、实践性、活动性以及研究性。课程以核心问题为中介，开设 5 次课，共 10 课时。

第一次课的 2 课时是提出问题环节：通过图片、视频、多媒体展示自然界的美、引出数学美的概念及数学美的相关知识：包括数学美的概念、数学美的一些主要特征，以举例生活中一些体现数学美的例子呈现。另外讲解如“名人名猜——费马定理”的故事，让学生在欣赏故事的过程中了解数学的历史、人物的发展历程，争取每一段故事能让学生在听的过程中产生精神上的共鸣，让学生懂得攀登数学高峰的艰难历程，更能让学生明白每段故事所折射出的感人肺腑的数学精神，让学生体会数学的发展之美，同时也促进学生人文素养的培养。在这个环节中主要以教师的讲解以及一些简单的师生互动为主。在本次课的末段将学生分成 5 组，每组 5 人，提出课程的核心问题——再识数学美，多视角研究生活中数学之美，并安排学习任务，让学生以组为单位收集资料为下次课做好准备。

第二三次课的 2 课时是解决问题环节：学生对数学美学的欣赏有了一定的学习和研究，有了自己的体验和领悟，让学生以组为单位，小组分享、讨论生活中的数学美，再展示本组学习或研究的成果，达到大家一起欣赏数学之美、品味数学之趣、感受数学之妙、领略数学之奇的目的。本次课是数学美学欣赏校本活动课程实施的关键环节，在整个过程中以学生为主体，教师只是起到引导和辅助的作用。

第四次课的2课时是反思提升环节：本次课主要是结合第二三次课学生交流、讨论、研究的内容进行反思提升，教师再次展示每组的学习成果，师生一起交流、探讨如何感受数学之美、欣赏数学之美、体验数学之美、享受数学之美、创造数学之美；充分让学生感到数学就是美，学习数学是一种享受，一种愉悦的体验。最后教师提出第五次课课程内容及要求。

第五次课的2课时是反馈运用环节：本次课是本次“生活中的数学美”校本综合实践活动课程的最后一次课，主要是以学生的汇报为主，每位同学展示自己在本次活动课中的收获，学生可以个人或小组的形式进行展示，展示的方式可以是论文、PPT、几何画板、视频等。

（二）学生分析

首先，高二学生具备一定的欣赏美、辨别美、塑造美的能力，让其换个角度来欣赏数学之美，能够激发学生的好奇心、求知欲；并且本次校本课的核心问题是做数学美的问卷调查，从心理和生理角度探究数学美，撰写研究报告，贴近学生的实际生活，课程安排是可行的、方便的，学生有能力对课程课题进行学习、研究；

其次，高二学生正在学习简易逻辑知识、圆锥曲线知识，为欣赏数学之美提供了良好的基础和时机；

最后，学生学习能力有差异，我们尊重这种差异，并希望通过这次课程能促进减少这种差异，从而提升学生的数学素养。

（三）教学目标

1.结果性目标

了解美学及数学美学的知识；明了数学美的特征；通过研究数学美学欣赏，了解数学美在实际生活中的应用及其文化价值；对高中数学中的数学美学问题进行分析，激发学生学习数学的热情，将缄默知识显性化。

2.体验性目标

通过自主、合作、探究等方式对高中的数学美的内容及相关知识进行认真、深入的学习；感受数学的美，体验数学美的特征及价值；体验生活中的事物与数学美的关联，感知数学美、欣赏数学美，并体验创造数学之美；亲历实践探究活动，体验团队协作，增强自信心和执行力，提升交际能力、协调能力。

（四）资源分析

本次课为室内的展示交流课，所用主要教学资源如下表所示：

教学资源	选用意图	来源
PPT、投影	用于教学引入、小组展示、交流和反思过程	科技楼多媒体设备
黑板	板书本堂课活动中的关键信息，呈现学生素养，辅助教师讲解提炼	科技楼教室
EXCEL、SPSS、VB 程序	让数据可视化，信息化；用程序求解数学模型，让求解更加准确	相关软件

二、教学实施设计

（一）教学环节

教学环节（时间）	学生活动	教师活动	设计意图
课堂引入（4分钟）	明确本节课的活动任务	简单回顾已进行的课程内容，并提出本节课的教学任务和思考	串联整个课程，并开门见山地明确本节课的学习任务，激发学生学习兴趣
活动一 学生展示活动 （25~30 分钟）	小组讨论、交流、分享个人的学习心得，汇总小组研究成果；各组展示本组成果；每组按照预先布置的任务，多方式、多方面、多角度进行阐述（每个组的展示时间为 5 分钟）	组织学生展示及聆听，点评每组的成果，让学生体验数学美的特征，感受数学美	学生研究成果的初步展示交流，并且为活动二作铺垫
活动二：反思提升（5 分钟）	反思提升： 1.数学美的特征； 2.如何欣赏数学美； 3.如何创造数学美	拓展所学知识，运用所学知识、提升学生的思维能力，品味数学之美	完成课程提升，培养学生的理性思维，使学生能实现举一反三的思维迁移
作业布置	明确课程第 4 次课的课前准备，并完成作业	布置课后作业	为第 4 次课作准备

（二）评价预设

教师在整个综合实践活动课程的地位是次于学生的，真正地以学生为主体，教师不断地引导和督促学生进行实践研究。此次综合实践活动课程的实践性很强，许多工作需要学生课后完成,因此课后教师的督促是否到位对于课程是否顺利开展至关重要。而在这堂研究课上，教师更像是一位助手，课堂是学生的舞台。

活动一是学生以组为单位的展示交流，每个组展示完后，教师进行简单点评，归纳学生成果的数学美的特征，引导学生理解数学美内涵，体会数学的简洁美、和谐美、奇异美，为活动二做好铺垫；在反思提升的活动二中，教师引导学生归纳数学之美的特征，思考如何去欣赏数学之美，并鼓励学生大胆设计、积极发言，分享自己的想法或观点，品味数学之美，并及时对学生作出正面的鼓励评价。

（三）板书设计

生活中的数学美

核心问题

活动一：分享研究，解决问题
- 第一组：文学组
- 第二组：建筑组
- 第三组：曲线组
- 第四组：数字组
- 第五组：对称组

活动二：欣赏感悟，反思提升

（四）教学流程图

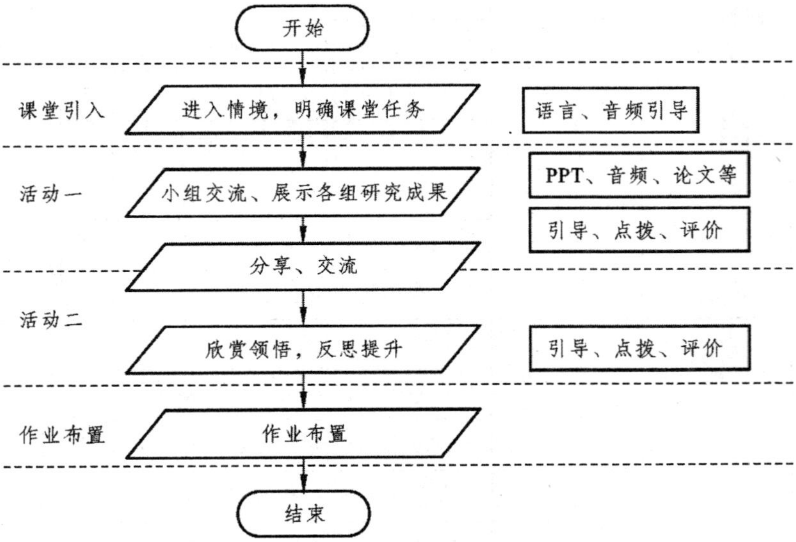

图 6-1　数学美学欣赏教学流程图

三、教后评价设计

（一）信息搜集

课后认真观看了上课录像和评课录像，并收齐了各小组依据课堂上其他小组同学和指导教师的意见和建议进一步优化后的专题调研设计。

（二）自我评价

川大附中项目课程核心问题教学评价表

评价目标	评价指标			评价结果	
	一级指标	二级指标	三级指标		
实现活动体验中的学习与发展	具有核心问题教学形态	核心问题利于活动体验	内含学科问题和学生活动方式	8	每项指标最高评8分
			问题情景与真实生活密切相关	8	
			能引发新知识、新方法的生成	7	
		教学目标价值引导恰当	两类目标正确全面	8	
			关联体验目标恰当	7	
			目标价值引导显现	8	
		教学环节完整合理落实	教学环节清晰完整	8	
			环节内容合理充实	8	
			学生活动时间充分	8	
		教学要素相互匹配促进	问题目标环节两两匹配	7	
			技术促进活动形式内容	8	
			学科特点突出氛围浓郁	7	合计 92 分
	具有核心问题教学实质	拓宽学习视野	课堂与现实世界有恰当关联	选择一个表现突出的二级指标，在相应三级指标的引导下，以现场学生表现为依据，于本表的第二页写出150字以上的简要评价	
			有基于缄默知识的问题解决		
			有缄默知识运用的追踪剖析		
		投入实践活动	有真实而且完整的实践活动		
			能够全身心地浸渍于活动中		
			活动的内容结果均丰富深入		
		感受意义关联	有核心问题的深层意义感受		
			有以知识为中心的关联感受		
			有以个人为中心的关联感受		
		自觉反思体验	有实质性反思活动的开展		
			有课堂新因素的追踪利用		
			有体验的交流与改善重构		

续表

<table>
<tr><td rowspan="2">评价目标</td><td colspan="3">评价指标</td><td rowspan="2">评价结果</td></tr>
<tr><td>一级指标</td><td>二级指标</td><td>三级指标</td></tr>
<tr><td rowspan="6">实现活动体验中的学习与发展</td><td rowspan="6">具有核心问题教学实质</td><td rowspan="3">乐于对话分享</td><td>乐于自我表达与认真倾听</td><td rowspan="6"></td></tr>
<tr><td>乐于合作中成果与思路的分享</td></tr>
<tr><td>有宽容的对话氛围和多向交流</td></tr>
<tr><td rowspan="3">认同体验评价</td><td>认可体验评价</td></tr>
<tr><td>参与体验评价</td></tr>
<tr><td>利用体验评价</td></tr>
<tr><td colspan="5">核心问题教学实质的简要评价</td></tr>
<tr><td colspan="5">本节课凸显了核心问题教学中“有基于缄默知识的问题解决”这一教学实质。
让学生以组为单位，小组分享、讨论生活中的数学美，再展示本组学习或研究的成果。尤其是第三次课作为一次公开性的展示课，离不开前期大量充分的准备，这种准备更重要的是学生的研究准备，务必要让学生行动起来，去切实地思考和研究。在课堂上，五组同学都分别展示了自己的成果，可以说，学生都学有所获，比如第三小组以“欣赏椭圆之美”为主题，从一个数学基础概念入手，将椭圆方程式的简洁美、和谐美，图形的变化美、对称美，椭圆定义的统一美说得很出彩，让老师们、同学们真正体会到了：喔！椭圆原来真的这么美！真是把缄默的东西显性化了，让你体会到该组学生真正在快乐地学数学，并且发现了数学的魅力，乐在其中！同时，每一位学生都能参与到其中的原因有：活动具有吸引力，学生有兴趣参与其中；每一位学生均有自己的任务，分工明确；每一个环节都有阶段性成果，能激励学生将研究进行下去，增长学生的士气。以上均能够促进每一位学生全身心地浸渍于活动中</td></tr>
</table>

（三）反馈调整

川大附中项目课程体验性目标点检测表

<table>
<tr><td rowspan="2">基本信息</td><td>执教教师</td><td>卢中华</td><td>学　科</td><td>学科选修课程</td></tr>
<tr><td>年级</td><td>高二</td><td>上课时间</td><td>2018 年 10 月 29 日</td></tr>
<tr><td>课题名称</td><td colspan="4">数学美学欣赏——生活中的数学美</td></tr>
<tr><td>核心问题</td><td colspan="4">再识数学美，多视角研究生活中的数学之美</td></tr>
<tr><td rowspan="2">教学目标</td><td>结果性目标</td><td colspan="3">了解美学及数学美学的知识；明了数学美的特征；通过研究数学美学欣赏，了解数学美在实际生活中的应用；对高中数学中数学美学的问题进行分析，激发学生学习数学的热情，将缄默知识显性化</td></tr>
<tr><td>体验性目标</td><td colspan="3">通过自主、合作、探究等方式对高中的数学美的内容及相关知识进行认真、深入的学习；感受数学的美，体验数学美的特征及价值；体验生活中的事物与数学美的关联，感知数学美、欣赏数学美；亲历实践探究活动，体验团队协作，增强自信心和执行力，提升交际能力、协调能力</td></tr>
</table>

<table>
<tr><td>检测点</td><td colspan="3">多视角研究生活中的数学之美</td></tr>
<tr><td>检测内容</td><td colspan="3">数学美，美在什么地方，为什么数学是美的，将学生缄默的知识显性化，以提高自身的审美能力、提升自身的数学素养</td></tr>
<tr><td rowspan="4">分类标准</td><td colspan="3">A.能够描述数学美的特征，表述如何欣赏数学美，能够发现生活中的数学美，对情境与数学美的关联体验深刻</td></tr>
<tr><td colspan="3">B.能够描述数学美的特征，表述如何欣赏数学美，但是不能充分地发现生活中的数学美，对情境与数学美的关联体验不够深刻</td></tr>
<tr><td colspan="3">C.能够描述数学美的特征，不能表述如何欣赏数学美，没有对生活中的数学美的关联体验</td></tr>
<tr><td colspan="3">D.不能描述数学美的特征，不能表述如何欣赏数学美，没有对生活中的数学美的关联体验</td></tr>
<tr><td rowspan="5">检测统计</td><td>分类等级</td><td>学生人数（总人数 30 人）</td><td>百分比</td></tr>
<tr><td>A</td><td>20</td><td>66.6%</td></tr>
<tr><td>B</td><td>8</td><td>26.7%</td></tr>
<tr><td>C</td><td>2</td><td>6.7%</td></tr>
<tr><td>D</td><td>0</td><td>0%</td></tr>
<tr><td>检测反馈</td><td colspan="3">针对基于信息收集的检测分析来看，我对 C 档的 2 位学生进行了重点交流，查阅了美学知识、品读数学欣赏相关理论知识，提升了自己鉴赏美的能力，激发了学生的学习兴趣，提高了学生的学习信心</td></tr>
</table>

数学美

张昱晓

美学是从人对现实的审美关系出发，以艺术作为主要对象，研究美、丑、崇高等审美范畴和人的审美意识、美感经验，以及美的创造、发展及其规律的科学。美学是以对美的本质及其意义的研究为主题的学科。

数学刻画了自然界最根本的运行规律,数学是自然界运行规律最简约的表达方式。

一、数学，美在简洁

爱因斯坦说过：“美，本质上终究是简单性。”他还认为，只有借助数学，才能达到简单性的美学准则。数学式是简洁的，比如：圆的周长公式：$C=2\pi r$，勾股定理：直角三角形两直角边的平方和等于斜边的平方。数学理论也是简洁的。比如,《几何原本》把整个几何的知识体系都建立在了五条一般性公理和五条几何学公理上，即使到了现代公理体系的经典著作《几何基础》，也只有二十条公理，而这些公理能推出的命题则不可胜数。

二、数学，美在奇妙

这里的奇妙有两方面的含义，一是结论本身的奇妙，二是求解（求证）过程的奇妙。晚年的爱因斯坦回忆儿时曾经谈到“一本关于欧几里得平面几何的小书”，并且举了一个例子——三角形的三个高交于一点。这个定理的神奇之处在于，一方面它很不容易由观察得出，另一方面也在于它的一个著名的证明过程会用到四点共圆，而这个定理本身无论前提还是结论都和圆毫无关系。

关于莫比乌斯环有一个有趣的结论：将两个纸条相互垂直粘好，然后扭成手性相反的两个莫比乌斯环（环绕方向不一样），黏好之后沿中线剪开，所得的图形是两个连在一起的心形。但若是手性相同（环绕方向一致）的两个莫比乌斯环垂直粘在一起再剪开，则是两个分开的“无规律”的图形效果。

三、数学，美在严谨

1967 年 8 月 23 日，苏联的联盟一号宇宙飞船在返回大气层时，突然发生了恶性事故——减速降落伞无法打开。苏联中央领导研究后决定：向全国实况转播这次事故。当电视台的播音员用沉重的语调宣布，宇宙飞船在两小时后将坠毁，观众将目睹宇航员弗拉迪米·科马洛夫殉难的消息后，举国上下顿时震惊了，人们都沉浸在巨大的悲痛之中。

在电视上，观众们看到了宇航员科马洛夫镇定自若的形象。他面带微笑叮嘱女儿说：“你学习时，要认真对待每一个小数点。联盟一号今天发生的一切，就是因为地面检查时忽略了一个小数点……”

即使是一个小数点的错误，也会导致永远无法弥补的悲壮告别。

培根曾说，“数学使人严密”。在我们学习过程中谁没有受过“有且仅有”“当且仅当”一类字眼的折磨？还有证明一个东西是另一个东西的“充要条件”，或者在证明轨迹的时候要先证明一次“符合条件的点在所求线段上”，再证明一次“不符合条件的点不在所求线段上”，当时觉得多此一举，但是后来才知道只有这样才能保证正确性。

四、数学，美在图形

蜜蜂蜂房是严格的六角柱状体，它的一端是平整的六角形开口，另一端是封闭的六角菱锥形的底，由三个相同的菱形组成。组成底盘的菱形的钝角为 109 度 28 分，所有的锐角为 70 度 32 分，这样既坚固又省料。蜂房的巢壁厚 0.073 毫米，误差极小。

丹顶鹤总是成群结队迁飞，而且排成“人”字形。“人”字形的角度是 110 度。更精确的计算还表明“人”字形夹角的一半，即每边与鹤群前进方向的夹角为 54 度 44 分 8 秒！而金刚石结晶体的角度正好也是 54 度 44 分 8 秒，是巧合还是某种大自然的“默契”

还有我们学习过的尺规作图。众所周知的是，正七边形不能用尺规作出，但正十七边形居然可以，甚至可以用单独一支圆规或者单独一把尺子（配合一个已知圆）作出。

“惠”选手机套餐

川大附中项目课程开发实施规划纲要

课程首席教师：张　翼

课程参与教师：高俊兰（数学组）　徐小玲（数学组）

<table>
<tr><td>课程名称</td><td colspan="8">“惠”选手机套餐</td></tr>
<tr><td>课程类型
（勾选）</td><td></td><td>必修的综合实践活动课程</td><td></td><td>必修的劳动课程</td><td>√</td><td>选修的学科课程</td><td></td><td>选修的校本课程</td></tr>
<tr><td>实施对象</td><td colspan="3">高一年级学生</td><td colspan="2">建议选课学生人数</td><td colspan="3">36 人</td></tr>
<tr><td>课程课时及上课时段</td><td colspan="8">课程课时：10 课时；上课时段：周三下午第三节、第四节课</td></tr>
<tr><td>课程背景</td><td colspan="8">1.社会背景：社会调查，是指人们运用特定的方法和手段，从社会现实中收集有关社会事实的信息资料，并对其作出描述和解释的一种自觉的社会认识活动。高中生开展社会调查，有利于培养学习意识，增强社会责任感；有利于提高实践精神和动手能力；有助于积极开展理论学习、实践学习、社会学习，养成良好的学习习惯，提高观察能力、分析能力、决策能力等水平。
2.学校背景：我校作为“培养—研究”型学校，有良好的社会实践传统、完善的培养研究型学生的方法、优秀的综合实践活动课程体系。附中学子业已基于社会调查、社会实践解决了许多实际问题。我校的管理方式之一就是加强教师之间、家校之间的沟通，加之各位老师的情况不一，使得学校管理人员、班主任、科任教师的语音通话、流量使用等功能侧重点不一，最终使得手机资费不尽相同。因此，指导我校教师根据自身消费情况“惠”选手机套餐成为此次学科选修课的研究内容。
3.学科背景：社会调查涉及多学科的知识与方法，包括：社会调查方案的设计、抽样统计、数据分析、报告的撰写。与高中数学中的统计抽样方法、统计图表与统计量、相关分析、回归分析、多元统计分析等关联密切。同时也需要具备一些常用数据分析软件，即 Excel、GGB、网络画板、yaahp 的使用基础。因此，本门课程对于强化高中数学学科基础、拓宽学生学习视野具有较高的价值。
4.学生背景：从学生使用手机情况看，科技的进步使手机已不再是奢侈品，学生成为其一大消费群体，但受上学条件的限制，通话功能使用率较低，取而代之的是大量流量的使用。所以如何指导学生选择更适合自己消费情况的手机资费套餐也就势在必行。从学生知识储备来看，高一学生初入校园，高中数学知识积淀有限，手机套餐的计算模式其实就是一系列函数模型，而高一学生掌握了初中所学的一次函数、二次函数、反比例函数，高中了解了分段函数、指数函数、对数函数、幂函数，因此在数学建模上有一定的知识基础。</td></tr>
</table>

续表

<table>
<tr><td>课程背景</td><td colspan="6">5.资源背景（含技术融合）：从学科知识层面来看，手机套餐的背后隐藏的是一系列常见的函数模型，比如，一次函数、高斯函数、分段函数、最值函数等。从2.0信息技术来看，函数模型的建立涉及了一系列计算方法，包括数据分析和数据处理，比如使用Excel、GGB软件进行数据的处理和拟合。从学科核心素养来看，将搜集到的数据进行处理，体现了数据分析；将搜集到的资费套餐转化为数学问题，体现了数学抽象和数学建模！最终运用“惠”选方案指导不同层次教师选择套餐，体现了数学运算</td></tr>
<tr><td>课程内容
（核心问题）</td><td colspan="6">调研我校教师手机套餐资费及可选套餐现状，据此数学建模，优化套餐选择方案，撰写“惠”选手机套餐调研报告</td></tr>
<tr><td>课程目标</td><td colspan="6">1.结果性目标：
（1）了解问卷调查的方法，拟定问卷调查表；
（2）分析调查数据，并据此数学建模，合理指导我校教师“惠”选手机套餐。
2.体验性目标：
（1）在问卷调查活动中，体验调查研究与资料查阅、问卷设计、分析数据、实际运用等研究方法与流程之间的关联；
（2）在数学建模活动中，体验数学建模与问题情境、信息技术之间的关联</td></tr>
<tr><td rowspan="4">课次计划</td><td>课次</td><td>主题</td><td>研究环节</td><td>学生活动</td><td>课前课后任务</td><td>活动地点及技术融入</td></tr>
<tr><td>1</td><td>搜集我校教师套餐选用现状，聚焦手机套餐，制作问卷</td><td>第一环节</td><td>明确本课程的研究任务，搜集移动和电信两大运营商的现有手机套餐资费标准，搜集我校多名教师近两个月的手机消费明细，确定问卷调查要素</td><td>课前通过线上和线下营业厅搜集移动和电信两大运营商的手机资费套餐</td><td>机房；
问卷调查软件</td></tr>
<tr><td>2</td><td>分小组制作问卷，发放问卷，学习数据分析方法和常用软件的操作</td><td>第二环节</td><td>确定问卷调查要素，通过问卷软件发放问卷，学习统计软件的使用</td><td>课前确定问卷要素；课后学习求解模型所需的相关技术</td><td>机房；
Excel、GGB软件的数据处理可视化</td></tr>
<tr><td>3</td><td>分析套餐以及问卷结果，进行数据分析，聚焦数学建模对象</td><td>第二环节</td><td>分小组分析客户端现有套餐、运营端现有套餐以及对问卷结果进行客观的、全面的数据分析，并由数据得出相应结论，最终聚焦第四次课的数学建模对象</td><td>课前学习求解模型所需的相关技术</td><td>教室；
Excel、GGB软件的数据处理以及可视化</td></tr>
</table>

续表

	课次	主题	研究环节	学生活动	课前课后任务	活动地点及技术融入
课次计划	4	优化模型并求解模型	第二环节	建立并求解优化问题的数学模型（函数模型、算法模型、层次分析法），掌握优化问题的求解方法、总结数学建模完整步骤和数学建模论文的完整格式	课前学习如何优化模型;课后学习调研报告的撰写要求	教室
	5	生成报告	第三环节	将整个研究过程记录下来，生成报告	课前搜集、整理研究资料;课后借助报告指导教师“惠”选手机套餐	机房
学生作品	问卷、各阶段的活动照片及录像、研究报告					
评价方式	准备性评价、过程性评价、终结性评价					
安全保障	加强安全教育、设立安全预案制度、建立小组活动安全保障机制					
条件保障	课程开发组外部保障：建立安全预案、加强安全教育、建立安全评价机制； 课程开发组内部保障：建立安全预案、加强安全教育、建立安全评价机制课程开发组内部保障					
开发次第	首次开发					
课程审批	1.课程教学处：　签章　年　月　日 2.学生发展处：　签章　年　月　日					

数学建模汇报

——“惠”选手机套餐

一、教学分析设计

（一）活动分析

本次课为本门课程的第四次课。第一次课：明确本课程的研究任务，文献搜集中国移动和中国电信两大运营商的现有手机套餐资费标准，搜集我校多名教师近两个月的手机消费明细并进行研究，组织学生外出对移动和电信的营业员进行访谈，从专业的角度搜集调查问卷前期制作素材，确定问卷调查要素。第二次课：根据第一次课整理的问卷要素分小组制作问卷，并进行汇总成文，发放问卷，组织学生学习数据分析方法，操作简易的数据分析常用软件，如 Excel、GGB 等。第三次课：组织学生分小组展开对客户端现有套餐分析、运营端现有套餐分析以及问卷结果进行客观的、全面的数据分析，并由数据得出相应结论，最终聚焦第四次课数学建模对象。在前三次课的基础上，第四次课将组织学生优化函数模型，建立算法模型，并求解模型，初步体会层次分析法的作用，总结数学建模的步骤和相应的数学思想，为第五次课学生撰写学习论文做好准备。

第一小组（函数模型）：数学模型的建立将在前三次课体验的基础上，细致分析 4 个套餐中，语音与流量的计费规则即函数关系，在合理简化的基础上，建立一元的分段函数模型，通过 GGB 软件绘制图象进行对比分析得出结论；当发现语音计费需要考虑“国内主叫”和“国际长途”两个变量时，即便通过网络画板绘制了二元函数图象，但是基于现有的知识储备不能求解最优化问题。从而产生另外探索解决方案，建立新的数学模型的需要。

第二小组（算法模型）：在实际生活中，手机资费往往由套餐费用和拓展包构成，所以研究成都移动的语音包和流量包就显得十分必要。通过计算对比，聚焦最优惠的拓展包，将其与套餐进行综合考虑，计算不同组合之间的临界值，针对语音、流量、宽带三大要素，进行合理简化假设，采用算法思想，设计优化选择路径（宽带→语音→流量），绘制程序框图，并以一位老师的具体数据为例，展示决策过程，给出“惠”选手机套餐方案。

第三小组（决策优化）：针对多种最终决策方案（可能流量溢出、可能通话时长溢出），提出决策优化的需要，进而需要一种进一步决策优化的方法——层次分析法。通过简单介绍层次分析法产生的背景和意义，了解该种方法对于解决决策优化问题的作用。通过解决简化层级的数学模型（目标层：惠选套餐；准则层：通话时长、移动流量、宽带带宽；方案层，方案 1、方案 2），初步掌握层次分析法的使用步骤，掌握 yaahp 软件的使用，培养定量分析与定性分析的综合运用意识。

（二）学生分析

本课程的学生来自高一年级。从生活经验来看，学生对手机资费应该考虑套餐费用和拓展包费用非常了解，对语音、流量、宽带这三大要素耳熟能详，这是建立函数与算法模型变量的基础，同时对于多目标的决策问题的处理方法有一定的体会。从数学知识来看，学生通过数学必修一的学习，已经较为熟练地掌握了分段函数、一次函数、函数的实际运用（数学建模）的相关知识，在信息课中也已经体会过算法的运用，但在数学阅读、数学表达、取整函数、层次分析法等能力和知识上还有所欠缺。从信息技术来看，学生对于Excel软件、GGB软件的常用功能掌握得比较熟练，但是在利用GGB软件、网络画板绘制分段（向上取整）函数、二元函数的图象等功能还比较陌生，对于yaahp软件更是鲜有耳闻，这需要教师在课前做好充分的讲解和示范，才能为学生独立解决数学模型和图象的可视化提供帮助。从数学建模素养来看，学生有朴实浅显的“排除次要因素、聚焦主要矛盾”的感知，能解决简单的数学建模问题，也有一定的数学语言表达能力，但是还没能掌握系统完整的（复杂的）数学建模结构，缺乏科学规范的数学语言表达能力，对于数学建模论文的完整格式更是知之甚少，这些都需要教师不断地培养。

（三）目标分析

根据本课程规划纲要中确立的课程教学目标，基于本次课的活动分析及学生分析，撰写本次课的教学目标如下：

1. 结果性目标

（1）掌握（一元、多元）分段函数的表示；

（2）能够运用算法思想解决实际问题；

（3）能够运用层次分析法解决多元决策优化问题。

2. 体验性目标

（1）在数学模型的建立与分析活动中，体验问题情境与数学模型之间的关联；

（2）在数学模型的解决活动中，体验数学建模与信息技术之间的关联。

（四）资源分析

本次课为室内的展示交流课，所用主要教学资源如下表所示：

教学资源	选用意图	来源
PPT、投影	用于教学引入、小组展示、交流和反思过程	科技楼多媒体设备
黑板	板书本堂课活动中的关键信息，呈现学生素养、辅助教师讲解提炼	科技楼教室
GGB、yaahp软件、网络画板	求解数学模型，将数学模型图象化、可视化、信息化	科技楼多媒体设备

（五）主题分析

按课程规划纲要的课次规划，本节课的任务是“学生分析问题情景，建立数学模型并求解数学模型”。在整个过程中会采用函数模型、算法模型和层次分析法等优化问题的分析求解方法，对第三次课聚焦的4个套餐及拓展包套餐进行横向分析、纵向分析以及综合分析，求解优化问题的数学模型，总结数学建模完整步骤以及数学建模论文格式。基于本节课在课程中的定位，结合前面对本节课活动与学生的分析，将本次课的内容主题确定为“建立并求解优化问题数学模型，掌握优化问题求解方法、总结数学建模完整步骤”。课程主题确定为“数学建模汇报——‘惠’选手机套餐（第四次课）”。

二、教学实施设计

（一）教学环节

教学环节	学生活动	教师活动	评价预设	设计意图
课程回顾（约3分钟）	聆听教师回顾前期准备过程，明确本次课汇报任务	对前面三次课进行简单的小结，并提出本次课的核心问题	师—生评价：肯定学生前期的付出，并表扬优秀学生	激发学生兴趣，明确学习内容
小组交流汇报（约25分钟）	第一小组（函数模型）：细致分析套餐中语音与流量的函数关系，建立一元和二元分段函数模型，绘制图象，引发探究其他数学模型的需要。 第二小组（算法模型）：研究成都移动的拓展包（语音包和流量包），聚焦最优惠的拓展包，计算套餐与拓展包不同组合之间的临界值。采用算法思想，设计优化选择路径，绘制程序框图。并以具体数据为例，展示决策过程，给出“惠”选手机套餐方案。 第三小组（决策优化）：针对多种最终决策方案，提出决策优化的需要。	1.归纳学生总结中生成的知识、步骤、方法； 2.评价：对于学生发言中的凸显学科性、研究性的发言进行总结性评价、对于发言中的错误进行诊断性评价	师—生、生—生评价： 注重生成性评价，注重学生自己研究中的创造性，对不同的学生予以鼓励	培养学生的合作意识与研究精神。 使用GGB、网络画板绘制一元函数平面图象和二元函数立体图象，使得图象可视化；使用yaahp软件解决层次分析法。合理利用信息技术解决复杂的计算问题，重点体验模型思路，掌握求解步骤

续表

教学环节	学生活动	教师活动	评价预设	设计意图
小组交流汇报（约 25 分钟）	通过解决简化层级的数学模型，初步掌握层次分析法的使用步骤，掌握 yaahp 软件的使用			
反思提升（10 分钟）	学生自主发言，总结经验	引导学生回顾解决问题的过程，提出该环节学习任务，师生共同反思总结、修正完善所涉及的知识、方法、思想	生—生评价：学生畅所欲言，同学补充完善；师—生评价：侧重形成性和总结性评价	在充分体验的基础上，生成逻辑连贯、前后一致的知识体系，使得研究过程中的知识、方法、思想显性化、具体化、规范化

（二）评价预设

1. 教学活动中的即时评价预设

教学引入环节：回顾此前课程，明确本节课要求与流程，让学生清楚本次课和前面几次课的关联，对前期问卷制作及分析过程中展现的积极性和体现的学科素养提出表扬和鼓励，充分发挥学生的主观能动性，营造积极的课堂气氛，正确表述自己的观点，激发学生学习的热情，进而完成课程目标。

2. 展示过程中的知识性、学术性评价预设

问题解决的评价环节：学生分组展示时，要对学生的展示过程给予诊断性、总结性评价，教师对其研究过程中的闪光点进行激励性评价，鼓励学生思考问题，总结知识方法，并对自己和同学的分析做出正确的评价和必要的补充；学生在数学建模的过程中，除了对数学模型进行分析，还要对其背后的数学思想进行挖掘。对于尚未展示充分的模型评价、改进与推广，教师要鼓励学生继续研究，培养其研究精神。

（三）板书设计

数学建模汇报

——“惠”选手机套餐

一、提出问题

核心问题：调研我校教师手机套餐资费及可选套餐现状，据此数学建模，优化套餐选择方案，撰写“惠”选手机套餐调研报告。

二、解决问题

1.函数模型小组：一元分段函数（向上取整函数）、二元函数

2.算法模型小组：聚焦流量包、语音包、套餐组合的临界值、算法（程序框图）

3.决策优化小组：层次分析法

三、反思提升

1.知识与方法

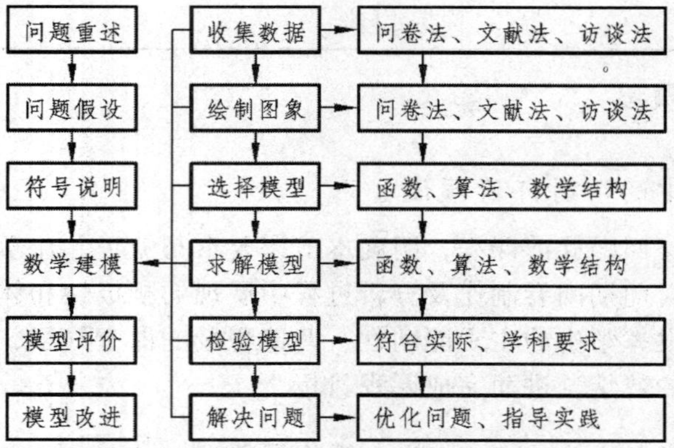

2.思想：函数与方程、数形结合、特殊与一般、分类与整合

数学运算、数据分析、数学抽象、数学建模

四、评价反馈

复习巩固：

综合运用：

拓展探索：

（四）教学流程

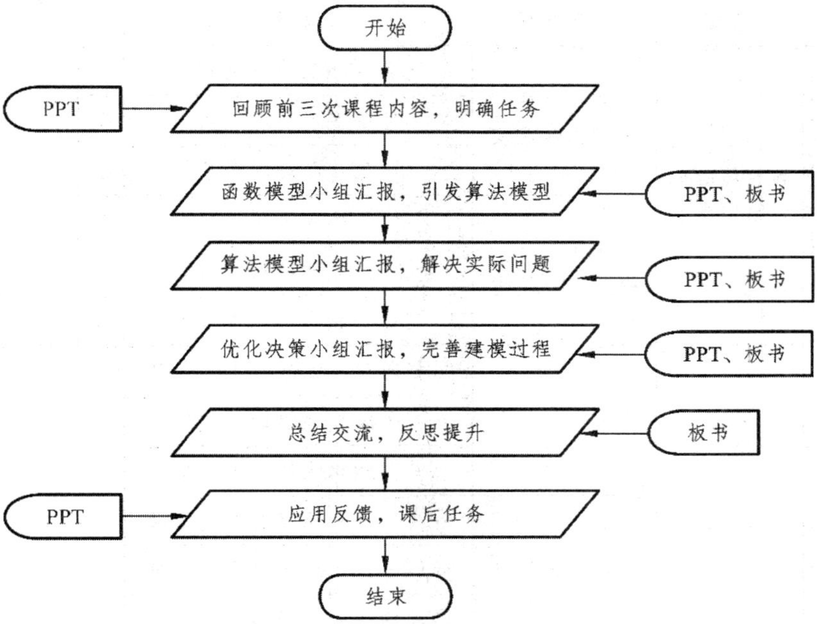

图 7-1 “惠”选手机套餐教学流程图

三、教后评价设计

（一）信息收集

课后听取、搜集了听课教师的反馈意见，并搜集了全班学生的评价反馈练习 36 份，对搜集到的 36 份学生评价反馈练习基于体验性目标达成情况评判标准进行了批阅和分类，按照等级标准标注了等级。

（二）自我评价

川大附中项目课程核心问题教学评价表

评价目标	评价指标			评价结果	
	一级指标	二级指标	三级指标		
实现活动体验中的学习与发展	具有核心问题教学形态	核心问题利于活动体验	内含客观问题和学生活动方式	8	每项指标最高评 8 分
			问题情景与真实生活密切相关	8	
			能引发新知识、新方法的生成	8	
		教学目标价值引导恰当	两类目标正确全面	8	
			关联体验目标恰当	8	合计 93 分
			目标价值引导显现	8	

续表

评价目标	评价指标			评价结果	
	一级指标	二级指标	三级指标		
实现活动体验中的学习与发展	具有核心问题教学形态	教学环节完整合理落实	教学环节清晰完整	8	
			环节内容合理充实	7	
			学生活动时间充分	7	
		教学要素相互匹配促进	问题目标环节两两匹配	7	
			技术促进活动形式内容	8	
			课程特点突出氛围浓郁	8	
	具有核心问题教学实质	拓宽学习视野	课程与现实世界有恰当关联	选择一个表现突出的二级指标，在相应三级指标的引导下，以现场学生表现为主要依据，以其余指标为背景，于本表的第二页写出 150 字以上的简要评价	
			有基于缄默知识的问题解决		
			有缄默知识运用的追踪剖析		
		投入实践活动	有真实而且完整的实践活动		
			能够全身心地浸渍于活动中		
			活动的内容结果均丰富深入		
		感受意义关联	有核心问题的深层意义感受		
			有以知识为中心的关联感受		
			有以个人为中心的关联感受		
		自觉反思体验	有实质性反思活动的开展		
			有课程新因素的追踪利用		
			有体验的交流与改善重构		
		乐于对话分享	乐于自我表达与认真倾听		
			乐于合作中成果与思路的分享		
			有宽容的对话氛围和双向交流		
		认同体验评价	认可体验评价		
			参与体验评价		
			利用体验评价		

续表

核心问题教学实质的简要评价
本学期数学组学科选修课"'惠'选手机套餐"为我校新课程体系中学科选修课程的一次探索，上课学生为我校高一年级刚入校3个月的学生。他们经过一段时间的高中学习，较为熟练地掌握了函数的学习体系，会借助函数的图象研究函数的性质和实际应用；并会初步借助信息技术处理简单的优化问题。基于学生已有的生活经验和知识储备，选择贴近学生生活的手机套餐优化问题作为课程主题，是想借助这个与现实世界和数学知识都有密切联系的问题激发学生的学习兴趣，培养学生学会用数学的眼光观察世界，用数学的思维思考世界，用数学的语言表达世界，培育学生的数学建模、数据处理、逻辑推理等核心素养。 在实际的课程中，学生通过仔细研读已有资料，提炼手机语音、流量、宽带的计费和规则，借助已有函数知识，提炼一元分段向上取整函数，借助GGB软件绘制函数图象，得出一元变量的最优化问题的答案，并尝试建立二元分段向上取整函数解析式，在教师的帮助下借助网络画板绘制、解读二元函数的图象，巩固已有的函数研究方法，体验多元函数的处理路径，拓宽已有的函数知识体系，再次经历数学建模的步骤，强化相关的知识与方法。当函数知识不能解决问题时，学生回到问题的开始，将缄默的生活经验显性化，提出使用穷举法，按照一定的顺序确定穷举顺序，也即使用算法思想建立程序框图。在实际讨论时，基于生活经验并结合数据分析合理提出合理假设，简化问题，给出最优化方案。在这一步的研究活动中，学生提前感受算法模型的应用，自然地拓展数学知识体系，深化对数学建模的认识与理解。当我们对数学进行模型评价时，学生提出算法模型的最优解不能满足实际的所有需求，方案可以进一步修改，加之即便是理论最优解也可能有语音时长或流量的溢出，所以自然地产生对决策优化评价的需要。通过查阅文献，选择层次分析法进行决策优化。但是该方法涉及较多的高等数学知识，主要包括矩阵运算，兼有复杂的符号运算，所以学生的学习重点在于了解层次分析法的基本步骤和思想，借助yaahp软件完成计算。这样，他们既习得了一种新的决策方法，可以广泛应用于生活和学习的多个方面，拓宽了数学视野，同时也为今后学习高等数学埋下一粒种子，在合适的时机去浇灌，最终会开出美丽的知识之花。 总之，学科选修课对于中学教师既是一种机遇，也是一种挑战，需要我们重新回到学习的过程中，多思考、多观察、多联想，从生活与学习的情景中发现契合学生水平与能力的课题，逐步培养学生数学学习的方法，提升数学品质，培育数学核心素养，让学科育人的目标真正落地生根

（三）反馈调整

川大附中项目课程体验性目标点检测表

<table>
<tr><td rowspan="5">基本信息</td><td>首席教师</td><td>张翼</td><td colspan="2">组/处</td><td>数学组</td></tr>
<tr><td rowspan="2">参与教师</td><td>高俊兰</td><td colspan="2">组/处</td><td>数学组</td></tr>
<tr><td>徐小玲</td><td colspan="2">组/处</td><td>数学组</td></tr>
<tr><td>年　　级</td><td>高一</td><td>上课时间</td><td colspan="2">2021年12月7日第一节课</td></tr>
<tr><td>课程名称</td><td colspan="4">"惠"选手机套餐</td></tr>
<tr><td>核心问题</td><td colspan="5">调研我校教师手机套餐资费及可选套餐现状，据此数学建模，优化套餐选择方案，撰写"惠"选手机套餐调研报告</td></tr>
</table>

续表

<table>
<tr><td rowspan="2">教学目标</td><td>结果性目标</td><td colspan="3">1.了解问卷调查的方法，拟定问卷调查表；
2.分析调查数据，并据此数学建模，合理指导我校教师“惠”选手机套餐</td></tr>
<tr><td>体验性目标</td><td colspan="3">1.在问卷调查活动中，体验调查研究与资料查阅、问卷设计、分析数据、实际运用等研究方法与流程之间的关联；
2.在数学建模活动中，体验数学建模与问题情境、信息技术之间的关联</td></tr>
<tr><td>检测点</td><td colspan="4">问题情景与数学建模之间的关联</td></tr>
<tr><td>检测任务</td><td colspan="4">结合“惠”选手机套餐课程的学习，请谈谈你对问题情景与数学建模的认识（200字以上）</td></tr>
<tr><td rowspan="4">分类标准</td><td colspan="4">A.对数学建模有较为深刻的体验，并能主动与问题情景关联起来，且有较为明晰的想法</td></tr>
<tr><td colspan="4">B.对数学建模有较为深刻的体验，并能主动与问题情景关联起来</td></tr>
<tr><td colspan="4">C.对数学建模有一定的体验，对数学建模与问题情景的关联有一定的体验</td></tr>
<tr><td colspan="4">D.对问题情景与数学建模之间的关联体验不足或没有体验</td></tr>
<tr><td rowspan="5">检测统计</td><td>分类等级</td><td colspan="2">学生人数（总人数36人）</td><td>所占百分比</td></tr>
<tr><td>A</td><td colspan="2">7</td><td>19.4%</td></tr>
<tr><td>B</td><td colspan="2">20</td><td>55.6%</td></tr>
<tr><td>C</td><td colspan="2">5</td><td>13.9%</td></tr>
<tr><td>D</td><td colspan="2">4</td><td>11.1%</td></tr>
<tr><td>检测分析及结果运用</td><td colspan="4">分层来看：A等级的同学有7人，这类同学对数学建模有较为深刻的体验并且能够与问题情境关联起来，说明其通过课程的学习对数学抽象、数据分析有较多的体验；对问题情境中的数量关系、图形特征与函数模型、算法模型之间有深刻、明确的关联体验。这些同学还能结合个人的生活经历提出“银行利率”“生意利润”中蕴含的数学问题，并总结出“将复杂、繁琐的文字转化为简洁清晰的数学模型”的意识，这些都说明同学们将学习过程的深度体验转化成了自身的想法与素养。
B等级的同学有20人，这类同学对数学建模有较为深刻的体验，体现在对数学抽象、数据分析有较多的关联体验；对问题情境中的数量关系、图形特征与函数模型之间有明确的关联体验。
C等级的同学有5人，这类同学对数学建模有一定的体验，感觉到问题情境中的数据变化，能联想到需要数学知识求解问题，但对于如何利用数学建模的思想与方法解决实际问题关联体验不够深刻。
D等级的同学有4人，这类同学对问题情景与数学建模之间的关联体验不足或没有体验，没有表达出个人对两者间关联的理解</td></tr>
</table>

<table>
<tr>
<td>学生深度体验典型实例</td>
<td>
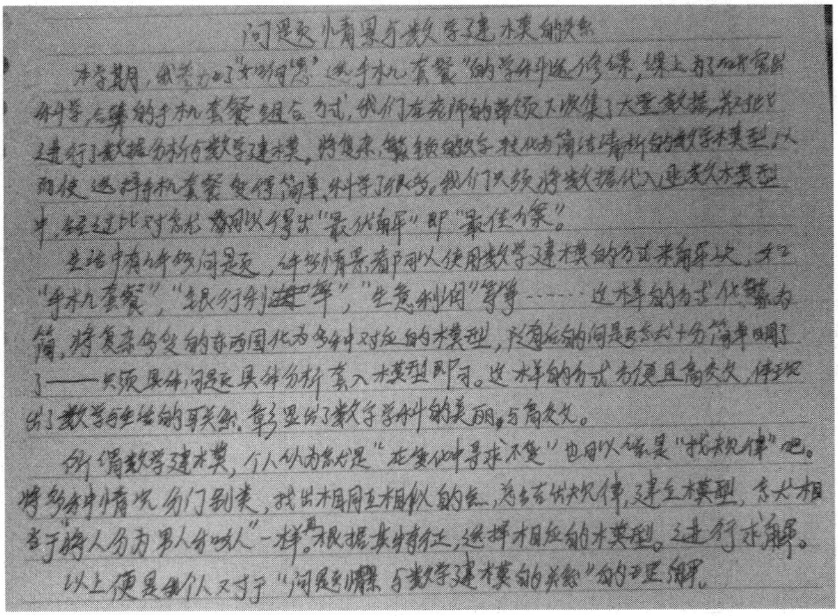

问题情景与数学建模的关系

本学期，我参加了"如何选"选手机套餐"的学科拓展修课，课上，我们研究如何选择合适的手机套餐组合方式，我们在老师的带领下收集了大量数据，并对此进行了数据分析与数学建模，将复杂、繁琐的数字转化为简洁清晰的数学模型，从而使选择手机套餐变得简单、科学了很多。我们只须将数据代入函数模型中，经过比对就能得以得出"最优解"即"最佳方案"。

生活中有许多问题，许多情景都可以使用数学建模的方式来解决，如"手机套餐"，"银行利率"，"生意利润"等等……这样的方式化繁为简，将复杂多变的东西简化为多种对应的模型，使面临的问题变得十分简单明了了——只须具体问题具体分析套入模型即可。这样的方式方便且高效，体现出了数学与生活的联系，彰显出了数学学科的美丽与高效。

所谓数学建模，个人认为就是"在变化中寻求不变"也可以说是"找规律"吧。将多种情况分门别类，找出相同或相似的点，总结出规律，建立模型，就相当于将人分为男人和女人一样。再根据其特征，选择相应的模型，进行求解。

以上便是我个人对于"问题情景与数学建模的关系"的理解。

图 7-2　学生对问题情景与数学建模的关联的认识（一）

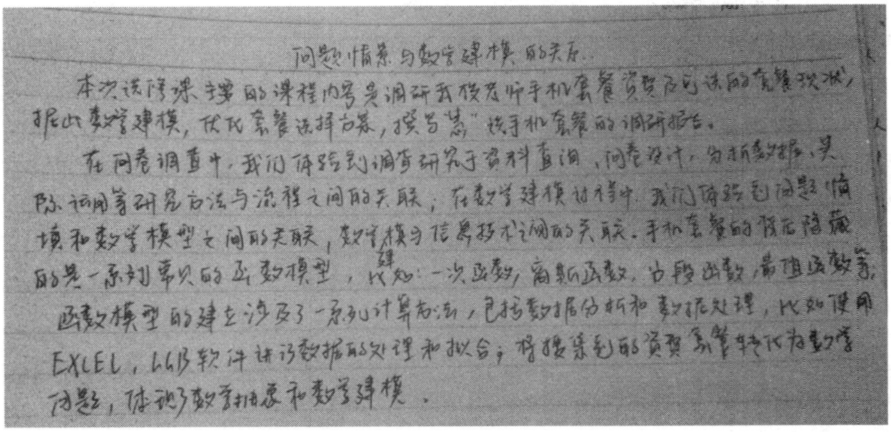

问题情景与数学建模的关系

本次选修课主要的课程内容是调研我校老师手机套餐资费及通话的竞争状况，提出数学建模，优化套餐选择方案，撰写"选手机套餐的调研报告。

在问卷调查中，我们体验到调查研究方法（资料查阅、问卷设计、分析数据、实际访问等研究方法与流程之间的关联；在数学建模过程中，我们体验到问题情境和数学模型之间的关联，数学建模与信息技术之间的关联。手机套餐的背后隐藏的是一系列常见的函数模型，比如：一次函数，分段函数，最值函数等，函数模型的建立涉及了一系列计算方法，包括数据分析和数据处理，比如使用EXCEL，LLB软件进行数据的处理和拟合；将搜集到的资费方案转化为数学问题，体现了数学抽象和数学建模。

图 7-3　学生对问题情景与数学建模的关联的认识（二）
</td>
</tr>
</table>

<table>
<tr>
<td>学生深度体验典型实例</td>
<td>
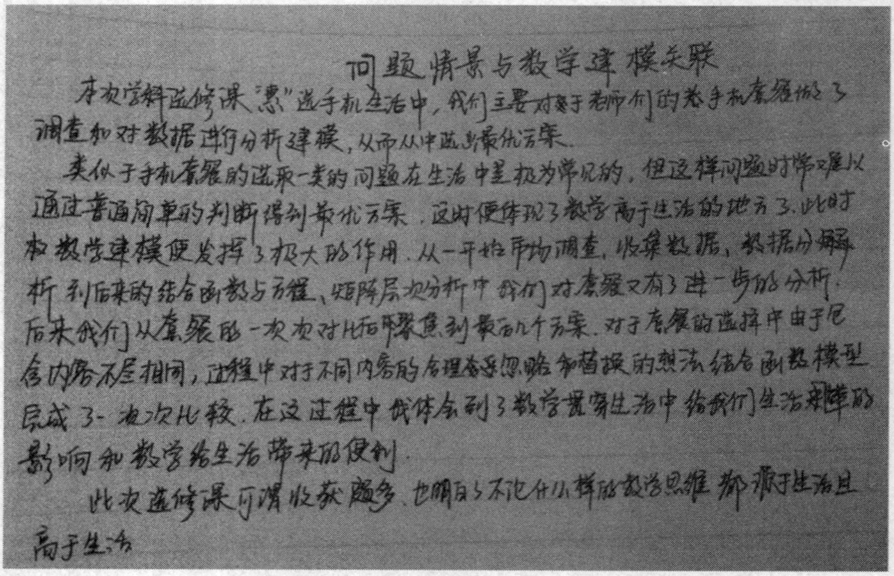

问题情景与数学建模关联

本次学科选修课"惠"选手机生活中，我们主要对于老师们的关于手机套餐做了调查和对数据进行分析建模，从而从中选出最优方案。

类似于手机套餐的选取一类的问题在生活中是极为常见的，但这样问题时常难以通过普通简单的判断得到最优方案，这时便体现了数学高于生活的地方了，此时和数学建模便发挥了极大的作用。从一开始市场调查，收集数据，数据分解析到后来的结合函数与方程、矩阵层次分析中我们对套餐又有了进一步的分析，后来我们从套餐的一次次对比后聚焦到最后几个方案。对于套餐的选择中由于包含内容不尽相同，过程中对于不同内容的合理取舍忽略和替换的想法结合函数模型完成了一次次比较。在这过程中我体会到了数学贯穿生活中给我们生活带来的影响和数学给生活带来的便利。

此次选修课可谓收获颇多，也明白了不论什么样的数学思维都源于生活且高于生活

图 7-4　学生对问题情景与数学建模的关联的认识（三）
</td>
</tr>
<tr>
<td>检测反馈</td>
<td>与全体同学进行交流反馈，分析各等级的分类标准与评审标准；针对 C、D 两类同学进行单独交流，就学生研究过程体验、研究方向、研究路径、信息技术、研究成果等方面对问题情景与数学建模之间的关联进行启发</td>
</tr>
</table>

“惠”选手机套餐数学算法模型的建立

张翛然

一、问题重述

问题背景：随着科技的发展以及数字时代的来临，人们对于手机的使用趋于多元化，对手机资费套餐的需求也不尽相同。面对多种可选择的手机资费套餐，如何“惠”选套餐成为当务之急。

需要解决的问题：

问题一：套餐中各项业务资费标准不同。

问题二：拓展包选择众多。

问题三：如何选择手机套餐建立算法模型。

二、问题分析

最开始打算一一对比语音、流量、宽带采用穷举法做出最优惠的“套餐+拓展包”方案，但是4个套餐、4个对象（国内外语音、流量、宽带）、8个拓展包（语音包、流量包），组合起来实在是无从下手。所以我们根据查阅到的资料进行了套餐的再聚焦，合理简化讨论对象。最后再进行算法模型的建立。

经对比可得出，“智慧爱家58元”与“悦享4G 68元”两套餐在语音分钟上相差不大，但“智慧爱家58元”同时还有宽带服务。尽管流量上相差5个G，也可采取购买额外流量包的方式补充。故宽带业务最终简化为“智慧爱家58元”套餐。

表 7-1　各套餐国内外语音、流量对比

套餐	语音分钟（国内主叫）	国内流量	宽带带宽	国际长途分钟
智慧爱家 58 元	300	10G	100M	
4G 悦享 68 元	300	15G	无	
全球通畅享 128 元	300	20G	100M	100

表 7-2　各套餐国内外语音、流量对比

套餐	语音分钟（国内主叫）	国内流量	宽带带宽	国际长途分钟
智慧爱家 98 元	500	20G	200M	
4G 悦享 98 元	500	20G	无	
全球通畅享 188 元	500	30G	200M	200

同理对比简化国际长途业务。因为10G流量差额需要20元，所以100分钟国际长途价格为：128-(58+20)=50元，200分钟国际长途价格为：188-(98+20)=70元。基于我校老师实际不怎么需要国际长途即时通话，即便需要联系在港澳台或国外的亲友，也可以

使用微信语音通话或视频通话，其费用为：语音通话：约80K/分钟，故100分钟约为0.076G，费用为：0.076 × 5=0.38元＜50元（即使考虑双向流量计费也更便宜）。同理：200分钟微信语音通话费用为0.76元＜70元，视频通话：100分钟（单向）约0.471G，费用为：0.471 × 5=2.35元。

以同样的方法分析简化各拓展包，可选“暖心包”作为拓展包的代表。

综上，可将众多套餐简化为“智慧爱家58”与“智慧爱家98”两套餐，将众多拓展包简化为“暖心包”。

表 7-3 “智慧爱家 58 元”与“智慧爱家 98 元”国内外语音、流量对比

套餐	语音分钟（国内主叫）	国内流量	宽带带宽
智慧爱家 58 元	300	10G	100M
智慧爱家 98 元	500	20G	200M

三、模型假设与约定

（1）每位老师所给数据为至少半年或一年的每月平均数据，以保证数据的稳定性；

（2）每位老师所给数据包括每月（平均）：语音时长、数据流量以及宽带带宽要求，最终优化结果要同时满足这三个要求；

（3）模型仅考虑主要因素，次要因素（如家庭号互打免费等）忽略不计；

（4）宽带没有拓展包，所以宽带的需求只能通过套餐满足；

（5）语音的套餐外计费为：0.15元/分钟；

语音包为：20元300分钟、30元500分钟（至多选一款）；

（6）流量的套餐外计费为：前3个G，5元/G；第4个G开始，3元/G；

流量包为：10元5 G（可重复订购4次）。

四、模型建立

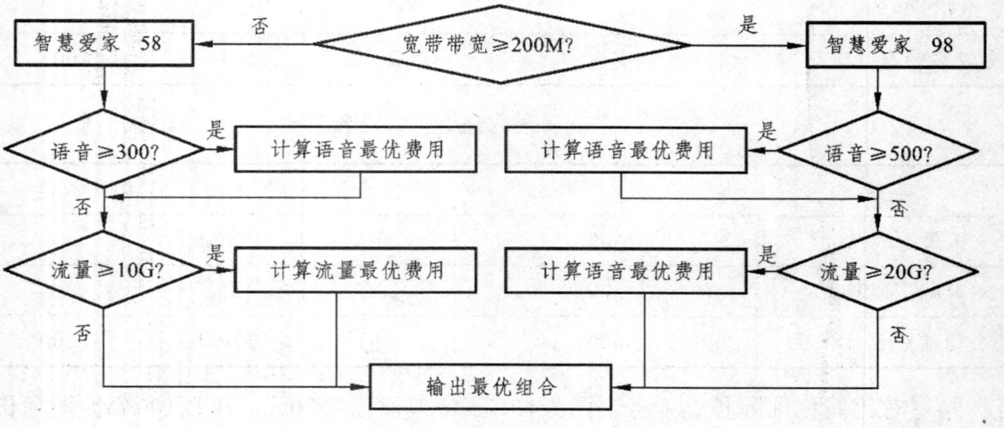

图 7-5 “惠”选手机套餐模型

五、模型求解

实例：

管理人员：A老师，语音：1000分钟；流量：27G；宽带200M。

（1）智慧爱家 98元（语音：500分钟；流量：20G；宽带200M）；

（2）语音最优费用：套餐+30元语音包（500+500=1000分钟）；

（3）流量最优费用：套餐+2个10元流量“暖心包”（20+2×5=30G）；

合计：98+30+20=148元

套餐方案：智慧爱家98元套餐+30元语音包+2个10元流量“暖心包”。

上述过程即所建立的数学算法模型的求解。

六、模型评价

（1）根据问卷调查统计结果，宽带带宽要求200M以上的情况占58%，流量要求20G以上的占44%，语音300分钟以内占78%，这就造成了需求与套餐设计的不匹配，这一点在问卷中也有反映：70%以上老师对套餐一般满意或不满意；34%的老师希望增加流量，27%的老师希望增加宽带带宽。这说明我们的模型还有改进的必要，同时也对套餐的设计提出更人性化的需求。

（2）部分老师的套餐为老套餐，所以收集的数据不能严格对应现有套餐。故本模型的优化选择方案主要针对移动新客户或者需要更换已有套餐的客户。

（3）在算法中，还可以计算不同组合的临界值，从而绘制更详尽的程序框图，这需要更完整和准确的运营商信息以及客户数据，从而正确写出函数解析式再计算对比，甚至可以“私人定制”，这样的话精确度更高，但是灵敏性可能更差，模型的推广可能更困难。

走进英语国家社会与文化

川大附中项目课程开发实施规划纲要

课程首席教师：李　敏（英语组）

课程参与教师：杜胜蓝（英语组）　汪建芳（英语组）

<table>
<tr><td>课程名称</td><td colspan="8">走进英语国家社会与文化</td></tr>
<tr><td>课程类型
（勾选）</td><td></td><td>必修的综合实践活动课程</td><td></td><td>必修的劳动课程</td><td>√</td><td>选修的学科课程</td><td></td><td>选修的校本课程</td></tr>
<tr><td>实施对象</td><td colspan="3">高二年级学生</td><td colspan="2">建议选课学生人数</td><td colspan="3">30 人</td></tr>
<tr><td>课程课时及上课时段</td><td colspan="8">课程课时：5 课时；上课时段：周三下午第三四节课</td></tr>
<tr><td>课程背景</td><td colspan="8">1.课程开发背景：2021 年 12 月，教育部印发了《普通高中学校办学质量评价指南》。以习近平新时代中国特色社会主义思想为指导，全面贯彻党的教育方针，健全立德树人落实机制，引领深化教育教学改革，全面提高普通高中办学质量。这一政策为育人方式指明了具体方向：促进“学生德智体美劳全面发展，五育并举”的课程体系的构建和课程的开设是新时代教育发展的要求。
2.资源背景：
（1）《普通高中英语课程标准（2017 年版 2020 年修订）》（后简称为英语新课标）校本化的背景。我们研读了英语新课标，其中强调“普通高中英语课程的具体目标是培养和发展学生在接受高中英语教育后应具备的语言能力、文化意识、思维品质、学习能力等学科核心素养”。为更好地落实英语学科核心素养，我们对语言能力、文化意识、思维品质和学习能力进行了校本化。
（2）学校背景：我校“培养—研究型”大学附中的特色，和“全面发展，学会研究”的课程育人目标与新时代课程体系构建高度吻合。我校注重培养学生多元文化的理解能力和国际竞争意识，扩展学生的国际视野，推动跨文化交流，积极吸收和借鉴国际上先进教育思想和理念，注重学校的内涵和特色发展。我校作为四川省一级示范校、成都市首批教育国际化窗口学校等，拥有丰富的硬件资源来保障学生的课程开发和研究。我校英语学科也在区域内处于领先水平。学生在本学科选修课的走进英语国家社会与文化的研习过程中，在提升语言能力的同时，更能探索英美等国家的文化特征和思维方式，培养多元文化理解能力，达到拓宽国际视野，增进国际理解的目的，推动跨文化交流，理解人类命运共同体的内涵与价值。
（3）学生背景：学生已学习英语数年，有一定的英语国家与文化的知识与基础，但缺乏系统的了解。有部分学生立志从事英语文化研究，想通过英语</td></tr>
</table>

续表

<table>
<tr><td>课程背景</td><td colspan="6">国家社会与文化入门学习，了解这些国家的社会与文化概貌，如地理、历史、政治、经济、社会生活和文化传统等方面，吸收国外优秀的文化成果，了解英美等国家对外关系特别是对华关系的历史和现状，加深对祖国的热爱，捍卫国家尊严和利益。
（4）技术及人力资源背景：技术方面，教师可运用各种网络资源以及计算机 2.0 培训的成果融入微能力点。开发和开设本课程的三位老师，都具有丰富的教学经验及外事经验，参与教育局的国际化培训，英语国家文化知识积淀丰富。
基于国家政策背景、学情、英语新课程标准、校情和师情，设置了“走进英语国家社会与文化”的英语学科选修课程</td></tr>
<tr><td>课程内容（核心问题）</td><td colspan="6">读或听英语国家社会与入门的语篇，撰写英语国家文化的研究报告或小论文。
问题：英语国家社会与入门的知识主要涵盖哪些方面？
如何撰写英语国家文化的研究报告或小论文？
活动：分析需求、自主选择、读或听语篇、撰写论文</td></tr>
<tr><td>课程目标</td><td colspan="6">1.结果性目标：读或听英语国家社会与入门的语篇，撰写英语国家文化的研究报告或小论文。
2.体验性目标：（1）在学习撰写技巧，体验学习文化和撰写论文的关联，体验问题提出、问题确认、问题研究和问题解决之间的关联。
（2）了解英美等国家的主要文化特色；吸收国外优秀的文化成果，了解英美等国家对外关系特别是对华关系的历史和现状，加深对祖国的热爱，捍卫国家尊严和利益</td></tr>
<tr><td rowspan="4">课次计划</td><td>课次</td><td>主题</td><td>研究环节</td><td>学生活动</td><td>课前课后任务</td><td>活动地点及技术融入</td></tr>
<tr><td>1</td><td>提出问题</td><td>发现问题</td><td>1.参与课程，观看相关视频；
2.分析视频所展示的文化方面及特点</td><td>搜集课程资料</td><td>教室；
多媒体网络</td></tr>
<tr><td>2</td><td>解决问题</td><td>组建团队，分析总结，初步运用</td><td>1.分析本组想展示的英美国家文化与社会的方面；组建团队；
2.讨论并进行分工</td><td>1.选择需查阅及阅读的文化情境；
2.分组找资料</td><td>教室；多媒体网络</td></tr>
<tr><td>3</td><td>解决问题</td><td>实施研究</td><td>分组展示本组所展示的资料</td><td>分组展示</td><td>教室；
多媒体网络</td></tr>
</table>

续表

	课次	主题	研究环节	学生活动	课前课后任务	活动地点及技术融入
课次计划	4	反思提升	整理资料，反思研讨，展示成果	1. 整理资料，完成英美国家文化的报告； 2. 反思研讨，成果展示； 3. 通过他评、自评和互评的方式完成对报告的评价	1. 搜集和整理课程资料，做好过程性记录； 2.反思研讨，完成成果展示； 3.记录和梳理评价	教室； 多媒体网络
	5	评价反馈	自评互评，完善配音，资料入库，申请认定	1.完成多方式深度评价，修改和完善报告； 2. 资料入库，申请课程认定	1.开展多角度评价，完善报告成果； 2.回顾课程，提出自己的意见和建议； 3.申请课程认定	教室； 多媒体网络
学生作品	提交关于英美国家社会与文化的报告或小论文					
评价方式	1.教师填写评价量表，对学生的成果进行评价赋分； 2.生生互评，对其他组的成果进行评价赋分； 3.通过报告成果展示，完成非本课程学生、老师和家长对本组设计方案的他评					
安全保障	校内活动安全保障					
条件保障	课程开发组外部保障：电脑及相关设备； 课程开发组内部保障：电脑及指导学生上网查资料及展示					
开发次第	再次开发					
课程审批	1.课程教学处： 签 章 年 月 日 2.学生发展处： 签 章 年 月 日					

“走进英语国家社会与文化”成果分享交流

一、教学设计分析

（一）教学内容分析

1. 课程内容

本节课为川大附中英语学科选修课课程之“走进英语国家社会与文化”的第一次课。本学期共安排了五次课。第一次课提出问题，师生共同确立核心问题，建立团队，学生理出自己感兴趣的文化点，小组讨论怎样在网上查资料。课后观摩更多的英美文化的文章，讨论并完成小组报告。第二次课小组展示汇报第一次的调研结果后，再讨论，再修改并汇总改进标准。课后根据全班汇总的《英语小论文量化标准》，以“走进英语国家社会与文化”为主题撰稿、研习并小组比赛选出 1 ~ 2 名同学准备参加组组比赛。第三次课进行组组比赛，选出 3 名同学；互相评价，比选，对应评价结果对本小组稿件修改；思考英语小论文应该注意什么（学科性、客观性、独特性、学术性）。第四次课进行展示交流、汇报演讲、自评、他评、反思；第五次课进行反思总结研究并撰写研究报告。

2. 课程活动

本课程包含了一次调研：第一次课后，根据课上小组关于怎样在网上查资料的讨论，通过调研网络资源和相关书籍，完成小组报告。

本课程包括三次汇报：第二次课小组展示汇报第一次调研结果；第三次课进行组组比赛选出 3 名同学汇报；第四次课小组汇报演讲。

本课程包括三次研究报告撰写：第一次课后的小组报告；第二次课后汇总的全班报告；第三次课后修改后的小组报告。

3. 本课内容

本节课的内容为学生演讲汇报、展示交流及师生评价、反思，通过本节课的学习，学生能探究关于英语文化的论文技能，能撰写反思小论文，在课堂中获得撰写小论文的技巧，同时学生能体验学习文化和撰写论文的关联，体验问题提出、问题确认、问题研究和问题解决之间的关联。学生在本学科选修课的“走进英语国家社会与文化”的研习过程中，在提升语言能力的同时，更能探索英美等国家的文化特征和思维方式，培养多元文化理解能力，达到拓宽国际视野，增进国际理解的目的，推动跨文化交流，理解人类命运共同体的内涵与价值。

（二）学生分析

1. 研究兴趣

中学生具有对社会话题的高度敏感度，愿意去探究社会热点话题并且形成自己的思想，表达自己的思想，正是在这种思维的碰撞中，学生们逐渐形成和完善自己的世界观、人生观、价值观。

2. 研究素养

我校作为“培养—研究型”大学附中，学生长期受学校研究文化的熏陶，对于研究问题有热情，了解一些基本的科学研究方法，具备一定的研究素养，能通过文献查阅、问卷调查、现场采访等形式，综合运用相关知识开展课题研究。

3. 知识储备

选择本课程的学生共30名，学生群体具有较为完备的知识体系。因为此课程设计要求学生有批判性思维，能思考思辨话题并用以指导自己的学习和生活。

促进学生关注文化，接纳多元文化，在对不同文化的学习理解中形成自己的世界观、人生观和价值观，是中学生学习的一部分。研读不同的论文，并撰写，提升学生的核心素养和研究能力，有利于增强学生的跨文化意识，认同优秀文化。

（三）目标分析

1. 结果性目标

探究关于英语文化的论文技能，能撰写反思小论文。

2. 体验性目标

学习撰写技巧，体验学习文化和撰写论文的关联，体验问题提出、问题确认、问题研究和问题解决之间的关联。

了解英美等国家的主要文化特色；吸收国外优秀的文化成果，了解英美等国家的对外关系，特别是对华关系的历史和现状，加深对祖国的热爱，捍卫国家尊严和利益。

（四）资源分析

本次课为室内展示，所用主要教学资源如下表所示：

教学资源	选用意图	来源
PPT、投影	用于教学引入、小组展示交流和体会反思	多媒体设备
黑板	板书本堂课活动中的关键信息，呈现学生素养，辅助教师讲解提炼	多媒体设备

（五）主题分析

按课程规划纲要的课次规划，基于前面对本次课程活动与学生的分析，将本次课的活动主题确定为研究成果的展示分享交流。

二、教学实施设计

（一）教学环节

环节	学生活动	教师活动	设计意图
任务解说 （约 3 分钟）	1.回顾前三次课； 2.通过开场视频，展示任务； 3.领会老师解说，明确学习任务	回顾本次课的研究任务及各小组研究进展，提出本节课的核心任务	通过前三次课，学生形成了全班汇总的《英语小论文量化标准》，在本次课开始时，学生再次明确本课程任务、目标及要求，为在交流中彰显本组调研过程及方法的研究性做好准备
展示交流 （约 29 分钟）	学生分组展示前三次课的探究过程及结果，汇报小组关于英语文化的论文技能的讨论	组织学生听取并记录各组汇报，引导学生认识感知论文的撰写办法等要点	通过展示交流，使学生将前期研究成果进一步固化表达
提问探讨 （约 5 分钟）	1.同学针对研究成果进行针对性交流讨论，形成优化意见； 2.点评老师进行点评	参与、引导各小组同学的探讨互动活动	通过小组间的相互提问探讨、师评，系统思考问题解决、强化活动体验、激活高阶思维、积淀研究素养
总结评价 （约 10 分钟）	聆听思考同学、老师评价，对本小组的辩论过程和劳动研究成果进行再反思，深化对研究的认识	教师根据学生发言的板书内容，对学生的整个研究过程进行评价与提升，为第五节课的撰写研究报告做准备	完成课程提升，强化学生的成功体验，提高研究素养，进一步彰显综合实践活动课的研究性和对学生的教育意义

（二）评价预设

1. 就教学活动中对学生进行的即时、口语为主的评价预设

（1）任务解说环节：对各小组成员领会任务的情况进行肯定评价，对各小组展示交流的相关要求及注意事项做指导性评价。

（2）展示交流环节：对各小组所选择研究主题的展示交流情况基于研究性的彰显进行建议性评价。

（3）总结评价环节：对学生在本节课以及整个活动中的论文表现、研究方法、研究路径、研究成果、研究精神等各方面给予激励性、肯定性评价，注重充分挖掘课程的“一形态四功能”，让学生对整个研究有更系统、全面的体验，认同体验评价，积淀其研究素养。

2. 就教学活动后的评价预设

从本课次教学目标尤其是体验性目标达成情况的视角，对学生上交的过程资料、研究报告、《写实记录表》等进行评价，并及时反馈。

（三）板书设计

“走进英语国家社会与文化”成果分享交流

核心问题：读或听英语国家社会与入门的语篇，撰写英语国家文化的研究报告或小论文。

1.英语国家社会与入门的知识主要涵盖方面：饮食、文学、生活、方式、宗教、节日、教育、体育……

2.如何撰写英语国家文化的研究报告或小论文：学科性、客观性、独特性、学术性

学科性（15 分）	客观性（15 分）	独特性（15 分）	学术性（15 分）
展示（40 分）	身势（10 分）	站姿 动作 面部表情 眼神	应变（10 分）
其余（20 分）	系统性、逻辑性、简洁性、美观性		

（四）教学流程

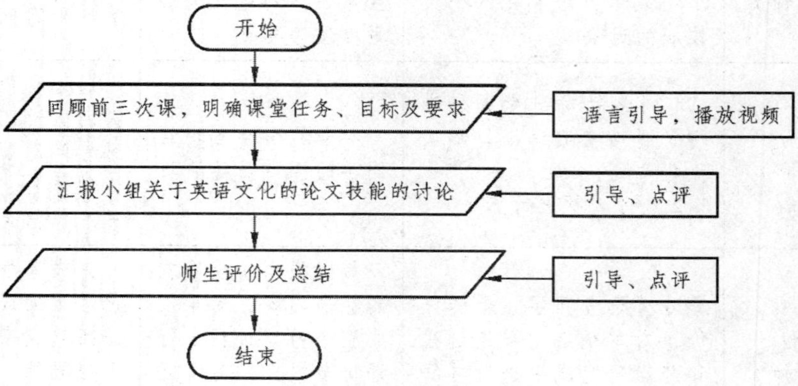

图 8-1 “走进英语国家社会与文化”教学流程图

三、教后评价设计

（一）信息搜集

本次课后认真回顾了学生对学习需求的分析、展示介绍英语国家社会与文化，撰写小论文及自评、互评，并收集了各小组在课堂上根据原则对小组撰写小论文的评价及指导教师的意见和建议，用以进一步优化小论文。

（二）自我评价

学生在本学科选修课“走进英语国家社会与文化”的研习过程中，在提升语言能力的同时，更能探索英美等国家的文化特征和思维方式，培养多元文化理解能力，达到拓宽国际视野、增进国际理解的目的，推动跨文化交流，理解人类命运共同体的内

涵与价值。学生在读或听英语国家社会与入门的语篇后，体验习得了基本的关于英语国家文化的知识，探究了撰写英语文化的报告或小论文的标准，在撰写研究报告或小论文的过程中，融入了自己所习得的文化知识。本节课中，学生们认真思考并提出问题，学习撰写技巧，体验学习文化和撰写论文的关联，体验了问题提出、问题研究和问题解决之间的关联。学生了解基本的科学研究方法，具备一定的研究素养。

在师生的共同努力下，学生达到了结果性目标和体验性目标：分小组进行了研究、讨论，汇总了小论文的撰写方法和要点；据此准备并实施使用。学生在整个课程中达到了体验性目标：学生在撰写的活动中，体验了文化知识输入及小论文撰写输出这两个维度之间的关联。此外，学生学会欣赏语言和多模态语篇的意义，丰富了生活经历。在对论文的评价中，体验了撰写小论文与多元文化理解、跨文化交流、生活与英语之间的关联。

本节课很好地彰显了情境性、活动性、研究性和学科性，达到了育人功能。作为这节研究课的执教者，我觉得在指导学生进行听或读英语国家社会与文化的语篇的过程中获得了专业成长，主要表现在对学生撰写小论文的认识上。教师必须要在情境中引导学生开展活动、研究等，以此来达到学科性地将活动、研究等都融入情境的效果，在基于学科性、情境性和活动性的前提下凸显研究性，以发展学生的研究素养并实现育人功能。

情境性：各小组学生所希望了解的英语国家与社会入门知识都与学生当前生活息息相关，体现了学生已自主融入观察日常生活和学习探索的情境中。

活动性：本节课全员全程参与，完全深度融入小论文撰写探索活动中，层层递进，环环相扣。

研究性：小论文撰写完全基于孩子们自己的分析、研究、相互探讨、相互学习得出，经过探讨，将自己之前观摩研究的缄默知识显性化再内化，很好地达到了研究性。

学科性：学生很好地提升了语言能力、思维品质、学习能力和文化意识。达到了育人功能。比如在听或读多模态语篇中提升了英语学科核心素养，在小论文输出表达中提升了思维品质中的逻辑性、创新性，提升了文化意识等。

本课很好地将技术与教育教学相融合：用对小组代表们的展示及自评进行调研评价，达到了信息技术 2.0 培训的 B1 和 B9；用黑板罗列每堂课的学习活动和关键信息，呈现了教学活动中学生的观点及反思提升中学生的想法，完成了 B3。

川大附中项目课程核心问题教学评价表

<table>
<tr><th rowspan="2">评价目标</th><th colspan="3">评价指标</th><th rowspan="2" colspan="2">评价结果</th></tr>
<tr><th>一级指标</th><th>二级指标</th><th>三级指标</th></tr>
<tr><td rowspan="6">实现活动体验中的学习与发展</td><td rowspan="6">具有核心问题教学形态</td><td rowspan="3">核心问题
利于活动体验</td><td>内含客观问题和学生活动方式</td><td>8</td><td rowspan="6">每项指标最高评8分

合计 <u>94</u> 分</td></tr>
<tr><td>问题情景与真实生活密切相关</td><td>8</td></tr>
<tr><td>能引发新知识、新方法的生成</td><td>8</td></tr>
<tr><td rowspan="3">教学目标
价值引导恰当</td><td>两类目标正确全面</td><td>8</td></tr>
<tr><td>关联体验目标恰当</td><td>8</td></tr>
<tr><td>目标价值引导显现</td><td>8</td></tr>
</table>

续表

	具有核心问题教学形态	教学环节完整合理落实	教学环节清晰完整	8	
			环节内容合理充实	7	
			学生活动时间充分	7	
		教学要素相互匹配促进	问题目标环节两两匹配	8	
			技术促进活动形式内容	8	
			课程特点突出氛围浓郁	8	
实现活动体验中的学习与发展	具有核心问题教学实质	拓宽学习视野	课程与现实世界有恰当关联	选择一个表现突出的二级指标，在相应三级指标的引导下，以现场学生表现为主要依据，以其余指标为背景，于本表的第二页写出150字以上的简要评价	
			有基于缄默知识的问题解决		
			有缄默知识运用的追踪剖析		
		投入实践活动	有真实而且完整的实践活动		
			能够全身心地浸渍于活动中		
			活动的内容结果均丰富深入		
		感受意义关联	有核心问题的深层意义感受		
			有以知识为中心的关联感受		
			有以个人为中心的关联感受		
		自觉反思体验	有实质性反思活动的开展		
			有课程新因素的追踪利用		
			有体验的交流与改善重构		
		乐于对话分享	乐于自我表达与认真倾听		
			乐于合作中成果与思路的分享		
			有宽容的对话氛围和双向交流		
		认同体验评价	认可体验评价		
			参与体验评价		
			利用体验评价		

核心问题教学实质的简要评价

本课在投入实践活动方面：有真实而且完整的实践活动；学生能够全身心地浸渍于活动中；活动的内容结果均丰富深入。

首先，有真实而且完整的实践活动，学生体验核心问题解决的全过程，读懂或听懂英语国家社会与文化的语篇，了解基本关于英语国家社会与文化的知识；学生在撰写的活动中，体验文化知识输入、撰写标准及小论文撰写输出这两个维度之间的关联，并进行自评、他评、再评价、再修改。

续表

核心问题教学实质的简要评价
其次，从教学目标的达成度看：两项目标达成效果很好的学生有27位，达到了90%。较好的有3位，达到了10%。全员参与，没有较差同学。分小组进行了研究、讨论，汇总了小论文的撰写方法和要点；据此准备并实施使用。学生在整个课中达到了体验性目标：学生在撰写的活动中，体验了文化知识输入及小论文撰写输出这两个维度之间的关联。此外，学生学会欣赏语言和多模态语篇的意义，丰富生活经历。在对论文的评价中，体验了撰写小论文与多元文化理解、跨文化交流、生活与英语之间的关联。 本次课在情境中引导学生开展活动、研究等，以此来达到学科性地将活动、研究等都融入情境，以及在基于学科性、情境性和活动性的前提下凸显研究性的目标，以发展学生的研究素养并实现育人功能。 在自主、合作、探究的过程中，学生也逐步学会质疑，学会评价，学会求同，学会补充，如此，渐渐就培养出了面对问题时用研究的思维去解决问题的习惯

（三）反馈调整

课后，帮助各小组进一步优化，反思运用，让学生仔细思考同学及老师的建议，根据各方面意见和建议复盘自己的表现，将之前观摩总结的小论文撰写原理运用到自己的撰写中。根据各方面意见和建议反思总结研究并修改运用，目的在于促进学生深度、高效体验、积淀和发展研究素养，使学校课程性质尤其是研究性得到彰显。

川大附中项目课程体验性目标点检测表

基本信息	课程名称	走进英语国家社会与文化	课程类别	学科选修课程
	教师	李敏、杜胜蓝、汪建芳	组/处	英语组
	班级	高二年级	上课时间	2022年5月18日
核心问题	读或听英语国家社会与入门的语篇，撰写英语国家文化的研究报告或小论文			
课程目标	结果性目标	1.读懂或听懂英语国家社会与文化的语篇，了解基本的关于英语国家社会与文化的知识； 2.总结撰写小论文的方法，撰写英语国家文化的研究报告或小论文		
	体验性目标	1.学生在撰写的活动中，体验文化知识输入及小论文撰写输出这两个维度之间的关联； 2.了解英美等国家的主要文化特色；吸收国外优秀的文化成果，了解英美等国家的对外关系，特别是对华关系的历史和现状，加深对祖国的热爱，捍卫国家尊严和利益		
检测点	学生在撰写的活动中，体验文化知识输入、撰写标准及小论文撰写输出这两个维度之间的关联			
检测任务	运用倒装原则进行文学表达			

续表

<table>
<tr><td rowspan="4">分类标准</td><td colspan="3">A.输出表达过程中使用90%的学过的文化知识及撰写小论文总结的原则</td></tr>
<tr><td colspan="3">B.输出表达过程中使用70%的学过的文化知识及撰写小论文总结的原则</td></tr>
<tr><td colspan="3">C.输出表达过程中使用50%的学过的文化知识及撰写小论文总结的原则</td></tr>
<tr><td colspan="3">D.输出表达过程中使用学过的文化知识及撰写小论文总结的原则不到50%</td></tr>
<tr><td rowspan="5">检测统计</td><td>分类等级</td><td>学生人数（总人数30人）</td><td>所占百分比</td></tr>
<tr><td>A</td><td>12</td><td>40%</td></tr>
<tr><td>B</td><td>15</td><td>50%</td></tr>
<tr><td>C</td><td>3</td><td>10%</td></tr>
<tr><td>D</td><td>0</td><td>0</td></tr>
<tr><td>检测分析结果运用</td><td colspan="3">学生准确体验了核心问题解决的全过程，读懂或听懂英语国家社会与文化的语篇，了解基本的关于英语国家社会与文化的知识；学生在撰写的活动中，体验文化知识输入、撰写标准及小论文撰写输出这两个维度之间的关联。并进行自评、他评、再评价、再修改。
从整个课程的记录资料，可以检测学生体验性目标的达成度。其中，两项目标达成效果很好的学生有27位，达到了90%。较好的有3位，达到了10%。全员参与，没有较差同学</td></tr>
<tr><td>体验典型实例</td><td colspan="3">学生能读懂或听懂英语国家社会与文化的语篇，了解基本的关于英语国家社会与文化的知识，并总结撰写小论文的方法，撰写英语国家文化的研究报告或小论文，参与到表达、自评和他评的全过程中。其后学生根据评价总结，进一步修改运用，很好地达成了结果性目标和体验性目标</td></tr>
<tr><td>检测反馈</td><td colspan="3">我们收集学生小论文，帮助各小组进一步优化，反思运用，让学生仔细思考同学及老师的建议，根据各方面意见和建议复盘自己的表现，将之前观摩总结的撰写原理运用到自己的表达中，并进行再次肯定和进一步汇总，比如几位同学都使用了所输入体验的文化知识，体验到了撰写标准及小论文撰写输出这两个维度之间的关联。我们根据各方面意见和建议反思总结研究并修改运用，目的在于促进学生体验的顺利、深入和高效，使其更有利于学生在深度体验中的学习与发展，有利于研究素养的积淀和发展，有利于学校课程性质尤其是研究性的彰显</td></tr>
</table>

英语国家的社会和文化小论文

金宇飞 辜钰森 黄海桐 肖 闯

一所学校的文化基因是学校发展的软实力，更是一所学校的特色。作为一所百年名校，川大附中最鲜明的文化特色就是研究文化。我校“培养—研究型”大学附中的特色，和“全面发展 学会研究”的课程育人目标与新时代课程体系构建高度吻合。我校注重培养学生多元文化的理解能力和国际意识，扩展学生的国际视野，推动跨文化交流，积极吸收和借鉴国际上先进教育思想和理念，注重学校的内涵和特色发展。作为百年附中的学子，我们深受研究文化的浸润。对附中深厚的研究文化追本溯源，寻觅附中研究文化的基因，能更好地促进我们的发展。我校作为四川省一级示范校、成都市首批教育国际化窗口学校等，拥有丰富的软件及硬件资源来保障研究性课程开发和研究。在如此优越的条件和保障下，我们积极参加学校丰富的课程，促进自身的全面发展，收获颇丰，主要表现在以下三个方面。

一、在研究性学习中，积淀文化知识

我们学习了“英语国家的社会和文化”的基本知识，从中受益很多。提到英国国家的社会和文化，首先想到的就是英国。以下是我们关于它的一些基本认识及感受。

英国是一个在政治、经济、军事、科学、技术、文化等领域具有巨大影响力的国家。英国位于欧洲西部，由英格兰、苏格兰、威尔士和北爱尔兰组成。英语、威尔士语和盖尔语是英国的官方语言。英国的工业革命为新生的资本主义制度奠定了坚实的物质基础，促使欧美诸国先后实现工业化，由农业国变成工业国，它也为英国提供了历史机遇，利用工业化先发优势，确立了“世界工厂”的地位。工业革命同时也给人类带来了进步和幸福，使人类面临新的矛盾和挑战。

勇气和礼貌，如“绅士之路”，是英国精神的核心和本质。“绅士”这一个词语最早出现在英国，古代的英国绅士通常会头戴大礼帽，身着笔挺的西装，足蹬亮皮鞋，手提一把雨伞。这个词语是在17世纪中叶的时候由充满侠气与英雄气概的“骑士”发展而来，后来在英国盛行起来，甚至发展成为极致的“绅士”文化。这种文化既是英国民族文化的外化，又是英国社会掺杂了各阶层某些价值观念融合而成的一种全新的社会文化。

英国受盛行西风控制，全年温和湿润，四季寒暑变化不大。通常最高气温不超过32℃，最低气温不低于-10℃，1月平均气温 4～7℃。英国虽然气候温和，但天气多变。一日之内，时晴时雨。这正好解释了英国绅士“手提雨伞”的原因。

英国有110多所大学和高等教育学院。著名的高等院校有牛津大学、剑桥大学、帝国理工学院、伦敦政治经济学院、圣安德鲁斯大学、伦敦大学学院、华威大学、曼彻斯特大学、爱丁堡大学和卡迪夫大学等。在英国，到处都能感受到英国文化场景中充满了莎士比亚的氛围，莎士比亚就像营养一样进入了英国人的血液，不仅是英国的骄傲，也成为英国文化的象征。英国还积极保护和建造与莎士比亚相关的文物和建筑，其中一个代表是莎士比亚的环球剧院。

二、在研究性学习中，积淀研究素养

“走进英语国家社会与文化”这门课程共安排了五次课。第一次课老师提出问题，师生共同确立核心问题：读或听英语国家社会与入门的语篇，撰写英语国家文化的研究报告或小论文。建立团队，让学生找出自己感兴趣的文化点，分组讨论怎样在网上查资料；课后阅读更多与英美文化相关的文章，讨论并完成小组报告。第二次课程中，小组展示汇报第一次调研结果后，再讨论、再修改，并汇总改进英语小论文的标准。课后根据全班汇总的《英语小论文量化标准》，以“英美国家社会与文化”为主题撰稿、练习并小组比赛选出 1~2 名同学参加组组比赛。第三次课进行组组比赛，选出 3 名同学，互相评价、比选，对应评价结果对本小组稿件进行修改并思考：英语小论文应该注意什么？最后提炼出英语论文撰写应遵循：客观性、独特性、学术性。第四次课小组展示交流、汇报演讲、自评、他评、反思。第五次课反思总结研究并撰写研究报告。

总体来看，我们在走进英语国家社会与文化英语学科选修课上运用多种研究方法全身心投入了研究过程：分析需求、自主选择、读或听语篇，撰写小论文。我们研读不同的论文，提炼出英语小论文撰写应遵循的原则，在查阅资料，分析、提炼、验证的过程中，我们掌握了更多的研究方法，积淀了研究素养，培养了基本的研究能力。在全身心的活动浸渍中，一步步达成了结果性目标：读或听英语国家社会与入门的语篇，撰写英语国家文化的研究报告或小论文。在结果性目标达成的同时，学习撰写技巧，体验学习文化和撰写论文的关联，及问题提出、问题确认、问题研究和问题解决之间的关联。结果性目标和体验性目标较高的达成度使得研究型课程的四性（情景性、活动性、研究型、学科性）得以很好地彰显。我们在英语学科选修课“走进英语国家社会与文化”的研习过程中，在提升语言能力的同时，更探索了英美等国家的文化特征和思维方式，培养了多元文化理解能力，拓宽了国际视野，增进了国际理解及跨文化交流能力。

三、在研究性学习中，培养国际情怀，增强对祖国的热爱和信念感

我们参加英语学科选修课课程之“走进英语国家社会与文化”前对自己进行了一次分析。我们已学习英语数年，有一定的英语国家与文化的知识与基础，但缺乏系统的了解。想通过“英语国家社会与文化入门”的学习，了解这些国家的社会与文化概貌，如地理、历史、政治、经济、社会生活和文化传统等方面，吸收国外优秀的文化成果，了解英美等国家对外关系，特别是对华关系的历史和现状，加深对祖国的热爱，捍卫国家尊严和利益。整个“走进英语国家社会与文化”课程的目的在于促进学生关注文化，接纳多元文化，在对不同文化的学习理解中形成自己的世界观、人生观、价值观。同时增强我们的跨文化意识，认同我们的优秀文化，产生民族自豪感。

通过读或听英语国家社会与入门的语篇，我们发现英国人的生活节奏有点快，但他们在工作之余也会抽出时间享受阳光并与家人温馨相处。与我们相似的是，他们的生活充满了激情和能量，注重生活中获得的幸福感。通过学习和研究，我们认识到西方国家和东方国家之间有很多区别及相同点。对于西方国家，我们充满了好奇，如果有机会，我们一定会去英语国家旅行，实地感知它们的文化，并推广我们的文化。在包容不同文化的同时，对于我们的祖国，我们充满了热爱，坚信中华文化是世界文化多元化不可或缺的重要一环。

英语演讲研习

川大附中项目课程开发规划纲要

课程首席教师：陈思竹（英语组）

课程参与教师：刘克轩（英语组） 李蕊攸（英语组）

<table>
<tr><td>课程名称</td><td colspan="7">英语演讲研习</td></tr>
<tr><td>课程类型
（勾选）</td><td>必修的
综合实践活动程</td><td></td><td>必修的
劳动课程</td><td>√</td><td>选修的
学科课程</td><td></td><td>选修的
校本课程</td></tr>
<tr><td>实施对象</td><td>高二年级学生</td><td colspan="4">建议选课学生人数</td><td colspan="2">30 人</td></tr>
<tr><td>课程课时及
上课时段</td><td colspan="7">课程课时：5 次 10 课时；上课时段：常规选修学科课程时间</td></tr>
<tr><td>课程背景</td><td colspan="7">1.学生背景：
（1）研究意愿方面：我校的国际化系列国际理解课程一直致力于提升我校学生的英语表达能力、国际理解水平并推动区域中外人文交流，课程活动中就包含演讲类，如 TEDx、地球村双语演讲比赛等。我校很多学生在小学、初中就已经参加过多个国家、省、市、区的演讲比赛，但我校的英语演讲选修课还未被开发，英语组也一直有想帮助学生训练开发英语演讲技能的愿望。所以在 2020 年 12 月和 2021 年 3 月举办的“第 12 届地球村国际双语演讲活动”“第二届 TEDx 武侯区中小学生中外人文交流能力英语演讲活动”中，我们就利用问卷星对参与比赛的我校选手进行了“英语演讲研习课程的开发”的问卷调查，结果显示大部分学生希望能通过系统课程提升，研究演讲的特点、技巧等来提高演讲能力。学生愿意在演讲选修课中不断摸索、研究、总结并学以致用。课程开发小组结合学生的兴趣点并深入研读课标后，将课程名称确定为“英语演讲研习”。
（2）知识储备方面：本课程参与的同学为高二年级的学生，大部分学生对演讲有一定的了解，也曾经在初中甚至小学参加过演讲比赛，有一定的演讲经历，具备一定的演讲技能。学生们希望能在高中以及以后的演讲比赛中获得更好的成绩，在日常讲演中更好地表达自己。
（3）研究素养方面：我校作为“培养—研究型”大学附中，学生长期受学校研究文化的熏陶，对于研究问题有热情，了解一些基本的科学研究方法，具备一定的发现问题、解决问题、反思提升、评价反馈的能力，具备一定的研究素养，能通过文献查阅等形式，综合运用相关知识开展课题研究，但学科方法和研究能力还待实践总结和提高。学生参与到“英语演讲研习”学科选修研究性课程中来，能在实践中提升研究能力并深度体验英语学科思维和英语学科方法，提升英语素养。
2.资源背景（含技术融合）：
（1）政策背景：
①国家课程改革的对于课程建设的政策背景：从 2001 年我国开始全面推进新一轮基础教育课程改革起，十多年来不断提出了新的要求。2001 年《基础教育课程改革纲要》</td></tr>
</table>

续表

课程背景	提出，“大力推进基础教育课程改革，调整和改革基础教育的课程体系、结构、内容，构建符合素质教育要求的新的基础教育课程体系”。2010 年《国家中长期教育发展纲要（2010—2020 年）》提到，“深入推进课程改革，全面落实课程方案，保证学生全面完成国家规定的文理等各门课程的学习。创造条件开设丰富多彩的选修课，为学生提供更多选择，促进学生全面而有个性的发展”。全面深化课程改革就是要培养通过“五育并举”的育人模式，注重全面发展，着力培养德智体美劳全面发展的社会主义建设者和接班人。学生在本学科选修课的“英语演讲研习”过程中，能促进自身全面而有个性的发展，也能充分发挥自己的智慧，全面培养德、智、体、美、劳，实现“五育并举”。 ②中外人文交流国际理解教育工作的政策背景：国际理解的含义是联合国教科文组织倡导的，以理解、和平、共生为价值理念，促进人们消解冲突，致力于世界和平的国际教育活动。2017 年发布的《中国学生核心素养》对国际理解素养的定义是“具有全球意识和开放的心态，了解人类文明进程和世界发展动态；能尊重世界多元文化的多样性和差异性，积极参与跨文化交流；关注人类面临的全球性挑战，理解人类命运共同体的内涵与价值”。 推进基础教育国际化，是《国家中长期教育改革与发展规划纲要（2000—2020 年）》设定的重要任务之一。其侧重点在于注重培养学生多元文化的理解能力和国际竞争意识，扩展学生的国际视野、推动跨文化交流，积极吸收和借鉴国际上先进教育思想和理念，促进区域与学校的内涵和特色发展。 2020 年 6 月，教育部等八部门印发《关于加快和扩大新时代教育对外开放的意见》，是教育领域落实开放发展理念的具体行动，是新时代教育对外开放的重要里程碑，对于促进和深化教育领域国际合作与人文交流，实现教育现代化和落实立德树人根本任务，服务“一带一路”倡议和推动构建人类命运共同体都具有十分重要的意义。 学生在本学科选修课的英语演讲研习过程中，在提升语言能力的同时，更能探索英美等国家的文化特征和思维方式，培养多元文化理解能力，达到拓宽国际视野、增进国际理解的目的，推动跨文化交流，理解人类命运共同体的内涵与价值。 ③我校大力推动课程改革发展课程建设、中外人文交流国际理解教育工作的背景（情境性）：我校一直在学习贯彻国家课程改革及中外人文交流工作相关的精神和要求，结合我校办学目标、学生特点和实际条件，创造性地落实国家课程方案及人文交流国际理解相关要求，制订满足学生发展需要的学校课程计划，创造了条件开好各类科目。充分挖掘课程资源，开发、开设丰富多彩的校本课程。因地制宜，科学安排综合实践活动课程及学科选修课程，发挥这些课程在促进学生发展中的独特作用。各学科也对标各学科的课程标准，一直致力于发展学生的学科核心素养。 我校国际教育处和各学科一起合作，一直不断积极探索、求实创新，以问题、需求、目标和成果为导向，在中外人文交流国际理解教育工作中持续深耕细作，为教育对外开放大局注入新内涵和新力量。我校开设的一系列国际理解课程是在传承和发扬社会主义核心价值体系基础上，整合国内外优质资源，为学生提供更有国际竞争力的教育发展空间，遵循教育“魂”和“体”，在教育的“表”上进行充分挖掘和思考。我们所承办的“武侯区 TEDx 武侯区中小学生中外人文交流能力英语演讲活动”目的就是在区域内以学校为单位推进中外人文交流工作，充分利用 TEDx 品牌国际优势和学习互动资源，通过线上线下结合的渠道，辐射武侯区各校，开展能力提升、竞争合作、资源流动，促进各校进行资源整合与联动，共同发展武侯区中外人文交流。 正是因为如此，我校培养了和正在培养一大批具有国际视野、多元文化理解能力的德、智、体、美、劳全面发展的社会主义接班人。

续表

<table>
<tr>
<td>课程背景</td>
<td>
（2）课程标准背景（学科性）：
2020 年 7 月，教育部出版了《普通高中英语课程标准（2017 年版 2020 年修订）》（后简称为“英语新课标”），从主题语境、语篇类型、语言知识、文化知识、语言技能、学习策略等六要素分别对必修、选择性必修、选修（提高类）进行了要求。其中演讲在主题语境、语篇类型、语言知识的语篇知识、文化知识、语言技能等几个方面明确列出了演讲及对其的要求，剩余方面也提到了演讲技能。主题语境将经典演讲归于了人与社会的社会服务与人际沟通；语篇类型、文化知识则将演讲归于选修（提高类）；语言知识方面则是在语音知识、词汇知识、语法知识、语篇知识等中详细划分了演讲的要求；语言技能、学习策略方面也做了补充要求；可见演讲训练在高中英语教学中很重要，而其本身可以提升学生的学科能力及人文素养。
英语新课标明确指出高中课程目标是以学生语言技能、语言知识、情感态度、学习策略和文化意识的发展为基础，培养学生英语综合语言运用能力；强调从学生的学习兴趣、生活经验和认知水平出发，采用任务型的教学途径，让学生在体验、实践、参与和交流中发展综合语言运用能力；更加注重培养学生学英语和用英语的能力，学用结合，促进积极思维和有效表达。本课程充分体现了学生对英语知识的学以致用，促进积极思维和有效表达。
（3）硬件资源背景：
我校作为省一级示范校、成都市首批教育国际化窗口学校等，拥有丰富的硬件资源来保障学生的课程开发和研究。我校英语学科也在区域内处于领先水平，区域内英语学科比赛常在我校举行，如每年一次的武侯区 TEDx 演讲展示等。川大附中中美高中在 2015 年就取得了 TEDx 成都独家授权。并在 2015—2021 年面向全校学子和全成都市了解 TED，热爱 TED 演讲的民众，举办了“TEDx 成都演讲比赛”，受到广大社会各界关注和认可，积累了数次活动举办的经验，积累了历届演讲集萃。在西方的教育教学和中国高中英语教学中，常常借用 TED 和 TEDx 演讲视频帮助学生激发兴趣，开阔眼界，提升教学效果。用我们学校历届所举办的关于 TEDx 的材料来开展研习，无疑能为我们的课程提供丰富的、与我们区域内更加贴合的研究素材，更好地提升我校学生的英语表达能力、国际理解水平并推动区域中外人文交流。
（4）人力资源背景：
开发和开设本课程的三位老师，都具有丰富的举办演讲比赛的经验，都长期参与武侯区 TEDx 演讲展示活动，担任地球村等演讲比赛的组织及评委等，经验丰富。两名国际教育处的老师长期深入参与中外人文交流国际理解相关工作。
（5）技术融合背景：
<table>
<tr><th>课程开发环节</th><th>技术资源背景</th><th>技术资源开发意图</th></tr>
<tr><td>提出问题</td><td>问卷星</td><td>调查“英语演讲研习课程的开发”的问卷调查</td></tr>
<tr><td rowspan="3">解决问题</td><td>网络、TEDx 视频集、TEDx 演讲稿集等</td><td>观摩、研讨英语演讲及英语演讲稿</td></tr>
<tr><td>摄像机或手机、剪辑软件</td><td>录制、剪辑演讲及汇报</td></tr>
<tr><td>Word 及 PPT</td><td>撰写演讲稿及课件</td></tr>
<tr><td>反思提升</td><td>PPT、视频播放、问卷星</td><td>演讲汇报及总结</td></tr>
<tr><td>评价反馈</td><td>TEDx 及其他演讲比赛、Word</td><td>推广运用及撰写研究报告</td></tr>
</table>
</td>
</tr>
</table>

续表

<table>
<tr><td>课程内容（核心问题）</td><td colspan="6">研习经典演讲，探讨优质英语演讲特征，提炼其评价量规，撰写 TEDx 演讲稿、比赛并制作演讲视频，据此撰写研究报告。
问题：1.高质量的英语演讲标准是什么？
2.如何撰写演讲稿？
3.演讲应该注意什么？如何演讲？
4.如何撰写演讲报告？
活动：研习经典、提炼标准、撰写演讲稿并演讲、录制演讲视频、撰写研究报告</td></tr>
<tr><td>课程目标</td><td colspan="6">1.结果性目标：
（1）能梳理汇总出本课程的《英语演讲量化标准》；
（2）能根据梳理出的《英语演讲量化标准》撰写演讲稿、准备并实施演讲；
（3）能根据量化标准在小组 PK 和全班 PK 以及演讲汇报中，完成自评、他评并修改演讲稿、修订演讲行为；
（4）能完成反思总结并撰写研究报告。
2.体验性目标：
（1）在调研需求以及设计演讲的活动中，体验演讲在语音知识、词汇、语法、语篇、语用、语言技能这六个《英语课程标准》对于演讲选修所要求达到的设计维度之间的关联；
（2）在观摩、研习 TEDx 视频集、TEDx 演讲稿集时，体验演讲语篇所承载的文化和价值观等具有深刻内涵的内容，使学生学会欣赏语言和多模态语篇的意义和美感，丰富生活经历，体验不同情感，树立正确的世界观、人生观和价值观。
（3）在演讲汇报中，体验英语演讲与多元文化理解、跨文化交流之间的关联</td></tr>
<tr><td rowspan="4">课次计划</td><td>课次</td><td>主题</td><td>研究环节</td><td>学生活动</td><td>课前课后任务</td><td>活动地点及技术融入</td></tr>
<tr><td rowspan="3">1</td><td rowspan="3">提出问题</td><td>发现问题</td><td rowspan="3">1. 参与课程，回答问题：是否做过演讲？演讲种类有哪些？如何准备好的英语演讲？高质量的英语演讲标准是什么？引导学生思考、欣赏、比较两段中外经典英语演讲，讨论，发现问题；
2.组建团队并明确分工；
3.通过资料搜集、研究比较、演讲背景、特征和要素，表达课程问题；
4.课后观看历届 TEDx 比赛视频，搜集文献、视频等资料，小组完成第一次报告</td><td rowspan="3">1.搜集课程资料，分析比较优秀的演讲，根据自己小组的要求有目的地收集整理；
2.初步撰写本小组关于演讲的思考，表达课程问题；思考高质量的英语演讲标准是什么？
3.做好过程性记录</td><td rowspan="3">地点：
课程场地；
技术融合（B3、B9）：
1.多媒体引入并明确课程任务；
2.播放视频，引导学生比较观察经典演讲</td></tr>
<tr><td>组建团队</td></tr>
<tr><td>表达问题</td></tr>
</table>

续表

	课次	主题	研究环节	学生活动	课前课后任务	活动地点及技术融入
课次计划	2	解决问题	搜集信息、提出假设、制定草案	1.在课外查阅文献资料全面了解演讲的基础之上，小组成员充分研讨本小组的研究主题：思考高质量的英语演讲标准是什么？如何撰写演讲稿？ 2.分组展示本小组的研究成果，讨论并修改形成汇报PPT，汇总出全班的《英语演讲量化标准》，并在此基础上课后撰写个人的演讲稿；确定演讲的主题："变化"。可涉及：周围的变化（学校、祖国、家庭）、科技的变化、美学的变化、环境的变化等； 4.组织小组内PK，按照《量化标准》互评、修改，选出1~2名同学参加第三节课的组组PK	1. 查阅文献、资料； 2. 分小组根据研究主题并实施研究、展示、互评； 3. 做好过程性记录； 4.研究并整理结果	地点： 课程场地； 技术融合（B3、B9）： 1.Word 及 PPT 撰写本组汇报课件、汇总全班《量化标准》； 2.手机录制，学生汇报第一次研究成果并用剪辑软件剪辑合成视频； 3.Word 撰写演讲稿
	3	解决问题	实施方案、修改方案	1.小组选拔优秀演讲稿并汇报； 2.互相评价，比选，对应评价结果对本小组稿件进行修改。全班投票选出3名学生准备最终汇报演讲； 回顾小组优秀演讲，思考演讲应该注意什么？（技巧：眼神、姿势、掌声时等待、出错时如何补救）如何练习及演讲？录制视频并小组进行剪辑。演讲思考演讲PPT制作的技巧； 3.汇总各小组研究过程及发现	1. 整理和分析评价； 2. 修改演讲稿 3. 整理制作汇报课件及本组稿件及演讲PPT；录制视频并剪辑； 4.汇总制作班级汇报课件	地点： 课程场地； 技术融合（B3、B9）： 1.Word 修改演讲稿； 2.PPT 制作演讲课件、汇报课件； 3.手机及剪辑软件录制剪辑视频
	4	解决问题	实施研究、自评互评	1.汇报课件并播放各组剪辑视频； 2.3名选手汇报演讲； 3.通过自评、师生他评的方式完成对演讲的评价，并用问卷星投票选出最优学生并展示评价报告； 4.反思总结，为撰写研究报告做准备	1.整理师生的评论，反思研讨，并修改优化自己的调研汇报成果； 2.记录和梳理别人对本组汇报PPT及演讲的评价并进一步完善	地点： 科技楼6楼； 技术融合（B1、B3、B9）： 1.PPT 播放汇报及演讲课件； 2.播放视频； 3.问卷星投票评价

续表

<table>
<tr><td rowspan="2">课次计划</td><td>课次</td><td>主题</td><td>研究环节</td><td>学生活动</td><td>课前课后任务</td><td>活动地点及技术融入</td></tr>
<tr><td>5</td><td>反思提升</td><td>记录写实，整理资料，反思研讨</td><td>1.记录写实，整理资料，完成演讲调研、整理、修改等过程梳理；
2.反思研讨，修改演讲研究过程汇报 PPT 及演讲稿；
3.撰写研究报告</td><td>搜集和整理课程资料，做好过程性记录；撰写研究报告</td><td>地点：
课程场地；
技术融合（B9）：Word 撰写研究报告</td></tr>
<tr><td>学生作品</td><td colspan="6">小组演讲研究汇报 PPT；小组演讲视频汇报；汇报学生演讲 PPT 及讲稿集；研究报告</td></tr>
<tr><td>评价方式</td><td colspan="6">1.师生填写评价量表，对学生的成果进行评价；
2.生生互评，对其他组的成果进行评价；
3.教师评价，对小组的评价、对选修课全班的评价；
4.川大附中项目课程核心问题教学评价表；
5.川大附中项目课程体验性目标点检测表</td></tr>
<tr><td>安全保障</td><td colspan="6">校内活动安全保障</td></tr>
<tr><td>条件保障</td><td colspan="6">课程开发组外部条件保障：
1.能播放 PPT、录像的多媒体教室；
2.第二、三、五节课需要 6 台电脑，第三节课需要手机及剪映视频编辑软件，第四节课需要手机参与投票。
课程开发组内部条件保障：
1.历届 TEDX 比赛视频集及演讲稿集；
2.部分优秀演讲作品搜集、文献研究（指导学生准备）；
3.学生汇报资料及演讲稿撰写准备、演讲视频录制（指导学生准备）</td></tr>
<tr><td>开发次第</td><td colspan="6">首次开发</td></tr>
<tr><td>课程审批</td><td colspan="6">1.课程教学处　　签　章　　年　月　日
1.学生发展处　　签　章　　年　月　日</td></tr>
</table>

英语演讲研习成果分享交流

一、教学分析设计

（一）教学内容分析

1. 课程内容

本节课为川大附中英语学科选修课课程之“英语演讲研习”的第四次课。本学期共安排了五次课。第一次课提出问题，师生共同确立核心问题，建立团队，学生观摩著名演讲视频并小组讨论怎样做优秀的英语演讲。课后观摩更多的 TEDx 演讲视频及优秀演讲稿，讨论并完成小组报告。第二次课小组展示汇报第一次调研结果后，再讨论，再修改，并汇总改进标准。课后根据全班汇总的《英语演讲量化标准》，以“变化”为主题撰稿、练习并小组比赛选出 1~2 名同学准备参加组组比赛。第三次课进行组组比赛选出 3 名同学；互相评价，比选，对应评价结果对本小组稿件修改；回顾小组优秀演讲，思考演讲应该注意什么？（技巧：眼神、姿势、掌声时等待、出错时如何补救）如何练习及演讲？录制视频并小组进行剪辑。思考演讲 PPT 制作的技巧。第四次课为展示交流、汇报演讲、自评、他评、反思。第五次课为反思总结研究并撰写研究报告。

2. 课程活动

本课程包含了两次调研，一次在开发课程前，用问卷星对参加比赛选手进行调研，确定了课程方向；一次在本节课（第四节课），用问卷星对汇报选手的演讲及自评进行调研评价。

本课程包含了三次汇报，第二节课的小组汇报是《英语演讲量化标准》；第三节课的组组演讲 PK；以及本节课（第四节课）的 3 名同学汇报演讲和王誉澂同学的课程汇报。

本课程包含了三次研究报告撰写，第一次课的小组标准，第二次课的全班汇总标准，第五次课的课程研究报告。

3. 本课内容

本节课的内容为展示交流学生演讲汇报及师生评价、反思，通过本节课的学习，学生能体验到英语文字与英美等国家的文化特征和思维方式的关联、体验，通过讲述与己有关或者与听众有关的案例或中外经典与演讲效果的关联（观众共鸣），增强其英语学科能力，达到提升英语学核心素养的目的；增强其多元文化的理解能力，达到国际理解教育的目的，推动跨文化交流。

（二）学生分析

1. 研究兴趣

在本课程开发前，为搜集学生对英语学科选修课程开发的思考、建议，课程开发小组利用问卷星对参加“地球村”“TEDx”演讲比赛的同学进行了调研，结合学生的兴趣和深入研读课表后，选定了本课程。同时高二同学通过自愿选课方式参与课程，应该是因为喜爱演讲或者想要通过系统课程，研究演讲的特点、技巧等来提高演讲能力。前三节课中学生有效利用时间进行了经典演讲视频观摩研究，完成了《英语演讲量化标准》，并据此撰写演讲稿，进行了小组 PK 和组组 PK。在前期研究中，同学们展示出了对演讲的兴趣，不断研究调整，他们愿意在演讲选修课中不断摸索、研究、总结并学以致用。

2. 研究素养

我校作为“培养—研究型”大学附中，学生长期受学校研究文化的熏陶，对于研究问题有热情，了解基本的科学研究方法，具备一定的研究素养。前期他们进行了一系列研究、汇报、总结、反思、修改、再总结等，极好地体现了川大附中学子的研究素养。在实践中有效提升了研究能力，培养了研究素养。

3. 知识储备

（1）显性知识：通过前三次课程的学习，学生梳理制定了本课程的《英语演讲量化标准》，根据标准撰写、演讲比赛、修改、再演讲，对英语演讲有了更深的了解。

（2）缄默知识：第二节课后结合《英语演讲量化标准》撰写、参加小组 PK、组组 PK 的亲身经历，让他们联想之前所看的经典演讲视频等，加强了对多元思维及人文交流的理解。

（三）目标分析

1. 结果性目标

（1）能在演讲时对应学生自己讨论汇总的《英语演讲量化标准》进行汇报、自评和互评；

（2）能总结反思研究过程，呈现研究成果。

2. 体验性目标

（1）在演讲活动中，体验演讲在语音知识、词汇、语法、语篇、语用、语言技能这六个设计维度之间的关联。

（2）通过演讲语篇所承载的文化和价值观等具有深刻内涵的内容，使学生学会欣赏语言和多模态语篇的意义和美感，丰富生活经历，体验不同情感，树立正确的世界观、人生观和价值观。

（3）在演讲汇报中，体验英语演讲与多元文化理解、跨文化交流之间的关联。

（四）资源分析

本次课为室内的展示交流课，所用主要教学资源如下表所示：

一、资源选用清单			
物质资源开发清单		人力资源开发选用清单	
资源名称	开发利用设想及来源	资源名称	开发利用设想及来源
《英语演讲量化标准》	了解英语演讲标准	英语组教师	指导学生

二、媒体选用清单				
	媒体名称	选用意图	来源	微能力点
现代媒体选用清单	PPT、投影	用于教学引入、小组展示交流和体会反思。展示学生汇报课件辅助学生演讲、播放小组初选演讲剪辑视频	科技楼多媒体设备，学生准备的图片，视频等、剪辑软件	B3
	问卷星	测评并评价	测评软件	B1、B9
传统媒体选用清单	黑板	罗列本堂课的学习活动和关键信息，呈现教学活动中学生的观点及反思提升中学生的想法	教学内容、学生回答及学生反思提升	B3

（五）主题分析

按课程规划纲要的课次规划，基于前面对本次课程活动与学生的分析，将本次课的活动主题确定为研究成果的展示分享交流。

二、教学实施设计

（一）教学环节

环节	学生活动	教师活动	设计意图	技术与教育教学融合
提出问题（约10分钟）	回顾整个课程	引导学生回顾整个课程安排	引出本节课任务	多媒体课件（B3）
	学生汇报回顾前三次课师生探究过程及结果，展示小组汇报课程标准的视频剪辑及组组PK演讲视频剪辑，引出本节课的展示：优胜小组汇报演讲	组织学生听学生代表的汇报并思考回顾本课程的研究历程	前三节课学生观察、探讨、研究比较了优秀演讲并总结演讲原则及技巧。分组初选、组组复选并剪辑视频。本节课学生进行汇报及演讲。学生明确本次课任务、目标及要求，为在交流中彰显本组调研过程及方法的研究性做好准备	多媒体课件视频剪辑（B3）

续表

环节	学生活动	教师活动	设计意图	技术与教育教学融合
展示交流（约 20 分钟）	3个组的3名优胜同学进行 3 分钟演讲并进行自评	引导学生演讲汇报及自评	学生根据汇报内容检查自己及他人的演讲是否满足研究结果里面的要求（选题、撰稿、展示）	多媒体课件量表自评（B3、B9）
评价总结（约 10 分钟）	小组讨论，投票选出最优秀的演讲，派代表说明投票原因。对本组和别组的演讲进行自评和互评。在师生的评价中思考在准备、讲演、评价的整个活动中，运用并提升了对演讲的哪些方面的思考和运用，为第五节课的撰写研究报告做准备	引导学生进行互评，并对学生的评价做出点评，请其他老师点评。呈现投票结果，肯定同学们及老师们的选择并鼓励学生发言。同时点评各组的演讲，对优秀小组和个人进行表扬	学生运用已学知识和缄默知识评价本组和别组的演讲，完成本次课的学习任务。通过投票选择最优秀的演讲活动，一来肯定了学生的学习成果，二来对学生的继续学习提出了希望。学生在与老师共同小结演讲活动中，将其对语言文字的感知能力显性化，促进其英语语言能力的提高，培养其学用结合、解决问题的能力。为第五节课的撰写研究报告做准备	多媒体课件、问卷星、量表互评（B1、B3、B9）

（二）评价预设

1. 就教学活动中对学生进行的即时、口语为主的评价预设

（1）展示交流环节：对 3 名汇报展示学生的演讲及自评进行评价。

（2）总结评价环节：对学生在本节课以及整个活动中的表现从研究方法、研究路径、研究成果、研究精神等各方面给予激励性、肯定性评价，让学生对整个研究有更系统、全面的体验，认同体验评价，积淀其研究素养。

2. 就教学活动后的评价预设

从本课次教学目标尤其是体验性目标达成情况的视角，对学生上交的过程资料、研究报告、《写实记录表》等进行评价，并及时反馈。

（三）板书设计

The Study of English Speech

课程核心问题：研习经典演讲，探讨优质英语演讲特征，提炼其评价量规，撰写 TEDx 演讲稿、比赛并制作演讲视频，据此撰写研究报告。

Evaluation

①次　②卢　③陈

自评及他评

学生板书

Select topic（选题 10 分）
- 思想性（4 分）
- 时代性（2 分）
- 适用性（2 分）
- 新颖性（2 分）

Write articles（撰稿 50 分）
- 词汇（10 分）　地道、贴切高级词汇、正反义 5 个/1 对
- 语法（10 分）　恰当倒装、强调、虚拟 3 个
- 语篇（10 分）　逻辑衔接词、句 3 个，修辞 2~3 个
- 语用（10 分）　得体体现多元思维
- 语言技能（10 分）1~2 中外典故、与己/观众有关、反思成长　他

Display（展示 40 分）
- 语音方面（10 分）　流利　清晰　准确　语调　重音　节奏
- 身势（10 分）　站姿　动作　面部表情　眼神
- 应变（10 分）
- PPT（10 分）　系统性、逻辑性、简洁性、美观性

（四）教学流程

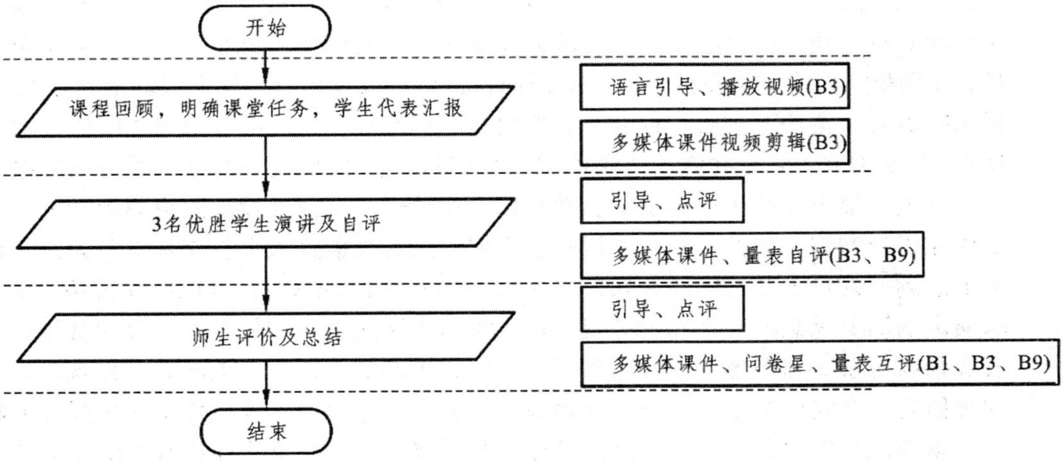

图 9-1　“英语演讲研习”教学流程图

三、教后评价设计

（一）信息搜集

课后认真观看了上课录像和评课录像，收齐了各小组在课堂上根据《英语演讲量化表》对 3 名演讲同学的演讲的打分表，收齐了依据课堂上其他小组同学和指导教师的意见和建议进一步优化后的演讲稿，收集了课堂上的照片及影像记录。

（二）自我评价

本次学科选修课，学生从前期研究到今天的现场表现，于我而言真的只能用“感动”一词来进行评价。学生们认真思考并提出问题，观摩经典演讲视频，激烈讨论总结归纳量化标准，反复反思讨论修改量化标准，依据标准撰稿并小组比赛、班级比赛，直到最后的展示汇报，看得到学生在这个过程中付出的努力，细细想来其实是在情理之中的，因为选修我们这门“英语演讲研习”的 19 名学生都是曾经参加或观摩过地球村、TEDx 等演讲比赛的，都已经在高一受过学校研究文化的熏陶，对于研究问题有热情，了解基本的科学研究方法，具备一定的研究素养。他们在整个课程的学习过程中的积极性和参与度、他们的改变和进步都一直令我们几位老师倍感欣慰和欣喜。

在师生的共同努力下，我们很好地达到了预先设定的教学目标，学生达到了结果性目标和体验性目标，彰显了研究性等四性并很好地将技术与教育教学相融合。

学生在整个课程中达到了结果性目标：分小组进行了研究、讨论、汇报；全班讨论汇总了本课程的《英语演讲量化标准》；该量化标准对应了《普通高中英语课程标准（2017 年版 2020 年修订）》对于英语演讲选修最高要求；根据梳理出的《英语演讲量化标准》撰写演讲稿，准备并实施演讲（学生在选题时体现思想、时代、适用及新颖性；在撰稿时对应英语新课标对于英语演讲选修最高要求及《英语演讲量化标准》；在展示时对应《英语演讲量化标准》）；根据量化标准在小组 PK 和全班 PK 以及演讲汇报中，完成自评、他评并修改演讲稿、修订演讲行为；完成反思总结并撰写研究报告。

学生在整个课程中达到了体验性目标：在调研需求以及设计演讲的活动中，体验演讲在语音知识、词汇、语法、语篇、语用、语言技能这六个新课标对于演讲选修所要求达到的设计维度之间的关联；在观摩、研习 TEDx 视频集、TEDx 演讲稿集时，体验演讲语篇所承载的文化和价值观等具有深刻内涵的内容，使学生学会欣赏语言和多模态语篇的意义和美感，丰富生活经历，体验不同情感，树立正确的世界观、人生观和价值观；在演讲汇报中，体验英语演讲与多元文化理解、跨文化交流之间的关联。

本节课学生达到了以下结果性目标：实施演讲，根据量化标准在小组 PK 和全班 PK 以及演讲汇报中，完成自评、他评并修改演讲稿、修订演讲行为；能总结反思研究过程，呈现研究成果。

本课程和本节课很好地彰显了情境性、活动性、研究性和学科性，达到了育人功能：作为这节研究课执教者的我而言，我觉得在指导学生进行英语演讲研习的过程中获得了专业成长。具体而言，我认为自己的成长主要表现在对学科选修课的开发和指导的认识上。这认识就是学科选修要在情境中引导学生开展活动、研究等，以此来达到学科性地将活动、研究等都融入情境，达到在基于学科性、情境性和活动性的前提下先凸显研究性，以发展学生的研究素养并达到育人功能。

首先，在课程实施过程中，让学生思考高质量演讲特点，学生观摩著名演讲视频并小组讨论怎样做优秀的英语演讲。课后观摩更多的 TEDx 演讲视频及优秀演讲稿，组织小组调研讨论活动，讨论并完成小组报告。让学生通过亲身探究，做到有所感受，有所发现。第一次小组展示汇报调研结果后，再讨论，再修改，并汇总改进标准。根据全班汇总的《英语演讲量化标准》，撰稿、练习并小组比赛、班级比赛，并根据《英语演讲量化标准》自评、互评、修改、反思、总结。学生全员参与、融入情境、融入活动、融入研究中。在自主、合作、探究的过程中，学生也逐步学会质疑，学会评价，学会求同，学会补充，如此，渐渐就培养出了面对问题时用研究的思维去解决的习惯。

其次，本课程很好地达到了四性和育人功能。情境性：三位最终呈现的学生的演讲话题都与学生生活息息相关，体现了学生已自主融入观察日常生活中，融入演讲学习探索情境，融入情境当中来进行课程学习。活动性：本节课全员全程参与，完全深入融入英语演讲探索活动中进行探究，层层递进，环环相扣。研究性：《英语演讲量化标准》完全基于孩子们自己的分析、研究、相互探讨、相互学习得出，经过了小组、全班探讨，将自己之前观摩研究的缄默知识显性化再内化。很好地达到了研究性。学科性：学生很好地提升了语言能力、思维品质、学习能力和文化意识；达到了育人功能，比如在演讲中提升了思维品质中的逻辑性、创新性，在选题时体现了社会责任感，提升了文化意识等。

本课程很好地将技术与教育教学相融合：两次调研很好地运用问卷星，达到了 B1 和 B9：在开发课程前，用问卷星对参加比赛选手进行调研，确认了研究方向；在本节课用问卷星对汇报选手的演讲及自评进行调研评价。三次汇报，学生运用了 Word、PPT 等进行了展示和演示，用剪辑软件剪辑了小组活动、班级活动视频并展示，用黑板罗列每堂课学习活动和关键信息，呈现教学活动中学生的观点及反思提升中学生的想法，完成了 B3。

川大附中项目课程核心问题教学评价表

评价目标	评价指标				评价结果
	一级指标	二级指标	三级指标		
实现活动体验中的学习与发展	具有核心问题教学形态	核心问题利于活动体验	内含客观问题和学生活动方式	8	每项指标最高评8分
			问题情景与真实生活密切相关	8	
			能引发新知识、新方法的生成	8	
		教学目标价值引导恰当	两类目标正确全面	8	
			关联体验目标恰当	8	
			目标价值引导显现	8	
		教学环节完整合理落实	教学环节清晰完整	8	
			环节内容合理充实	7	合计 94 分
			学生活动时间充分	7	

续表

实现活动体验中的学习与发展	具有核心问题教学形态	教学要素相互匹配促进	问题目标环节两两匹配	8	
			技术促进活动形式内容	8	
			课程特点突出氛围浓郁	8	
	具有核心问题教学实质	拓宽学习视野	课程与现实世界有恰当关联		选择一个表现突出的二级指标，在相应三级指标的引导下，以现场学生表现为主要依据，以其余指标为背景，于本表的第二页写出 150 字以上的简要评价
			有基于缄默知识的问题解决		
			有缄默知识运用的追踪剖析		
		投入实践活动	有真实而且完整的实践活动		
			能够全身心地浸渍于活动中		
			活动的内容结果均丰富深入		
		感受意义关联	有核心问题的深层意义感受		
			有以知识为中心的关联感受		
			有以个人为中心的关联感受		
		自觉反思体验	有实质性反思活动的开展		
			有课程新因素的追踪利用		
			有体验的交流与改善重构		
		乐于对话分享	乐于自我表达与认真倾听		
			乐于合作中成果与思路的分享		
			有宽容的对话氛围和双向交流		
		认同体验评价	认可体验评价		
			参与体验评价		
			利用体验评价		

核心问题教学实质的简要评价

本课程在投入实践活动方面：有真实而且完整的实践活动；学生能够全身心地浸渍于活动中；活动的内容、结果均丰富深入。

首先，有真实而且完整的实践活动。

在课程实施过程中，让学生思考高质量演讲特点，学生观摩著名演讲视频并小组讨论怎样做优秀的英语演讲。课后观摩更多的 TEDx 演讲视频及优秀演讲稿，组织小组调研讨论活动，讨论并完成小组报告。让学生通过亲身探究，做到有所感受，有所发现。第一次小组展示汇报调研结果后，再讨论，再修改，并汇总改进标准。根据全班汇总的《英语演讲量化标准》，撰稿、练习并小组比赛、班级比赛，并根据《英语演讲量化标准》自评、互评、修改、反思、总结。学生全员参与、融入情境、融入活动、融入研究中。在自主、合作、探究的过程中，学生也逐步学会质疑，学会评价，学会求同，学会补充，如此，渐渐就培养出了学生面对问题时用研究的思维去解决的习惯。

其次，学生能全身心地浸渍于活动中。

本课程很好地达到了情境性，学生能全身心地浸渍于情境化活动中。三位最终呈现的学生的演讲话题都与学生生活息息相关，体现了学生已自主融入观察日常生活中，融入演讲学习探索情境，融入情境当中来进行课程学习。

最后，活动的内容、结果均丰富深入。

续表

核心问题教学实质的简要评价
本课程很好地达到了活动性：本节课全员全程参与，完全深入融入英语演讲探索活动中进行探究，层层递进，环环相扣。达到了研究性：《英语演讲量化标准》完全基于孩子们自己的分析、研究、相互探讨、相互学习得出，经过了小组、全班探讨，将自己之前观摩研究的缄默知识显性化再内化，很好地达到了研究性。达到了学科性：学生很好地提升了语言能力、思维品质、学习能力和文化意识。达到了育人功能：比如在演讲中提升了思维品质中的逻辑性、创新性，在选题时体现了社会责任感，提升了文化意识等

（三）反馈调整

我们根据各方面意见和建议反思总结研究并撰写研究报告，目的在于促进学生体验的顺利、深入和高效，使其更有利于学生在深度体验中的学习与发展，有利于研究素养的积淀和发展，有利于学校课程性质尤其是研究性的彰显。

川大附中项目课程体验性目标点检测表

基本信息	课程名称	英语演讲研习	课程类别	选修的学科课程
	首席教师	陈思竹	组/处	英语组
	参与教师	刘克轩	组/处	英语组
		李蕊攸	组/处	英语组
	年　　级	高二年级学生	上课时间	5 次 10 课时、常规选修学科课程时间
核心问题	研习经典演讲，探讨优质英语演讲特征，提炼其评价量规，撰写 TEDx 演讲稿、比赛并制作演讲视频，据此撰写研究报告			
课程目标	结果性目标	1.能梳理汇总出本课程的《英语演讲量化标准》； 2.能根据梳理出的《英语演讲量化标准》撰写演讲稿、准备并实施演讲； 3.能根据量化标准在小组 PK 和全班 PK 以及演讲汇报中，完成自评、他评并修改演讲稿、修订演讲行为； 4.能完成反思总结并撰写研究报告； 5.在选题时体现思想、时代、适用及新颖性；在撰稿时对应英语新课标关于英语演讲选修的最高要求，即词汇：使用地道、贴切的词汇，有效运用同、近、反义词及高阶词汇，正确理解和确切表达比较复杂的主题意义和观点；语法：恰当使用倒装、强调、虚拟等句式，达到强调或渲染气氛等效果；语篇：恰当使用逻辑衔接词组或句型、逻辑清晰、结构完整，恰当使用比喻、拟人、强调、夸张、对仗等修辞手法，达到更好的说服效果或与听众共鸣；语用：探索英美等国家的文化特征和思维方式，运用得体的语言体现多元思维；语言技能：理解和欣赏经典演讲、运用中外典故和有代表性的文化标志表达意义和态度，用与自己成长或与观众有关的故事深入人心地传递观点，感悟精神内涵并反思自己的人生成长；在展示演讲时，能在语音方面：运用恰当的重音、语调、节奏等比较连贯、清晰、准确地表达意义、意图和态度；能在演讲中站姿得体、合理运用动作、面部表情、眼神交流等；能应变突发情况；能在演讲 PPT 制作中注重系统性、逻辑性、简洁性、美观性		

续表

<table>
<tr><td></td><td>体验性目标</td><td colspan="3">1.在调研需求以及设计演讲的活动中，体验演讲在语音知识、词汇、语法、语篇、语用、语言技能这六个英语课程标准对于演讲选修所要求达到的设计维度之间的关联；
2.在观摩、研习 TEDx 视频集、TEDx 演讲稿集时，体验演讲语篇所承载的文化和价值观等具有深刻内涵的内容，使学生学会欣赏语言和多模态语篇的意义和美感，丰富生活经历，体验不同情感，树立正确的世界观、人生观和价值观；
3.在演讲汇报中，体验英语演讲与多元文化理解、跨文化交流之间的关联</td></tr>
<tr><td>检测点</td><td colspan="4">学生是否能提炼其评价量规，撰写 TEDx 演讲稿、比赛并制作演讲视频，据此撰写研究报告</td></tr>
<tr><td>检测任务</td><td colspan="4">撰写演讲稿并比赛</td></tr>
<tr><td rowspan="4">分类标准</td><td colspan="4">A.撰写演讲稿及比赛过程中 90%符合《英语演讲量化标准》</td></tr>
<tr><td colspan="4">B.撰写演讲稿及比赛过程中 70%符合《英语演讲量化标准》</td></tr>
<tr><td colspan="4">C.撰写演讲稿及比赛过程中 50%符合《英语演讲量化标准》</td></tr>
<tr><td colspan="4">D.撰写演讲稿及比赛过程中 50%以上不符合《英语演讲量化标准》</td></tr>
<tr><td rowspan="5">检测统计</td><td colspan="2">分类等级</td><td>学生人数（总人数 19 人）</td><td>所占百分比</td></tr>
<tr><td colspan="2">A</td><td>5</td><td>26.3%</td></tr>
<tr><td colspan="2">B</td><td>8</td><td>42.1%</td></tr>
<tr><td colspan="2">C</td><td>6</td><td>31.6%</td></tr>
<tr><td colspan="2">D</td><td>0</td><td>0</td></tr>
<tr><td>检测分析结果运用</td><td colspan="4">要达成本课程所设立的结果性和体验性目标，学生需要准确体验核心问题解决的全过程，能够了解英语演讲，并在个人总结小组讨论班级汇总的过程中较好地运用汇总出来的《英语演讲量化标准》，充分掌握本课程所归纳的《英语演讲量化标准》要点之后，才能准确地在评价反馈中，结合自己的缄默知识，体验到《英语演讲量化标准》的要点，完成撰写及比赛并进行自评、他评，再评价、再修改。
从整个课程的记录资料，可以检测出学生结果性目标的达成情况，进而从结果性目标的达成情况，了解学生体验性目标的达成度。其中，两项目标达成效果很好的学生有 13 位，达到了 68.4%。较好的有 6 位，达到了 31.6%。全员参与，没有较差同学</td></tr>
<tr><td>体验典型实例</td><td colspan="4">学生在两次调研（①开发课程前，用问卷星对参加比赛选手，确定了课程方向；②第四节课，用问卷星对汇报选手的演讲及自评进行调研评价。）、三次汇报（①第二节课的小组汇报——《英语演讲量化标准》；②第三节课的组组演讲 PK；③第四节课 3 名同学汇报演讲和王誉澂同学的课程汇报。）、三次研究报告撰写（第一节课的小组标准、第二节课的全班汇总标准、第五节课的课程研究报告）中都全员全程参与，每个同学都深度卷入，完成了整个课程。比如学生的初次《英语演讲量化标准》:</td></tr>
</table>

体验典型实例

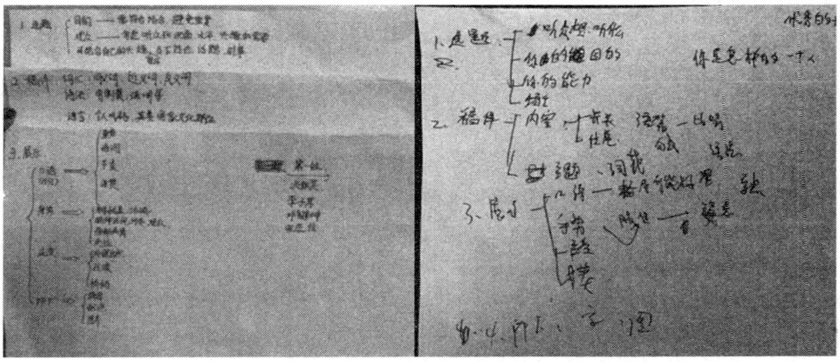

图 9-2　学生初次《英语演讲量化标准》撰写

比如学生的汇报 PPT：

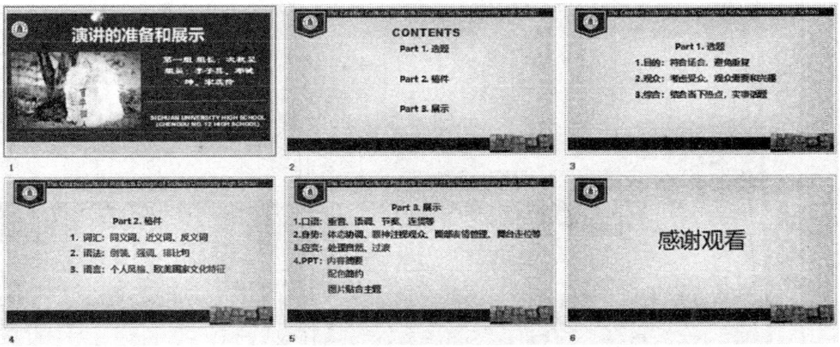

图 9-3　学生汇报 PPT

比如学生的数次比赛打分：

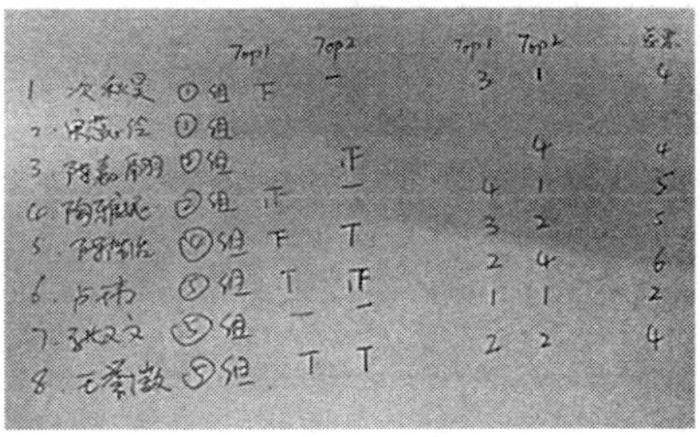

图 9-4　学生比赛打分

<table>
<tr>
<td></td>
<td>
比如学生的演讲稿及 PPT：

图 9-5 学生演讲稿及 PPT

还有学生所形成的调研报告：

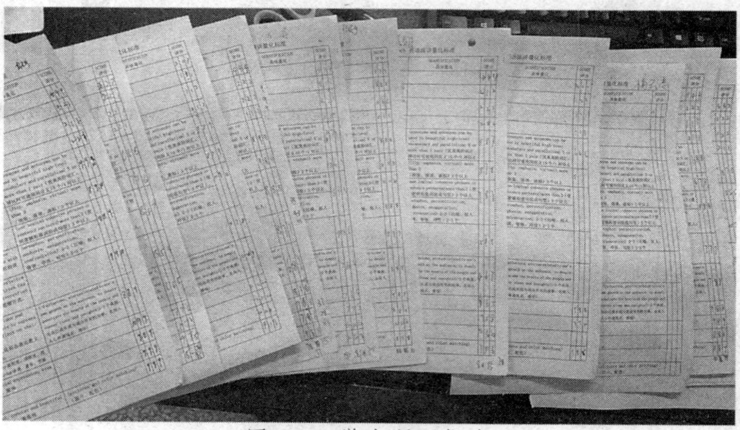

图 9-6 学生调研报告
</td>
</tr>
<tr>
<td>检测反馈</td>
<td>课后，我们收集课堂视频、师生评价表等，帮助各小组进一步优化演讲稿，反思现场比赛及汇报，仔细思考评委老师及学校课题组老师的建议，根据各方面意见和建议复盘学生表现，对三位同学很好地将之前观摩总结的马丁·路德·金等经典演讲中的技巧运用到自己汇报中进行再次肯定和进一步汇总，比如三位同学都使用了马丁·路德·金演讲中的经典排比，其中两位同学还很好地体现了杨澜演讲中的眼神交流、气势等</td>
</tr>
</table>

英语演讲研究报告

卢　玮 邓书予 张又文 王誉澂

一、研究背景

我校作为“培养-研究型”大学附中，学生长期受学校研究文化的熏陶，对于研究问题有热情，了解一些基本的科学研究方法，具备一定的发现问题、解决问题、反思提升、运用反馈的能力，具备一定的研究素养，能通过文献查阅等形式，综合运用相关知识开展课题研究，但学科方法和研究能力还待实践总结和提高。学生参与到“英语演讲研习”学科选修研究性课程中来，能在实践中提升研究能力并深度体验英语学科思维和英语学科方法，提升英语素养。

2020 年 12 月和 2021 年 3 月举办的“第 12 届地球村国际双语演讲活动”“第二届 TEDx 武侯区中小学生中外人文交流能力英语演讲活动”中，我们就利用问卷星对参与比赛的我校选手进行了“英语演讲研习课程的开发”的问卷调查，结果显示大部分学生希望能通过系统课程提升，研究演讲的特点、技巧等来提高演讲能力。学生愿意在演讲选修课中不断摸索、研究、总结并学以致用。课程开发小组结合学生的兴趣点并深入研读课标后，将课程名称确定为“英语演讲研习”。

二、研究目的

在选题时体现思想、时代、适用及新颖性。在撰稿时对应《普通高中英语课程标准（2017 年版 2020 年修订）》对于英语演讲选修的最高要求，即词汇：使用地道、贴切的词汇，有效运用同、近、反义词及高阶词汇，正确理解和确切表达比较复杂的主题意义和观点；语法：恰当使用倒装、强调、虚拟等句式，达到强调或渲染气氛等效果；语篇：恰当使用逻辑衔接词组或句型、逻辑清晰、结构完整，恰当使用比喻、拟人、强调、夸张、对仗等修辞手段，达到更好的说服效果或与听众共鸣；语用：探索英美等国家的文化特征和思维方式，运用得体的语言体现多元思维；语言技能：理解和欣赏经典演讲、运用中外典故和有代表性的文化标志表达意义和态度，用与自己成长或与观众有关的故事去深入人心传递观点，感悟精神内涵并反思自己的人生成长；在展示演讲时能在语音方面：运用恰当的重音、语调、节奏等比较连贯、清晰、准确地表达意义、意图和态度；能在演讲中站姿得体、合理运用动作、面部表情、眼神交流等；能应变突发情况；能在演讲 PPT 制作中注重系统性、逻辑性、简洁性、美观性。在演讲汇报中，体验英语演讲与多元文化理解、跨文化交流之间的关联：①研究高质量的英语演讲标准；②如何撰写演讲稿？③演讲应该注意什么？如何演讲？④如何撰写演讲报告？

三、研究活动设计

（一）研究活动日程表

表 9-1 研究活动日程表

时间	事项
10 月 13 日—10 月 25 日	思考、欣赏、比较中外经典英语演讲，讨论、思考高质量的英语演讲标准，观看历届 TEDx 的视频，搜集资料完成小组的第一次报告
10 月 26 日—11 月 9 日	分组展示本小组的研究成果，讨论并修改汇报 PPT，汇总出全班的量化标准，并以此撰写个人演讲稿、小组内 PK、手机录制汇报视频
11 月 10 日—11 月 23 日	全班 PK 并投票，根据量化标准修改演讲稿、制作汇报课件、手机录制剪辑演讲视频
11 月 24 日—12 月 7 日	汇报课件并播放各组剪辑视频；汇报演讲；自评、互评并用问卷星投票；反思总结
12 月 8 日—12 月 14 日	记录写实，整理资料，撰写研究报告

注：该表省略人员一栏。

（二）研究过程

1.英语演讲标准

根据英语演讲需要注意的方面（小组第一次讨论标准），演讲的选题应该积极向上，符合社会主义核心价值观；紧跟实事，符合事实；少重复（反向思维：先将能想到的内容都写下来，再排除比较普遍性的话题，从中选最优）。对演讲稿的规定：在结构方面，采用总—分—总、总—分结构；在主题方面，紧扣主题，最好做到多次点题；在词汇方面，多使用高级词汇（高阶词汇、同义词、反义词）；在语法方面，句式多样（倒装句、排比句、强调句、虚拟语气）；在语篇方面，逻辑清晰；在结构方面：结构完整；在修辞使用上，适当使用比喻、拟人、强调、夸张、对仗等修辞手法，可以适当采用一些外国的谚语或独特的语法或单词；并恰当地运用中外典故。对演讲展示的要求：在身势方面，要求站姿端正大方；在动作方面，在形容一件事时，可以运用一些动作来表达，仔细观察周围人叙述事情的方式，同时注意面部表情和眼神的互动；在应变能力方面，气氛活跃时可以停顿一会儿再讲，冷场时可以讲个笑话，灵活化解尴尬；在 PPT 方面，数据清晰，具有简洁性、美观性（注意图片、颜色等的协调一致）。

第一次授课全班讨论出的演讲标准如下：

核心问题：研习经典演讲，探讨优质英语演讲特征，提炼其评价量规，撰写 TEDx 演讲稿，比赛并制作演讲视频，据此撰写研究报告。

Evaluation:

Select topic 选题 10 分	思想性	4 分	
	时代性	2 分	
	适用性	2 分	
	新颖性	2 分	
Write articles 撰稿 50 分	词汇	10 分	地道、贴切的高级词汇，正反义 5 个/1 对
	语法	10 分	恰当倒装、强调、虚拟 3 个
	语篇	10 分	逻辑衔接词、句 3 个，修辞 2~3 个
	语用	10 分	得体体现多元思维
	语言技能	10 分	1~2 个中外典故、与己/观众有关、反思成长
Display 展示 40 分	语音方面	10 分	流利 清晰 准确 语调 重音 节奏
	身势	10 分	站姿 动作 面部表情 眼神
	应变	10 分	
	PPT	10 分	系统性、逻辑性、简洁性、美观性

最终演讲标准如下：

表 9-2 Quantitative Criteria of English Speech 英语演讲量化标准

TYPE 类别	CONTENT 内容	CRITERIA 要求	QUANTIFICATION 具体量化	SCORE 评分
Select topic 选题（10 分）	Ideological 思想性（4 分）	The theme is bright and positive. 主题鲜明、积极向上		
	Timeliness 时代性（2 分）	Appropriate combination of current events 恰当结合时事		
	Applicability 适用性（2 分）	Meet the occasion and meet the interests and needs of the audience 符合场合、适宜观众兴趣及需要		
	Novelty 新颖性（2 分）	Less repetition 少重复		
Write articles 撰稿（50 分）	Lexical Aspect 词汇方面（10 分）	Use authentic and appropriate words to accurately express the meaning and views of the topic 使用地道、贴切的词汇，确切表达主题意义和观点	(synonyms and antonyms can be used in beautiful high-level vocabulary and parallelism.) 5 or more than 1 pair(优美高阶词汇、排比时可使用同反义 5 个/1 对以上)	

续表

	Grammar 语法方面 （10分）	Sentence patterns are used properly to emphasize or exaggerate the atmosphere. 句式使用恰当，达到强调或渲染气氛等效果	(flip, emphasis, virtual) more than 3 （倒装、强调、虚拟）3个以上			
	Discourse Aspect 语篇方面 （10分）	Clear logic and complete structure 逻辑清晰、结构完整	Use logical cohesive phrases or sentence patterns more than 3（使用逻辑衔接词组或句型3个以上）			
		Use rhetoric appropriately and achieve better persuasive effect, or resonate with the audience 修辞使用恰当，并达到更好的说服效果，或与听众产生共鸣	2~3 metaphor, personification, emphasis, exaggeration, confrontation 比喻、拟人、强调、夸张、对仗 2-3 个			
	Pragmatic Aspect 语用方面 （10分）	Be in line with the cultural characteristics and thinking mode of European countries. Use appropriate language to reflect diversified thinking 符合英美等国文化特征和思维方式，运用得体语言体现多元思维				
	Language Skills 语言技能方面 （10分）	Use Chinese and foreign allusions and representative cultural symbols to express meaning and attitude and reflect on their own life growth 运用中外典故和有代表性的文化标志表达意义和态度、反思自己的人生成长	1~2 allusions, stories related to one's own growth or the audience, to deeply penetrate the hearts of the people and convey views and insights 1~2 个典故，与自己成长或与观众有关的故事，深入人心传递观点、感悟			
Display 展示 40 分	Phonetics 语音方面 （10分）	Fluency, clarity and accuracy 流利度、清晰度、准确度 Intonation, stress, rhythm 语调、重音、节奏				
	Posture 身势（10分）	Standing, movement, facial expression, eyes 站姿、动作、面部表情、眼神				
	Reaction 应变（10分）	Emergency 突发情况				
	PPT（10分）	Systematic, logical, concise and beautiful 系统性、逻辑性、简洁性、美观性	Pictures and color matching 图片、配色			

2.小组优秀演讲稿（稿件内容摘取）

Ideological （思想性）:

Respect those who actively strive for the motherland.

致敬那些为祖国而奋斗的人民

The times（时代性）:

To celebrate the 100 anniversary of CPC.

为了庆祝中国共产党的百年华诞

Applicability（实用性）:

Meet the interests and needs of the audience—to know the changes of our country.

满足观众的兴趣和需求——知道国家的改变

Novelty（新颖性）:

Less repetition 少重复

Writing（写作）:

Lexical aspect（词汇方面）:

Use authentic and appropriate words such as “high-frequency velocity”“firm belief”.

使用真实和恰当的词，例如“高速”“坚定地信念”。

Grammatical aspect（语法方面）:

Parallelism sentence（排比）:

One hundred years ago...

Emphasis（强调）:

Our lives do change a lot.

我们的生活的确改变了很多。

Flip（倒装）:

Not only...but also...　不仅……而且……

Language skills:

As a saying goes: “Recall into active duty.”

正如谚语所说：“若有战，召必回。”

On display（展示）:

Phonetic knowledge（语音知识方面）:

Fluency, clarity and accuracy

流利度、清晰度、准确度

Intonation, stress, rhythm

语调、重音、节奏

PPT（幻灯片）:

Systematic, logical, concise and beautiful

系统性、逻辑性、简洁性、美观性

Posture（身姿）:

Standing posture, movement，facial expression, eyes

站姿、动作、面部表情、眼神

3.小组演讲问题

演讲要有头有尾，演讲的结尾要记得告诉评委，演讲结束了。演讲稿措辞要尽可能口语化，内容要尽可能通俗易懂，避免过多地化用文言文形式的句子。说的是化用！不是说引用！可以适当引用文言文来论证自己的观点。内容之间要有衔接，不能像议论文一样，每段开头只用相似的句式，没有运用衔接词。另外，可以使用更多对比、引用外国典故、补充事例等方法使演讲内容更能够说服听众。

四、研究成果展示（学生演讲稿）

Change to make a better country

Everything is changing, and the only thing that never changes is change itself.

Look at these pictures. One hundred years ago, people's lives were threatened. One hundred years ago, people's mind were not enlighten. The poor even can't have the quality to study. One hundred years ago, our country was invaded.

But now, we lie on the sofa, watching TV, eating snacks, without being scared of our safety. Now, we study in the classroom, learning knowledge as we wish, without worrying about money. We live in the era of information explosion, when we process a lot of information with high-frequency velocity. Compared to the last era, it was our fortune to be born in such an age, such country. Our lives do change a lot. But why do our country have this kind of change?

You can find out the answers from these pictures. During the period of epidemic. Immediate actions were taken at once to prevent the spread of virus. We empty this city in order to free this city.

Besides, our governments made great effort to address the poverty. And by the end of 2020, it has been solved. Many family benefits a lot from this policy. Such as strengthening the education foundation, improving the education system, so that the education level in poverty can reach the national average level.

Not only do the governments lead our country to a better future, but also the new generation of Chinese young people are striving for us.

At the front line of epidemic, medical staff make out their energy to fight against the virus and save patients' life. At the border of our country, there are many brave soldiers with firm belief to our land. As a saying goes: "Recall into active duty." Of course, scientists do have a great impact on our country. Without Yuan Longping, can't have enough food today.

What can we teenager do? Although what we can do is limited, we can do every little things to the extreme. We can help the old when we need help, we can bring with us plastics bags in case there's a rubbish. What's the most, we can study to contribute to the society in the future.

五、研究反思及感想

同学一自我评价：在此次课程中我克服了自我怀疑、自我否定和自我批评，勇于发言，勇于给出自己的演讲，自信是我在此次课程中最大的收获。同时，我在学习中，我的演讲水平也有了提高，课程中的 TEDx 演讲视频观赏，对身势、发音、吸引力的练习都让我受益匪浅，在和同学们积极交流讨论后，我改正了我原有的如站姿问题和 PPT 繁杂问题，有了进一步的提高，我非常有幸参加此次选修课。

同学二自我评价：在这几节学科选修课中，我收获颇丰。在此之前，我是一个胆小懦弱、从来不敢在他人面前极力展示自我的人。如今，我学会了如何在演讲时落落大方，吐字清晰地表现自我，超越自我。更值得一提的是，我也学会了如何撰写演讲稿——在写演讲稿时尽量使用较多的华丽辞藻，排比句、比喻句等句式的使用也尤为重要。当然，语法的正确使用也是不可或缺的。同时也要注意语音语调、身势眼神等。不仅如此，在个人思考的基础上，我们还进行了组内讨论，确定出英语演讲标准以及制定方案，群策群力。

同学三自我评价：在英语演讲研习课程中，我了解并欣赏了英语高质量演讲。我知道了如何做英语高质量演讲。在一系列演讲视频中，如 TEDx 演讲，我逐渐学习了演讲技巧，如：题目的选择性、内容的吸引性、身势、发音等。我在小组内进行 PK 并录制了演讲视频。在同学们的积极反馈后，我对我的演讲进行了反思并做出了总结。在最后的英语演讲汇报中，我对本学期的学习内容进行了总结，并再一次做了英语演讲。

同学四自我评价：在第一节课欣赏了中外经典演讲后，对怎么去呈现一个好的演讲有了更清楚的认知，明白了演讲时应有怎样的语言、身势、眼神等。在课后，对高质量的英语演讲标准进行了思考，并做了第一次报告。在第二次课进行了汇报，并以“改变”为主题，撰写了演讲稿。在撰写演讲稿中，深刻地思考了“改变”的主题，后延展开来各个分论点。在这次的演讲中，我认为自己没有将个人的情感展现得十分彻底，语音语调等需要加强。之后在公开课中，参与演讲的同学也进行了个人的演讲，从他们每个人的演讲中，我获得了一定的启发，即：在一个公开场合，要将自己的观点完整地展现出来，首先需要准备充分，然后一定要有个人自信，通过语言的轻重，结合情感表达来展现。在同学演讲结束后，我对演讲同学进行评价，以演讲标准为蓝本，对演讲同学的主题、语言流利度以及身势进行了优缺点的阐释。在本次选修课中，我收获颇多，提升了个人演讲能力并获得了锻炼。

英文经典歌曲赏析与配词创作分享与展示

川大附中项目课程开发实施规划纲要

课程首席教师：刘芸利（英语组）

课程参与教师：陈　吁（英语组）　周　欣（英语组）

<table>
<tr><td>课程名称</td><td colspan="8">英文经典歌曲赏析与配词创作</td></tr>
<tr><td>课程类型
（勾选）</td><td></td><td>必修的综
合实践活
动课程</td><td></td><td>必修的
劳动课程</td><td></td><td>选修的
学科课程</td><td>√</td><td>选修的
校本课程</td></tr>
<tr><td>实施对象</td><td colspan="3">高一</td><td colspan="2">建议选课
学生人数</td><td colspan="3">20</td></tr>
<tr><td>课程课时及
上课时段</td><td colspan="8">星期二 下午第三四节课</td></tr>
<tr><td>课程背景</td><td colspan="8">1.学生背景：　高一学生自觉性和坚持性略差，词汇量有限，听说能力还有待提高，不太了解西方文化。但是，学生对学习英文歌曲兴趣浓厚，英文歌曲能让学生在体验韵律美的同时培养语感，提高听说能力，有助于拓展词汇量，了解西方文化知识等。
2.资源背景（含技术融合）：语言是文化的载体，英语学习不仅是语言的学习，更是一种文化体验，而音乐是最能够展示文化的形式之一。不同时期的歌曲能很好地反映那个时代的特征，是对当时流行文化最好的诠释，能反映当时人们的价值观、社会经济状况等。因此，赏析音乐歌曲对语言文化学习是很有帮助的。英语教学如果远离了文化内涵，只是一味地灌输给学生词汇、语法、句式，那么英语教学将是浅薄的、流于形式的。为了丰富高中校园文化生活，满足广大学生对西方文化知识的渴求，设置“英文经典歌曲赏析与创作”这门课程是很有必要的。
3.技术融合：（1）运用问卷星：“英文经典歌曲赏析与配词”的问卷调查；
（2）使用网络、mv 等：赏析、研讨英文经典歌词、创作背景等知识；
（3）摄像机或手机、剪辑软件：录制、剪辑歌曲及汇报；
（4）Word 及 PPT：创作英文歌词及撰写研究报告、总结</td></tr>
<tr><td>课程内容
（核心问
题）</td><td colspan="8">研习经典英文歌曲，探讨英文歌曲配词创作要素与技巧，围绕校园生活主题，选择曲调，为其配词并演唱，撰写研习创作小论文。
问题：1.如何赏析经典英文歌曲？
2.英文歌曲配词创作有哪些要素与技巧？
活动：研习经典歌词；探讨配词创作技巧与要素；选择曲调，进行配词、演唱，录制演奏视频；撰写研习小论文</td></tr>
</table>

续表

<table>
<tr><td>课程目标</td><td colspan="6">1.结果性目标：
（1）通过赏析经典英文歌曲，了解歌曲的创作背景，能更好地了解西方文化，提高音乐鉴赏能力，提高人文素养和跨国文化意识；
（2）通过视听练习，能逐步在轻松愉快的氛围中提高听说技能，增强语感，提高英语综合能力；
（3）通过研习经典英文歌曲，能学习相关音乐词汇，掌握配词技巧，配词并演唱英文歌曲；
（4）能自评、他评并修改英文歌词，完成反思总结并撰写研究报告。
2.体验性目标：
（1）在赏析、研习经典英文歌曲的活动中，体验中西方文化、习俗的差异；
（2）在演唱英文歌的活动中，体验英文在思想和情感表达中的魅力。
（3）在探讨配词技巧的活动中，体验配词创作与语音知识、词汇、语法、语篇、语用、语言技能六个《普通高中英语课程标准（2017 年版 2020 年修订）》对于写作的要求之间的关联</td></tr>
<tr><td rowspan="3">课次计划</td><td>课次</td><td>主题</td><td>研究环节</td><td>学生活动</td><td>课前课后任务</td><td>活动地点及技术融入</td></tr>
<tr><td>1</td><td>提出问题</td><td>1.发现问题；
2.组建团队；
3.提出问题</td><td>提出问题：如何赏析英文歌曲？是否创作过英文歌词？英文歌曲配词创作的要素与技巧是什么？引导学生思考、讨论；
2.赏析英文经典歌曲；
3.提出核心问题任务，即：研习经典英文歌曲，探讨英文歌词配词要素与技巧，选择曲调，为其配词并演唱，撰写研习创作小论文；
4.分组并明确分工</td><td>搜集课程资料，赏析英文经典歌曲，根据小组要求有目的地收集整理；
初步撰写本组关于赏析英文歌曲的思考；
做好过程性记录</td><td>地点：教室
技术融合：1.多媒体引入，提出核心问题，并明确课程任务；
2.播放歌曲MV，引导学生欣赏英文歌曲</td></tr>
<tr><td>2</td><td>解决问题</td><td>搜集信息，制定解决方案</td><td>1.小组成员查阅资料，研习英语新课标，充分研讨：英文歌曲配词创作的要素与技巧是什么？
2.分组讨论并展示本小组的研究成果——《英文歌曲配词创作要素与技巧》；
3.小组讨论，汇总出《英文歌曲配词创作要素与技巧》；</td><td>查阅资料；
分组研讨、展示、互评、修改；
做好过程性记录；
研究并整理《英文歌曲配词的要素与技巧》成果；
选择歌曲并进行配词创作</td><td>地点：机房
技术融合：
1. PPT 撰写本组汇报课件，汇总全班《英文歌曲配词的要素与技巧》；</td></tr>
</table>

续表

课次计划	2	解决问题	搜集信息，制定解决方案	4. 确定创作主题——校园生活，可涉及：友谊、梦想、迷茫、学习等； 5. 小组成员选择一首歌曲，并进行歌曲配词		2. Word撰写歌曲
	3	解决问题	实施方案并修改	1. 各小组进行PK，讲述各自的创作过程、背景、技巧等，并按照《英文歌曲配词创作的要素与技巧》互评，选出代表在第四节课进行展示分享； 2. 小组评论、修改歌词，小组代表整理创作过程、背景、主题、创作技巧等，并制作成汇报PPT	1.进行作词，自评、互评并修改； 2. 整理分析评价	地点：机房 技术融合： 1. PPT撰写本组汇报课件，汇总全班《英文歌曲配词的要素与技巧》； 2. Word撰写修改歌曲
	4	解决问题	实施研究，自评互评	1. 回顾研究过程； 2. 学生代表演唱歌曲； 3. 学生代表讲述创作灵感、创作过程、主题、创作技巧等； 4. 通过自评、师生他评的方式对演唱及歌曲进行评价，修改歌词，用问卷星投票选出更喜欢的歌曲并展示评价报告； 5. 反思总结，为撰写研究报告作准备	整理评价，反思研讨、修改汇报成果	地点：科技楼六楼 技术融合： 1. PPT引入及回顾研究过程； 2. PPT播放汇报课件； 3. 播放视频伴奏； 4. 问卷星投票评价
	5	反思提升	整理资料，反思研讨，撰写报告	1. 整理资料，完成调研、整理、修改等过程梳理； 2. 反思研讨，修改歌词及PPT； 3. 撰写研究报告	搜集和整理课程资料，做好过程记录，撰写研究报告，整理成资源包	地点：教室 技术融合：用Word撰写研究报告
学生作品	1. 小组歌曲配词研究汇报PPT；2.小组研究视频汇报；3. 汇报学生英文歌词PPT；4. 研究报告					

续表

评价方式	师生填写评价量表，对学生的成果进行评价； 2. 生生互评，对其他组的成果进行评价； 3. 教师评价，包括对小组的评价、对选修课的评价； 4. 川大附中项目课程核心问题教学评价表； 5. 川大附中项目课程体验性目标点检测表
安全保障	校内活动安全保障
条件保障	课程开发组外部保障：1.能播放和制作 PPT 的多媒体教室；2. 能上网查阅资料的电脑 课程开发组内部保障：1. 视频资料 ；2. 学生作品材料准备
开发次第	首次开发
课程审批	1.课程教学处： 签 章 年 月 日 2.学生发展处： 签 章 年 月 日

英文经典歌曲赏析与配词创作分享与展示

课程首席教师：刘芸利

课程参与教师：陈　吁（英语组）　周　欣（英语组）

一、教学设计分析

（一）教学内容分析

1. 课程内容

本次课为川大附中英语学科选修课课程之一“经典英文歌曲赏析与配词创作”的第四次课。本门课程共有五次课。第一次课提出问题，组建团队分工，明确课程核心任务，赏析经典英文歌曲。第二次课查阅资料，研习《普通高中英语课程标准（2017年版2020年修订）》，研讨并汇总英文歌曲配词创作的要素与技巧。同时，确定创作主题——校园生活，可涉及友谊、梦想、成长、学习等，最后选择一首曲调，进行歌词配词创作。第三次课，在组内选拔，讲述各自的创作灵感、创作过程、要素与技巧等，选出代表参加第四节误的英文歌曲表演，并进行自评与互评，修改参赛歌词。第四次课为成果分享交流，学生演唱自创歌词的歌曲，随后生生互评、师生评价。第五次课，反思提升。反思研讨，修改歌词及PPT，进一步完善英文歌曲配词要素与技巧，撰写研习小论文。

2. 课程活动

本门课程包括三次调研，一次在第二次课，用问卷星进行调研，确定创作主题——校园生活，涉及友谊、梦想等话题。一次在第三次课，用问卷星选择代表参加第四次课的歌曲演唱。最后一次在第四次课，用问卷星对歌曲进行调研评价，选出更喜爱的歌曲。

本门课程包括三次汇报：第二次课小组展示汇报第一次调研结果，确定创作主题；第三次课进行组组选泼，选出3名同学汇报；第四次课小组汇报、演唱。

3. 本课内容

本次课为分享交流课。首先回顾研究过程，学生演唱歌曲，学生代表自评创作过程、要素和创作技巧等。投票选出更喜欢的歌曲并进行互评。最后反思总结，为撰写研究报告作准备。通过本节课的学习，在探讨配词技巧活动中，体验配词创作与语音知识、词汇、语法、语篇、语用、语言技能六个英语课程标准对于写作的要求之间的关联；在演唱英文歌曲的活动中，学生能体验英文在思想和情感表达中的魅力。

（二）学生分析

1. 研究兴趣

高一学生自觉性和坚持性略差，词汇量有限，听说能力还有待提高。但是，学生对学习英文歌曲兴趣浓厚，英文歌曲能让学生在体验韵律美的同时培养语感，提高听说能力，有助于拓展学生的词汇量，使其了解西方文化知识等。

2. 研究素养

作为“培养—研究型”大学附中，我校学生长期受到学校研究文化氛围的熏陶，对于研究充满热情，具有一定的研究素养，了解一些基础的研究方法，比如：调研、采访、文献查阅等，能运用相关知识展开课题研究。

3. 知识储备

本门课的学生，具有较为完备的知识体系，有丰富的乐曲知识。

（三）目标分析

1. 结果性目标

（1）能自评、他评英文歌曲的配词和演唱。

（2）能归纳完善英文歌曲配词的要素与技巧。

2. 体验性目标

（1）在探讨配词技巧活动中，体验配词创作与语音知识、词汇、语法、语篇、语用、语言技能六个英语课程标准对于写作的要求之间的关联。

（2）在演唱英文歌的活动中，体验英文在思想和情感表达中的魅力。

（四）资源分析

本次课为室内的展示分享课，所用主要教学资源如下：

教学资源	选用意图	内容来源
多媒体课件（PPT）	用以展示图片，在“提出问题”“学生活动”时适当辅助	教学内容相关信息
问卷星	投票评价	测评软件
黑板	罗列本堂课的学习活动和关键信息，呈现教学活动中学生的观点及反思提升中学生的想法	教学相关信息，学生回答及学生表现、评价等

（五）主题分析

按课程规划纲要的课次规划，基于前几次课的教学安排和学生的学情，将本次课的活动主题确定为研究成果的展示交流。

二、教学实施设计

（一）教学环节

环节	学生活动	教师活动	设计意图	活动地点及技术融入
提出问题（5分钟）	1. 回顾整个课程； 2. 学生代表汇报前三次课程内容、师生研究过程及成果，展示《英文歌曲配词创作要素与技巧》	1. 引导学生回顾整个课程安排； 2. 引导学生回顾整个研究过程	1. 引出本节课任务； 2. 前三次课学生赏析经典歌曲，研究、探讨英文歌曲配词技巧及要素； 3. 学生进行成果分享，汇报	PPT
展示交流（25分钟）	1. 学生代表分享创作灵感来源、创作主题、选曲原因、表达的情感、创作过程及配词创作要素与技巧等； 2. 学生分组演唱歌曲	1. 引导学生演唱英文歌； 2. 引导学生进行创作分享； 3. 进行点评	学生根据汇报内容检查自己及他人的演唱和配词是否满足研究评价标准	PPT及视频剪辑
评价总结（10分钟）	1. 小组讨论，选出更喜欢的歌曲，派代表说明投票原因，并对本组和其他小组进行评价； 2. 在评价活动中，反思运用提升配词创作技巧与要素，为第五节课的撰写研究报告作准备	1. 引导学生互评，并对学生的评价进行点评、总结，请其他老师点评； 2. 展示投票结果并鼓励学生	1. 学生进行成果汇报、展示，并运用缄默知识及整个课程所学知识自评和互评，完成本次课的任务； 2. 通过投票选择最喜爱歌手和歌曲活动，肯定学生的成果和努力。同时，激励学生自主及继续学习； 3. 在评价活动中，学生将对语言文字的感知力显性化，培养学生解决问题的能力，促进其语言运用能力的提升	PPT及问卷星

（二）评价预设

1. 提出问题环节

回顾之前的研究过程时，学生能快速地调动其配词要素和技巧等知识储备，为本次课的学习任务搭好脚手架。

2. 学生展示交流环节

学生代表分享创作灵感来源、创作主题、选曲原因、表达的情感、创作过程及配词创作要素与技巧等，需要老师对其评价的准确性和完整性进行引导。

3. 评价总结环节

引导学生小结在英文歌词中运用到了哪些配词技巧和要素。大部分学生应该能说到之前总结出的要素和技巧，但也有可能会在课堂上、新的情景中生成新的想法，老师应鼓励其各抒己见，并对其创造性思维、逻辑性、合理性进行评价。

在点评各组的表演，对优秀小组和个人进行表扬时，老师应充分肯定同学们取得的进步，促进其英语语言能力的提高，使其能学以致用。

4. 课后完善环节

进一步完善英文配词要素与技巧， 小组制作成果汇报 PPT。

（三）板书设计

Music Appreciation and Lyric Writing

课程核心问题：研习经典英文歌曲，探讨英文歌曲配词创作要素与技巧，围绕校园生活主题，选择曲调，为其配词并演唱，撰写研习创作小论文。

	Evaluation
Group 1	Group 2
Theme	The theme is school life.
Emotion	resonate with the audience;genuine
Tune	harmonious rhythm,haunting,touching
Writing	clear logic,use authentic and appropriate words
Performance	posture,facial expression,eye contact,interaction
Consistency	Emotion and tune should be consistent with the theme

（四）教学流程

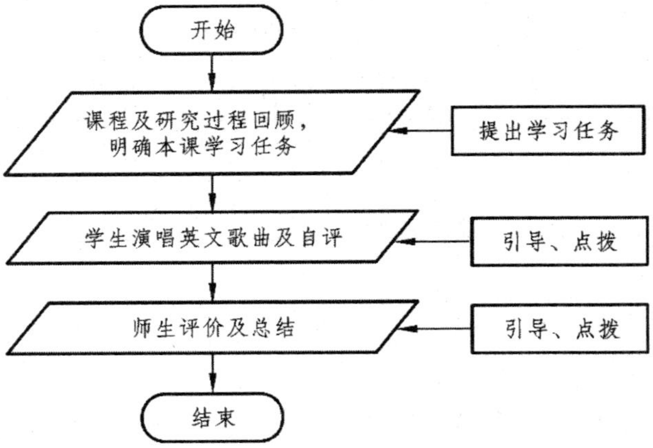

图 10-1 “英文经典歌曲赏析与配词创作”教学流程图

三、教后评价设计

（一）信息搜集

学生研习英语新课标，查阅资料，归纳总结出《英文歌曲配词创作的要素与技巧量表》。在第四节课进行歌曲演唱、分享、评价后，更深入了解配词创作的技巧和要素，并在第五节课，撰写小论文、自评、互评，并收齐了各个小组基于《配词创作的技巧和要素量表》对小论文的评价，以及在指导老师的建议下进一步优化后的小论文。

（二）自我评价

学生在本门课的研习过程中，在提升语言能力的同时，更探索了中美文化与思维方式的差异，体验到音韵之美、语言的魅力。此课程很好地彰显了本课程的研究性、活动性、情景性和学科性，并达到了育人功能。第四节课上，三名学生在本课中进行歌曲的演唱，精彩纷呈。在演唱过程中，他们通过肢体语言、表情、歌曲演唱表达了情感与思想，充分体验到英文在思想和情感表达中的魅力。其他同学也沉浸其中，达到了育人的作用。但是个别同学因为英语基础薄弱，无法理解到歌词的含义，因此无法与其产生共鸣。

川大附中项目课程核心问题教学评价表

<table>
<tr><th rowspan="2">评价目标</th><th colspan="3">评价指标</th><th colspan="2" rowspan="2">评价结果</th></tr>
<tr><th>一级指标</th><th>二级指标</th><th>三级指标</th></tr>
<tr><td rowspan="6">实现活动体验中的学习与发展</td><td rowspan="6">具有核心问题教学形态</td><td rowspan="3">核心问题利于活动体验</td><td>内含客观问题和学生活动方式</td><td>8</td><td rowspan="11">每项指标最高评8分</td></tr>
<tr><td>问题情景与真实生活密切相关</td><td>8</td></tr>
<tr><td>能引发新知识、新方法的生成</td><td>7</td></tr>
<tr><td rowspan="3">教学目标价值引导恰当</td><td>两类目标正确全面</td><td>7</td></tr>
<tr><td>关联体验目标恰当</td><td>7</td></tr>
<tr><td>目标价值引导显现</td><td>8</td></tr>
<tr><td rowspan="6">实现活动体验中的学习与发展</td><td rowspan="6">具有核心问题教学形态</td><td rowspan="3">教学环节完整合理落实</td><td>教学环节清晰完整</td><td>7</td></tr>
<tr><td>环节内容合理充实</td><td>7</td></tr>
<tr><td>学生活动时间充分</td><td>8</td></tr>
<tr><td rowspan="3">教学要素相互匹配促进</td><td>问题目标环节两两匹配</td><td>8</td></tr>
<tr><td>技术促进活动形式内容</td><td>7</td></tr>
<tr><td>课程特点突出氛围浓郁</td><td>8</td><td>合计 90 分</td></tr>
</table>

续表

评价目标	评价指标			评价结果
	一级指标	二级指标	三级指标	
	具有核心问题教学实质	拓宽学习视野	课程与现实世界有恰当关联	选择一个表现突出的二级指标，在相应三级指标的引导下，以现场学生表现为主要依据，以其余指标为背景，于本表的第二页写出150字以上的简要评价
			有基于缄默知识的问题解决	
			有缄默知识运用的追踪剖析	
		投入实践活动	有真实而且完整的实践活动	
			能够全身心地浸渍于活动中	
			活动的内容结果均丰富深入	
		感受意义关联	有核心问题的深层意义感受	
			有以知识为中心的关联感受	
			有以个人为中心的关联感受	
		自觉反思体验	有实质性反思活动的开展	
			有课程新因素的追踪利用	
			有体验的交流与改善重构	
		乐于对话分享	乐于自我表达与认真倾听	
			乐于合作中成果与思路的分享	
			有宽容的对话氛围和双向交流	
		认同体验评价	认可体验评价	
			参与体验评价	
			利用体验评价	

核心问题教学实质的简要评价

本门课程为“英文经典歌曲赏析与配词创作”，共有五次课。第一次课提出问题，组建团队分工，明确课程核心任务，赏析经典英文歌曲。第二次课查阅资料，研讨并汇总英文歌曲配词的要素和技巧。同时，确定创作主题——校园生活，可涉及友谊、学习等。最后选择一首歌曲，课后进行歌词配词创作。第三次课，在组内选拔，讲述各自的创作过程、背景、要素与技巧等，选出代表参加第四节课的英文歌曲大赛，并进行自评与互评，修改参赛歌词。第五次课，反思提升。反思研讨，修改歌词及PPT，进一步完善英文歌曲配词要素与技巧，撰写研习小论文。本次课是这门课程的第四次课，基于前几次课的教学安排和学生的学情，将本次课的活动主题确定为研究成果的展示交流。在课堂中进行成果分享交流，学生演唱自创歌词的歌曲，随后生生互评、师生评价。

续表

核心问题教学实质的简要评价
大部分同学都是因为对英文歌曲有浓厚兴趣才选择本门课程，因此多数同学是愿意在课堂上自我表达的，渴望唱英文歌曲，表达自己的情感，也乐于倾听，欣赏英文歌曲，身心均沉浸其中。比如三位进行歌曲演唱的同学，通过肢体语言、面部表情、语音语调、歌曲旋律等很完美地用歌曲表达了自己的情感，引发听众共鸣。三位学生的表演让学生们学会欣赏语言的意义和美感，同时表达自己的情感，实现了很好的育人功能。第三位进行 PPT 分享的同学，表现自如，脱稿，很有自我风格与个性，在他的分享中，让学生们体验到了英文歌曲与跨文化交流之间的关联。第一位回顾课程研究过程的同学，分享了学生成果《英文歌曲配词创作的要素与技巧量表》，体现了本门课的探索性、研究性、活动性等，也表现出学生乐于倾听与表达。 但是部分同学的英语听说能力较差，基础薄弱，不太能听懂英文歌曲中的一些词句，因此其中有些学生上课容易走神，也无法用英语进行流畅的表达。比如，上课时有些学生没能与歌手产生共鸣，只关注视频配音。第二位进行 PPT 分享的同学，因为有些紧张或准备不够充分，可能不太乐于表达，在分享时，全程背对着老师与同学，更别谈眼神表流与肢体语言。老师应该在课前多进行台风等方面的指导。而另外一些学生虽然听不太懂歌曲的含义，但是能感悟到歌曲中表达的情感，产生共鸣。比如有些同学跟着歌曲曲调摇头晃脑，演唱完后，用力鼓掌等

（三）反馈调整

在评价阶段，因为时间限制，学生没能使用投票软件，评价过程也稍显薄弱，不够深入，这是需要改进的地方。同时，在反思提升阶段，老师的反思环节也不够深刻。这些需要在第五节课进行进一步改进调整。因此，课后，教师应帮助各个组整理、反思同学及教师的建议，总结研究并修改《英文歌曲配词的要素与技巧量表》，撰写小论文。此过程是为促进学生深度学习、高度体验、沉淀与发展研究素养，充分彰显学校课程的研究性。

英文歌曲配词的要素与技巧量表

Items （项目）	Criteria（标准）		Score （评分）
Theme 主题（10 分）	The theme is school life. 以校园生活为主题。		
Emotion 情感（10 分）	Genuine 真挚的 Resonate with the audience　产生共鸣		
Tune 曲调（10 分）	Beautiful（优美的）, haunting（萦绕心头的）, touching（动人的）, harmonious rhythm（和谐的韵律）, infectious melody（富有感染力的旋律）		
Lyric writing 配词（40 分）	Discourse 语篇 （8 分）	Clear logic 清晰的逻辑 Use logical cohesive phrases 使用逻辑衔接词	

Items （项目）	Criteria（标准）		Score （评分）
	Vocabulary 词汇（8 分）	Use authentic and appropriate words to express feelings and thoughts. 用真挚、恰当的词语表达感情和观点	
		Use lexical chunks to accurately and vividly express meaning and describe things. 使用积累的词块，确切表达意思，描述事物	
	Grammar 语法（8 分）	Proper sentence patterns, such as inversion, emphasis,and subjunctive,are used accurately to express meanings and achieve rhetorical effects 正确地使用倒装、强调、虚拟等结构传递意义，以取得一定的修辞效果	
	Rhetoric 修辞 （8 分）	Metaphor （暗喻），simile（明喻），personification（拟人），inversion（倒装），repetition （重复），反讽 （irony），alliteration（头韵），exaggeration（夸张），imagery（意象）	
	Cultural knowledge 文化知识 （8 分）	Properly use English idioms 正确使用英语俗语	
		Take advantage of cultural symbols or elements to express meanings and attitudes. 利用有代表性的文化标志或元素表达意义和态度	
Consistency 一致性 （15 分）	Emotion and tune should be consistent with the theme. 情感、曲调应该与主题保持一致		
Performance 表演（10 分）	Body language 身势语	Posture（姿势），facial expression（面部表情），eye contact （眼神交流），interaction（互动）	
	Emotion 情感表达	Sincere（真挚的），expressive（富有表现力的）	
	Phonetics 语音	Fluency, accuracy and clarity（流利、准确、清晰）; intonation, stress and rhythm（语调、重音、节奏）	
PPT （5 分）	Systematic, logical, brief（系统性、逻辑性、简洁性）		

川大附中项目课程体验性目标点检测表

<table>
<tr><td rowspan="5">基本信息</td><td>课程名称</td><td>英文经典歌曲赏析与配词创作</td><td>课程类别</td><td>学科选修课</td></tr>
<tr><td>首席教师</td><td>刘芸利</td><td>组/处</td><td>英语组</td></tr>
<tr><td rowspan="2">参与教师</td><td>陈吁</td><td>组/处</td><td>英语组</td></tr>
<tr><td>周欣</td><td>组/处</td><td>英语组</td></tr>
<tr><td>年　　级</td><td>高一</td><td>上课时间</td><td>周二下午第三四节课</td></tr>
<tr><td>核心问题</td><td colspan="4">研习经典英文歌曲，探讨英文歌曲配词创作要素与技巧，围绕校园生活主题，选择曲调，为其配词并演唱，撰写研习创作小论文</td></tr>
<tr><td rowspan="2">课程目标</td><td>结果性目标</td><td colspan="3">1.通过赏析经典英文歌曲、了解歌曲的创作背景，能更好地了解西方文化，提高音乐鉴赏能力，提高人文素养和跨国文化意识；
2.通过视听练习，能逐步在轻松愉快的氛围中提高听说技能，从而增强语感，提高英语综合能力；
3.通过研习经典英文歌曲，能学习相关音乐词汇，掌握配词技巧，配词并演唱英文歌曲；
4. 能自评、他评并修改英文歌词，完成反思总结并撰写研究报告</td></tr>
<tr><td>体验性目标</td><td colspan="3">1. 在赏析、研习经典英文歌曲活动中，体验中西方文化、习俗的差异；
2.在演唱英文歌的活动中，体验英文在思想和情感表达中的魅力；
3.在探讨配词技巧活动中，体验配词创作与语音知识、词汇、语法、语篇、语用、语言技能六个英语课程标准对于写作的要求之间的关联</td></tr>
<tr><td>检测点</td><td colspan="4">乐于对话分享</td></tr>
<tr><td>检测任务</td><td colspan="4">乐于自我表达与认真倾听</td></tr>
<tr><td rowspan="4">分类标准</td><td colspan="4">A.非常乐于自我表达与认真倾听</td></tr>
<tr><td colspan="4">B.较乐于自我表达与认真倾听</td></tr>
<tr><td colspan="4">C.不太想自我表达与认真倾听</td></tr>
<tr><td colspan="4">D.不想自我表达与认真倾听</td></tr>
<tr><td rowspan="5">检测统计</td><td>分类等级</td><td>学生人数（总人数 20 人）</td><td colspan="2">所占百分比</td></tr>
<tr><td>A</td><td>6</td><td colspan="2">30%</td></tr>
<tr><td>B</td><td>12</td><td colspan="2">60%</td></tr>
<tr><td>C</td><td>2</td><td colspan="2">10%</td></tr>
<tr><td>D</td><td>0</td><td colspan="2">0</td></tr>
</table>

续表

检测分析结果运用	60%的同学较乐于自我表达与认真倾听，30%同学非常乐于自我表达与认真倾听，极少数同学不太想自我表达与认真倾听。在对学生进行访问后，分析原因如下：大部分同学都是因为兴趣选择本门课程，因此多数同学是愿意在课堂上自我表达的，渴望唱英文歌曲，表达自己的情感，也乐于倾听，欣赏英文歌曲，身心均沉浸其中。但是部分同学的英语听说能力较差，基础薄弱，不太能听懂英文歌曲中的一些词句，因此其中有些学生上课容易走神，也无法用英语进行流畅的表达，另外一些学生虽然听不太懂歌曲的含义，但是能感悟到歌曲中表达的情感，产生共鸣
体验典型实例	三位进行歌曲演唱的同学，通过肢体语言、面部表情、语音语调、歌曲旋律等很完美地用歌曲表达了自己的情感，引发听众共鸣，营造轻松愉悦的课堂氛围，提高参与课堂的主动性和专注力。同时，英文歌具有优美的旋律和较强的节奏感，其余学生通过聆听、模仿能有效培养语感，领略英语语言魅力，习得语言知识，从而培养语言能力，激发学习兴趣
检测反馈	针对学生的检测结果，做出以下调整： 1.有效引导学生了解歌曲背景。学生能更深刻地透视西方的历史文化与价值观，逐步提升自己的文化意识与品格； 2.引导学生关注歌曲中连读、弱读、同化和失去爆破等各种语言现象，注意语音语调、肢体语言。组员之间互相纠正错误发音，可有独唱、分组唱、合唱等不同形式，提高每个学生的参与度； 3.做好课堂教学反思与提升，为进一步改善本课程教学提供依据

Sunny days

Zhang Yilang

Remember when we first met
(You asked) if I could be your friend
But I was shy to hold your hand
Wanna say a word but I can't
Next day alone at school
I went out to seek your voice
We don't care about other diss
Cause I can't stop missing.

Sparks fly, say your name
Summer and moonlight I wanna be the one
Memories and sunny days
Writing down my youth

Daylight, shinning dreams
Facing the challenge still stay cool
Memories and sunny days
Writing down my youth

Blue sky, young teens
With you forever would bet my soul
Memories and sunny days
Writing down with you

And even if I crack up
I will hold on to my faith
Still Memories and sunny days
Writing down my youth
You always keep me company
I will hold on to my faith
Memories and sunny days
Writing down my youth
Yeah writing down my youth

Sparks fly, say your name

With Summer and moonlight
Always writing down my youth
Sparks fly, say your name
Summer and moonlight I wanna be the one
Memories and sunny days
Writing down my youth
Blue sky, young teens
With you forever would be my soul
Memories and sunny days
Writing down with you

阳光灿烂的日子

张奕朗

记得我们初次相遇
你问我是否愿意与你为友
然不敢执汝手
我想说什么却沉默
次日独守于学校
余出，觅汝声
我们对外界的诋毁置若罔闻
我始终不能放下对你的思念

烟花飞舞之时，细喃你的名字
盛夏的月光倾泻，我想要成为你的唯一
那些灿烂美好的日子
谱写我的青春

暖阳倾泻，梦想熠熠生辉
面对艰难险阻，仍然泰然自若
那些阳光灿烂的日子
由我们一同书写

天空蔚蓝，少年风华正茂
当由余魂戏与君赌
那些阳光灿烂的日子
由我们一同书写

即使我的世界已经全面坍塌
我将坚持我的梦想
那些阳光灿烂的日子
依旧谱写着我的青春
你总是伴在我左右
我将坚持我的梦想
那些阳光灿烂的日子
谱写着我的青春
由我们一同书写

烟花飞舞之时，细喃你的名字
盛夏的月光倾泻
谱写我的青春
烟花飞舞之时，细喃你的名字
盛夏的月光倾泻，我想要成为你的唯一
那些阳光灿烂的日子
谱写着我的青春
天空蔚蓝，少年风华正茂
吾魂将与君同
那些灿烂美好的日子
谱写我的青春

肿瘤的放射性治疗研究

川大附中项目课程开发实施规划纲要

课程首席教师：陈小军（物理组）

课程参与教师：胡　隽（物理组）　陈其伟（物理组）

<table>
<tr><td>课程名称</td><td colspan="8">肿瘤的放射性治疗研究</td></tr>
<tr><td>课程类型
（勾选）</td><td></td><td>必修的综合实
践活动课程</td><td></td><td>必修的
劳动课程</td><td>√</td><td>选修的
学科课程</td><td></td><td>选修的
校本课程</td></tr>
<tr><td>实施对象</td><td colspan="3">高二年级学生</td><td colspan="2">建议选课
学生人数</td><td colspan="3">13 人</td></tr>
<tr><td>课程课时及上
课时段</td><td colspan="8">课程课时：5 次 10 课时；上课时段：划定课程时间</td></tr>
<tr><td>课程背景</td><td colspan="8">1.学生背景：
（1）学生对社会上肿瘤高发现状有一定了解，对治疗手段兴趣浓厚，研究意愿强烈；
（2）高二学生正在学习电学部分知识，与本课程的研究内容有部分学科知识的重合，能更好地理解放射性治疗所涉及的物理学原理；
（3）高二学生已经有对未来职业方向做规划的想法。
2.资源背景（含技术融合）：
（1）物理数字实验室具备多媒体资源，便于学生查找资料，制作 PPT，六楼多媒体教室支持小组交流展示研究成果、互动评价等活动；
（2）能够邀请肿瘤专科医生到学校来开展专题讲座，能针对学生的研究内容提出临床医学上的专业意见，并指导学生建模设计治疗方案；
（3）能到成都市区医院实地调研内、外放疗实施情况，参观各种放疗设备和影像设备并了解其工作原理；
（4）执教教师为物理教师，对放疗中涉及的物理学知识、原理有较好的认知，也具备指导学生研究的能力</td></tr>
<tr><td>课程内容
（核心问题）</td><td colspan="8">线上线下调研恶性肿瘤放射性治疗的现状，研习肿瘤放射性治疗的物理相关知识，针对身体某部位的肿瘤，尝试设计一款治疗方案，并撰写研究报告。
问题：
1.放疗现状；
2.针对某部位肿瘤病例，设计治疗方案。
活动：
1.线上调研；
2.线下听医学讲座；
3.医院实地调研；
4.建模设计治疗方案，撰写研究报告；
5.成果展示交流</td></tr>
</table>

续表

<table>
<tr><td>课程目标</td><td colspan="6">1.结果性目标：
（1）研习相关资料后，对各种肿瘤的特点和治疗方式有一定认识；
（2）对主要放疗技术和设备有较为深刻的认识和理解，能在肿瘤专科医生的建议下对设计的治疗方案做修正、完善；
（3）各小组能按要求完成研究报告的撰写。
2.体验性目标：
（1）在放疗研习活动中，体验肿瘤与治疗方案间的关联，体验医疗设备、选用射线与物理知识间的关联；体验物理学发展与医疗技术进步间的关联，体验物理学对医学发展的贡献。
（2）在放疗现状调研活动中，体验老百姓“看病难，看病贵”与目前国内医疗技术、医疗设备和医疗从业人员的发展现状之间的关联；体验各种医疗相关领域的人才储备稀缺与未来职业规划之间的关联</td></tr>
<tr><td rowspan="4">课次计划</td><td>课次</td><td>主题</td><td>研究环节</td><td>学生活动</td><td>课前课后任务</td><td>活动地点及技术融入</td></tr>
<tr><td>1</td><td>提出问题</td><td>介绍课程背景，网上查阅资料</td><td>1.了解中国恶性肿瘤的现状；
2.线上调研目前我国恶性肿瘤放射性治疗的现状</td><td>1.课前：查阅资料并记录。
2.课后：（1）线上查阅现代放疗技术种类及物理学原理和特点；
（2）记录查阅资料过程中的问题清单</td><td>物理数字实验室；
教师应用PPT展示课程开发背景；学生运用互联网资源查阅资料</td></tr>
<tr><td>2</td><td>解决问题</td><td>肿瘤专科医生现场讲座，医院实地调研采访</td><td>1.听医学讲座，咨询专科医生相关问题；
2. 明确放疗的优势；
3.参观医院医疗设备，对放疗现状进行实地调研；
4.以照片、录音、视频等方式记录调研过程中获取的有用信息</td><td>1.课前：研习放疗的相关知识，搜集资料，准备记录工具。
2.课后：（1）核工业416医院和成大附院实地调研内、外放疗的相关情况；
（2）整理调研过程中的资料</td><td>物理数字实验室+医院；
“医生”能为学生开设放疗讲座，解答医学问题；
“医院”支持“实地调研放疗现状”</td></tr>
<tr><td>3</td><td>解决问题</td><td>各小组成员任务分工并设计研究报告</td><td>1.各组根据医院提供的病例，选择放疗手段。
2.专科医生到校指导学生建模，勾画靶区并制作对应的放疗计划</td><td>1.课前：整理前期搜集的资料，运用三维计划系统进行建模。
2.课后：各小组撰写研究报告，并设计演示文稿</td><td>物理数字实验室；
“医生”指导学生如何建模；
运用“三维计划系统”建模设计治疗方案</td></tr>
</table>

续表

<table>
<tr><td rowspan="3">课次计划</td><td>课次</td><td>主题</td><td>研究环节</td><td>学生活动</td><td>课前课后任务</td><td>活动地点及技术融入</td></tr>
<tr><td>4</td><td>解决问题</td><td>修改、完善研究报告</td><td>1.各小组交流研究报告的初稿；
2.学生反思研究过程；
3.修改研究报告，制作PPT</td><td>1.课前：设计、制作研究报告的初稿。
2.课后：修改、完善研究报告</td><td>物理数字实验室；
“多媒体幻灯片”支持展示各小组的初次研究报告</td></tr>
<tr><td>5</td><td>成果展示与反思提升</td><td>展示各小组研究成果，自评互评</td><td>1.学生代表对研究过程做简要介绍；
2.三个小组分别展示研究报告；
3.反思评价本研究课程</td><td>1.课前：各小组成员完成演示文稿的撰写。
2.课后：对研究成果进行修改完善，形成最终的研究报告</td><td>六楼多媒体教室；
运用幻灯片、智慧课堂环境支持小组成果展示交流、互动评价等活动</td></tr>
<tr><td>学生作品</td><td colspan="6">研究报告</td></tr>
<tr><td>评价方式</td><td colspan="6">1.自我评价；2.组内同伴评价；3.组间互评；4.老师评价</td></tr>
<tr><td>安全保障</td><td colspan="6">成都市区医院实地调研活动保障；校内研究活动保障</td></tr>
<tr><td>条件保障</td><td colspan="6">1.课程开发组外部保障：
（1）能邀请肿瘤专科医生到校开展讲座，并能给学生设计的治疗方案提供专业意见；
（2）成都市区的医院能给师生提供实地调研场所；
（3）能给学生提供医学三维计划系统进行3D建模。
2.课程开发组内部保障：
（1）组内老师具有与放疗相关的物理学科知识；
（2）组内老师能给学生提供一些研究方向，指导学生开展研究活动</td></tr>
<tr><td>开发次第</td><td colspan="6">首次开发</td></tr>
<tr><td>课程审批</td><td colspan="6">1.课程教学处：　　签　章　　年　月　日
2.学生发展处：　　签　章　　年　月　日</td></tr>
</table>

物理学与医疗技术

——肿瘤的放射性治疗研究

一、教学分析设计

（一）内容分析

本次课为课程的第五次课，是学生研究成果的展示交流。前四次课的主要研究活动包括：

1. 第一次课

（1）听老师讲解课程开发的背景，了解中国恶性肿瘤的现状；

（2）线上调研我国恶性肿瘤放射性治疗的现状（包括：放疗实施比例、放疗设备、放疗技术、放疗从业人员等情况）；

2. 第二次课

（1）听医学讲座，咨询专科医生放疗相关问题；

（2）明确放疗针对哪些肿瘤更有优势；

（3）参观医院放疗相关设备，对放疗现状进行实地调研；

（4）以照片、录音、视频等方式记录调研过程中获取的有用信息。

3. 第三次课

（1）各组根据医院提供的病例特点，选择放疗手段；

（2）专科医生到校指导学生建模，勾画靶区并制作对应的放疗计划；

（3）整理前期搜集的放疗资料，进行成员分工并对研究报告的具体内容做细致规划。

4. 第四次课

（1）各小组交流研究报告的初稿；

（2）学生反思研究过程；

（3）修改研究报告，制作 PPT。

5. 第五次课

在前四次课的基础上，本次课的主要任务是展示交流肿瘤放射性治疗的研究报告并对本课程的研究活动作反思提升。本次课的具体活动如下：

（1）学生代表对研究过程做简要介绍，并对三个小组的展示成果做承上启下的总结点评；

（2）各小组分别展示研究报告；

（3）反思评价本研究课程。

（二）学生分析

（1）随着近代物理学的发展，各种医疗技术越来越先进，人类的寿命也越来越长，与此同时，恶性肿瘤（俗称癌症）也在我们的身边层出不穷，肿瘤新发率和死亡率已经成为社会的一大热点问题。学生通过新闻、网络或者身边亲友的经历，对肿瘤的高发现状有一定程度的了解，且对肿瘤的放射性治疗（简称放疗）手段兴趣浓厚，研究意愿强烈。

（2）高二学生已对物理中能量的概念理解深刻，且正在学习电学板块知识，与本课程的研究内容有部分学科知识的重合，能更好地理解放射性治疗所涉及的物理学原理。

（3）高二学生学业压力较大，但他们已经有对未来职业方向做规划的想法，此时很有必要通过学科选修课程，让他们提前感受到物理学科知识与医疗技术之间的关联，激发他们的社会责任感，为未来的就业方向埋下火种。

（三）目标分析

根据本课程规划纲要中确立的课程教学目标，基于本次课的活动分析及学生分析，本次课的教学目标如下：

1. 结果性目标

展示交流各小组研究成果，反思提升本课程意义。

2. 体验性目标

（1）在放疗研习活动中，体验肿瘤与治疗方案间的关联，体验医疗设备、选用射线与物理知识间的关联；体验物理学发展与医疗技术进步间的关联。

（2）在放疗现状调研活动中，体验老百姓“看病难，看病贵”与目前国内医疗技术、医疗设备和医疗从业人员的发展现状之间的关联；体验各种与医疗相关领域的人才储备稀缺与未来职业规划之间的关联。

（四）资源分析

本课程的资源背景如下：

1. 硬件资源

（1）物理数字实验室：便于学生线上查找资料，制作 PPT 演示文稿（A3 演示文稿设计制作）；

（2）计算机 3D 建模软件：进行物理建模设计治疗方案（B1 技术支持的测验和练习）；

（3）六楼多媒体教室：支持小组交流展示研究成果、互动评价等活动（B9 自评与互评活动的组织）。

本次课选用资源如下：

媒体名称	选用意图	来源
PPT	辅助教学；小组研究成果展示与交流	六楼多媒体教室
黑板	板书本堂课活动中的关键信息，呈现学生观点	六楼多媒体教室

2. 人力资源

（1）能够邀请肿瘤专科医生到学校来开展专题讲座，能针对学生的研究内容提出临床医学上的专业意见，并指导学生建模设计治疗方案；

（2）能到成都市区医院实地调研内、外放疗情况，参观各种放疗设备和影像设备并了解其工作原理，采访专科医生放疗的实施情况；

（3）执教教师为物理教师，对放射性治疗中涉及的物理知识和物理学原理有较好的认知，也具备指导学生研究的基本能力。

（五）主题分析

通过以上分析，设计了本课程的核心问题——线上线下调研恶性肿瘤放射性治疗的现状，研习肿瘤放射性治疗的物理相关知识，针对身体某部位的肿瘤，尝试设计一款治疗方案，并撰写研究报告。按课程规划纲要的课次规划，基于前期的研究活动的顺利实施，本次课的活动主题确定为“展示交流肿瘤放射性治疗的研究报告并对本课程的研究活动作反思提升”。

二、教学实施设计

（一）教学环节

教学环节	学生活动	教师活动	设计意图
提出问题（约3分钟）	直观感受恶性肿瘤最新调查数据，了解肿瘤治疗手段，明确本课程核心	展示恶性肿瘤的最新调查数据和肿瘤的治疗手段，引出本课程的核心及本节课的主题	在本节课前已经完成了放疗的线上线下调研，研究报告的设计、改进和撰写，通过教师的铺垫引入，使学生明确本课程的核心
解决问题（约 28 分钟）	1.学生代表对研究过程做简要介绍； 2.第一小组展示光子线调强放疗（外放疗）研究报告； 3.第二小组展示质子重离子治疗（外放疗）研究报告； 4.第三小组展示放射性125I 粒子植入治疗（内放疗）研究报告	板书学生展示的研究报告中的要点，记录学生在研究过程中的感想	本课程涉及外放疗、内放疗的多方面知识，在前四次课中，同学们已经完成了调研活动，并撰写了研究报告。研究报告内容涉及四个方面：设备分析、射线分析、病例分析及建模、现状调研。本次课主要是进行研究成果展示、交流

续表

教学环节	学生活动	教师活动	设计意图
反思提升（约9分钟）	学生在教师的引导下反思提升本课程的意义	教师对个人和小组的研究过程、研究结果进行点评、表扬，并从教师角度、课程研究的角度提出一些提升性的建议	通过评价进一步提升学生的认知：物理学对医学领域具有不可替代的促进作用。通过反思小结，激发学生的社会责任感，为未来的职业规划提供方向

（二）评价预设

1. 提出问题环节

教师展示全球最新的恶性肿瘤现状数据，了解我国肿瘤现状的严峻形势，认识肿瘤放射性治疗的特点，引出本次课主题：展示交流肿瘤放射性治疗的研究报告并对本课程的研究活动作反思提升。

2. 学生活动环节

学生代表对本课程的研究过程做简要介绍，学生分小组依次进行展示交流，学生代表在各小组汇报完毕后，对各小组的研究报告分别作简单评价，起到承上启下的纽带作用。

3. 反思提升环节

通过评价进一步提升学生的认知：物理学对医学领域具有不可替代的促进作用。通过反思提升本课程对学生的触动，激发学生的社会责任感，为未来的职业规划提供方向。

（三）板书设计

物理学与医疗技术

——肿瘤的放射性治疗研究

一、课程核心问题

线上线下调研恶性肿瘤放射性治疗的现状，研习肿瘤放射性治疗的物理相关知识，针对身体某部位的肿瘤，尝试设计一款治疗方案，并撰写研究报告。

二、交流展示

	设备分析	射线分析	病例分析及建模	现状调研
1小组：	……	……	……	……
2小组：	……	……	……	……
3小组：	……	……	……	……

三、反思提升

（四）教学流程

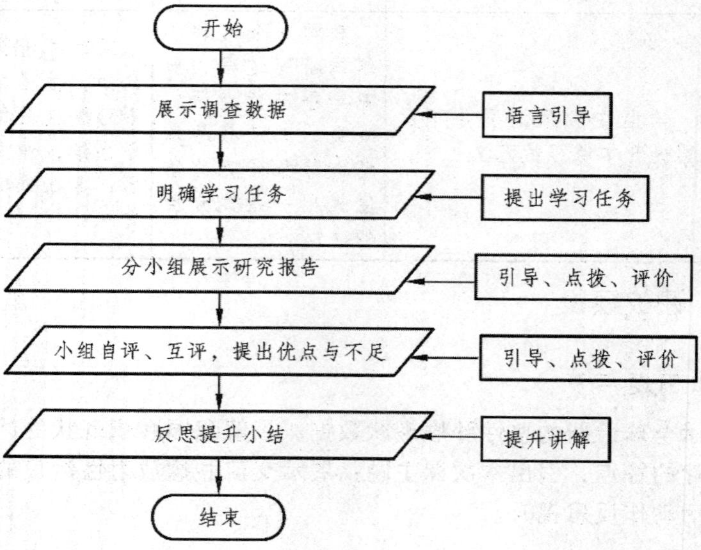

图 11-1　“肿瘤的放射性治疗研究”教学流程图

三、教后评价设计

（一）信息搜集

课后搜集了课堂实录，各位专家、同仁评课的要点和课程小组 13 名学生对本课程的反思感受等原始资料，以及填写了项目课程评价表，基于这些材料，对关联体验目标达成情况及本课程的性质如学科性、研究性等的彰显情况做出评价。

（二）自我评价

川大附中项目课程核心问题教学评价表

<table>
<tr><th rowspan="2">评价目标</th><th colspan="3">评价指标</th><th colspan="2" rowspan="2">评价结果</th></tr>
<tr><th>一级指标</th><th>二级指标</th><th>三级指标</th></tr>
<tr><td rowspan="6">实现活动体验中的学习与发展</td><td rowspan="6">具有核心问题教学形态</td><td rowspan="3">核心问题利于活动体验</td><td>内含客观问题和学生活动方式</td><td>8</td><td rowspan="5">每项指标最高评8分</td></tr>
<tr><td>问题情景与真实生活密切相关</td><td>8</td></tr>
<tr><td>能引发新知识、新方法的生成</td><td>8</td></tr>
<tr><td rowspan="3">教学目标价值引导恰当</td><td>两类目标正确全面</td><td>8</td></tr>
<tr><td>关联体验目标恰当</td><td>8</td></tr>
<tr><td>目标价值引导显现</td><td>8</td><td>合计 94 分</td></tr>
</table>

续表

评价目标	评价指标			评价结果	
	一级指标	二级指标	三级指标		
		教学环节完整合理落实	教学环节清晰完整	8	
			环节内容合理充实	8	
			学生活动时间充分	8	
		教学要素相互匹配促进	问题目标环节两两匹配	7	
			技术促进活动形式内容	7	
			课程特点突出氛围浓郁	8	
	具有核心问题教学实质	拓宽学习视野	课程与现实世界有恰当关联	选择一个表现突出的二级指标，在相应三级指标的引导下，以现场学生表现为主要依据，以其余指标为背景，于本表的第二页写出150字以上的简要评价	
			有基于缄默知识的问题解决		
			有缄默知识运用的追踪剖析		
		投入实践活动	有真实而且完整的实践活动		
			能够全身心地浸渍于活动中		
			活动的内容结果均丰富深入		
		感受意义关联	有核心问题的深层意义感受		
			有以知识为中心的关联感受		
			有以个人为中心的关联感受		
		自觉反思体验	有实质性反思活动的开展		
			有课程新因素的追踪利用		
			有体验的交流与改善重构		
		乐于对话分享	乐于自我表达与认真倾听		
			乐于合作中成果与思路的分享		
			有宽容的对话氛围和双向交流		
实现活动体验中的学习与发展	具有核心问题教学实质	认同体验评价	认可体验评价		
			参与体验评价		
			利用体验评价		
核心问题教学实质的简要评价					
学生在“投入实践活动”这个环节中有非常深刻的体验和收获。在医院的调研活动及后来的理论研究中，学生近距离地观摩了现代高端医疗设备及技术在肿瘤放疗中的应用、目前国家在这一领域的发展现状及未来趋势。学生比较深入地体验、研究了各种高端医疗设备的工作原理、各种放疗技术与物理学科知识间的紧密关联等。在实践活动中，学生体验到了物理					

续表

核心问题教学实质的简要评价
学发展与医疗技术进步间的关联，体验到了物理学对医学发展的贡献，也体验到目前国内医疗技术、医疗设备和医疗从业人员的发展现状是老百姓“看病难，看病贵”的根本原因，更体验到了各种与医疗相关领域的人才储备稀缺与未来职业规划之间的关联。基于这些深刻的实践活动，在课堂成果展示环节，学生才能侃侃而谈，言之有物。在反思提升环节，学生精彩的感悟让观课老师们深受触动，感慨当代中学生浓浓的民族自豪感及个人社会责任感（多名学生谈到要努力学习，定下目标，未来为实现科技强国添砖加瓦）

（三）反馈调整

川大附中项目课程体验性目标点检测表

<table>
<tr><td rowspan="5">基本信息</td><td>课程名称</td><td>肿瘤的放射性治疗研究</td><td>课程类别</td><td>学科选修课程</td></tr>
<tr><td>首席教师</td><td>陈小军</td><td>组/处</td><td>物理组</td></tr>
<tr><td rowspan="2">参与教师</td><td>胡隽</td><td>组/处</td><td>物理组</td></tr>
<tr><td>陈其伟</td><td>组/处</td><td>物理组</td></tr>
<tr><td>年　　级</td><td>高二年级</td><td>上课时间</td><td>2021 年 12 月 9 日</td></tr>
<tr><td>核心问题</td><td colspan="4">线上线下调研恶性肿瘤放射性治疗的现状，研习肿瘤放射性治疗的物理相关知识，针对身体某部位的肿瘤尝试设计一款治疗方案，并撰写研究报告</td></tr>
<tr><td rowspan="2">课程目标</td><td>结果性目标</td><td colspan="3">1.研习相关资料后，对各种肿瘤的特点和治疗方式有一定认识；
2.对主要放疗技术和设备有较为深刻的认识和理解，能在肿瘤专科医生的建议下修正、完整设计的治疗方案；
3.各小组能按要求完成研究报告的撰写</td></tr>
<tr><td>体验性目标</td><td colspan="3">1.在放疗研习活动中，体验肿瘤与治疗方案间的关联，体验医疗设备、选用射线与物理知识间的关联；体验物理学发展与医疗技术进步间的关联，体验物理学对医学发展的贡献；
2.在放疗现状调研活动中，体验老百姓“看病难，看病贵”与目前国内医疗技术、医疗设备和医疗从业人员的发展现状之间的关联；体验各种与医疗相关领域的人才储备稀缺与未来职业规划之间的关联</td></tr>
<tr><td>检测点</td><td colspan="4">1.物理学科知识与医疗技术间的关联；
2.高端医疗设备及医疗从业人员发展现状与目前国内老百姓“看病难，看病贵”的关联；
3.各种与医疗相关领域的人才储备稀缺与未来职业规划之间的关联</td></tr>
<tr><td>检测任务</td><td colspan="4">1.对本课程中医疗技术涉及的物理学科知识的体验认知；
2.对医疗技术的进步与自身社会责任感的思考</td></tr>
<tr><td>分类标准</td><td colspan="4">A.深刻体验到物理知识、原理和方法在各种医疗技术中的具体应用，物理学是推动现代医学发展的动力；深刻体验到国家在高端医疗设备的研制上的投入力度、发展决心，并主动思考自己未来的发展方向</td></tr>
</table>

<table>
<tr><td rowspan="3"></td><td colspan="3">B.深刻体验到物理知识、原理和方法在各种医疗技术中的具体应用，物理学是推动现代医学发展的动力</td></tr>
<tr><td colspan="3">C.深刻体验到人工智能应用到医疗技术中的意义，并对医用软件开发领域萌生想法</td></tr>
<tr><td colspan="3">D.深刻体验到各种医疗设备成本昂贵、研制不易、医疗从业人员不足等因素是老百姓“看病难，看病贵”的根本原因，并对解决办法有一定思考</td></tr>
<tr><td rowspan="5">检测统计</td><td>分类等级</td><td>学生人数（总人数 13 人）</td><td>所占百分比</td></tr>
<tr><td>A</td><td>7</td><td>53.8%</td></tr>
<tr><td>B</td><td>3</td><td>23.1%</td></tr>
<tr><td>C</td><td>2</td><td>15.4%</td></tr>
<tr><td>D</td><td>1</td><td>7.7%</td></tr>
<tr><td>检测分析结果运用</td><td colspan="3">通过体验性目标点检测的数据分析，我们对学生的体验性目标达成有如下判断：
A 等级的同学有 7 人，占 53.8%。在研究活动中，他们深刻地体验到各种高端医学设备和各种射线的产生方式、能量特征等都与物理学的多板块知识（声学、光学、电磁学、核物理学等）密不可分，对物理学系统的理论和精密的实验方法对医学的促进都有深刻的关联体验。并且他们还对自身的职业规划提出了较为明晰的想法，这些想法是基于我国即将进入老龄化社会，癌症高发、带瘤生存成为常态这一可预期的事实，是基于国家医疗事业要长足发展，医学及医学相关领域人才需求量极大，是紧密围绕社会发展与个人社会责任承担展开的，同学们将社会责任和职业规划串联了起来！
B 等级的同学有 3 人，占 23.1%。他们在研究活动中比较深刻地感受到了物理学科知识在医学中的应用，打破了他们传统的认知（以为肿瘤的治疗与物理没有关联）。本课程让他们明白了物理学对医学的发展起着不可替代的促进作用，特别是一些高端医疗技术，物理学科知识及原理方法是其发展的基石。
C 等级的同学有 2 人，占 15.4%。他们深刻体验到了人工智能在高端医疗设备上的精准控制力，并且在体验医生建模勾画靶区过程中，提出新的设想：研发智能机器人代替人工勾画病灶靶区，体现了当代中学生勇于创新的精神。
D 等级的同学有 1 人，占 7.7%。这位同学承担的研究任务是放疗现状调研。调研结果的对比研究，让他明白了我国老百姓“看病难，看病贵”的根本原因。要解决这一问题，他也有较深入的思考，如加强人才培养，高端设备实现国产化、产业化等。
整体来看，学生对课程中物理学与医学的关联，医疗技术的进步与个人社会责任感间的关联体验深刻、体验面广。在今后的课程开发与实施中，应继续关注学生在研究活动中的深度体验，并促进每一位学生在深度体验基础上的学习和长足发展</td></tr>
<tr><td>体验典型实例</td><td colspan="3">A 等典型实例（高二 12 班：刘世言同学）
这位同学的研究任务是质子重离子治疗的设备分析，她在课堂上的报告展示和反思发言都反映了她对本课程的体验深刻，既体验到物理学知识、原理在高端医疗设备中的作用，还联系到当今国际形势，强调国家掌握高科技核心技术，提升自己研发创新能力而不被西方科技强国“卡脖子”的重要性，并能主动与个人社会责任感的承担关联起来，让人佩服感动！因此归为 A 等</td></tr>
<tr><td>检测反馈</td><td colspan="3">从检测数据和学生提交的对课程的反思感想上可看出，每位同学都对本课程的各方面有深刻的体验，说明课程活动恰当，课程小组体验性目标达成面广、达成度高。本节课专业性强，课堂容量很大，正是信息技术手段的融入，才能将高难度的研究成果展示课“接地气”地呈现给大家</td></tr>
</table>

物理学与医疗技术

——肿瘤的放射性治疗研究

刘思彤　李许梦　袁雪峰　代　跃　刘世言　李楚成　李　锐

李景天　宋旭莹　胡倩岚　张佑一　吴　怡

经过前期线上线下肿瘤的放射性治疗的实地调研，以及对肿瘤专科医生的采访后发现：

头颈部肿瘤的解剖复杂，手术可能切不干净，头颈部周边有大血管，手术中可能导致大出血、损伤神经，或造成面部畸形、毁容，术后感染等，而头颈部的肿瘤 95% 都是鳞癌，鳞癌对射线比较敏感，所以头颈部肿瘤主要是以放射性治疗为主。本课程也主要聚焦头颈部肿瘤的各种放射性治疗，即外放疗与内放疗。各小组研究报告如下：

第一小组：调强放疗（IMRT）——光子线放疗（目前国内外最主流的外放疗技术）

1. 设备分析（刘思彤）

调强放疗的核心设备是医用电子直线加速器。加速器内部的构造及其作用如图 11-2 所示：

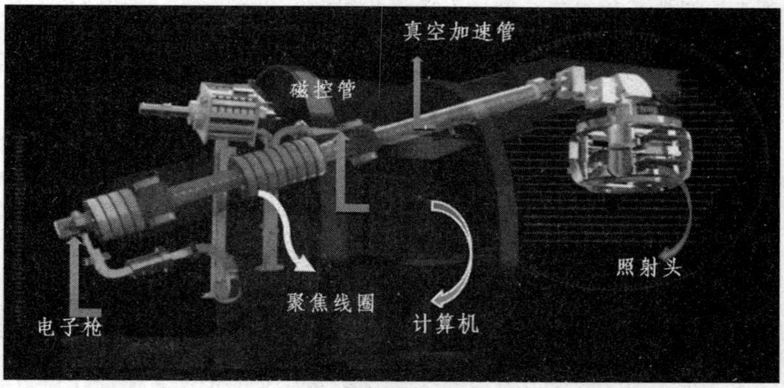

图 11-2　医用电子直线加速器的构造

第一部分是电子枪，灯丝加热后发出电子，温度越高，发出的电子数目越多。第二部分是真空加速管，里面有微波电场，由磁控器通过控制微波电场的强弱来控制电子能量。第三部分的聚焦线圈将电子汇聚成一毫米粗细的射线，最后射线从照射头离开。所有部件都通过一体化的计算机来控制。第四部分是照射头，高能电子射线撞击到钨靶后，将被转化成 X 射线。

2. 射线分析（李许梦）

调强放疗用的射线主要是高能 X 射线，X 线属于光子线，肉眼看不见，能量较高，能穿透人体组织。

光子射线的能量随入射深度的变化如图 11-3：在浅表位置，X 射线的能量比较高，并且随着深度的加深，能量快速减少，根据能量图像我们就可以知道，光子射线的能量特点是射线进入人体组织后，浅表附近能量高，随深度增加逐渐降低。因为 X 射线的这个能量特点，光子放疗的剂量把控难度大。剂量小杀不死肿瘤；剂量大对正常组织损伤大。

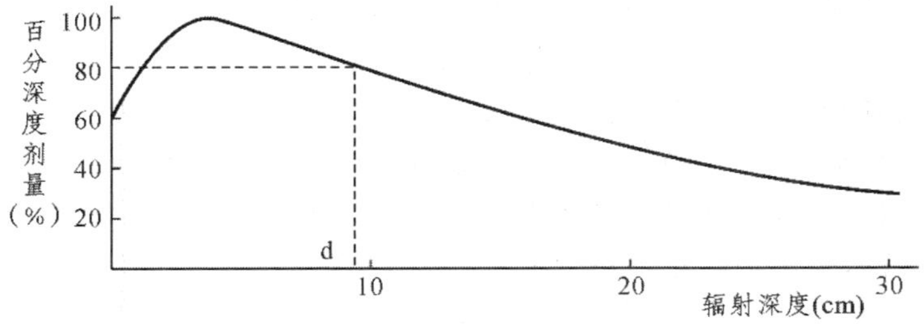

图 11-3　光子射线的能量随入射深度的变化图

3. 病例分析及建模研究报告（袁雪峰）

我们以鼻咽癌颈部淋巴结转移患者为研究对象。

由于鼻咽癌位于大脑中央，手术难度大。我们决定对患者采用放疗手段，目前国内应用最广泛成熟的就是调强放疗。经小组讨论，我们决定对患者采用光子线调强放疗。

利用三维计划系统建模设计治疗方案。靶区勾画：勾画的靶区，也就是肿瘤所在部位，左右两侧勾画的是淋巴结、脊髓等保护器官。系统自动生成骨骼等人体组织器官，可以看到更加直观立体的肿瘤及周边危及器官的三维立体图像，这也是人工智能在医学上的简单应用。我们在医师的指导下查阅了相关资料，根据医学指南，我们进行了放疗剂量分布及射线入射角度的有关设计，以求将放疗对人体组织器官的危害最小化。当然，由于我们整个建模过程十分理想化，与专业医师和物理师所做的放疗计划有很大差距。

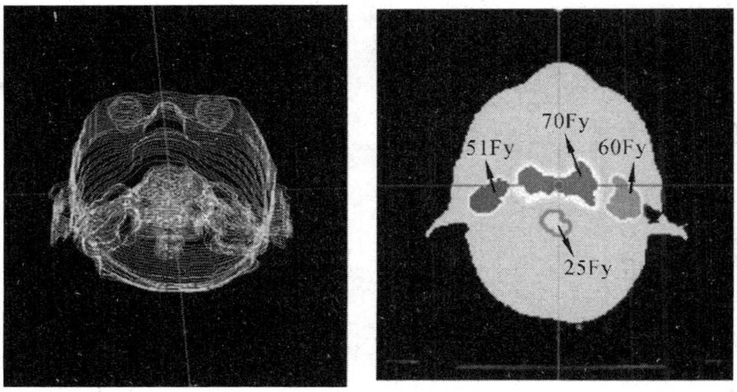

图 11-4　靶区立体图像及剂量设计分布图

4. 现状调研（代跃）

目前国内放疗医院有 2000 家左右，成都有近 30 家。

现阶段国内开展的放疗技术：以调强放疗为主。调强放疗能使射线的形状与肿瘤形状一致，各束射线的能量可以调节，使得高剂量区域与肿瘤体积一致，正常组织损伤较小。这是一种精准的现代放疗技术。

治疗周期与费用：整个放疗过程六到七周左右，总费用约 4 万。医保报销后，病人自费几千元到 1 万元不等。

放疗机：核心是医用直线加速器。目前我国医用直线加速器总量有 2000 多台，还有 4000 多台的需求量，缺口较大。在已有的加速器中，进口的占 90%左右，每台单价两到三千万，国产占 10%左右，比进口的便宜 2/3。但国产加速器只有中低端机型，功能不足，且精度不够，性能不稳定。

放疗从业人员分析：护士和医生的数量，这几年增长较快，而放疗物理师的数目一直增长缓慢，现代放疗已经进入了精准放疗时代，对物理师的需求非常大。目前对各种放疗从业人员的需求量依然很大。

第二小组：质子重离子治疗（粒子线放疗）——目前世界上最先进的外放疗技术

1. 设备分析（刘世言）

第二类是重离子治疗使用的重离子（碳离子）加速器。该设备由三部分组成。回旋注入器即回旋加速器将碳离子加速到 6.8MeV/u 后，进入同步加速器，能量可达到 120~400 MeV/u，这些能量可以治疗 0~27cm 深度的肿瘤，四个治疗终端可满足不同的治疗需求。

质子重离子治疗用到的设备有两类，一类是质子治疗需要的超导回旋质子加速器，它的核心部件是医用回旋加速器。构造如图 11-5：由两个巨大的磁体产生强磁场，两个巨大的 D 形盒，在 D 形盒的狭缝之间，接了交变电场，粒子源位于 D 形盒的中央附近，质子从粒子源发出以后，在交变电场中加速，在磁场中回旋，经过多次加速和回旋之后，获得巨大的能量，然后从边缘处引出。这套系统由我国中科院自主研制，具有体积更小、精度更高、成本更低的显著特点。目前这套设备已经研制成功，并已进入临床实验，下一步就是产业化。

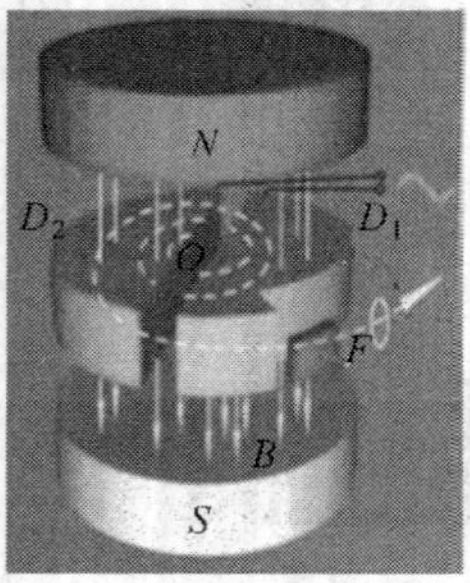

图 11-5　医用回旋加速器构造

图 11-6　重离加速器构造

第二类是重离子治疗使用的重离子（碳离子）加速器。该设备由三部分组成。回旋注入器即回旋加速器将碳离子加速到 6.8MeV/u 后，进入同步加速器，能量可达到 120~400 MeV/u，这些能量可以治疗 0-27cm 深度的肿瘤，四个治疗终端可满足不同的治疗需求。

2. 射线分析（李楚成）

质子重离子治疗用到的射线有两类，一类是质子射线，一类是重离子射线（碳离子）射线，这两类射线都属于高能粒子线。

光子线与粒子射线的能量特征：根据 X 线、伽马射线、质子线、重离子线的能量特征图像，可以看到——X 线和伽马射线，它们的能量峰值在浅表附近，且在肿瘤后方还剩余了一定的能量，而质子重离子射线，它们在肿瘤的前方的正常组织里能量比较小，在肿瘤后方的正常组织里，能量也几乎降为零，在肿瘤位置，质子重离子射线有一个尖锐的能量峰值，这个峰值被称为能量“布拉格峰”。根据质子重离子射线形成的能量布拉格峰，可以对肿瘤实现精准的立体定向爆破且几乎不损伤正常组织。

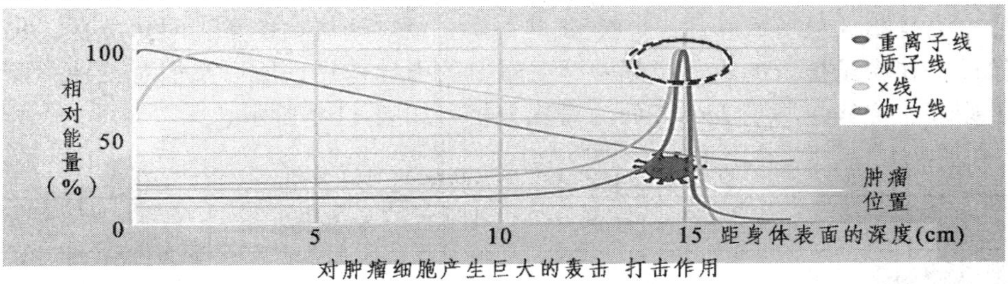

图 11-7 各种射线的能量布拉格峰分布图

3. 病例分析及建模（李锐）

我们和第一小组是同一个病例，即鼻咽癌转移，只是他们用的光子放疗，我们选择的是粒子线放疗。

利用三维计划系统对病例进行建模设计治疗方案。靶区勾画：将 CT 图片导入计划系统后，我们只是粗略勾画了几个部位。靶区勾画完成后，计划系统自动生成三维立体图。

剂量设计：参考放疗指南，并结合质子重离子射线的能量特点，我们可以适当提高肿瘤区域的剂量，降低正常组织的剂量。

粒子线与光子线放疗对比：肿瘤周边的正常器官的剂量比例降低很多。

4. 现状调研（李景天）

质子重离子治疗是目前国际上公认的最先进、最尖端的放疗技术，能达到体内任何部位的肿瘤。

主要优势：能精准杀死肿瘤细胞，对正常组织的影响和副作用很小，局部治愈率极高，引发二次原发性癌症的可能性较低。

不足：建设成本极高，治疗设备单价超 10 亿元，治疗费用高昂，需 27.8 万元，且不能医保报销。

截至 2020 年，我国质子重离子项目共 73 个，已经运营的项目有 5 个，在建项目有 25 个，拟建项目有 43 个。部分在建或拟建的项目中，很多都将采用国产质子、重离子加速器，治疗的费用有望降低到原来的 1/5，但是疗效不打折。在成都，目前有三家医院在筹建质子重离子医院：四川省肿瘤医院天府院区的质子治疗中心已经修建好，质子治疗设备正在安装调试；华西医院质子重离子中心已经在双流开建了；四川省人民医院已经向卫生部递交了相关的资料拟建。

第三小组：放射性碘 125 粒子植入治疗（内放疗）——适合各种中晚期肿瘤

1. 设备分析（宋旭莹）

碘 125 离子植入技术需要的设备有两类。一类是精密的粒子植入设备，如粒子钳、粒子针、粒子枪等，包括要用到的手套等都是专用的、防辐射的。

另一类是影像设备（彩超、CT、磁共振），经过调研后的整理对比分析，我们发现影像设备在粒子植入的过程中起着至关重要的引导作用，所以我们对三种影像设备进行了原理、优势、不足三个方面的对比分析，如表 11-1 所示。

表 11-1　彩超 CT、磁共振的对比分析

分类	原理	优势	不足
 彩超	利用声波的多普勒效应和超声回波的原理成像	设备成本便宜，没有辐射	清晰度不够，只适用于浅表肿瘤成像引导
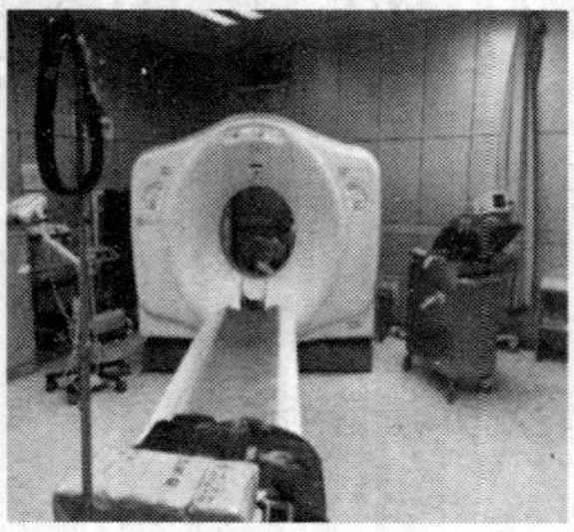 CT 扫描仪	X 射线穿过人体不同组织时，穿透能力不同，检测器接收到有差异的射线后，计算机还原出人体的断层影像	清晰度高，设备价格适中	有辐射，对人体有一定损伤
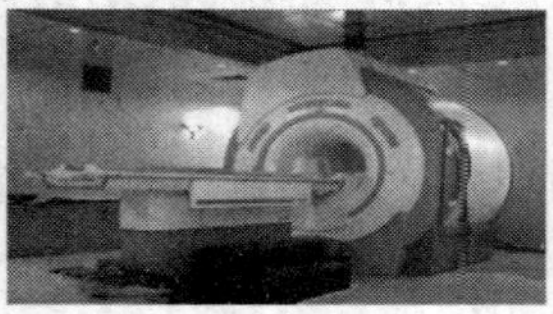 磁共振	利用氢原子核与射频磁场在一定条件下产生磁共振现象来达到成像的目的	能得到清晰的各个深度的三维立体图像，没有辐射	设备昂贵，目前只有大型三甲医院配备，且基本用于疾病诊断，用于治疗较少

综合对比及临床调研以后，我们发现：CT 扫描仪是目前使用最广泛的影像设备。

2. 射线分析（胡倩岚）

放射性碘 125 粒子植入治疗所用的射线是低能伽马射线。

伽马射线的产生及其能量特点：碘 125 粒子是一种不稳定的放射性核素，它的衰变方式属于轨道电子俘获衰变，衰变时放出低能伽马射线，衰变方程为：

$$^{125}_{53}I+{}^{0}_{-1}e \longrightarrow {}^{125}_{53}Te+\gamma$$

是一种稳定性核素　　能量：0.035兆电子伏

低能 γ 射线的射程仅 1.7cm，且在 1cm 范围内衰减掉 80%的能量，对周边正常组织损伤较小。碘 125 粒子的半衰期是 60.2 天，第一个半衰期内放射的能量会衰减一半，经过三个半衰期，放射的能量对身体就几乎没有影响了。所以经过 180 天的内放疗，肿瘤在高强度的近距离照射下，很少能生存下来。

3. 病例分析及建模（张佑一）

患者是原发性肺癌，先做了手术切除、化疗，后出现复发、颈部淋巴结转移。患者又做了外放疗、化疗、靶向治疗，效果均不理想，经研究后认为，对颈部肿瘤应采取局部放射性碘 125 粒子植入治疗。

建模设计治疗方案：运用三维计划系统建模。

勾画靶区：将患者的 CT 定位切片导入 TPS 计划系统，在每一张 CT 图上勾出肿瘤靶区和危及器官；利用系统融合后，得到三维立体图像。

设计治疗计划：根据碘 125 粒子发出的 γ 射线的能量特点，在肿瘤靶区设计粒子针分布时，每隔 1cm 布一根针，每根针道上，每隔 1cm 注入一颗粒子；从三维计划系统生成的立体图像中我们可以看到粒子针的数量和针的分布角度。临床医生在做治疗计划过程中，还要根据三维计划系统生成的剂量曲线，对治疗计划做调整，使最终的粒子数量与处方剂量吻合。

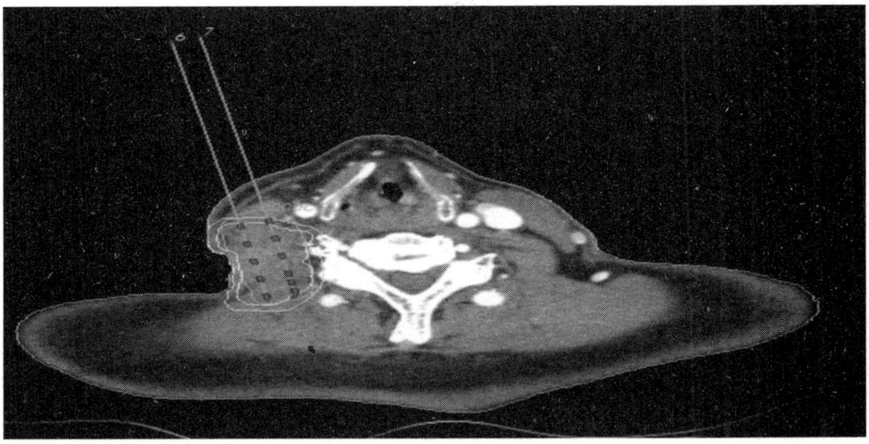

图 11-8　肿瘤靶区粒子针分布计划图

4. 现状调研（吴怡）

我们在成大附院彩超室、CT 室、肿瘤科调研后发现，这项技术开展的条件比外放疗简单得多，设备简易，成本不高，不需要在地下修建专门的放疗室。粒子植入技术从美国引进，短短二十年就在中国发扬光大。中国粒子技术有四大发明：粒子链、粒子条、粒子支架、3D 打印模板，这四大发明让粒子治疗更精准。

这项技术的主要优势：

（1）微创、副作用小、可分次重复进行；

（2）患者住院时间短（3～5 天），恢复快；

（3）止痛效果好，消瘤率高，疗效确切。

费用：病灶直径 2cm，总费用约 2 万；病灶直径 4 cm，总费用约 4 万，且医保报销，患者自费少。

目前，全国超过 1000 家医院正在开展这项技术，超过 5000 多名各科医师从事放射性粒子植入治疗。在 2018 年，大约有 1.5 万粒放射性粒子植入技术成功开展，2018 年，粒子用量近 200 万颗，年均增长率超过 10%。

近地小行星防御研究

川大附中项目课程开发实施规划纲要

课程首席教师：胡　隽（物理组）

课程参与教师：肖怀安（物理组）　陈其伟（物理组）

<table>
<tr><td>课程名称</td><td colspan="8">近地小行星防御研究</td></tr>
<tr><td>课程类型
（勾选）</td><td></td><td>必修的综合实
践活动课程</td><td></td><td>必修的
劳动课程</td><td>√</td><td>选修的
学科课程</td><td></td><td>选修的
校本课程</td></tr>
<tr><td>实施对象</td><td colspan="3">高二年级学生</td><td colspan="2">建议选课
学生人数</td><td colspan="3">15</td></tr>
<tr><td>课程课时及
上课时段</td><td colspan="8">课程课时：5 次 10 课时；上课时段：学校划定时段</td></tr>
<tr><td>课程背景</td><td colspan="8">1.学科背景：小行星撞击地球并非完全是杞人忧天，而是可能实际发生的事情。美国和欧洲等国家和地区一直致力于开展近地小行星的风险评估和防御研究。2018 年 6 月，美国白宫发布《国家近地天体预防战略与行动规划》，从国家层面谋划如何提高预防近地天体撞击地球的能力。美国航空航天局和欧空局已经有计划地合作开展针对小行星 65803 戴迪莫斯（1996GT）的“双小行星重定向测试”任务和“赫拉”任务。
2022 年 4 月 24 日是第七个“中国航天日”，主题为“航天点亮梦想”，旨在进一步宣扬崇尚科学、探索未知、敢于创新的理想信念，以航天梦托举中国梦，激发汇聚逐梦筑梦的磅礴力量。国家航天局副局长吴艳华向媒体表示，中国将着手组建近地小行星防御系统，共同应对近地小行星撞击的威胁，为保护地球和人类安全贡献中国力量。
2.学生背景：学生通过影视作品、科幻文学作品等对这一课题有一定了解，也有浓厚的兴趣和强烈的研究意愿；并且部分学生有航空航天方向深造学习和从事相关职业的意愿。高二学生高中物理的主干知识已经较为完备，能从学科的角度理解、分析、研究课题相关学科问题，并具备一定的建立物理模型定量分析的能力。但是，学生对于这一课题所涉及的学科问题、技术问题了解较少，对于多因素作用下的实际问题的解决问题能力较弱。
3.资源背景：这一课题国内外已经有较多的研究成果，可以利用数字图书馆、美国航天局、欧空局相关网站查阅资料；执教物理老师对相关内容基本原理有较好的学科素养，具备指导学生研究的能力</td></tr>
<tr><td>课程内容
（核心问题）</td><td colspan="8">研习国际国内近地小行星防御研究成果，针对“2022-CDFZ-12 号小行星可能撞击地球”，借助 NASA/JPL NEO Deflection App 展开防御推演，撰写相应的防御方案。</td></tr>
</table>

续表

<table>
<tr><td>课程内容
（核心问题）</td><td colspan="6">问题：
1.怎么监测小行星？
2.小行星撞击地球的危害是什么？
3.如何制定防御方案？
4.防御方案是什么？
活动：
1.文献研究；
2.建立物理模型，进行模拟实验；
3.交流研讨形成方案</td></tr>
<tr><td>课程目标</td><td colspan="6">1.结果性目标：
（1）查阅和研习相关资料，对行星防御课题所涉及的地基、天基监测预警，撞击风险评估，防御方案所涉及的技术工程问题有一定认识；
（2）融入虚拟情景，完成防御流程的推演，形成相应的研究报告。
2.体验性目标：
在近地小行星防御研究活动中，体验行星防御与监测、风险评估的关联；体验理论研究、模拟实验、技术实践三者的关联</td></tr>
<tr><td rowspan="4">课次计划</td><td>课次</td><td>主题</td><td>研究环节</td><td>学生活动</td><td>课前课后任务</td><td>活动地点及技术融入</td></tr>
<tr><td>1</td><td>提出问题</td><td>1.介绍课程背景和课程推进安排；
2.团队组建</td><td>1.听教师讲解课程开发的背景；
2.明确核心问题。
3.组建团队，文献查阅及学习</td><td>课后：继续查阅文献，并进行课题相关学科学术文献研究</td><td>利用数字图书馆查阅权威学术文献资料（数字教育资源获取与评价）</td></tr>
<tr><td>2</td><td>解决问题</td><td>阶段研究成果交流</td><td>分小组分享阶段研究成果（行星监测、风险评估、防御方案）</td><td>1.课前：分小组进行专题研讨，形成分享PPT；
2.课后：继续补充完善小组研究内容</td><td>数字多媒体环境支持小组展示交流</td></tr>
<tr><td>3</td><td>解决问题</td><td>1.天文研究软件了解与学习；
2.建模分析</td><td>1.小行星的发现（公众参与方式）学习研究；
2.针对问题情景中的行星撞击事件，研讨制定防御方案，并进行模拟实验</td><td>课后：利用图形化可视工具、视频制作软件制作撞击风险评估、防御方案简介</td><td>数字模拟工具的学习与操作练习</td></tr>
</table>

续表

<table>
<tr><td rowspan="3">课次计划</td><td>课次</td><td>主题</td><td>研究环节</td><td>学生活动</td><td>课前课后任务</td><td>活动地点及技术融入</td></tr>
<tr><td>4</td><td>反思提升</td><td>相关专家讲座：
1.中国科学院国家天文台研究员邓李才的讲座《冷湖：从这里洞穿宇宙》（中国光学天文台选址）；
2.中国科学院国家空间科学中心李明涛讲座《如果小行星撞击地球我们能怎么办？》</td><td>聆听讲座，思考我国在相关技术领域的发展现状，激发相应的使命感</td><td>1.课前：设计、制作研究报告；
2.课后：修改完善报告</td><td>运用数字资源进行</td></tr>
<tr><td>5</td><td>成果展示与评价反馈</td><td>成果展示及课题研究过程反思</td><td>1.分小组展示学习研究成果；
2.展示虚拟情景防御方案；
3.反思分享课程学习体会</td><td>1.课前：修改完善报告；
2.课后：对研究成果进行修改完善，形成最终报告</td><td>多媒体教室运用多媒体和智慧课堂环境支持小组展示交流与评价（自评与互评活动的组织）</td></tr>
<tr><td>学生作品</td><td colspan="6">1.防御方案、模拟实验结果、研究报告；
2.参与国际小行星日科普宣传</td></tr>
<tr><td>评价方式</td><td colspan="6">自我评价；组内同伴评价；组间互评；教师评价</td></tr>
<tr><td>安全保障</td><td colspan="6">一般校内活动保障</td></tr>
<tr><td>条件保障</td><td colspan="6">课程开发组外部保障：相关技术硬件条件支持；
课程开发组内部保障：相关学科内容深入研究</td></tr>
<tr><td>开发次第</td><td colspan="6">首次开发</td></tr>
<tr><td>课程审批</td><td colspan="6">1.课程教学处：　　签　章　　年　月　日
2.学生发展处：　　签　章　　年　月　日</td></tr>
</table>

近地小行星防御研究成果交流展示

一、教学分析设计

（一）内容分析

本课程的核心问题设定为“研习国际国内近地小行星防御研究成果，针对‘2022-CDFZ-12 号小行星可能撞击地球’，借助 NASA/JPL NEO Deflection App 展开防御推演，撰写相应的防御方案”。在课程核心问题的引领下，第一次课学生通过教师讲解认识了小行星和近地小行星的基本分类。通过了解历史上较著名的小行星撞击事件，对课题有初步的了解。学生从对课题的初步印象中，梳理出与行星防御相关的关键内容，课后分小组进行进一步文献查询研究。第二次课和第三次课，学生针对各自选择的子课题内容，分享交流初步研习成果；并在教师带领下进一步了解小行星的发现办法和小行星发现的公众参与科学项目。第四次课，学生通过网络听取了两个课题相关的报告：一个是中国科学院国家天文台研究员邓李才的讲座《冷湖：从这里洞穿宇宙》，了解了天文台选址的条件、冷湖台址选定的探索过程以及我国在建光学天文望远镜的相关情况；另一个是中国科学院国家空间科学中心李明涛的讲座《如果小行星撞击地球，我们能怎么办？》。通过讲座，学生进一步了解了课题相关的国内的一些研究现状。

本次课是本课程的第五次课，学生将在前期研习的基础上汇报展示最终的研究成果，并针对虚拟情景，进行模拟推演。

（二）学生分析

学生在前四次课的课堂学习、交流分享中，以及课后自主研究的过程中逐步确定了课题研究的相关方向。尤其是在自主查询归纳、整理、分析资料，参与建模计算，寻找工具模拟实验的过程中，对于自己研习的子课题内容有了较为深入的理解。在前期研究过程中，深刻体验到我国在课题相关的基础理论研究和技术工程试验上与发达国家的差距。

（三）课程目标

1. 结果性目标

（1）查阅和研习相关资料，对行星防御课题所涉及的地基、天基监测预警，撞击风险评估，防御方案所涉及的技术工程问题有一定认识；

（2）融入虚拟情景，完成防御流程的推演，形成相应的研究报告。

2. 体验性目标

在近地小行星防御研究活动中，体验行星防御与监测、风险评估的关联；体验理论研究、模拟实验、技术实践三者的关联。

（四）课次目标

（1）学生能基于前期研究，展示自己对子课题内容的理解，形成自己的观点；
（2）学生能融入虚拟情景，完成模拟防御推演。

（五）资源分析

撞击模拟使用的软件 NASA/JPL NEO Deflection App，是美国宇航局行星科学部赞助，并在喷气推进实验室（JPL）的近地天体项目办公室主持下由 TAC 公司开发的。此应用程序旨在深入了解使用撞击来偏转威胁性小行星的相关问题，其轨道和偏转效果计算的数学程序基于真实的科学研究成果。该应用程序可以回答以下问题：偏转小行星的最佳时间是什么？需要多大的速度变化才能使小行星偏离地球？什么时候发射航天器来拦截小行星？单次发射可以偏转的小行星的最大尺寸是多少？小行星最容易的偏转方向是哪个方向？

（六）主题分析

本次课学生将在前期研习的基础上汇报展示最终的研究成果，并针对虚拟情景进行模拟推演。师生共同反思课题研究过程，深入体会对于复杂、系统、实际、未知的课题研究中科学方法的重要作用。结合自己的研究成果，深入理解国家的近地小行星防御系统组建计划，增强责任感与使命感，提升爱国、强国之情。

二、教学实施设计

（一）教学环节

教学环节	学生活动	教师活动	设计意图
课题情景（约3分钟）	观看视频，进入课题情景	播放新闻视频：2022 年 4 月 24 日是第七个“中国航天日”，主题为“航天点亮梦想”。国家航天局副局长吴艳华向媒体表示，中国将着手组建近地小行星防御系统	通过新闻视频，明确课题选题意义，并融入问题情景
学习分享与防御推演（约30分钟）	学生活动一： （分享前期学习研究成果） 小组一：撞击风险 1.彗星撞木星与地球火流星事件综述； 2.小行星的撞击能量建模； 3.小行星撞击危害分类；	记录学生分享要点	学生展示前期学习研究成果，形成虚拟情景推演的理论基础

续表

教学环节	学生活动	教师活动	设计意图
学习分享与防御推演（约30分钟）	小组二：监测预警 1.小行星编目； 2.小行星的天基、地基观测； 3.小行星模拟定轨； 小组三：防御策略 1.小行星防御总述； 2.小行星防御的概念设计之光压技术； 3.小行星防御之激光烧蚀技术		
	学生活动二：（课程内容评价反馈） 基于虚拟情景完成（动能撞击）防御推演	记录学生推演过程要点	学生利用学习研究所得，分析虚拟情景，模拟防御推演。进一步加强对小行星防御与监测、风险评估的关联体验；加强理论研究与模拟实验、技术实践的关联体验
小结提升（约7分钟）	1.分享课程学习反思总结、心得体会； 2.分享对国家近地小行星防御系统组建规划的认识	针对学生课堂生成，给予正面积极的评价反馈	激发崇尚科学、探索未知、敢于创新的航天精神；进一步增强爱国强国的使命感

（二）评价预设

对于学生的研究成果汇报，应注意肯定学生学习成果形成过程中思维的闪光点，引导学生批判性地反思其结论生成的过程。

在师生共同反思总结的过程中，可以根据课堂生成提升出航天精神（崇尚科学、探索未知、敢于创新）；反思课程研究过程，提升出研究方法；通过国内国际研究现状，提升国家安全（责任感与使命感）。

（三）板书设计

近地小行星防御研究成果交流展示

研习国际国内近地小行星防御研究成果，针对“2022-CDFZ-12 号小行星可能撞击地球”，借助 NASA/JPL NEO Deflection App 展开防御推演，撰写相应的防御方案。

一、新闻要点

1.地基、天基监测预警系统（编目、确认真威胁）

2.研究探索相关技术和工程（抵近观测、就近撞击）

二、研究成果汇报

1.研习成果

撞击危害认识	危害综述	
	建模评估	
	超高速撞击危害分类	
监测预警	小行星编目	
	地基监测	
	天基监测	
	小行星定轨及轨道推演	
防御策略	概念策略	
	相关技术与工程	

2.模拟推演

（1）监测定轨分析（轨道、材料）。

（2）防御推演。

三、课程反思提升

1.航天精神（崇尚科学、探索未知、敢于创新）

2.课程研究过程→研究方法

3.国家安全（责任感与使命感）

（四）教学流程

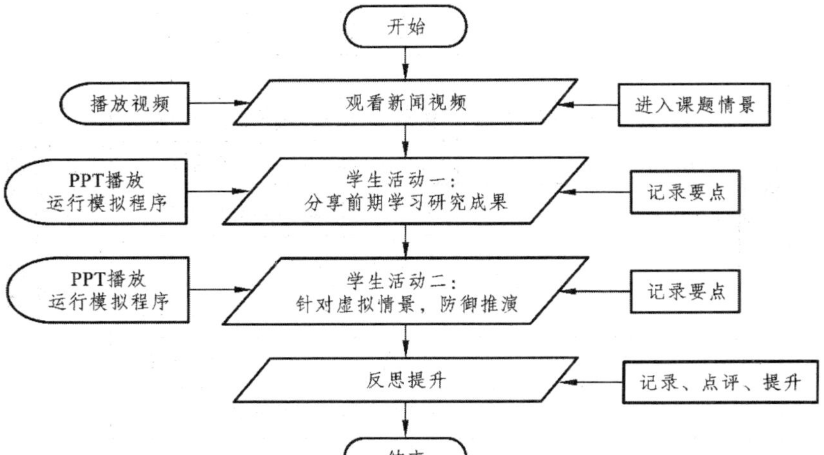

图 12-1　“近地小行星防御研究”教学流程图

三、教后评价设计

（一）信息搜集

课后听取、收集、梳理了听课教师的反馈意见和建议；访谈课程参与学生，收集其课程研究报告。

（二）自我评价

川大附中项目课程核心问题教学评价表

<table>
<tr><th rowspan="2">评价目标</th><th colspan="3">评价指标</th><th rowspan="2" colspan="2">评价结果</th></tr>
<tr><th>一级指标</th><th>二级指标</th><th>三级指标</th></tr>
<tr><td rowspan="24">实现活动体验中的学习与发展</td><td rowspan="3">具有核心问题教学形态</td><td rowspan="3">核心问题利于活动体验</td><td>内含客观问题和学生活动方式</td><td>8</td><td rowspan="12">每项指标最高评8分
合计 91 分</td></tr>
<tr><td>问题情景与真实生活密切相关</td><td>8</td></tr>
<tr><td>能引发新知识、新方法的生成</td><td>6</td></tr>
<tr><td rowspan="9">具有核心问题教学形态</td><td rowspan="3">教学目标价值引导恰当</td><td>两类目标正确全面</td><td>8</td></tr>
<tr><td>关联体验目标恰当</td><td>7</td></tr>
<tr><td>目标价值引导显现</td><td>8</td></tr>
<tr><td rowspan="3">教学环节完整合理落实</td><td>教学环节清晰完整</td><td>8</td></tr>
<tr><td>环节内容合理充实</td><td>8</td></tr>
<tr><td>学生活动时间充分</td><td>8</td></tr>
<tr><td rowspan="3">教学要素相互匹配促进</td><td>问题目标环节两两匹配</td><td>7</td></tr>
<tr><td>技术促进活动形式内容</td><td>7</td></tr>
<tr><td>课程特点突出氛围浓郁</td><td>8</td></tr>
<tr><td rowspan="12">具有核心问题教学实质</td><td rowspan="3">拓宽学习视野</td><td>课程与现实世界有恰当关联</td><td rowspan="12" colspan="2">选择一个表现突出的二级指标，在相应三级指标的引导下，以现场学生表现为主要依据，以其余指标为背景，于本表的第二页写出150字以上的简要评价</td></tr>
<tr><td>有基于缄默知识的问题解决</td></tr>
<tr><td>有缄默知识运用的追踪剖析</td></tr>
<tr><td rowspan="3">投入实践活动</td><td>有真实而且完整的实践活动</td></tr>
<tr><td>能够全身心地浸渍于活动中</td></tr>
<tr><td>活动的内容结果均丰富深入</td></tr>
<tr><td rowspan="3">感受意义关联</td><td>有核心问题的深层意义感受</td></tr>
<tr><td>有以知识为中心的关联感受</td></tr>
<tr><td>有以个人为中心的关联感受</td></tr>
<tr><td rowspan="3">自觉反思体验</td><td>有实质性反思活动的开展</td></tr>
<tr><td>有课程新因素的追踪利用</td></tr>
<tr><td>有体验的交流与改善重构</td></tr>
</table>

续表

		乐于对话分享	乐于自我表达与认真倾听	
			乐于合作中成果与思路的分享	
			有宽容的对话氛围和双向交流	
		认同体验评价	认可体验评价	
			参与体验评价	
			利用体验评价	
核心问题教学实质的简要评价				
首先，本课程在拓宽学习视野这个二级指标上比较突出，课程与现实世界关联密切。虽然印象中课题显得科幻味十足，但是随着学生研究的深入，逐步发现这就是一个现实问题。小行星数量巨大，无论是太阳系其他行星还是地球漫长的历史过程中都不乏典型的例子。正如科学家所言，这不是一个会不会的问题，而只是一个什么时间发生的问题，一旦发生则与每一个人的命运相关。2022 年 4 月 24 日第七个中国航天日，我国发布了新一期航天计划，其中就有组建近地小行星防御系统的计划。学生在研究的过程中，充分感受到了课程与现实世界的关联，正如学生反思所言，研究过后逐渐理解了这一课题的“科学”意义。体现出课程对学生学习视野的拓展。 在课程研究的过程中，学生基于缄默知识选择了课题关联的重要因素：“监测”对应发现小行星，建立模型确定威胁的概率，评估防御的时间；“风险评估”当撞击不可避免发生时，如何通过评估危害实现公众预警，降低危害影响的范围，最大程度保护人身安全；“防御”通过对概念性策略的创新与技术实现，切实达到有所准备的目的。这些关键因素的提出与选择很大程度是基于其缄默的生活体验而提出，体现了其缄默知识对于学习视野的拓展。 基于以上二级指标，本课的核心问题教学实质体现充分				

（三）反馈调整

分析学生提交的课题研究报告，结合课程推进过程中学生的实践表现，依据教学目标达成情况分类分析，完成了下面的《川大附中项目课程体验性目标点检测表》。

川大附中项目课程体验性目标点检测表

基本信息	课程名称	近地小行星防御研究		课程类别	学科选修课
	首席教师	胡隽		组/处	物理组
	参与教师	肖怀安		组/处	物理组
	参与教师	陈其伟		组/处	物理组
	年　　级	高二		上课时间	2022 年 6 月 2 日
核心问题	研习国际国内近地小行星防御研究成果，针对“2022-CDFZ-12 号小行星可能撞击地球”，借助 NASA/JPL NEO Deflection App 展开防御推演，撰写相应的防御方案				
课程目标	结果性目标	1.查阅和研习相关资料，对行星防御课题所涉及的地基、天基监测预警，撞击风险评估，防御方案所涉及的技术工程问题有一定认识； 2.融入虚拟情景，完成防御流程的推演，形成相应的研究报告			

续表

<table>
<tr><td></td><td>体验性目标</td><td colspan="2">在近地小行星防御研究活动中，体验行星防御与监测、风险评估的关联；体验理论研究、模拟实验、技术实践三者的关联</td></tr>
<tr><td>检测点</td><td colspan="3">理论研究与模拟实验的关联</td></tr>
<tr><td>检测任务</td><td colspan="3">在防御推演过程中，运用研习的理论知识结合模拟情景分析监测、风险评估、防御的相关问题</td></tr>
<tr><td rowspan="4">分类标准</td><td colspan="3">A.能较好地运用研习的知识，合理推演发现小行星后的防御过程；在分析的过程中，能基于实际问题辩证地进行分析，客观地评价推演的结论；能根据理论研究解决模拟实验中遇到的问题，客观地评价模拟实验的结果</td></tr>
<tr><td colspan="3">B.能运用研习的知识，推演发现小行星后的防御过程；能结合理论研究与模拟实验分析部分问题，分析的过程能中辩证地看待问题</td></tr>
<tr><td colspan="3">C.能运用研习的知识，尝试推演发现小行星后的防御过程；知道本课题中理论研究应与模拟实验结合来分析问题，但不能较好运用</td></tr>
<tr><td colspan="3">D.对研习知识理解较浅，不能分析相关问题，不能厘清理论研究与模拟实验的关联</td></tr>
<tr><td rowspan="5">检测统计</td><td>分类等级</td><td>学生人数（总人数 16 人）</td><td>所占百分比</td></tr>
<tr><td>A</td><td>2</td><td>12.5%</td></tr>
<tr><td>B</td><td>6</td><td>37.5%</td></tr>
<tr><td>C</td><td>4</td><td>25%</td></tr>
<tr><td>D</td><td>4</td><td>25%</td></tr>
<tr><td>检测分析结果运用</td><td colspan="3">选课学生中只有 2 位同学（12.5%）能较好地理解相关知识，并应用于虚拟情景进行较为合理的推演，对理论分析与模拟实验的关联有较深的体验。选课学生中有 6 位同学能结合理论知识分析模拟推演中的问题，虽然不够全面，但对理论研究与模拟实验的关联有一定体验。有 4 位同学能尝试在模拟推演中运用所研习知识，但分析较浅显。另有 4 位同学由于对理论知识的研习不够深入，不能完成相关分析。
这个检测结果表明，由于课题涵盖的学科知识面较宽、内容较艰深，整个课程实施的时间又非常有限，学生对于课题相关的知识研习已经比较吃力，在结合虚拟情景运用知识分析实际问题的过程中存在较大困难</td></tr>
<tr><td>体验典型实例</td><td colspan="3">罗号同学在访谈中对防御方案的评价为：“由于时间有限，只提出了两种较为典型的防御方案，但实际的问题其实更为复杂，应该多尝试更多的参数寻找最优方案。”他能较客观地评价推演结论，能把握理论分析与实际问题解决之间的矛盾与关联，评为 A 等</td></tr>
<tr><td>检测反馈</td><td colspan="3">随着课程推进，相比于开课初，学生的研究素养明显提升，对理论研究与实际问题解决的关联有更深入的体验，面对前沿学科问题有了克服困难的勇气与较好的研究方法和研究路径。但部分学生在课程中还是表现出较大的畏难情绪，需要教师更细致耐心的鼓励和引导</td></tr>
</table>

近地小行星防御课题研究报告

罗　号 何俊宏 何卓恒 罗义扬

一、课题的现实意义

小行星撞击地球并非杞人忧天，而是可能实际发生的事情。目前为止，已观测到的近地小行星约有 29 000 颗，人类无时无刻被这种天外的不速之客所围绕。格林尼治时间 2019 年 7 月 25 日凌晨 1 时 22 分，一颗名为 2019 OK 的小行星，以 24.5km/s 的速度，从距离地球只有 7.2×104km 的地方"擦肩而过"。这个距离约为地球和月球之间距离的 1/5，这颗小行星的直径大约在 57 ~ 130 m 之间。天文学家直到它抵达近地点之前的前一天才发现它，假如它撞上地球，产生的爆炸威力相当于 1×10^{11}kg TNT 当量，约是广岛原子弹的 5000 倍，虽不足以造成全球性灾难，但足以摧毁一座大城市。

美国和欧洲等国家和地区一直致力于开展近地小行星的风险评估和防御研究。2018 年 6 月，美国白宫发布《国家近地天体预防战略与行动规划》，从国家层面谋划如何提高预防近地天体撞击地球的能力。美国航空航天局和欧洲航空航天局已经有计划地合作开展针对小行星 65803 戴迪莫斯（1996GT）的"双小行星重定向测试"任务和"赫拉"任务。

2022 年 4 月 24 日是第七个"中国航天日"，主题为"航天点亮梦想"，旨在进一步宣扬崇尚科学、探索未知、敢于创新的理想信念，以航天梦托举中国梦，激发汇聚逐梦筑梦的磅礴力量。国家航天局副局长吴艳华向媒体表示，中国将着手组建近地小行星防御系统，并计划在"十四五"末期实施一次防御技术实验，共同应对近地小行星撞击的威胁，为保护地球和人类安全贡献中国力量。

对这个课题的研究是目前行星科学中的热点内容，通过课题研究可以厘清近地小行星防御中的一些基础问题，开启深入研究的大门。

二、课题中使用的研究方法

（一）文献研究法

通过查阅大量中英文文献，对课题相关内容进行初步了解。对课题有了初步认识后，结合自身兴趣，分小组从撞击危害、监测预警、防御策略三个方向进行文献梳理与学习。

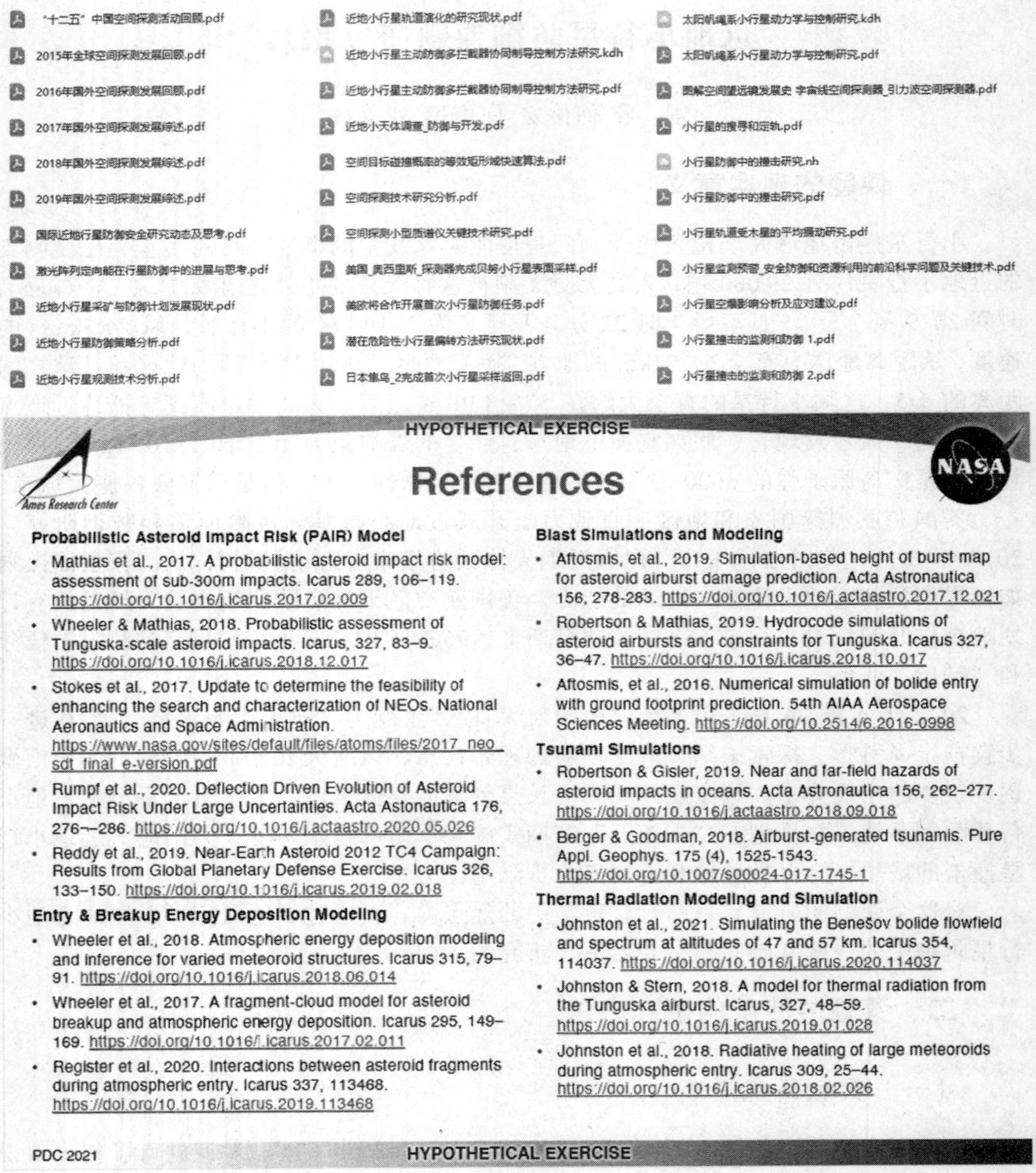
"十二五"中国空间探测活动回顾.pdf
2015年全球空间探测发展回顾.pdf
2016年国外空间探测发展回顾.pdf
2017年国外空间探测发展综述.pdf
2018年国外空间探测发展综述.pdf
2019年国外空间探测发展综述.pdf
国际近地行星防御安全研究动态及思考.pdf
激光阵列定向能在行星防御中的进展与思考.pdf
近地小行星采矿与防御计划发展现状.pdf
近地小行星防御策略分析.pdf
近地小行星观测技术分析.pdf
近地小行星轨道演化的研究现状.pdf
近地小行星主动防御多拦截器协同制导控制方法研究.kdh
近地小行星主动防御多拦截器协同制导控制方法研究.pdf
近地小天体调查_防御与开发.pdf
空间目标碰撞概率的等效矩形域快速算法.pdf
空间探测技术研究分析.pdf
空间探测小型质谱仪关键技术研究.pdf
美国_奥西里斯_探测器完成贝努小行星表面采样.pdf
美欧将合作开展首次小行星防御任务.pdf
潜在危险性小行星偏转方法研究现状.pdf
日本隼鸟_2完成首次小行星采样返回.pdf
太阳帆绳系小行星动力学与控制研究.kdh
太阳帆绳系小行星动力学与控制研究.pdf
图解空间望远镜发展史 宇宙线空间探测器_引力波空间探测器.pdf
小行星的搜寻和定轨.pdf
小行星防御中的撞击研究.nh
小行星防御中的撞击研究.pdf
小行星轨道受木星的平均摄动研究.pdf
小行星监测预警_安全防御和资源利用的前沿科学问题及关键技术.pdf
小行星空爆影响分析及应对建议.pdf
小行星撞击的监测和防御 1.pdf
小行星撞击的监测和防御 2.pdf

HYPOTHETICAL EXERCISE

Ames Research Center

NASA

References

Probabilistic Asteroid Impact Risk (PAIR) Model

- Mathias et al., 2017. A probabilistic asteroid impact risk model: assessment of sub-300m impacts. Icarus 289, 106–119. https://doi.org/10.1016/j.icarus.2017.02.009
- Wheeler & Mathias, 2018. Probabilistic assessment of Tunguska-scale asteroid impacts. Icarus, 327, 83–9. https://doi.org/10.1016/j.icarus.2018.12.017
- Stokes et al., 2017. Update to determine the feasibility of enhancing the search and characterization of NEOs. National Aeronautics and Space Administration. https://www.nasa.gov/sites/default/files/atoms/files/2017_neo_sdt_final_e-version.pdf
- Rumpf et al., 2020. Deflection Driven Evolution of Asteroid Impact Risk Under Large Uncertainties. Acta Astonautica 176, 276-–286. https://doi.org/10.1016/j.actaastro.2020.05.026
- Reddy et al., 2019. Near-Earth Asteroid 2012 TC4 Campaign: Results from Global Planetary Defense Exercise. Icarus 326, 133–150. https://doi.org/10.1016/j.icarus.2019.02.018

Entry & Breakup Energy Deposition Modeling

- Wheeler et al., 2018. Atmospheric energy deposition modeling and inference for varied meteoroid structures. Icarus 315, 79–91. https://doi.org/10.1016/j.icarus.2018.06.014
- Wheeler et al., 2017. A fragment-cloud model for asteroid breakup and atmospheric energy deposition. Icarus 295, 149–169. https://doi.org/10.1016/j.icarus.2017.02.011
- Register et al., 2020. Interactions between asteroid fragments during atmospheric entry. Icarus 337, 113468. https://doi.org/10.1016/j.icarus.2019.113468

Blast Simulations and Modeling

- Aftosmis, et al., 2019. Simulation-based height of burst map for asteroid airburst damage prediction. Acta Astronautica 156, 278-283. https://doi.org/10.1016/j.actaastro.2017.12.021
- Robertson & Mathias, 2019. Hydrocode simulations of asteroid airbursts and constraints for Tunguska. Icarus 327, 36–47. https://doi.org/10.1016/j.icarus.2018.10.017
- Aftosmis, et al., 2016. Numerical simulation of bolide entry with ground footprint prediction. 54th AIAA Aerospace Sciences Meeting. https://doi.org/10.2514/6.2016-0998

Tsunami Simulations

- Robertson & Gisler, 2019. Near and far-field hazards of asteroid impacts in oceans. Acta Astronautica 156, 262–277. https://doi.org/10.1016/j.actaastro.2018.09.018
- Berger & Goodman, 2018. Airburst-generated tsunamis. Pure Appl. Geophys. 175 (4), 1525-1543. https://doi.org/10.1007/s00024-017-1745-1

Thermal Radiation Modeling and Simulation

- Johnston et al., 2021. Simulating the Benešov bolide flowfield and spectrum at altitudes of 47 and 57 km. Icarus 354, 114037. https://doi.org/10.1016/j.icarus.2020.114037
- Johnston & Stern, 2018. A model for thermal radiation from the Tunguska airburst. Icarus, 327, 48–59. https://doi.org/10.1016/j.icarus.2019.01.028
- Johnston et al., 2018. Radiative heating of large meteoroids during atmospheric entry. Icarus 309, 25–44. https://doi.org/10.1016/j.icarus.2018.02.026

PDC 2021

HYPOTHETICAL EXERCISE

图 12-2 查阅的相关文献

（二）情景模拟

利用学习研究的小行星相关数据，虚拟一个较为合理、典型的近地小行星，并以此展开研究。

（三）撞击防御模拟推演

利用 NASA/JPL NEO Deflection App 对虚拟近地小行星展开撞击防御模拟推演。

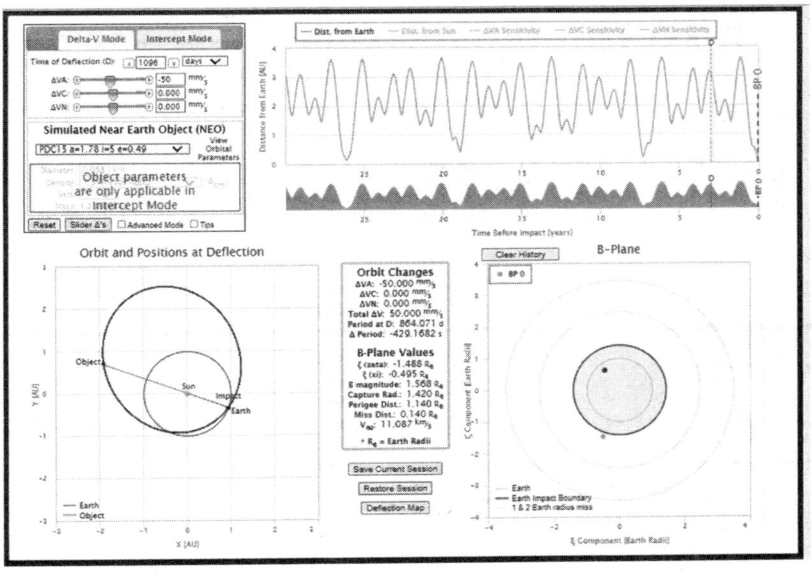

图 12-3　使用的模拟工具

三、研究结果

（一）小行星及小行星撞击危害认识

小行星数量庞大，如图 12-4 所示，截至 2022 年 5 月 19 日，已观测到并编目的小行星总数为 1 207 452 颗；近地小行星共计 28 948 颗；直径大于 140 m 的 10 081 颗；直径大于 1000 m 的 878 颗。截至 2022 年 5 月 19 日，已经发现 1304 颗小行星。

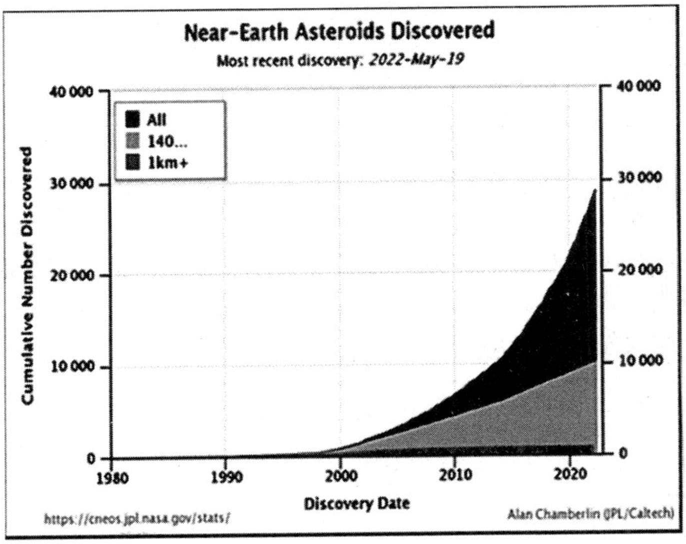

数据来源：美国国家航天局的数据统计（https：//cneos.jpl.nasa.gov/stats/site_all.html）。

图 12-4　近地小行星观测图

（二）小行星的监测

1. 观测系统分析

观测系统从观测平台可分为地基观测系统和天基观测系统，从观测波段可以分为可见光观测系统、红外观测系统和微波雷达观测系统。表 12-1 是这几种观测系统的对比。

表 12-1　五种观测系统对比

参数	观测平台		观测波段		
	地基观测系统	天基观测系统	可见光观测系统	红外观测系统	微波雷达观测系统
观测距离	受大气扰动影响，观测距离受限	摆脱大气干扰，探测距离更长	—	—	受一定的电磁信号干扰
系统分辨率	受大气层影响	摆脱大气影响，分辨率更高	高分辨率	中等分辨率	—
观测范围	受观测位置、平台等限制	不受站点位置限制，机动性更强	—	—	定方向观测
观测对象	近地及深空	深空探测更具优势	反射强度大的星体	暗弱天体	电磁信号特征较强的星体
观测误差	误差极大	误差较小	误差较大	误差较小	误差较小
技术成熟度	技术比较成熟	起步阶段（天文观测领域）	比较成熟	发展空间较大	相对成熟
系统拓展性	—	—	波段受限	根据需要选择不同红外波段	—

现如今技术最为成熟，使用最广泛的便是地基光学观测系统，虽然存在不可避免的大气干扰，但是它可以观测到反射强度较大的星体，并提供其清晰的图像。地基观测系统通常采用可见光和射电波为主要波段。如图 12-5 所示，对于地基观测而言，大气层对于不同波长的波吸收率也完全不同。伽马射线，X 射线和紫外线这些短波和超长射电波几乎被大气层完全屏蔽；而可见光和射电波可以较好地透过大气层以达到成像观测的目的。

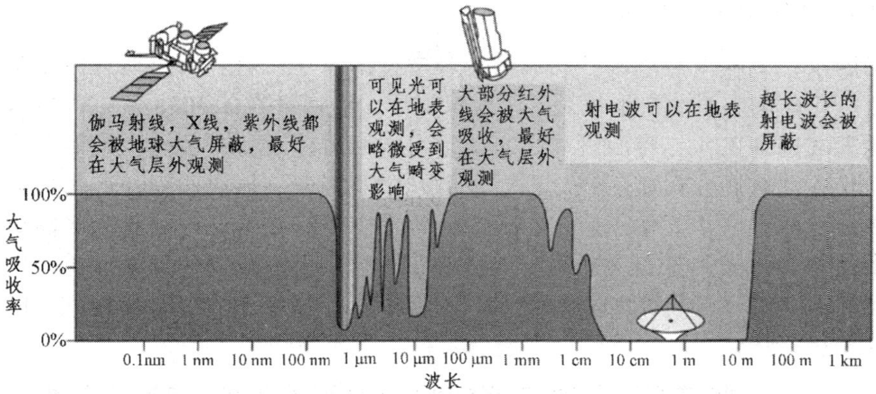

图 12-5　大气层对不同波长电磁波的吸收率

微波雷达观测系统应用也较为广泛，如位于中国贵州的 FAST 射电望远镜就是其中之一。这种观测系统可以对电磁信号较强的星体进行精确的定方向观测，误差较小且受到大气干扰很小。而红外观测系统以及天基系统则正在发展当中，天基系统虽然不会受大气层干扰，但是成本过高并难以维护是限制其发展的最大问题。

2. 国际主要观测平台分析

卡特琳娜巡天系统是近十多年来发现小行星数目最多的观测系统。图 12-6 展示了 1995 年至 2022 年 5 月 20 日国际主要观测平台发现小行星的数量，其中斜线部分显示的是卡特琳娜巡天系统发现的数量，大约一半的小行星都是由这个平台观测到的。同时大多数小行星都是由美国或者欧洲的巡天系统发现的，而中国的观测平台观测到的数据还较少。

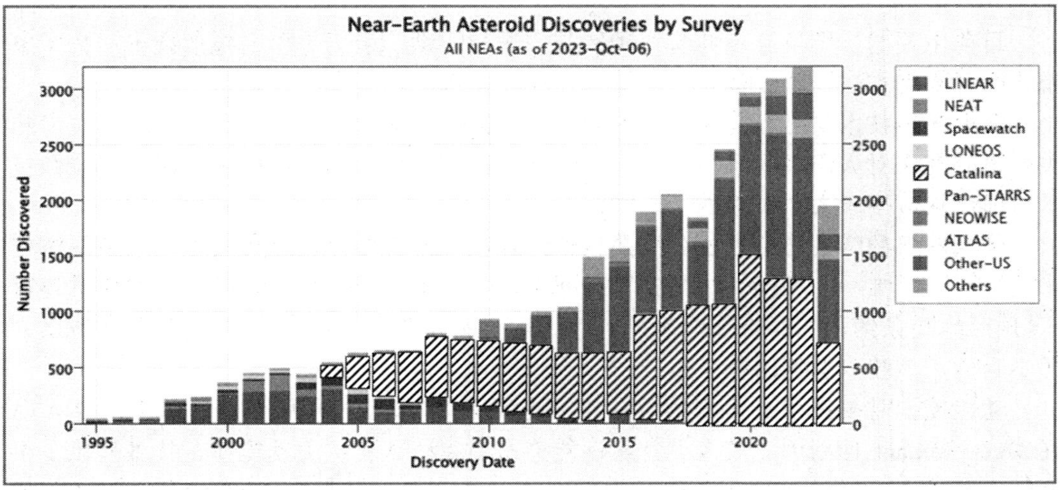

数据来源：美国国家航天局的数据统计（https：//cneos.jpl.nasa.gov/stats/site_all.html）。

图 12-6　国际主要观测平台发现的小行星数量

3.国内观测平台的发展

总的来说，国内观测水平相对欧美等发达国家还比较落后，但近些年来已经加速发展，并且有较全面的未来规划。如地基方面，研究团队自2018年1月启动青海冷湖地区的天文选址工作，克服野外高海拔等重重困难建成所有关键台址参数测量平台。经过3年连续监测数据显示，冷湖台址的光学观测条件比肩国际一流大型天文台。在冷湖台址已经有清华大学、紫金山天文台等多个项目在建，未来将为中国宇宙探索提供一手数据。而天基方面，计划明年发射我国首个大型空间巡天望远镜，未来它将与中国空间站共轨飞行，打造中国的“深空之眼”，带来全景式宇宙高清图，成为太空中最大的相机。

图 12-7　2020 年世界光学望远镜口径等比比较图

（三）防御技术研究

目前主要的防御措施一共有八种，其中质量驱动、引力牵引、拖船技术、离子束偏移四种防御方法成熟度都较低，目前仅存在于理论研究中。

太阳光压技术与激光烧蚀技术虽然在行星防御方面并不成熟，但太阳光压技术相关理论研究在对太阳系内小行星轨道的测算方面有着不可或缺的作用，而激光烧蚀技术目前已被应用于太空垃圾的清理方面。

较为成熟的两种防御方法分别是核爆防御技术与动能撞击防御技术。核爆防御技术是目前人类唯一一种能够应对预警时间短的小行星防御技术，但由于该项技术违反了《国际空间条约》,同时爆炸产生的碎片仍然会对人类造成威胁,因此不到万不得已，并不会使用该技术进行防御。

动能撞击防御技术是目前最为成熟的技术,该技术已于2005年7月14日由NASA在Deep Impact计划中完成人类首次动能撞击的在轨试验，为动能撞击技术提供了丰富的实验数据。同时NASA与欧空局联合执行的AIDA计划中，NASA已于2021年完成了第一阶段的DART计划，之后欧空局将于2023年完成对于DART计划撞击效应的检测，并修正撞击模型。该项目将会为动能撞击技术的发展奠定坚实有力的数据基础。

四、防御模拟推演

（一）虚拟小行星相关参数选定

小行星相关参数的选定数据均来自已观测到的潜在威胁小行星的平均参数。

1. 虚拟小行星轨道参数

表 12-2　虚拟小行星的轨道参数

轨道参数	半长轴	1.775AU
	偏心率	0.490
	周期	863 天
	轨道倾角	5.347
	升交点赤经	340.370
	近日点辐角	313.451

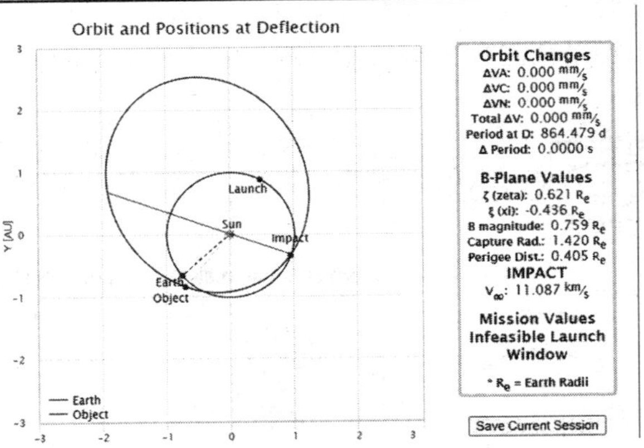

图 12-8　虚拟小行星轨道与地球轨道

2. 虚拟小行星直径

依据大多数已观测小行星的平均值，采用绝对星等 24，反照率 0.13，利用 NASA 的估算工具计算所得虚拟小行星直径为 0.058km。

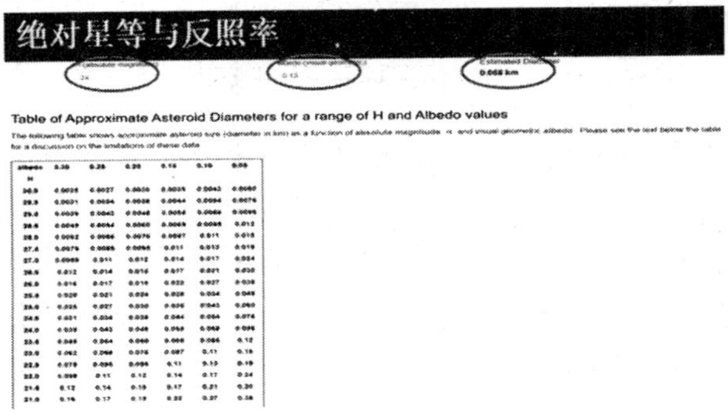

图 12-9　绝对星等与反照率估算小行星直径表

3. 虚拟小行星撞击时间

基于前期的数据研究，目前编目内的潜在威胁小行星的预计撞击时间都比较长，但存在小行星“掠过”地球才被发现的情况，所以预警时间存在一定的随机性。因为研究团队为高中生,故选定高中学习时间三年作为模拟情景中小行星撞击的预期时间。

（二）防御推演

基于 NASA/JPL NEO Deflection App 对近地小行星防御进行模拟推演，研究小组得出了以下结论：

（1）顺逆向速度的改变对小行星产生的影响最大；

（2）越早实施撞击防御，越容易取得较好效果；

（3）越靠近近日点的撞击，防御效果越好。

基于以上结论，拟定了两种较为典型的防御方案：

方案一：在小行星撞击地球前 1029 天发射一枚载荷量 857.46kg 的猎鹰重型火箭撞击小行星进行防御。

优点：航天器载荷量低，发射难度较小；撞击时间早，有试错机会。

缺点：此时小行星观测数据积累量不够，对轨道的预测和计算不够准确，容易造成防御任务失败。

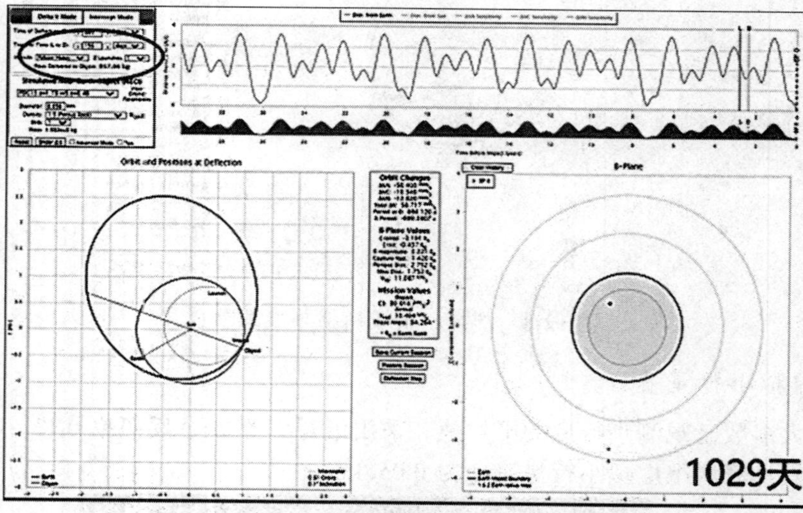

图 12-10　防御方案一

方案二：在小行星撞击地球前 280 天发射一枚载荷量约 7t 的猎鹰重型火箭撞击小行星进行防御。

优点：行星轨道、物理特性等相关观测数据积累量大，任务精度较高。

缺点：7t 的载荷量使得航天器的发射和运行极为困难，而本次任务一旦失败，则很可能没有下一次防御机会。

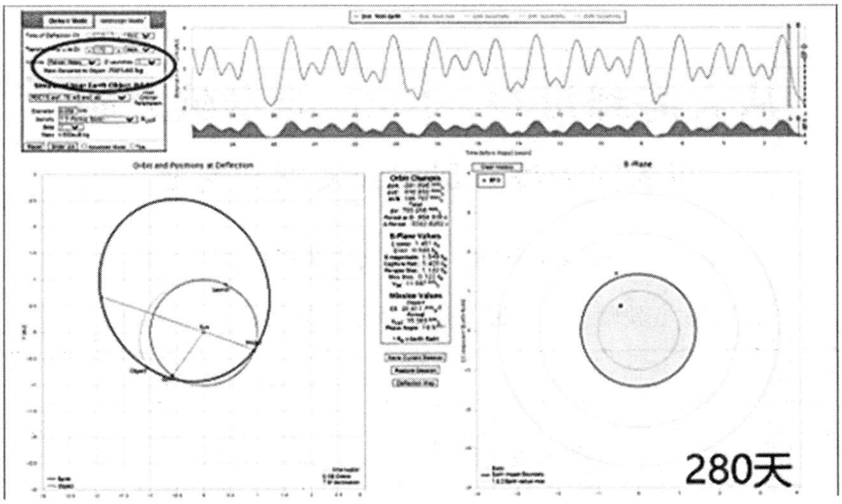

图 12-11　防御方案二

五、课题小结与展望

（一）课题本身的重要性

这一课题是关乎地球、全人类的生存问题。如果小行星撞击地球，每一个人都无法逃避，我们只有提前做好防御措施，去解决问题，才能守护我们的地球，保护全人类的生命。

（二）探索未知的艰难

通往真理和科学的道路是艰难的，任何一项科学研究，都需要经过无数的努力，也是无数人智慧的结晶。我们在研究这一课题的过程中，查阅了大量的资料，阅读了大量的文献，反复模拟比较，最终才呈现出这样较为粗糙的推演过程和防御方案。

（三）研究方法的应用

①理论研究
- 数据采集与分析
- 查阅文献
- 构建物理模型

①实验研究
- 模拟撞击实验
- 在轨实验

（四）责任艰巨

从前述研究中可以看出，在课题相关理论研究和技术实践上，国内相比于欧美发达国家差距还十分巨大。而我们作为下一代国家的建设者，身上的责任是十分重大的。我们只有努力奋斗，才能承担得起这份重任。除了奋斗，别无选择！

从大海到用户，NaCl的奉献之旅

川大附中项目课程开发规划纲要

课程首席教师：雷良兵（化学组）

课程参与教师：薛　莲（化学组）　唐燕茹（化学组）

<table>
<tr><td>课程名称</td><td colspan="6">从大海到用户，NaCl的奉献之旅</td></tr>
<tr><td>课程类型
（勾选）</td><td></td><td>必修的综合实践活动研究性课程</td><td>√</td><td>选修的学科研究性课程</td><td></td><td>选修的校本研究课程</td></tr>
<tr><td>实施对象</td><td colspan="2">高一年级学生</td><td colspan="2">建议选课
学生人数</td><td colspan="2">20人</td></tr>
<tr><td>课程课时及
上课时段</td><td colspan="6">课程课时：5次10课时；上课时段：学校常规综合实践活动课程时间</td></tr>
<tr><td>课程背景</td><td colspan="6">1.课程开设背景分析：基于我校“以核心问题为中介的学校课程开发实践研究教学模式”，对学生原有的学习过程进行重构。初中化学中“粗盐的提纯”是“除去难溶性杂质”的流程，而高中学生通过学习微视频知识，知道易溶电解质饱和溶液中存在溶解与结晶两个过程的平衡，理解了平衡过程中存在的微观机理。教学过程中我们发现每一届复习初中化学中“粗盐的提纯”，引导学生探究化学必修一实验基础的粗盐提纯中“除去可溶性杂质”的流程时，均会引发学生的认知冲突，由此激发我们开发此综合实践课题，引导学生思维，突破前期提纯定式思维效应，让学生大胆质疑“得到的精盐真的不含任何杂质吗？”，提出猜想“不溶性电解质溶液中存在自由移动的离子”，进而设计实验，验证假设。使整个教学过程符合知识产生和发展的规律，问题设计符合科学逻辑和知识的内在联系，体现新课程中知识体系“螺旋上升”的认知规律，也与后面学习必修四难溶电解质的溶解平衡做了很好的铺垫。
教学中将物质的溶解性及难溶电解质的溶解平衡等具体的学科知识，只作为课程的载体，而更加关注于学生科学质疑精神的培养，尤其是对已有知识的质疑。学生能够发现问题，提出有效的、有探究价值的问题，是本节课的核心诉求所在。
2.课程资源背景分析：
（1）硬件资源背景：数字实验室、计算机教室、我校及川大化学实验室、自贡盐业博物馆可以辅助学生完成资料查询、方案设计、实验操作。川大化学实验室对氯化钠有深入研究，四川自贡盛产井盐，有丰富的制盐历史，都是很好的学习资源，可以帮助学生了解食盐的提取及深加工过程。
（2）人力资源背景：川大化学学院的研究生可以为学生提供大量详尽的素材；课程的四位教师可以协助学生进行问卷设计、数据分析、方案改进、实验指导。</td></tr>
</table>

续表

<table>
<tr><td>课程背景</td><td colspan="6">3.学生背景分析：
（1）知识储备方面：本节课针对高一下期学生设计。从知识角度看，学生在初中化学已进行过“粗盐提纯”实验，必修一中已经掌握了粗盐提纯中“除去可溶性杂质”的流程，在必修二第二章中具备了一定的化学平衡知识基础，通过微视频课前自学了易溶电解质饱和溶液中的溶解和结晶的平衡关系。（显性的知识性知识）
（2）研究素养方面：我校是“培养—研究型”大学附中，“以研究性课程和研究性教师培养研究性学生的特征”能让学生在高一入学即参与到综合实践活动研究性课程中来，具备研究的基本素养；从能力水平上看学生具备一定的问题提出的能力、实验设计能力、比较归纳能力，但在研究方法的认识上还有待提高，也需要老师给予适当的指导。（缄默的研究素养基础）
（3）研究意愿方面：学生处于高一阶段，具备一定的化学基础知识和基本的实验操作能力，对化学知识，尤其是与生活经验密切相关的化学知识是比较感兴趣的。从心理特点上看，他们有强烈的好奇心和求知欲，有利于问题的提出。本节课力求让学生在熟悉的情境中以不同方式、从不同角度提出问题、解决问题，进而发现新的问题（缄默的情感、态度、价值观）</td></tr>
<tr><td>课程内容
（核心问题）</td><td colspan="6">探究 NaCl 从大海到用户的奉献之旅，提出你的疑惑并尝试解决。
问题：1.如何除去粗盐中的难溶物？
2.如何除去粗盐中的可溶物？
3.如何改进优化除杂质方案？
活动：参观、实验、撰写方案</td></tr>
<tr><td>课程目标</td><td colspan="6">1.结果性目标：
（1）能设计并完成实验对粗盐进行提纯，进一步熟悉实验基本操作；
（2）了解 NaCl 在工业、农业、医用、食品等各方面的用途；
（3）能从溶解平衡的微观角度审视粗盐提纯的过程，发现并提出新的问题。
2.体验性目标：
（1）在粗盐提纯过程中让学生感受科学探究过程中各环节的关联；
（2）在除去食盐中可溶性杂质过程中让学生感受提出问题的价值和提问思路的关联；
（3）在理解食盐溶解平衡中让学生感受宏观与微观的关联，加深对科学本质的认识</td></tr>
<tr><td rowspan="3">课次计划</td><td>课次</td><td>主题</td><td>研究环节</td><td>学生活动</td><td>课前课后任务</td><td>活动地点及技术融入</td></tr>
<tr><td>1</td><td>提出问题：课题研究方向及问题的确立</td><td>发现问题，团队分组</td><td>参观：川大化学实验室、自贡盐业博物馆</td><td>1.课前：介绍盐业发展史；
2.课后：小组分工，提出任务</td><td>川大化学实验室；自贡盐业博物馆</td></tr>
<tr><td>2</td><td>解决问题1：制定实验方案</td><td>1.除难溶性杂质：收集信息，制定方案</td><td>展示方案讨论评价</td><td>1.课前：分组研讨，制定方案；
2.课后：反思完善</td><td>学校化学实验室</td></tr>
</table>

续表

	课次	主题	研究环节	学生活动	课前课后任务	活动地点及技术融入
课次计划	3	解决问题2：制定实验方案，修订完善方案	2.除可溶性杂质：收集信息，制定方案	展示方案讨论评价	1.课前：分组研讨，制定方案； 2.课后：反思完善	学校多媒体教室
	4	反思提升：提炼完善方案，撰写文案	反思研讨，优化方案，撰写文案	对比、分析、评价方案，形成比较优化的完整方案	1.课前：小组分工，明确下次任务； 2.课后：基于课堂评价，提炼完善方案	学校多媒体教室
	5	评价反馈：研究成果的交流、分享、改进	自评互评，延伸了解氯化钠的运用	评价、交流，扩充对氯化钠在工农业运用的了解	完善报告，交流分享	学校多媒体教室
学生作品	1.参观化学实验室、盐业历史博物馆的感受； 2.粗盐提纯实验报告； 3.学生研究报告					
评价方式	1.重视过程性评价（参与小组活动、分工、讨论的情况）； 2.重视实验操作技能评价、运用所学知识解决问题能力的评价					
安全保障	外出参观教师对学生安全有序的保障；课堂实验操作安全保障					
条件保障	课程开发组内部保障：教师上课实验器材的充分准备； 课程开发组外部保障：参观单位的联系与落实、上课地点的落实					
开发次第	首次开发					
课程审批	1.课程教学处：　　签　章　　年　月　日 2.学生发展处：　　签　章　　年　月　日					

再探粗盐提纯

——科学探究中新问题的提出及解决

一、教学分析设计

（一）教学内容分析

粗盐提纯的实验操作是初中的一个综合性实验操作，既结合了固体与液体的分离方法，又考察了学生蒸发结晶的操作。在第一次综合实践活动课中，通过观察视频学生不仅感受了粗盐提纯的过程，而且在实验中认识了固体混合物质除去不溶性杂质的方法。在交流讨论中，学生理解了通过过滤等方法能提高物质的纯度。第二次综合实践活动，通过复习各种仪器的使用方法，巩固溶解、过滤、蒸发等实验操作技能，让学生在实验中认识从固体混合物中除去杂质的方法，复习巩固粗盐提纯的实验流程，同时让学生在实验中体验溶解过滤蒸发这些实验操作在生活中的应用，体会化学知识能解决生活和生产中的实际问题。

本次课为本门课程的第三次课，为课程核心问题教学的科学探究中新问题的提出及解决环节：前两次课通过探究物质的溶解性，实验解决了除去难溶性物质的方法，但又发现了新问题：除去泥沙后的粗盐就纯净了吗？氯化钠中含有可溶解性杂质，前面两次课的方法不能除去可溶性杂质，如何除去可溶性杂质？通过分析利用教材海水的化学组成示意图，让学生感受到除去泥沙后的食盐并不纯净，从而为本次课除去氯化钠中的可溶性杂质做了铺垫。教学中将物质的溶解性及难溶电解质的溶解平衡等具体的学科知识，只作为课程的载体，而更加关注于学生科学质疑精神的培养，尤其是对已有知识的质疑。学生能够发现问题，提出有效的、有探究价值的问题并能尝试解决才是本节课的核心诉求所在。

（二）学生分析

本节课针对高一下期学生设计。从知识角度看，学生在初中化学已进行过“粗盐提纯”实验，必修一中已经掌握了粗盐提纯中“除去可溶性杂质”的流程，通过前面两次综合实践课进一步熟悉和巩固了粗盐提纯的操作。通过预习必修二，在必修二第二章中具备了一定的化学平衡基础知识；通过微视频课前自学了易溶电解质饱和溶液中的溶解和结晶的平衡关系。从能力水平上看，学生具备一定的问题提出的能力、实验设计能力、比较归纳能力。从心理特点上看，学生有强烈的好奇心和求知欲，有利于问题的提出。本节课力求让学生在熟悉的情境中以不同方式、从不同角度提出问题、解决问题，进而发现新的问题并尝试解决新问题。

（三）目标分析

1. 结果性目标

能从溶解平衡的微观角度重新思考粗盐提纯的过程，发现并提出具有探究价值的新问题。培养科学质疑的精神和勇于创新的科学态度。

2. 体验性目标

（1）体验溶解平衡过程中存在的微观机理，建立溶解平衡过程中宏观与微观的关联，加深对科学本质的认识；

（2）体验提出价值问题与提问思路之间的关联；

（3）在探究历程的回溯和反思活动中，体会科学探究中提出问题、假设与猜想、设计方案、实验验证、交流与评价、获得结论等科学探究环节之间的关联。

（四）媒体资源分析

本次课为室内的展示交流课，所用主要教学资源如下表所示：

教学资源	选用意图	来源
平板	辅助推进教学环节，展示学生相互交流的评价、成果等	科大讯飞
PPT、投影	用于教学引入及小组展示交流	学校多媒体设备
黑板	板书本堂课活动中的关键信息，呈现学生观点，辅助教师提升讲解	学校教室
实验仪器与药品	氢氧化镁过饱和溶液、NaOH溶液、酚酞溶液、试管、胶头滴管	学校实验室

（五）核心问题及设计思想

1. 核心问题

回顾粗盐提纯过程，质疑并尝试解决。

问题：

（1）如何除去粗盐中的难溶物？

（2）如何除去粗盐中的可溶物？

（3）如何改进优化除杂质方案？

活动：参观、实验、撰写方案。

2. 设计思想：主题分析

按课程规划纲要的课次规划，基于前面对本次课程活动与学生的分析，将本次课的活动主题确定为“从大海到用户，NaCl的奉献之旅”。

本节课教学采用“以核心问题为中介的学校课程开发实践研究教学模式”，对学生原有的学习过程进行重构。让学生在课前通过自主学习微视频知识，初步完成易溶电解质饱和溶液中存在溶解与结晶两个过程的平衡，学会书写平衡表达式，理解平衡过程中存在的微观机理，在课前完成了学习的“信息传递过程”，而将学习的“吸收内化”过程留在课堂上，通过师生互动、生生互动来完成，将课堂变成交流、合作、探究的场所，教师由知识的传授者变为课堂的组织者、指导者、合作者，实现了教学方式的变革。

教学过程设计以复习初中化学中“粗盐的提纯”，引导学生探究化学必修一实验基础的粗盐提纯中“除去可溶性杂质”的流程，引发认知冲突，激发学生思维，突破前期提纯定式思维效应，让学生大胆质疑“得到的精盐真的不含任何杂质吗？”，提出猜想“不溶性电解质溶液中存在自由移动的离子”，进而设计实验，验证假设。使整个教学过程符合知识产生和发展的规律，问题设计符合科学逻辑和知识的内在联系，体现新课程中知识体系“螺旋上升”的认知规律。

在课程目标的设计上，本节课侧重于“体验性目标中的过程与方法”。在观看微视频后提出问题，指导学生从微观、宏观的角度思考问题，质疑已有的知识，对未知的问题提出猜想，突出“科学探究过程中问题的提出”的重要性和必要性。教学中将物质的溶解性及难溶电解质的溶解平衡等具体的学科知识，只作为课程的载体，而更加关注于学生科学质疑精神的培养，尤其是对已有知识的质疑。学生能够发现问题，提出有效的、有探究价值的问题，是本节课的核心诉求所在。

二、教学实施设计

（一）教学环节

教学环节	教师活动	学生活动	技术与教育教学融合
教学引入（约3分钟）	PPT：回顾展示粗盐提纯流程；提出核心问题。 课前检测：播放微视频、提出问题	回答：1.向饱和 NaCl 溶液中继续加入 NaCl 固体，溶液的浓度会不会改变？固体的溶解停止了吗？为什么？ 2.若要使饱和 NaCl 溶液析出 NaCl 晶体，还有哪些办法？	运用幻灯片支持课堂教学中教学的引入及问题的提出（视频编辑、视频播放、图片选择等）
提出问题（约3分钟）	联系运用、提出问题： 1.对于粗盐提纯过程中，难溶性杂质的除去包含三步操作，其中蒸发操作是否存在溶解平衡？ 2.为什么蒸发过程中水减少了，会析出晶体呢？	分析：粗盐提纯过程中蒸发操作存在的溶解平衡； 蒸发过程中水减少了，析出晶体的原因	学生明确本次课的核心任务，检测微视频学习成果，为接下来的学习做铺垫

续表

教学环节	教师活动	学生活动	技术与教育教学融合
提出问题（约3分钟）	引导学生分析问题	1.观看：利用化学知识分析问题的两个思维角度：从宏观角度认识问题与从微观角度认识问题。从微观粒子的溶解平衡角度分析为什么水减少了会析出晶体？ 2.判断：哪一种理解更符合科学本质呢？ 3.方法认识：从不同角度、不同层次提出问题更有利于从本质上把握事物的发展规律	加深对易溶电解质的溶解和结晶过程的理解
	展示、引导：展示粗盐提纯中可溶性杂质（Mg^{2+}、Ca^{2+}、SO_4^{2-}）的除去过程。围绕粗盐提纯的核心问题：杂质是否除尽问题进一步引导学生分析。 教师预设学生可能的问题： 质疑：1.精盐真的不含任何杂质吗？ 2.不溶的物质真的不溶吗？	1.发现问题：学生根据已有的知识明确质疑的方向。 结合溶解平衡，通过对已有知识的质疑和对未知问题的猜想两个角度去发现问题。 2.猜想：不溶性电解质溶液中是否存在自由移动的离子？ 小组交流讨论，从不同角度发现问题、提出问题。积极发言、各抒已见	渗透创新思维方式。从微观本质思考问题、提出问题，培养学生自主提出问题的能力
分析解决问题（分钟）	1.引导：以$Mg(OH)_2$为例引导学生设计实验探究不溶的物质是否真的不能溶解。 2.问题检测：播放视频。 向饱和 NaCl 溶液中加入浓盐酸，可以看到析出食盐晶体	1.实验探究：自主设计、实验探究收集证据、分析总结。 2.得出结论：氢氧化镁可以溶解。不溶并不是绝对不溶，实际上是难溶。 3.思考讨论： （1）发现新问题：既然不溶的沉淀实际上可以溶解，得到的精盐是否含杂质？由此又产生了什么问题。 （2）形成新知识：难溶电解质的沉淀溶解平衡； （3）向饱和 NaCl 溶液中加入浓盐酸，分析现象	学生始终保持主动探究的热情； 板书学生流程设计要点； 视频播放，促进分析理解
发现新问题（约26分钟）	评价：这些问题的提出实际上迈出了科学探究的第一步，很多问题都极有探究价值	回顾今天提出的问题，聆听感悟	回顾学生自己提出的问题，提升学生的课堂幸福感

续表

教学环节	教师活动	学生活动	技术与教育教学融合
发现新问题（约26分钟）	1.结束语："提出问题—解决问题—发现新问题"正是人类不断创新的一个缩影。 希望同学们在今后的学习生活中敢于质疑、大胆猜想，不断创新，将所学知识更好地运用于生活，服务于社会。 2.投影：名人名言	收获感悟：本节课通过再探粗盐提纯，通过问题解决形成新的知识。科学探究中该如何提出问题？ 有两种提出问题的方式：对未知问题的猜想，对已有知识的质疑。感悟共鸣。 科学史话：回顾科学史上的一个经典故事——苹果砸中了牛顿的头，牛顿却提出了"苹果为什么向下落而不是向上飞的问题"，由此发现了万有引力定律	用事例说明提出问题的重要，分析如何提出问题； 运用幻灯片支持课堂教学中教学的深入（图片选择等）
指导应用（约5分钟）	布置作业：粗盐提纯后剩余的少量Ca^{2+}、Mg^{2+}等杂质离子实际并没有除尽，让学生查阅资料寻找更有效的除杂方法		运用幻灯片支持课后任务布置 最后的作业设计是为了使探究性学习延伸，激发
反思提升（约3分钟）	各小组根据本组设计的除杂和提纯流程，小结本课程的感悟；基于对各小组方案展示中的观摩、记录和思考，完善优化提纯流程	课后查阅资料，完善对精细化工的理解	学生的探究热情

（二）评价预设

本节课教学采用"以核心问题为中介的学校课程开发实践研究教学模式"，对学生原有的学习过程进行重构。让学生在课前通过自主学习微视频知识，初步完成易溶电解质饱和溶液中存在溶解与结晶两个过程的平衡，学会书写平衡表达式，理解平衡过程中存在的微观机理，在课前完成学习的"信息传递过程"，而将学习的"吸收内化"过程留在课堂上，通过师生互动、生生互动来完成，将课堂变成交流、合作、探究的场所，教师由知识的传授者变为课堂的组织者、指导者、合作者，实现教学方式的变革。

教学过程设计以复习初中化学中"粗盐的提纯"，引导学生探究化学必修一实验基础的粗盐提纯中"除去可溶性杂质"的流程为引入，引发认知冲突，激发学生思维，突破前期提纯定式思维效应，让学生大胆质疑"得到的精盐真的不含任何杂质吗？"，提出猜想"不溶性电解质溶液中存在自由移动的离子"，进而设计实验，验证假设。使整个教学过程符合知识产生和发展的规律，问题设计符合科学逻辑和知识的内在联系，体现新课程中知识体系"螺旋上升"的认知规律。

本节课关注的焦点不只在于沉淀溶解平衡等学科知识，更在于科学质疑精神的发扬和高价值问题的生成，尝试抛砖引玉，从而让学生进一步认识科学的本质特征。

可以预设的是，本节课学生提出的问题可能会很多，老师也可能无法回答，但并不都是有探究价值的问题，而这正是设计本课的目的所在，希望在今后的教学中学生能提出越来越多有探究价值的问题。

在具体的教学环节中我纠结于如何引导学生及度的把握。不熟悉的学生、不可预知的课堂新情境、新因素对自己把控课堂的能力也是一个挑战!

(三)板书设计

再探粗盐提纯

——科学探究中问题的提出及解决

核心问题:回顾粗盐提纯过程,质疑并尝试解决。

(1)水减少→析出晶体(质疑):

(2)$Mg(OH)_2 \rightarrow Mg^{2+}+2OH^-$(猜想):

(3)尝试解决:

(4)教学流程:

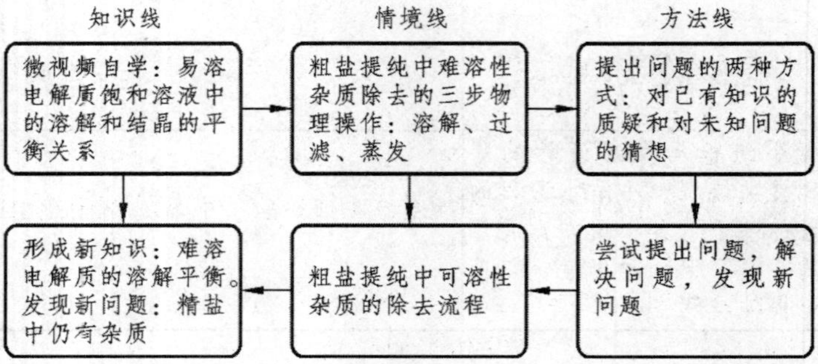

(四)教学流程

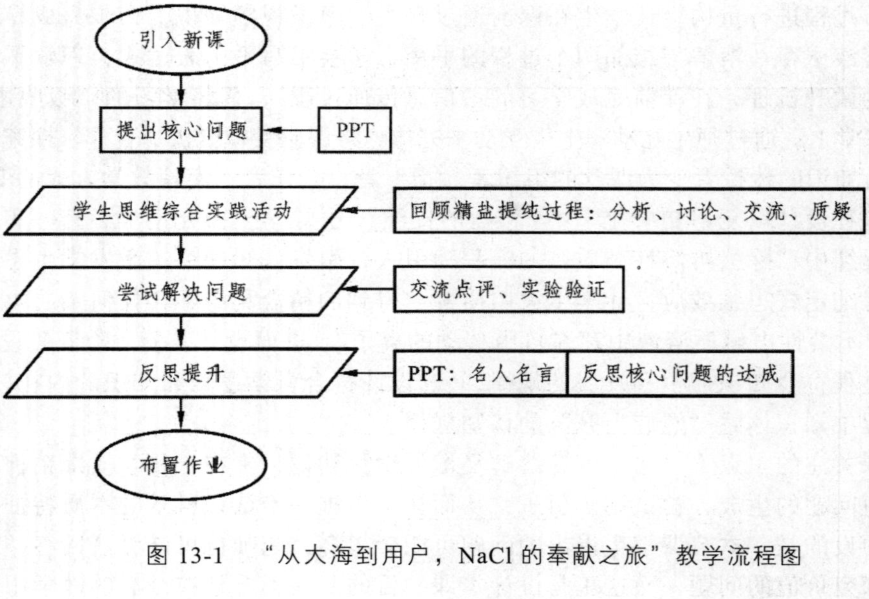

图 13-1 “从大海到用户,NaCl 的奉献之旅”教学流程图

三、教后评价设计

（一）信息搜集

本课为综合实践课题的第三课，课前已经上了两次，选修课学生共 20 人，来自不同的班级，全班 20 人分为 5 个小组，收齐了 20 份资料，有 2 人资料比较简单，6 人能按要求完成活动一：理解溶解平衡，12 人能完成活动一和活动二：能针对粗盐提纯提出自己的质疑和猜想，并能设计实验方案验证猜想。

收集学生评价反馈检查题单，课后对学生评价反馈题进行批改、整理和统计，进行检查分析，课后认真观看了课堂录像，并进行了教学实录。

（二）自我评价

本节课的核心问题设置恰当，体验到了恰当设置核心问题的重要性和必要性。因此较好达成了本节课的体验性目标和结果性目标，目标达成度较高，本节课的完成是比较成功的。

（1）学生活动充分，体验层层深入。作为一节实验探究课，更加关注学生的动脑、动手、动口，给予学生充分的实验活动时间，学生先听老师讲解，看视频，明确本节课的核心问题，然后学生分组设计实验方案，进行实验、现象记录和信息的处理，全班展示交流。由于学生小组实验活动充分，所以在学生展示环节有内容，有层次，有创新。

（2）教师的引导实施和学生投入实践活动较好。根据《项目课程核心问题教学评价表》，按照核心问题教学形态评价和实质评价的一级、二级、三级指标，结合体验性目标、结果性目标，尤其是具有核心问题教学实质下的投入实践活动，根据学生课堂的表现和收集整理的反馈资料，反思评价自己的教学，对核心问题教学文化的自评情况如下表：

川大附中项目课程核心问题教学评价表

<table>
<tr><th rowspan="2">评价目标</th><th colspan="3">评价指标</th><th rowspan="2" colspan="2">评价结果</th></tr>
<tr><th>一级指标</th><th>二级指标</th><th>三级指标</th></tr>
<tr><td rowspan="9">实现活动体验中的学习与发展</td><td rowspan="9">具有核心问题教学形态</td><td rowspan="3">核心问题利于活动体验</td><td>内含学科问题和学生活动方式</td><td>8</td><td rowspan="9">每项指标最高评 8 分

合计 <u>90</u> 分</td></tr>
<tr><td>问题情景与真实生活密切相关</td><td>8</td></tr>
<tr><td>能引发新知识、新方法的生成</td><td>8</td></tr>
<tr><td rowspan="3">教学目标价值引导恰当</td><td>两类目标正确全面</td><td>8</td></tr>
<tr><td>关联体验目标恰当</td><td>7</td></tr>
<tr><td>目标价值引导显现</td><td>7</td></tr>
<tr><td rowspan="3">教学环节完整合理落实</td><td>教学环节清晰完整</td><td>7</td></tr>
<tr><td>环节内容合理充实</td><td>7</td></tr>
<tr><td>学生活动时间充分</td><td>7</td></tr>
</table>

续表

评价目标	评价指标			评价结果	
	一级指标	二级指标	三级指标		
实现活动体验中的学习与发展	具有核心问题教学形态	教学要素相互匹配促进	问题目标环节两两匹配	8	
			技术促进活动形式内容	7	
			学科特点突出氛围浓郁	8	
	具有核心问题教学实质	拓展学习视野	课堂与现实世界有恰当关联	选择一个表现突出的二级指标，在相应三级指标的引导下，以现场学生表现为主要依据，以其余指标为背景，于本表的第二页写出150字以上的简要评价	
			有基于缄默知识的问题解决		
			有缄默知识运用的追踪剖析		
		投入实践活动	有真实而且完整的实践活动		
			能够全身心地浸渍于活动中		
			活动的内容结果均丰富深入		
		感受意义关联	有核心问题的深层意义感受		
			有以知识为中心的关联感受		
			有以个人为中心的关联感受		
		自觉反思体验	有实质性反思活动的开展		
			有课堂新因素的追踪利用		
			有体验的交流与改善重构		
		乐于对话分享	乐于自我表达与认真倾听		
			乐于合作中成果与思路的分享		
			有宽容的对话氛围和多向交流		
		认同体验评价	认可体验评价		
			参与体验评价		
			利用体验评价		

核心问题教学实质的简要评价（包括发展性建议）

（1）核心问题引入：用图片和视频引入，能引起学生关注，激发学生的学习兴趣，充分体现出有趣和有用化教学。

（2）这节课围绕着粗盐提纯探究展开，线索连贯，结构完整，各环节及知识点之间过渡自然，衔接流畅。比如，由老师提出本节课的核心问题后，直接就分组让学生设计实验方案、进行实验。学生能自发积极完成实验并完善实验方案。

（3）学生的思维得到了比较好的训练，如：从学生课堂反馈及课后收集的学生学案看出，绝大多数学生能提出3～4个有探究价值的新问题，如：精盐真的没有杂质了吗？不溶物真的不溶吗？等等。学生真正成为学习的主体。

（4）本节课也注重学生实验操作能力的训练，在基于学生自己设计的实验方案的基础上提供药品让学生进行实验验证。清晰、说服力强的实验现象让学生体验到了成功的喜悦，学生的思维空间扩大了，积极性高涨。抽象的知识被学生一口一口消化掉，达到了水到渠成、顺理成章的效果

（三）反馈调整

现代著名教育家布鲁纳强调：“教一个人某门学科，不是要把一些结果记下来，而是教他参与把知识建立起来的过程。”在中学化学教学中，教师应更新教学观念，引导学生主动参与教学活动，鼓励学生自主探索，让学生成为知识的探索者和发现者。“授人以鱼不如授人以渔。”课堂真正属于学生的前提是教师必须留给学生一片灿烂的天空，一缕和谐的阳光。本节课我和学生一样收获很多：学生收获的是知识、方法和体验；我收获的则是教学经验和教学感悟！

教后反思这节课，有挑战，有亮点、有不足、今后也需要调整的地方。具体简述如下：

挑战：本节课相对于传统教学设计发生了较大形式的改变，学生来自不同班级，经过重组，互相不熟悉；我也没试讲，对自己是一个挑战。

亮点：我合理运用了反馈环节。检测题单选择意图上我设计了两个活动，每个活动又设计了两个思维层次，一共四个层次。重在检测学生对溶解平衡的理解运用掌握，从检测统计反馈情况看，全班参与上课与检测的同学有 20 人，其中有 12 人能完成四个思维层次且能提出三个及以上质疑和猜想。从检测结果来看，本节课的教学目标达成度高。从课堂效果来看，学生反馈良好，目标达成度高，这得益于自己教学观念的改变及问题的明确指向性，如课堂开始不久学生就提出了“向饱和食盐水中加浓盐酸应该有食盐析出”等高质量问题。

不足：时间掌握有些欠缺，后来的归纳提升有点仓促。

调整：活动一开始用于对溶解平衡的理解的时间上可以再压缩一些，综合实践课中要求的学科之间的综合也有待加强。

项目课程体验性目标点检测表

基本信息	执教教师	雷良兵	学科	化学
	年级	高一年级	上课时间	2018 年 5 月 21 日上午第 3 节
	课题名称	从大海到用户，NaCl 的奉献之旅		
核心问题	回顾粗盐提纯过程，质疑并尝试解决			
教学目标	结果性目标	能从溶解平衡的微观角度重新思考粗盐提纯的过程，发现并提出具有探究价值的新问题；培养科学质疑的精神和勇于创新的科学态度		
	体验性目标	体验溶解平衡过程中存在的微观机理，建立溶解平衡过程中宏观与微观的关联，加深对科学本质的认识；体验提出价值问题与提问思路之间的关联		
检测点	1.对溶解平衡的理解； 2.据粗盐提纯中可溶性杂质（Mg^{2+}、Ca^{2+}、SO_4^{2-}）的除去过程，围绕杂质是否除尽问题提出疑问和猜想并尝试解决			

续表

<table>
<tr><td>检测工具</td><td colspan="4">学案题单：反馈运用
活动一：对溶解平衡的理解
问题→思维角度→溶解平衡的本质
[蒸发过程中水减少了，为什么会有晶体析出？]　　宏观视角：
微观视角：
活动二：据粗盐提纯中可溶性杂质（Mg^{2+}、Ca^{2+}、SO_4^{2-}）的除去过程，围绕杂质是否除尽问题提出疑问和猜想并尝试解决。
1.你的质疑或猜想：
2.尝试解决：设计实验方案验证质疑和猜想</td></tr>
<tr><td rowspan="4">检测统计（学生总人数 20 人）</td><td>分类等级</td><td>分类标准</td><td>学生人数</td><td>所占百分比</td></tr>
<tr><td>A</td><td>能针对粗盐提纯提出自己的质疑和猜想并能设计实验方案验证猜想</td><td>12</td><td>60.0%</td></tr>
<tr><td>B</td><td>能从宏观、微观角度理解溶解平衡</td><td>6</td><td>30.0%</td></tr>
<tr><td>C</td><td>能从宏观角度理解溶解平衡</td><td>2</td><td>10.0%</td></tr>
<tr><td>检测分析</td><td colspan="4">检测题单选择意图：评价反馈环节，我设计了两个活动，每个活动又设计了两个思维层次，一共四个层次。重在检测学生对溶解平衡的理解运用掌握，反馈教学目标达成情况效度较高。
从检测统计反馈情况看：全班参与上课与检测的同学有 20 人，其中有 12 人能完成四个思维层次且能提出三个及以上质疑和猜想。从检测结果来看，本节课的教学目标达成度高</td></tr>
<tr><td>学生深度体验典型实例</td><td colspan="4">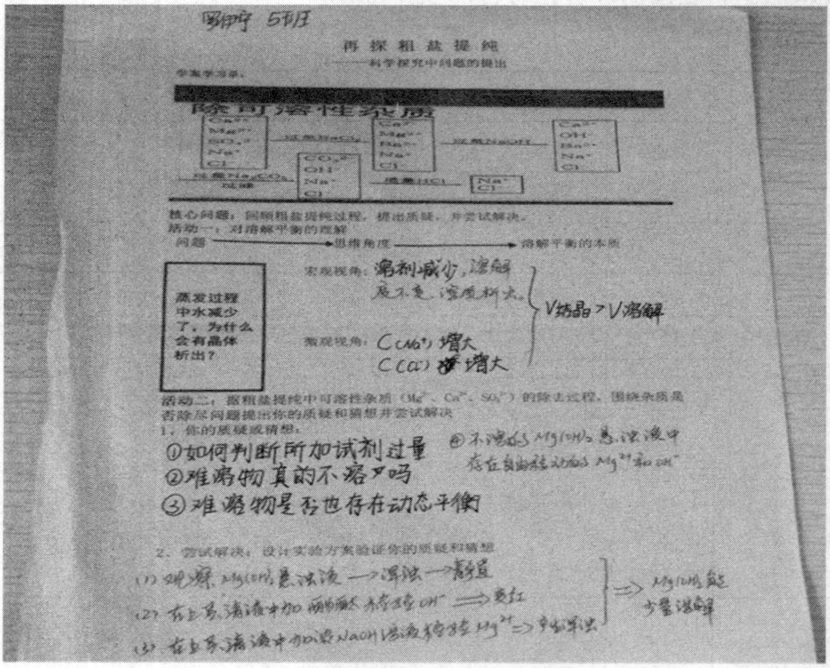

图 13-2　再探粗盐提纯的实验过程</td></tr>
</table>

续表

检测反馈	本节课学生活动围绕着粗盐的提纯探究展开，分组让学生设计实验方案、进行实验。学生能自发积极完成实验并完善实验方案，完整经历两个思维层次，线索连贯，活动结构完整，各环节及知识点之间过渡自然，衔接流畅，但需要对学生建立溶解平衡过程中的微观和宏观的关联进行进一步分析，加深对化学学科本质的认识

研究海水鱼与淡水鱼喝水问题

蒋杭言

一、课题研究背景

众所周知，淡水鱼和海水鱼生活环境不同。淡水鱼是能生活在盐度为千分之三的淡水中的鱼类，而海水鱼主要是指产自热带地区的海鱼。只要有淡水的地方，就有淡水鱼居住；相对地，海水鱼一般只能生活在海里。它们的食性也不同。淡水鱼多为草食性及杂食性，少量有肉食性；海水鱼则以海洋中的各种动植物和微生物为食。那么海水鱼和淡水鱼在喝水方面有什么区别呢?

二、提出问题

海水鱼、淡水鱼要喝水吗?

如果要喝水，它们是如何喝水的?

如何解释“海鱼不能放淡水里养”的常识?

三、研究结果

生物作为有序系统，需要各种各样的化学元素，但需要的元素比例和大自然中存在的比例是不一样的。简单地说，海水中有很多很多盐（各种盐），但细胞不需要那么多盐；淡水中盐很少很少，但细胞需要一些盐。于是，鱼就需要不断调节细胞内和外界环境间的水盐平衡。自然状况下，渗透作用会使鱼体内的水自己跑到海水里，或者海里的水跑进鱼体内。

海鱼有它自己的淡化装置，就藏在它的腮里，叫作“排盐细胞”。当周围有血液流过的时候，可以把血液中的盐分不断提取出来，然后经过腮的运动排出鱼的体外。当它们大口吸入海水的时候，既是在呼吸，又是在喝水，为了将海水中的盐分过滤掉，除了靠肾脏排出体外，鳃组织中的“泌氯细胞”也是具有排盐功能的。所以，鱼儿“喝”到嘴里的是咸水，但真正吸收到身体里的就变成淡水了。因此，尽管海鱼体中的淡水不断通过皮肤往外渗，它仍可以不停地喝进大量海水来“解渴”。

和深海鱼相反，淡水鱼活得要“轻松”很多，它们体内的盐多于淡水里的盐，所以不用它们主动饮水，水会自己通过鱼的皮肤渗透进体内。也就是说，淡水鱼平时在水里嘴一张一合，其实都是在呼吸，而非喝水。

由于深海鱼的体液渗透压是小于海水的，也就是鱼体内的盐少于海水里的盐，所以根据渗透压的原理，海鱼生活在海里的每分每秒，身体其实都在不断流失水分，所以它们要很辛苦地不断饮水，以补充体内水分，维持生存。所以当深海鱼进了淡水，就像人的高原反应一样，它们会难以适应外界环境的巨大变化，细胞膨胀而死。

化学与生活
——废旧电池的回收利用
川大附中项目课程开发实施规划纲要

课程首席教师：许　阳（化学组）

课程参与教师：李　明（化学组）　陶小蓉（化学组）

<table>
<tr><td>课程名称</td><td colspan="8">化学与生活——废旧电池的回收利用</td></tr>
<tr><td>课程类型
（勾选）</td><td></td><td>必修的综合实
践活动课程</td><td></td><td>必修的
劳动课程</td><td>√</td><td>选修的
学科课程</td><td></td><td>选修的校
本课程</td></tr>
<tr><td>实施对象</td><td colspan="3">高二年级学生</td><td colspan="2">建议选课
学生人数</td><td colspan="3">16 人</td></tr>
<tr><td>课程课时及上课时段</td><td colspan="8">课程课时：5 课时；上课时段：周三下午第三节和第四节（高二选修课时段）</td></tr>
<tr><td>课程背景</td><td colspan="8">1.学生背景：随着社会的进步，电池在人们日常生活中扮演着越来越重要的角色。放眼望去，各类电池在生活中屡见不鲜：手机和平板的锂电池、电瓶车的铅蓄电池和锂电池、燃油汽车的铅蓄电池、新能源汽车的三元锂电池和磷酸铁锂电池等可充电的二次电池，还有各类电子设备中使用的锌锰干电池，以及一些小型设备中使用的银锌纽扣电池等一次电池。我国的人口基数大，生活中使用的电池总量也大，每年产生的废旧电池数目也是惊人的。据不完全统计，到 2020 年一次电池、铅酸蓄电池、锂蓄电池和镍氢电池的年度废弃量分别达到 1512 亿只、2.3 亿只、67 亿只、44 亿只，总体还在呈现增长趋势。因此，废旧电池回收利用是目前的一个可研究的热点问题。
2.资源背景：幻灯片、智慧课堂环境可支持小组展示交流、互动评价等活动。（A3 演示文稿设计与制作、B9 自评与互评活动的组织）
“问卷星”作为易学好用的问卷调查分析应用软件，可支持进行“关于废旧电池回收利用的调查问卷”这一探究型活动。（B1 技术支持的测验与练习）
资讯丰富、获取便利的互联网，可支持学生科学设立“如何回收利用废旧电池”探究型活动（A3 演示文稿设计与制作、B1 技术支持的测验与练习）</td></tr>
<tr><td>课程内容
（核心问题）</td><td colspan="8">调研学生对废旧电池回收现状的了解，研究各类化学电池的结构与工作原理并拆解归类，实验探究废旧电池的回收利用方案，撰写研究报告。
1.问题：（1）电池的构成条件和工作原理是什么？
（2）电池污染产生的原因是什么？
（3）废旧电池如何回收利用？
（4）化学学科在废旧电池回收利用中的作用是什么？
2.活动：问卷调查、数据分析、查阅资料、实验探究、撰写报告</td></tr>
</table>

续表

<table>
<tr><td>课程目标</td><td colspan="6">1.结果性目标：
（1）了解问卷调查的方法，拟定问卷调查表；
（2）了解常见化学电池的构成条件和工作原理，电池各组分在工作中的作用和产生污染的原因；
（3）通过对各类化学电池的拆解，结合电化学原理进一步认识化学电池；
（4）实验探究得出废旧电池回收利用的初步方案。
2.体验性目标：
在实验探究废旧电池的回收利用的活动过程中，体验生活中电池的构成条件与电化学中原电池工作原理的关联，体验生活中电池的大量存在与废旧电池造成污染的关联，体验抽象的理论模型与现实中精密生产工艺的关联</td></tr>
<tr><td rowspan="5">课次计划</td><td>课次</td><td>主题</td><td>研究环节</td><td>学生活动</td><td>课前课后任务</td><td>活动地点及技术融入</td></tr>
<tr><td>1</td><td>提出问题</td><td>调查问卷，原理学习</td><td>1.了解本课程学生对废旧电池的回收利用的认识情况，激发学生的学习热情；
2.学习电化学中原电池的构成条件和工作原理，了解废旧电池造成污染的原因</td><td>1.课前：查阅资料；
2.课后：下载问卷星软件，并拟定问卷调查的具体内容，发布问卷</td><td>教室；
运用“问卷星”进行调查问卷这一探究型活动；运用幻灯片支持原理学习（A3、B1）</td></tr>
<tr><td>2</td><td>解决问题</td><td>分析数据，原理学习</td><td>1.集中展示调查问卷的结果，体验本课程研究的必要性；
2.学习碱性锌锰干电池、铅蓄电池和锂电池的组成和放电原理</td><td>1.课前：回收问卷，数据分析；
2.课后：查阅资料，了解如何拆解各类化学电池</td><td>教室；
运用“问卷星”分析数据；运用幻灯片支持原理学习（A3、B1）</td></tr>
<tr><td>3</td><td>解决问题</td><td>亲历实践并研究</td><td>拆解各类废旧电池（普通干电池、铅蓄电池、银锌纽扣电池、手机锂电池）</td><td>课后：反思总结各类电池的拆解方案</td><td>实验室；
展示交流、互动评价等活动（B9）</td></tr>
<tr><td>4</td><td>反思提升</td><td>制定回收方案</td><td>1.分组展示各小组的拆解结果，了解电池内部的具体构成，体验抽象的理论模型与现实中精密生产工艺之间的关联；
2.分组探讨各类电池的使用注意事项和回收利用的可能性</td><td>课后：查阅资料并实验探究各类电池的回收利用途径与方法</td><td>教室；
运用幻灯片进行展示交流、原理学习、互动评价等活动（A3、B9）</td></tr>
</table>

续表

<table>
<tr><td rowspan="2">课次计划</td><td>课次</td><td>主题</td><td>研究环节</td><td>学生活动</td><td>课前课后任务</td><td>活动地点及技术融入</td></tr>
<tr><td>5</td><td>评价反馈</td><td>得出结论</td><td>小组自评、互评，用所得成果指导生活中电池使用的注意事项，认识化学对废旧物资再生与综合利用的作用和可能途径</td><td>梳理研究过程，分组整理归类资料和研究记录，撰写报告，汇总形成课程资源包</td><td>机房；
运用互联网、计算机；运用幻灯片支持学生探究型活动（A3、B9）</td></tr>
<tr><td>学生作品</td><td colspan="6">研究历程 PPT 和实验报告、高中生废旧电池回收利用流程的可行性报告</td></tr>
<tr><td>评价方式</td><td colspan="6">生生之间相互评价、学生自我评价、教师引导性评价、研究报告、方案等级评定</td></tr>
<tr><td>安全保障</td><td colspan="6">一般校内活动安全保障</td></tr>
<tr><td>条件保障</td><td colspan="6">课程开发组内部保障：相关资料的收集、数据分析，教师上课素材的充分准备；
课程开发组外部保障：上课地点（多媒体教室、化学实验室）及媒体设备的落实</td></tr>
<tr><td>开发次第</td><td colspan="6">首次开发</td></tr>
<tr><td>课程审批</td><td colspan="6">1.课程教学处：　　签　章　　年　月　日
2.学生发展处：　　签　章　　年　月　日</td></tr>
</table>

化学与生活

——废旧电池的回收利用

一、教学分析设计

（一）活动分析

通过前四次课的学习和研究，学生首先通过查阅资料了解我国每年产生的废旧电池数目是惊人的，但学生通过问卷调查发现自己对电池的了解比较匮乏，从而得出本课程研究的必要性。解决问题阶段，学生先通过查阅资料和上课学习了解了电化学的相关基础知识——原电池的构成条件和工作原理，特别是干电池、铅蓄电池、锂电池的相关内容，知道了电极材料、电子电流移动方向、电解质溶液的组成，从而了解了废旧电池造成污染的主要原因。在第三次课上，学生在实验室亲自动手拆解了各类化学电池，真正感受了电池的组成。随后在第四次课的反思研讨中，学生回收汇总文献资料和实验结果，对各类电池的合理使用和回收利用提出初步方案。本次课为本门课程的第五次课，为课程核心问题教学的评价反馈环节，各小组将展示、交流本组的研究结果，并展开自评互评，抒发研究感悟；课后，各小组依据评价反馈中获得的意见和信息，修改完善设计方案，整理研究资料，撰写研究报告。

（二）学生分析

本课程的选课学生为高二年级上学期的学生，但课程所要研究探讨的化学学科选修核心内容——电化学部分属于高二下学期的教学内容，该部分是人教版选修四第四章第一节和第二节的主要内容，因此从知识层面上来说学生对该部分内容了解较少。

但在生活中，电池被大量广泛使用，比如手机和平板的锂电池、电瓶车的铅蓄电池和锂电池、燃油汽车的铅蓄电池、新能源汽车的三元锂电池和磷酸铁锂电池等可充电的二次电池，还有各类电子设备中使用的锌锰干电池，以及一些小型设备中使用的银锌纽扣电池等一次电池。所以学生在生活中接触电池的机会很多，有动手拆解电池的兴趣和技术能力。

（三）目标分析

1. 结果性目标

积极主动地参与研究小组“各类废旧电池的回收利用”的展示、交流与评价活动，能基于评价反馈改进、完善本小组的研究方案。

2. 体验性目标

在交流、展示“各类废旧电池的回收利用”的活动中，体验生活中电池的构成条件与电化学中原电池工作原理之间的关联，体验生活中电池的大量合理使用与废旧电池造成污染的关联，体验抽象的理论模型与现实中精密生产工艺之间的关联。

在研究历程的回溯和反思活动中，体验问卷调查、数据分析、查阅资料、实验探究、撰写报告等研究方法和流程之间的关联。

（四）资源分析

本次课为室内的展示交流课，所用主要教学资源如下表所示：

教学资源	选用意图	来源
PPT、投影	用于教学引入及小组展示交流	学校多媒体设备
黑板	板书本堂课活动中的关键信息，呈现学生观点，辅助教师提升讲解	学校教室

（五）主题分析

按课程规划纲要的课次规划，基于前面对本次课程活动与学生的分析，将本次课的活动主题确定为“各类废旧电池的回收利用方案的展示、交流与改进”。

二、教学实施设计

（一）教学环节

教学环节	学生活动	教师活动	技术与教育教学融合
教学引入（约5分钟）	回顾亲历的研究活动内容： 第1次课问卷调查，提出问题，原理学习——化学电池的构成和放电原理； 第2次课分析问卷数据，原理学习——各类具体电池（干电池、铅蓄电池、锂电池）的工作原理； 在此基础上，明确本课次的学习任务	情景引入： 1.以生活中电池的广泛使用场景引入本课核心问题：调研学生对废旧电池回收现状的了解，实验拆解各类化学电池，探讨废旧电池的回收方法，撰写研究报告。 2.引导学生回顾研究历程，提出本次课的学习任务：分组展示、交流研究报告，自评互评	运用幻灯片支持智慧课堂教学引入（录屏功能、影片的插入、动画制作等）； 运用“问卷星”进行调查问卷这一探究型活动，分析问卷数据
展示交流（约20分钟）	1.分三组（干电池组、铅蓄电池组、锂电池组）展示拆解电池的心路历程，展示各类电池的拆解结果以及回收利用方案； 2.通过拆解结果结合化学电池的工作原理，深入体验抽象的理论模型与现实中精密生产工艺之间的关联	引导同学们的展示与交流活动，记录各组展示交流要点，鼓励学生勇于自我表达	运用幻灯片支持课堂教学中交流展示（视频编辑、视频插入、图片选择等）、互动评价等活动

续表

教学环节	学生活动	教师活动	技术与教育教学融合
反思小结（约10分钟）	各小组根据本组的拆解结果和回收利用方案，结合电化学原理和文献资料，小结本课程的感悟	引导学生归纳提升，板书回收方法；对各研究小组的表现进行反馈评价	运用幻灯片支持课堂教学中反思小结（流程图的制作等）
自评互评（约3分钟）	学生基于对各小组方案展示中的观摩、记录和思考，对废旧电池的回收利用提出进一步改进的意见和建议	参与、引导同学们的自评互评活动，正面评价学生在研究历程中的积极参与和大胆创新	学生自评互评互动等活动
归纳提升（约2分钟）	明晰课后任务：分组整理归类资料和活动记录，撰写研究报告，汇总形成课程资源包	综合历次课程的研究过程，总结本系列课程的研究方法	运用幻灯片支持课堂教学中反思小结（图片搜索等）

（二）评价预设

教学引入环节：激励性评价各小组在前期实践活动中的积极表现，鼓励学生在展示交流中大胆发言。

展示交流环节：对研究小组在语言表述、陈述逻辑上的突出表现，做出及时的反馈评价。

反思小结阶段：进行反思性评价，引导学生在研究历程的回顾中归纳调查类研究的流程和方法。

自评互评环节：引导学生围绕研究初衷、研究路径与方法充分进行自评和互评。

（三）板书设计

化学与生活

——废旧电池的回收利用

课程核心问题：

选题问卷 → 理论学习 → 实验拆解 → 回归理论 → 回收利用

数据分析　化学电池的构成　干电池组

工作原理　铅蓄电池组

锂电池组

提出问题 → 解决问题 → 反思提升 → 评价反馈

实际 → 理论 → 实际 → 理论 → 实际

（四）教学流程

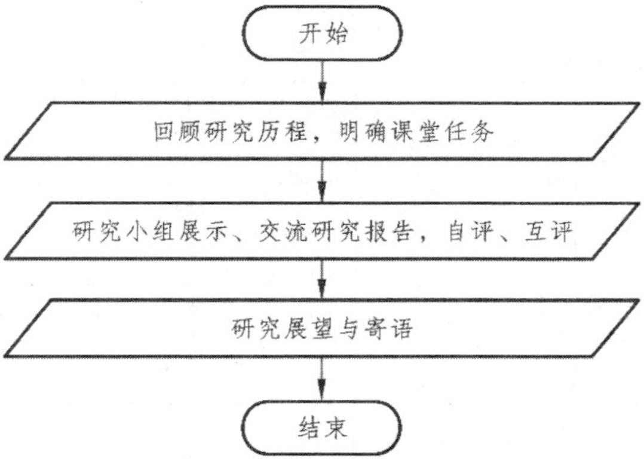

图 14-1　“化学与生活之废旧电池的回收利用”教学流程图

三、教后评价设计

（一）信息搜集

课后搜集学生资料完成《川大附中项目课程核心问题教学评价表》。

（二）自我评价

师生在研究过程中能依据“废旧电池回收利用”这一研究目的，设计探究方案，运用化学实验、问卷调查等研究方法进行实验探究。其中“废旧电池回收利用”实验方案的设计并不完美，因此很有可能实验会失败，但大家抱着试错的心态在实验室中不断改进方案，提高了学生们的实验能力，这是我们平时的学科课程中不能实现的。平时学业紧张，老师上课都有点儿赶进度，基本只能选择性地做实验，更多时候采用演示实验教学的方式，学生实际动手实验的时间很少，所以学生的实验操作能力相对都比较弱，而学科选修课程弥补了这一遗憾，让学生从方案的设计到药品的选用，实际的操作都靠自己完成，提高了学生的学习兴趣。记忆比较深刻的是在铅蓄电池的回收中，我们一共回收了八块极板，两两组合加在稀硫酸中构成原电池，都试到最后两块电流表指针才发生了偏转，这时整个实验室发出了欢呼声，学生在整个过程中体会到了研究成功的快乐。学生在学科选修课程的研究过程中“全面发展，学会研究”，素养得以提升进而促进高考成绩的提升。

废旧电池对环境有巨大影响力，电池中含有大量的重金属，一枚纽扣电池能污染60万升水，相当于一个人一生的用水量；一节一号电池烂在地里，能使一平方米的土地失去利用价值……所以我们需要回收废旧电池，降低它对环境和威胁。但通过理论学习和实验探究，我们不能将其妖魔化，应该明白以上威胁是电池中的有害物质全部释放出来造成的结果，而现在的工艺生产，包括我们的实际拆解过程中遇到的困难让我们明白现在的电池实际上并不容易在环境中自然腐蚀，所以我们更要研究如何利用废旧电池，回收其中的各种金属材料，节约资源，达到可持续发展的目的。

川大附中项目课程核心问题教学评价表

评价目标	评价指标				评价结果
	一级指标	二级指标	三级指标		
实现活动体验中的学习与发展	具有核心问题教学形态	核心问题利于活动体验	内含客观问题和学生活动方式	8	每项指标最高评8分
			问题情景与真实生活密切相关	8	
			能引发新知识、新方法的生成	6	
		教学目标价值引导恰当	两类目标正确全面	7	
			关联体验目标恰当	7	
			目标价值引导显现	7	
		教学环节完整合理落实	教学环节清晰完整	8	
			环节内容合理充实	8	
			学生活动时间充分	8	
		教学要素相互匹配促进	问题目标环节两两匹配	7	
			技术促进活动形式内容	7	
			课程特点突出氛围浓郁	7	合计 88 分
	具有核心问题教学实质	拓宽学习视野	课程与现实世界有恰当关联		选择一个表现突出的二级指标，在相应三级指标的引导下，以现场学生表现为主要依据，以其余指标为背景，于本表的第二页写出150字以上的简要评价
			有基于缄默知识的问题解决		
			有缄默知识运用的追踪剖析		
		投入实践活动	有真实而且完整的实践活动		
			能够全身心地浸渍于活动中		
			活动的内容结果均丰富深入		
		感受意义关联	有核心问题的深层意义感受		
			有以知识为中心的关联感受		
			有以个人为中心的关联感受		
		自觉反思体验	有实质性反思活动的开展		
			有课程新因素的追踪利用		
			有体验的交流与改善重构		
		乐于对话分享	乐于自我表达与认真倾听		
			乐于合作中成果与思路的分享		
			有宽容的对话氛围和双向交流		
		认同体验评价	认可体验评价		
			参与体验评价		
			利用体验评价		

核心问题教学实质的简要评价
一、有真实而且完整的实践活动 本系列课程设计了从实践1—理论1—实践2—理论2—实践3的研究思路，其中实践1是指从生活中的场景出发，先进行问卷调查，发现电池的大量使用以及电池的污染和回收的若干问题。在理论1进行了原电池的工作原理的理论学习后，学生们在实践2中，亲手拆解了三类常见的电池（锌锰干电池、铅蓄电池、锂电池），了解了电池的构造原理和材料，也发现了真实的电池和书上的原电池原理是有区别的。为了搞清楚其中的区别与联系，同学们又回归理论，进一步深入了解原电池在电极材料、放电原理上的细微之处，从而搞清楚实践2中电池的真实构成与书上知识的辩证关系。最后，同学们再次用理论指导实践，进行了各类电池回收方案的总结。从上述过程中，不难看出，本次学科选修课程是有真实且完整的实践活动的，而且这一系列活动被精心地设计和安排，最终都是为解决本次课程的核心问题服务。 二、能够全身心地浸渍于活动中 由于上述实践活动在课程中交叉出现，使学生的注意力的兴奋点始终处在高位，使他们能全身心地浸渍于实践活动中。以锌锰干电池的拆解过程为例，该小组四名同学分别拆解两枚一号电池，在之前的资料准备过程中，同学们都以为在碱性电池大行其道的今天，这两枚电池都应该是碱性的锌锰电池。在拆解初期，第一名同学在剪开锌皮后，居然发现了电极是碳棒而不是铜针，显然就很出乎大家的预料——电池居然是酸性的。但是大家并没有束手无策，组内同学及时调整实验方案，测pH值，回收锌皮和碳棒。而第二名同学拆开的电池是碱性电池，大家在一起对比讨论两种不同电解液的电池的区别和优缺点，对两类电池进行了较为深入的研究，最后还写了实验报告并进行了反思。整个实验过程中，同学们全身心地投入，相互配合拆解电池，有分歧的时候进行小声但又激烈的讨论，在成功地回收后又满足地大笑起来。整个实践活动富有科学性和研究性，却不失愉快且热烈的氛围。 三、活动的内容结果均丰富深入 在历经了从实践1至实践3的活动后，同学们把自己的实践研究心得以书面形式进行了记录，使得本次课的研究不流于表面，活动的内容和结果都丰富且深入。三个电池拆解小组都给出了记录拆解过程的PPT，以及三种电池在学校化学实验室条件下的回收方案。看着这总量长达77页的PPT和细致的回收流程图，我不禁感慨用研究的课程培养研究性的学生真不是一句空话

（三）反馈调整

首先，在研究成果交流汇报课时，我因为专注于学生的交流展示而忘了书写板书，没能记录下学生的交流要点。其次，整个研究过程只有五次课，时间相对较短，所以整个研究比较浅显，更多的是给学生搭建了研究框架，而具体的研究内容不够深入，特别是因为技术设备的问题没有条件实验探究如何回收利用锂电池，所以也给课程留下了遗憾，希望在以后的再次开发课程中改进弥补。

川大附中项目课程体验性目标点检测表

<table>
<tr><td rowspan="5">基本信息</td><td>课程名称</td><td colspan="2">化学与生活——废旧电池的回收利用</td><td>课程类别</td><td>学科选修课程</td></tr>
<tr><td>首席教师</td><td colspan="2">许阳</td><td>组/处</td><td>化学组</td></tr>
<tr><td>参与教师</td><td colspan="2">李明</td><td>组/处</td><td>化学</td></tr>
<tr><td>参与教师</td><td colspan="2">陶晓蓉</td><td>组/处</td><td>化学</td></tr>
<tr><td>年　　级</td><td colspan="2">高二年级</td><td>上课时间</td><td>周三下午第三节和第四节（高二选修课时段），共5个课时</td></tr>
<tr><td>核心问题</td><td colspan="5">调研学生对废旧电池回收现状的了解，研究各类化学电池的结构与工作原理并拆解归类，实验探究废旧电池的回收利用方案，撰写研究报告</td></tr>
<tr><td rowspan="2">课程目标</td><td>结果性目标</td><td colspan="4">1.了解问卷调查的方法，拟定问卷调查表；
2.了解常见化学电池的构成条件和工作原理、电池各组分在工作中的作用和产生污染的原因；
3.通过对各类化学电池的拆解，结合电化学原理进一步认识化学电池；
4.实验探究得出废旧电池回收利用的初步方案</td></tr>
<tr><td>体验性目标</td><td colspan="4">在实验探究废旧电池的回收利用活动过程中，体验生活中电池的构成条件与电化学中原电池工作原理之间的关联，体验生活中电池的大量存在与废旧电池造成污染的关联，体验抽象的理论模型与现实中精密生产工艺之间的关联</td></tr>
<tr><td>检测点</td><td colspan="5">生活中电池的构成条件与电化学中原电池工作原理之间的关联体验</td></tr>
<tr><td>检测任务</td><td colspan="5">已知银锌纽扣电池的总反应为：$Zn+Ag_2O+H_2O=Zn(OH)_2+2Ag$，请画出银锌纽扣电池的工作原理图（标出正负极材料、电解质溶液、电子电流移动方向、正负极反应）</td></tr>
<tr><td rowspan="4">分类标准</td><td colspan="5">A.对纽扣电池的构成条件与工作原理之间的关联体验深入，能正确作答</td></tr>
<tr><td colspan="5">B.对纽扣电池的构成条件与工作原理之间的关联较体验深入，部分答案有误</td></tr>
<tr><td colspan="5">C.能说出纽扣电池的构成，但不能完整表述其工作原理</td></tr>
<tr><td colspan="5">D.对纽扣电池的构成条件与工作原理之间的关联体验完全不能体验且难以解答</td></tr>
<tr><td rowspan="5">检测统计</td><td colspan="2">分类等级</td><td colspan="2">学生人数（总人数13人）</td><td>所占百分比</td></tr>
<tr><td colspan="2">A</td><td colspan="2">5</td><td>38.5%</td></tr>
<tr><td colspan="2">B</td><td colspan="2">4</td><td>30.8%</td></tr>
<tr><td colspan="2">C</td><td colspan="2">2</td><td>15.4%</td></tr>
<tr><td colspan="2">D</td><td colspan="2">2</td><td>15.4%</td></tr>
<tr><td>检测分析结果运用</td><td colspan="5">本检测题是生活中另一种常见化学电池的构成和工作原理，主要考点是在给定总反应的背景下，要求学生根据信息画出电池的构成并书写电极反应方程式。题目背景是比较直观清晰的，但准确书写电极方程式的要求把学生对化学电池工作原理和产物判断的理解推向了深入落实——学生需要“判电极”“画流向”“写反应”。对于刚刚学会分析电池工作原理的学生而言，其实具有一定的难度。但是这个过程对检测学生是否建立纽扣电池的构成条件与工作原理之间的关联的有效度较高，从电极方程式书写的完整度和准确度看，也具有较好的检测区分度</td></tr>
</table>

体验典型实例	**已知银锌纽扣电池的总反应为：$Zn+Ag_2O+H_2O=Zn(OH)_2+2Ag$，请画出银锌纽扣电池的工作原理图（标出正负极材料，电解质溶液，电子电流移动方向，正负极反应）** 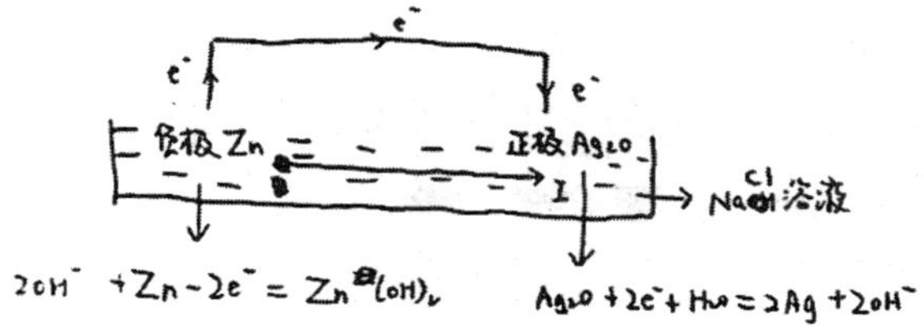 图 14-2　A 等学生代表示意图 A 等：思路清晰，方程式书写准确规范，标注完整。 **已知银锌纽扣电池的总反应为：$Zn+Ag_2O+H_2O=Zn(OH)_2+2Ag$，请画出银锌纽扣电池的工作原理图（标出正负极材料，电解质溶液，电子电流移动方向，正负极反应）** 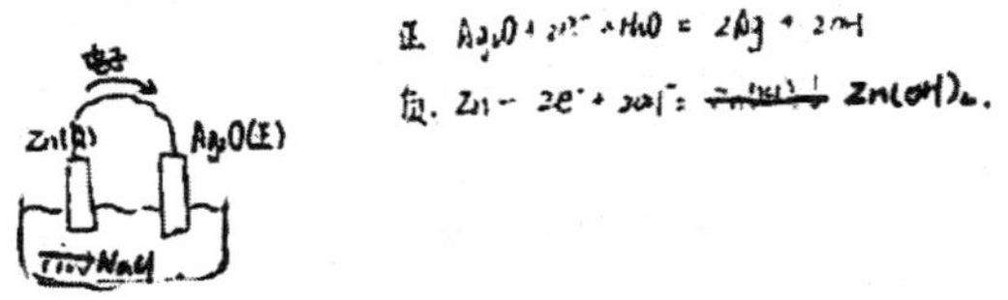 图 14-3　B 等学生代表示意图 B 等：标注基本完整，最后方程式的书写未注意环境影响。 **已知银锌纽扣电池的总反应为：$Zn+Ag_2O+H_2O=Zn(OH)_2+2Ag$，请画出银锌纽扣电池的工作原理图（标出正负极材料，电解质溶液，电子电流移动方向，正负极反应）** 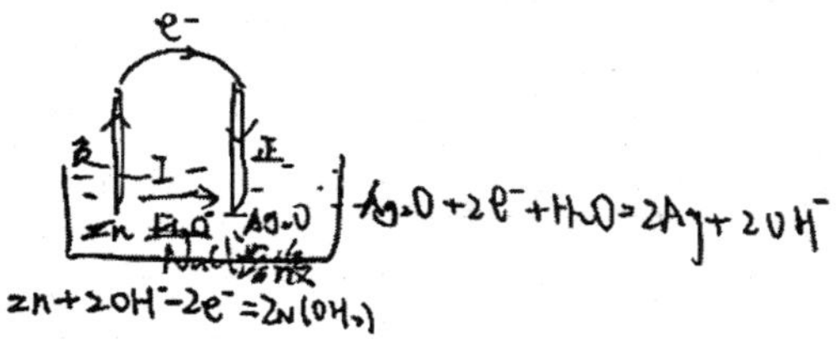 图 14-4　C 等学生代表示意图 C 等：未完整表明工作原理——电子电流转移方向。

体验典型实例	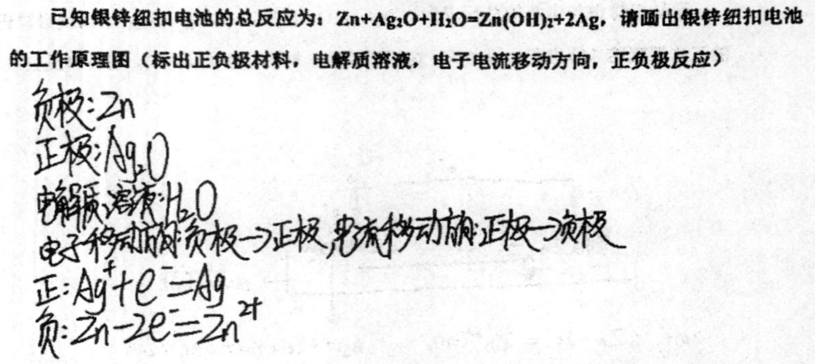 已知银锌纽扣电池的总反应为：$Zn+Ag_2O+H_2O=Zn(OH)_2+2Ag$，请画出银锌纽扣电池的工作原理图（标出正负极材料，电解质溶液，电子电流移动方向，正负极反应） 负极:Zn 正极:Ag_2O 电解质溶液:H_2O 电子移动方向:负极→正极，电流移动方向:正极→负极 正:$Ag^{+}+e^{-}=Ag$ 负:$Zn-2e^{-}=Zn^{2+}$ 图 14-5　D 等学生代表示意图 D 等：电极概念不清，得失电子方向混淆，导致电极方程式的书写混乱。
检测反馈	从检测结果统计看，本课程有 9 位学生（A+B=38.5%+30.8%=69.3%）能在规定时间内正确完成检测题，说明大部分学生在课堂上梳理和交流探讨过程中对化学电池的构成条件与电化学工作原理中得失电子、电极名称、反应类型、实验现象、离子和电子即电流的移动方向、电极反应式等要素间的关联较为深刻。由此可见，大多数学生认识到了电池构成的条件与电化学工作原理之间的关联，关联体验目标的达成度较好，这是课堂效益的直接体现。 我觉得，这很大程度受益于课程设施中学生充分深入的活动体验，从已有的知识经验中不断地发现问题，又借助实验探究、模型分析、对比归纳等多种活动路径，不断地解决问题，在这种问题发现、解决再生成的往复中，将对化学电池的构成条件和工作原理的理解推向深入，模型构建更加系统与完善。同时，学生在“证据推理与模型认知”“科学探究与创新意识”“科学态度与社会责任”方面的化学核心素养也得到了有效的增长

废旧干电池回收利用实验报告

艾贺国　陈卓麟　李晨阳

一、实验背景

随着社会的不断发展，人们的生活水平不断提高，电池越来越融入人们的生活，但是人们并未认识到电池会对环境乃至人类造成很大伤害：一粒小小的纽扣电池可污染600立方米水，相当于一个人一生的饮水量；一节干电池可污染12立方米水、1立方米土壤，并造成永久性公害……

人们在日常生活中，使用过的废旧干电池，一直没有得到很好的回收利用，造成了浪费，也污染了环境。其实，被废弃的干电池，其锌壳只损耗了一小部分，二氧化锰也只起了一点氧化的作用，碳粉、石墨棒和铜帽还远远没有被消耗。如果能加以回收和利用，就具有很好经济效益和社会效益。

二、实验目的

（1）知道生活中常用的电池属于哪一类，能够指出电池各部分的名字，了解废旧电池的危害。

（2）通过实践活动，确立回收废旧电池的意识，培养回收废旧电池的习惯。

三、实验仪器与药品

仪器：托盘天平、各种规格烧杯若干、蒸发皿、滤纸、普通漏斗、酒精灯、剪刀、小刀、pH试纸、玻璃棒、三脚架、坩埚钳、铁架台等。

主要药品：废旧干电池、浓硫酸、稀硫酸、蒸馏水、双氧水等。

四、实验过程

1. 拆解废旧干电池并了解电池的构造

剪开电池，取下塑料垫圈和铁帽，通过机械分离，得到锌皮和黑色固体粉末。剪下锌皮，其黑色粉末洗净置于烧杯中称重待用，用蒸馏水冲洗干净碳棒和锌皮上的黑色粉末。

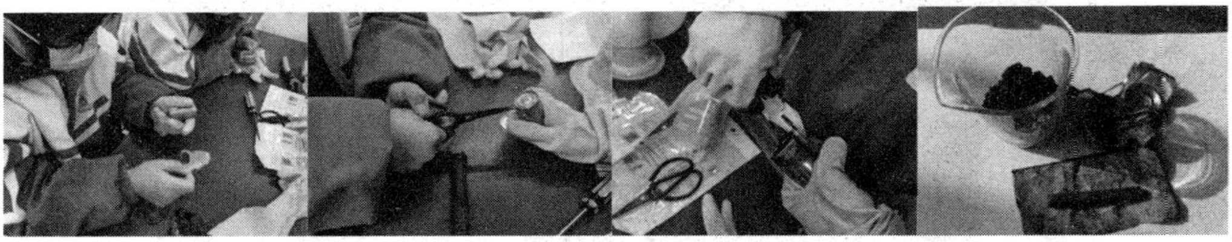

图 14-6　“干电池的拆解”

2. 验证化学性质并回收锌皮和碳棒

首先利用原电池原理验证所得碳棒和锌皮的化学性质，在加入 pH=1 的稀硫酸后，分别用电极连接碳棒和锌皮，再连上灵敏电流计。经多次实验均发现电流计有明显的读数，且碳棒上有明显气泡冒出。基本反应原理如下：

$Zn | H_2SO_4(aq) | C$ 原电池

负极：$Zn - 2e^- = Zn^{2+}$

正极：$2H^+ + 2e^- = H_2\uparrow$

总反应：$Zn + 2H^+ = H_2\uparrow + Zn^{2+}$

上述实验可以证明废旧电池中的碳棒和锌皮仍能体现各自的化学性质，是有回收意义和价值的。

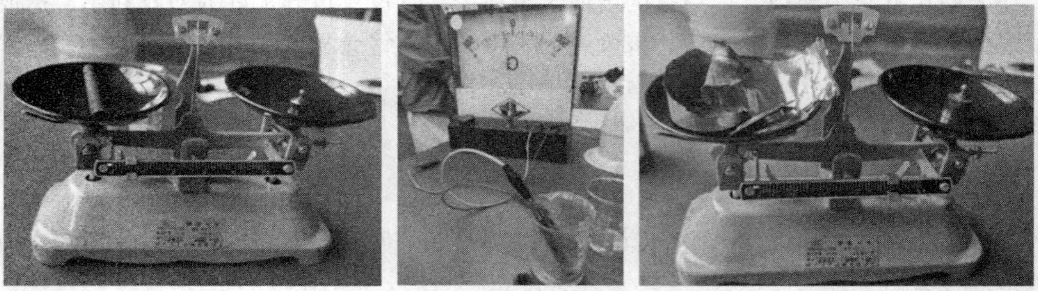

图 14-7　拆解电池的定性定量分析

每节一号电池（酸性锌锰电池）可回收的碳棒质量为 5.5g，锌皮质量为 14.0g。

3. 验证固体电解质的成分

首先加热焙烧 5.0g 黑色固体，4 分钟后称量焙烧后的固体，质量为 4.0g。可以推断黑色固体中含有碳单质。

焙烧黑色电解质约 4 分钟。

图 14-8　固体电解质的定性定量分析

黑色固体质量由 5g 减少为 4g，因为碳在空气中焙烧与氧气反应：$C+O_2=CO_2$，导致质量减少。

另取黑色固体加入 3%的过氧化氢溶液中，可以观察到有明显的气泡产生，收集产生气体，可使带火星的木条复燃。可以推出黑色粉末中含有二氧化锰。

每节一号电池所含黑色电解质固体约为 48g，按上述实验数据粗略估算应含有碳单质 9.6g，二氧化锰粗品 38.4g。

五、实验结论

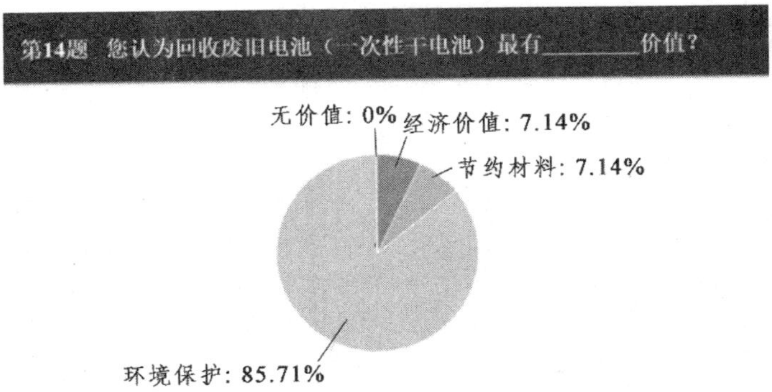

图 14-9 废旧电池回收问卷调查

在本系列课程开始之初，我们做了关于废旧电池回收的问卷调查（如图 14-9），从接受调查的同学的观点来看，大家都认为回收的最大意义是保护环境。在系统地拆解回收电池后，大家的观点明显有所转变，除了环境保护的重要意义之外，大家发现废旧电池中还含有大量的可以被我们利用的金属单质、金属氧化物、碳电极等。

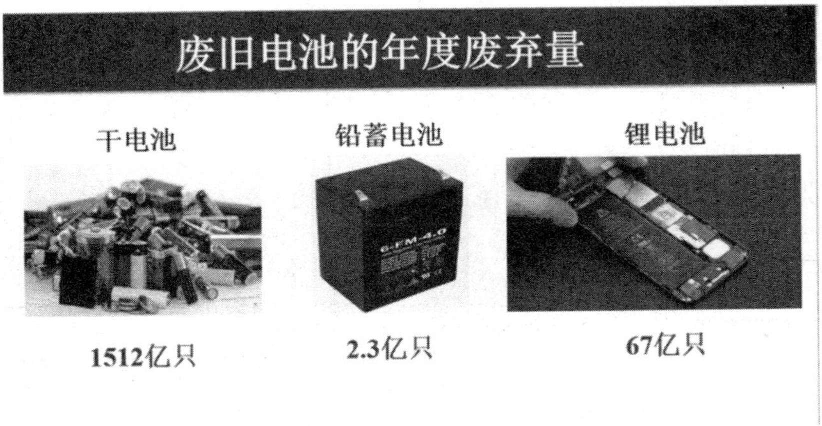

图 14-10 废旧电池的年度废弃量

我国是人口大国，每年消耗的各类电池数量惊人，如果只是考虑废旧电池不污染环境的话，就忽略了大量废旧电池产生的经济效应。所以，我们认为可以通过政策上的扶持、规模化和产业化的改造、电池生产的低汞化和无汞化、可充电电池的生产，有效地降低回收利用中的成本，降低处理的难度，以实现规模化和产业化效益。

综上，我国可以大力回收和利用废旧电池。回收和利用废旧电池除了具有巨大的经济效益，还有巨大的环境效益。具体表现在废旧电池的回收直观地表现为减少了废旧电池等的固体废物对环境造成的影响和压力；同时美化了环境，减少了对大气、水、土壤等的污染，很好地保护了人们的身心健康。

防空洞食用菌种植之抑菌研究

川大附中项目课程开发规划纲要

课程首席教师：胡文文（生物组）

课程参与教师：余宏斌（生物组）　田时平（生物组）

<table>
<tr><td>课程名称</td><td colspan="6">防空洞食用菌种植之抑菌研究</td></tr>
<tr><td>课程类型
（选勾）</td><td>√</td><td>必修的综合实践活动研究性课程</td><td></td><td>选修的学科研究性课程</td><td></td><td>选修的校本研究性课程</td></tr>
<tr><td>实施对象</td><td colspan="2">高一年级学生</td><td colspan="2">建议选课学生人数</td><td colspan="2">15 人</td></tr>
<tr><td>课程课时及上课时段</td><td colspan="6">课程课时：五次课 10 课时；上课时段：划定课程时段</td></tr>
<tr><td>课程背景</td><td colspan="6">1.课程开设背景分析：
随着国民经济的快速发展，人们的生活水平随之提高，对食品的需求也随之提高。人们对绿色食品的需求日益旺盛，其中食用菌是营养丰富的理想食品。我校有闲置的防空洞，存在食用菌生存的自然条件，加以研究利用可为全校师生提供日常餐桌美食。
2.课程资源背景分析：
（1）硬件资源背景：我校防空洞是水泥防空洞，湿度较大，气温恒定为 14℃左右，适合食用菌的生长。所以我校生物组就利用学校闲置的防空洞来开展学习和研究。
（2）人力资源背景：本校生物组在防空洞种植食用菌上，已经进行了两个阶段的研究，但在研究过程中陆续发现种植食用菌时易染杂菌，对此，学生迫切想进行第三阶段的抑制杂菌研究。
3.学生背景分析：
（1）知识储备方面：经过高一上学期相关探究实验的学习，高一学生已明确实验设计的原则、方法、实验操作的注意事项，具备了一定的实验设计、操作和分析结果的能力。
（2）研究素养方面：我校是“培养—研究型”大学附中，“以研究性课程和研究性教师培养研究性学生的特征”，能让学生在高一入学即参与到综合实践活动研究性课程中来，具备研究的基本素养。
（3）研究意愿方面：在学校防空洞种植食用菌的前两阶段的研究中，参与学生都表现出了浓厚兴趣。在研究中，生物学实验的设计与分析往往与数学、化学等学科相互交叉渗透，如绘制并分析曲线图和柱状图，能跳出学科限制，开拓思维，对于学生综合实践能力的提升具有重要意义</td></tr>
</table>

续表

<table>
<tr><td>课程内容（核心问题）</td><td colspan="6">基于前期研究，确立课题，设计方案，探索学校防空洞食用菌种植中的抑菌问题，撰写研究报告。
问题：1.如何基于前期研究，确立课题？
2.如何基于课题，设计探究实验方案？
3.如何基于探究实验，撰写研究报告？
活动：分析、设计实验、展开研究、撰写报告</td></tr>
<tr><td>课程目标</td><td colspan="6">1.结果性目标：
（1）收集并整理前两阶段的研究成果及待解决的问题，设计并实施探究实验方案，种植食用菌，探索防空洞种植食用菌时的抑菌原理；
（2）设计并实施验证实验；
（3）撰写实验报告，展示、交流、评价研究过程。
2.体验性目标：
（1）通过设计实验方案、开展实验及分析数据，体验科学探究各环节之间的关联；在科学探究的过程中，体验科学研究与劳动素养之间的关联；
（2）在科学探究活动中，体验食用菌抑菌与环境之间的关联</td></tr>
<tr><td rowspan="6">课次计划</td><td>课次</td><td>主题</td><td>研究环节</td><td>学生活动</td><td>课前课后任务</td><td>活动地点</td></tr>
<tr><td rowspan="4">1</td><td rowspan="4">1.提出问题：课题研究方向：学校防空洞种植食用菌之抑菌研究；
2.进行预实验：防空洞种植食用菌，观测是否染杂菌</td><td>发现问题</td><td>经老师介绍，熟知我校食用菌种植前两阶段所得成果及待解决的问题</td><td rowspan="4">1.课前：实验器材的准备；
2.课后：成立小组，明确分工，准备实验器材</td><td rowspan="4">学校防空洞、数字实验室</td></tr>
<tr><td>组建团队</td><td>分组，确定小组成员</td></tr>
<tr><td>实验体验</td><td>参观学校防空洞，了解食用菌种植相关知识，确定课题研究方向，设计并进行预实验：防空洞种植食用菌，观测是否染杂菌</td></tr>
<tr><td>表达问题</td><td>防空洞种植食用菌真的易染杂菌吗？</td></tr>
<tr><td>2</td><td>解决问题：分析预实验结果并设计实验方案</td><td>初步研究</td><td>分析预实验结果，设计研究防空洞中的杂菌菌群的实验方案</td><td>1.课前：管理预实验，每天定时观察记录数据；
2.课后：准备下次实验材料</td><td>学校防空洞、数字实验室</td></tr>
</table>

续表

<table>
<tr><td rowspan="12">课次计划</td><td>课次</td><td>主题</td><td>研究环节</td><td>学生活动</td><td>课前课后任务</td><td>活动地点</td></tr>
<tr><td>3</td><td>解决问题：进行实验研究防空洞中的杂菌菌群</td><td>进一步研究</td><td>进行实验研究防空洞中的杂菌菌群</td><td>1.课前：完善探究实验方案，准备实验材料；
2.课后：坚持每天定时观察记录实验数据</td><td>学校防空洞、数字实验室、生物园地</td></tr>
<tr><td rowspan="4">4</td><td rowspan="4">反思提升：整理、分析实验数据，提出抑杂菌措施，汇总实验结果，撰写研究报告</td><td>记录写实</td><td>完善前两次实验记录</td><td rowspan="4">1.课前：准备各种实验数据；
2.课后：完善研究报告和PPT</td><td rowspan="4">学校防空洞、数字实验室</td></tr>
<tr><td>整理资料</td><td>汇总、整理研究资料</td></tr>
<tr><td>反思研讨</td><td>基于实验数据，分析防空洞内杂菌菌群，研讨食用菌种植过程中的抑杂菌措施</td></tr>
<tr><td>撰写成果</td><td>撰写研究报告，制作汇报PPT</td></tr>
<tr><td rowspan="4">5</td><td rowspan="4">评价反馈：研究成果的展示、交流总结、评价</td><td>分组展示</td><td>分组展示，交流与评价</td><td rowspan="4">1.课前：完善研究报告和PPT；
2.课后：将成果打包汇总并提交学校学生发展处</td><td rowspan="4">科技楼6楼</td></tr>
<tr><td>自评互评</td><td>交流与评价</td></tr>
<tr><td>修改报告</td><td>完善报告</td></tr>
<tr><td>资料入库，申请认定</td><td>汇总、整理过程资料，准备提交学校学生发展处</td></tr>
<tr></tr>
<tr></tr>
<tr><td>学生作品</td><td colspan="6">1.实验设计方案；
2.研究报告及PPT</td></tr>
<tr><td>评价方式</td><td colspan="6">1.生生互评、师生间的多向、多元评价；观课人员评价；
2.研究报告的评定</td></tr>
<tr><td>安全保障</td><td colspan="6">加强安全教育（包括防空洞和实验室安全、课后活动安全），建立小组活动安全保障机制</td></tr>
<tr><td>条件保障</td><td colspan="6">课程开发组外部保障：加强自我保护，教师加强监督管理；
课程开发组内部保障：建立安全预案，加强安全教育，建立安全评价机制</td></tr>
<tr><td>开发次第</td><td colspan="6">再次开发</td></tr>
<tr><td>课程审批</td><td colspan="6">1.课程教学处　签　章　年　月　日
1.学生发展处　签　章　年　月　日</td></tr>
</table>

防空洞食用菌种植之抑菌研究成果展示交流与改进

一、教学分析设计

（一）活动分析

本次课程为学校的系列课程，之前已经进行了两个阶段的研究，现在进行的是第三阶段的研究，而本次课为该阶段研究的第五次课。

该系列课程的前两阶段主要研究了防空洞种植食用菌的条件和每种食用菌在洞内适合的种植区域，但在研究过程都发现在种植食用菌时易滋生杂菌，对此，学生决定进行第三阶段的研究：基于前期研究成果和待解决问题，设计实验，探索学校防空洞食用菌种植中的抑菌问题。

回顾本阶段研究的前四次课：第一次课，学生了解我校防空洞种植食用菌的研究进展及待研究的问题——抑菌问题。聆听讲解，习得防空洞种植食用菌的原理和方法，着手种植食用菌。第二次课，分析前一次体验实验的结果，发现防空洞种植食用菌确实染了杂菌，确立具体的研究方向——防空洞食用菌种植之抑菌研究，研究食用菌种植过程中洞内杂菌菌群，提出抑菌措施。第三次课，进行探究实验，定期记录相关数据。第四次课，整理分析实验数据，分工制作展示交流 PPT，撰写研究报告。

在前四次课的基础上，本次课为课程核心问题教学的评价反馈环节，展示防空洞种植食用菌之抑菌研究成果，展开自评他评，整理研究资料入库，提交学生发展处。因此，本次课主题中的活动内容确立为“抑菌研究成果”的展示、交流与评价。

（二）学生分析

经过近一年的高中学习，该课题学生已经具备了一定的科学实验设计能力、数据处理能力、实验结果分析能力，且对防空洞种植食用菌研究非常感兴趣。对此，课程老师悉心指导学生，积极展开实验设计、进行实验、数据处理与分析，进一步提升学生科学探究能力。本次课旨在通过展示成果，自评和他评，既充分肯定学生的科学探究能力，使其获得一定的成就感，又吸取他人的建议和意见，让学生完善自己的研究，优化研究报告。

因此，本次课主题中的学生活动方式主要为展示、交流、评价。

（三）目标分析

根据本课程规划纲要中确立的课程教学目标，基于本次课的活动分析及学生分析，撰写本次课的教学目标如下：

1. 结果性目标

能投入研究成果的展示、交流与评价活动，能正确认识、评价自己的成果，吸取他人有关科学研究的建议，为后续研究打好基础。

2. 体验性目标

在成果的展示、交流、评价与改进活动中，体验实验结果与实验目的、实验设计、实验过程之间的关联；体验实验数据分析与实验目的之间的关联；体验成果呈现与表达能力、信息素养之间的关联。

（四）资源分析

本次课为室内的展示交流课，所用主要教学资源如下表所示：

教学资源	选用意图	来源
平板	辅助推进教学环节，展示图片，相互评价等	科大讯飞
PPT、投影	用于教学引入及学生展示交流	学校多媒体设备
黑板	板书本堂课活动中的关键信息，呈现学生观点，辅助教师提升讲解	学校教室

（五）主题分析

按课程规划纲要的课次规划，基于前面对本次课程活动与学生的分析，将本次课的活动主题确定为研究成果的展示交流与改进。

二、教学实施设计

（一）教学环节

按课程规划纲要的课次规划，本次课为核心问题教学中的评价反馈环节，其下包括自评互评、修改报告、资料入库及申请认定四个子环节，具体教学设计如下表所示。

教学环节	学生活动	教师活动	设计意图
教学引入（约4分钟）	跟着教师回顾前4次课的研究情况，明确本次课的学习任务	分别介绍前四次的研究，引出本次课的学习任务：展示、交流研究过程，汇报成果，交流与讨论	带学生回顾前4次课的研究情况，帮助学生快速进入本次课的学习活动状态，明确本节课的主要任务
展示交流（约25分钟）	展示该课题的确立过程、实验过程、结果分析、结论分析	引导学生的展示与交流活动，记录并整理展示交流要点，归类板书	让学生在展示自己的抑菌研究过程及成果的同时，提升其研究的能力和素养，突出我校“以研究性课程和研究性教师培养研究性学生”的办学特色
自评互评（约7分钟）	学生基于在展示交流时的思考与记录，对研究成果及展示进行评价，观摩教师对学生研究进行评价	参与、引导同学们的自评互评活动	通过自评、互评、师评，提升学生敢于质疑、勇于探索、乐于沟通等研究素养
课堂小结，反思提升（约4分钟）	学生记录、思考教师提升内容	教师对系列课程研究思路、研究方法、后续研究方向、学生综合素养进行归纳提升，对研究过程的表现给予充分肯定	教师总结、学生反思系列课程研究思路、研究方法、后续研究方向，为后续研究打下基础

续表

资料入库	汇总、整理研究过程资料	对学生课程资料的整理进行指导与点拨	通过对课程研究资料的收集、整理，进一步提升学生重视初评、关注过程、珍视成果的研究素养
申请认定	将研究资料提交学校学生发展处	辅助学生提交相关资料	通过提交研究资料，进一步提升学生寻求成果认定、实现社会价值的意识与能力

（二）评价预设

1. 就教学活动中对学生即时、口语为主的评价预设

（1）教学引入环节：明确本节课的具体任务，让学生清楚这次课和前三次课的关联，对前期准备工作做得较好的学生提出表扬，鼓励学生在本次课能大胆发言、主动交流，营造积极的课堂氛围，激发学生的学习热情，实现演讲者与倾听者的共鸣，以达到本次课的目标。

（2）展示交流评价环节：通过展示、交流过程给予的激励性评价，促进学生进一步融入课堂，能主动进行有效记录，重点引导学生在语言表述、环节逻辑性上的把握，展现学生之间的合作能力，有效激活学生在交流展示时个性的体现，主动调用自己已有的知识处理临场的情况，使课堂中充满新的火花。

（3）课题小结、反思提升环节：促使学生提炼科学研究的一般过程和方法，提升自己的研究素养，为后续研究打下基础。

（4）资料入库环节：鼓励学生重视研究资料收集与整理的优良研究习惯与素养。

2. 就教学活动后的评价预设

从本课次教学目标，尤其是体验性目标达成情况的视角，对包括《写实记录表》在内的学生上交的研究过程资料，以及研究报告、拟向学生处提交的《学校防空洞食用菌种植之抑菌研究》等研究成果进行评价，并及时反馈。

（三）板书设计

防空洞食用菌种植之抑菌研究成果展示交流与改进

课程核心问题：基于前期研究及预实验，确立课题，设计方案，探索学校防空洞食用菌种植中的抑菌问题，撰写研究报告。

一、学生在展示交流中的要点（现场生成）

提出问题：

解决问题：

二、科学研究的一般思路

发现问题，确定研究方向

选择研究方法：对照实验法、观察法、文献法、调查法……

设计并实施研究方案

结果分析，得出结论　　　　结果结论：

三、综合素养　　　　后续研究：

（四）教学流程

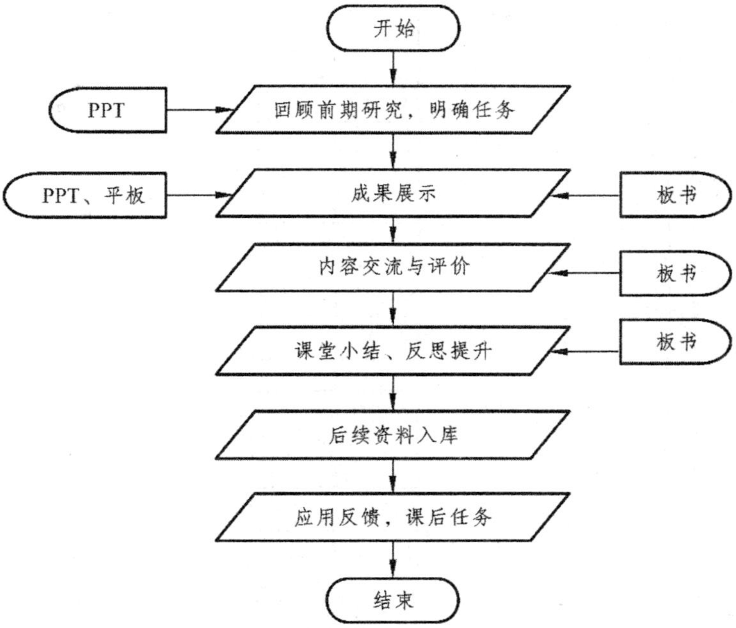

图 15-1　“防空洞食用菌种植之抑菌研究”教学流程图

三、教后评价设计

（一）信息搜集

课后认真观看了课堂录像，并进行了教学实录。

（二）自我评价

从问题的发现与提出看，学生对防空洞食用菌种植的前两阶段研究成果进行分析，发现在种植食用菌时易滋生杂菌，对此，学生决定进行第三阶段的研究：防空洞内杂菌菌群研究及抑菌措施研究。这样通过分析已得研究，发现问题进而提出问题，与科学探究中的“问题的发现与提出”高度吻合，同学们在这样的问题的发现、提出与表达中获得了对如何从生活中发现并提出问题的深度体验，问题的提出与表达彰显了研究性。

从解决问题的过程看，学生经历了图 15-2 所示的研究过程。这一研究过程规范、完整，与科学探究中“发现问题—提出问题—选择研究对象—设计方案—实施探究—得出结论—分析结论”的过程高度吻合，同学们在这样的问题解决过程中获得了对从事科学研究的深度体验，问题解决过程彰显了研究性。

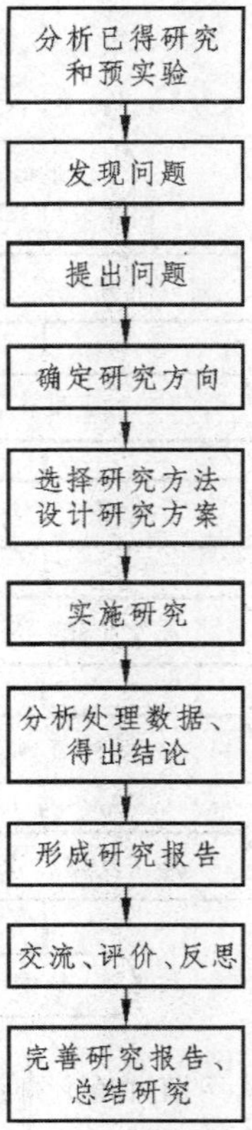

图 15-2 研究过程

从研究总结这一反思活动看，学生通过研究成果展示交流课后，能主动吸取其他学生和老师们的建议，深化本组的研究，既对研究知识进行反思与总结，又对研究过程中的情感态度价值观进行反思与总结，更对研究过程中发现的新问题进行反思与总结。学生在这样的研究总结中获得了对科学探究精神和品质的深度体验，研究总结彰显了研究性。

课堂上学生在展示交流中都充满了“研究”的元素，洋溢着“研究”的氛围，传播着“研究”的精神，闪烁着智慧的光芒，充分体现出涵养着生物学科研究素养的教师与学生在共同开发与实施研究性课程的过程中，自然而切实地将生物课堂学习与课外综合实践深度融合、有机统筹。这样彰显科学探究的综合实践活动课程，既成就了研究性学生，也进一步成就了研究性教师和研究性课程，生动地诠释了图 15-3 所示的“川大附中研究性文化”，有力地彰显了学校“培养—研究型”的办学特色。

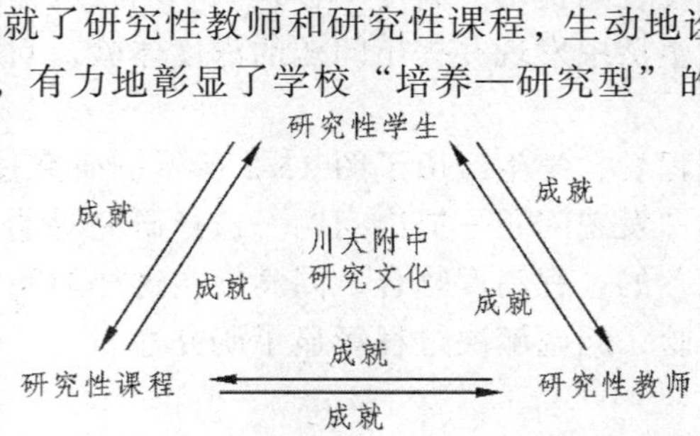

图 15-3 川大附中研究文化

川大附中项目课程核心问题教学评价表

评价目标	评价指标				评价结果
	一级指标	二级指标	三级指标		
实现活动体验中的学习与发展	具有核心问题教学形态	核心问题利于活动体验	内含客观问题和学生活动方式	8	每项指标最高评 8 分
			问题情景与真实生活密切相关	7	
			能引发新知识、新方法的生成	8	
		教学目标价值引导恰当	两类目标正确全面	8	
			关联体验目标恰当	8	
			目标价值引导显现	8	
		教学环节完整合理落实	教学环节清晰完整	7	
			环节内容合理充实	7	
			学生活动时间充分	8	
		教学要素相互匹配促进	问题目标环节两两匹配	8	
			技术促进活动形式内容	8	
			课程特点突出氛围浓郁	8	合计 93 分
实现活动体验中的学习与发展	具有核心问题教学实质	拓宽学习视野	课程与现实世界有恰当关联		选择一个表现突出的二级指标，在相应三级指标的引导下，以现场学生表现为主要依据，以其余指标为背景，于本表的第二页写出150字以上的简要评价
			有基于缄默知识的问题解决		
			有缄默知识运用的追踪剖析		
		投入实践活动	有真实而且完整的实践活动		
			能够全身心地浸渍于活动中		
			活动的内容结果均丰富深入		
		感受意义关联	有核心问题的深层意义感受		
			有以知识为中心的关联感受		
			有以个人为中心的关联感受		
		自觉反思体验	有实质性反思活动的开展		
			有课程新因素的追踪利用		
			有体验的交流与改善重构		
		乐于对话分享	乐于自我表达与认真倾听		
			乐于合作中成果与思路分享		
			有宽容的对话氛围和双向交流		

续表

评价目标	评价指标			评价结果
	一级指标	二级指标	三级指标	
		认同体验评价	认可体验评价	
			参与体验评价	
			利用体验评价	
核心问题教学实质的简要评价				
本人认为本次综合实践活动课充分地彰显了研究性。纵观整个研究过程，学生们先是在已得研究基础上进行分析，发现之前研究中存在食用菌种植过程中易染杂菌的新问题，便确立研究方向，即防空洞内杂菌菌群研究及抑菌措施研究。首先设计预实验，观察种植食用菌过程中的染杂菌情况。再分析预实验结果，继续科学设计探究实验探究防空洞中的杂菌菌群。最后，针对洞中杂菌菌群的具体情况提出种植食用菌时的抑杂菌措施。可见，他们经历的就是一次科学研究的过程，且在研究过程中也做到了实时记录真实的实验数据，勤于分析，这也正是科学研究的基本素养。 本次综合实践活动课也充分地激发了学生劳动的热情，提升了他们的劳动品质。学生在课程初期，连续一周去学校防空洞清理各种杂乱的垃圾，女生清理废弃发臭的菌包，男生提水清洗食用菌探究种植工具、器械，不怕苦、不怕累，做到了科学研究也敢于流汗出力。在实验探究种植食用菌的过程中，坚持每天中午到防空洞观察记录数据，给食用菌菌包补水；在研究防空洞中杂菌组成时，几乎每天的课余时间都泡在实验室，配制培养基、高压蒸汽灭菌、接种、显微观察研究、清洗实验器具，真正做到了在科研中，不但投入了劳动，还表现出了劳动的坚韧性，极大提升了自己的劳动素养和社会意识				

（三）反馈调整

由于本次课是课程的最后一次课堂教学，因此采用了对学生研究报告书面反馈评价意见与学生个别交流相结合的形式进行，以便更加有利于学生在深度体验中的学习与发展。

川大附中项目课程体验性目标点检测表

基本信息	课程名称	防空洞食用菌种植之抑菌研究	课程类别	生物学科选修课
	首席教师	胡文文	组/处	生物组
	参与教师	田时平	组/处	生物
		余宏斌	组/处	生物
	年级	高一	上课时间	周二下午第八九节课
核心问题	基于前期研究及预实验，确立课题，设计方案，探索学校防空洞食用菌种植中的抑菌问题，撰写研究报告			

续表

<table>
<tr><td rowspan="2">课程目标</td><td>结果性目标</td><td colspan="2">1.收集并整理前两阶段的研究成果及待解决的问题，设计并实施探究实验方案，种植食用菌，探索防空洞种植食用菌时的抑菌原理；
2.设计并实施验证实验；
3.撰写实验报告，展示、交流、评价研究过程</td></tr>
<tr><td>体验性目标</td><td colspan="2">1.通过设计实验方案、开展实验及分析数据，体验科学探究各环节之间的关联；在科学探究的过程中，体验科学研究与劳动素养之间的关联；
2.在科学探究活动中，体验食用菌抑菌与环境之间的关联</td></tr>
<tr><td>检测点</td><td colspan="3">防空洞种植食用菌时易感染杂菌的原因分析，体验科学探究各环节之间的关联，体验科学研究与劳动素养之间的关联</td></tr>
<tr><td>检测任务</td><td colspan="3">1.你认为防空洞中种植的食用菌感染了杂菌的原因可能有哪些？
2.如果后期继续进行实验，我们应该在哪些方面改进？</td></tr>
<tr><td rowspan="4">分类标准</td><td colspan="3">A.能够准确表述防空洞中种植的食用菌感染了杂菌的原因，并提出完善的改进措施</td></tr>
<tr><td colspan="3">B.能够准确表述防空洞中种植的食用菌感染了杂菌的原因，并提出不完善的改进措施</td></tr>
<tr><td colspan="3">C.能够大致表述防空洞中种植的食用菌感染了杂菌的原因，提出某些改进措施</td></tr>
<tr><td colspan="3">D.不能大致表述防空洞中种植的食用菌感染了杂菌的原因，不知如何改进</td></tr>
<tr><td rowspan="5">检测统计</td><td>分类等级</td><td>学生人数（总人数 14 人）</td><td>所占百分比</td></tr>
<tr><td>A</td><td>11</td><td>78.6%</td></tr>
<tr><td>B</td><td>3</td><td>21.4%</td></tr>
<tr><td>C</td><td>1</td><td>7.1%</td></tr>
<tr><td>D</td><td>0</td><td>0</td></tr>
<tr><td>检测分析结果运用</td><td colspan="3">通过统计学生检测问题的完成情况，78.6%的学生做到了全程积极参与本课程，亲身体验了一遍科学研究的过程，深刻地体验到了实验结果和实验设计、试验方法、实验探究能力之间的关联；21.4%的学生在本课程中虽然掌握了实验的原理和方法，但是思维的深度还不够，需要老师的引导；7.1%的学生在该课程中没有深入卷入到整个深度体验的探究性活动中来，也就不能准确提出有关本次研究的一些见解，不能通过本次探究性课程锻炼研究性思维，提升学科素养。通过课后找学生谈话和观察学生表现，原因在于学生思想上对选修课不够重视，遇到科学探究实验操作时有畏难情绪，没有积极参与课程。在今后的项目课程中，教师要明确任务分工，及时对每个学生的任务完成情况进行考核，督促每位学生参与到实验中</td></tr>
</table>

<table>
<tr><td>体验典型实例</td><td>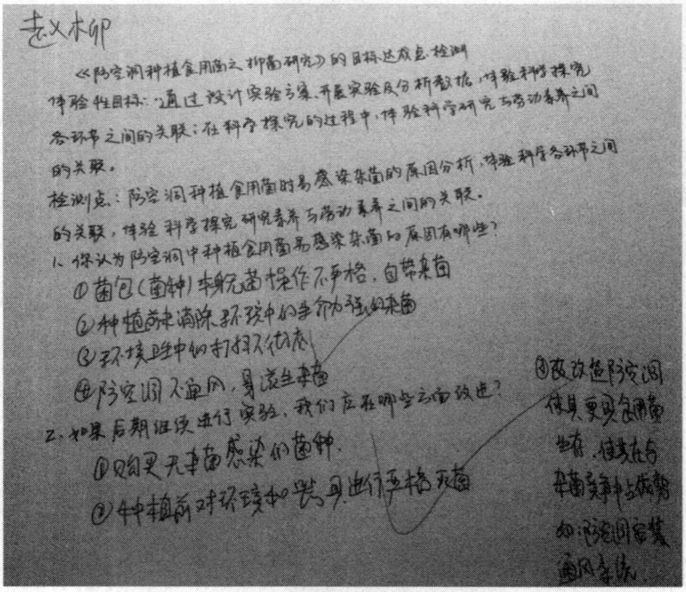

图 15-4　学生检测案例</td></tr>
<tr><td>体验典型实例</td><td>以上是班上学生中的一个实例，表现为能够准确表述防空洞中种植的食用菌感染了杂菌的原因，说明其全程积极参与本课程，亲身体验了一遍科学研究的过程，深刻地体验到了实验结果和实验设计、试验方法、实验探究能力之间的关联。在经历这一次科学研究中，也活跃了科学思维，提升了科研能力</td></tr>
<tr><td>检测反馈</td><td>课后次日对全班学生做了检测等级反馈，不仅较好地达成了关联目标，还提升了多方面的素质，比如在进行成果展示时提升了语言表达能力，在用计算机辅助记录实验数据、制作演示文稿时提升了信息技术能力，干活流汗提升了劳动素养等</td></tr>
</table>

防空洞食用菌种植之抑菌研究报告

赵 柳 王 佳 陈 果 曾瑞杰 李圣铭

一、研究意义

随着我国国民经济的快速发展，人们的生活水平随之提高，对食品的需求也随之提高。人们对绿色食品如低糖、低脂肪、高蛋白的食品需求日益旺盛，其中食用菌是营养丰富、味道鲜美的理想食品，还具有很高的药用价值。我校有闲置的防空洞，存在食用菌生存的自然条件，加以研究利用，可为全校师生提供日常餐桌美食。

二、研究背景及目的

我校防空洞是水泥防空洞，占地面积大，有节能白炽灯照明设备，湿度较大，气温恒定为 14 ~ 20℃左右，适合食用菌的生长。所以我校生物组就利用学校闲置的防空洞来开展学习和研究，期望通过栽培研究，后续投入实际生产，较大规模培养出健康可口的食用菌，投入学校食堂，服务全校师生，产生一定的经济价值。

三、研究内容的确立

本校生物组在防空洞种植食用菌上已经进行了两个阶段的研究。第一阶段：2019 年 3 月至 6 月，曾声蓉、杨帅和晏玉红老师带领学生初步探究出防空洞栽培食用菌的条件，初步筛选出适合在防空洞栽培的菌种，分析防空洞栽培食用菌的一些优势。第二阶段：2019 年 9 月至 11 月，李想韵、郑红梅和毛楠老师带领学生探究出了防空洞中适合金针菇、平菇、榆黄菇种植的区域。但在研究过程中陆续发现了一个待解决的新问题：本校防空洞种植食用菌，容易滋生霉菌，该怎么抑菌呢？对此，我们进行第三阶段的研究：基于前期研究成果和待解决问题，设计实验，探索学校防空洞食用菌种植中的抑菌问题，研究食用菌种植过程中防空洞中的杂菌菌群，提出抑制杂菌措施。

四、研究方法、步骤

1. 研究方法

我们主要采用了对照实验法、文献法、观察法等。

2. 实验设计思路

分别培养实验室空气中和防空洞空气中的微生物，采用对照实验法，分析菌群情况。

3. 实验步骤

（1）培养液的制作：

①称量：

按培养基配方比例依次准确地称取牛肉膏、蛋白胨、NaCl 放入烧杯中。牛肉膏常用玻棒挑取，放在小烧杯中称量，放在称量纸上，称量后直接放入水中，这时如稍微加热，牛肉膏便会与称量纸分离，然后立即取出纸片。蛋白胨很易吸潮，在称取时动作要迅速。称药品时严防药品混杂，一把牛角匙用于一种药品，或称取一种药品后，洗净、擦干，再称取另一药品，瓶盖也不要盖错。

②溶化：

在上述烧杯中可先加入少于所需要的水量，用玻棒搅匀，然后，在石棉网上加热使其溶解。待药品完全溶解后，补充水分到所需的总体积。如果配制固体培养基，将称好的琼脂放入已溶化的药品中，再加热溶化，在琼脂溶化的过程中，需不断搅拌，以防琼脂糊底使烧杯破裂。最后补足所失的水分。

③移装锥形瓶：

将培养基移装至锥形瓶，在瓶口上塞上棉塞，以阻止外界微生物进入培养基内而造成污染，并保证有良好的通气性能。

④包扎：

加塞后，将全部试管用橡皮筋捆扎好，再在棉塞外包一层纸，以防止灭菌时冷凝水润湿棉塞，其外再用一道橡皮筋扎好。

⑤灭菌：

将上述培养基、培养皿等器具用高压锅高压灭菌。

（2）培养基倒平板：

①将灭过菌的培养皿放在火焰旁，右手拿装有培养基的三角瓶，左手拔出棉塞；

②右手拿三角瓶，使三角瓶的瓶口迅速通过火焰；

③用左手将培养皿打开一条稍大于三角瓶口的缝隙，右手将培养基倒入培养皿，立刻盖上皿盖；

④待平板冷却凝固后，将平板倒过来放置。

（3）微生物接种与培养：

①将 3 个平板放于防空洞中并打开盖子，放置 30 分钟后关上盖子；放于此处培养 5 天；

②将另 3 个平板放于实验室中并打开盖子，放置 30 分钟后关上盖子；放于此处培养 5 天；

③还有 3 个平板不接种微生物，用作空白对照，以便检验培养基等灭菌是否合格。放于适宜温度恒温培养箱培养 5 天。

（4）观察记录：

5 天后，分别记录实验室和防空洞中平板中的菌落形态、大小、颜色、隆起程度、气味等，查资料，学会识别细菌和霉菌菌落。细菌菌落特征：湿润、粘稠、光滑、较透明、易挑取、质地均匀；正反面或边缘与中间部位颜色一致；颜色多样；菌落总体形态小而凸起或大而平坦；透明或稍透明；一般有臭味。霉菌菌落特征：菌落较大，长有菌丝；少数菌丝可蔓延至整个培养基；菌落一般疏松，不透明，呈蛛网状、绒毛状、棉絮状；正反面或边缘与中间部位颜色不一致；颜色多样；往往有霉味。统计菌落种类、数目。

五、研究成果

1. 数据整理

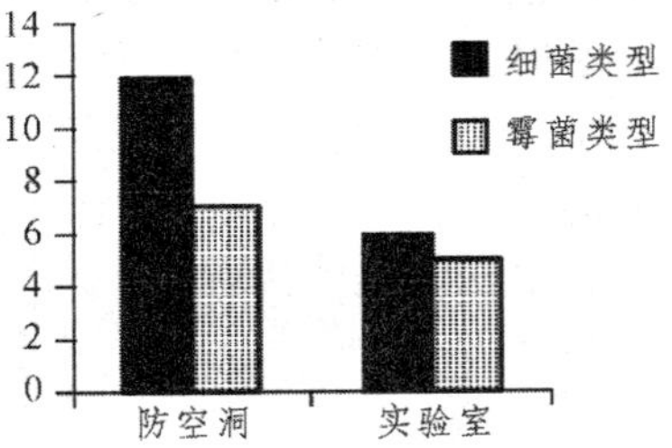

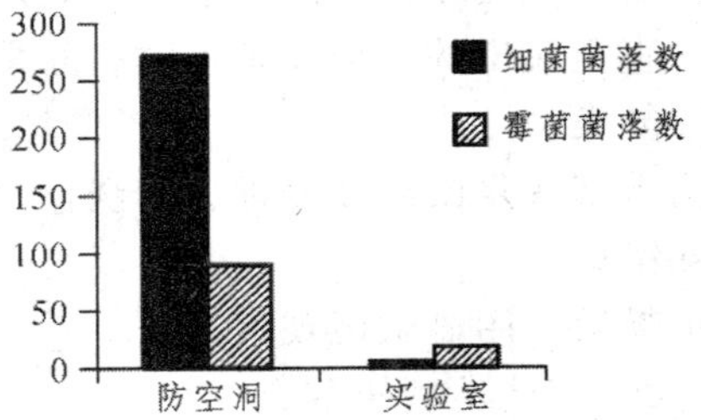

图 15-5 防空洞、实验室的细菌、霉菌类型统计图 15-6 防空洞、实验室的细菌、霉菌菌落数目统计

2. 分析与结论

结论：根据以上两个柱形图可以看出，防空洞中的微生物种类、数量都多于实验室。

六、再实验再发现

1. 新问题产生

防空洞中细菌具体有哪些类型呢？霉菌具体又有哪些类型呢？

2. 设计研究方案

（1）细菌类型初鉴定：

用革兰氏染液对细菌染色，显微镜判定细菌类型。若为紫色，则为革兰氏阳性细菌；若为红色，则为革兰氏阴性细菌。

（2）霉菌类型初鉴定：

根据显微镜下看到的孢子梗的形状初鉴定。如果孢子梗呈单分支状，顶囊膨大为球形，则为毛霉菌；如果孢子梗呈单分支状，顶囊膨大为球形且表面还长满一层或两层辐射状小梗，则为曲霉菌；如果孢子梗呈扫帚状，则为青霉菌。

3. 实施研究

（1）细菌类型初鉴定：

细菌革兰氏染色：

①制片。

取菌种培养物常规涂片、干燥、固定。

要用活跃生长期的幼培养物作革兰氏染色；火焰固定不宜过热（以玻片不烫手为宜）。

②初染。

滴加结晶紫（以刚好将菌膜覆盖为宜）染色 1 ~ 2 分钟，水洗。

③媒染。

用碘液冲去残水，并用碘液覆盖约 1 分钟，水洗。

④脱色。

用滤纸吸去玻片上的残水，将玻片倾斜，在白色背景下，用滴管流加 95%的乙醇脱色，直至流出的乙醇无紫色时，立即水洗。脱色时间一般为 20~30 秒。

⑤复染。

用番红液复染约 2 分钟，水洗。

⑥镜检。

干燥后，用显微镜观察。

（2）霉菌类型初鉴定：

挑取防空洞中培养的霉菌落中的霉菌制片，显微镜下观察孢子梗形状。

4.结果分析

（1）细菌记录：

表 15-1　防空洞中细菌类型、数量统计表

比较项	细菌类型		细菌形状			
	革兰氏阳性菌	革兰氏阴性菌	球状	杆状	弧状	螺旋状
菌落种类	11	1	6	3	1	2
菌落数量	309	53	135	68	22	48

（2）霉菌记录：

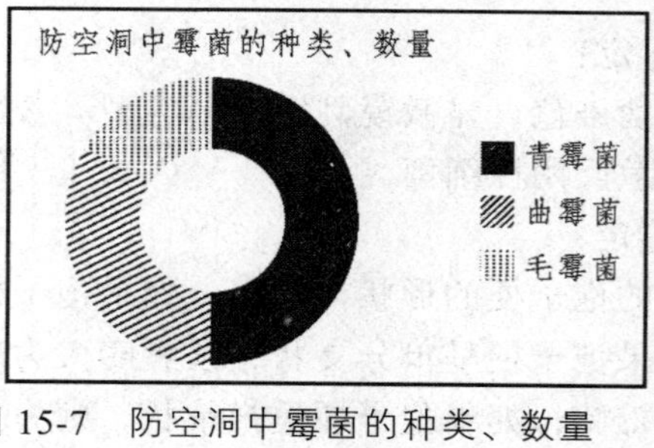

图 15-7　防空洞中霉菌的种类、数量

5. 得出结论

防空洞中菌群主要为细菌、霉菌两大类，细菌多于霉菌。细菌大多为革兰氏阳性菌，阴性菌少，霉菌有青霉菌、曲霉菌、毛霉菌三大类。

6. 进一步研究

防空洞中种植食用时感染了这些杂菌，该怎么抑菌？查文献，找寻到了抑菌措施：可向洞内喷洒石灰水消毒，用抗生素来抑制细菌等。

7. 产生的新问题及后续研究方向

防空洞中的杂菌具体到种有哪些类型？

七、参考文献

[1] 陈欢，王伟功，刘岩. 5 种杀菌剂对 12 种真菌生长的影响[J]. 安徽农业科学，2011，39（3）：1321-1322.
[2] 刘俊杰，李倩，裴晶晶. 环境条件对微生物在滤料表面生长繁殖的影响[J]. 天津大学学报，2014（4）：304-309.

八、研究工作计划及进度

（1）2020 年 5 月 12 日：教师介绍本课程前两阶段研究成果和问题，确立本阶段研究方向，学生进行体验实验。分组、建群、查阅相关文献资料。

（2）2020 年 5 月 12 日—5 月 18 日：每天定时观察实验现象，记录实验数据。

（3）2020 年 5 月 19 日：分析体验实验结果并设计探究实验方案，准备实验材料。

（4）2020 年 5 月 26 日：进行探究实验。

（5）2020 年 5 月 26 日—6 月 2 日：每天定时观察实验现象，记录实验数据。

（6）2020 年 6 月 2 日：整理探究实验数据，分析结果、得出结论。制作成果汇报 PPT。

（7）2020 年 6 月 2 日—6 月 5 日：继续制作成果汇报 PPT。

（8）2020 年 6 月 6 日—6 月 15 日：书写研究报告，为汇报交流课作准备。

（9）2020 年 6 月 16 日：成果汇报与交流。

（10）2020 年 6 月 23 日：课程资源包汇总并上交。

米酒的制作、鉴定与应用研究

川大附中项目课程开发规划纲要

课程首席教师：李德成（生物组）

课程参与教师：张丽虹（生物组）　李金川（生物组）

<table>
<tr><td>课程名称</td><td colspan="6">米酒的制作、鉴定与应用研究</td></tr>
<tr><td>课程类型
（选勾）</td><td></td><td>必修的综合实践活动
研究性课程</td><td>√</td><td>选修的学科
研究性课程</td><td></td><td>选修的校本
研究性课程</td></tr>
<tr><td>实施对象</td><td colspan="3">高二年级学生</td><td colspan="2">建议选课
学生人数</td><td colspan="2">15人</td></tr>
<tr><td>课程课时及
上课时段</td><td colspan="6">课程课时：5次课10课时；上课时段：划定课程时段</td></tr>
<tr><td>课程背景</td><td colspan="6">1.学生背景：
（1）知识储备方面：本课程参与的同学为高一年级的学生，他们通过对生物必修一第五章第3节“细胞呼吸”的学习，知道了酵母菌的同化作用为异养型，不能将无机物转化为有机物，需以有机物为底物进行生命活动，也知道异化作用为兼性厌氧型，有氧条件下进行有氧呼吸释放大量能量酵母菌快速繁殖，在无氧条件下可以将糖类分解为酒精和二氧化碳。（显性的知识性知识）
（2）研究素养方面：通过初中和高一的探究性实验设计的学习，学生具备一定的设计对照实验、观察记录实验现象、分析实验结果的能力；高一上期学生已经参与到综合实践活动研究性课程中来，具备研究的基本素养，但在研究方法的认识上还有待提高。（缄默的研究素养基础）
（3）研究意愿方面：
①首先通过学习传统食品制作基本过程，感受我国古代劳动人民创造美食的伟大；
②通过改变不同温度下米酒的对照实验分析，培养提高自己的研究分析能力；
③分析导致米酒污染的杂菌的种类；
④使用粳米、糯米、小麦不同谷类酿制不同口感的米酒；
⑤对接种酵母菌和根霉菌不同菌种进行对比酿制，培养选择最佳口感的米酒；
⑥对米酒成分的深入分析，开发新的应用途径……
（缄默的情感、态度；显现的知识能力）
2.资源背景：
（1）硬件资源背景：生物实验室、化学实验室提供多种实验材料、器材和实践活动场所；数字实验室和计算机教室可以辅助学生完成资料查询、方案设计；
（2）人力资源背景：实验室老师提供实验材料、实验药品和实验器材；课程教师可以协助学生进行实践活动方案的设计、数据分析、方案改进</td></tr>
</table>

<table>
<tr><td>课程内容（核心问题）</td><td colspan="6">查阅资料制作米酒、玫瑰米酒和葡萄酒，探究温度、实验材料、菌种对米酒酿制的影响，分析米酒成分，开发一款新品米酒，说明其应用途径，撰写研究报告</td></tr>
<tr><td>课程目标</td><td colspan="6">1.结果性目标：
（1）制作米酒，并在制作米酒的基础上尝试制作玫瑰米酒；
（2）分析米酒成分，为改善米酒工艺提供依据；
（3）通过改变米酒制作材料与条件的研究，丰富米酒种类品质；
（4）撰写米酒制作与研究的研究报告。
2.体验性目标：
（1）通过米酒的制作、分析和研究，让学生体验生物学与日常生活、生产实际的关联；
（2）体验实验研究结果与产品改进和丰富之间的关联</td></tr>
<tr><td rowspan="13">课次计划</td><td>课次</td><td>主题</td><td>研究环节</td><td>学生活动</td><td>课前课后任务</td><td>活动地点</td></tr>
<tr><td rowspan="4">1</td><td rowspan="4">课题研究方向及问题的确立</td><td>发现问题</td><td>了解市场米酒产品种类和周围人群对米酒的个性需求</td><td rowspan="4">成立小组，明确分工，设计研究问题</td><td rowspan="4">生物数字实验室</td></tr>
<tr><td>组建团队</td><td>按调研对象进行分组</td></tr>
<tr><td>构建方案</td><td>查阅资料撰写米酒制作流程</td></tr>
<tr><td>表达问题</td><td>确定本组要研究解决的问题并加以表达</td></tr>
<tr><td rowspan="4">2</td><td rowspan="4">解决问题1：制作米酒</td><td>实验操作</td><td>清洗器材、蒸煮米、拌菌种、密封</td><td rowspan="4">1.课前：准备糯米、菌种；
2.课后：每天中午到实验室观察并记录米酒发酵情况</td><td rowspan="4">微生物实验室</td></tr>
<tr><td>实验观察</td><td>观察、放气</td></tr>
<tr><td>实验记录</td><td>列表、记录</td></tr>
<tr><td>实验调整</td><td>准备葡萄汁发酵</td></tr>
<tr><td rowspan="4">3</td><td rowspan="4">解决问题2：分析米酒成分</td><td>实验操作</td><td>利用必修1知识设计实验分析米酒成分，并记录实验结果</td><td rowspan="4">观察成分分析结果</td><td rowspan="4">微生物实验室</td></tr>
<tr><td>实验观察</td><td>观察实验现象</td></tr>
<tr><td>实验记录</td><td>列表、记录</td></tr>
<tr><td>实验调整</td><td>准备玫瑰花瓣发酵</td></tr>
</table>

续表

<table>
<tr><td rowspan="10">课次计划</td><td>课次</td><td>主题</td><td>研究环节</td><td>学生活动</td><td>课前课后任务</td><td>活动地点</td></tr>
<tr><td rowspan="4">4</td><td rowspan="4">解决问题3：比较不同条件下米酒的品质，并学着尝试制作玫瑰米酒。反思提升：形成初步的研究报告</td><td>实施方案</td><td>1.分组分别进行不同条件下的米酒酿制和玫瑰米酒的酿制；
2.观察与品尝</td><td rowspan="4">1.课前：准备不同谷类或菌种；
2.课后：(1)每天观察记录玫瑰米酒发酵情况；
(2)反思提升实验结果，形成初步研究报告</td><td rowspan="4">微生物实验室</td></tr>
<tr><td>整理资料</td><td>汇总、整理研究资料</td></tr>
<tr><td>反思研讨</td><td>基于实验条件与实验结果反思</td></tr>
<tr><td>撰写成果</td><td>生成初步调研报告</td></tr>
<tr><td rowspan="5">5</td><td rowspan="5">评价反馈：调研成果的展示</td><td>展示成果</td><td>分组展示小组成果</td><td rowspan="5">1.课前：小组分工，明确展示任务；
2.课后：完善研究报告</td><td rowspan="5">微生物实验室</td></tr>
<tr><td>自评互评</td><td>交流与评价</td></tr>
<tr><td>修改报告</td><td>基于获得的评价反馈信息，修改调研报告</td></tr>
<tr><td>资料入库</td><td>汇总、整理研究过程资料</td></tr>
<tr></tr>
<tr><td>学生作品</td><td colspan="6">1.学生制作米酒、玫瑰酒、葡萄酒样本；
2.研究方案、研究报告</td></tr>
<tr><td>评价方式</td><td colspan="6">1.课题研究过程中生生、师生间的多向、多元评价；
2.调研报告的等级评定</td></tr>
<tr><td>安全保障</td><td colspan="6">一般课程保障</td></tr>
<tr><td>条件保障</td><td colspan="6">课程开发组外部保障：生物实验室、化学实验室提供设备和学校经费保障；
课程开发组内部保障：教师团结协作和具有科研能力的生物教师的指导</td></tr>
<tr><td>开发次第</td><td colspan="6">再次开发</td></tr>
<tr><td>课程审批</td><td colspan="6">1.课程教学处　　签　章　　年　月　日
1.学生发展处　　签　章　　年　月　日</td></tr>
</table>

米酒的制作、鉴定与应用研究成果展示交流

一、教学设计分析

（一）活动分析

本节课为川大附中生物学科选修研究性课程之“米酒的制作、鉴定与应用研究”的第五次课。本学期共安排了五次课。第一次课，提出问题，师生共同确立核心问题，建立团队，走访参观生物实验室、聆听讲解、查阅资料、确立研究方向、设计实验方案。课后每组准备糯米、酒曲、药品以及电饭煲、纱布、盆、瓶瓶罐罐等材料用具，缺乏的打报告请实验室购买。第二次课，在老师的带领下，各小组蒸糯米、冷却、拌菌种，分装发酵，制作醪糟，进而制作米酒。课后定期观察、记录、放气，放入冰箱，并为下一次实验做准备。第三次课，进行米酒成分的系列鉴定，课前和实验室对接，课中分组完成，拍照片，做原始记录，可以做拓展实验，比如用果酒、玫瑰酒做对比，进行初步的讨论分析，并为下一次实验、整理资料做准备。第四次课，初步制作 PPT，为成果汇报做准备。根据前三次实验中出现的问题，讨论其原因，咨询相关专业人士，改进实验，进行实验操作。课后小组进一步观察实验结果，记录和分析实验数据，为成果分享交流做准备。第五次课，学生展示、交流课程成果，开展自评和互评活动，课后反思总结并撰写研究报告。

本节课的内容为展示交流学生研究的过程以及研究成果的评价与反思。通过本节课的学习，学生能体验到米酒制作成功率与实验中消毒灭菌之间的关联；通过米酒的制作、分析和研究，让学生体验生物学与日常生活、生产实际的关联，体验实验研究结果与产品改进和丰富之间的关联，进而提升生物学科核心素养。

（二）学生分析

在本课程进行前，学生已经学习了细胞呼吸和酒精生产的原理，并对制作醪糟、米酒、果酒及其产业充满了兴趣，根据《普通高中生物课程标准（2017 年版 2020 年修订）》的要求及学生兴趣，遂开设本课程。经过前期课程化设计准备后，通过课教处、总务处、教科室等部门协调场地和器材，高二同学自愿选课参与课程。学生的研究欲望强烈，自发查阅资料，基于前四次课程的实践研究，有能力在第五节课的交流展示评价中达成本节课的预期目标。

作为“培养—研究型”大学附中，我校学生受学校悠久研究文化的熏陶，研究问题有热情，科学研究有方法，具备一定的研究素养。他们前期进行了一系列研究、讨论、实验、总结反思、再研究、再修改和实验的过程，极好地体现了川大附中学子的研究品质，在实践中有效增强了研究能力，提升了生物学科素养，同时接地气地品尝醪糟强化了研究兴趣。

显性知识：通过前四次课程的学习，学生学习和实验掌握了米酒、果酒制备及成分鉴定的原理、流程和操作要点，深度了解米酒、果酒的理论知识。

缄默知识：通过实验探究活动，学生体验了科学探究的一般方法，磨炼了科学探究精神，理解了呼吸作用原理的实践应用。

（三）目标分析

1.结果性目标

（1）制作米酒，并在制作米酒的基础上尝试制作玫瑰米酒、葡萄酒；
（2）分析米酒成分，为改善米酒工艺提供依据；
（3）通过改变米酒制作材料与条件的研究，丰富米酒种类品质；
（4）撰写米酒制作与研究的研究报告，并进行汇报、自评和互评。

2.体验性目标

（1）通过米酒的制作、分析和研究，让学生体验生物学与日常生活、生产实际的关联；
（2）体验实验研究结果与产品改进与丰富之间的关联，树立艰苦奋斗的研究观。

（四）资源分析

本次课为室内的展示交流课，所用主要教学资源如下表所示：

教学资源	选用意图	来源	能力点
PPT、投影	用于教学引入、小组展示交流和体会反思。展示学生汇报课件辅助学生演讲，播放小组初选演讲剪辑视频	生物数字实验室设备，学生准备的图片、视频等，剪辑软件	B3
问卷星	测评并评价	测评软件	B1、B9
黑板	罗列本堂课学习活动和关键信息，呈现教学活动中学生的观点及反思提升中学生的想法	教学内容、学生回答及学生反思提升	B3

（五）主题分析

按课程规划纲要的课次规划，基于前面对本次课程活动与学生的分析，将本次课的活动主题确定为研究成果的展示、分享与交流。

（六）核心问题

查阅资料制作米酒、玫瑰米酒和葡萄酒，探究温度、实验材料、菌种对米酒酿制的影响，分析米酒成分，开发一款新品米酒及其市场途径，撰写研究报告。

二、教学实施设计

（一）教学环节

环节	学生活动	教师活动	设计意图	技术与教育教学融合
提出问题（5 分钟）	回顾整个课程	引导学生回顾整个课程安排	引出本节课任务	多媒体课件 B3
	跟着教师回顾本期课题的前期研究状况，明确本次课的活动任务	介绍前四次课的相关研究，引出本次课的交流任务：分组展示各组的前期研究过程	带领学生回顾前期研究，帮助学生快速进入本次课的学习状态，明确本节课的主要任务	多媒体课件 B3
展示交流（21 分钟）	分小组展示： 第一、二组米酒制作与鉴定组： 1.介绍米酒制作原理和操作程序（2 分钟）； 2.介绍米酒成分鉴定的过程和结果（4 分钟）； 3.介绍米酒产业的概况和效益（4 分钟）； 4.介绍品尝醪糟、醪糟蛋的经过和感受（4 分钟）。 第三组米酒新品研发组： 1.介绍葡萄酒制作的程序和结果（2 分钟）； 2.介绍玫瑰米酒制作的程序和结果（3 分钟）； 3.均介绍实验记录和整体的感受（2 分钟）	引导同学们的展示与交流活动，记录并整理各组展示交流要点，归类板书	本次课要求在"米酒制作、鉴定与应用研究"这个课题的指导下，分小组展示各自的研究过程及成果，提升研究能力，凸显研究价值，展现学科选修课培养研究素养的功能	多媒体课件、视频剪辑、自评 B3、B9
交流探讨（10 分钟）	学生基于在各组展示交流时的思考与记录，对本组或对方小组的研究过程和研究成果进行提问、质疑、探讨和答辩，教师对小组研究进行评价	参与、引导各小组同学的探讨互动活动	小组间互评及师评，促进学生敢于质疑、勇于探索、乐于沟通等研究素养。	多媒体课件、量表互评 B1、B3
课堂小结，反思提升（4 分钟）	学生思考，教师提升内容	教师引导学生对实验过程中的研究方法、品质、精神等进行反思提炼	反思科学研究的一般过程、研究方法、品质、精神，为后续研究打下基础	问卷星 B9

（二）评价预设

1. 在教学活动中对学生进行即时的口语为主的评价预设

（1）教学引入环节：由于这次课与前四次课、后续研究都有关联，为了明确本节课的具体任务，对同学们前期的研究、记录、想象和劳动表现提出表扬，激励学生在课堂上大胆发言、主动交流，营造积极的课堂氛围，激发学生学习热情。

（2）展示交流评价环节：对学生们展示交流的关键信息进行板书，促进学生更好地融入课堂。对学生语言表述的逻辑性和准确性，对学生的研究精神、合作精神给予肯定，引导学生自信表达、认真倾听并记录。

（3）反思提升环节：总结在科学研究过程中预实验、锲而不舍的精神的重要性，引导学生对实验过程中的研究方法、研究品质和科学精神等进行反思提炼。

2. 在教学活动后的评价预设

从本次课的教学目标，尤其是体验性目标达成情况的视角，对包括《写实记录表》在内的学生上交的研究过程资料，以及研究报告、拟向课教处提交的《米酒的制作、鉴定与应用研究》等研究成果进行评价，并及时反馈。

（三）板书设计

米酒的制作、鉴定与应用研究成果展示交流

——阶段性研究成果的展示、分享与交流

核心问题：查阅资料制作米酒、玫瑰米酒和葡萄酒，探究温度、实验材料、菌种对米酒酿制的影响，分析米酒成分，开发一款新品米酒及其应用途径，撰写研究报告。

科学研究的一般过程	学生在展示交流中的要点，现场生成。
科学研究的常用方法	第 1 组　　第 2 组　　第 3 组
科学研究中的数据处理过程	根据需要生成
科学研究的重要精神	
科学研究中的学科素养	

（四）教学流程

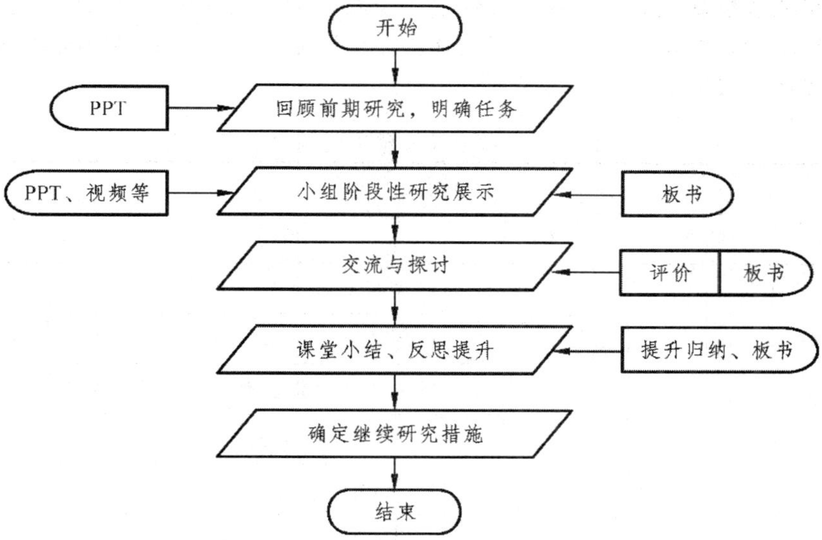

图 16-1　“米酒的制作、鉴定与应用研究”教学流程图

三、教后评价设计

（一）信息搜集

课后收集了学生的交流分享评价表，并认真观看了课堂展示、学生作品和教学录像，与听课老师们进行了深入交流并进行总结。

（二）自我评价

第一、二小组为米酒制作组，活动探究方向为获取醪糟、米酒，为米酒成分鉴定做准备，为改善米酒品质寻找依据，并与酒精产业进行对接，同时饱口福，让科学研究接地气。药品配制由实验室完成，外出参观、考察、调研因为疫情改为网上进行，查资料进行补充。糯米蒸煮比较粗放，但是糯米量与菌种投放量需要按照一定比例进行，米酒各种成分的鉴定属于科学实验，冷却的熟糯米和酒曲均匀混合需要无菌操作，这些体现了实验的精细、严谨与规范。实验记录考量同学们的科学研究习惯，成果汇报体现同学们由实践到理论、由具体到抽象的逻辑思维过程，对于高阶人才培养很有帮助，对于在新情景下获取信息、处理信息并准确作答的高考新形势有素养的铺垫。实验间隙，同学们要去观察、记录、打理，有助于培养其坚韧的科学态度。试验结束后，同学们对用具进行清洗，对材料进行归类和收捡，有助于培养其安全意识和劳动素养。成果展示将让同学们的语言表达能力、登台演讲能力、自评互评能力上升到一个新台阶。第三小组为新品研发组，活动探究方向为用葡萄、玫瑰等为原料进行发酵，制作酒精新品——果酒、玫瑰酒，其研究路径与第一、二组相似。葡萄皮表面自带酵母菌，就是那一层白色粉末，所以没有蒸煮环节，榨汁发酵即可。玫瑰花瓣也是由细胞组成的，富含有机物、花青素和玫瑰精油，需要添加酒曲，所获酒精色香味俱全。当得到果酒和玫瑰酒后，后续的操作程序及其意义类似于第一、二组。学生将米酒与果酒或玫瑰酒进行勾兑，增加了新的体验。米酒制作投入了更多的人力物力，既满足研究的需要，又满足品尝的需求。

川大附中项目课程核心问题教学评价表

评价目标	评价指标			评价结果	
	一级指标	二级指标	三级指标		
实现活动体验中的学习与发展	具有核心问题教学形态	核心问题利于活动体验	内含客观问题和学生活动方式	8	每项指标最高评8分
			问题情景与真实生活密切相关	8	
			能引发新知识、新方法的生成	8	
		教学目标价值引导恰当	两类目标正确全面	8	
			关联体验目标恰当	8	
			目标价值引导显现	7	
		教学环节完整合理落实	教学环节清晰完整	8	
			环节内容合理充实	7	
			学生活动时间充分	8	
		教学要素相互匹配促进	问题目标环节两两匹配	8	
			技术促进活动形式内容	8	
			课程特点突出氛围浓郁	8	合计 94 分
	具有核心问题教学实质	拓宽学习视野	课程与现实世界有恰当关联	选择一个表现突出的二级指标，在相应三级指标的引导下，以现场学生表现为主要依据，以其余指标为背景，于本表的第二页写出150字以上的简要评价	
			有基于缄默知识的问题解决		
			有缄默知识运用的追踪剖析		
		投入实践活动	有真实而且完整的实践活动		
			能够全身心地浸渍于活动中		
			活动的内容结果均丰富深入		
实现活动体验中的学习与发展	具有核心问题教学实质	感受意义关联	有核心问题的深层意义感受		
			有以知识为中心的关联感受		
			有以个人为中心的关联感受		
		自觉反思体验	有实质性反思活动的开展		
			有课程新因素的追踪利用		
			有体验的交流与改善重构		

续表

<table>
<tr><td rowspan="2">评价目标</td><td colspan="3">评价指标</td><td rowspan="2">评价结果</td></tr>
<tr><td>一级指标</td><td>二级指标</td><td>三级指标</td></tr>
<tr><td rowspan="6"></td><td rowspan="6"></td><td rowspan="3">乐于对话分享</td><td>乐于自我表达与认真倾听</td><td rowspan="6"></td></tr>
<tr><td>乐于合作中成果与思路的分享</td></tr>
<tr><td>有宽容的对话氛围和双向交流</td></tr>
<tr><td rowspan="3">认同体验评价</td><td>认可体验评价</td></tr>
<tr><td>参与体验评价</td></tr>
<tr><td>利用体验评价</td></tr>
<tr><td colspan="5">核心问题教学实质的简要评价</td></tr>
<tr><td colspan="5">本节课的核心问题教学实质主要是投入实践活动。一是基于真实而且完整的实践活动——学生制作、鉴定、观察、品尝和记录，学生表达有充足依据。学生能够全身心地浸渍于活动中，他们把自身的实验结果、收获和感受浓缩于 PPT 中，并呈现在师生面前，俨然是一个个小科学家。其活动的内容结果均丰富深入，不论是准备、实践、整理、讨论，还是课堂陈述、质疑、答辩、总结，学生活动充分，有板有眼，有条不紊，有理有据，侃侃而谈，以理服人</td></tr>
</table>

（三）反馈调整

本堂课后，课题组老师将指导学生优化米酒制作、鉴定与应用研究方案，完成科技论文，力争转化成自己的研究成果，实现成果交流。

川大附中项目课程体验性目标点检测表

<table>
<tr><td rowspan="5">基本信息</td><td>课程名称</td><td>米酒的制作、鉴定与应用研究</td><td>课程类别</td><td>生物学科选修课</td></tr>
<tr><td>首席教师</td><td>李德成</td><td>组/处</td><td>生物组</td></tr>
<tr><td rowspan="2">参与教师</td><td>张丽虹</td><td>组/处</td><td>生物</td></tr>
<tr><td>李金川</td><td>组/处</td><td>生物</td></tr>
<tr><td>年级</td><td>高二</td><td>上课时间</td><td>周三下午第八九节课</td></tr>
<tr><td>核心问题</td><td colspan="4">查阅资料制作米酒、玫瑰米酒和葡萄酒，探究温度、实验材料、菌种对米酒酿制的影响，分析米酒成分，开发一款新品米酒及其市场途径，撰写研究报告</td></tr>
<tr><td rowspan="2">课程目标</td><td>结果性目标</td><td colspan="3">1.制作米酒，并在制作米酒的基础上尝试制作玫瑰米酒；
2.分析米酒成分，为改善米酒工艺提供依据；
3.通过改变米酒制作材料与条件的研究，丰富米酒种类品质；
4.撰写米酒制作与研究的研究报告</td></tr>
<tr><td>体验性目标</td><td colspan="3">1.通过米酒的制作、分析和研究，让学生体验生物学与日常生活、生产实际的关联；
2.体验实验研究结果与产品改进和丰富之间的关联</td></tr>
<tr><td>检测点</td><td colspan="4">实验研究结果与产品改进和丰富之间的关联</td></tr>
<tr><td>检测任务</td><td colspan="4">1.你认为实验结果中米酒成分如何影响米酒品质？
2.通过玫瑰米酒和葡萄酒，你认为有哪些措施可以改善米酒风味？</td></tr>
</table>

<table>
<tr><td rowspan="4">分类标准</td><td colspan="3">A.能够准确表述影响米酒品质及风味的原因</td></tr>
<tr><td colspan="3">B.能够大致表述影响米酒品质及风味的原因</td></tr>
<tr><td colspan="3">C.能够基本表述影响米酒品质及风味的原因</td></tr>
<tr><td colspan="3">D.不能大致表述影响米酒品质及风味的原因</td></tr>
<tr><td rowspan="5">检测统计</td><td>分类等级</td><td>学生人数（总人数 15 人）</td><td>所占百分比</td></tr>
<tr><td>A</td><td>11</td><td>73.3%</td></tr>
<tr><td>B</td><td>2</td><td>13.3%</td></tr>
<tr><td>C</td><td>1</td><td>6.7%</td></tr>
<tr><td>D</td><td>1</td><td>6.7%</td></tr>
<tr><td>检测分析结果运用</td><td colspan="3">通过统计学生检测问题的完成情况，得 A 的学生有 73.3%，表现为既能准确表述影响米酒品质的原因，又能准确表述影响米酒风味的原因，表明通过本课程，该等级学生对米酒制作实验的实验过程和原理很清楚，能够准确表述。
得 B 的学生有 13.3%，表现为虽然能表述影响米酒品质及风味的原因，但是表述得不够准确和完整，表明通过本课程，学生虽然掌握了实验的原理和方法，但是思维的深度还不够，对米酒制作实验的实验过程和原理没有及时反思和总结。
得 C 和 D 的学生都是 6.7%，虽然都只有一位学生，但说明在米酒的制作、鉴定与应用研究的课程中有学生没有深入卷入到整个深度体验的探究性活动中来，也就不能掌握米酒的制作、鉴定与应用研究的技术和知识，不能通过本次探究性课程锻炼研究性思维，提升学科素养。通过课后找学生谈话和观察学生表现，原因在于学生思想上对选修课不够重视，遇到科学探究实验操作时有畏难情绪，没有积极参与到课程中。
通过上述检测分析，绝大多数学生能够达到本课程设定的体验性目标，通过学习掌握实验研究结果与产品改进与丰富之间的关联。由于实验操作繁杂，需要的程序和器材很多，所以需要分工明确，设计精细，才能提高效率</td></tr>
<tr><td>体验典型实例</td><td colspan="3">酒精检测
将浓硫酸滴入组织样液营造酸性环境
滴入重铬酸钾溶液，摇匀
静置观察现象，溶液由橙色变为灰绿色

蛋白质检测
在待测液中加入双缩脲试剂A 1mL，振荡均匀
再加入试剂B 1～2滴
观察，溶液变为紫色

结论：米酒当中有酒精
还原糖检测
在待测液中加入刚刚配置的斐林试剂
在50～65℃的水浴锅中水浴加热
观察，有砖红色沉淀生成
结论：米酒中有还原糖

结论：米酒中有蛋白质，推测是酵母菌
淀粉检验
在待测液中滴入碘液
观察，溶液不变色
结论：米酒中没有淀粉</td></tr>
</table>

<table>
<tr><td>体验典型实例</td><td>
图 16-2　米酒制作及品尝
课程有 73.3%的学生回答得比较准确。这表明绝大多数学生在实验过程中经历了具体的深度体验，比如上述同学在分析“影响米酒品质及风味的原因”这个问题中，结合自己课程中的思考，给出了 6 点可能性原因，分别是原料配方、酿酒菌种、发酵温度、发酵时间、杂菌污染、工艺流程。这些画面反映出川大附中学子在课程中深度体验，不吝归纳</td></tr>
<tr><td>检测反馈</td><td>课后次日对全班学生做了检测等级反馈，不仅在关联目标的达成上，还在学生多方面的素质，比如字迹书写、语言表达、语言规范等方面进行反馈，同时也体现了本节课多方面的关联，比如米酒成分与米酒风味、原料成分与米酒颜色、菌种选择与温度设置之间的关联</td></tr>
</table>

米酒成分的鉴定

杨禹源　樊一诺　史书翰等

本期我们参加了学科选修课“米酒的制作、鉴定与应用研究”，收获很大。现将米酒成分鉴定的论文简述如下。

1. 材料与方法

1.1 实验材料：各小组上周做好的米酒。

1.2 实验试剂：碘液、斐林试剂、苏丹Ⅲ染液、双缩脲试剂、浓硫酸、重铬酸钾溶液。

1.3 实验器具：显微镜、剪刀、解剖刀、试管、试管架、试管夹、滴管、大烧杯、小量筒、酒精灯、三脚架、石棉网、火柴、研钵、石英砂、纱布等。

1.4 方法步骤：

1.4.1 检测米酒中的淀粉：用刻度试管取米酒 2mL，加入碘液 2 滴，摇匀，观察米酒颜色变化，记录实验结果①。

1.4.2 检测米酒中的还原糖：用刻度试管取米酒 2mL，加入新配制的斐林试剂 1mL，摇匀，水浴加热，观察米酒颜色变化，记录实验结果②。

1.4.3 检测米酒中的脂肪：用刻度试管取米酒 2mL，加入苏丹Ⅲ染液 2 滴，摇匀，观察米酒颜色变化，记录实验结果③。

1.4.4 检测米酒中的蛋白质：用刻度试管取米酒 2mL，先加入双缩脲试剂 A 液 1mL，摇匀，再加入双缩脲试剂 B 液 4 滴，摇匀，观察米酒颜色变化，记录实验结果④。

1.4.5 检测米酒中的酒精：用刻度试管取米酒 2mL，先加入浓硫酸 1mL，摇匀，再加入重铬酸钾溶液 1mL，摇匀，观察米酒颜色变化，记录实验结果⑤。

2. 结果与讨论

2.1 上述实验结果依次为：①不变蓝；②砖红色沉淀；③橘黄色；④紫色；⑤由橙黄色变为灰绿色。

2.2 原因分析：

2.2.1 实验结果①表明，米酒中的淀粉已经不复存在。原因是酵母菌细胞产生的淀粉酶催化淀粉水解而消失。

2.2.2 实验结果②表明，米酒中出现了还原糖。原因是淀粉酶催化淀粉水解成了还原糖。

2.2.3 实验结果③表明，米酒中依然有脂肪存在，说明米粒中的脂肪类物质没有得到有效利用。可能与酵母菌产生的脂肪酶极度匮乏有关。

2.2.4 实验结果④表明，米酒中依然有蛋白质存在，说明米粒中的蛋白质类物质没有得到有效利用。可能与酵母菌产生的蛋白酶极度匮乏有关。

2.2.5 实验结果⑤表明，米酒中有酒精产生。因为葡萄糖经过无氧呼吸产生了酒精。当然酒精也可以通过鼻闻、舌尝来感知。

2.3 实验分析与拓展：

2.3.1 米酒制作很成功。一是鉴定出了酒精的存在，二是闻到了酒精的醇香，三是品尝醪糟有酒精的风味，四是通过煮醪糟汤圆和醪糟蛋予以证明。

2.3.2 米酒制作的改进。有小组将玫瑰花瓣添加到糯米中，这样得到的米酒有玫瑰精油的芳香味，颜色为瑰红色。这样可以改变米酒品质和风味，为酒精生产注入了新的活力。

2.3.3 米酒的勾兑。有小组将米酒和葡萄酒混合，米酒出现了果味，这在市场上也是可以接受的新品。

2.3.4 未知问题的探究。根据实验结果③推测，“酵母菌产生的脂肪酶极度匮乏”，这需要对糯米的脂肪含量进行前测，对酵母菌的脂肪酶产量进行测定。同理，根据实验结果④推测，“酵母菌产生的蛋白酶极度匮乏”，这需要对糯米的蛋白质含量进行检测，对酵母菌的蛋白酶产量进行测定。科学实验是严谨的，每一个观点都要经得起实践的检验或者实验的证实。

总之，通过米酒成分鉴定的实验，我们看到生活中有科学，科学又指导生活；生产中有科学，科学又指导生产。很感谢有这次学科选修活动的机会。

影响无土栽培草莓营养成分的因素研究

川大附中项目课程开发规划纲要

课程首席教师：谭玉林（生物组）

课程参与教师：李小琼（生物组） 毛 楠（生物组）

课程名称	影响无土栽培草莓营养成分的因素研究							
课程类型（勾选）		必修的综合实践活动课程		必修的劳动课程	√	选修的学科课程		选修的校本课程
实施对象	高一年级学生			建议选课学生人数		18人		
课程课时及上课时段	课程课时：5次课10课时；上课时段：划定课程时段							
课程背景	1.社会背景： 我国现在耕地、劳动力减少，对农业生产中缩短农产品的生产周期、提高农产品的品质、扩大农产品的种植范围等方面提出了高要求。在新冠疫情不断反复的时代背景下，大量居家隔离的人们无事可做，也不能吃到新鲜的果蔬。利用无土栽培，可以提高农产品的品质、缩短生长周期，实现农产品的增产并且把农产品搬进城市和家庭。 2.学生背景： （1）知识储备：高一下期学生已了解了实验设计的相关知识与应用，具备一定的观察与记录实验现象、分析实验结果的能力。但是学生的实验操作基础较薄弱，实验方案的设计、分析实验现象的能力有所欠缺。 （2）研究素养：我校的办学特色是“培养—研究型”大学附中，学生们的研究意识已见雏形，可以借助学生的研究意识，在本课程开展过程中深度吸引学生体验研究方法，体会科学探究的一般过程，提升科学探究素养。 （3）研究意愿：学生对无土栽培充满了期待，也希望在学校的实验室里展开实验，他们选择先从栽培草莓开始。 3.资源背景： （1）硬件资源背景：在我校“三空间六领域”中划分好可用于实验和栽培的实验室，安装好各种用于无土栽培的设施，光照、温度湿度等外界因素可自动化显示和调控。 （2）人力资源背景：成都市农科院可以为我们提供参观学习机会、无土栽培技术支持、成分的鉴定、经验介绍、专家亲临指导等。 （3）技术与教育背景：水培实验室的自动化温度、湿度、光照控制显示装备为学生开展研究、合作学习、实验数据提供条件；生物数字实验室的传感器及电脑为师生生成实验结果提供技术支持								

<table>
<tr><td>课程内容（核心问题）</td><td colspan="6">核心问题：前往成都市农林科学研究院研习无土栽培知识，实验探究不同生长条件对草莓营养成分的影响，撰写实验报告。
问题：1.无土栽培的方法与原理是什么？
2.如何实施研究实验？
3.如何确立要检测的营养成分？
4.实验中存在哪些问题，如何处理？如何修正？
活动：查阅相关资料，参观成都市农科院的无土栽培和植物工厂，设计实验方案，进行对照实验，对比生长情况，撰写实验报告</td></tr>
<tr><td>课程目标</td><td colspan="6">1.结果性目标：
（1）通过参观学习，明确无土栽培的基本过程和原理，了解国内外无土栽培设计实验方案，了解“植物工厂”；
（2）能在实验过程中设置变量来探究不同生长条件对草莓成分的影响，撰写实验报告。
2.体验性目标：
（1）在设计实验探究不同影响因素对草莓营养成分的影响的实验过程中，提升科学思维、科学探究、社会责任等科学素养；
（2）在交流、展示、评价实验过程、结果和结论的活动中，提升学习兴趣。
3.关联体验目标：
体验草莓的营养成分与光照强度、光质条件之间的关联；体验实验结果与实验探究过程与方法之间的关联</td></tr>
<tr><td rowspan="7">课次计划</td><td>课次</td><td>主题</td><td>研究环节</td><td>学生活动</td><td>课前课后任务</td><td>活动地点及技术融合</td></tr>
<tr><td rowspan="4">1</td><td rowspan="4">课题研究方向及问题的确立</td><td>提出问题</td><td>参观学校无土栽培室，分组讨论、查阅资料、确定研究目标</td><td rowspan="4">1.课前：阅读资料，了解无土栽培的过程、影响因素、研究价值；
2.课后：小组继续查阅资料，明确分工，完善实验方案</td><td rowspan="4">学校防空洞、生物数字实验室</td></tr>
<tr><td>组建团队</td><td>按不同研究方向分组。</td></tr>
<tr><td>设计方案实施预实验</td><td>查阅资料，撰写研究方案，实施预实验</td></tr>
<tr><td>表达问题</td><td>确定要研究解决的问题并表达</td></tr>
<tr><td rowspan="2">2</td><td rowspan="2">正式实验1：栽种草莓苗</td><td>参观成都市农科院</td><td>了解无土栽培技术和前景等</td><td rowspan="2">1.课前：撰写初步的实验方案；
2.课后：坚持每天观察记录</td><td rowspan="2">成都市农科院学校植物工厂</td></tr>
<tr><td>正式实验</td><td>栽种草莓</td></tr>
</table>

续表

	课次	主题	研究环节	学生活动	课前课后任务	活动地点及技术融合
课次计划	3	正式实验2：待草莓到达开花期，人工授粉，并设置不同的条件	实验操作	设置光照、营养液的不同成分条件	课前：进行人工授粉和各种处理； 课后：坚持每天观察记录	植物工厂、实验室（数码显微镜）；Excel数据处理
	4	收获劳动成果，撰写实验报告	撰写报告	观察现象，分析结果，撰写实验报告并制作PPT	1.课前：汇总、整理资料； 2.课后：撰写实验报告	Excel数据处理以及照片合成视频剪辑
	5	评价反馈	反思研讨	展示研究成果，展开交流评价，反思研究过程，确定最佳条件	1.课前：完善研究报告及PPT； 2.课后：完善实验报告并将成果打包汇总并上传	生物数字实验室
			提出新问题	在已有的基础上提出新问题		
			修改报告	修改实验报告		
			资料入库	汇总、整理设计的过程性资料		
学生作品	实验方案、栽培植物、检测报告、实验报告					
评价方式	1.在课程开设过程中进行生生互评，师生间的多向、多元评价； 2.研究报告的等级评定					
安全保障	加强安全教育，建立小组活动安全保障机制					
条件保障	课程开发组外部保障：成都市农科院、学校植物工厂、生物数字实验室、学校图书馆等为课程开设提供了场地、资源获取和技术指导保障； 课程开发组内部保障：教师团结协作和具有研究能力的生物学教师的指导					
开发次第	首次开发					
课程审批	1.课程教学处：　　签　章　　年　　月　　日 2.学生发展处：　　签　章　　年　　月　　日					

影响无土栽培草莓营养成分的因素研究

——阶段性研究成果的分享交流

一、教学设计分析

（一）活动分析

本节课为川大附中生物学科选修课课程之“影响无土栽培草莓营养成分的因素研究”的第五次课。前几次课的主要任务如下：第一次课提出问题，师生共同确立核心问题，建立团队，参观川大附中防空洞，查阅资料、确立研究方向。第二次课走访参观成都市农科院，聆听专家们对无土栽培和多种植物种植的讲解，修改和完善实验方案，回校后正式实验。第三次课根据实验出现的问题，讨论其原因，修正实验，撰写阶段性实验报告。第四次课分享和品尝劳动果实，分析实验结果，确立最佳种植方案。

本节课的内容为展示交流学生研究成果的评价、反思，通过本节课的学习，学生能体验到草莓的各种成分与生长环境之间的关联，体验科学研究成果的取得与研究过程中艰辛曲折、不断奋斗的精神品质之间的关联，增强其生物学科能力，达到提升生物学核心素养的目的。

（二）学生分析

高一下期学生已了解实验设计的相关知识，具备一定的观察与记录实验现象、分析实验结果的能力。但是学生的实验操作基础较薄弱，实验方案的设计、分析实验现象的能力有所欠缺。

在前四次课程中学生表现出了较高的研究素养和研究精神，有能力在第五节课的交流展示评价中达成本节课的预期目标，在实践中有效增强了研究能力，提升了劳动素养和生物学科素养。

显性知识：通过前四次课程的学习，学生了解了无土栽培的理论知识、植物成分的检测仪器、植物的有益成分等，学会了制备培养基、制作昆虫装片、使用动物检索表查阅动物、人工授粉过程、观察植物的缺素症状等。

缄默知识：学生通过实验探究活动过程加深了科学探究的一般方法的运用，磨炼了科学探究精神。通过这段时间坚持每天的观察记录总结，培养了吃苦耐劳的劳动精神。同时理解了无土栽培和草莓除虫的艰辛过程。

（三）目标分析

1. 结果性目标

（1）能在分享交流时对自己小组的研究内容进行汇报、自评和互评；

（2）能总结反思研究过程、呈现研究成果。

2. 体验性目标

（1）在分享交流研究活动中，体验草莓的生长与营养液成分、光照条件与虫害之间的关联。

（2）在分享交流研究活动中，体验实验成效与科学探究、科学思维、社会责任之间的关联；体验实验结论与实验过程、方法之间的关联。

（四）资源分析

本次课为室内的展示交流课，所用主要教学资源如下表所示：

教学资源	选用意图	来源	能力点
PPT、投影	用于教学引入、小组展示交流和体会反思。展示学生汇报课件辅助学生演讲，播放小组初选演讲剪辑视频	科技楼多媒体设备，学生准备的图片、视频等，剪辑软件	B3
黑板	罗列本堂课学习活动和关键信息，呈现教学活动中学生的观点及反思提升中学生的想法	教学内容、学生回答及学生反思提升	B3

（五）主题分析

按课程规划纲要的课次规划，基于前面对本次课程活动与学生的分析，将本次课的活动主题确定为研究成果的展示分享交流。

二、教学实施设计

（一）教学环节

环节	学生活动	教师活动	设计意图	技术与教育教学融合
提出问题（约3分钟）	回顾整个课程	引导学生回顾整个课程安排	引出本节课任务	多媒体课件 B3
	跟着教师回顾本期课题的前期研究状况，明确本次课的活动任务	介绍前四次课的相关研究，引出本次课的交流任务：分组进行展示，交流各组的研究过程	帮助学生快速进入本次课的学习活动状态，明确本节课的主要任务	多媒体课件 B3
展示交流（约35分钟）	1.主持人展示：总课题的确立过程、预实验的过程、成都市农科院的学习过程。 2.分小组展示： 第1组“营养液对无土栽培草莓营养成分的影响”：介绍该子课题的确立过程、实验思路、实施过程、结果与结论分	引导同学们的展示与交流活动，记录并整理各组展示交流要点，归类板书	本课次要求在“无土栽培草莓的影响因素”这个课题的指导下，分小组展示从不同角度开展研究的过程及成果，提升其研究的能力，凸显研究能力在科学实	多媒体课件、视频剪辑、自评 B3、B9

续表

环节	学生活动	教师活动	设计意图	技术与教育教学融合
	析、草莓种植建议； 第2组“光质对无土栽培草莓营养成分的影响”：介绍子课题的确立过程、实验思路、实施操作、结果和结论分析及草莓种植建议。 第3组“无土栽培草莓过程中遇到的害虫和对应的处理措施”：介绍子课题的确立过程、研究方向的改变原因，实验思路、实施操作、结果和结论分析及草莓种植建议		践中的价值与作用，展现学科选修课培养研究素养的功能	
交流探讨（3分钟）	学生基于在各组展示交流时的思考与记录，对本组或对方小组的研究过程和研究成果进行提问探讨，教师对小组研究进行评价	参与、引导各小组同学的探讨互动活动	通过小组间的相互提问探讨及师评，提升学生敢于质疑、勇于探索、乐于沟通等研究素养	多媒体课件量表互评B1、B3
课堂小结，反思提升（5分钟）	学生播放视频，学生思考，教师提升内容	教师引导学生对实验过程中的研究方法、品质、精神等进行反思提炼	学生反思科学研究的一般过程、研究方法、品质、精神，为后续研究打下基础	多媒体课件、视频剪辑

（二）评价预设

1. 就教学活动中对学生的评价预设

（1）教学引入环节：明确本节课的具体任务，对同学们前期的研究、劳动表现提出表扬，激励学生在本次课上大胆发言、主动交流，激发学生学习热情。

（2）展示交流评价环节：通过肢体动作和眼神对学生语言表述的逻辑性和准确性，对学生交流中展示研究精神和小组高效默契合作等素养予以肯定，引导学生自信表达、认真倾听并记录。

（3）反思提升环节：通过对探究过程的回顾，总结在科学研究过程中预实验、锲而不舍的精神的重要性，引导学生对实验过程中的研究方法、品质、精神等进行反思提炼。

2. 就教学活动后的评价预设

从本课次教学目标，尤其是体验性目标达成情况的视角，对包括《写实记录表》在内的学生上交的研究过程资料，以及研究报告、拟向学生处提交的《影响无土栽培草莓营养成分的因素研究》等研究成果进行评价，并及时反馈。

（三）板书设计

影响无土栽培草莓营养成分的因素研究

——阶段性研究成果的分享交流

核心问题：研习无土栽培技术，通过实验研究不同因素对无土栽培草莓营养成分的影响，撰写实验报告。

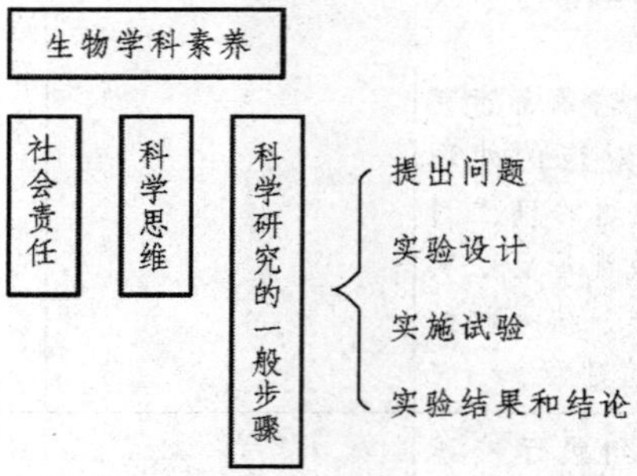

（四）教学流程

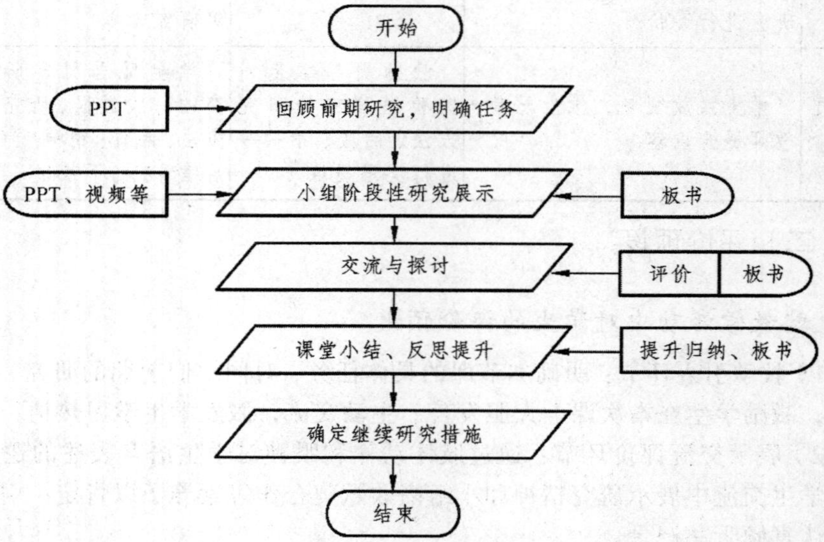

图 17-1 “影响无土栽培草莓营养成分的因素研究”教学流程图

三、教后评价设计

（一）信息搜集

课后收集了学生的交流分享评价表，并认真观看了课堂展示和教学录像，与听课老师们进行了深入交流并进行总结。

（二）自我评价

本堂课形式较为新颖，主持人以两个主要环节为线索，第一环节是三个研究小组分别从课题确立、课题实施、课题成果、新发现和实验误差等几个方面进行展示交流，第二个环节是教师带领学生反思提炼整个研究过程中学生展现和提升的相关素养。由于无土栽培实验是学生之前没有接触过的，所以这是一个摸索的过程，遇到问题再进行调整，这些都是挑战。

1. 在实验过程中，体验了科学研究常用的方法

在正式实验之前，先进行了预实验，在预实验的基础上再展开正式实验。当光照强度研究小组的学生发现草莓植物大面积死亡时，学生先讨论，然后通过查阅文献、显微镜观察、向专家请教等方式来解决。通过综合实践活动课程，学生深刻体验并运用了查阅文献法、观察法、比较法。

2. 在探究过程中，学生体验了科学研究中数据处理的一般方法

学生在进行实验时，记录了不同光照、营养液对草莓生长的影响。为了更加直观地反映实验操作与草莓结实率之间的关系，需要对数据进行处理，其中一组同学用的是曲线图的方法，另外一个小组用柱形图、扇形图等方法。

3. 一次次的实验操作彰显学生的科学研究精神

在栽种草莓的时候，草莓病虫害严重，学生采用了多种方法确定害虫种类，包括显微镜观察、查阅资料、向专家咨询等。在确定害虫的种类之后，再寻找杀灭害虫的措施。他们发现问题时，自己分析原因，尝试解决问题，反复发现问题并进行实验探究。在发现实验现象与预测不符合时，也实事求是地记录数据。这些都是科学研究过程中重要的锲而不舍的精神。

4. 实验中运用了技术与教育教学融合，促进学生科学素养的提升

学生开始实验之前，运用多媒体连互联网，在知网、百度学术等专业网站上检索查询与无土栽培相关的理论知识。在实验的进行过程中，学生需要用植物工厂中的水循环和光控制设备——PE 计和 PH 计，便于控制实验条件。在交流展示的环节，学生利用相机拍照和摄像，利用多媒体设备制作幻灯片，利用 Excel 处理数据制作曲线图，利用视频剪辑软件制作操作视频，这些都是现代技术在教学和实验中的应用，有利于实验结果的分析和呈现，有利于评价信息的收集，有利于提升学生的科学素养。

川大附中项目课程核心问题教学评价表

评价目标	评价指标			评价结果	
	一级指标	二级指标	三级指标		
实现活动体验中的学习与发展	具有核心问题教学形态	核心问题利于活动体验	内含客观问题和学生活动方式	8	每项指标最高评8分
			问题情景与真实生活密切相关	7	
			能引发新知识、新方法的生成	8	
		教学目标价值引导恰当	两类目标正确全面	8	
			关联体验目标恰当	8	
			目标价值引导显现	8	
		教学环节完整合理落实	教学环节清晰完整	7	
			环节内容合理充实	7	
			学生活动时间充分	8	
		教学要素相互匹配促进	问题目标环节两两匹配	8	
			技术促进活动形式内容	8	合计 93 分
			课程特点突出氛围浓郁	8	
实现活动体验中的学习与发展	具有核心问题教学实质	拓宽学习视野	课程与现实世界有恰当关联	选择一个表现突出的二级指标，在相应三级指标的引导下，以现场学生表现为主要依据，以其余指标为背景，于本表的第二页写出150字以上的简要评价	
			有基于缄默知识的问题解决		
			有缄默知识运用的追踪剖析		
		投入实践活动	有真实而且完整的实践活动		
			能够全身心地浸渍于活动中		
			活动的内容结果均丰富深入		
		感受意义关联	有核心问题的深层意义感受		
			有以知识为中心的关联感受		
			有以个人为中心的关联感受		
		自觉反思体验	有实质性反思活动的开展		
			有课程新因素的追踪利用		
			有体验的交流与改善重构		
		乐于对话分享	乐于自我表达与认真倾听		
			乐于合作中成果与思路的分享		
			有宽容的对话氛围和双向交流		
		认同体验评价	认可体验评价		
			参与体验评价		
			利用体验评价		

续表

核心问题教学实质的简要评价
本人认为本节课核心问题教学实质比较突出的是投入实践活动。本节课学生分为营养液研究组、光质研究组、草莓害虫研究组，营养液、光照、虫害的治理都是无土栽培草莓成功的关键，三个组的学生以提高无土栽培草莓的成功率为核心目标，通过反复实验，能够在实验中充分投入活动探究中。 首先，实验探究过程遵循实验探究的一般过程，实验过程从查找资料、熟悉仪器到实验验证推测结果的可行性，整个过程基于真实组培成功的情境，活动有始有终。 其次，学生在培养草莓的过程中，坚持每天中午到防空洞的植物工厂观察记录数据，对长势不佳的草莓进行处理，对取得的进展欣喜若狂，表现出浓厚的探究兴趣和热情，表明本课程的探究活动能够促进学生全身心沉浸其中。 最后本课程的实验探究包括资料查询、制定研究方案和计划、实验操作、实验数据统计处理、实验报告撰写等，其中实验操作又包含了分工清理植物工厂的培养槽、灌水、配制培养液、栽种草莓、人工授粉、套袋处理等环节，活动内容丰富且关联性很强，学生不仅要熟悉每个活动环节，还需要深入了解每个操作的具体实施要领，并动手实施，不断深入无土栽培技术

（三）反馈调整

本堂课后，课题组老师首先与学生们进行了个别交流，就本期研究和本堂课展示中学生的表现进行了评价总结，鼓励学生继续研究，为进一步实验探究做准备。在最后一次课及课堂前后，指导学生根据已得研究成果查阅文献，优化实验方案，并将研究报告和实验方案融合成文，形成学生的研究成果，以此促进学生们进一步反思并为后续研究做准备，让学生在反思总结和进一步的研究设计中获得更加深刻的体会。

川大附中项目课程体验性目标点检测表

基本信息	课程名称	影响无土栽培草莓营养成分的因素研究	课程类别	生物学科选修课
	首席教师	谭玉林	组/处	生物组
	参与教师	李小琼	组/处	生物
		毛楠	组/处	生物
	年级	高一	上课时间	周三下午八九节
核心问题	前往成都市农林科学研究院研习无土栽培知识，实验探究不同生长条件对草莓营养成分的影响，撰写实验报告			
课程目标	结果性目标	1.通过参观学习，明确无土栽培的基本过程和原理，了解国内外无土栽培设计实验方案，了解“植物工厂”； 2.能在实验过程中设置变量来探究不同生长条件对草莓成分的影响，撰写实验报告		
	体验性目标	1.在设计实验探究不同影响因素对草莓营养成分的影响的过程中，提升科学思维、科学探究、社会责任等科学素养； 2.在交流、展示、评价实验过程、结果和结论的活动中，提升学习兴趣		

<table>
<tr><td>检测点</td><td colspan="3">分析草莓长势不佳的原因并提出改进措施，体验实验结果和实验设计、试验方法、实验探究能力之间的关联</td></tr>
<tr><td>检测任务</td><td colspan="3">1.你认为本组草莓长势不佳的原因可能有哪些?
2.如果后期继续进行实验，我们应该在哪些方面改进?</td></tr>
<tr><td rowspan="4">分类标准</td><td colspan="3">A.能够准确表述草莓长势不佳的原因并提出可行措施</td></tr>
<tr><td colspan="3">B.能够大致表述草莓长势不佳的原因并提出可行措施</td></tr>
<tr><td colspan="3">C.能够大致表述草莓长势不佳的原因但不能提出可行措施</td></tr>
<tr><td colspan="3">D.不能大致表述草莓长势不佳的原因</td></tr>
<tr><td rowspan="5">检测统计</td><td>分类等级</td><td>学生人数（总人数 18 人）</td><td>所占百分比</td></tr>
<tr><td>A</td><td>14</td><td>77.8%</td></tr>
<tr><td>B</td><td>3</td><td>16.7%</td></tr>
<tr><td>C</td><td>1</td><td>5.6%</td></tr>
<tr><td>D</td><td>0</td><td>0</td></tr>
<tr><td>检测分析结果运用</td><td colspan="3">通过统计学生检测问题的完成情况，得 A 的学生有 77.8%，表现为既能准确表述草莓的长势情况，又能准确表述草莓长势不佳的原因并提出措施，全程参与本课程，对无土栽培知识有较深层次的理解。
得 B 的学生有 16.7%，表现为虽然能表述草莓的长势情况和说明草莓长势不佳的原因并提出措施，但是表述得不够准确和完整，表明通过本课程，学生虽然掌握了实验的原理和方法，但是思维的深度还不够，对无土栽培实验的实验过程和原理没有及时反思和总结。
得 C 的学生是 5.6%，虽然只有一位学生，但说明无土栽培的课程有学生没有深入卷入到整个深度体验的探究性活动中来。通过课后找学生谈话和观察学生表现，发现原因在于学生遇到科学探究实验操作时有畏难情绪，没有积极参与课程</td></tr>
<tr><td>体验典型实例</td><td colspan="3">从检测题考察的内容体现出学生具体的深度体验实例，比如上述同学在分析“草莓长势不佳”这个问题中，结合自己课程中的思考，给出了六点可能性原因。这位同学明显对这个问题充满了探究的欲望，每句话都是学生通过深度探究后自己亲身的体验，作为川大附中的学子，展现出了蓬勃的探究热情和执着的研究精神，值得其他学生学习。该学生对后续实验的改进措施提出了九点内容，说明了他对继续实验的期待，也体现了他对探究的坚持和执着。对实验执着的同学有很多，他们也非常优秀，现将部分的检测表展示如下:</td></tr>
</table>

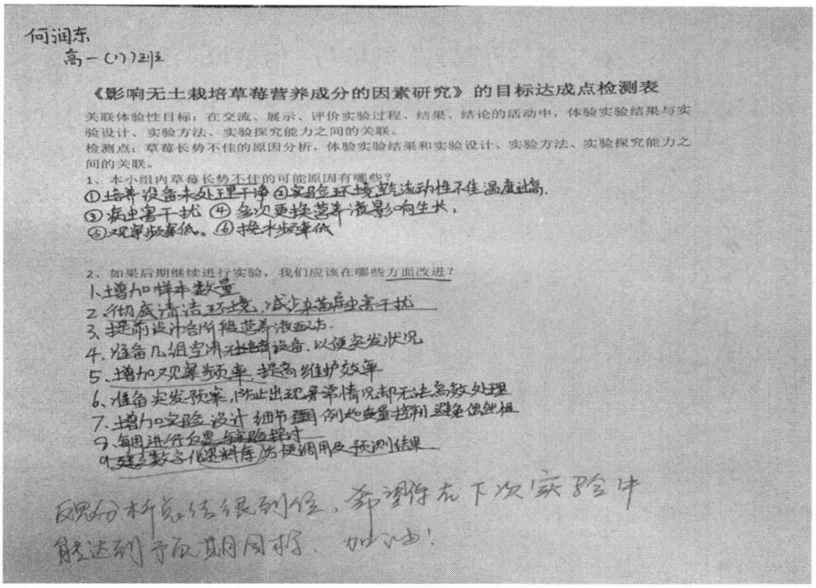

何润东

高一（7）班

《影响无土栽培草莓营养成分的因素研究》的目标达成点检测表

关联体验性目标：在交流、展示、评价实验过程、结果、结论的活动中，体验实验结果与实验设计、实验方法、实验探究能力之间的关联。

检测点：草莓长势不佳的原因分析，体验实验结果和实验设计、实验方法、实验探究能力之间的关联。

1、本小组内草莓长势不佳的可能原因有哪些？

①培养设备未处理干净 ②实验室环境空气流动性不佳温度过高。

③病虫害干扰 ④多次更换营养液影响生长，

⑤观察频率低。⑥换水频率低

2、如果后期继续进行实验，我们应该在哪些方面改进？

1.增加样本数量

2.彻底清洁环境，减少病菌虫害干扰

3.提前设计各阶段营养液配方.

4.准备几组空闲培植设备，以便突发状况

5.增加观察频率，提高维护效率

6.准备突发预案，防止出现异常情况却无法急救处理

7.增加实验设计细节，例如变量控制，避免误差

8.每周进行总结与实验探讨

9.建立数字化资料库，方便调用及预测结果

图 17-2　何润东同学的目标达成点检测表

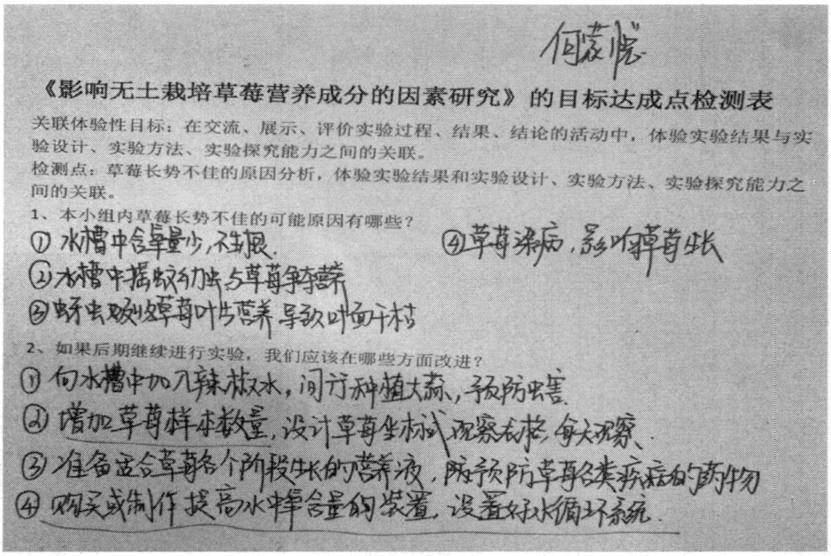

何蒙悦

《影响无土栽培草莓营养成分的因素研究》的目标达成点检测表

关联体验性目标：在交流、展示、评价实验过程、结果、结论的活动中，体验实验结果与实验设计、实验方法、实验探究能力之间的关联。

检测点：草莓长势不佳的原因分析，体验实验结果和实验设计、实验方法、实验探究能力之间的关联。

1、本小组内草莓长势不佳的可能原因有哪些？

① 水槽中含氧量少，不够.

② 水槽中存在蚊子幼虫与草莓争夺营养

③ 蚜虫吸收草莓叶片营养 导致叶面干枯

④ 草莓染病，影响草莓生长

2、如果后期继续进行实验，我们应该在哪些方面改进？

① 向水槽中加入辣椒水，间行种植大蒜，预防虫害.

② 增加草莓样本数量，设计草莓生长状况观察表格，每天观察、

③ 准备适合草莓各个阶段生长的营养液，防预防草莓各类疾病的药物

④ 购买或制作提高水中氧含量的装置，设置好水循环系统.

图 17-3　何蒙悦同学的目标达成点检测表

检测反馈	课后次日对全班学生做了检测等级反馈，不仅在关联目标的达成上，还对学生多方面的素质，比如字迹书写、语言表达、语言规范等进行反馈，同时也体现了本节课多方面的关联，比如光照强度、不同光质、大量元素、微量元素与植物光合作用产物之间的关联

探究光照强度对水培草莓生长情况的影响及防治虫害方法

林宇祥　许馨月　冯稚巧　何蒙悦　游皓然

【摘　要】居民居家隔离难以获得新鲜的水果蔬菜，为了寻找解决这一问题，我们决定以便于种植且美味、营养价值高的草莓（含有大量的糖类、蛋白质、有机酸、果胶、维生素 B1、B2、C 以及钙、磷、铁、钾、锌、铬等人体必需的矿物质和部分微量元素）作为研究对象。草莓的营养成分受温度、光照、营养液、土壤水分、虫害等因素影响。温差越大，积累的糖分就越多，也就越甜。光照为光合作用提供了充足条件，是草莓生长的一个重要影响因素。因此我们以探究光照强度对水培草莓生长情况的影响及防治虫害的方法为实验目标。通过对比实验、提出假说，最后得出结果：草莓在光照强度适中（大约光源光照强度 310lux）的环境中生长情况最好，并探究出了绿色除虫法。

【关键词】无土栽培；草莓；虫害；光照强度

一、研究途径

针对如何水培草莓、草莓生长特性、生长过程主要影响因素等问题，小组成员通过网络查阅了关于无土栽培草莓的相关资料（见图 17-4），基本了解了水培草莓的相关知识，如草莓的营养成分、生长特性及其生长过程主要影响因素等，并参观成都市农林科学院开展学习实践活动。在农科院的学习中，我们了解到了无土栽培的相关知识，参观了无土栽培草莓的实验过程，对于草莓的生长过程会遇到的主要问题，比如如何防治草莓病害、如何设置合适的观照强度、如何更好地控制变量等问题现场请教咨询专家，在此基础上明确了实验方案和实验内容，并设计了实验方案。

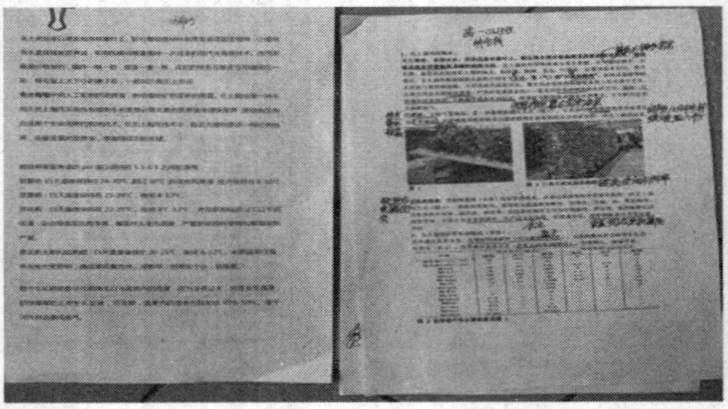

图 17-4　相关资料查询

图 17-5　参观农科院

我们采用不同的草莓品种，在不同的光照条件下，组合成多组实验样本，以草莓生长过程的健康状态为评判数据，通过实验过程中的数据分析，探究光照强度及虫害等对无土栽培草莓的生长影响。

二、 实验研究

（一）预实验

1. 预实验设计

为了先熟悉未来的实验操作环境，具备一些基本的实验素养，我们先进行了预实验。我们将草莓不分品种地随意栽培在单独的水培架上，观察其生长趋势，熟悉实验操作。

图 17-6　预实验设计

2. 预实验结果

部分草莓长霉发病死亡。

3. 对结果的反思

（1）培养篮上的霉菌没有清理干净。

（2）水箱中存在没有清理的霉菌。

（二）实验准备

1. 样本选择

采用三层的水培架，各层分别放置在处于不同光照条件下的草莓水培苗盆中，从上至下每层分别采用（通过实验装置改变照射灯光的光照强度）370lux、310 lux 和 250 lux 的光照强度照射，即基于光照强度的不同将草莓苗分成 3 组，每组都平均分配了四个品种的草莓，摆放顺序从左到右依次是全明星、奶油、红颜和四季，将每份样品贴好标签，在保证各个样本苗除光照强度外具有相同且适宜的生长环境的前提下，观察不同品种草莓在不同的光照条件下的生长差异。

表 17-1　实验表格设计

光照强度/品种	全明星	奶油	红颜	四季
370lux				
310lux				
250lux				

2. 实验条件设置及保障

（1）洗净根上的泥土，用海绵和培养基种植草莓苗。种植草莓苗的时候我们采取两列为一个品种，每层每个品种 3~4 株的模式，每个草莓苗之间尽量空开，以防光照不足阻碍光合作用，保持草莓苗之间的通风，促进二氧化碳更新。

（2）设置光照，从上至下每层分别采用（通过实验装置改变照射灯光的光照强度）370lux、310 lux 和 250 lux 的光照强度。

（3）施以相同且适宜的生长条件。（不变量：营养液浓度、活水流量等）

（三）实验过程

1. 栽培草莓苗

（1）剔除掉草莓苗中坏死的部分，洗净草莓苗上残留的泥土，将洗净的草莓苗用海绵固定在水培基中。

图 17-7 栽种草莓

图 17-8 清洗水槽

（2）将不同品种的草莓苗安排在同一横排中（每个品种大概三四株，间行种植，每一横排光照强度相同）设置好营养液、水循环系统，加入草莓生长期的营养液，并依照当天草莓生长状况适当裁剪病叶，检测水的电导率，进行除虫和授粉。

2. 调整光照强度

将草莓组从 1 到 3 组依次调整光照强度。根据实际条件，我们设计的光值从下到上依次是 250lux、310lux 和 370lux。（310lux 为适中的光照强度）

3. 观察记录

每天中午来到实验基地观察，记录了一个月零十四天草莓苗的生长情况。（实验数据主要是关于草莓苗的开花、结果数目和感病染虫情况）

4. 实验数据记录

在表 17-2 中给出了整个实验过程部分的数据记录。

表 17-2 水培草莓实验过程部分数据记录

记录时间	光照强度	草莓品种			
		全明星	奶油	红颜	四季
4.6	370lux	死 2		死 1	死 1
	310lux	死 1（烂）	死 1		
	250lux	死 2	死 2	死 1	
4.7	370lux			开花 1	开花 3
	310lux		开花 2		开花 2
	250lux	开花 1	开花 2		开花 2
4.8	370lux		开花 1	开花 1	授粉 3 花 1
	310lux		开花 2		授粉 3
	250lux	开花 1	授粉 1		授粉 1
4.9	370lux		开花 1	开花 2	授粉 3 花 1
	310lux		开花 2		授粉 3
	250lux	开花 1	授粉 1	开花 5	
4.10	370lux		开花 1	开花 2	授粉 3 花 1
	310lux	开花 1	开花 4		授粉 3
	250lux	开花 1	授粉 1	开花 4	开花 3
4.11	370lux			开花 1	授粉 4
	310lux	开花 1	开花 3	开花 4	授粉 3
	250lux	开花 1		开花 4	开花 3
4.12	370lux			开花 1	授粉 4
	310lux	开花 1	开花 3	开花 1	授粉 4
	250lux	开花 1			开花 4
4.13	370lux				结果 3
	310lux	开花 1			授粉 3
	250lux	开花 1	结果 1	结果 1	开花 4
4.15	370lux				结果 3
	310lux	开花 1			授粉 3
	250lux	开花 1	结果 1	结果 1	开花 4

5. 初步实验结果及问题分析

通过对表格数据的分析，我们得出以下结果：

（1）草莓在光照强度适中（大约光源光照强度为 310lux）的环境中生长情况最好（第二组生长情况最好）。

（2）四季与红颜品种更适合无土栽培。

我们也发现了许多问题：

（1）很多草莓苗的根系未发育完全，根系不够长，植株萎缩。

（2）水槽中有长条形棒状联结物。

（3）虫害猖狂。

三、深入研究

虫害问题在我们组发生比较频繁，严重妨碍了我们组的实验进度，并且其他小组也有虫害问题，所以我们展开了对虫害的深入研究，试图寻找治理虫害的方法。

（一）研究害虫

1. 肉眼观察

草莓和一旁种植的甘蓝叶片背部均有白色椭圆形小虫，推测为蚜虫。水槽中有红色的线形状虫子，推测为水蚯蚓（别名为红线虫），在对比习性之后排除可能。空中有小飞虫，是平时不起眼的飞虫，没有害处。图 17-9、17-10 叶片背部白色椭圆形小虫、水中红色线形虫子。

图 17-9　叶片背部白色椭圆形小虫

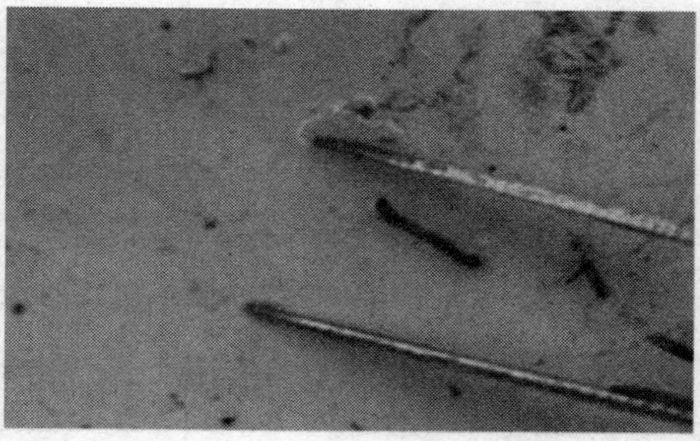

图 17-10　水中红色线形虫子

2. 显微镜观察

我们抓取了虫样，制作了临时装片在显微镜下观察，确定了叶片背部的虫就是蚜虫（见图 17-11）。根据相似交合伞的结构，推测红色线形虫为线虫（见图 17-12）。

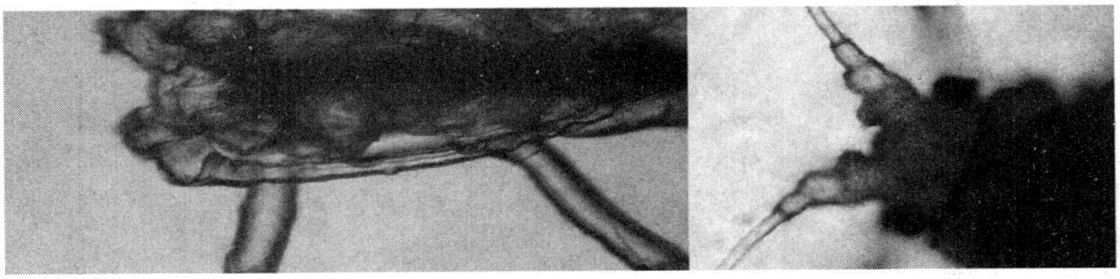

图 17-11　显微镜下蚜虫图片

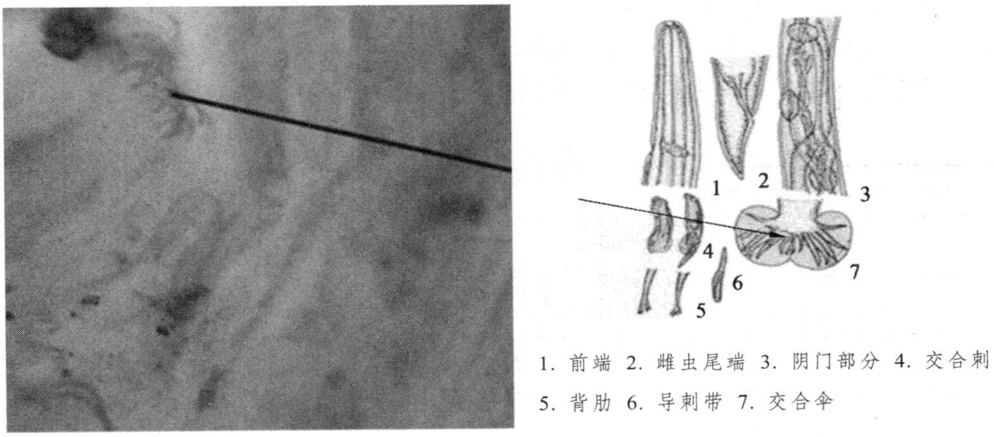

图 17-12 线虫（猜测）

3. 询问学长再次取样观察

为了确定我们的推测，我们询问了有经验的学长。学长认为水中的虫是摇蚊幼虫（见图 17-13）。在我们上网查阅资料， 发现它们同样有相似结构。

两种推测都合理让我们的直接研究进展困难。因此，我们及时转移了方向，把目光放在了水中的不明棒状联结物上，并制作了装片，经观察发现其中有虫（见图 17-14）。据我们了解，线虫不该有这样的习性。于是我们将它和摇蚊幼虫联系在一起。

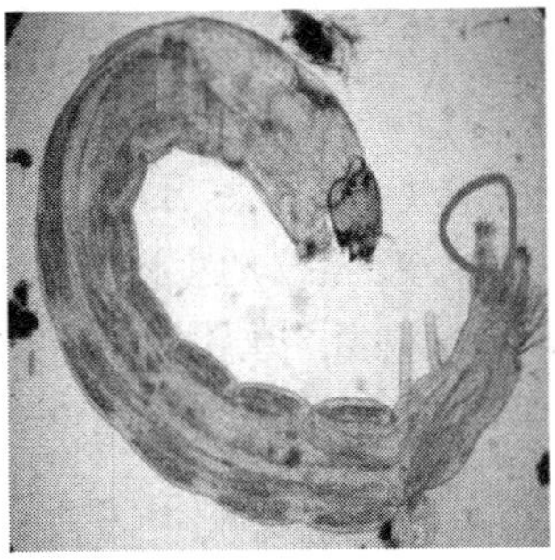

图 17-13　瑶蚊幼虫图片

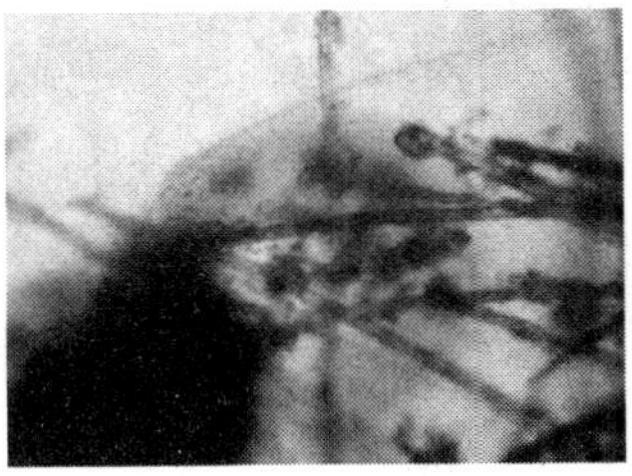

图 17-14　显微镜下棒状联结物及其中虫的图片

两种推测都合理，我们的研究陷入困难。于是我们及时转移了方向，把目光放在了水中的不明棒状联结物上，制作了装片。观察发现其中有虫。据我们了解，线虫不该有这样的习性。于是我们将它和摇蚊幼虫联系在一起。

4. 得出结论

我们上网查阅有关摇蚊幼虫的资料，通过对比资料中的荧光笔部分，确定了水中的虫就是摇蚊幼虫（制作切片时难以分离，是和它的材质有关。）图 17-13 应是新生几天的幼虫。

5. 解决虫害问题

在之前我们已使用杀虫剂进行治理，但效果不佳，并且农药对植株和人体均有伤害。上网查阅资料以及观察了实验基地的鱼池过后，我们提出了下列三种绿色解决方法。对比了三种方法的优劣势后，我们决定采用两种植物提取液。

表 17-3　三种除虫方法对比

方法	辣椒提取液	大蒜提取液	鱼苗养殖
优势	对红蜘蛛、蚜虫、摇蚊幼虫有一定效果，可减少农药使用	可驱逐害虫（蚂蚁、线虫等），且可以防止白粉病、黑斑病等	生产上实验种植、养殖结合
劣势	制作配置过程复杂，需根据植物属性配置。只可驱虫不可杀虫	即配即用，具有实效性	难以控制变量，鱼苗大量繁殖可能会造成水中缺氧
是否采取	是	是	待定

（二）探索解决未长新根、萎缩问题

1. 确定原因

上网查阅资料、结合实际情况过后，我们排除了水 质差、生灰霉病、营养液浓度过高导致不长新根等原因。

那么，会不会是缺氧？我们没有适合测量氧含量的工具。我们的直接研究又因此受阻。随后，我们及时转换了方向，将目光放在摇蚊幼虫上。考虑到水槽中摇蚊幼虫远远多于其他虫类及水生动物，于是我们将它与缺氧这种可能联系起来，上网查阅了相关资料得到了答案。正因为水中缺氧，导致其他虫直接死亡，而摇蚊幼虫因为耐受，所以经过自然选择，存活了下来。这反向证明了我们的水的确缺氧。原因应是换水时间以及水量设置不合适。

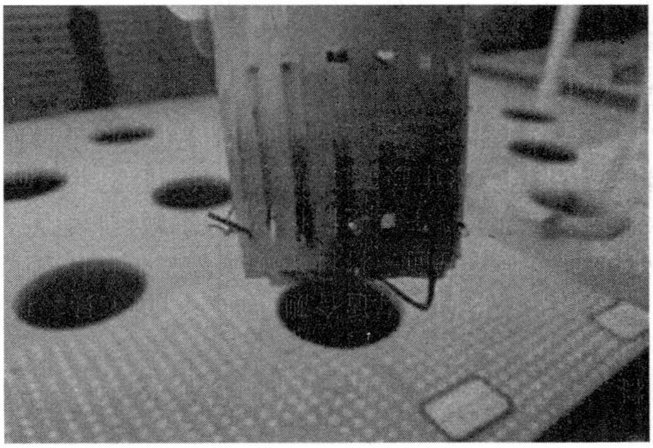

图 17-15 没长新根的草莓

2. 解决方案

萎缩的问题很好解决，可以使用海精灵来帮助草莓恢复长势，提供更多营养成分。增氧有理综三法，对比它们的优劣势和成本，我们决定使用增氧机和气泡石搭配增氧（这套装置还可以养鱼）。

表 17-4 三种增氢类型的优势

增氧类型	生物增氧	物理增氧	化学增氧
方法	养殖水生植物、浮游生物（光合作用产生氧气）	气泵、气泡石强制增氧（气泡运输氧气溶于水中）	添加化学试剂（过氧化氢、过氧化钙、过氧化二硫铵稀释）
优势	绿色环保，符合五大新发展理念	无化学污染，毒害，高效快捷，稳定均匀增氧	增氧效果快，无需通电，有利于水生动物恢复
劣势	具有使用条件局限性，仅可在自然光照条件下使用，不适合实验室环境	气泡石具有“使用寿命”，气泵需定期维修。噪声大，单点增氧，范围局限性	不易保存，对水体有一定影响（水体酸性、碱性），增氧不均匀可能导致水体富营养化
经济性	最优	良好	一般
是否选择	否	是	待定

四、后续研究方向及反思总结

（一）后续研究方向

拟定实践上面提出的措施方法，对比它们在水培时的实际效果。同时可以考虑研究温度、湿度对草莓生长因素的影响。

（二）反思总结

马克思曾说过:“在科学上没有平坦的大道,只有不畏劳苦沿着陡峭山路攀登的人,才有希望达到光辉的顶点。”在这次学习中，我们深刻地体会到了一点。虽然我们面临过许多挫折，遇见过许多难题，有很多不足，如对问题不够敏感、反应迟钝，经验严重不足，疏忽大意等，但我们都并未放弃。我们紧跟老师的步伐，认真做了资料查询及许多准备。我们心系社会、展望未来，将科学素养和人文情怀成功融合。

防空洞食用菌种植后续出菇抑菌研究
——抑菌方案的实施研究

川大附中项目课程开发规划纲要

课程首席教师：颜　玲（生物组）

课程参与教师：田时平（生物组）　杨　琼（生物组）

<table>
<tr><td>课程名称</td><td colspan="8">防空洞食用菌种植后续出菇抑菌研究——抑菌方案的实施研究</td></tr>
<tr><td>课程类型
（勾选）</td><td></td><td>必修的综合实践
活动课程</td><td></td><td>必修的
劳动课程</td><td></td><td>选修的
学科课程</td><td>√</td><td>选修的
校本课程</td></tr>
<tr><td>实施对象</td><td colspan="2">高一年级学生</td><td colspan="2">建议选课
学生人数</td><td colspan="4">14 人</td></tr>
<tr><td>课程课时及
上课时段</td><td colspan="8">课程课时：5 次课 10 课时；上课时段：划定课程时段</td></tr>
<tr><td>课程背景</td><td colspan="8">1.学生背景：高一学生具备了有关实验的基本知识，明确设计实验应该遵循的基本原则，具备了一定的研究能力，但是具体研究的一般过程、研究的方法等还不清楚。学生具备的素养等如下：
（1）知识储备方面：作为高一学生，学生对食用菌上的杂菌等微生物有所了解，微生物的一些特征，在课堂上也已学习过。但是关于微生物的培养以及怎样判断抑菌物质对微生物抑制的效果等还不清楚。
（2）研究素养方面：我校是“培养—研究型”大学附中，学生在高一入学前就通过各类宣讲活动了解了我校的这一办学特色，学生们的研究意识已见雏形，但研究方法和研究能力有待提高。
（3）研究意愿方面：本课程与生活息息相关，研究内容和结果有很强的吸引力；区别于课堂教学，该学科选修课在时间和场地都有很大延伸，完整的科学探究过程，连续实践，自愿参与的志同道合的学生群体……这一切使那些想要全面而高层次发展的学生对这一课题充满期待和向往。
2.资源背景：防空洞种植食用菌已经经历了四个阶段的研究。分别为：摸索防空洞栽培食用菌的条件→探究适合金针菇、平菇、榆黄菇种植的区域→摸索防空洞自然抑菌条件→探究、分离、鉴定在二次出菇中食用菌染菌种类，因此第五阶段，将进一步对食用菌上的部分杂菌进行抑菌，探究出可行的抑菌方案。
为此，对本课程的资源背景分析如下。
（1）硬件资源背景：我校防空洞湿度较大，温度恒定在 14℃左右，适宜食用菌生长；实验室能够为学生提供微生物培养观察与初步鉴定条件；数字实验室、图书馆和机房能够为学生查阅资料、整理数据提供便利；川大生科院能够为课题微生物的纯化培养提供便利。</td></tr>
</table>

续表

<table>
<tr><td>课程背景</td><td colspan="5">（2）人力资源背景：我们一直和四川省农科院食用菌种栽培研究中心和川大生科院微生物专业的教授有密切往来，他们可提供参观学习机会、微生物培养纯化和鉴定支持。参与前期研究的老师和学生可为现在学生的研究提供指导</td></tr>
<tr><td>课程内容
（核心问题）</td><td colspan="5">核心问题：基于前期研究，针对防空洞后续出菇的杂菌种类，研习相关文献，借助川大实验室，探究不同药品对后续出菇的抑菌效果，撰写研究报告。
问题：
1.如何基于前期研究，确定研究课题？
2.如何基于课题研究目标，科学设计探究实验方案？
3.如何基于实验方案和实验目的，有效推进实验并撰写研究报告，提出抑菌方案？
活动：观察分析、设计实验、展开研究、撰写报告</td></tr>
<tr><td>课程目标</td><td colspan="5">1.结果性目标：能投入阶段性研究成果的展示、交流与探讨活动，在探讨中确定有效的抑菌措施。
2.体验性目标：在成果的展示、交流活动中，体验执着、严谨、求实的精神与科学探究过程的关联；体验抑菌效果与抑菌物质种类、浓度、成本之间的关联</td></tr>
<tr><td rowspan="4">课次计划</td><td>课次</td><td>主题</td><td>学生活动</td><td>课前课后任务</td><td>活动地点</td></tr>
<tr><td>1</td><td>提出问题，确定课题：针对防空洞食用菌种植后续出菇染菌情况，探究抑菌方案并设计实验</td><td>查阅文献，了解判断抑菌效果常用的方法；学习仪器的使用；接种并培养从食用菌上提取的青霉、木霉</td><td>1.课中：了解我校食用菌种植前四个阶段的研究成果及待解决的问题。分小组，初步确定研究课题，设计实验；
2.课后：小组继续查阅资料，明确分工，完善实验。在实验室配置培养基、制备大蒜提取液，学习相关技术</td><td>数字实验室</td></tr>
<tr><td>2</td><td>解决问题：对抑菌方法的摸索</td><td>在实验室进行抑菌预实验，观察抑菌效果</td><td>1.课前：继续查阅文献，培养微生物；
2.课后：继续观察并记录相关数据</td><td>川大生物实验室</td></tr>
<tr><td>3</td><td>解决问题：用疣霉净和大蒜提取液进行抑菌实验</td><td>提取大蒜中的抑菌物质，配置溶液，进行实验</td><td>1.课前：查阅文献；
2.课中：进行抑菌实验；
3.课后：坚持每天定时观察记录</td><td>川大生物实验室</td></tr>
</table>

续表

课次计划	课次	主题	学生活动	课前课后任务	活动地点
	4	处理数据，得出结论	1.各小组汇总、整理、分析研究获得的图文资料。梳理阶段性成果汇报思路，制作PPT； 2.分组展示交流研究过程和成果，集体探讨	1.课前：完善PPT和研究报告，做好小组展示交流分工； 2.课后：完善方案	数字实验室
	5	展示交流并完善修订各小组抑菌方案	分小组展示该课程研究成果	课前：完善抑菌方案。 课后：完善资料整理，将成昊汇总并提交	数字实验室
学生作品	1.学生完成“抑菌研究”研究报告； 2.PPT及抑菌方案				
评价方式	1.在课程中进行生生互评，师生间的多向、多元评价； 2.研究报告和抑菌实验方案的等级评定				
安全保障	加强安全教育，建立小组活动安全保障机制				
条件保障	课程开发组外部保障：防空洞、生物实验室、数字实验室、图书馆、信息中心、四川省农科院食用菌栽培中心等提供了场地、资源获取和技术指导保障； 课程开发组内部保障：具有前期食用菌栽培的经验和科学探究能力的生物教师指导				
开发次第	再次开发				
课程审批	1.课程教学处：　签　章　年　月　日 2.学生发展处：　签　章　年　月　日				

防空洞食用菌种植后续出菇抑菌研究
——抑菌方案的实施研究

一、教学分析设计

（一）活动分析

本次课程为学校防空洞食用菌种植研究的系列课程，之前已经进行了四个阶段的研究，分别为：摸索防空洞栽培食用菌的条件→探究适合金针菇、平菇、榆黄菇种植的区域→摸索防空洞自然抑菌条件→探究、分离、鉴定在二次出菇中食用菌染菌种类，第五阶段，将进一步对食用菌上的部分杂菌进行抑菌，探究出可行的抑菌方案，本次课为该阶段研究的第五次课。

回顾本阶段研究的前期研究及前四次课：第一次课，学生在老师提供的文献及自己查阅文献的基础上，设计抑菌实验。第二次课，分小组在川大生物实验室进行预实验，探究适宜的抑菌效果的检测方法，探究抑菌的适宜浓度。第三次课，结合之前预实验摸索到的方法，进行正式实验，记录实验数据并进行处理。第四次课，对测得的数据资料进行分类整理，制作 PPT。在前四次课的基础上，本次课的主要内容是各小组展示交流阶段性研究成果，相互讨论，提出学校防空洞食用菌种植后续出菇的针对性抑菌措施，比较不同方案的效果。

（二）学生分析

高一学生的学习能力较强，尽管之前没有接触过实验室微生物培养这部分内容及相关仪器，但在老师的带领下，能够很快上手。学生已经具备设计实验的能力，知道设计实验应该遵循的原则。本次课旨在通过分组展示阶段性研究成果，自评和他评，完善针对性的抑菌措施。

因此，本次课主题中的学生活动方式主要为展示、交流、探讨。

（三）目标分析

根据本课程规划纲要中确立的课程教学目标，基于本次课的活动分析及学生分析，撰写本次课的教学目标如下：

1. 结果性目标

能投入阶段性研究成果的展示、交流与探讨活动，在探讨中确定有效的抑菌措施，为后续研究活动做准备。

2. 体验性目标

在成果的展示、交流活动中，体验执着、严谨、求实的精神与科学探究过程的关联；体验抑菌效果与抑菌物质种类、浓度、成本之间的关联。

（四）资源分析

本次课为室内的展示交流课，所用主要教学资源如下表所示：

教学资源	选用意图	来源
PPT、投影	用于教学引入、小组展示交流和体会反思	科技楼多媒体设备
黑板	板书本堂课活动中的关键信息，呈现学生素养，辅助教师讲解提炼	科技楼教室

（五）主题分析

按课程规划纲要的课次规划，基于前面对本次课程活动与学生的分析，将本次课的活动主题确定为阶段性研究成果的展示交流与探讨。

二、教学实施设计

（一）教学环节

教学环节	学生活动	教师活动	设计意图
教学引入（约2分钟）	回顾本期课题的前期研究状况，明确本次课的活动任务	分别介绍前四次课相关研究，引出本次课的交流任务	带领学生回顾前期研究情况，帮助学生快速进入学习活动状态，明确本节课任务
展示交流（约40分钟）	分小组展示： 第1组预实验组： 摸索滤纸片法抑菌实验、滤纸条法抑菌实验、牛津杯法抑菌实验的过程（15分钟）； 第2组疣霉净组：探究疣霉净抑制木霉的较适宜浓度：实验过程、现象、结论（10分钟）； 第3组：探究适宜大蒜提取液的浓度：实验过程、改进过程、结果和结论分析（15分钟）	引导同学们的展示与交流活动，记录并整理各组展示交流要点，归类板书	本课次要求在“防空洞食用菌种植后续出菇抑菌研究——抑菌方案的实施研究”这个课题的指导下，分小组展示从不同角度开展研究的过程及成果，提升其研究的能力，凸显研究能力在科学实践中的价值与作用，展现综合实践活动的积淀研究素养功能
交流探讨（4分钟）	学生基于在各组展示交流时的思考与记录，对本组或对方小组的研究过程和研究成果进行提问探讨，教师对小组研究进行评价	参与、引导各小组同学的探讨互动活动	通过小组间的相互提问探讨及师评，提升学生敢于质疑、勇于探索、乐于沟通等研究素养
课堂小结，反思提升（约4分钟）	学生思考，教师提升内容	教师引导学生对实验过程中的研究方法、品质、精神等进行反思提炼	学生反思科学研究的一般过程、研究方法、品质、精神，为后续研究打下基础

（二）评价预设

1. 就教学活动中对学生即时、口语为主的评价预设

（1）教学引入环节：对同学们前期的研究提出表扬，激励学生在本次课上大胆发言、主动交流，营造积极的课堂氛围，激发学生学习热情。

（2）展示交流评价环节：通过肢体动作和眼神对学生语言表述的逻辑性和准确性、对学生交流中展示研究精神和小组高效默契合作等素养予以肯定。

（3）反思提升环节：通过对探究过程的回顾，总结在科学研究过程中预实验和锲而不舍的精神的重要性，引导学生对实验过程中的研究方法、品质、精神等进行反思提炼。

2. 就教学活动后的评价预设

从本课次教学目标，尤其是体验性目标达成情况的视角，对包括《写实记录表》在内的学生上交的研究过程资料，以及研究报告、拟向学生处提交的《防空洞食用菌种植后续出菇抑菌研究——抑菌方案的实施研究》等研究成果进行评价，并及时反馈。

（三）板书设计

防空洞食用菌种植后续出菇抑菌研究

——抑菌方案的实施研究

课程核心问题：基于前期研究，针对防空洞后续出菇的杂菌种类，研习相关文献，借助川大实验室，探究不同药品对后续出菇的抑菌效果，撰写研究报告。

科学研究的一般过程	学生在展示交流中的要点，现场生成。
科学研究中的数据处理过程	第1组　　第2组　第3组
科学研究的常用方法	根据需要生成
科学研究中的重要品质	
科学研究的重要精神	

（四）教学流程

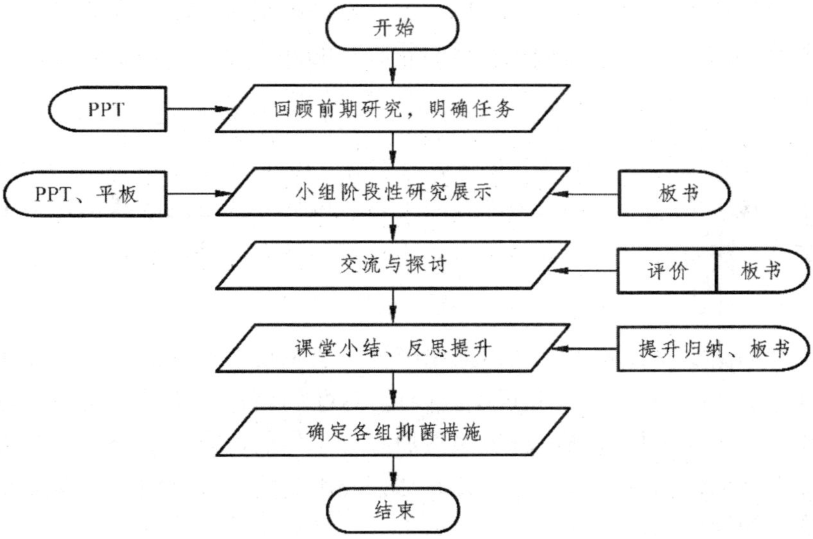

图 18-1　“防空洞食用菌种植后续出菇抑菌研究——抑菌方案的实施”教学流程图

三、教后评价设计

（一）信息搜集

课后认真观看了课堂展示和教学录像，与听课老师们进行了深入交流并进行总结。

（二）自我评价

本堂课在教师简要介绍该课题前几次课的主要工作后，主持人以三个主要环节为线索，有序严密地将本堂课串接成了一个有机整体。第一环节是三个研究小组分别从课题确立、课题实施、课题成果、新发现和实验误差等几个方面就各组的研究进行展示交流。第二环节是学生就对方小组交流中记录的问题展开答辩互动。第三个环节是教师带领学生反思提炼整个研究过程中学生展现的相关素养。由于抑菌实验是学生之前没有接触过的，所以这是一个摸索过程，遇到问题再进行调整，这些都是挑战。而正是因为有这些挑战，学生在摸索过程中收获颇多。

1. 在实验过程中，体验了科学研究常用的方法

在课程中，学生用到最多的是查阅文献法、观察法、比较法。

在进行实验之前，同学们通过查阅文献，找到了衡量抑菌效果的一般方法：滤纸片法、滤纸条法、牛津杯法；在实验中遇到问题时，又再次查阅文献，更加深入地研习文献。

在衡量抑菌效果时，学生除了需要每隔 2 天观察抑菌圈大小，并测量出其直径外，

还要观察菌落生长情况，如菌落颜色有无变化、有无杂菌长出等。细致的观察是实验成功的必要条件。

在实验过程中，学生对滤纸片法、滤纸条法、牛津杯法的优缺点进行了比较，对不同时间的抑菌圈直径进行比较，将不同药物的抑菌效果进行横向比较。

2. 在探究过程中，学生体验了科学研究中数据处理的一般方法

学生通过收集数据—整理数据—描述数据（用曲线图或柱形图的形式描述），直观地反映抑菌物质浓度与抑菌效果之间的关系。可见，通过这次课程，学生学会了数据处理的一般方法。

3. 一次次的实验操作彰显学生的科学研究精神

学生对抑菌实验很陌生，具体采用哪种方法来反映抑菌效果，什么样的药品浓度效果更好，间隔几天来观察实验现象更合适，这些问题都需要学生通过实验不断摸索。预实验小组着重摸索用哪种方法现象更加直观。他们首先尝试滤纸片方法，发现其中有些微生物不适合用这种方法，结合文献，得出结论：抑制菌丝不发达的微生物采用滤纸片法，抑制菌丝发达微生物用滤纸条法。疣霉净组用滤纸条法做实验时，发现现象也不明显，通过分析，可能是预实验组中只注意了滤纸条之间的距离，没有考虑到为了让现象更加直观，还应该根据菌落正常大小来调整滤纸条的长度，这些都彰显了学生锲而不舍的科学精神。

川大附中项目课程核心问题教学评价表

<table>
<tr><th rowspan="2">评价目标</th><th colspan="4">评价指标</th><th rowspan="2">评价结果</th></tr>
<tr><th>一级指标</th><th>二级指标</th><th colspan="2">三级指标</th></tr>
<tr><td rowspan="12">实现活动体验中的学习与发展</td><td rowspan="12">具有核心问题教学形态</td><td rowspan="3">核心问题利于活动体验</td><td>内含客观问题和学生活动方式</td><td>8</td><td rowspan="11">每项指标最高评8分</td></tr>
<tr><td>问题情景与真实生活密切相关</td><td>7</td></tr>
<tr><td>能引发新知识、新方法的生成</td><td>7</td></tr>
<tr><td rowspan="3">教学目标价值引导恰当</td><td>两类目标正确全面</td><td>8</td></tr>
<tr><td>关联体验目标恰当</td><td>8</td></tr>
<tr><td>目标价值引导显现</td><td>8</td></tr>
<tr><td rowspan="3">教学环节完整合理落实</td><td>教学环节清晰完整</td><td>7</td></tr>
<tr><td>环节内容合理充实</td><td>7</td></tr>
<tr><td>学生活动时间充分</td><td>8</td></tr>
<tr><td rowspan="3">教学要素相互匹配促进</td><td>问题目标环节两两匹配</td><td>8</td></tr>
<tr><td>技术促进活动形式内容</td><td>7</td></tr>
<tr><td>课程特点突出氛围浓郁</td><td>8</td><td>合计 91 分</td></tr>
</table>

续表

评价目标	评价指标			评价结果
	一级指标	二级指标	三级指标	
实现活动体验中的学习与发展	具有核心问题教学实质	拓宽学习视野	课程与现实世界有恰当关联	选择一个表现突出的二级指标，在相应三级指标的引导下，以现场学生表现为主要依据，以其余指标为背景，于本表的第二页写出150字以上的简要评价
			有基于缄默知识的问题解决	
			有缄默知识运用的追踪剖析	
		投入实践活动	有真实而且完整的实践活动	
			能够全身心地浸渍于活动中	
			活动的内容结果均丰富深入	
		感受意义关联	有核心问题的深层意义感受	
			有以知识为中心的关联感受	
			有以个人为中心的关联感受	
		自觉反思体验	有实质性反思活动的开展	
			有课程新因素的追踪利用	
			有体验的交流与改善重构	
		乐于对话分享	乐于自我表达与认真倾听	
			乐于合作中成果与思路的分享	
			有宽容的对话氛围和双向交流	
		认同体验评价	认可体验评价	
			参与体验评价	
			利用体验评价	

核心问题教学实质的简要评价
本人认为本节课核心问题教学实质比较突出的是投入实践活动。在本门课程中小组的实验探究过程都遵循实验探究的一般过程，即提出问题、作出假说、设计实验、进行实验、分析结果、得出结论、发现新的问题、解决问题、得出结论。 首先，在提出问题这一环节，学生通过在网络上查阅文献及在图书馆翻阅与抑菌相关的书籍，再经过讨论最终确定了研究的问题。在这一环节，学生在实践中学会了查阅文献的一般方法。 其次，在进行实验过程中，需要在有限时间内配置大量培养基。所以有的学生准备培养基的材料，有的清洗锥形瓶，有的负责高压蒸汽灭菌，有的负责倒平板。同学们分工进行实践，表明本课程的探究活动能够促进学生全身心投入到实践中。 最后，尤其是在发现新的问题、解决问题、得出结论这些过程中，一次次实验的失败，一次次地分析原因，重新实验，其实也是在问题推动下进行更进一步的实践，这样有利于最终得出结论

（三）反馈调整

本堂课后，老师首先与学生们进行了个别交流，就本期研究和本堂课展示中学生的表现进行了评价总结，鼓励学生继续研究。在最后一次课及课堂前后，指导学生根据已得研究成果查阅文献，优化抑菌方案，并撰写研究报告，以此促进学生们进一步反思并为后续研究做准备。

川大附中项目课程检验性目标点检测表

<table>
<tr><td rowspan="5">基本信息</td><td>课程名称</td><td colspan="2">防空洞食用菌种植后续出菇抑菌研究——抑菌方案的实施研究</td><td>课程类别</td><td>生物学学科选修课</td></tr>
<tr><td>首席教师</td><td colspan="2">颜玲</td><td>组/处</td><td>生物组</td></tr>
<tr><td rowspan="2">参与教师</td><td colspan="2">田时平</td><td>组/处</td><td>生物</td></tr>
<tr><td colspan="2">杨琼</td><td>组/处</td><td>生物</td></tr>
<tr><td>年　　级</td><td colspan="2">高一</td><td>上课时间</td><td>周二上午第三四节课</td></tr>
<tr><td>核心问题</td><td colspan="5">基于前期研究，针对防空洞后续出菇的杂菌种类，研习相关文献，借助川大实验室，探究不同药品对后续出菇的抑菌效果，撰写研究报告</td></tr>
<tr><td rowspan="2">课程目标</td><td>结果性目标</td><td colspan="4">能投入阶段性研究成果的展示、交流与探讨活动，在探讨中确定有效的抑菌措施，为后续研究活动做准备</td></tr>
<tr><td>体验性目标</td><td colspan="4">在成果的展示、交流活动中，体验执着、严谨、求实的精神与科学探究过程的关联；体验抑菌效果与抑菌物质种类、浓度、成本之间的关联</td></tr>
<tr><td>检测点</td><td colspan="5">抑菌效果与抑菌物质种类、浓度、成本之间的关联</td></tr>
<tr><td>检测任务</td><td colspan="5">1.在实验过程中，疣霉净小组的同学在用疣霉净抑制某种青霉的时候，发现不同浓度的疣霉净抑制效果相同，请同学分析原因并讨论该怎么办。
2.综合疣霉净组和大蒜提取液组的探究结果，提出较优化的抑菌措施，并说明原因</td></tr>
<tr><td rowspan="4">分类标准</td><td colspan="5">A.能够准确表述抑菌物质浓度与抑菌效果之间的关系，在提出抑菌措施时能够综合考虑抑菌物质的效果、成本</td></tr>
<tr><td colspan="5">B.能够大致表述抑菌物质浓度与抑菌效果之间的关系，在提出抑菌措施时能够综合考虑抑菌物质的效果、成本</td></tr>
<tr><td colspan="5">C.能够大致表述抑菌物质浓度与抑菌效果之间的关系，在提出抑菌措施时只考虑抑菌物质的效果或成本</td></tr>
<tr><td colspan="5">D.不能表述抑菌物质浓度与抑菌效果之间的关系，在提出抑菌措施时只考虑抑菌物质的效果或成本</td></tr>
<tr><td rowspan="5">检测统计</td><td>分类等级</td><td colspan="2">学生人数（总人数14人）</td><td colspan="2">所占百分比</td></tr>
<tr><td>A</td><td colspan="2">10</td><td colspan="2">71.4%</td></tr>
<tr><td>B</td><td colspan="2">1</td><td colspan="2">7.1%</td></tr>
<tr><td>C</td><td colspan="2">2</td><td colspan="2">14.3%</td></tr>
<tr><td>D</td><td colspan="2">1</td><td colspan="2">7.1%</td></tr>
</table>

检测分析结果运用	通过统计学生检测问题的完成情况，得A的学生有71.4%，表现为能够准确表述抑菌物质浓度与抑菌效果之间的关系，在提出抑菌措施时也能够综合考虑抑菌物质的效果、成本。表明通过本课程，学生对抑菌效果与抑菌物质的浓度体验深刻。也深刻体会到了在实际生活中选择抑菌物质时，不仅要考虑效果，还应考虑成本。 得B的学生有7.1%，表现为虽然能大致表述抑菌物质浓度与抑菌效果之间的关系，但在提出抑菌措施时只考虑到浓度太低或太高一方面对抑菌效果的影响。表明通过本课程，学生在考虑抑菌效果与浓度关系时，考虑还不够全面。 得C和D的学生分别是14.3%和7.1%。通过课后找学生谈话和观察学生表现，原因在于学生思想上对选修课不够重视，不想花时间，没有积极参与课程。 通过上述检测分析，绝大多数学生能够达到本课程设定的体验性目标，掌握抑菌效果与抑菌物质种类、浓度、成本之间的关联。当然，因为这门课程需要学生利用大量的课余时间来完成，周期长，加之高中学生课业繁重等原因，导致少数学生没有真正参与进来。在以后的教学中，应该在时间安排上更加合理，提高效率
体验典型实例	A等级学生检测表回答示例： 第一小问，学生分析到两种可能性：一是可能疣霉净浓度都太高，虽然浓度不同，但都导致微生物不能生长。二是有可能疣霉净浓度都太低，虽然浓度有区别，但都未起到抑菌效果，导致杂菌生长旺盛！若浓度太高，则将浓度降低，直至抑菌效果出现差异为止；若是因为浓度太低，则可以增大浓度。 第二问学生答道：大蒜提取液抑制杂菌效果较好，但成本高且操作复杂。疣霉净效果差些，但成本低。所以还可以继续探究，找出抑菌效果好且成本低、对食用菌无害的抑菌物质！通过课程有71.4%学生能完满达成目标，从检测题考察的内容体现出学生具体的深度体验实例：上述同学在分析“不同浓度的疣霉净抑菌效果为何相同”这个问题中，结合自己课程中的思考，给出了两点可能性原因，分别是疣霉净浓度太高，导致每一组微生物都无法生长或疣霉净浓度太低，没有抑制效果，导致每组微生物生长情况一样好。该同学能够从多角度分析问题，体现了学生的科学素养。 B等级学生检测表回答示例： 第一问，学生分析不够完整、具体，答到疣霉净浓度不适宜，检测不出抑菌效果，应该重新做实验，调整疣霉净浓度，重新分析。 第二问学生答道：从同学分享可以看出，疣霉净比较便宜，但是可能会残留在食用菌上，降低食用菌的品质。大蒜提取液抑菌效果较好，但提取成本高，可寻找其他办法。若没有其他替代方案，应选择大蒜提取液。 上述同学在分析“不同浓度的疣霉净抑菌效果为何相同”这个问题时，提出是因为浓度不适宜导致，但是没有分析清楚具体的原因。在提出优化措施时，提出了两个方案，一个是继续探究更好的措施，一个是从安全角度考虑选择大蒜提取液，体现了学生的社会责任感
检测反馈	课后对学生做了检测等级反馈，对做得较好的同学进行表扬，肯定了学生在该门课程中积极表现和不怕困难的科学精神。对没有达到目标的同学，在研究方法、这门课程所涉及的知识等方面进行单独辅导，以期在后面的学科选修课程中，学生能够更积极地参与并达到目标

川大附中综合实践活动课程研究报告

刘骁尧（组长） 邹博宇 刘世言 温博斌

【摘　要】本研究主要采用查阅文献法、观察法、实验法等方法。在前期研究中，已经将学校防空洞种植的食用菌上的微生物进行分离，得到一些青霉和木霉。本次研究主要是通过用不同浓度的大蒜提取液分别对分离到的部分青霉和木霉进行抑制，目的是比较不同浓度大蒜提取液对这些微生物的抑制效果。从实验中可看出：大蒜提取液对青霉、木霉均有抑制作用，且在这几个浓度范围内，随着浓度增加，抑制效果也在增强。但在实验过程中也产生了一些疑惑：如大蒜提取液成本高，不易推广，因此仍有待进一步探索更好的抑菌方法。

【关键词】大蒜提取液；抑菌效果

我校防空洞种植食用菌已经经历了四个阶段的研究。分别为摸索防空洞栽培食用菌的条件—探究适合金针菇、平菇、榆黄菇种植的区域—摸索防空洞自然抑菌条件—探究、分离、鉴定在二次出菇中食用菌染菌种类，因此第五阶段，将进一步对食用菌上的部分杂菌进行抑菌，探究出可行的抑菌方案。具体来说，本小组希望探究出大蒜提取液对从食用菌上分离到的部分青霉、木霉的抑制效果。

具体过程如下：

一、实验设计

分别用不同浓度的大蒜溶液（原液、50%、25%、12.5%、6.25%）对 4 种青霉、3 种木霉进行抑制。

二、实验方法

滤纸片抑菌法、滤纸条抑菌法。

三、实验步骤

1. 对实验器材进行灭菌

2. 制备培养基

（1）步骤：计算称量及材料准备—熔化—调 pH 值—分装、包装—灭菌—添加特定药物—倒平板—标记—保存。

（2）配料表：

①细菌培养基：牛肉膏蛋白胨培养基。

材料：牛肉膏 1.5g、蛋白冻 5g、NaCl 2.5g、琼脂 7.5~10g/水 500mL、pH 7.0~7.2。

图 18-2　学生调 pH

步骤：

121℃灭菌 20 分钟。

添加特定药物：制霉素 0.5g/1000mL。

②真菌培养基：马铃薯培养基。

材料：马铃薯 50g、蔗糖（或葡萄糖）10g、琼脂 7.5~10g、水 500mL、pH 自然。

步骤：马铃薯去皮—切成块煮沸 30 分钟—然后用纱布过滤—加糖及琼脂—定容至 500mL。121℃灭菌 30 分钟。

添加特定药物：链霉素 0.3g/1000mL。

四、实验结果

1. 滤纸片实验

将浸泡过不同浓度的大蒜提取液的滤纸片分别放入倒有不同杂菌菌液的培养基中，培养数日后观察并测量菌落面积与其横纵向比。

2. 滤纸条实验

用手工撕好的等长的滤纸条浸泡不同浓度的大蒜提取液后，将其放入未倒有菌液的培养基中，再用灭菌后的竹签进行点种，观察并记录菌落的面积与其横纵向比。

使用到的大蒜提取液浓度：原液、50%、25%、12.5%、6.25%。

实验原则：对照原则，单一变量。

数据测量：多次测量半径，求平均值。

木霉 Y28（滤纸条）：

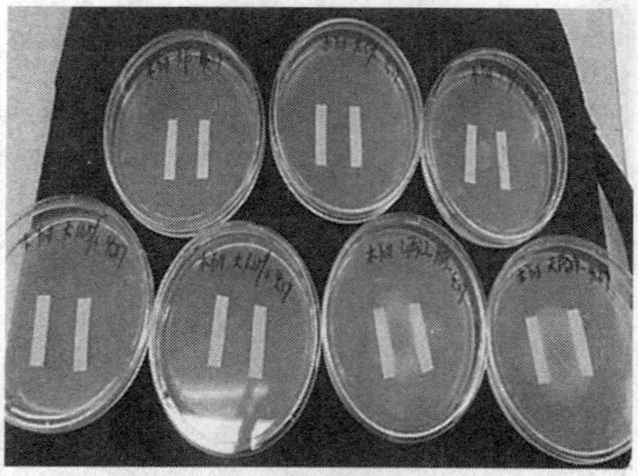

图 18-3　木霉 Y28 滤纸条法实验结果

表 18-1　木霉 Y28 菌落半径及平均值

	原液（cm）	50%（cm）	25%（cm）	12.5%（cm）	6.25%（cm）	乙酸乙酯（cm）	无菌水（cm）
水平半径	0	0	0.15	0	0.3	1	1
	0	0	0.14	0	0.3	1	1
竖直半径	0	0	0.3	0	0.4	1	1
	0	0	0.3	0	0.35	1	1
平均半径	0	0	0.22	0	0.34	1	1

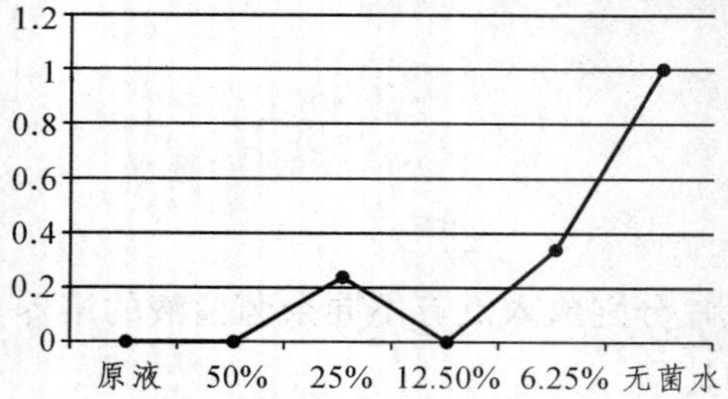

图 18-4　木霉 Y28 菌落平均半径变化曲线

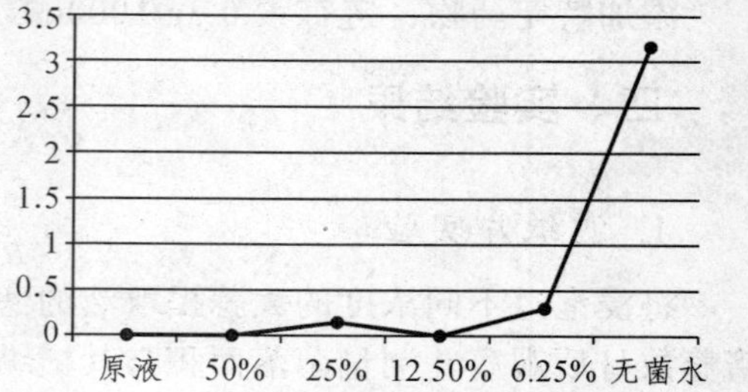

图 18-5　木霉 Y28 菌落面积变化曲线

青霉 11（滤纸片）：

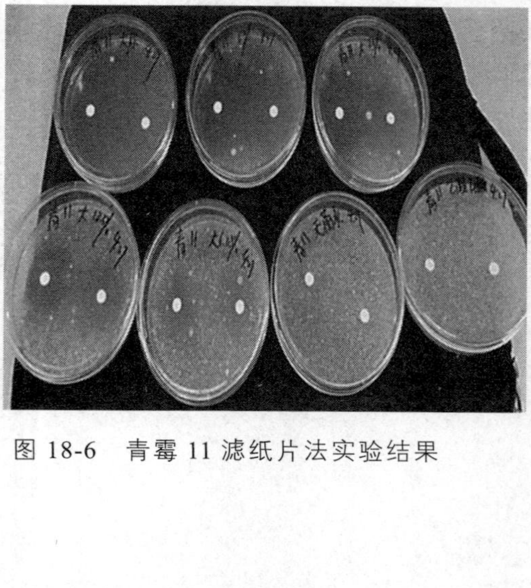

图 18-6　青霉 11 滤纸片法实验结果

表 18-2 青霉 11 抑菌圈半径及平均半径

	原液（cm）	50%（cm）	25%（cm）	12.5%（cm）	6.25%（cm）	乙酸乙酯（cm）	无菌水（cm）
水平半径	1.7	1.7	1.7	1.3	0.4	0	0
	2.0	1.8	1.6	1.2	0.3	0	0
竖直半径	2.0	2.2	1.4	1.1	0.4	0	0
	2.1	2.1	1.5	1.1	0.3	0	0
平均半径	2.0	2.0	1.6	1.2	0.3	0	0

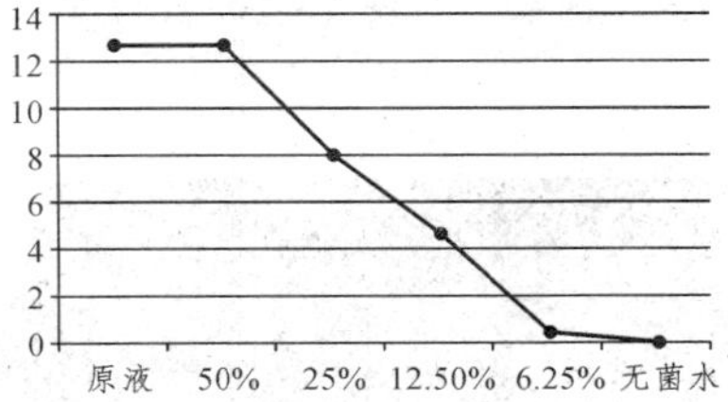

图 18-7 青霉 11 抑菌圈面积变化曲线

青霉 Y32（滤纸片）：

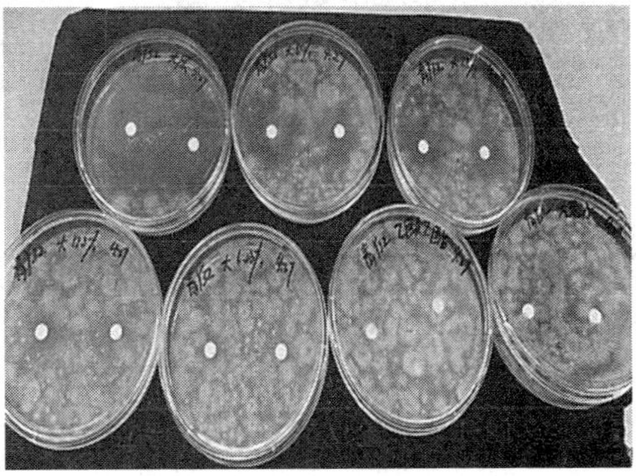

图 18-8 青霉 Y32 滤纸片法实验结果

表 18-3 青霉 Y32 抑菌圈半径及平均值

	原液（cm）	50%（cm）	25%（cm）	12.5%（cm）	6.25%（cm）	乙酸乙酯（cm）	无菌水（cm）
水平半径	2.1	1.1	1.1	0.6	0.4	0	0
	1.9	1.2	1.0	0.7	0.3	0	0
竖直半径	1.8	1.2	0.8	0.6	0.3	0	0
	1.9	1.3	0.9	0.4	0.4	0	0
平均半径	1.9	1.2	0.9	0.6	0.4	0	0

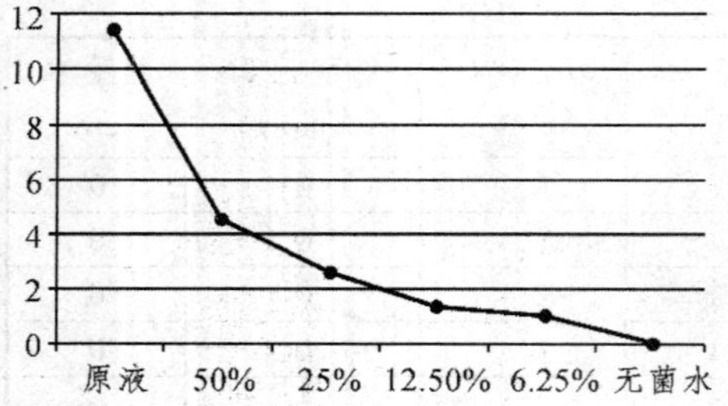

图 18-9 青霉 Y32 抑菌圈面积变化曲线

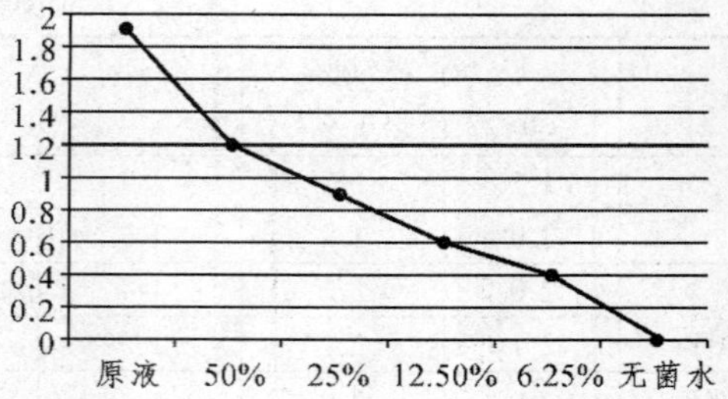

图 18-10 青霉 Y32 抑菌圈平均半径变化曲线图

青霉 9（滤纸片）：

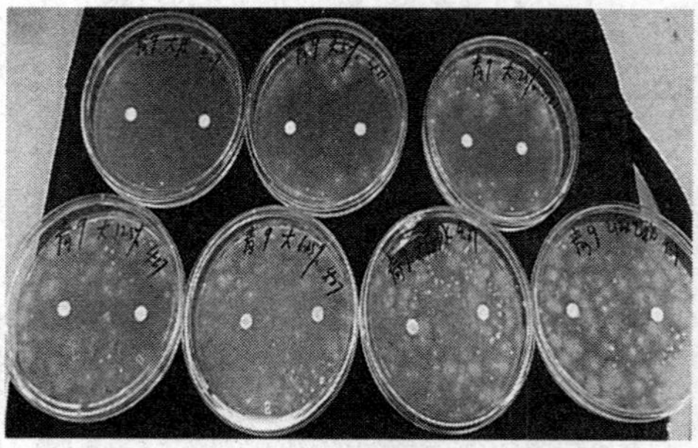

图 18-11　青霉 9 滤纸片法实验结果

表 18-4　青霉 9 抑菌圈半径及平均值

	原液（cm）	50%（cm）	25%（cm）	12.5%（cm）	6.25%（cm）	乙酸乙酯（cm）	无菌水（cm）
水平半径	2.0	1.5	1.1	0.7	0	0	0
	2.1	1.8	1.5	0.9	0	0	0
竖直半径	1.9	1.8	1.2	0.7	0	0	0
	2.0	1.5	1.3	0.7	0	0	0
平均半径	2.0	1.7	1.3	0.7	0	0	0

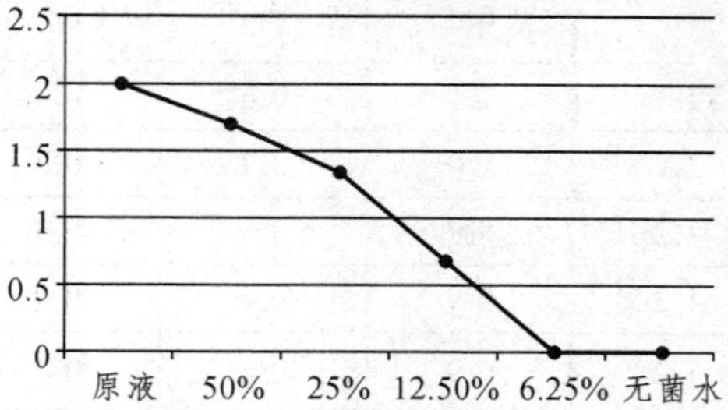

图 18-12 青霉 9 抑菌圈平均半径变化曲线图

木霉 Y7（滤纸片）：

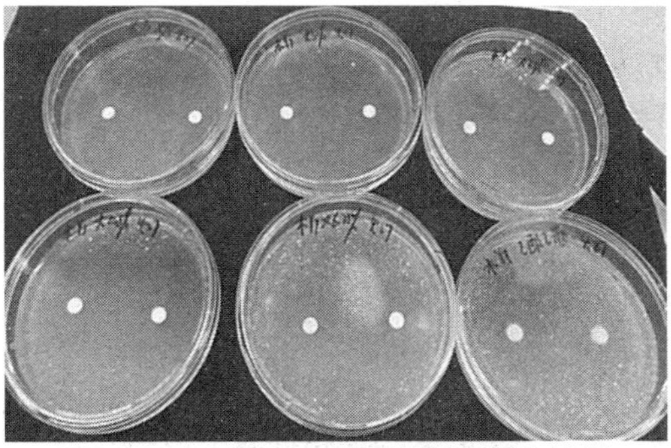

图 18-13　木霉 Y7 滤纸片法实验结果

表 18-5　木霉 Y7 抑菌圈半径及平均值

	原液（cm）	50%（cm）	25%（cm）	12.5%（cm）	6.25%（cm）	乙酸乙酯（cm）	无菌水（cm）
水平半径	2.0	1.6	1.1	1.0	0.5	0	0
	2.0	1.5	1.1	1.1	0.4	0	0
竖直半径	2.0	1.5	1.4	1.2	0.6	0	0
	2.0	1.4	1.5	1.2	0.4	0	0
平均半径	2.0	1.5	1.3	1.2	0.7	0	0

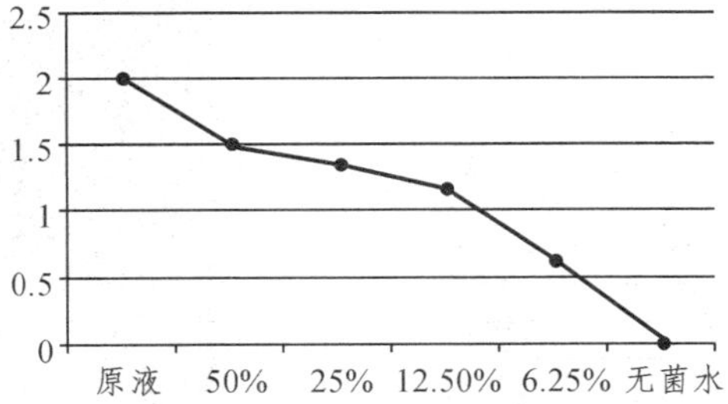

图 18-14 木霉 Y7 抑菌圈平均半径变化曲线图

青霉 1（滤纸片）：

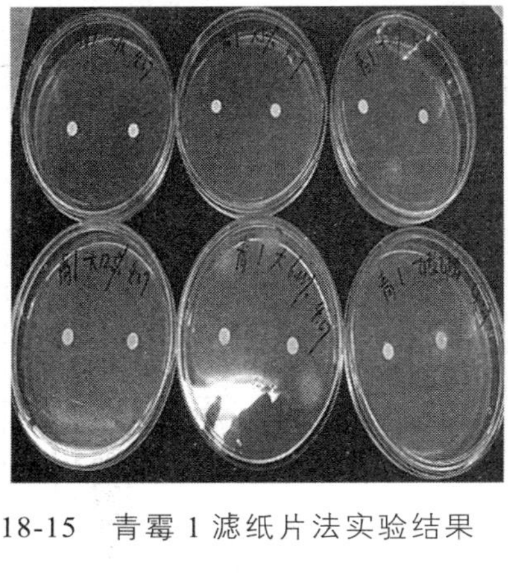

图 18-15　青霉 1 滤纸片法实验结果

木霉 Y5（滤纸片）：

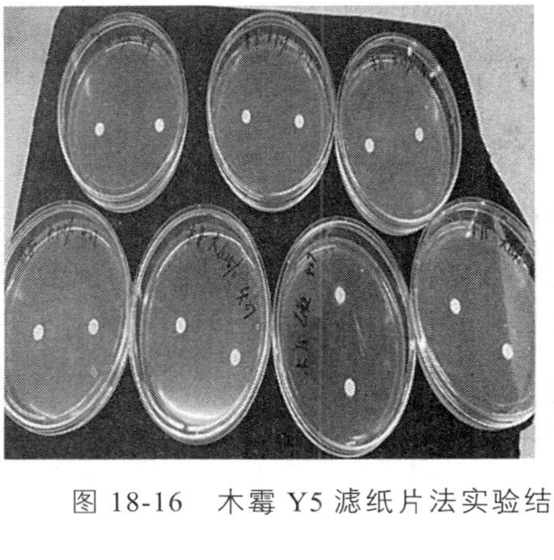

图 18-16　木霉 Y5 滤纸片法实验结果

对于用滤纸片效果较差的，我们采用滤纸条进行试验。

青霉 1（滤纸条）:

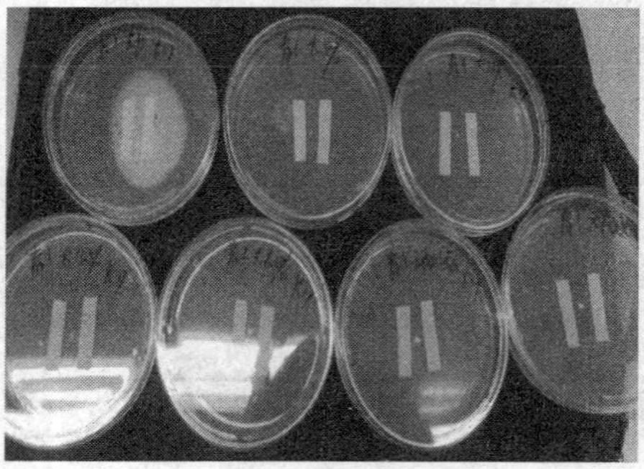

图 18-17　青霉 1 滤纸片法实验结果

表 18-6　青霉 1 菌落半径及平均值

	原液（cm）	50%（cm）	25%（cm）	12.5%（cm）	6.25%（cm）	乙酸乙酯（cm）	无菌水（cm）
水平半径	0	0	0	0.1	0.12	0.14	0.14
	0	0	0	0.1	0.12	0.14	0.13
竖直半径	0	0	0	0.12	0.12	0.13	0.11
	0	0	0	0.12	0.12	0.13	0.14
平均半径	0	0	0	0.11	0.12	0.14	0.13

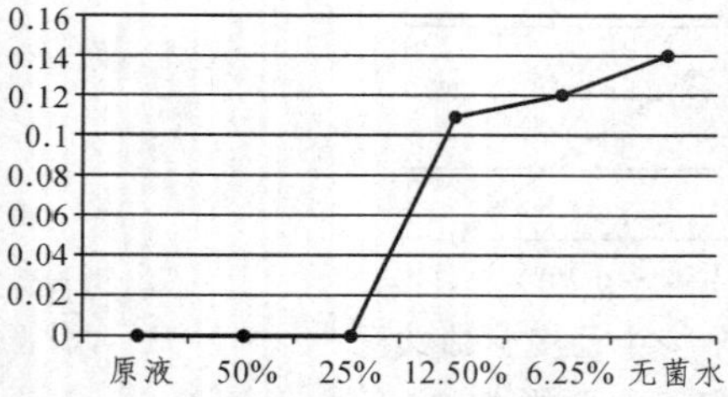

图 18-18 青霉 1 菌落平均半径变化曲线

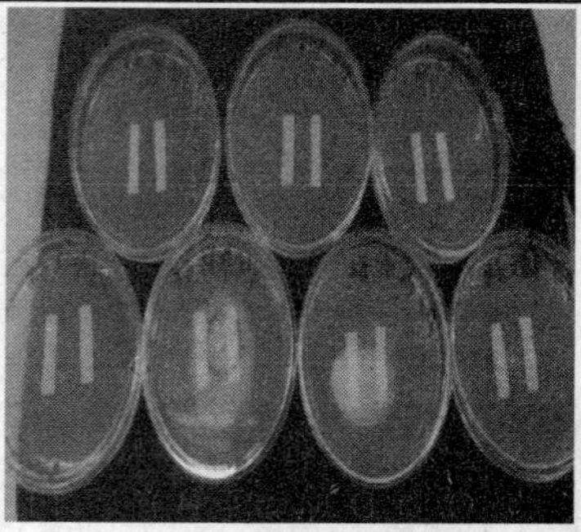

图 18-19　木霉 Y5 滤纸条法实验结果

表 18-7　木霉 Y5 菌落半径及平均值

	原液（cm）	50%（cm）	25%（cm）	12.5%（cm）	6.25%（cm）	乙酸乙酯（cm）	无菌水（cm）
水平半径	0	0	0	0	0.12	0.2	0.2
	0	0	0	0	0.12	0.18	0.2
竖直半径	0	0	0	0	0.12	0.2	0.21
	0	0	0	0	0.12	0.21	0.23
平均半径	0	0	0	0	0.12	0.2	0.22

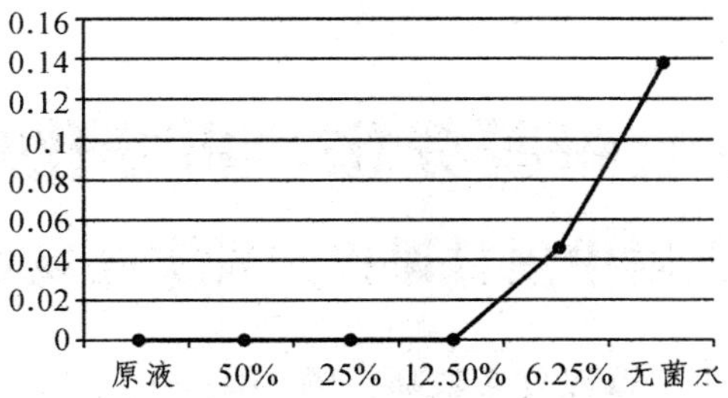

图 18-20 木霉 Y5 菌落面积变化曲线

从实验中可看出：

大蒜提取液对青霉、木霉均有抑制作用，且在这几个浓度范围内，随着浓度增加，抑制效果也在增强。

五、反思

（1）大蒜提取液中的有效成分是什么？

（2）大蒜提取液的保存是否有要求？

（3）大蒜提取液提取成本高，不易推广。

（4）通过参阅文献发现，酵素对青霉、木霉也有一定的抑制效果，且成本更低，是否可考虑用酵素来代替大蒜提取液？

防空洞菊花组织脱分化、再分化培养技术初探

川大附中项目课程开发实施规划纲要

课程首席教师：杨　帅（生物组）

课程参与教师：曾声蓉（生物组）　杨　琼（生物组）

<table>
<tr><td>课程名称</td><td colspan="8">防空洞菊花组织脱分化、再分化培养技术初探</td></tr>
<tr><td>课程类型（勾选）</td><td></td><td>必修的综合实践活动课程</td><td></td><td>必修的劳动课程</td><td>√</td><td>选修的学科课程</td><td></td><td>选修的校本课程</td></tr>
<tr><td>实施对象</td><td colspan="3">高二年级学生</td><td>建议选课学生人数</td><td colspan="4">14 人</td></tr>
<tr><td>课程课时及上课时段</td><td colspan="8">课程课时：五次课共 10 课时；上课时段：周三下午第 3、4 节课（高二选修课时段）</td></tr>
<tr><td>课程背景</td><td colspan="8">1.课程开设背景分析：
植物组织培养可以在短时期内不受自然条件限制培育出大量具有优良性状的幼苗，是当今世界上现代化手段运用于农业生产的新兴技术。本课程学生动手进行植物组织培养的全过程，为他们日后从事相关研究和工作奠定良好的基础。
2.学生背景分析：
（1）素养储备：我校高二学生受到研究文化的浸润，已经具有基本的研究素养，能够主动进行科学基础研究。
（2）知识储备：高二学生一方面掌握了细胞全能性的原理和操作技术，另一方面具备了无菌操作和培养基制备技术，能够完成本课程的实验操作。
（3）社会责任：学生探究的出发点是利用组织培养技术培育植物，达到成本降低、提高快繁成效等优点，造福人类。
3.资源背景：
（1）硬件资源背景："三空间六领域"打造完成并投入使用，划分好可用于实验和培养的实验室，安装好用于植物组织培养的设施，同时采购了用于不同培养基制备和接种所需的仪器和试剂。
（2）人力资源背景：学校一直与四川大学和四川省农科院有密切往来，他们可以为学生提供参观学习机会、植物组织培养技术支持、经验介绍、专家亲临指导等。
（3）技术与教育教学深度融合背景：生物数字实验室的多媒体为师生查找文献资料、制作演示课件、展示实验结果提供技术支持；录音录像和视频剪辑技术方便学生生动记录组培过程的生长情况，可以反复比对分析实验现象</td></tr>
<tr><td>课程内容（核心问题）</td><td colspan="8">核心问题：研习植物组织培养技术，实验探究培养基成分对菊花外植体脱分化和再分化的影响，撰写实验报告。
问题：组培成功率与哪些因素有关？培养基成分有哪些？不同成分的培养基对组培有何影响？如何配置不同成分的组培培养基？
活动：查阅相关资料、设计实验方案、进行实验、对比植物组培结果、撰写实验报告</td></tr>
</table>

<table>
<tr><td>课程目标</td><td colspan="6">1.结果性目标：
查阅文献资料，明确植物组织培养实验影响因素，设计实验方案，探究菊花外植体脱分化和再分化条件，对比生长情况，撰写实验报告，展示、交流、评价实验过程。
2.体验性目标：
（1）在设计实验探究不同培养基对外植体脱分化和再分化影响的实验活动中，体验现代化生产技术与现实生产生活实际、环境条件之间的关联；
（2）在交流、展示、评价实验过程、结果和结论的活动口，体验外植体脱分化和再分化情况与培养基成分之间的关联</td></tr>
<tr><td rowspan="11">课次计划</td><td>课次</td><td>主题</td><td>研究环节</td><td>学生活动</td><td>课前课后任务</td><td>活动地点及技术融入</td></tr>
<tr><td rowspan="4">1</td><td rowspan="4">提出问题：参观学习植物组织培养实验室，分组讨论，查阅资料，购买材料</td><td>发现问题</td><td>参观学习川大组培实验室</td><td rowspan="4">1.课前：走访参观川大实验室、聆听讲解、查阅资料、初步确立课题；
2.课后：分组提出待研究的菊花组织培养脱分化和再分化的实验课题</td><td rowspan="4">地点：川大实验室；
技术（B3）：中国知网等查阅下载资料、QQ共享资料</td></tr>
<tr><td>组建团队</td><td>学生自行组合分为两组</td></tr>
<tr><td>尝试查新</td><td>围绕本组拟解决的问题进行查新、学习与分析</td></tr>
<tr><td>表达问题</td><td>确定本组要研究的问题并表达</td></tr>
<tr><td rowspan="4">2</td><td rowspan="4">解决问题1：按照提出的子课题，撰写实验方案，实施预实验</td><td>搜集信息</td><td>在课前搜集信息的基础上汇总、梳理、分析</td><td rowspan="4">1.课前：查阅组织培养技术关键环节等相关资料；
2.课后：小组成员分工合作，完善实验操作技术，为下一次实验做准备</td><td rowspan="4">地点：生物实验室、生物数字实验室；
技术（B3）：植物组织培养网站</td></tr>
<tr><td>提出假设</td><td>菊花叶片可以作为外植体但没有分化出芽</td></tr>
<tr><td>制定方案</td><td>分组讨论并撰写各组设计方案初稿</td></tr>
<tr><td>实施研究</td><td>按照提出的子课题，实施研究实验</td></tr>
<tr><td>3</td><td>解决问题2：按照实验方案，继续进行植物组织培养对比实验</td><td>实施研究</td><td>分小组开展课题研究，进行植物组织培养实验</td><td>1.课前：经营管理，记录植物苗长势；
2.课后：继续经营管理所培植物苗，清理染菌组培瓶，做好抑菌工作</td><td>地点：学校防空洞植物组织培养实验室；
技术（B3）：植物组织培养公众号</td></tr>
</table>

续表

<table>
<tr><td></td><td>课次</td><td>主题</td><td>研究环节</td><td>学生活动</td><td>课前课后任务</td><td>活动地点及技术融入</td></tr>
<tr><td rowspan="8">课次计划</td><td rowspan="4">4</td><td rowspan="4">反思提升：统计实验结果，撰写实验报告</td><td>记录写实</td><td>填写课程写实记录表</td><td rowspan="4">1.课前：针对实验中的问题查阅资料；
2.课后：师生评价</td><td rowspan="4">地点：生物数字实验室；
技术（B3、B9）：数据处理软件</td></tr>
<tr><td>整理资料</td><td>汇总、整理研究资料</td></tr>
<tr><td>反思研讨</td><td>各组展示交流评价，反思研究过程</td></tr>
<tr><td>撰写成果</td><td>整理实验数据，撰写实验报告</td></tr>
<tr><td rowspan="4">5</td><td rowspan="4">评价反馈：实验成果的展示、交流总结、评价</td><td>自评互评</td><td>分组展示，交流与评价</td><td rowspan="4">1.课前：完善实验报告、制作展示 PPT、收获菜品并展示；
2.课后：将成果打包汇总并提交</td><td rowspan="4">地点：生物数字实验室；
技术（B1、B3、B9）：PPT 制作技术、视频剪辑技术、数据处理技术</td></tr>
<tr><td>修改报告</td><td>交流、评价、修改</td></tr>
<tr><td>资料入库</td><td>汇总、整理设计的过程性资料</td></tr>
<tr><td>申请认定</td><td>汇总、整理过程资料，准备提交</td></tr>
<tr><td>学生作品</td><td colspan="6">植物组织培养出的菊花组织；撰写的实验方案和实验报告</td></tr>
<tr><td>评价方式</td><td colspan="6">1.在课程开设过程中进行生生互评，师生间的多向、多元评价；
2.实验报告等级评价</td></tr>
<tr><td>安全保障</td><td colspan="6">加强安全教育（实验室安全、课前后学生行为安全），建立小组活动安全保障机制</td></tr>
<tr><td>条件保障</td><td colspan="6">课程开发组外部保障：防空洞植物组织培养实验室、生物实验室、生物数字实验室、四川省农科院、四川大学生命科学院资源获取和技术指导保障等。
课程开发组内部保障：具有前期其他综合实践活动课程或劳动课程的开发经验和一定的研究能力、指导能力</td></tr>
<tr><td>开发次第</td><td colspan="6">首次开发</td></tr>
<tr><td>课程审批</td><td colspan="6">1.课程教学处：　　签　章　　年　月　日
2.学生发展处：　　签　章　　年　月　日</td></tr>
</table>

防空洞菊花组织脱分化、再分化培养技术初探成果展示交流

一、教学设计分析

（一）活动分析

本课程组织学生分组讨论，提出植物组织培养的实验方案，教师指导让学生亲自动手领悟植物组织培养的全过程，体会科学研究的艰辛与成功的乐趣。通过本课程的学习，有利于学生掌握无菌技术操作的要领，为他们日后从事相关或类似的研究和工作奠定良好的基础。

本节课为本门课程的第 5 次课，主要内容是以小组为单位开展实验成果的展示、交流总结、评价。通过本节课的学习，学生能体验到组培过程中脱分化和再分化成功率与外植体的消毒情况、外植体的种类和部位、激素配比的关联、体验科学研究成果的取得与研究过程中艰辛曲折、不断奋斗的精神品质之间的关联，增强其生物学科能力，达到提升生物学核心素养的目的。

（二）学生分析

高二同学自愿选课参与课程，在与本次选课的全体学生交流得知，他们研究欲望强烈，已经自发查阅资料、采集植物材料。

显性知识：通过前四次课程的学习，学生学习和实验掌握了 MS 培养基制备、激素母液的配置、无菌接种操作的原理、流程和操作要点，对植物组织培养的理论知识有了更深的了解。

缄默知识：学生通过实验探究活动过程加深了科学探究的一般方法的运用，磨炼了科学探究精神，同时理解了由植物组培原理转化为操作技术的艰辛过程。

（三）目标分析

1. 结果性目标

（1）能在分享交流时对自己小组的研究内容进行汇报、自评和互评；

（2）能总结反思研究过程、呈现研究成果。

2. 体验性目标

（1）在分享交流研究活动的过程中，体验实验过程、结果和结论之间的关联；

（2）通过分享交流研究活动的过程，体验研究过程中的生物学科素养与实验过程、结果的关联，树立艰苦奋斗的研究观。

（四）资源分析

本次课为室内的展示交流课，所用主要教学资源如下表所示：

教学资源	选用意图	来源	能力点
投影	用于教学引入、小组展示交流和体会反思。展示学生研究报告辅助学生演讲，播放小组实验照片	生物数字实验室多媒体设备、学生准备的图片、研究报告	B3
黑板	罗列本堂课的学习活动和关键信息，呈现教学活动中学生的观点及反思提升中学生的想法	教学内容、学生回答及学生反思提升	B3

（五）主题分析

我校“三空间六领域”正式打造完成并投入使用，在防空洞中已经划分好可用于实验和栽培的实验室，安装好各种用于植物组织培养的设施，光照、温度湿度等外界因素可自动化显示和调控，只等学生和老师们在这里进行相关研究，以期收获组培植物的同时，收获研究成果、研究方法，提升素养。

按课程规划纲要的课次规划，基于前面对本次课程活动与学生的分析和课程核心问题，将本次课的活动主题确定为研究成果的展示分享交流。

二、教学实施设计

（一）教学环节

环节	学生活动	教师活动	设计意图	技术与教育教学融合
提出问题（约10分钟）	回顾整个课程	引导学生回顾整个课程安排	引出本节课任务	多媒体课件（B3）
	跟着教师回顾本期课题的前期研究状况，明确本次课的活动任务	分别介绍前四次课的相关研究，引出本次课的交流任务：分组进行展示，交流各组的前期研究过程	带领学生回顾前期研究情况，帮助学生快速进入本次课的学习活动状态，明确本节课的主要任务	多媒体课件（B3）
展示交流（约50分钟）	分小组展示： 第一组：探究激素配比对脱分化和再分化的影响组 1.介绍培养基制备原理和发挥的作用； 2.介绍激素母液配置过程； 3.介绍培养基制备的结果、结论与反思。 第二组：探究外植体的种类和部位对脱分化和再分化的影响组	引导同学们的展示与交流活动，记录并整理各组展示交流要点，归类板书	本课次要求在“植物组织培养脱分化和再分化成功率影响因素”这个课题的指导下，分小组展示从不同角度开展研究的过程及成果，提升其研究的能力，凸显研究能力在科学实践中的价值与作用，展现学科选修课培养研究素养的功能	多媒体课件、视频剪辑、自评（B3、B9）

续表

环节	学生活动	教师活动	设计意图	技术与教育教学融合
展示交流（约50分钟）	1.介绍无菌接种的原理、作用、重要性和对比上学期的改进； 2.解说并演示外植体消毒的过程； 3.实验组和对照组脱分化和再分化实验结果与分析			
交流探讨（10分钟）	学生基于在各组展示交流时的思考与记录，对本组或对方小组的研究过程和研究成果进行提问探讨，教师对小组研究进行评价	参与、引导各小组同学的探讨互动活动	通过小组间的相互提问探讨及师评，提升学生敢于质疑、勇于探索、乐于沟通等研究素养	多媒体课件、量表互评（B1、B3）
课堂小结，反思提升（约10分钟）	学生思考，教师提升内容	教师引导学生对实验过程中的研究方法、品质、精神等进行反思提炼	学生反思科学研究的一般过程、研究方法、品质、精神，为后续研究打下基础	问卷星（B9）

（二）评价预设

1. 就教学活动中对学生即时、口语为主的评价预设

（1）教学引入环节：明确本节课的具体任务，让学生清楚这次课和前四次课以及后续研究的关联，对同学们前期的研究、劳动表现提出表扬，激励学生在本次课上大胆发言、主动交流。

（2）展示交流评价环节：通过有效记录学生们展示交流的关键信息，激励促进学生进一步融入课堂。引导学生自信表达、认真倾听并记录。

（3）反思提升环节：通过对探究过程的回顾，总结在科学研究过程中预实验和锲而不舍的精神的重要性，引导学生对实验过程中的研究方法、品质、精神等进行反思提炼。

2. 就教学活动后的评价预设

从本课次教学目标，尤其是体验性目标达成情况的视角，对包括《写实记录表》在内的学生上交的研究过程资料，以及研究报告、拟向学生处提交的《防空洞菊花组织脱分化、再分化培养技术初探》等研究成果进行评价，并及时反馈。

（三）板书设计

防空洞菊花组织脱分化、再分化培养技术初探成果展示交流	
核心问题：研习植物组织培养技术，实验探究培养基成分对菊花外植体脱分化和再分化的影响，撰写实验报告。	
科学研究的一般过程	
科学研究的常用方法	学生在展示交流中的要点，现场生成。
科学研究中的数据处理过程	第 1 组　　第 2 组　　第 3 组
科学研究的重要精神	根据需要生成
科学研究中的学科素养	

（四）教学流程

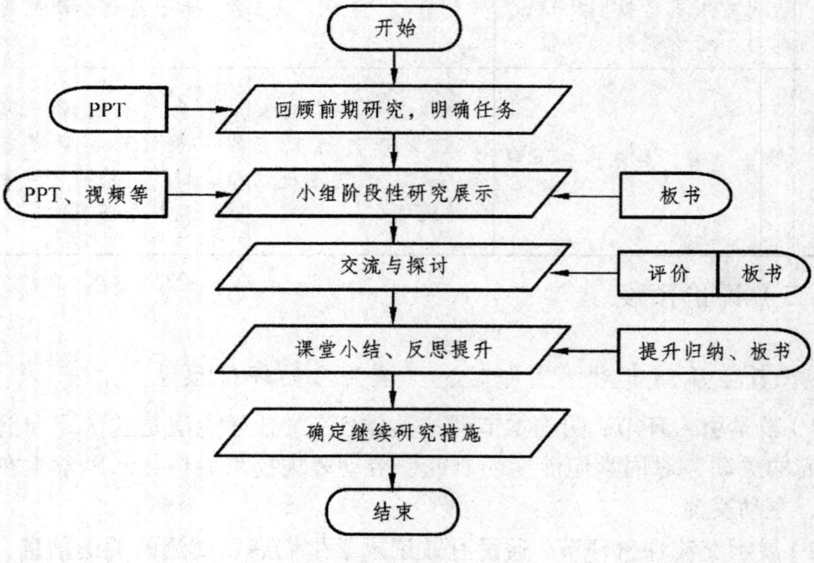

图 19-1　“防空洞菊花组织脱分化、再分化培养技术初探”教学流程图

三、教后评价设计

（一）信息搜集

本门学科选修课将学生分成 2 个小组，课后收集了学生的交流分享评价表，课后与学生和参与老师们进行了深入交流并进行总结。

（二）自我评价

本堂课以三个主要环节为线索，有序严密地将本堂课串接成了一个有机整体。第一环节是两个研究小组分别从课题确立、课题实施、课题成果、新发现和实验误差等几个方面就各组的研究进行展示交流。第二环节是两个小组就对方小组交流中记录的问题展开讨论，并由两个小组的学生和课题组教师对现场观课教师提出的问题作出解答。第三个环节是教师带领学生反思提炼整个研究过程中学生展现和提升的相关素养。本期研究是在前四期研究的基础上，做更加细致深入而精确的研究。

川大附中项目课程核心问题教学评价表

<table>
<tr><th rowspan="2">评价目标</th><th colspan="3">评价指标</th><th rowspan="2" colspan="2">评价结果</th></tr>
<tr><th>一级指标</th><th>二级指标</th><th>三级指标</th></tr>
<tr><td rowspan="12">实现活动体验中的学习与发展</td><td rowspan="12">具有核心问题教学形态</td><td rowspan="3">核心问题
利于活动体验</td><td>内含客观问题和学生活动方式</td><td>7</td><td rowspan="12">每项指标最高评8分

合计<u>91</u>分</td></tr>
<tr><td>问题情景与真实生活密切相关</td><td>7</td></tr>
<tr><td>能引发新知识、新方法的生成</td><td>8</td></tr>
<tr><td rowspan="3">教学目标
价值引导恰当</td><td>两类目标正确全面</td><td>7</td></tr>
<tr><td>关联体验目标恰当</td><td>8</td></tr>
<tr><td>目标价值引导显现</td><td>8</td></tr>
<tr><td rowspan="3">教学环节
完整合理落实</td><td>教学环节清晰完整</td><td>7</td></tr>
<tr><td>环节内容合理充实</td><td>7</td></tr>
<tr><td>学生活动时间充分</td><td>8</td></tr>
<tr><td rowspan="3">教学要素
相互匹配促进</td><td>问题目标环节两两匹配</td><td>8</td></tr>
<tr><td>技术促进活动形式内容</td><td>8</td></tr>
<tr><td>课程特点突出氛围浓郁</td><td>8</td></tr>
<tr><td rowspan="12">续表实现活动体验中的学习与发展</td><td rowspan="12">具有核心问题教学实质</td><td rowspan="3">拓宽学习视野</td><td>课程与现实世界有恰当关联</td><td rowspan="12" colspan="2">选择一个表现突出的二级指标，在相应三级指标的引导下，以现场学生表现为主要依据，以其余指标为背景，于本表的第二页写出150字以上的简要评价</td></tr>
<tr><td>有基于缄默知识的问题解决</td></tr>
<tr><td>有缄默知识运用的追踪剖析</td></tr>
<tr><td rowspan="3">投入实践活动</td><td>有真实而且完整的实践活动</td></tr>
<tr><td>能够全身心地浸渍于活动中</td></tr>
<tr><td>活动的内容结果均丰富深入</td></tr>
<tr><td rowspan="3">感受意义关联</td><td>有核心问题的深层意义感受</td></tr>
<tr><td>有以知识为中心的关联感受</td></tr>
<tr><td>有以个人为中心的关联感受</td></tr>
<tr><td rowspan="3">自觉反思体验</td><td>有实质性反思活动的开展</td></tr>
<tr><td>有课程新因素的追踪利用</td></tr>
<tr><td>有体验的交流与改善重构</td></tr>
</table>

续表

<table>
<tr><th rowspan="2">评价目标</th><th colspan="3">评价指标</th><th rowspan="2">评价结果</th></tr>
<tr><th>一级指标</th><th>二级指标</th><th>三级指标</th></tr>
<tr><td rowspan="6"></td><td rowspan="6"></td><td rowspan="3">乐于对话分享</td><td>乐于自我表达与认真倾听</td><td rowspan="6"></td></tr>
<tr><td>乐于合作中成果与思路的分享</td></tr>
<tr><td>有宽容的对话氛围和双向交流</td></tr>
<tr><td rowspan="3">认同体验评价</td><td>认可体验评价</td></tr>
<tr><td>参与体验评价</td></tr>
<tr><td>利用体验评价</td></tr>
<tr><td colspan="5">核心问题教学实质的简要评价</td></tr>
<tr><td colspan="5">本节课核心问题教学实质比较突出的是投入实践活动。本次课学生分为分化培养基制备组和外植体无菌接种组，外植体能否健康地进行脱分化和再分化发育成幼苗，一方面与分化培养基制备紧密相关，生长素与细胞分裂素的比例对诱导不同外植体分化至关重要；另一方面，外植体无菌接种是避免染菌的必备技术，两个组的学生以提高组培分化成功率为核心目标，通过制定实验方案到反复实验，学生能够在实验中充分投入活动探究。
首先，两个小组的实验探究过程都遵循实验探究的一般过程，即提出问题、作出假说、设计实验、进行实验、分析结果、得出结论、发现新的问题。本期的实验研究延续上一学期的问题，即外植体只分化根而不分化芽，学生从查找资料、撰写研究方案到进行实验验证，不断发现问题和尝试新方法的可行性，在实践中培养了学生科学探究的学科素养，整个过程基于真实组培成功的情境，活动有始有终。
其次，学生的实践活动过程常常是利用课余时间，原因是一次实验至少需要两个小时，而且实验中出现了大量预设之外的问题，学生为了完成实验探究需要充足的时间，这就督促学生合理安排课业，压缩吃饭时间。虽然探究的过程很艰辛，但学生对取得的进展欣喜若狂，表现出浓厚的探究兴趣和热情，表明本课程的探究活动能够促进学生全身心沉浸其中。
最后，本课程的实验探究包括资料查询、制定研究方案和计划、实验操作、实验数据统计处理、实验报告撰写等，其中实验操作又包含了分工程量、测定、溶解、分装、灭菌、清洗、外植体消毒、超净工作台操作、接种、培养等环节，活动内容丰富且关联性很强，学生不仅要熟悉每个活动环节，还需要深入了解每个操作的具体实施要领，并动手实施，学生在每个活动中体会操作对组培成功率的影响，不断深入研究菊花组织培养技术</td></tr>
</table>

（三）反馈调整

（1）本堂课后，课题组老师首先与学生们进行了个别交流，就本期研究和本堂课展示中学生的表现进行了评价总结，鼓励学生继续研究，为进一步实验探究做准备。

（2）在最后一次课及课堂前后，指导学生根据已得研究成果查阅文献，优化植物组织培养提高脱分化、再分化成功率的实验方案，并将研究报告和实验方案融合成文，形成学生的研究成果，以此促进学生们进一步反思并为后续研究做准备，让学生在反思总结和进一步的研究设计中获得更加深刻的体会。

川大附中项目课程体验性目标点检测表

<table>
<tr><td rowspan="5">基本信息</td><td>课程名称</td><td>防空洞菊花组织脱分化、再分化培养技术初探</td><td>课程类别</td><td colspan="2">生物学科选修课</td></tr>
<tr><td>首席教师</td><td>杨帅</td><td>组/处</td><td colspan="2">生物组</td></tr>
<tr><td rowspan="2">参与教师</td><td>曾声蓉</td><td>组/处</td><td colspan="2">生物</td></tr>
<tr><td>杨琼</td><td>组/处</td><td colspan="2">生物</td></tr>
<tr><td>年级</td><td>高二</td><td>上课时间</td><td colspan="2">周三下午第八九节课</td></tr>
<tr><td>核心问题</td><td colspan="5">研习植物组织培养技术，实验探究培养基成分对菊花外植体脱分化和再分化的影响，撰写实验报告</td></tr>
<tr><td rowspan="2">课程目标</td><td>结果性目标</td><td colspan="4">查阅文献资料，明确植物组织培养实验影响因素，设计实验方案，探究菊花外植体脱分化和再分化条件，对比生长情况，撰写实验报告，展示、交流、评价实验过程</td></tr>
<tr><td>体验性目标</td><td colspan="4">1.在设计实验探究不同培养基对外植体脱分化和再分化影响的实验活动中，体验现代化生产技术与现实生产生活实际、环境条件之间的关联；
2.在交流、展示、评价实验过程、结果和结论的活动中，体验外植体脱分化和再分化情况与培养基成分之间的关联</td></tr>
<tr><td>检测点</td><td colspan="5">在设计实验方案探究不同条件对外植体脱分化和再分化影响的过程中，体验实验原理、操作和结果之间的关联</td></tr>
<tr><td>检测任务</td><td colspan="5">你的实验是否达到预期的实验结果？若达成请分享自己认为取得成功的关键因素和理由，若未达成，请分析自己实验过程中的不足和改进措施</td></tr>
<tr><td rowspan="4">分类标准</td><td colspan="5">A.能够准确表述实验成功的关键因素或者失败的原因和改进措施</td></tr>
<tr><td colspan="5">B.能够大致表述实验成功的关键因素或者失败的原因和改进措施</td></tr>
<tr><td colspan="5">C.能够表述出实验成功的关键因素或者失败的原因和改进措施</td></tr>
<tr><td colspan="5">D.不能表述出实验成功的关键因素或者失败的原因和改进措施</td></tr>
<tr><td rowspan="5">检测统计</td><td>分类等级</td><td colspan="2">学生人数（总人数 26 人）</td><td colspan="2">所占百分比</td></tr>
<tr><td>A</td><td colspan="2">18</td><td colspan="2">69.2%</td></tr>
<tr><td>B</td><td colspan="2">5</td><td colspan="2">19.2%</td></tr>
<tr><td>C</td><td colspan="2">2</td><td colspan="2">7.7%</td></tr>
<tr><td>D</td><td colspan="2">1</td><td colspan="2">3.8%</td></tr>
<tr><td>检测分析结果运用</td><td colspan="5">通过统计学生检测问题的完成情况，得 A 的学生有 69.2%，表现为既能准确表述成功或失败的原因，又能准确总结关键因素或改进措施，表明通过本课程的实践操作，对植物组织培养实验的原理、操作和结果之间的关联体验较深，能够准确表述它们之间的关联。
得 B 的学生有 19.2%，表现为虽然能表述成功或者失败的原因，但是关键因素或者改进措施表述得不够准确和完整，表明通过本课程，学生虽然掌握了实验的原理和方法，但是思维的深度还不够，对植物组织培养实验的实验过程和原理没有及时反思和总结。</td></tr>
</table>

检测分析结果运用	得 C 和 D 的学生分别是 7.7%和 3.8%，虽然只有三位学生，但也说明植物组织培养的课程有学生没有深入卷入到整个深度体验的探究性活动中来，进而没有掌握植物组织培养的技术和知识，不能够通过本次探究性课程锻炼研究性思维，提升学科素养。通过课后了解，这三位学生在思想上对选修课不够重视，遇到科学探究实验操作时有畏难情绪，没有积极参与课程，有时还会因为一些琐事请假。 通过上述检测分析，绝大多数学生能够达到本课程设定的体验性目标，通过学习掌握组培分化成功率与实验中消毒灭菌、激素培养基制备之间的关联。由于整个实验操作过程繁杂，需要的程序和器材很多，课程中存在分工不够明确、个别学生滥竽充数的情况，在后续的项目课程中要及时对每个学生的任务完成情况进行考核，督促每位学生参与到实验中
体验典型实例	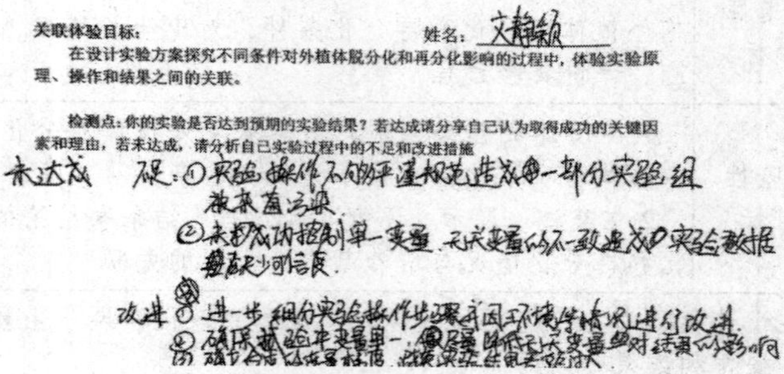 关联体验目标： 姓名：文静颖 在设计实验方案探究不同条件对外植体脱分化和再分化影响的过程中，体验实验原理、操作和结果之间的关联。 检测点：你的实验是否达到预期的实验结果？若达成请分享自己认为取得成功的关键因素和理由，若未达成，请分析自己实验过程中的不足和改进措施 未达成 图 19-2 文静颖同学的目标达成点检测表 课程中有 69.2%的学生回答得比较准确。从检测题考察的内容体现出学生具体的深度体验实例，比如上述同学在分析“探究不同条件对外植体脱分化和再分化影响的过程中，实验是否达到预期的实验结果”这个问题中，学生结合自己课程中的思考，说自己未达成预期实验结果，原因分别是无菌操作不够规范、单一变量控制不严格、实验数据不足等，在改进措施里面，学生提到要进一步规范实验操作步骤、对环境严格无菌处理、确定合理的变量梯度和控制无关变量等。这位同学结合实验原理、实验过程查找原因，对实验结果进行了深入的反思，围绕实验探究的一般过程对实验的理解进行了个人阐述，虽然实验结果没有达到预期，但都是学生通过深度探究后自己亲身的体验，彰显了学生的科学探究素养，展现出了蓬勃的探究热情和执着的研究精神，值得其他学生学习
检测反馈	课后次日对学生做了检测等级反馈，不仅在关联目标的达成上，还在学生多方面的素质上，比如字迹书写、语言表达、语言规范等方面进行反馈，同时也体现了本节课多方面的关联，比如实验原理、操作和结果之间的关联

探究培养基激素配比对外植体脱分化和再分化的影响

组　长：温博斌

小组成员：何禹衡　陈梓睿　温博斌　李睿琰　文静颖　史明武　李楚成　唐敏毓
张曼琦　王怡蓓　李亭宽　秦俪蓉　吴　怡　曾虹瑞　雷章怡　舒子豪
毕景舒　卢厚辰　刘骁尧　左世礁　余子潇

一、研究课题的确立

通过本期选修课对植物组织培养基础知识的学习、通过查阅文献，以及在四川大学附属中学地下防空洞生物实验室进行参观，我们发现组织培养过程中培养基的制备对组织培养成功率有很大的影响。

二、实验流程

第一步：计算和称量。
第二步：溶化、定容、调 pH。
第三步：分装、加激素。
第四步：灭菌、烘干待用。

三、实验探究历程

（一）实验历程

1. 实验前

走访四川大学附属中学地下防空洞生物实验室进行参观、聆听讲解、查阅资料、初步确立课题、设计实验方案、购置实验材料与用具，查阅植物组织培养相关资料，查看学校防空洞植物组织培养实验室条件。

2. 前期

验证上学期成功制备出固体培养基的配方。

3. 后期

探究培养基的激素配比对组培成功率的影响。

（二）实验方法

控制变量法、设置对照。

1. 前期第一次实验

（1）实验目标：探究如何成功制备出固体培养基。

（2）过程：按照上学期实验所探究出的最佳比例（MS 培养基：活性炭：琼脂=21：1：2）进行培养基的配置。

（3）结果：做出的培养基仍有部分是液体培养基，部分是固体培养基，部分为半固体培养基。

（4）分析：①加热时间不够；②分装时没有持续搅拌；③琼脂粉含量加少了。

（5）改进：①延长加热搅拌时间；②分装时持续搅拌；③增加琼脂粉的量。

2. 前期第二次实验

（1）实验目标：探究如何成功制备出固体培养基。

（2）过程：继续按照上学期实验所探究出的最佳比例（MS 培养基：活性炭：琼脂=21：1：2）进行培养基的配置，并根据上述分析进行调整。

（3）结果：都成功做出固体培养基。

3. 后期实验

（1）实验目标：探究培养基的激素配比对组培成功率的影响。

（2）过程：查阅文献，设置激素梯度，制作更易于菊花组织分化的固体培养基。

（3）激素配比：第一组：0.1 mg/mL IBA+0.1 mg/mL 6-BA

第二组：0.2 mg/mL IBA+0.2 mg/mL 6-BA

第三组：0.3 mg/mL IBA+0.3 mg/mL 6-BA

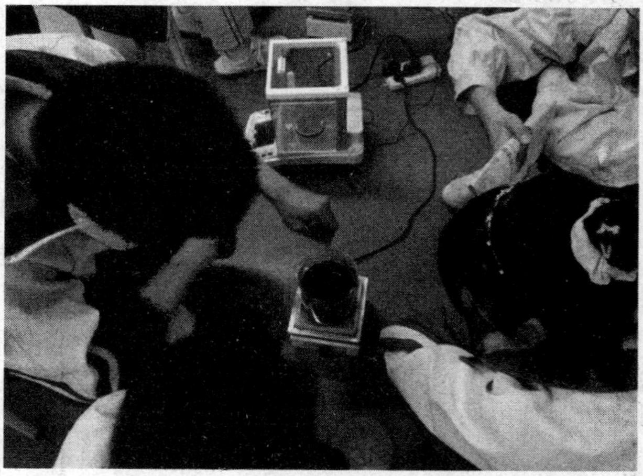

图 19-3 称量配置培养基

（4）实验结论：仅有一组成功，不能得出结论。

图 19-4　成功完成脱分化与再分化的组培成果

（5）分析：激素的配比需要改进，无菌操作需要进一步加强。
（6）改进：继续查阅文献和进行多次实验探究。

图 19-5　生长素类似物 IBA

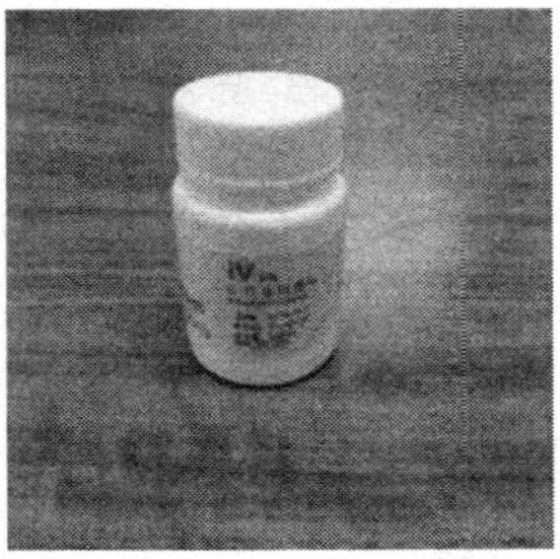

图 19-6　细胞分裂素 6-BA

四、后续研究方向

（1）继续探究激素比例对外植体脱分化的影响。
（2）继续探究激素种类对愈伤组织再分化的影响。
（3）诱导同一植株不同器官生长的适宜激素比。
（4）维生素种类对外植体脱分化的影响。
（5）马铃薯汁等天然物质对植物组织培养的影响。

五、反思与收获

（1）实践出真知，不迷信权威！
（2）科学研究的严谨性！
（3）脚踏实地、坚持不懈！
（4）团队力量强大！

不同植物提取物的抑菌活性研究

川大附中项目课程开发规划纲要

课程首席教师：郑红梅（生物组）

课程参与教师：欧居蓉（生物组） 马 玲（生物组）

<table>
<tr><td>课程名称</td><td colspan="8">不同植物提取物的抑菌活性研究</td></tr>
<tr><td>课程类型（勾选）</td><td></td><td>必修的综合实践活动课程</td><td></td><td>必修的劳动课程</td><td>√</td><td>选修的学科课程</td><td></td><td>选修的校本课程</td></tr>
<tr><td>实施对象</td><td colspan="3">高一年级学生</td><td colspan="2">建议选课学生人数</td><td colspan="3">41人</td></tr>
<tr><td>课程课时及上课时段</td><td colspan="8">课程课时：5次课10课时；上课时段：划定课程时段</td></tr>
<tr><td>课程背景</td><td colspan="8">1.学生背景：
（1）知识储备：通过初中阶段的学习，学生具备一定的观察与记录实验现象、分析实验结果的能力；通过学习细胞学说建立的过程，学生对科学研究的开展有一定的了解。但是学生的实验操作基础较薄弱，还不太能够明确实验设计的原则与相关实验操作的注意事项，且实验方案的设计、深入分析实验现象的能力有所欠缺。
（2）研究素养：我校是“培养—研究型”大学附中，“以研究性课程和研究性教师培养研究性学生的特征”能让学生在高一入学前就通过各类宣传宣讲活动了解了我校的这一办学特色，学生们的研究意识已见雏形，但研究方法和研究能力有待实践总结和提高。可以借助学生的研究意识，在本课程开展过程中深度吸引学生体验研究方法，体会科学探究的一般过程，在实践中提升科学探究素养。
（3）研究意愿：我们生活的环境中，如吃的食物、呼吸的空气，或多或少都存在着一些微生物，其中有些微生物是对人类有害的，如何抑制这些微生物的生长，营造健康清新的环境对高一学生具有较强的吸引力，学生也乐于参与其中，通过设计方案、实施实验、观察现象与分析，最后确定最佳抑菌植物提取物。
2.资源背景：
（1）硬件资源背景：生物数字实验室、学校机房能为学生查阅资料提供便利；微生物实验室能够为学生提供实验材料、试剂、器材以及实践活动场所；
（2）人力资源背景：课程教师可以为学生的研究提供理论与技术指导；
（3）技术与教育教学的深度融合：PPT、投影、黑板、Excel软件等</td></tr>
<tr><td>课程内容（核心问题）</td><td colspan="8">核心问题：提取不同植物的有效成分，观察培养皿中菌落的数量和种类多少，探究各种植物的提取物对空气中杂菌的抑制效果，撰写研究报告。
问题：
1.如何基于课题研究目标，科学设计探究实验方案？
2.如何基于实验方案和实验目的，有效推进实验并撰写研究报告？
活动：查阅文献资料、设计实验方案、实施方案、撰写报告</td></tr>
</table>

续表

<table>
<tr><td>课程目标</td><td colspan="6">1.结果性目标：
（1）查阅文献资料，设计实验方案并实施；
（2）观察分析实验现象，撰写研究报告，展示、交流与探讨研究成果。
2.体验性目标：
（1）在查阅文献资料、设计实验方案、开展实验及分析现象的活动中，体验科学探究的一般过程；
（2）在分析实验结果产生的原因活动中，体验抑菌效果与植物种类之间的关联</td></tr>
<tr><td rowspan="9">课次计划</td><td>课次</td><td>主题</td><td>研究环节</td><td>学生活动</td><td>课前课后任务</td><td>活动地点及技术融合</td></tr>
<tr><td rowspan="4">1</td><td rowspan="4">课题研究方向及问题的确立</td><td>提出问题</td><td>查阅文献，了解空气中常见的杂菌类型、具有抑菌效果的植物及相关实验仪器的使用</td><td rowspan="4">1.课中：分小组，初步确定研究课题，设计实验方案；
2.课后：小组继续查阅资料，明确分工，完善实验方案</td><td rowspan="4">生物数字实验室；PPT、投影、黑板</td></tr>
<tr><td>组建团队</td><td>按选择的植物种类进行分组</td></tr>
<tr><td>设计方案</td><td>查阅资料，撰写实验方案</td></tr>
<tr><td>表达问题</td><td>确定本组要研究解决的问题并加以表达</td></tr>
<tr><td rowspan="2">2</td><td rowspan="2">解决问题1：植物有效成分的提取——水煎法</td><td>搜集信息</td><td>课前收集有关培养基配制等相关信息</td><td rowspan="2">1.课前：查阅培养基配制相关资料，购买实验材料，明确水煎法提取的方法步骤以及仪器的使用；
2.课后：观察培养皿中菌落生长情况</td><td rowspan="2">微生物实验室（微生物培养的器材）；
PPT、投影、黑板</td></tr>
<tr><td>实施操作</td><td>根据查阅资料，观看视频，配制培养基，通过水煎法提取植物的有效成分</td></tr>
<tr><td>3</td><td>解决问题2：植物有效成分的提取——蒸馏法</td><td>实验操作</td><td>查阅文献，了解蒸馏法相关仪器的使用方法，通过蒸馏法提取植物的有效成分</td><td>1.课前：继续查阅相关文献资料，明确蒸馏法提取的方法步骤以及仪器的便用；
2.课后：观察培养皿中菌落生长情况</td><td>微生物实验室（植物有效成分提取的器材）；
PPT、投影、黑板</td></tr>
</table>

续表

	课次	主题	研究环节	学生活动	课前课后任务	活动地点及技术融合
课次计划	4	观察现象，分析结果，撰写实验报告	撰写成果	观察现象，分析结果，撰写实验报告并制作PPT	1.课前：汇总、整理资料； 2.课中：观察实验现象，分析结果； 3.课后：撰写实验报告	微生物实验室； PPT、投影、黑板、Excel软件
	5	评价反馈：展示实验结果，提出新问题	反思研讨	分组展示研究成果，展开交流评价，反思研究过程	1.课前：完善研究报告及PPT； 2.课后：完善实验报告并将成果打包汇总并上传	生物数字实验室； PPT、投影、黑板
			提出新问题	在已有研究的基础上提出新问题		
			修改报告	修改实验报告		
			资料入库	汇总、整理设计的过程性资料		
学生作品	实验报告、海报					
评价方式	1.在课程开设过程中进行生生互评，师生间的多向、多元评价； 2.研究报告的等级评定					
安全保障	加强安全教育，建立小组活动安全保障机制					
条件保障	课程开发组外部保障：微生物实验室、生物数字实验室、学校图书馆、信息中心等为课程开设提供了场地、资源获取和技术指导保障； 课程开发组内部保障：教师团结协作和具有研究能力的生物学教师的指导					
开发次第	再次开发					
课程审批	1.课程教学处：　签　章　年　月　日 2.学生发展处：　签　章　年　月　日					

不同植物提取物的抑菌活性研究教学设计

一、教学设计分析

（一）活动分析

1. 选题介绍

在我们生活的环境中，如吃的食物、呼吸的空气、接触的物品，或多或少都存在着一些微生物，其中有些微生物是对人类有害的，如何抑制这些微生物的生长，营造健康清新的环境对高一学生具有较强的吸引力，因此学生也乐于参与其中，通过设计方案、实施实验、观察现象与分析，最后确定最佳抑菌植物提取液种类。

通过初中阶段的学习，学生具备一定的观察与记录实验现象、分析实验结果的能力；通过学习细胞学说建立的过程，学生对科学研究的开展有一定的了解。但是学生的实验操作基础较薄弱，还不太能够明确实验设计的原则与相关实验操作的注意事项，且实验方案的设计、深入分析实验现象的能力有所欠缺，在本课程开展过程中深度吸引学生体验研究方法，体会科学探究的一般过程，在实践中提升学生的科学探究素养。

2. 课程介绍

本次课为第五次课，主要内容是各小组展示交流阶段性研究成果，相互讨论，初步确定最佳抑菌植物提取物。

3. 课程能力分解

展示、交流、探讨。

4. 课程特征

（1）学科性特征：实践既能够检验真理，也可以发现真理，生物学科的理论知识都来源于科学实验。生物学实验是培养学生科学能力的重要途径，也是落实和发展学生生物学科学探究素养的直接手段和重要支撑。本门课程通过学生主动查阅资料、设计方案、实施实验、观察现象与分析，能够让学生体会科学探究的一般过程，提升学生的科学思维。

（2）实践性特征：我们每天都会接触微生物，但对如何抑制微生物的生长不甚了解。这个课题就是教师带学生一起查阅文献、设计实验方案、实施实验、观察实验现象与分析实验结果。

（3）综合性特征：这是一个多学科综合能力运用的过程，整个教学流程中运用了计算机、生物、化学等方面的知识与器材。

（4）活动性特征：此次课程设计根据研究兴趣，把学生分为五个组，每组一位同学负责，合作开展探究活动。从查阅文献、收集资料、设计实验方案、实施实验、制作 PPT 等过程中，小组之间相互学习，取长补短，小组内部分工合作，互帮互助。能够以活动为载体，培养学生开展组织活动的能力和团队协作的精神。

（二）学生分析

对高一阶段学生来说，学生有很强的探究欲望。且学生们对与生活紧密联系的环境优化、生物艺术和食材研究都非常感兴趣。探究不同植物提取物的抑菌活性能够让学生体会科学探究的一般过程与方法。通过本门课程，学生一方面收获相应能力的提升，另一方面提高对生物学学习的兴趣。

（三）教材分析

本课题来源于教材与生活，与生活有千丝万缕的联系，所以就引导学生从吃的食物、呼吸的空气、接触的物品中的微生物入手，构建实践网络。比如可以深入研究某一种植物是否具有抑菌效果以及抑菌效果的强弱。通过实践，获得结果，分析结果获得结论，撰写研究报告。

（四）目标分析

1. 结果性目标

撰写研究报告、制作 PPT，展示、交流与探讨研究成果，在探讨中确定最佳抑菌植物提取物。

2. 体验性目标

通过查阅文献资料、设计实验方案、开展实验、分析现象及分享研究成果，体验科学探究的一般过程。

（五）资源分析

本次课为室内课，所用主要教学资源如下表所示：

教学资源	选用意图	来源
PPT、投影	用于各小组成果展示	S206

（六）主题分析

按课程规划纲要的课次规划，基于前面对本次课程活动与学生的分析，将本次课的活动主题确定为阶段性研究成果的展示交流与探讨。

二、教学实施设计

（一）活动人员

学科选修课 3 位老师和 41 名学生。

（二）活动时间

2022 年 5 月 31 日。

（三）教学环节

环节	学生活动	教师活动	设计意图
教学引入	跟着教师回顾本期课题的前期研究状况，明确本次课的活动任务	简要介绍本课程内容，引出本次课的交流任务：分组进行展示，汇报阶段性研究成果	带学生回顾前期研究情况，帮助学生快速进入本次课的学习活动状态，明确本节课的主要任务
展示交流	1.分小组展示： 第1组：玫瑰、薄荷、艾草、蒲公英提取液抑菌效果研究 该课题的确立过程、实验思路、实施过程、结果与结论分析、后续研究方向； 第2组：艾草、迷迭香、玫瑰、薄荷提取液抑菌效果研究 该课题的确立过程、实验思路、实施过程、结果与结论分析、后续研究方向、感悟与收获； 第3组：香樟叶、生姜、藿香提取物的抑菌活性研究 该课题的实验思路、实施过程、结果与结论分析； 第4组：辣椒、金银花、生姜、橘皮、仙人掌提取物的抑菌活性研究 该课题的确立过程、实验思路、实施过程、结果与结论分析，后续研究方向及后续研究过程； 第5组：柠檬、蒜、玫瑰提取物的抑菌活性研究 该课题的实验思路、实施过程、结果与结论分析； 2.小组间互评：根据PPT内容是否具有科学性、全面性，结果结论分析的正确性以及讲解语言的表达三方面进行评分	引导同学们的展示与交流活动；根据评分要点给各个展示小组评分	1.通过展示交流，使学生的语言表达能力、逻辑思维能力、团队协作能力得到锻炼和提升； 2.分小组展示开展研究的过程及成果，提升其研究的能力
评价反馈	学生在教师的引导下反思本次课的内容	对本次研究课题进行总结，对学生在研究中的表现进行表扬	教师总结、学生反思本课程研究思路、研究方法，为后续研究打下基础

（四）评价预设

1. 就教学活动中对学生进行的即时、口语为主的评价预设

展示交流环节：对各小组的展示交流情况、小组展示包含的研究性彰显程度进行评价。

2. 就教学活动后的评价预设

从本次课教学目标达成情况的视角，对学生上交的过程性资料、研究报告等进行评价，并及时反馈。

（五）板书设计

本次课为学生展示阶段性研究成果，无板书设计。

（六）教学流程

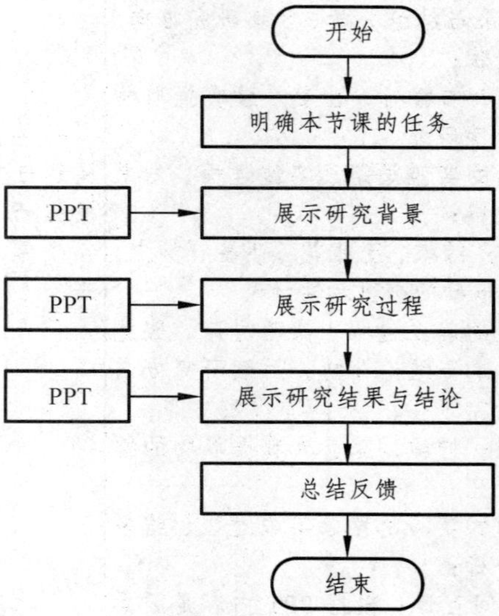

图 20-1 “不同植物提取物的抑菌活性研究”教学流程图

三、教后评价设计

（一）信息搜集

本次学科选修课将学生分成五个小组，展开探究和学习，课后查看学生的学习记录。

（二）自我评价

结合学生活动中的行为及表现、《活动写实记录表》，本次课较好地达成了体验性目标和结果性目标，学生通过设计实验方案、实施实验、分析结果、展示交流，体会科学探究的一般过程与方法，提升研究素养。

川大附中项目课程核心问题教学评价表

<table>
<tr><th rowspan="2">评价目标</th><th colspan="3">评价指标</th><th rowspan="2" colspan="2">评价结果</th></tr>
<tr><th>一级指标</th><th>二级指标</th><th>三级指标</th></tr>
<tr><td rowspan="27">实现活动体验中的学习与发展</td><td rowspan="12">具有核心问题教学形态</td><td rowspan="3">核心问题
利于活动体验</td><td>内含客观问题和学生活动方式</td><td>8</td><td rowspan="12">每项指标最高评8分

合计 90 分</td></tr>
<tr><td>问题情景与真实生活密切相关</td><td>8</td></tr>
<tr><td>能引发新知识、新方法的生成</td><td>7</td></tr>
<tr><td rowspan="3">教学目标
价值引导恰当</td><td>两类目标正确全面</td><td>8</td></tr>
<tr><td>关联体验目标恰当</td><td>7</td></tr>
<tr><td>目标价值引导显现</td><td>7</td></tr>
<tr><td rowspan="3">教学环节
完整合理落实</td><td>教学环节清晰完整</td><td>7</td></tr>
<tr><td>环节内容合理充实</td><td>7</td></tr>
<tr><td>学生活动时间充分</td><td>8</td></tr>
<tr><td rowspan="3">教学要素
相互匹配促进</td><td>问题目标环节两两匹配</td><td>8</td></tr>
<tr><td>技术促进活动形式内容</td><td>7</td></tr>
<tr><td>课程特点突出氛围浓郁</td><td>8</td></tr>
<tr><td rowspan="15">具有核心问题教学实质</td><td rowspan="3">拓宽学习视野</td><td>课程与现实世界有恰当关联</td><td rowspan="15" colspan="2">选择一个表现突出的二级指标，在相应三级指标的引导下，以现场学生表现为主要依据，以其余指标为背景，于本表的第二页写出150字以上的简要评价</td></tr>
<tr><td>有基于缄默知识的问题解决</td></tr>
<tr><td>有缄默知识运用的追踪剖析</td></tr>
<tr><td rowspan="3">投入实践活动</td><td>有真实而且完整的实践活动</td></tr>
<tr><td>能够全身心地浸渍于活动中</td></tr>
<tr><td>活动的内容结果均丰富深入</td></tr>
<tr><td rowspan="3">感受意义关联</td><td>有核心问题的深层意义感受</td></tr>
<tr><td>有以知识为中心的关联感受</td></tr>
<tr><td>有以个人为中心的关联感受</td></tr>
<tr><td rowspan="3">自觉反思体验</td><td>有实质性反思活动的开展</td></tr>
<tr><td>有课程新因素的追踪利用</td></tr>
<tr><td>有体验的交流与改善重构</td></tr>
<tr><td rowspan="3">乐于对话分享</td><td>乐于自我表达与认真倾听</td></tr>
<tr><td>乐于合作中成果与思路的分享</td></tr>
<tr><td>有宽容的对话氛围和双向交流</td></tr>
</table>

续表

<table>
<tr><th rowspan="2">评价目标</th><th colspan="3">评价指标</th><th rowspan="2">评价结果</th></tr>
<tr><th>一级指标</th><th>二级指标</th><th>三级指标</th></tr>
<tr><td rowspan="3">实现活动体验中的学习与发展</td><td rowspan="3">具有核心问题教学实质</td><td rowspan="3">认同体验评价</td><td>认可体验评价</td><td rowspan="3"></td></tr>
<tr><td>参与体验评价</td></tr>
<tr><td>利用体验评价</td></tr>
<tr><td colspan="5">核心问题教学实质的简要评价</td></tr>
<tr><td colspan="5">本课程采用核心问题教学模式在课程设计、课程安排、实验设计、具体操作及结果分析方面都做了较好的设计和体现。
首先，是在提取物材料的选择方面，学生既查阅了资料，又结合自己日常知识的分析，以小组为单位选择两种植物提取液进行抑菌实验探究，充分体现了拓宽学习视野和投入实践活动这两大要素，把自己日常生活知识与理论知识结合起来进行选材，最后通过自己的实验结果来验证自己的推理和分析。
其次，在培养基的制备过程中，学生一方面借助查阅资料了解适合微生物生长的不同培养基的成分的差异，结合实验室现有条件，选择了牛肉膏蛋白胨培养基的配方，通过小组合作，从称量、融化，到熬制、倒平板，全程都是小组成员配合完成，并针对问题进行修正，体现了乐于对话分享和认同体验评价这两大要素。
最后，在对培养皿中菌落的分析对照后，得出结论：与对照组相比，有的植物提取液有明显的抑菌效果，而有的添加了提取液的培养皿中菌落生长却更多更好，学生查阅资料并进行分析，可能是提取液中含有一些营养物质更有利于微生物的生长，这充分体现了自觉反思体验这一要素</td></tr>
</table>

（三）评价反馈

对于实验结果的分析，有些结论缺乏文献资料的支撑，其科学性还有待商榷。

川大附中项目课程目标达成点检测表

<table>
<tr><td rowspan="5">基本信息</td><td>课程名称</td><td>不同植物提取物的抑菌活性研究</td><td>课程类别</td><td>学科选修课程</td></tr>
<tr><td>首席教师</td><td>郑红梅</td><td>组/处</td><td>生物组</td></tr>
<tr><td rowspan="2">参与教师</td><td>欧居蓉</td><td>组/处</td><td>生物</td></tr>
<tr><td>马玲</td><td>组/处</td><td>生物</td></tr>
<tr><td>年　级</td><td>高一年级</td><td>上课时间</td><td>2022年3月29日首次课</td></tr>
<tr><td>核心问题</td><td colspan="4">提取不同植物的有效成分，观察培养皿中菌落的数量和种类多少，探究各种植物的提取物对空气中杂菌的抑制效果，撰写研究报告</td></tr>
<tr><td rowspan="2">课程目标</td><td>结果性目标</td><td colspan="3">学会提取植物组织样液，配制培养基，观察微生物菌落生长情况</td></tr>
<tr><td>体验性目标</td><td colspan="3">在分析实验结果产生的原因活动中，体验抑菌效果与植物种类之间的关联</td></tr>
</table>

续表

<table>
<tr><td>检测点</td><td colspan="3">在甲、乙、丙三支试管中分别加入一定量的蔗糖溶液和等量的蔗糖酶溶液，观察在不同的温度条件下（均低于最适温度）的反应，产物量随时间的变化曲线如图 18-2。请回答下列问题：
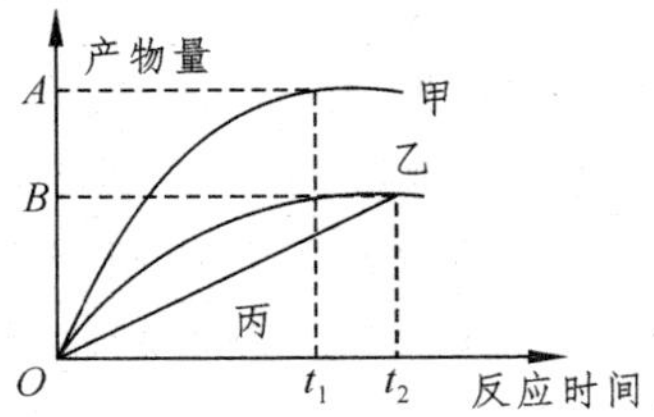

图 20-2　反应时间、温度对酶促反应速率的影响
1.甲、乙、丙三支试管所处的温度大小为________，随着反应的进行，甲试管中酶促反应速率的变化情况是__________________。若适当提高甲试管的温度，则 A 点如何移动？__________________。甲、乙曲线不同的原因可能是____。
2.若乙试管：3 mL 体积分数为 3%的过氧化氢溶液+2 滴过氧化氢酶溶液；丙试管：3 mL 体积分数为 3%的过氧化氢溶液+2 滴质量分数为 3.5%的 $FeCl_3$ 溶液。则乙、丙曲线的不同说明酶具有_______，若适当增加过氧化氢的量，则丙曲线中 B 点会______移动</td></tr>
<tr><td>检测任务</td><td colspan="3">学生对探究性实验的分析及运用能力</td></tr>
<tr><td rowspan="4">分类标准</td><td colspan="3">A.能正确分析实验现象并完整作答</td></tr>
<tr><td colspan="3">B.能正确分析实验现象并部分正确作答</td></tr>
<tr><td colspan="3">C.能基本分析实验现象并部分正确作答</td></tr>
<tr><td colspan="3">D.不能分析实验现象，作答错误率较高</td></tr>
<tr><td rowspan="5">检测统计</td><td>分类等级</td><td>学生人数（总人数 41 人）</td><td>所占百分比</td></tr>
<tr><td>A</td><td>29</td><td>70.7%</td></tr>
<tr><td>B</td><td>9</td><td>22.0%</td></tr>
<tr><td>C</td><td>2</td><td>4.9%</td></tr>
<tr><td>D</td><td>1</td><td>2.4%</td></tr>
<tr><td>检测分析结果运用</td><td colspan="3">根据检测情况分析，学生结合课程研究思路进行实验分析能力较好，绝大部分同学的分析推理能力和表达能力都较好，并能用规范的语言进行表达。有少部分同学分析能力较差，只能根据字面意思对部分内容进行作答</td></tr>
<tr><td>体验典型实例</td><td colspan="3">学生对用曲线表达实验结果的分析能力差距较大，从第一空的作答情况可以看出来，能有效捕捉到曲线信息的学生比较容易正确作答</td></tr>
<tr><td>检测反馈</td><td colspan="3">从学生反馈的情况看，学生的实验设计与分析能力还有待提高，一是有部分同学分析现象能力不足，导致现象与结果之间不能很好地搭建桥梁；二是有部分同学理解了实验的基本事实和现象，但语言表述能力欠缺，无法准确描述</td></tr>
</table>

探究不同植物提取液对微生物的抑制作用

林宇祥　何宣辰　蒋宇航

【摘　要】本文以玫瑰、橘皮等5种植物提取液为供试材料，根据植物原料的特点，采用蒸馏法对玫瑰、橘皮的有效成分进行提取，采用水煎法对艾草、芦荟、生姜的有效成分进行提取，分别研究其对空气中微生物的抑制作用。结果表明，与对照组相比，玫瑰组仅生长着一种形态的菌落，推测玫瑰的活性成分中存在着抑制大多数微生物生长的物质，且存在着促进某种微生物生长的物质；橘皮组培养基中菌落数目和种类均较少，具有明显的抑菌效果；艾草、芦荟和生姜对微生物有一定的抑制作用，但是不太明显。因此，要确定提取物中哪种物质有抑菌效果值得进一步研究。

【关键词】植物提取液；微生物；抑菌效果

一、研究背景

我们通过查阅相关文献资料、观看视频，熟悉了水煎法和蒸馏法的具体操作流程。

图 20-3 蒸馏装置（蒸馏法）

图 20-4 水煎装置（水煎法）

日常生活中玫瑰、橘皮、生姜等都是很容易获得的材料。玫瑰有行气解郁、活血化瘀、美容养颜的功效。橘皮有行气健脾、和胃止呕、燥湿化痰的功效。查阅相关文献后，发现橘皮可以抑制多种微生物的生长，如青霉菌、绿霉菌、炭疽菌等，可以起到抗菌消炎的作用。所以我们选择将其加入本次探究实验中。

艾草在体外对炭疽杆菌、α-溶血链球菌、B-溶血链球菌、白喉杆菌、假白喉杆菌、肺类双球菌、金黄色葡萄球菌、柠檬色葡萄球菌、白色葡萄球菌、枯草杆菌等10种革兰氏阳性嗜气菌皆有抗菌作用。

平常在烫伤的时候我们通常会用芦荟敷烫伤伤口，推测其可能含有一些抑菌成分。查阅相关文献后我们发现芦荟大黄素（是从芦荟、大黄等中国传统中药中提取出的蒽醌类化合物）具有保护心血管、抗肿瘤、抗炎、抗癌、抗菌、免疫调节等药理活性。

玫瑰花提取物对艾滋病病毒（HIV）、白血病病毒和T细胞白血病病毒均有抑制作用。其所含的长梗马兜铃素和新喷呐素Ⅰ对感染小鼠的白血病病毒具有抑制作用。

生姜具有一定的抗菌作用，经常食用生姜能预防细菌感染引起的急性胃肠炎等，对皮肤真菌和阴道毛滴虫也有灭杀效果：用生姜水漱口还能治疗口臭和牙周炎。所以我们选择以上材料进行研究。

二、实验研究

（一）实验设计

1. 实验方法

（1）蒸馏法：

①实验目的：通过提取玫瑰和橘皮两种植物的有效成分，观察这两种植物的抑菌效果。

②实验原理：利用水蒸气将挥发性较强的植物芳香油携带出来，形成油水混合物，冷却后，混合物又会重新分离出油层和水层，从而实现其所含组分的分离，将植物中的活性成分提取出来。

③实验分组：

表 20-1 蒸馏法实验设计

编号	材料	实验处理
1	未添加植物提取液	对照组（不做处理）
2	玫瑰提取液	滴入 0.1mL 玫瑰提取物，涂布到培养基上
3	橘皮提取液	滴入 0.1mL 橘皮提取物，涂布到培养基上

（2）水煎法：

①实验目的：通过提取艾草、芦荟和生姜三种植物的有效成分，观察这三种植物的抑菌效果。

②实验原理：利用水的沸点为 100℃这一特性，将植物中的活性成分溶解在水中。

③实验分组：

表 20-2 水煎法实验设计

编号	材料	实验处理
1	未添加植物提取液	对照组（不做处理）
2	艾草水煎液	滴入艾草水煎液 0.1mL，涂布到培养基上
3	芦荟水煎液	滴入芦荟水煎液 0.1mL，涂布到培养基上
4	生姜水煎液	滴入生姜水煎液 0.1mL，涂布到培养基上

注：培养皿应在自然条件下接种微生物（每个组需要 3 个培养皿，共 12 个培养皿）。

（二）实验过程

1. 配制牛肉膏蛋白胨培养基

往锅中加入 1L 蒸馏水，加热至沸腾称取 5.0g 牛肉膏（连同滤纸加入锅中）、10.0g 蛋白胨、5.0g NaCl 和 20.0g 琼脂，加入锅中，搅拌待溶液粘稠后停止加热，分别倒入培养皿，待培养皿冷却至 50℃左右后倒置。

2. 提取植物有效成分（水煎法）

向烧杯中加入温水，加热。再分别加入预先碾碎的艾草、芦荟和生姜。熬制至沸腾一段时间后停止。

3. 提取植物有效成分（蒸馏法）

先组装蒸馏器具，往蒸馏烧瓶中加入略微碾碎的玫瑰，再加入部分清水，清水不要加入太多。待水开始沸腾，将冷凝管中通入水，冷却玫瑰提取液，橘皮用同样的方式操作。

4. 培养

待提取液冷却后，涂布到培养基上，将培养基置于相同且适宜的条件下培养 3 天。

（三）实验结果及问题分析

对照组：对照组（图 20-5 中上方培养皿）经过三天的生长一共长出多种形态不同的菌落，菌落直径较大。说明在没有外界干扰的情况下，微生物生长速度较快。但对照组二（图 20-5 中右下方培养皿）因为开盖存放，培养皿中的水分已经蒸发掉了，导致没有足够的水去支持细菌的生长与繁殖，因此培养皿中出现没有菌落的现象。

图 20-5　对照组

玫瑰组：经过三天的生长，玫瑰组只长出了一种形态的菌落，菌落直径较小，分布较为密集，说明玫瑰的活性成分中存在着抑制大多数微生物生长的物质，而存在着促进某种微生物生长的物质。

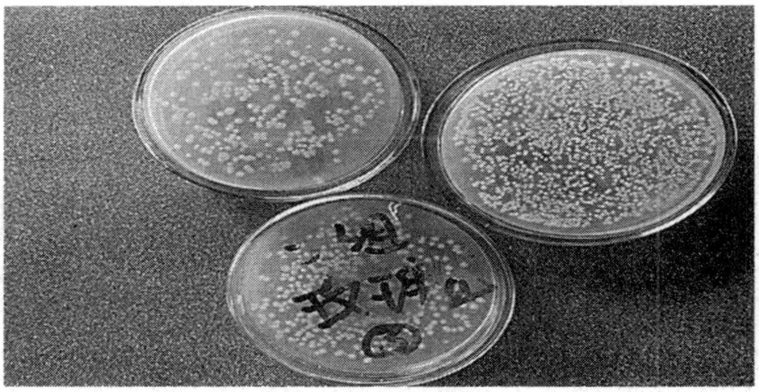

图 20-6　玫瑰组

橘皮组：滴加了橘皮提取液的培养基菌落较少。

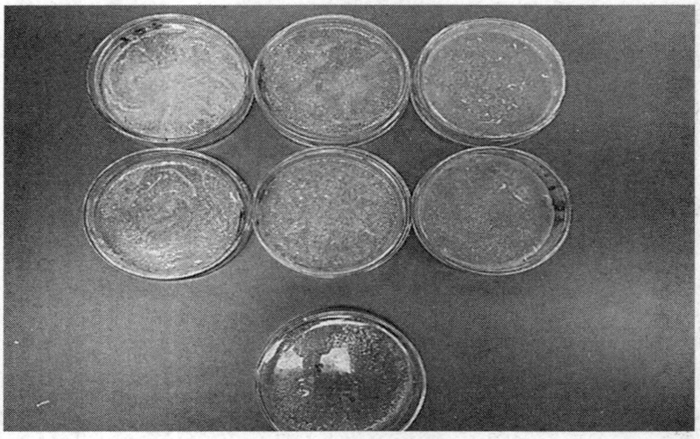

图 20-7　橘皮组

艾草、芦荟组：艾草和芦荟培养基中菌落种类和数目略少于对照组，因此抑菌效果不明显。

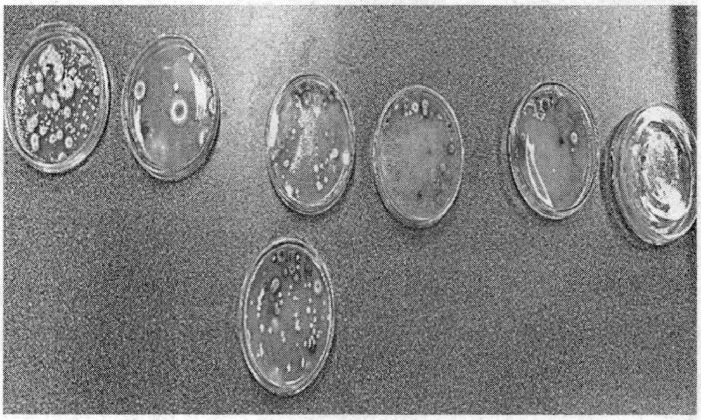

图 20-8　艾草、芦荟组

生姜组：生姜对微生物有一定的抑菌作用，但是不太明显。

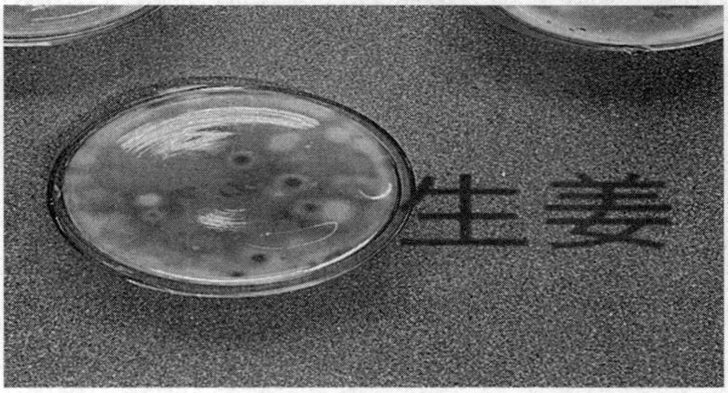

图 20-9　生姜组

三、实验方向

（一）后续研究方向的确定

根据前面研究发现的问题，我们据需查阅文献和资料，结合我们实验的实际情况，罗列出以下几个可以继续深入研究的问题：

①如何确定提取物中哪种物质有抑菌效果？

②如何减少提取操作对实验产生的误差？

③如何确定培养基上的菌落种类？

④如果量产抑菌剂，有哪些注意事项？

⑤各组提取液具体对哪些微生物有抑制作用？

因为植物提取液中的某些成分对微生物的生长有促进作用，为了弄清楚植物提取液中哪种物质起抑制作用，后续研究方向为确定提取物中哪种物质有抑菌效果。

植物体内的物质大多以有机物的形式存在，并且有机物也更容易溶于有机溶剂。用有机溶剂萃取有效成分可以减少其他物质的干扰。

查阅相关文献资料发现，玫瑰精油的主要成分为香茅醇，且易溶于乙醇。

（二）后续研究过程

1. 实验目的

验证玫瑰的抑菌效果主要由香茅醇决定。

2. 实验设计

（1）获得香茅醇：

研磨玫瑰，向研钵中加入无水乙醇和二氧化硅，充分淹研磨两到三次后过滤。将承接滤液的烧杯放置在垫有石棉网的铁架台铁圈上加热，待乙醇全部挥发，在烧杯中得到半固体无色油状物（香茅醇沸点在 220℃左右，而乙醇易挥发，所以可以直接采取加热分离。无色半固体油状物主要成分为香茅醇）。

（2）设置对照：

取 10 个培养皿。其中五个作为对照组，另外五个涂抹碾碎的香茅醇。

培养：

将 10 个培养皿放在相同且适宜的条件下培养。

四、结语

我们体验了科学探究的一般历程，在实际操作中运用控制变量法，并带着探究精神去解决实际中遇到的问题。我们同样感受到耕种劳动的快乐与成就，从每天培养和观察培养皿，我们也充分感受到了生物研究的艰辛与莫测。

参考文献

[1] 左龙亚．柑橘亚属植物果皮多酚类物质提取及其抗氧化、抑菌活性检测[D]．重庆：西南大学，2018.

[2] 王曼笛．艾草精油主要化合物桉叶油醇的抑菌机理及艾草精油 Pickering 乳液抑菌作用研究[D]．郑州：河南工业大学，2022.

[3] 谢晓蓉．芦荟大黄素衍生物的合成与协同抗菌活性研究[D]．海口：海南大学，2019.

人际密码
——人际沟通中的心理与行为研究
川大附中项目课程开发实施规划纲要

课程首席教师：林代春（心理组）

课程参与教师：黄立刚（心理组）　吴林桦（心理组）

<table>
<tr><td>课程名称</td><td colspan="8">人际密码——人际沟通中的心理与行为研究</td></tr>
<tr><td>课程类型
（勾选）</td><td></td><td>必修的综合实践
活动课程</td><td></td><td>必修的
劳动课程</td><td>√</td><td>选修的
学科课程</td><td></td><td>选修的
校本课程</td></tr>
<tr><td>实施对象</td><td colspan="3">高一年级学生</td><td colspan="2">建议选课
学生人数</td><td colspan="3">30 人</td></tr>
<tr><td>课程课时及上
课时段</td><td colspan="8">课程课时：5 次课 10 课时；上课时段：划定课程时段</td></tr>
<tr><td>课程背景</td><td colspan="8">1.课程开设背景：
人既是作为个体而存在，更是作为社会成员而存在。在学校里，师生、生生之间的人际互动对学生的健康成长有着不可忽视的影响。本课程的开发基于有关人际交往内容的心理学理论与实践。课程内容涉及普通心理学、社会心理学、实验心理学等多个学科的知识与方法，研究高中生在人际交往的过程中的心理与行为活动的规律。本课程希望运用心理学的研究方法，从日常的人际交往情境中，了解高中生在人际交往互动中的一般性问题，并且探索解决人际问题的策略。本学期的课程将聚焦于人际交往这个主题下关于人与人之间的沟通交流方面的内容。
2.资源背景（含技术融合）：
（1）课程资源：心理学的一般理论与方法对于课程的研究内容都具有积极的指导意义。社会心理学的理论与方法可以帮助我们更好地理解人际关系是如何建立、维持以及结束的；实验心理学的理论与方法则可以帮助我们设计有逻辑、有说服力的心理学实验研究；
（2）硬件资源：我校心理中心有团体活动室为学生提供活动场地；
（3）教师资源：本门课程的三位教师林代春、吴林桦、黄立刚所学专业均为心理学，具备扎实的心理学理论与实践经验以及专业的心理学研究思维。在指导学生从现象中发现问题、查阅相关资料、设计并实施研究、提出解决问题的策略等方面具备丰富经验；
（4）技术资源：心理学的研究涉及资料的收集、整理，因此本课程需要现代信息技术的支撑，包括文献查阅技术、摄影技术、视频剪辑技术、数据处理技术等。对应的技术资源包括在线网站、摄像机、数据处理软件 Excel 及 SPSS、视频剪辑软件、文档制作软件等电脑软件</td></tr>
</table>

续表

<table>
<tr><td>课程内容
（核心问题）</td><td colspan="6">核心问题：调查高中生在人际沟通中的典型困扰，研习相关的心理学知识，运用问卷、观察、行为实验等研究方法，探索应对策略，撰写研究报告。
问题：高中生在人际沟通中有哪些典型困扰？解决困扰需要运用到哪些心理学知识？选用何种研究方法解决问题？何种应对策略最合适？
活动：问卷调查、文献研习、设计研究方案、开展研究、撰写报告</td></tr>
<tr><td>课程目标</td><td colspan="6">1.结果性目标：
对我校学生在具体社交情境中的人际沟通问题进行调查、研究，并撰写研究报告。
2.体验性目标：
（1）在完成人际沟通的研究活动中，体验个人的内在心理与外在行为之间的关联；
（2）在研究活动中，体验人际沟通效果与沟通方式、策略之间的关联；体验处在社会中的自我与他人之间的关联</td></tr>
<tr><td rowspan="11">课次计划</td><td>课次</td><td>主题</td><td>研究环节</td><td>学生活动</td><td>课前课后任务</td><td>活动地点及技术融入</td></tr>
<tr><td rowspan="4">1</td><td rowspan="4">提出问题</td><td>随机分组组建团队</td><td>通过随机抽取拼图的方式，寻找小组成员。组内成员熟悉了解彼此</td><td rowspan="4">课后任务：发放调查问卷，整理结果数据</td><td rowspan="4">活动地点：C508；
技术：纸笔、活动卡片</td></tr>
<tr><td>课程介绍</td><td>了解课程核心问题、要求和安排</td></tr>
<tr><td>课程相关知识介绍</td><td>了解人际交往相关的心理学知识，以及心理学的研究方法</td></tr>
<tr><td>编制问卷</td><td>小组交流讨论，编写人际沟通困扰调查问卷；全班交流并整合问卷内容</td></tr>
<tr><td rowspan="4">2</td><td rowspan="4">解决问题</td><td>结果整理、小组选题</td><td>整理调查结果里高中生在人际沟通中的典型问题。每个小组选定本小组想要研究与探讨的问题</td><td rowspan="4">1.课前任务：整理问卷调查的结果；
2.课后任务：准备在学校实施研究的材料</td><td rowspan="4">活动地点：C508</td></tr>
<tr><td>文献研究、交流讨论</td><td>1.通过文献、理论的研究，构思各组的研究思路
2.小组之间交流本小组选定的研究问题、理论知识</td></tr>
<tr><td>方法学习</td><td>学习经典的心理学研究方法</td></tr>
<tr><td>拟定提纲</td><td>各组完成初步的研究方案设计</td></tr>
</table>

续表

<table>
<tr><td rowspan="9">课次计划</td><td>课次</td><td>主题</td><td>研究环节</td><td>学生活动</td><td>课前课后任务</td><td>活动地点及技术融入</td></tr>
<tr><td rowspan="2">3</td><td rowspan="2">解决问题</td><td>完善研究方案</td><td>小组讨论交流，完善本研究方案</td><td rowspan="2">课后任务：继续完成研究内容。整理研究的录像、结果数据</td><td rowspan="2">活动地点：十二中校园
技术：视频剪辑软件技术</td></tr>
<tr><td>现场研究记录写实</td><td>到校园中，根据研究方案完成现场研究，并通过录像、摄影等方式记录现场情况</td></tr>
<tr><td rowspan="3">4</td><td rowspan="3">反思提升</td><td>讨论分享总结经验</td><td>分享本组研究的过程；小组之间进行互评与交流；总结在研究过程中的经验、不足</td><td rowspan="3">课后任务：制作研究成果汇报PPT、视频</td><td rowspan="3">活动地点：C508；
技术：使用文档、视频制作软件进行结果汇报呈现准备</td></tr>
<tr><td>再次研究</td><td>修改研究方案，再次实施研究，完善研究</td></tr>
<tr><td>总结反思</td><td>根据研究结果，对研究进行反思，尝试对探讨的问题给出回答、策略或建议</td></tr>
<tr><td rowspan="3">5</td><td rowspan="3">总结反馈</td><td>结果汇报</td><td>分组汇报研究成果：研究问题—研究方案设计—研究过程—研究结果—研究反思</td><td rowspan="3">课后任务：完成各组研究报告</td><td rowspan="3">活动地点：C508；
技术：幻灯片、视频</td></tr>
<tr><td>总结反思</td><td>组间互评、听教师点评</td></tr>
<tr><td>评价反馈</td><td>学生分享课程收获与感悟</td></tr>
<tr><td>学生作品</td><td colspan="6">研究视频、研究报告</td></tr>
<tr><td>评价方式</td><td colspan="6">1.学生自我反思的自评；
2.小组成员的互评；
3.任课教师对学生的评价</td></tr>
<tr><td>安全保障</td><td colspan="6">校内活动安全保障</td></tr>
<tr><td>条件保障</td><td colspan="6">课程开发组内部保障：课程开发小组，分工合作，同时指导学生完成研究；
课程开发组外部保障：多媒体教室、摄像机、计算机</td></tr>
<tr><td>开发次第</td><td colspan="6">首次开发</td></tr>
<tr><td>课程审批</td><td colspan="6">1.课程教学处：　　签　章　　年　月　日
2.学生发展处：　　签　章　　年　月　日</td></tr>
</table>

人际沟通中的心理与行为研究成果交流展示

一、教学设计分析

（一）活动分析

本次课是本门课程的第五次课，是学生的研究成果展示汇报课。

1.第一次课

在第一次课中，通过讨论、讲授、测试，教师带领学生明确了课程的核心问题，完成了团队的组建，并通过课堂的调查与总结，编制了高中生人际沟通困扰调查问卷。问卷题目包括不同具体类型的困扰，要求作答者从 1 分（非常不符合）到 5 分（非常符合）根据自己的真实情况对每个条目进行评分。课后，学生在同学之间发放了问卷，各组的“数据分析师”同学对问卷数据进行了统计。同学们共发放并回收问卷 136 份，问卷调查结果显示，高中生关于人际交往与沟通的最普遍的困扰有两类：

（1）人际关系建立阶段的问题。

①我感觉自己有些“社恐”，让我主动去与别人交往有些困难。（3 分以上人数占比：39%）

②与别人沟通时，总是找不到合适的话题，陷入冷场。（3 分以上人数占比：36.8%）

（2）人际关系维护阶段的问题。

①当别人提出请求，即使我心里不情愿，也很难说出拒绝的话。（3 分以上人数占比：53.7%）

②不知道如何准确表达自己内心的真实想法。（3 分以上人数占比：52.2%）

③在朋友感到难过的时候，不知道怎么安慰 ta。（3 分以上人数占比：39.7%）

2.第二次课

在第二次课中，通过心理学研究方法的学习与讨论，教师带领学生将这些生活问题转化为相关的研究问题。各小组分别选择自己感兴趣的研究主题，并通过各个研究主题相关资料的学习，在课堂上初步拟定研究方案。研究主题如下：

（1）人际关系建立阶段问题的研究。

①“‘社牛’修炼手记”——社恐与社牛在社交情境下的对比观察研究。

②“聊天聊什么话题能增进感情”——自我表露对人际关系的影响研究。

（2）人际关系维护阶段问题的研究。

①“你的想法是否表达到位了”——沟通中的透明度错觉研究。

②“怎样成为安慰他人的高手”——不同安慰他人的方式效果研究。

③“怎样更好地拒绝他人”——不同拒绝方式效果研究。

3.第三次和第四次课

在第三次课和第四次课中，通过课堂讨论与交流，五个组的同学分别对各自的研究方案进行了修改与完善，并利用课堂与课后的时间，完成了各个小组的预实验研究。

然后，各小组的同学对预研究中的问题进行了讨论与反思，修改研究方案后，再次实施与完善了本小组的研究。课后，同学们记录与分析研究数据与结果，为成果分享交流做准备。

本次课的主要内容是各小组研究结果汇报的展示、交流与评价。

（二）学生分析

1. 小组合作能力

通过课堂的优势小测试，将学生按照不同的课堂角色分为 5 个小组，每个小组 6 人。在分组时，每位小组成员的角色分工就很明确。通过前 4 次课的磨合，在不同的研究环节中，小组成员相互支持，分工协作，同心协力完成了小组任务。

2. 研究能力

我校作为“培养—研究型”大学附中，学生长期受学校研究文化的熏陶，对于研究问题有热情，了解基本的科学研究方法，具备一定的研究素养。在课程前期，学生进行了调查研究、讨论、资料学习、研究方案设计、预实验研究、研究方案修改完善和再次进行研究的过程，极好地体现了川大附中学子的研究品质。也在实践中有效增强了研究的能力。

3. 表达展示能力

在前几次的课程中，课堂需要每个小组对设计的研究方案进行汇报，在进行预实验以后也需要对预实验的结果与问题反思进行汇报与交流讨论，这些过程锻炼了学生的表达能力。大部分同学表达能力较强，有较好的制作 PPT 的技术，有能力清晰、流畅地展示自己的研究成果。

（三）目标分析

1. 结果性目标

（1）各小组以 PPT 和视频的形式完成本组的研究成果分享，包括研究方案设计、研究过程、研究结果以及研究反思。

（2）各小组之间完成互相评价。

（3）完善各小组的研究报告，完成高中生人际交往指导手册。

2. 体验性目标

（1）在分享各组的研究成果的活动中，体验研究设计与研究实施之间的关联，体验研究结果与人际交往实际应用之间的关联。

（2）在小组互相评价的活动中，多角度体验一项研究带来的经验与收获，包括研究方法上的优化，以及研究内容与结果上的反思。

（四）资源分析

本次课为室内的展示交流课，所用主要教学资源如下表所示：

教学资源	选用意图	来源
黑板	板书课程要点	学校教室
多媒体（PPT）	展示课程内容要点，学生汇报各组研究结果	学校多媒体设备

（五）主题分析

按课程规划纲要的课次规划，各小组完成相关的实验研究后，形成了研究报告。基于前面对本次课程活动与学生的分析，本次课各小组将交流、分享各自的研究问题、研究设计、研究过程、研究结果和反思。因此，本次课的活动主题确定为研究成果的展示分享交流。

二、教学实施设计

（一）教学环节

教学环节	学生活动	老师活动	设计意图	技术融合
课堂引入	明确本节课的主要任务与要求；各组做好汇报准备	回顾课程内容与研究活动的前期准备过程（包括对高中人际沟通困扰的调查结果），引出本次课的交流任务：汇报每个组的研究过程与结果	带领学生回顾前期研究情况、课程活动的目的、研究主题的来源，帮助学生快速进入本次课的学习活动状态，明确本节课的主要任务	多媒体课件
解决问题：各组学生对本组的研究成果进行汇报展示，汇报内容包括研究方案设计、研究过程、研究结果、研究反思	第一大组汇报：人际关系建立阶段的问题 （1）“社牛修炼手记——社恐与社牛在社交情境下的对比观察研究”； （2）“聊天聊什么话题能增进感情——自我表露对人际关系的影响研究”	引导同学们的展示与交流活动，记录并整理各组展示交流要点，归类板书	从人际关系建立阶段的两个研究问题开始，再到人际关系维护阶段的三个研究问题，各组的同学在汇报与聆听其他组同学的汇报的过程中，回顾与收获各组的研究结果，并进行自我反思、对其他组的研究结果进行思考；	多媒体课件；视频剪辑

续表

教学环节	学生活动	老师活动	设计意图	技术融合
解决问题：各组学生对本组的研究成果进行汇报展示，汇报内容包括研究方案设计、研究过程、研究结果、研究反思	第二大组汇报：人际关系维护阶段的问题 （1）“你的想法是否表达到位了——沟通中的透明度错觉研究”； （2）“怎样成为安慰他人的高手——不同安慰方式的效果研究” （3）“说不的正确方式——不同拒绝方式的效果研究”		通过团队协作共同准备口头报告，能锻炼学生的语言表达能力、逻辑思维能力、现场应变能力、团队协作能力	
反思提升	根据各组的汇报内容，学生对该组的研究方法、研究过程等进行评价	引导学生从多方面对各组的研究成果进行评价； 现场展示学生自评与互评的结果； 教师对各组学生的研究成果汇报进行评价	汇报与展示承载着学生课程前期所有的努力，通过多方面的评价，并对各组学生进行肯定，让各组学生获得积极的正向反馈	问卷星
评价反馈	聆听教师总结 填写活动总结记录表	教师对课程进行总结	对课程内容进行总结与升华，包括心理学的研究思维、研究素养与能力，以及学科素养的提升	多媒体课件

（二）评价预设

1. 提出问题环节

明确本节课的具体任务，让学生清楚这次课和前四次课的关联，对同学们前期的研究和表现提出表扬，激励学生在本次课上大胆发言、主动交流，营造积极的课堂氛围，激发学生学习热情。

2. 解决问题环节

评价各组学生的实验成果，教师提出指导性意见，鼓励学生，强调团队合作的重要性。

3. 反思提升环节

教师在对各小组的研究成果汇报进行评价时，从以下几个方面进行评价：（1）对各组的汇报展示与研究成果进行评价；（2）对学生在研究过程中体现出的严谨态度、科学精神及实践能力进行充分肯定与评价；（3）总结各个小组的研究结果与现实生活的关联性与启发性。

（三）板书设计

人际沟通中的心理与行为研究成果交流展示

核心问题：调查高中生在人际沟通中的典型困扰，研习相关的心理学知识，运用问卷、访谈、行为实验等多种研究方法，探索应对策略，撰写研究报告。

（1）人际关系建立阶段：

①社牛修炼指南；

②聊天聊什么话题能增进感情。

（2）人际关系维护阶段：

①沟通时你的想法是否表达到位了；

②怎样成为安慰他人的高手；

③拒绝他人的正确方式。

（四）教学流程

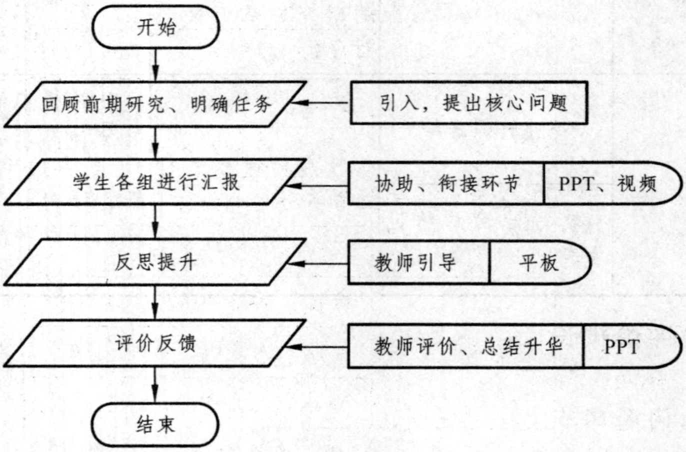

图 21-1 “人际密码——人际沟通中的心理与行为研究”教学流程图

三、教后评价设计

（一）信息搜集

搜集五个小组各自的研究成果（汇报），以及从听课老师的评课内容中多方面搜集关于本节课的各种信息与反馈。

（二）自我评价

川大附中项目课程核心问题教学评价表

评价目标	评价指标			评价结果	
	一级指标	二级指标	三级指标		
实现活动体验中的学习与发展	具有核心问题教学形态	核心问题利于活动体验	内含客观问题和学生活动方式	8	每项指标最高评8分
			问题情景与真实生活密切相关	8	
			能引发新知识、新方法的生成	8	
		教学目标价值引导恰当	两类目标正确全面	7	
			关联体验目标恰当	7	
			目标价值引导显现	8	
		教学环节完整合理落实	教学环节清晰完整	7	
			环节内容合理充实	8	
			学生活动时间充分	8	
		教学要素相互匹配促进	问题目标环节两两匹配	7	
			技术促进活动形式内容	8	
			课程特点突出氛围浓郁	8	合计 92 分
	具有核心问题教学实质	拓宽学习视野	课程与现实世界有恰当关联	选择一个表现突出的二级指标，在相应三级指标的引导下，以现场学生表现为主要依据，以其余指标为背景，于本表的第二页写出150字以上的简要评价	
			有基于缄默知识的问题解决		
			有缄默知识运用的追踪剖析		
		投入实践活动	有真实而且完整的实践活动		
			能够全身心地浸渍于活动中		
			活动的内容结果均丰富深入		
		感受意义关联	有核心问题的深层意义感受		
			有以知识为中心的关联感受		
			有以个人为中心的关联感受		
		自觉反思体验	有实质性反思活动的开展		
			有课程新因素的追踪利用		
			有体验的交流与改善重构		
		乐于对话分享	乐于自我表达与认真倾听		
			乐于合作中成果与思路的分享		
			有宽容的对话氛围和双向交流		

续表

<table>
<tr><td rowspan="2">评价目标</td><td colspan="3">评价指标</td><td rowspan="2">评价结果</td></tr>
<tr><td>一级指标</td><td>二级指标</td><td>三级指标</td></tr>
<tr><td rowspan="3">实现活动体验中的学习与发展</td><td rowspan="3">具有核心问题教学实质</td><td rowspan="3">认同体验评价</td><td>认可体验评价</td><td></td></tr>
<tr><td>参与体验评价</td><td></td></tr>
<tr><td>利用体验评价</td><td></td></tr>
<tr><td colspan="5">核心问题教学实质的简要评价</td></tr>
<tr><td colspan="5">本节课在核心问题教学实质上，学生最突出的表现就是“投入实践活动”。课程核心问题是“调查高中生在人际沟通中的典型困扰，研习相关心理学知识，运用问卷、实验等多种研究方法，探索应对策略，撰写研究报告”。完成了第一节课的编制问卷以后，每位学生都利用自己的课后时间在同学中发放了问卷，并统计了问卷结果。在后面的课程中，每组学生根据问卷调查的结果，选定研究主题、完成实验方案的设计、汇报并修改之后，各组学生就利用课堂与课后时间在校园中开展实验。在最后一次课中，各组的学生在充分的准备下进行了研究成果的展示汇报与交流。在这些过程中，学生参与了真实而完整的实践活动，而且能够全身心地浸渍于活动之中，在最后一堂课的课堂展示与汇报中，也能够显示出活动内容整体是丰富而深入的。学生不仅全身心地参与了实践活动，更在实践活动中得出了科学的结论，积累了丰富的实践经验</td></tr>
</table>

（三）反馈调整

综合本次课中的搜集到的多方面的信息，本次课可进行以下调整：

（1）对课程的核心问题设计进行优化。

（2）给予学生更多的交流讨论与反思的时间，除了本组研究的自我反思之外，也思考其他小组研究的优点与可改进之处，间接收获更多的研究成果。

（3）每一个主题的研究设计都可以给予学生更多的指导，在设计之前对相关的心理学理论知识进行补充与丰富，使研究更加有理有据、有说服力。

（4）对不同组的学生，指导应采用不同的方式。组与组之间差异较大，有的较为主动，有的较为被动，因此教师应因材施教。

大附中项目课程体验性目标点检测表

<table>
<tr><td rowspan="5">基本信息</td><td>课程名称</td><td colspan="2">人际密码——人际沟通中的心理与行为研究</td><td>课程类别</td><td colspan="4">学科选修课</td></tr>
<tr><td>首席教师</td><td colspan="2">林代春</td><td>组/处</td><td colspan="4">心理</td></tr>
<tr><td rowspan="2">参与教师</td><td>黄立刚</td><td>组/处</td><td>心理</td><td></td><td></td><td></td><td></td></tr>
<tr><td>吴林桦</td><td>组/处</td><td>心理</td><td></td><td></td><td></td><td></td></tr>
<tr><td>年　级</td><td colspan="2">高一</td><td>上课时间</td><td colspan="4">2022 年 3 月 22 日—2022 年 6 月 1 日</td></tr>
<tr><td>核心问题</td><td colspan="8">调查高中生在人际沟通中的典型困扰，研习相关心理学知识，运用问卷、实验等多种研究方法，探索应对策略，撰写研究报告</td></tr>
</table>

<table>
<tr><td rowspan="2">课程目标</td><td>结果性目标</td><td colspan="2">对我校学生在具体社交情境中的人际沟通问题进行调查、研究，完成研究报告</td></tr>
<tr><td>体验性目标</td><td colspan="2">1. 在完成人际沟通的研究活动中，体验个人的内在心理与外在行为之间的关联；
2.在研究活动中，体验人际沟通效果与沟通方式、策略之间的关联；体验处在社会中的自我与他人之间的关联</td></tr>
<tr><td>检测点</td><td colspan="3">科学的研究思维、分析与解决问题的能力、总结归纳与反思的能力</td></tr>
<tr><td>检测任务</td><td colspan="3">分小组完成一个子研究，使用PPT和视频的形式在全班进行汇报</td></tr>
<tr><td rowspan="4">分类标准</td><td colspan="3">A.汇报内容丰富充实、实验设计逻辑清晰、实验完成度高、有深刻的总结与反思</td></tr>
<tr><td colspan="3">B.汇报结构较完整、实验设计合理、实验基本完成、有合理的总结与反思</td></tr>
<tr><td colspan="3">C.汇报基本完整、实验设计基本合理、实验基本完成、有总结与反思</td></tr>
<tr><td colspan="3">D.汇报内容不足、实验设计缺乏逻辑、实验完成度低、缺乏总结与反思</td></tr>
<tr><td rowspan="5">检测统计</td><td>分类等级</td><td>学生人数（总人数31人）</td><td>所占百分比</td></tr>
<tr><td>A</td><td>25</td><td>80.6%</td></tr>
<tr><td>B</td><td>6</td><td>19.4%</td></tr>
<tr><td>C</td><td>0</td><td>0</td></tr>
<tr><td>D</td><td>0</td><td>0</td></tr>
<tr><td>检测分析结果运用</td><td colspan="3">本节课的核心问题是“调查高中生在人际沟通中的典型困扰，研习相关心理学知识，运用问卷、实验等多种研究方法，探索应对策略，撰写研究报告”。结果性目标是“对我校学生在具体社交情境中的人际沟通问题进行调查、研究，完成研究报告”。体验性目标是“在完成人际沟通的研究活动中，体验个人的内在心理与外在行为之间的关联；在研究活动中，体验人际沟通效果与沟通方式、策略之间的关联；体验处在社会中的自我与他人之间的关联”。
为了更好地完成核心问题，在检测点的选择上，以实验汇报为载体，从实验汇报中反映出学生的科学研究思维、分析与解决问题的能力、总结归纳与反思的能力。基于这个检测点，根据学生对结果性目标与体验性目标的达成为标准，设计了四个检测等级。
得A的同学有25人。这类同学的结果汇报内容丰富充实、实验设计逻辑清晰、实验完成度高，对于实验主题与内容对自身人际交往的启发以及实验方法与过程有深刻的总结与反思。
得B的同学有6人。这类同学的结果汇报结构较完整、实验设计合理、实验基本完成，在研究内容对于人际交往的启发上有合理的总结与反思
学生A:
我们组的研究主题是“怎样更好地安慰朋友”。
自变量：不同的安慰方式（鸡汤型、理解型、补刀型、比惨型）。
因变量：接收到安慰的人的心情变化程度。</td></tr>
</table>

体验典型实例	实验流程： ①选取被试，邀请同学来参与实验； ②主试向被试介绍实验任务； ③请被试回忆一件自己感到难过的事，并代入情感； ④被试填写情绪评分问卷【前测】； ⑤实验主试使用其中一种方式对被试进行安慰（补刀、比惨、鸡汤、理解）； ⑥被试再次填写情绪评分问卷【后测】。 实验结果：补刀型与比惨型的安慰方式不仅不会让接收安慰的人心情变好，反而心情会变得更差；鸡汤型与理解型可以让接收安慰的人心情有所缓和；效果最佳的安慰方式是理解型。 实验反思： ①内容上：在我们的日常生活中，经常遇到朋友心情不好需要我们安慰的时候，但是很多情况下如果我们的回应不恰当，不仅不会起到安慰效果，反而会让朋友的心情变得更差。所以这个实验结果可以给我们很多启发，比如，在安慰的时候，首先要做的是去共情与理解对方，当对方感受到我们的理解时，心情就会好受一些了。 ②过程与方法上：在整个研究过程中，我们经历了第一版研究方案的设计，在进行预实验后发现问题很大，包括时间效率的问题、组员配合的问题等，然后我们进行了研究方案的修改，完成了第二版的研究方案，并再次进行了实验。这些过程其实就是对我们研究能力、耐心等的磨炼。所有小组成员的能力都得到了提升
检测反馈	所有同学在汇报本组的研究之后，同学互相之间和教师会进行当场的反馈，提出实验汇报的积极方面与建议。从所有的检测结果来看，总体上基本符合预期效果，但还是有一些不足。首先，本检测基于小组合作完成任务，对于选修课不同班级的学生组成的小组来说，课后完成任务存在一定的挑战性，因此，教师在本环节可以调整为在课堂上对每位组员的任务进行更加明确清晰的分工，尤其是在实施研究环节的任务分工；其次，在实验设计部分，教师可以给予学生更多研究思维的启发与修改建议，以强化核心问题的达成

自我表露对人际关系的影响研究

张　淇 周建宇 陈一鸣 高怡昕 蒋宜成 杨昊楠 李明航

一、研究背景

社会心理学家亚瑟阿伦在 1997 年做了一个实验：让参与实验的陌生人两两分组坐在一起，只花了 45 分钟，彼此问了 36 个问题，他们就快速对对方产生了好感和亲密感。实验的结果发现，有 30% 的人在聊完这些问题后，立即表示自己和同组实验者之间的关系已经变得比他们人生中其他任何一段关系还要深。这些问题分为三组，按问题的深入程度依次递进，完成每组问题各需 15 分钟。

这个实验背后涉及的心理学概念主要为自我表露（self-disclosure），自我表露指的是个体向他人透露个人信息的过程。它是亲密程度的指标之一。研究发现，自我表露能够让人们在人际关系中感觉到更多的幸福和满足，关系越亲近的朋友，可能会有越多的自我表露。得到和给予自我表露都让人感觉良好，并且这些言语沟通是构筑良好人际关系必不可少的基础。

自我表露有不同的层级，浅层的自我表露是信息的表露，比如告诉对方有关自己的信息或者意图。程度稍微深一点的自我表露是表达观点，比如告诉对方自己对某件事物的看法和观点。程度更深的自我表露是表达情感与感受，比如告诉对方自己对某件事的情绪，这比表达观点更接近一个人的内心。

二、问题提出

在我们所调查的高中生典型的人际沟通困扰中，有一个困扰是“聊天时担心冷场，不知道聊什么话题”。结合有关自我表露的理论，我们可以把这个生活问题转化为研究问题：怎样进行自我表露可以让聊天的双方感觉更好，也就是说，不同的自我表露对聊天双方的关系影响到底是怎样的？我们希望通过实验研究来回答这个问题，通过实验来找到在两个不熟悉的人之间，聊天聊哪些话题对增进人际关系有最佳的效果。

三、研究方法

（一）实验设计

研究方法选用实验法。采用单因素被试内设计。

自变量为自我表露的不同层级，包括信息互通、表达观点、表达感受与情感。信息互通的具体问题包括姓名、班级、初中毕业学校等。表达观点的具体问题包括喜欢的书、电影、关注的新闻类型等。表达感受与情感的具体问题包括最近的压力、开心的事等。

因变量为与陌生人的关系建立程度，具体包括三个方面：对对方的喜欢程度、和对方的亲近程度、愿意和对方交朋友的程度。

考虑到异性之间聊天与同性之间聊天会具有差异性，我们将性别作为控制变量，在实验中设计只能男生与男生交流、女生与女生交流。另外，环境因素可能也会对聊天的效果有所影响，我们将环境也作为控制变量，所有被试的实验都在一间安静、空旷的活动室进行。

（二）实验假设

我们的实验假设为：自我表露的程度越深入，两个人之间的关系越亲近；对对方的喜欢程度越高；越愿意和对方成为朋友。

（三）研究对象

我们随机招募了 38 名同学参与实验。38 名同学被随机分配为相同性别的两两一组共 19 组完成实验任务，每组同学都是陌生人，在参与实验之前不认识对方。

（四）研究过程

图 21-2 实验流程示意图

首先我们根据自我表露的三个层级的定义，构思出三组聊天的不同话题，写在卡片上。

在被试到达实验室后，首先主试向被试介绍实验任务，然后每组被试按照要求，根据主试提供的卡片，依次完成三组聊天。每完成一组聊天，都填写一份评分的问卷。三组聊天即为不同自我表露的层级。

最后收集所有的问卷数据，进行分析。

四、研究结果

如图 21-3 所示，在喜欢程度和亲密程度上，第一次打分和第二次打分之间相近，在第三次打分时有了明显的打分提升。这说明在进行表露情感之后，会更喜欢对方，亲密程度也会提升。而在交友意愿上，第二次打分，即表达观点后，分数会有一个下降的趋势，但第三次打分的均分又呈现上升趋势。但从平均数我们只能看到一个大概趋势。于是我们接下来又对平均数之间的差异进行了差异性检验，结果如图 21-4 所示。

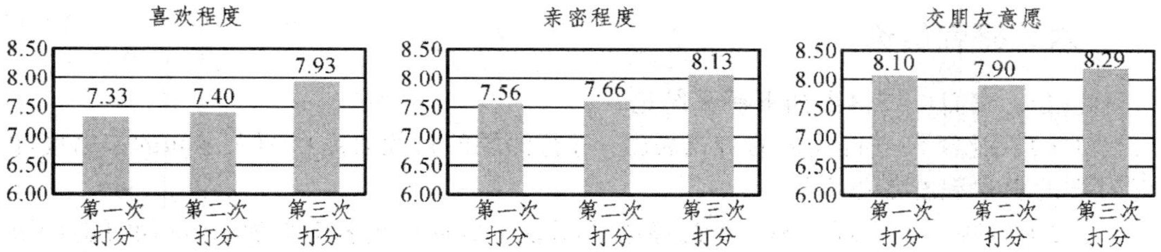

图 21-3　人际关系程度平均分

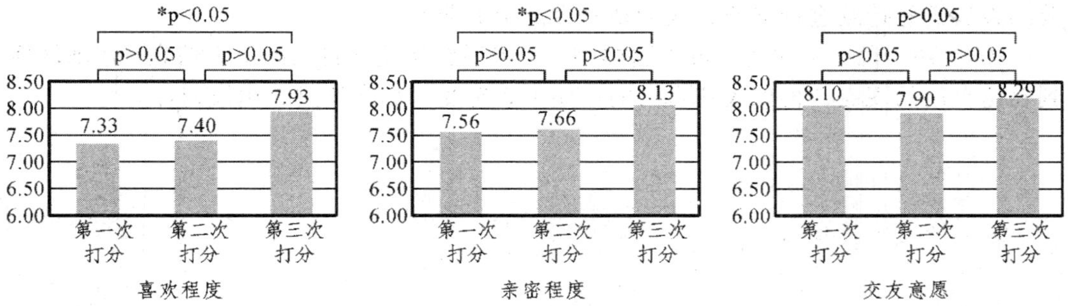

图 21-4　人际关系程度三次打分的均值方差分析结果

重复测量方差分析的结果显示，在喜欢程度上，第一次和第三次打分之间的差异显著（$p < 0.05$）；在亲密程度上，第一次和第三次打分之间的差异也显著（$p < 0.05$），而其余的打分两两之间比较不显著（$p > 0.05$）。这说明在进行表露情感以后，相比于只表露个人信息，喜欢程度和亲密程度有了显著的提升。而交友意愿虽然也有提升的趋势，但打分的差异并未达到统计学意义的显著性水平。

五、研究讨论

我们的研究结果部分符合我们的研究假设，即大体上来说，自我表露的层级越深入，人们会越喜欢对方，亲密程度越高，也越愿意和对方交朋友。但也有例外的情况，在交友意愿上，在进行表露观点以后，交友意愿却相对于第一次打分，即只表露个人信息时有一个下降的趋势。这可能是因为当交谈的双方涉及一些比较敏感的话题，例如偶像时，如果观点不一致，会影响到两人的人际关系。这也与我们在日常经验中的人际交往是一致的，我们常说，“三观是否一致”是交友的重要标准，如果在某些问题上观点不一致，可能很难发展成为好友。

但在我们的日常生活中，不论再亲近的好友，都不可能在任何事情上都观点一致。那么，观点是否一致，对人际关系的影响到底是怎样的呢？是否在人际关系建立阶段初期和人际关系维护时期的重要性不同呢？这可以作为我们后续研究的主题。

另外，我们的研究所涉及的自我表露问题都是生活问题，在后续研究中，我们可以将聊天话题从生活话题转换到学科话题，研究如何通过聊天，在增进友谊的同时，激发同学们对学科的兴趣，增强同学的自信，达到互帮互助、共同进步的目的。

六、研究结论

综上，我们可以得出如下研究结论：

（1）相比于仅进行浅层的自我表露，进行深层的自我表露后两人之间的亲密度和对对方的喜欢程度都更高。

（2）当聊到一些观点不一致的敏感话题时（尽管自我表露增加），反而可能会影响到交友意愿。

（3）实验设计的聊天话题确实可以增进两个陌生人之间的关系：大部分同学在实验结束后仍然持续进行交流，成为现实生活中的朋友。

（4）两个陌生人之间，可以这样聊天：将话题从关于自己的个人信息，逐渐转换到表达自己的观点，再到表达自己的一些个人感受，循序渐进，由浅入深。

自主创业初探之企业篇

川大附中项目课程开发规划纲要

课程首席教师：徐佳才（政治组）

课程参与教师：崔晓勤（政治组）　沈　平（政治组）

<table>
<tr><td>课程名称</td><td colspan="8">自主创业初探之企业篇</td></tr>
<tr><td>课程类型
（勾选）</td><td></td><td>必修的综合实践活动课程</td><td></td><td>必修的劳动课程</td><td>√</td><td>选修的学科课程</td><td></td><td>选修的校本课程</td></tr>
<tr><td>实施对象</td><td colspan="3">高一年级学生</td><td colspan="2">建议选课学生人数</td><td colspan="3">20 人</td></tr>
<tr><td>课程课时及上课时段</td><td colspan="8">课程课时：5 次 10 课时；上课时段：校本选修课上课时段</td></tr>
<tr><td>课程背景</td><td colspan="8">1.学生背景：企业是国民经济的细胞，是市场经济活动的主要参加者。企业的生产和经营活动，既为广大消费者提供了生产生活所必需的商品和服务，满足了人们对美好生活的需要，又为国家创造了丰富的物质和精神财富，推动国家和社会的发展。同时，企业的发展对于解决人们就业这个民生之本，维护社会稳定也具有重要意义。对于高中生而言，今后很多同学大学毕业后会进入相关企业从事管理或者生产经营活动，甚至自己创办企业公司。所以，学生在高中阶段了解什么是企业（企业的概念、不同类型组织机构、成本、收益和利润等），为什么要创办企业，如何创办和办好企业等问题就显得尤为重要。
就业是最大的民生。通过就业能生产出社会所需要的物质财富和精神财富。劳动者通过就业取得劳动报酬，获得生活来源，使社会劳动力能够不断再生产。同时，劳动者就业有利于实现其自身价值，促进人的全面发展。
对于高中生而言，不少孩子的父母就在不同类型的企业工作，或者其父母亲就是直接开办企业和公司的，并且在现实生活中学生们通过不同途径对于我国和全球知名企业或多或少都有一定的了解和认知。同时，我校作为研究型学校，学生受我校研究文化的熏陶，对于研究问题具有一定的热情和基本认识，知道一些基本的科学研究方法，具备基本的研究素养。这些都为我们本课题的研究提供了一定有利条件。
2.资源背景：实体经济是一国经济的立身之本，是国家财富创造的根本源泉，是国家强盛的重要支柱，是现代经济体系的坚实基础。要深化供给侧改革，加快发展先进制造业，积极推动互联网、大数据、人工智能同实体经济深度融合，营造脚踏实地、勤劳创业、实业致富的发展环境和社会氛围，显著增强我国经济质量优势。“十四五”规划也高度重视实体经济发展，习近平总书记在 2019 年 1 月京津冀考察时强调：“实体经济是大国的根基，经济不能脱实向虚。”①而企业作为实体经济的重要载体，不言而喻承载着推动我国</td></tr>
</table>

① 陆娅楠、王政、冉永平等：《这五年，实体经济更壮实》，2020 年 11 月 2 日，https://www.gov.cn/xinwen/2020-11/02/content_5556601.htm。

<table>
<tr><td>课程背景</td><td colspan="5">经济社会发展的历史重任，承载着建设社会主义现代化强国和中华民族伟大复兴的重大历史使命。
成都作为国家新一线城市之首，各行各业创立了众多的企业和公司，据统计，到2019年底已有超过300家全球500强企业入驻成都。①这些都是我们这个课程可以开发利用的社会实践资源</td></tr>
<tr><td>课程内容（核心问题）</td><td colspan="5">分析自身及团队优劣势，调查社会发展需求，确立自主创业方向，研习自主创业知识，撰写自主创业方案</td></tr>
<tr><td>课程目标</td><td colspan="5">1.结果性目标：
（1）各小组能够根据自己的研究方向和调查内容，了解企业基本概念、企业不同类型、组织机构、理解成本、收益和利润；
（2）各小组能够根据自己的调研过程和收获，分析自身与团队目前的素养状态与创业目标有何差距，合理选择创业方向；
（3）各小组成员能基于整个研究撰写“自主创业（企业篇）”的研究报告；
（4）对其他小组的研究结果提出自己合理的评价及建议。
2.体验性目标：
（1）在各小组分析自身团队优劣势选择创业方向时，学生体验团队优势与创业方向之间的紧密联系；
（2）各小组学生在展示、交流活动中，再次反思本组研究的全过程，体验个人责任担当与团队协作之间的关联；
（3）在其他小组及专家给出的评价与建议中，体验评价、建议与本组调研结果的改进方向和方法间的关联；
（4）在展示交流的过程中，学生能体验到语言表达能力、逻辑思维能力、现场应变能力、团队协作能力与成功的演讲与报告间的关联</td></tr>
<tr><td rowspan="3">课次计划</td><td>课次</td><td>主题</td><td>学生活动</td><td>课前课后任务</td><td>活动地点及技术融入</td></tr>
<tr><td>1</td><td>介绍课程开发背景、意义，提出核心问题</td><td>观看知名企业相关视频和习近平总书记关于企业的重要讲话；明确核心问题；学习基本调查、研究方法，设计研究方案</td><td>课后：根据研究问题分组，明确组员的分工，设计研究方案、查阅学习相关资料</td><td>教室；
PPT、视频：运用网络资源支持“企业价值”这一探究型活动（C2 创造真实学习情境）</td></tr>
<tr><td>2</td><td>解决问题：聘请企业专家到校开展讲座</td><td>聆听、记录专家讲座；向专家咨询自己的创业困惑</td><td>1.课前：邀请专家并明确专家讲座的主要内容；
2.课后：学生结合专家讲座内容进行归纳梳理</td><td>教室；
选用“企业专家”这一社会资源支持“创办企业重要性、创办过程和企业经营措施”这一研究型活动（B3 探究型学习活动设计）</td></tr>
</table>

① 四川省经济合作局网：《创历史新高！世界500强企业超300家在蓉落户》，2019年12月30日，http://jhj.sc.gov.cn/scjhj/szdt/2019/12/30/4297dae28021420eba413adee618b6d0.shtml。

续表

课次计划	课次	主题	学生活动	课前课后任务	活动地点及技术融入
	3	解决问题：实地调研考察	学生基于团队创业方向确定实地调研考察地点，在考察地具体考察本创办企业生产供给、消费需求等信息（采访、拍照、记录等），并做好信息数据收集整理	1.课前：确定实地考察地点，并做好安全预案； 2.课后：学生对收集到的数据信息进行归纳整理分析	实地考察（C2创造真实学习情境；B5学习小组组织与管理）
	4	解决问题：团队创业方案初步生成	学生基于前面的研究过程，运用合理的研究方法，对数据和信息进行分析处理，形成初步的创业方案	1.课前：对前面研究过程的数据和信息进行梳理和汇总； 2.课后：进一步调整完善本组学生创业方案	教室（C2创造真实学习情境；B5学习小组组织与管理）
	5	反思提升与评价反馈：成果展示与交流评价，修订完善创业方案	展示小组研究成果并进行汇报，小组内自评、组外、师生互评并给出修改意见	1.课前：制作完善PPT和研究成果报告，准备汇报材料； 2.课后：根据课上反馈意见修改成果，完成最终成果并上交最终成果到学校课程资源包	多媒体教室（C2创造真实学习情境；B5学习小组组织与管理；B9自评与互评活动的学习）
学生作品	关于采访、网上查阅、实地考察、专家讲座等实践活动的心得体会；关于自主创业（企业篇）的调研报告				
评价方式	课堂表现（30%）+档案袋质量（30%）+调研报告质量（40%）				
安全保障	教室活动：常规安全保障；校外考查：制定安全预案				
条件保障	课程开发组外部保障：1.多媒体教室（以便师生展示交流）；2.便于进行研讨、分析、交流； 课程开发组内部保障：1.相关资料的汇集整理与研讨；2.收集资料的分析、研讨				
开发次第	首次开发				
课程审批	1.课程教学处：　签　章　年　月　日 2.学生发展处：　签　章　年　月　日				

自主创业初探（企业篇）之交流与评价

一、教学分析设计

（一）活动分析

本次课为本门课程的第五次课，即学生研究成果展示汇报课。前面四次课的主要研究活动包括：第一次课，课题开课。让学生了解就业和创业的意义和价值，明确本门课程的研究任务，并组建团队，讨论本组团队基本创业方向。第二次课，聘请专家到校开展讲座，给同学们分享创业经验，深化学生对创业和就业相关知识和理论的理解认识。第三次课，基于本组创业方向进行实地调研考查，了解考查地供给和需求等基本市场信息，确定选址，并进行相关信息和数据的收集整理。第四次课，分析调研数据，形成调研报告，为第五次课成果展示汇报做准备。在前四次课的基础上，本次课的主要任务是汇报前期的调研过程及调研结论，并展示本组自主创业方案。

（二）学生分析

高中生从小就有自己的人生理想，随着自身成长和对社会认知的不断深化，学生会不断修正和优化自己的职业理想。生活中高中生时刻在感知父母和亲戚朋友对他们职业行为、职业发展的认知和评价，并通过电视、报刊、网络等媒体接触、了解当今世界主流的、前沿的、富有前景的不同行业和产业发展的详细情况，从而对就业和创业生成很多缄默和显性知识。所以，高中生对于企业就业和创业的既有认知、储备的显性或者缄默知识，为我们本课题的研究提供了一定有利条件。

（三）目标分析

1. 结果性目标

（1）各小组在分析自身及团队优劣势与创业方向之间的关系时，理解创业方向确定应考虑的自身因素。

（2）各小组在展示本组市场可行性调研过程及成果时，理解创业的重要过程及必须考虑本行业的市场供求关系、行业发展痛点、市场发展前景等市场因素。

（3）各小组能基于其他小组及专家评价建议修正完善本组的《自主创业方案》。

2. 体验性目标

（1）各小组在分析自身及团队优劣势时，体验团队优势与创业方向确定之间的关联。

（2）各小组学生在展示、交流活动中，理解创业方向与行业市场因素之间的关联，并再次反思本组研究的全过程，体验个人责任担当与团队协作之间的关联。

（3）在展示交流的过程中，学生能体验到语言表达能力、逻辑思维能力、现场应变能力、团队协作能力与成功的演讲与报告间的关联。

（四）资源分析

党中央国务院多次强调："实体经济是一国经济的立身之本，是国家财富创造的根本源泉，是国家强盛的重要支柱，是现代经济体系的坚实基础。要深化供给侧改革，加快发展先进制造业，积极推动互联网、大数据、人工智能同实体经济深度融合，营造脚踏实地、勤劳创业、实业致富的发展环境和社会氛围，显著增强我国经济质量优势。""十四五"规划也高度重视实体经济发展，习近平总书记在2019年1月京津冀考察时强调："实体经济是大国的根基，经济不能脱实向虚。"而企业作为实体经济的重要载体，不言而喻承载着推动我国经济社会发展的历史重任，承载着建设社会主义现代化强国和中华民族伟大复兴的重大历史使命。

成都作为国家新一线城市之首，各行各业创立了众多企业和公司，据统计，到2020年底已有超过300家全球500强企业入驻成都。这些都是我们这个课程可以开发利用的社会实践资源。

（五）主题分析

按课程规划纲要的课次规划，基于前面对本次课程活动与学生的分析，将本次课的活动主题确定为自主创业方案交流与评价。

二、教学实施设计

（一）教学环节

按课程规划纲要的课次规划，本次课为核心问题教学中的反思提升环节，包括活动动员、活动展示、小组互评与专家点评、方案修正完善四个子环节，具体教学设计如下。

教学环节（时间）	学生活动	教师活动	设计意图
提出问题（3分钟）	学生明确本节课的主要任务与要求	1.概述本次课程的研究意义和过程进展，提出本堂课的主题； 2.对本次集中展示与交流提出相关要求	学生领会本次课堂任务及要求，为在展示和交流中彰显调研过程方法和创业方案设计的研究性做好必要准备
展示交流（24分钟）	1.三个小组通过PPT演示、小组成员解说和其他组员补充等方式，首先回顾本小组创业方案生成的研究过程及方法，其次重点展示根据调研数据的分析得出的调研结论、创业方案和本小组创	教师一边旁听，一边关注学生的表现并记录他们的发言闪光点，重点关注调研过程的规范性、调研方法的科学性、创业方案生成的合理性，是否有利于彰显该课程的综合性、实践性和研究性	将前期学生的各项调研、分析、设计活动充分展示出来的意图： 1.在各小组介绍相关调查的研究过程中，体验各小组在探究方法、结果上的共性与差异； 2.各小组学生在展示、交流活动中，再次反思本组研

续表

教学环节（时间）	学生活动	教师活动	设计意图
展示交流（24分钟）	业方案生成的理论与现实依据； 2.学生展示主要内容： （1）团队创业基本方向的确立（含团队优劣势分析、国家政策支持等）； （2）创业可行性市场调研（含国家对该行业的政策支持、团队优势分析、问卷调查分析、本行业及选址地市场供求信息分析等）； （3）创业方案展示		的全过程，体验个人责任担当与团队协作之间的关联； 3.在展示交流的过程中，学生能体验到语言表达能力、逻辑思维能力、现场应变能力、团队协作能力与成功的演讲与报告间的关联
评价与建议（10分钟）	聆听评审组同学和专家团队的评价及建议	教师引导学生聆听、理解评审组同学和专家评价与建议	在学生评审团队和专家团队给出的评价与建议中，体验评价、建议与本组调研结果的改进方向和方法间的关联，并对本小组创业方案做进一步的修订完善，旨在让学生获得参与本门课程的愉悦体验，这个展示活动承载了前期学生的所有努力，对学生的表现进行了肯定，进一步增强了他们的社会责任感
反思提升（3分钟）	学生基于各组创业方案总结提炼“自主创业的基本过程”	教师引导学生根据创业方案的汇报交流及评价提炼出“自主创业的基本过程”	学生把研究过程中的体验和研究中所运用到的方法由感性认识上升为理性认识，把握自主创业的基本过程，并进一步完善内化自己科学的情感、态度和价值观以引导自己今后的学习与生活

（二）评价预设

1. 就展示活动前对学生即时、口语为主的评价预设

学习培训环节，对学生的专注听讲、认真记录、科学操作给予肯定，并就学生在学习中主动和培训老师请教和探讨疑问的自觉性给予赞赏。

问卷调查和分析环节，学生进行了充分的小组讨论，发挥了他们的主观能动性，要对学生的精彩表现做评价，充分肯定他们多角度看待问题和分析问题的视角。

实地调研环节，学生突破心理障碍，勇敢和陌生人交流对话，进行实地采访、拍

照、搜集调查区域内该行业生产供给与消费需求信息，对于他们的激情投入和实践能力及时做出肯定评价。

2. 就展示活动后的评价预设

展示活动后教师的评价至关重要，教师及时准确的评价不仅能升华学生形而下的对具体程序和活动细节的认知，还能引导学生进行形而上的深层次的理论思考和全方位的跨学科思考。在小组间互评的基础上，对展示过程中学生体现出的严谨态度、科学精神及实践能力给予充分肯定。结合本课程的结果性目标，对创业方案的设计表现突出的小组和个人给予高度表扬，对准备充分并严格按照活动各环节要求顺利进行各项工作的小组和个人给予充分肯定，对分析和设计中出现了漏洞或失误的也要给予中肯的专业化建议。除了对学生的现场表现的评价，也要对学生提交的各项书面成果包括问卷调查、调查报告、小组创业方案及课程感悟等进行评价，关注他们在此次课程中的进步。

（三）板书设计

自主创业初探（企业篇）之交流与评价

核心问题：分析自身与团队优劣势，调查社会发展需要，确立研究方向，研习自主创业知识，撰写自主创业方案。

本节课主题：自主创业方案交流与评价

创业基本过程：

1.自身或团队分析，确立方向

2.市场可行性调研

3.企业经营策略研究

（四）教学流程

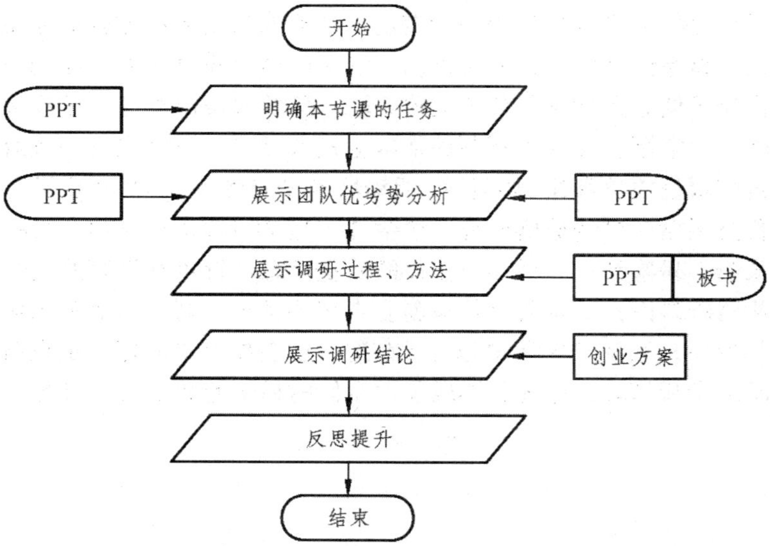

图 22-1　“自主创业初探之企业篇”教学流程图

三、教后评价设计

（一）信息搜集

（1）课后认真观看了课堂录像，并进行了教学实录。

（2）课后收集学生修改后的调研报告及课程感悟。

（二）自我评价

1. 优点

从同学们所呈现出来的创业方案看，三个小组的同学基本上都能按照方案基本范式撰写，方案中都包含了：①自身及团队优劣势分析。这是学生确立自主创业方向的必要依据，各小组在创业方案中均有所呈现；②市场可行性调研的合理呈现。学生确立基本创业方向后，怎样确定这个创业方向到底对不对呢？基于此，各创业小组基本都能从国家相关政策、相关法律法规、该行业市场发展前景、市场痛点等角度去展开市场调研分析，从而为自己和团队创业方向的正确性进行取证，进而为后面制定企业经营策略做好铺垫；③企业经营策略的呈现。各创业小组在制定经营策略时基本上都能从价格策略、营销策略、管理策略、财务核算等角度去分析，尽管作为一名高一学生，他们制定的策略并不专业，但同学们有这个意识，有调查研究的参与体验，这对于他们今后的成长和发展是极为重要和有益的。

2. 不足

作为高一学生，由于学习时间紧，学习任务重，所以，他们不太可能有太多的时间进行市场调研，由此他们所形成的市场调研内容的深度必然有所欠缺，如他们在调研选址地市场供求关系时，所获得的数据不够详实，而且也只是静态数据。所以，这样获得的数据必然缺乏一定的真实性和可信度。

结合学生分析处理数据过程中的表现、课后修改完善好的创业方案发现，本次课较好地达成了结果性目标和体验性目标，学生通过现场学习及走访调查活动，深入理解创业与自身及创业团队优劣势之间的关联，科学领悟创业与市场供求关系之间的关联。学生能基本掌握创业方案撰写的基本范式和要求。学生在这一系列活动中充分凸显了学科选修课程的学科性、情境性、活动性和研究性。具体体现在研究性的彰显上：①对数据信息科学合理的分析研究。学生能运用学科知识对学习、聆听讲座、实地调研、随机采访、问卷调查等活动中获得的数据信息进行科学合理的研究分析和处理，得出合理的调研结论；②对规范撰写创业方案的研究。高一学生从未深入学习过创业方案的规范撰写，而我们本课程的同学在这一点上做得非常好，他们自主在网上查阅学习，主动向老师请教，这充分体现了学生们的科学精神、公共参与意识和良好的研究素养。

川大附中项目课程核心问题教学评价表

评价目标	评价指标			评价结果	
	一级指标	二级指标	三级指标		
实现活动体验中的学习与发展	具有核心问题教学形态	核心问题利于活动体验	内含客观问题和学生活动方式	7	每项指标最高评8分
			问题情景与真实生活密切相关	7	
			能引发新知识、新方法的生成	7	
		教学目标价值引导恰当	两类目标正确全面	7	
			关联体验目标恰当	7	
			目标价值引导显现	7	
		教学环节完整合理落实	教学环节清晰完整	8	
			环节内容合理充实	8	
			学生活动时间充分	8	
		教学要素相互匹配促进	问题目标环节两两匹配	7	
			技术促进活动形式内容	7	
			课程特点突出氛围浓郁	7	合计 87 分
实现活动体验中的学习与发展	具有核心问题教学实质	拓宽学习视野	课程与现实世界有恰当关联	选择一个表现突出的二级指标，在相应三级指标的引导下，以现场学生表现为主要依据，以其余指标为背景，于本表的第二页写出150字以上的简要评价	
			有基于缄默知识的问题解决		
			有缄默知识运用的追踪剖析		
		投入实践活动	有真实而且完整的实践活动		
			能够全身心地浸渍于活动中		
			活动的内容结果均丰富深入		
		感受意义关联	有核心问题的深层意义感受		
			有以知识为中心的关联感受		
			有以个人为中心的关联感受		
		自觉反思体验	有实质性反思活动的开展		
			有课程新因素的追踪利用		
			有体验的交流与改善重构		
		乐于对话分享	乐于自我表达与认真倾听		
			乐于合作中成果与思路的分享		
			有宽容的对话氛围和双向交流		
		认同体验评价	认可体验评价		
			参与体验评价		
			利用体验评价		

续表

核心问题教学实质的简要评价
今天这节课（第五次课）是学生课程研究成果汇报课，课后我从核心问题教学的合理性对这节汇报课做了一个审视，其中给我印象较深的一点就是本节课在“课程与现实世界有恰当的关联”这一点上表现凸显。具体体现如下： 1.问题提出上：三个创业小组均从现实生活需要中去发现生活问题，并在此真实问题的驱动下开展研究。快餐创业涉及现实生活中人们尤其是上班族为了有效节约时间急需解决的“吃”的需求；民宿创业涉及现实生活人们在休闲旅游过程中“住”的需要；家庭教育指导创业涉及现实生活中孩子教育的需要，尤其是在“双减”政策实施后，教育成为家庭和整个社会普遍关注的社会热点问题。所以，从上述学生三个创业方向的确立来看，本课程的研究是紧扣现实世界的。 2.问题解决上：三个创业小组均带着现实问题深入现实生活开展研究，包括听取企业专家讲座并与专家对话，进行实地考察调研、现场采访、问卷调查等活动，同学们深入现实生活去把握创业所在行业的国家相关政策法规、创业行业的市场发展前景、创业行业的市场痛点特别是创业所在行业真实的市场供给和需求关系等，从而精准选址并合理制定企业经营发展策略。在经营策略上，同学们基于企业真实发展的需要，分别从管理、营销、价格定位、财务等方面去开展研究

（三）反馈调整

结合自身和学生反馈，本节课仍有以下问题需进一步调整完善。

由于时间有限，调研数据还不具备广泛性和代表性；由于这个过程没有专业人员的指点，学生仅仅根据自己的调研数据进行研究，借鉴查阅的国内外已有的经验来完善自己的研究成果，可能在专业性和科学性、规范性等上还有待进一步提高。

川大附中项目课程体验性目标点检测表

基本信息	首席教师	徐佳才	组/处	高一政治组
	参与教师	崔晓勤	组/处	高一政治组
		沈平	组/处	高一政治组
	年　　级	高一	上课时间	2021年12月15日
	课程名称	自主创业初探之企业篇		
核心问题	分析自身及团队优劣势，调查社会发展需要，确立创业方向，研习自主创业知识，撰写自主创业方案			
教学目标	结果性目标	1.各小组能够根据自己的研究方向和调查内容，了解企业基本概念、企业的不同类型、组织机构、理解成本、收益和利润； 2.各小组能够根据自己的调研过程和收获，结合自身与团队目前素养状态与创业目标有何差距，合理选择创业方向； 3.各小组成员能基于整个研究撰写“自主创业（企业篇）”的研究报告； 4.对其他小组的研究结果提出自己合理的评价及建议		

<table>
<tr><td>教学目标</td><td>体验性目标</td><td colspan="3">1.在各小组分析自身团队优劣势选择创业方向时，学生体验团队优势与创业方向之间的紧密联系；
2.在各小组介绍相关调查的研究过程中，体验各小组在探究方法、结果上的共性与差异；
3.各小组学生在展示、交流活动中，再次反思本组研究的全过程，体验个人责任担当与团队协作之间的关联；
4.在其他小组及专家给出的评价与建议中，体验评价、建议与本组调研结果的改进方向和方法间的关联；
5.在展示交流的过程中，学生能体验到语言表达能力、逻辑思维能力、现场应变能力、团队协作能力与成功的演讲和报告间的关联</td></tr>
<tr><td>检测点</td><td colspan="4">撰写自主创业方案</td></tr>
<tr><td>检测任务</td><td colspan="4">学生分析自身及团队优劣势，初步确立自主创业方向，并进行一系列市场可行性调研，制定团队经营策略，从而形成较为科学合理的自主创业方案</td></tr>
<tr><td rowspan="4">分类标准</td><td colspan="4">A.方案能完整地包括自身及团队分析后得到的基本确立的创业方向、市场可行性调研以及企业科学合理的经营发展策略等</td></tr>
<tr><td colspan="4">B.学生能形成基本规范的自主创业方案，但方案的具体内容有些环节不完整</td></tr>
<tr><td colspan="4">C.学生的创业方案中缺乏应有的重要内容，如自身及团队分析缺乏，或者缺乏重要的市场调研，再或者没有科学合理的经营策略等</td></tr>
<tr><td colspan="4">D.学生对创业方案的撰写缺乏基本的规范，不知道如何撰写创业方案</td></tr>
<tr><td rowspan="5">检测统计</td><td colspan="2">分类等级</td><td>学生人数（总人数 26 人）</td><td>所占百分比</td></tr>
<tr><td colspan="2">A</td><td>19</td><td>73.1%</td></tr>
<tr><td colspan="2">B</td><td>7</td><td>26.9%</td></tr>
<tr><td colspan="2">C</td><td>0</td><td>0</td></tr>
<tr><td colspan="2">D</td><td>0</td><td>0</td></tr>
<tr><td>检测分析及结果运用</td><td colspan="4">学生们在成果汇报时，各小组基本都能较为规范地撰写创业方案，说明学生已经基本掌握了撰写创业方案的基本范式，具体表现如下：
1.自身及团队优劣势分析。这是学生确立自主创业方向的必要依据，各小组在创业方案中均有所呈现；
2.市场可行性调研的合理呈现。学生确立基本创业方向后，怎么确定这个创业方向到底对不对呢？所以，学生还必须深入现实世界，深入市场去调研取证，以证明自己的创业方向是正确的。基于此，各创业小组基本都能从国家相关政策、相关法律法规、该行业市场发展前景、市场痛点等角度去展开市场调研分析，从而为自己和团队创业方向的正确性进行取证，进而为后面制定企业经营策略做好铺垫。这是学生值得我们充分肯定的地方。
3.企业经营策略的呈现。各创业小组在制定经营策略时基本上都能从价格策略、营销策略、管理策略、财务核算等角度去分析，尽管作为一名高一学生，他们制定的策略并不专业，但同学们有这个意识，有调查研究的参与体验，这对他们今后的成长和发展是极为重要和有益的</td></tr>
</table>

学生深度体验典型实例	《普通高中课程方案（2017 年版 2020 年修订）》确提到在我们的教学过程中必须强调学生主体作用的发挥，学生要积极主动参与活动，深度体验，从而自然生成相关的知识、技能和情感态度价值观。在这次学生的成果汇报展示中，学生深度体验参与给我印象最深的案例是快餐创业组同学的实地调研考察。该组在调研之前，首先制定了合理的调研考察计划（包括安全预案、来回公交方式、调查的目的、途径、具体调查地点、疫情防控举措等），然后在考察地展开具体调研活动（详细记录考察地方圆 2 公里范围内的行业市场供给情况、市场消费需求情况、交通情况、店铺所选地详细街道门牌号等），并对市民的随机采访做好第一手记录。学生们的这种求真务实、不怕困难的探索精神不仅仅是事业成功的关键，同时也不失为学生自身的一种宝贵的精神财富，这对于学生现阶段的学习与生活极具价值，同时也会对学生们今后的人生成长产生深刻的影响
检测反馈	1.优点：从同学们所呈现出来的创业方案看，三个小组的同学基本上都能按照方案基本范式撰写，方案中都包含：①自身及团队优劣势分析。这是学生确立自主创业方向的必要依据，各小组在创业方案中均有所呈现；②市场可行性调研的合理呈现。学生确立基本创业方向后，怎么确定这个创业方向到底对不对呢？所以，学生还必须深入现实世界，深入市场去调研取证，以证明自己的创业方向是正确的。基于此，各创业小组基本都能从国家相关政策、相关法律法规、该行业市场发展前景、市场痛点等角度去展开市场调研分析，从而为自己和团队创业方向的正确性进行取证，进而为后面制定企业经营策略做好铺垫。这是学生值得我们充分肯定的地方；③企业经营策略的呈现。各创业小组在制定经营策略时基本上都能从价格策略、营销策略、管理策略、财务核算等角度去分析，尽管作为一名高一学生，他们制定的策略并不专业，但同学们有这个意识，有调查研究的参与体验，这对于他们今后的成长和发展是极为重要和有益的。 2.不足：作为高一学生，由于学习时间紧，学习任务重，所以，他们不太可能有太多的时间进行市场调研，由此他们所形成的市场调研内容的深度必然有所欠缺，如他们在调研选址地市场供求关系时，所获得的数据不够详实，而且也只是静态数据。比如说快餐行业选址地——锦江区工业园的快餐消费需求量的数据统计，同学们只能大概统计锦江区工业园附近的写字楼、银行、医院等基本建筑物的情况，不太可能深入统计里面具体的消费群体和消费人数，所以，这样获得的数据必然缺乏一定的真实性和可信度

“习晓家长工作室”创业设计方案

项目设计场景：现有的市场情境+小组成员未来发展规划角色

小组成员：姚　兰　李秀娟　夏览芸　董恩言　付蔚然　程瓚博　钟鑫磊

一、项目基本概况

习晓家长工作室本着“父母天天学习，孩子天天向上”的宗旨，树立新时代新父母的基本理念，致力于家庭中青少年成长教育，主要为家长解决孩子从0~18岁的成长过程中普遍存在的一些问题，提供指导性的个性化服务，协助青少年走上健康和谐的成长道路，提升父母对子女家庭教育的水平。习晓家长工作室响应国家大力发展家庭教育指导事业的号召，将依托于过硬的行业资源，力图打造独特的品牌。

二、项目目标

（1）提升家长、教师家庭教育的水平与质量；

（2）培养全民对家庭教育的重视、参与和学习，助推家庭教育由自发进行向自觉进行转变；

（3）通过三年的成长，成为行业内的知名品牌。

三、市场分析

（一）市场需求分析

习近平总书记指出：“家庭是人生的第一所学校，家长是孩子的第一任老师，要给孩子讲好‘人生第一课’，帮助扣好人生第一粒扣子。”[①]家庭教育是孩子成长的根本，随着经济社会的发展，家庭教育日益受到国家和家长的重视。

2021年10月23日，《中华人民共和国家庭教育促进法》正式通过，并自2022年1月1日起开始施行。一方面，这部新法的颁布表明家庭教育不再只是传统意义上的“家事”，而是纳入了国家教育事业发展规划和法治化管理轨道。这既意味着家庭教育从此有法可依，也意味着“双减”实施之后，家长不能再做“甩手掌柜”。“双减”之后，校内将不断减负，校外培训机构也将逐步退出，家庭教育的重要性会更加凸显！简单地说，就是家长需要成为合格的父母，在今天已经是法律对每一位公民的要求。

另一方面，现实生活中家庭教育的质量和水平却堪忧。2020版“心理健康蓝皮书”——《中国国民心理健康发展报告》的数据显示，我国小学阶段的抑郁检出率为一成左右，中重度抑郁检出率为1.9%~3.3%；初中阶段的抑郁检出率为三成，重度抑郁检出率为7.6%~8.6%；高中阶段的抑郁检出率接近四成，其中重度抑郁的检出率为10.9%~12.5%。[②]触目惊心的数据背后，呈现的是家庭教育的缺失、不当与无力。北京

---

① 中华人民共和国中央人民政府网：《习近平出席全国教育大会并发表重要讲话》，2018年9月10日，https://www.gov.cn/xinwen/2018-09/10/content_5320835.htm。

② 傅小兰、张侃、陈雪峰：《心理健康蓝皮书：中国国民心理健康发展报告（2019—2020）》，

师范大学发布的《全国家庭教育状况调查报告（2018）》显示，70%的父母认为教育是学校和老师的责任。不少父母或者以“我生养了你，你就得听我的”为由进行强权管理，或者面对孩子不想上学、成绩不好、同学关系不好、沉迷游戏、亲子矛盾等，常常感到无助、迷茫、焦虑甚至力不从心。家长对教育的重视和对自身角色认知不全面、知识不专业形成矛盾，急需专业性的个性化指导。我们通过问卷星获得的数据表明，81.9%的父母愿意接受家庭教育的指导。可以说明作为父母，大部分人是愿意学习并有接受指导的意愿的。

（二）市场空缺与痛点分析

随着互联网技术的飞速发展，内容触达终端用户的门槛大大降低，加之家长家庭教育意识的觉醒，出现了一批能够提供优质和更高性价比服务的商家，在现有家庭教育指导市场里，依托于互联网的线上企业表现更优秀，他们能提供一些优质的家庭教育指导服务，最近几年最知名的莫过于“樊登读书会”，在其 App 里设置了高质量的指导家庭教育的产品，比如《新父母孕育新世界》。

但是，通过研究我们发现，“樊登读书”有硬伤，产品和服务并没有发挥互联网强大的互动功能。其中，家庭教育方面的大咖们录制完成一个产品，将其置入 App，消费者可以收听、收看，但却很难实现与专家的即时在线互动，提供个性化的服务。此外，我们认为，就像已经比较成熟的心理咨询一样，家庭教育指导需要在指导者和被指导者之间建立良好的信任关系，这项功能线下的优势超过线上。我们团队在 2021 年 11 月 13 日以学校周边两公里为半径进行市场考察，结果是能够提供优质家庭教育指导服务的门店几乎没有。中国家长遇到的 80%以上的问题是通用型，靠技术手段和 App 平台即可解惑，那么 20%的个性化问题，则需要参考背景和经历具体指导，我们的项目初期则主要针对这 20%的市场痛点设立，具有较好的市场机会。

（三）市场前景分析

（1）《中华人民共和国家庭教育促进法》明确未成年人的父母或者其他监护人负责实施家庭教育，国家和社会为家庭教育提供指导、支持和服务。教育部印发《关于加强家庭教育工作的指导意见》，提出了全国学校今年秋天实行每校必须配备专业家庭教育指导师的要求。各地地方政府陆续出台了一系列的支持政策。比如，青岛市在 2020 年年底出台《家庭教育指导纲要》，纲要指出，将各学段的生涯教育融入家庭教育指导；西安市教育局在 2021 年 5 月发起了 2021 年西安市家庭教育“双百计划”公益活动；2021 年 11 月 11 日，成都市教育局就市政协提出的《关于提高中小学教师家庭教育指导能力的建议》的答复中指出，“将从师范生、新入职教师和在职教师两大类群体入手提升教师团队的家庭教育指导能力……各地政策的持续跟进会为家庭教育指导市场营造更好的经营环境”。

（2）随着经济发展，受过良好教育的中产阶级群体不断扩大，“80 后”“90 后”新生代父母家庭教育意识觉醒。近年来，社交媒体上诸如“一想到为人父母居然不经

社会科学文献出版社 2021 年版。

过考试，就觉得真是太可怕了”“原生家庭论”等观点非常流行，反映的就是新生代父母“家庭教育意识”的觉醒。他们重视家庭教育，更愿意花费时间，为知识付费，也更需要家庭教育的个性化专业指导。中国有4亿多家庭，三孩政策放开，社会日益进步，对家庭教育专业化指导的需求将空前扩大。

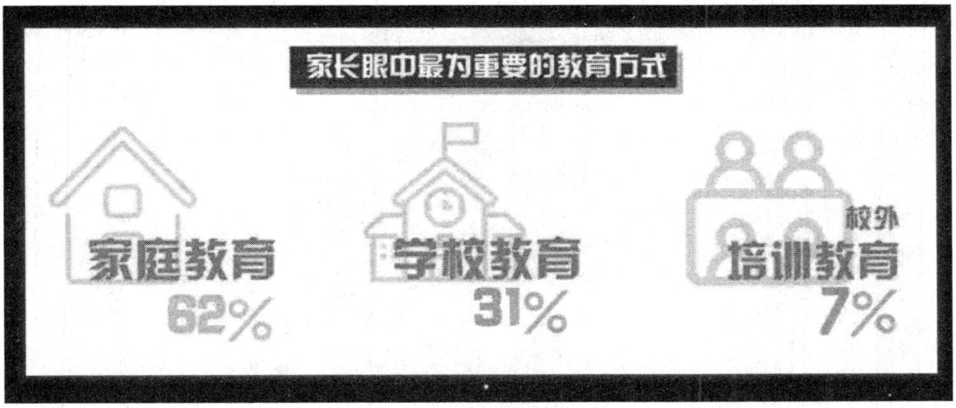

图 22-2　《中国家庭教育白皮书（2018年）》中的数据截取

（3）从目前各地的政策要求看，学校依旧是家庭教育指导落地的重要阵地。现有的教师群体所接受的师范专业学习缺乏家庭教育指导的相关内容，所以，要落实教师参与家庭教育的指导工作，培训教师也是巨大需求。

综上所述，我们认为家庭教育指导作为新兴事物会成为一个巨大的市场。

（四）目标市场分析

线上：全国线上市场。目标客户为两类：0~18岁的孩子家长、幼儿园及中小学教师。国内中小学生及学前婴幼儿约2亿多人，家长（父母）数量为3.4亿，50%家庭平均年教育支出1万元以上，子女校外辅导支出占比高达39%。[①]随着“双减”政策落地实行，校外辅导尤其是高中前的学段校外辅导将会完全退出市场，同时，居民人均可支配收入在2020年已达32 189元，同比增长4.7%。[②]只要定价合理，工作室能提供专业的优质的家庭教育指导，项目有信心在80%的中国家长面临的共性问题市场分一杯羹。现有的教师接受的大学专业学习缺乏应有的家庭教育指导，但他们又急需促成自己与家长之间的良好沟通来形成家校合力，教师群体本身也是学习意愿相对旺盛的一个群体，他们既需要也愿意随着时代的进步不断更新教育理念。实事求是地讲，我们本次进行的问卷调查中相当一部分对象就是教师，而我们得到的数据就充分说明了咱们的老师是学习型的老师。

线下：我们考虑将第一家门店设置在学府花园，地理位置如这张高德地图所示（见图22-3）。

---

① 《2020中国家庭教育行业研究报告》，2021年1月29日，http://www.360doc.com/content/21/0129/14/6657566_959562003.shtml。

② 中华人民共和国中央人民政府网：《2020年居民收入和消费支出情况》，2021年1月18日，https://www.gov.cn/xinwen/2021-01/18/content_5580659.htm。

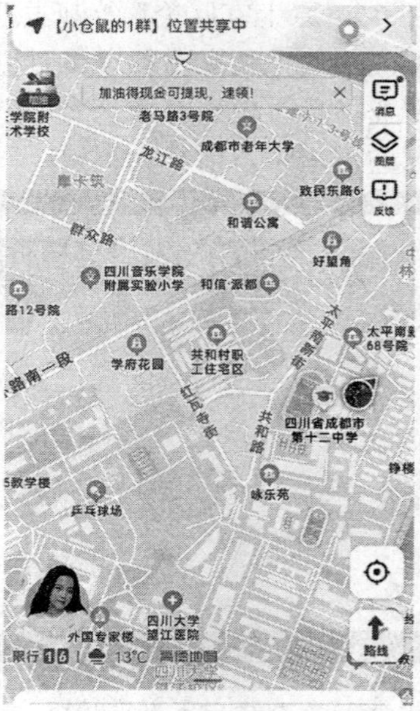

图 22-3　学府花园地理位置

这里不仅交通方便，而且附近紧挨着两所学校，一所中学，一所小学。此外，这里是川大，里面还有两所幼儿园和一所小学。门店的目标客户将是成都十二中、川音附小、川大幼儿园和川大附小的学生家长和学生，家长尤其是川大附中的家长每天要从红瓦寺进出接送孩子，他们有很高概率知晓工作室的存在。

（五）市场风险及对策

本项目面临的市场风险主要是三个：

（1）家庭教育辅导消费的特点是低频率、要求高、服务周期长，消费行为既不能随时发生，也会因为投入周期长，看到成果的时间在数月到数年不等，家长容易中途放弃。

（2）客户认可并适应我们工作室推出的服务和活动需要一个过程。

（3）随着潜在进入者与行业内现有竞争对手的增加，这两种竞争力量将逐步加剧。大家肯定都会采取更好的服务和价格策略打击对手。

以上三种因素会引起工作室产品和服务价格波动，客户量下降，进而影响工作室收益。

四、经营战略

我们的经营战略分为工作室自身发展战略和对外营销战略两个板块。

（一）工作室自身发展战略

（1）着眼于成本管控，工作室将采用初期线下为主，线上为辅的发展模式。以线下运营进行产品的验证，积累客户并收集客户反馈。线下：计划成立一家工作室，主要满足用户面对面咨询和情绪纾解的需求。线上：初期利用微信的微商功能和 QQ 视频会议功能为客户提供服务；后期在工作室技术条件具备、品牌打响后再着力开发进行引流。

（2）经营管理策略：

①坚持以市场为导向：工作室的服务对象主要是家长，工作室会坚持“坚定站在家长一边”的理念，为客户提供良好的服务，切实解决客户家庭教育中的问题，定期利用网络进行用户满意度调查，从而打造工作室的核心竞争力。

②项目为客户提供的产品和服务：在我们进行这一部分研究的时候，发现在制作市场调研问卷的时候没有考虑到调查客户的需求,这是我们在本次研究中的重大失误。我们只能采用采访家长的做法来稍作弥补；查阅网上资料，再仔细研究在家庭教育市场上目前做得比较成功的企业——樊登读书会和未来春藤，发现在家长教育中，孩子的不同年龄段面临的主要问题也不一样。我们将线上的产品分割成三部分（见图 22-4）。

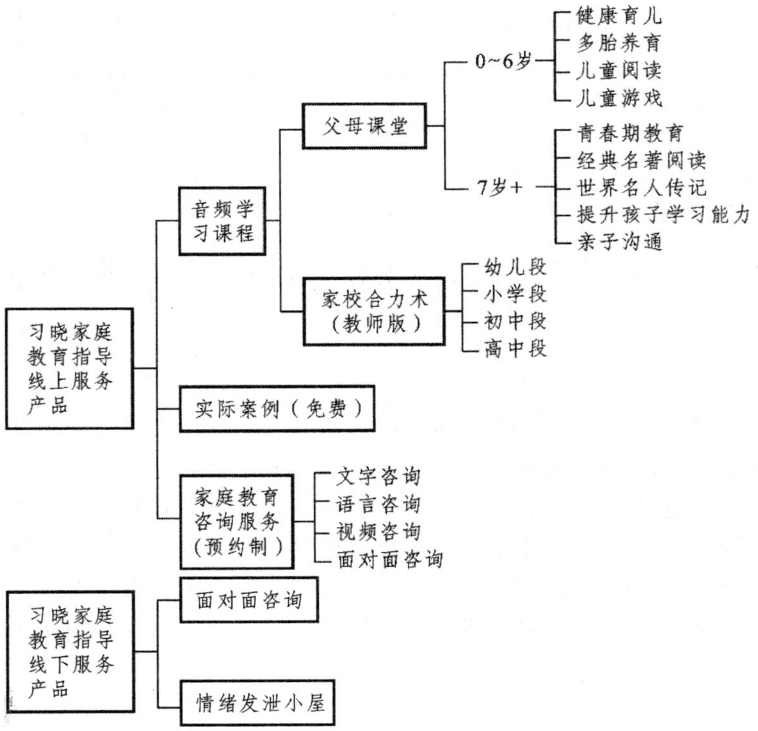

图 22-4　习晓家长工作室线上、线下产品类型

（二）产品定价

我们的定价策略：工作室所采用的定价原则是根据类似家庭教育的市场价格、客户价值、成本和毛利目标来确定。

表 22-1　习晓各项产品服务的基本价格

音频、视频课程	均价约 160 元/款			
时间	周一到周五		周六到周日	
咨询	普通价	会员价	普通价	会员价
文字咨询	80 元/小时	60 元/小时	90 元/小时	70 元/小时
语音咨询	160 元/小时	120 元/小时	180 元/小时	140 元/小时
视频咨询	220 元/小时	200 元/小时	240 元/小时	220 元/小时
线下面对面咨询	280 元/小时	240 元/小时	300 元/小时	260 元/小时
发泄小屋 8：00-12：00 时段	50 元/15 分钟	45 元/15 分钟	60 元/15 分钟	50 元/15 分钟
发泄小屋 13：00-00：00 时段	80 元/15 分钟	60 元/15 分钟	100 元/15 分钟	80 元/15 分钟

注：付款方式：线上个人消费在线单次付费，会员持充值会员卡持卡消费，每次刷卡一次。线下到店支付。

（三）对外营销战略

面对市场的竞争，为了尽快形成工作室的影响力，项目将采用线上与线下相结合的方式进行宣传。

1. 线上广告

考虑利用低成本平台例如抖音、哔哩哔哩（可称为“B 站”）、快手等 App 发布免费宣传视频。这些受众往往是年轻人的网络平台，它们的家庭教育指导需求并不是最迫切的，在这些平台的投放意图在于扩大知名度，更重要的是在于挖掘潜在客户，因为这些年轻人是未来的父母。其中哔哩哔哩的用户相对更成熟，而且它对年轻人的吸引力也较大。在几个知名平台的业务对比中，有知识付费业务的也只有 B 站，年轻人的学习热情更容易通过这个平台来释放，所以，我们重点在 B 站上投放宣传视频。

图 22-5　B 站用户统计

但目前来说，这几个平台均不提供链接，广告宣传的效率不会太高。所以，当前客户的挖掘必须还要寻找其他的平台，首先选择微信中的微商功能，必然是因为它拥有目前国内最多的用户，2021 年 1 月的日活跃用户数达到 10.9 亿，[①]其朋友圈具有广而告之的功能，还是免费的。微信最近开发的朋友圈官方广告业务，也因其依托用户信息形成的大数据而具有定位精准的优势。缺点是价格稍贵，但是值得。

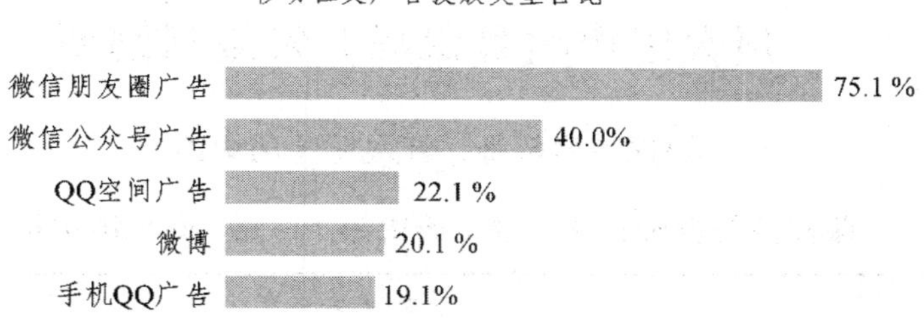

图 22-6　移动社交广告投放类型占比图

2. 线下宣传

线下第一批广告主要是采用发传单、张贴海报的方式，虽然传统，但其广告的告知作用明显，能够有效把信息传递给消费者，从而吸引消费者的注意，但线下最重要的还是消费者的口碑，口碑就是最有说服力的广告，工作室将通过优质专业的服务实现用户的口口相传。如投身公益助力宣传：项目在线上会设置大量的免费音频课程和案例供家长学习，线下加强和周边学校、社区的联络，为教师和社区工作人员提供免费培训。

3. 第一批客户开发

结合线上线下同时宣传，部分产品免费提供，所有课程的最初五节课均可以免费试听，限量发放打折体验卡和老推新优惠卡，从住宅小区和各个中小学、幼儿园门口开始宣传。在宣传市场调研的过程中，认真倾听并记录体验者的建议，为后期完善做准备。可与社区、学校、少年宫等组织达成协议，集体进行体验参观，现场教学，以此达到产品推广和培育家庭教育氛围的目的。

附件：调查问卷及数据分析（略）

① 樊宏伟：《媒体聚焦微信十年：日活跃用户近 11 亿，数个对手停服或转型》，2021 年 1 月 26 日，https://baijiahao.baidu.com/s?id=1689958539514365476&wfr=spider&for=pc。

西方女性史研究

川大附中项目课程开发规划纲要

课程首席教师：江昊阳（历史组）

课程参与教师：王　娜（历史组）　刘　武（历史组）

<table>
<tr><td>课程名称</td><td colspan="8">西方女性史研究</td></tr>
<tr><td>课程类型
（勾选）</td><td></td><td>必修的综合实践
活动课程</td><td></td><td>必修的
劳动课程</td><td>√</td><td>选修的
学科课程</td><td></td><td>选修的
校本课程</td></tr>
<tr><td>实施对象</td><td colspan="3">高一年级学生</td><td colspan="2">建议选课
学生人数</td><td colspan="3">16 人</td></tr>
<tr><td>课程课时及上课时段</td><td colspan="8">课程课时：5 次课 10 课时；上课时段：划定课程时段</td></tr>
<tr><td>课程背景</td><td colspan="8">1.课程开发的意义：本组试图在选修课中关注必修与选择性必修部分很少涉及的比较微观的方面。性别恰恰就是从比较微观的角度去进行历史研究的一个重要方面。
本课主要着眼于课标规定的选修课程模块 1“史学入门”中的“1.5 历史探究的主要方法”和“1.7 综合探究：历史问题的研究与论文习作”。本课旨在让学生了解从性别视角探究历史的方法，选定一个与西方女性史有关的问题，自行拟订研究的计划和方法，在进行文献检索和综述的基础上，搜集、整理、辨析相关历史材料，运用从性别视角研究历史的方法对所选问题进行探讨，并将自己的研究成果写成一篇历史小论文。
党的十八大以来，习近平总书记多次就妇女工作作出重要论述。他曾强调：“没有妇女，就没有人类，就没有社会。”他还指出：“让我们继续携手努力，加快实现性别平等、促进全球妇女事业发展。”[①]可见，中国正与各国一道在人类命运共同体的框架下致力于性别平等事业的进步。
中国性别平等事业的进步在一定程度上得益于倡导妇女解放的马克思主义女性主义。而马克思主义女性主义是在批判继承西方自由女性主义的基础上形成的。要了解西方自由女性主义，就要了解西方女性史。20 世纪 60、70 年代起，妇女史研究逐渐兴盛起来。从性别视角研究历史的方法成了历史研究中的一个重要方法。
基于上述背景，本组开发了“西方女性史研究”这一课程。在了解西方历史上的女性，学会从性别视角研究历史的方法后，学生既能形成有助于社会良性发展的性别平等意识，又能从不同角度去观察和感受历史学科的价值，丰富对历史的认识。
2.学生背景：当前网上有许多不利于性别平等的言论。中学生易在上网过程中受到这些言论的不良影响。因此，中学生很需要了解正确的女性主义。这就需要从历史的角度对这一问题溯源。
学生在初中已较为系统地学习过世界史，对本课涉及的知识有一定了解。部分学生也或多或少了解过女性主义相关理论。有了这些知识基础，就能让教师在教学过程中更好地激发学生的内驱力。
3.资源背景：各高校在性别研究上已有不少成果，为本课的开设提供了丰富的学术资源。</td></tr>
</table>

① 《习近平关于妇女儿童和妇联工作论述摘编》，中央文献出版社 2023 年版。

续表

<table>
<tr><td>课程名称</td><td colspan="6">西方女性史研究</td></tr>
<tr><td>课程背景</td><td colspan="6">在技术运用方面，本课将运用图片、数字化史料、幻灯片和音视频等多媒体进行教学，让学生在现代信息技术的辅助下获得更好的学习体验。
历史研究需要查阅不少的文献。我们可以去离本校较近且资源丰富的图书馆阅览和搜集资料。此外，多款电子数据库可支持学生搜集一手史料。
国家哲学社会科学文献中心、超星学习通和知网等学术网站可支持学生科学地了解西方历史上的女性。
幻灯片和智慧课堂环境可支持小组进行展示交流和互动评价等活动</td></tr>
<tr><td>课程内容（核心问题）</td><td colspan="6">研读相关史料，合作探究西方女性在不同历史时期的地位，撰写历史小论文。
问题：西方女性在不同历史时期有着怎样的地位？如何从性别视角研究西方历史？
活动：文献梳理、史料研读、小组合作、撰写历史小论文</td></tr>
<tr><td>课程目标</td><td colspan="6">1.结果性目标：了解从性别视角研究历史的方法，探究西方女性地位的历史变迁，选定一个问题并撰写历史小论文；
2.体验性目标：在探究西方女性地位的历史变迁这一活动中，体验不同性别间的关联，体验个人与社会间的关联，体验西方女性发展历程与当今社会间的关联，体验史料实证与历史解释两大学科核心素养间的关联</td></tr>
<tr><td rowspan="5">课次计划</td><td>课次</td><td>主题</td><td>研究环节</td><td>学生活动</td><td>课前课后任务</td><td>活动地点及技术融入</td></tr>
<tr><td>1</td><td>提出问题</td><td>确定主题、团队组建</td><td>学习社会性别理论，了解西方女性史研究现状；选择自己感兴趣的时期并进一步学习；分组并明确任务</td><td>1.课前：学生搜集西方女性相关信息，阅读与社会性别理论相关的资料；
2.课后：进行小组任务分配，拟定研究计划</td><td>多媒体教室；图片、数字化史料、幻灯片、音视频</td></tr>
<tr><td>2</td><td rowspan="3">解决问题</td><td>完成文献综述</td><td>检索和阅读有关本组研究问题的文献，在教师引导下完成文献综述</td><td>1.课前：学生阅读教师提供的参考教材《西方妇女史》，对西方女性史特别是本组研究时期的西方女性有一初步了解；
2.课后：小组合作完善文献综述，搜集史料</td><td rowspan="3">机房；图片、数字化史料、幻灯片；运用网络和线下资源搜集与西方女性史相关的资料</td></tr>
<tr><td>3</td><td>论文初稿写作</td><td>在教师引导下搜集、整理、辨析和研读史料，进行论文的初步写作</td><td>1.课前：在教师指导下搜集史料；
2.课后：完善论文，形成初稿</td></tr>
<tr><td>4</td><td>论文终稿写作</td><td>在教师引导下修改并完善小论文</td><td>1.课前：与老师进行沟通；
2.课后：准备结课展示材料</td></tr>
</table>

续表

	课次	主题	研究环节	学生活动	课前课后任务	活动地点及技术融入
课次计划	5	成果展示与评价反馈	展示成果、自评互评、完善成果	1.小组交流、展示研究成果； 2.小组自评、互评，根据意见，完善成果	1.课前：完善课程报告及幻灯片，收集整理过程性资料； 2.课后：完善和提交小论文	多媒体教室；运用幻灯片和智慧课堂环境支持小组进行展示交流和互动评价等活动
学生作品	关于西方女性史的历史小论文、幻灯片及其他物化资料					
评价方式	学生自我评价、生生之间相互评价、教师引导性评价					
安全保障	一般校内活动安全保障					
条件保障	课程开发组外部保障：笔记本电脑及相关设备、多媒体教室； 课程开发组内部保障：相关资料的汇集整理与研讨、收集资料的分析与研讨					
开发次第	首次开发					
课程审批	1.课程教学处：　签　章　年　月　日 2.学生发展处：　签　章　年　月　日					

西方女性史研究成果展示交流

一、教学分析设计

（一）内容分析

本门课程面向高一学生，共开五次课，每次课 2 课时。现已进行了四次课的研究。第一次课提出问题，主要内容为介绍课程开发背景和意义，提出核心问题。学生在学习了社会性别等相关理论知识后进行分组，建立小组并确立小组研究选题。第二次课解决问题，查阅文献，进行文献综述。第三次课继续解决问题，搜集、辨析、研读和整理史料，进行论文的初步写作。第四次课解决问题，完成论文的终稿写作并准备成果展示材料。

在前四次课的基础上，本次成果分享交流课的内容为展示交流学生的研究成果，同时进行研究成果的评价反思。

（二）学生分析

性别是生活中非常重要的一个维度。对于性别，学生有探究的兴趣和热情。

1. 知识储备方面

学生通过前四节课的学习，已经基本掌握了本门课所需要的知识。不过，学生的历史研究能力还有所欠缺。但是，在“培养—研究型”大学附中的研究性文化的熏陶下，学生的研究方法、研究思维有了非常大的进步。学生对科学研究的开展具有浓厚的兴趣。学生有了这些知识基础，就能让教师在教学过程中更好地激发学生的内驱力。

2. 研究素养方面

在“培养—研究型”大学附中的研究性文化的熏陶下，学生的研究意识已经有了很大的提高，但研究能力和研究方法等还有待提升。

3. 研究意愿方面

在“除了奋斗，别无选择”“全面发展，长于研究”等学习氛围的影响下，学生对于研究有很大的兴趣。而本门课程与学生生活的联系比较紧密，课程的研究内容和结果本身就具有很强的吸引力。本门课程前四次课的研究历程和结果也深深地吸引着学生。

（三）目标分析

1. 结果性目标

明确历史学研究的基本流程以及掌握撰写历史小论文的规范格式；能够团队合作，流畅地展示研究成果；能够聆听他人的展示成果，能够就展示情况进行评价与交流，提出恰当的建议与改进意见。

2. 体验性目标

在展示与评价研究成果的活动中，体验个人与社会之间的关联，体验西方女性发展历程与时代的关联，体验史料实证与历史解释两大学科核心素养之间的关联。

（四）资源分析

本次课所用的教学资源如下表所示：

教学资源	选用意图	来源
PPT、投影	用于教学引入、小组展示交流和体会反思。展示学生汇报课件和评价表	科技楼多媒体设备、课程实践中所得的文字资料和图片等
慕课	用于教学引入	中国大学 MOOC 网站
学生来信	用于教学引入	学校提供
数据库	支持学生搜集资料	国家哲学社会科学文献中心和中国知网等网站
黑板	板书本堂课学习活动和关键信息，呈现教学活动中学生的观点以及反思提升要点	教学内容中师生的讲述

（五）主题分析

按课程规划纲要的课次规划并结合前面对本次课程内容与学生的分析，将本次课的活动主题确定为研究成果的展示分享交流。

二、教学实施设计

（一）教学环节

教学环节	学生活动	教师活动	设计意图	技术与教育教学融合
提出问题（约 4 分钟）	聆听教师讲解，明确学习任务	利用学生来信和慕课等引入课程	引出本节课任务	图片、数字化史料、幻灯片；运用网络资源搜集“西方女性发展历史”相关资料
	学生代表汇报前四次课程的进展状况	组织学生听学生代表的汇报并回顾本课程	前四节课学生围绕核心问题分组进行研究并产出研究成果。本节课，学生将展示研究成果。学生明确本次课任务、目标及要求，为在交流中彰显本组调研过程及方法的研究性做好准备	
展示交流（约 30 分钟）	三个小组分别通过课件演示、小组代表的解说以及组内其他成员补充等方式进行展示交流：	引导学生进行汇报，板书学生汇报要点	通过展示交流，使学生的语言表达能力、逻辑思维能力、现场应变能力和团队协作能力得到锻炼和提升	

续表

教学环节	学生活动	教师活动	设计意图	技术与教育教学融合
展示交流（约 30 分钟）	第一组：在了解古代与中世纪西方女性发展概况的前提下深入研究中世纪主流女性观及其所体现的中世纪西方女性地位； 第二组：在了解近代西方女性发展概况的前提下深入研究文艺复兴时期的杰出女性及其所反映出的此时期女性地位； 第三组：在了解现代西方女性发展概况的前提下，将西方女性与中国女性进行关联，深入研究晚清民国时期来华女性传教士对四川妇女的影响	引导学生进行汇报，板书学生汇报要点	通过展示交流，使学生的语言表达能力、逻辑思维能力、现场应变能力和团队协作能力得到锻炼和提升	
评价与总结（约 6 分钟）	聆听、思考老师的评价，对本小组和其他小组的研究过程和研究成果进行反思，深化对研究的认识	教师根据学生发言的板书内容，对学生在整个研究活动中的表现进行评价与提升	完成课程提升，强化学生的成功体验，提高研究素养	

（二）评价预设

1. 教学过程中的评价预设

（1）提出问题环节：明确本节课的具体任务，让学生清楚本次课和前四次课以及后续研究的关联，对同学们参与研究的过程和研究的态度提出表扬，激励学生在本次课上大胆发言、主动交流，营造积极的课堂氛围，激发学生探究和表达的积极性。

（2）展示交流环节：对各展示小组在展示交流情况中基于学科性的彰显程度进行建议性评价。对学生交流中展示的研究精神等予以肯定，引导学生自信表达和认真聆听他人的发言。

（3）评价与总结环节：从研究方法、研究过程和研究结果等方面对学生在本节课以及整个研究活动中的表现给予激励性和肯定性的评价，让学生对整个研究有更加深入的体验，提升其历史学科素养，积淀学生的科研素养。

2. 教学活动后的评价预设

从本课教学目标，尤其是体验性目标达成的视角来看，对学生上交的过程资料、研究报告和表 23-1“成果交流评价表”等进行评价，并将学生在课题中撰写的小论文加以润色，予以发表。

表 23-1　西方女性史研究——成果交流评价表

姓名：________　　班级：________　　组别：________

项　目	评价标准	评　分
研究性（30 分）	研究意义：能说明研究意义，且立论依据充分（10 分）	
	研究方法：能选择恰当的方法并准确运用（10 分）	
	研究过程：科学合理、逻辑严密（10 分）	
学科性（20 分）	能使用历史学科的方法，特别是性别史的方法进行研究（20 分）	
创新性（10 分）	选题具有较高的创新性（10 分）	
合作性（20 分）	组内成员能较好地进行分工与合作（20 分）	
规范性（20 分）	论文的撰写符合格式规范（10 分）	
	能在规定的时间内，简明扼要、重点突出地阐述论文的主要内容，表述清晰准确，且幻灯片制作简洁、突出研究主题风格（10 分）	
总体评价（100 分）		

（三）板书设计

西方女性史研究成果展示交流

核心问题：研读相关史料，合作探究西方女性在不同历史时期的地位，撰写历史小论文。

研究方向	本时期西方女性史概述	论文选题	研究成果	研究过程
古代与中世纪西方女性	古希腊： 古罗马： 中世纪：	从中世纪西方主流女性观窥探中世纪西方女性地位		
近代西方女性	近代早期： 近代政治革命中的西方女性： 工业化时期的西方女性：	浅析文艺复兴时期的杰出女性		
现代西方女性	两次女性主义运动浪潮	近代来华女性传教士对中国妇女的女性意志觉醒的影响研究——以华西坝女性传教士为例		

（四）教学流程

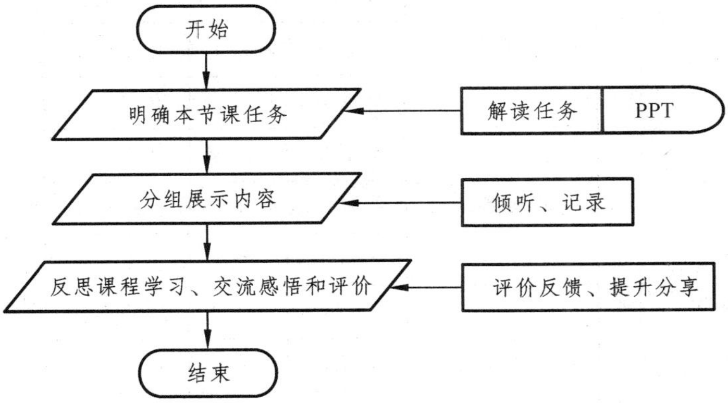

图 23-1　“西方女性史研究”教学流程图

三、教后评价设计

（一）信息搜集

为检测学生课堂上在本节课的关联体验目标上的达成情况，我搜集了学生的评价反馈练习共 16 份，基于关联体验目标达成情况评判标准，进行了批阅和分类。

（二）自我评价

川大附中项目课程核心问题教学评价表

<table>
<tr><th rowspan="2">评价目标</th><th colspan="3">评价指标</th><th rowspan="2" colspan="2">评价结果</th></tr>
<tr><th>一级指标</th><th>二级指标</th><th>三级指标</th></tr>
<tr><td rowspan="24">实现活动体验中的学习与发展</td><td rowspan="12">具有核心问题教学形态</td><td rowspan="3">核心问题利于活动体验</td><td>内含客观问题和学生活动方式</td><td>6</td><td rowspan="12">每项指标最高评8分

合计 85 分</td></tr>
<tr><td>问题情景与真实生活密切相关</td><td>7</td></tr>
<tr><td>能引发新知识、新方法的生成</td><td>6</td></tr>
<tr><td rowspan="3">教学目标价值引导恰当</td><td>两类目标正确全面</td><td>7</td></tr>
<tr><td>关联体验目标恰当</td><td>8</td></tr>
<tr><td>目标价值引导显现</td><td>8</td></tr>
<tr><td rowspan="3">教学环节完整合理落实</td><td>教学环节清晰完整</td><td>6</td></tr>
<tr><td>环节内容合理充实</td><td>7</td></tr>
<tr><td>学生活动时间充分</td><td>7</td></tr>
<tr><td rowspan="3">教学要素相互匹配促进</td><td>问题目标环节两两匹配</td><td>8</td></tr>
<tr><td>技术促进活动形式内容</td><td>7</td></tr>
<tr><td>课程特点突出氛围浓郁</td><td>8</td></tr>
<tr><td rowspan="12">具有核心问题教学实质</td><td rowspan="3">拓宽学习视野</td><td>课程与现实世界有恰当关联</td><td rowspan="12" colspan="2">选择一个表现突出的二级指标，在相应三级指标的引导下，以现场学生表现为主要依据，以其余指标为背景，于本表的第二页写出150字以上的简要评价</td></tr>
<tr><td>有基于缄默知识的问题解决</td></tr>
<tr><td>有缄默知识运用的追踪剖析</td></tr>
<tr><td rowspan="3">投入实践活动</td><td>有真实而且完整的实践活动</td></tr>
<tr><td>能够全身心地浸渍于活动中</td></tr>
<tr><td>活动的内容结果均丰富深入</td></tr>
<tr><td rowspan="3">感受意义关联</td><td>有核心问题的深层意义感受</td></tr>
<tr><td>有以知识为中心的关联感受</td></tr>
<tr><td>有以个人为中心的关联感受</td></tr>
<tr><td rowspan="3">自觉反思体验</td><td>有实质性反思活动的开展</td></tr>
<tr><td>有课程新因素的追踪利用</td></tr>
<tr><td>有体验的交流与改善重构</td></tr>
</table>

续表

评价目标	评价指标			评价结果
	一级指标	二级指标	三级指标	
实现活动体验中的学习与发展	具有核心问题教学实质	乐于对话分享	乐于自我表达与认真倾听	
			乐于合作中成果与思路的分享	
			有宽容的对话氛围和双向交流	
		认同体验评价	认可体验评价	
			参与体验评价	
			利用体验评价	
核心问题教学实质的简要评价				
学生在整个课程环节中“乐于对话分享”，体现在三个方面： 1.乐于自我表达与认真倾听：所有学生在展示与汇报时都能做到非常积极地进行自我表达，也能非常认真地倾听他人的汇报； 2.乐于合作中成果与思路的分享：三个小组都愿意将自己小组的成果与思路分享给大家； 3.有宽容的对话氛围和双向交流：学生在分享时，老师不过多干预，形成了宽容的对话氛围。教师和学生在每个环节都能进行双向交流				

（三）反馈调整

川大附中项目课程体验性目标点检测表

基本信息	课程名称	西方女性史研究	课程类别	学科选修
	首席教师	江昊阳	组/处	历史
	参与教师	王娜	组/处	历史
		刘武	组/处	历史
	年　　级	2021 级	上课时间	周二 8、9
核心问题	研读相关史料，合作探究西方女性在不同历史时期的地位，撰写历史小论文。 问题：西方女性在不同历史时期有着怎样的地位？如何从性别视角研究西方历史？ 活动：文献梳理、史料研读、小组合作、撰写历史小论文			
课程目标	结果性目标	了解从性别视角研究历史的方法，探究西方女性地位的历史变迁，选定一个问题并撰写历史小论文		
	体验性目标	在探究西方女性地位的历史变迁这一活动中，体验不同性别之间的关联，体验个人与社会之间的关联，体验西方女性发展历程与当今社会之间的关联，体验史料实证与历史解释两大学科核心素养之间的关联		
检测点	在探究西方女性地位的历史变迁这一活动中，体验不同性别之间的关联，体验个人与社会之间的关联，体验西方女性发展历程与当今社会之间的关联，体验史料实证与历史解释两大学科核心素养之间的关联			

<table>
<tr><td>检测任务</td><td colspan="3">从不同性别之间的关联，体验个人与社会之间的关联，体验西方女性发展历程与当今社会之间的关联，体验史料实证与历史解释两大学科核心素养之间的关联等角度对本门课程进行自我评价</td></tr>
<tr><td rowspan="4">分类标准</td><td colspan="3">A.能很好地体验不同性别之间的关联，体验个人与社会之间的关联，体验西方女性发展历程与当今社会之间的关联，体验史料实证与历史解释两大学科核心素养之间的关联</td></tr>
<tr><td colspan="3">B.能比较好地体验不同性别之间的关联，体验个人与社会之间的关联，体验西方女性发展历程与当今社会之间的关联，体验史料实证与历史解释两大学科核心素养之间的关联</td></tr>
<tr><td colspan="3">C.基本能体验不同性别之间的关联，体验个人与社会之间的关联，体验西方女性发展历程与当今社会之间的关联，体验史料实证与历史解释两大学科核心素养之间的关联</td></tr>
<tr><td colspan="3">D.能体验不同性别之间的关联，体验个人与社会之间的关联，体验西方女性发展历程与当今社会之间的关联，体验史料实证与历史解释两大学科核心素养之间的关联中的1~3个关联</td></tr>
<tr><td rowspan="5">检测统计</td><td>分类等级</td><td>学生人数（总人数16人）</td><td>所占百分比</td></tr>
<tr><td>A</td><td>13</td><td>81.3%</td></tr>
<tr><td>B</td><td>2</td><td>12.5%</td></tr>
<tr><td>C</td><td>1</td><td>6.3%</td></tr>
<tr><td>D</td><td>0</td><td>0</td></tr>
<tr><td>检测分析结果运用</td><td colspan="3">在深度参与教学后，大部分同学能很好地体验不同性别之间的关联，体验个人与社会之间的关联，体验西方女性发展历程与当今社会之间的关联，体验史料实证与历史解释两大学科核心素养之间的关联，说明本课目标完成较好。但也有个别同学没有实现深度体验。需要对这类学生进行个别指导。在今后的教学设计和实施过程中，需要更加深入地融入核心问题教学模式，用好结果性目标和体验性目标，让学生能够逐渐适应核心问题教学模式，适应高中阶段的学习，达成较好的教学目标</td></tr>
<tr><td>体验典型实例</td><td colspan="3">图 23-2 中的学生认为：“本次选修课在各个方面，各种意义、各种经历上都使我受益匪浅。在学习研究上，我尝试了女性史这一从未涉足的领域，第一次尝试搜集史料，自己撰写论文，深刻地体会到了研究者的工作。从同学关系来说，我很荣幸作为组长协调各位同学，一齐就同一个课题凝成一股绳，画出了最大同心圆，共同完成了这一有意义的课题。同时，就人文关怀领域来说，我在本次选修课中学习到了许多关于西方女性的历史知识，我深刻地认识到了女性在历史上的低位之低下与女性的历史生存状况之不易。这对于拓宽我的人文关怀视角也是颇有好处的。”该生的答案虽然有一些错别字，也存在语病问题，但不妨碍其研究素养的展现。作为一名男生，该生能够学习到“许多关于西方女性的历史知识”并“认识到了女性在历史上的低（地）位之低下与女性的历史生存状况之不易”，这说明他深度体验了不同性别之间的关联，也能够体验西方女性发展历程与当今社会之间的关联。他还认为这门课有助于使他更具人文精神。这说明他深度体验了个人与社会之间的关联。在与小组合作研究和完成历史小论文的过程中，他深度体验了史料实证与历史解释两大学科核心素养之间的关联。可见，该生能达到标准A。</td></tr>
</table>

体验典型实例	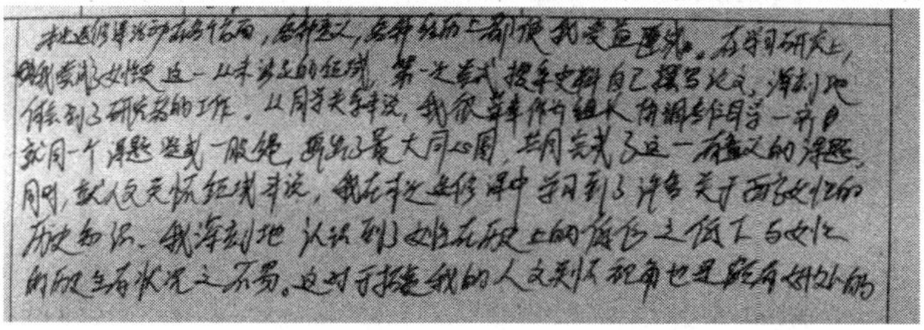 本次选修课活动在各个方面，各种意义，各种经历上都让我受益匪浅。在学习研究上，我了解了女性史这一从未涉足的领域，第一次尝试搜集史料自己撰写论文，深刻地体会到了研究者的工作。……我很荣幸作为组长……共同完成了这一有意义的课题。同时，……我在本次选修课中学习到了许多关于西方女性的历史知识。我深刻地认识到了女性在历史上的地位之低下与女性的成长与发展之不易。这对于拓展我的人文关怀视角也是很有好处的 图 23-2　学生体验优秀示范
检测反馈	从学生关联体验目标的达成程度看，学生基本上能够通过合作学习达成体验性目标，能在学习过程中培养历史学科的基本素养，运用和内化到解决新问题的过程中。

近代来华女性传教士对中国妇女的女性意识觉醒的影响研究

——以华西坝女性传教士为例

蒋正宇　陈妍妙　唐亦萱　胡俊彤　易恬曲

明清以来，不断有基督教传教士来到四川。据记载，1640 年，意大利传教士利类思最早进入四川传教。两年后，葡萄牙人安文思从杭州来四川协助利类思进行传教。但此时的传教士数量还比较少。到了近代，中国受到西方列强的侵略，国门被迫开放。此时，大批来华传教士才随之涌入。据统计，1901 年，英、美、法、加等国有九大教会在四川，有男女传教士 315 人，教堂 221 所，并建有医院、药房、学校、孤儿院和救济院等 673 所。①

《枫落华西坝》和《相思华西坝》中的文章都谈及了不同来川传教士的成就。但是，它们当中关于女性传教士的内容文字相对较少，角度单一，主要集中于对丈夫的辅助工作的描述，没有多方面展现出她们对四川妇女的影响。实际上，她们的性别沟通优势和更细致、耐心的传播特点使得她们对当地妇女产生了更重要的影响。

传教士初来四川时，当地女性地位总体较低。美国传教士林乐知（Young J. Allen）专为中国人撰写的《全地五大洲女俗通考》就曾将中国女训凌虐女子的弊端总结为三：一为"幽闭女人"，二为"不学无术"，三为"束缚其足"。传教士提出的其他问题还有溺女现象、婚姻不平等、地位低贱和受歧视等。②在来到四川后，一批批女性传教士则从不同方面对四川女性意识的觉醒起到了重要作用。

一、开展妇女生育卫生教育

1893 年，拥有加拿大多伦多大学医学博士学位的丽塔（Alfretta Gifford）来到成都。次年 5 月 21 日，她与启尔德结婚，起了个中文名字启希贤。她穿中式服装，治疗女性病人，尤其是妇科病患者。1920 年，启尔德因肺炎去世后，启希贤带着子女继续留在华西坝，除了继续管理仁济女医院外，还教授儿科、治疗学和其他课程，直到 70 多岁才退休回到故乡。

1896 年，在丈夫启尔德创办福音医院的同时，启希贤在附近的新巷子修建了专收女病人的女子医院，后迁至惜字宫南街，定名为"仁济女医院"，设有妇科、产科、小儿科，有 70 张床位。③有资料显示，此医院共接待了 500 名妇科病人，有 300 人是想要生产的。其中，175 人接受了产前检查，婴儿的死亡率是 5%，母亲是 0。④

---

① 张丽萍：《相思华西坝》．河北教育出版社 2005 年版，第 7 页。

② 杨剑利：《以女俗论教化：明清来华传教士的"文明"教程》，《北京大学学报（哲学社会科学版）》，2018 年第 1 期，第 64-73 页。

③ 谭楷：《枫落华西坝》，天地出版社 2018 年版，第 65 页。

④ MORSE W R, LINDSAY A W. Deans' report: college of medicine and dentistry, West China Union University, Chengdu, Szechwan, West China, 1934:81.

并非只有启希贤一人在为当地妇女卫生做贡献。四川美以美会（Methodist Episcopal Church）于1931年9月成立助产学校。该校成立的两年内，学生共参加接生50次，进行产前和产后检查上百次。该校在1933年毕业了9名学生，之后又有24名学生入学。这有助于对四川妇女生育卫生的教育，也推动当地妇女意识到身体的自主性，促进女性意识的渐渐觉醒。

二、解放双足

女性意识到身体的自主性后，伴随着不断觉醒的女性意识而真正行动起来，获得更大的自主性——这主要体现在解放双足上。1895年，英国商人的妻子立德夫人（Mrs. Archibald Little）在上海集合了一批西方女性，创办了天足会（Natural Foot Society）。启希贤到上海后，初步了解了缠足的危害："缠足的女人，被缠住的不仅仅是双脚，还有思想和灵魂。"

回到四川后，启希贤筹建天足会，被选为四川天足会会长，到处宣传不缠足的好处，多次举行大规模"放足活动"。她甚至深入到偏僻农村去，解救了许多四川女子。当时，来自内部和外部的阻力极大。除了当地思想观念僵化落后外，某些保守传教士也同样认为缠足是一件必须遵从的事，是神圣而不可侵犯的。①

1903年，四川总督锡良接见了启希贤和四川天足会的请愿代表，并下令各州府县将"劝禁男子吸烟妇女缠足"的告示贴遍城镇街道和水陆码头。各地也纷纷酝酿成立天足会。

启希贤选定乐山为突破口，召开四川天足会第一届全省年会，并邀请中华天足会会长立德夫人参加，将立德夫人的讲话翻译成标准的四川话，征服了听众。此后，她还在文殊院举办四川天足会放足大会，盛况空前。

为了推广天足运动，启希贤还启动了很多配套改革措施，比如建议教会不允许教徒娶缠足之女，更不允许教徒给女儿缠足，从观念上给女性缠足解绑。同时，还在护士和护工招聘、女子学校招生、助学金发放等规则制定上体现对天足女子的肯定，取得了很好的效果。

三、提高女性平等受教育权

中国封建社会没有出现过女学，但却有女教。女子可以在家中接受业师的指导，其知识体系和行为准则形成于刘向所撰《列女传》和我国第一部由女性编撰的关于"妇道"的著作《女诫》。女教要求女子明贤、仁智、贞顺、节义，影响深远。但是，这样的女教却使得女性意识被压抑，让女性无法获得平等的受教育的机会。

教会学校创办以后，我国女性才接受了近代意义上的教育。1834年，德国传教士郭实腊的妻子温施娣在澳门开办女子读书班，是中国教会女学之始。1844年，英国"东方女子教育协进社"派阿尔德赛女士在宁波创办女子学塾，该学塾是外国传教士在中国创办的第一所女子学校。此后教会所办女塾大都在沿海和华中。有统计显示，1877年，新教传教士在华共办各类女子学校120所，学生2084人，其中美国差会所办81

① 谭楷：《枫落华西坝》，天地出版社2018年版，第84页。

所，学生 1421 人，均占学校和学生总数的 68%左右。[①]

启尔德长子启真道和夫人启静卿都是多伦多大学的医学博士。启静卿教儿科学和精神病学，成为华西协合重要的师资力量。1924 年 9 月 7 日，华西协合大学首次招收 8 名女生。来自芦山的乐以成于 1932 年毕业，成为华西医学院的第一位女博士，同时也是中国妇科的奠基人。

四、影响的局限性

女性传教士来华后，出于传教需要和启蒙意识，对当地的妇女提高女性自主意识的作用可谓非常重要。但是也需要注意，由于女性传教士自身所处的较低地位，这种对当地妇女的解放也是有一定局限性的。有研究显示，来华传教士中，女性占比一半。但按照差会的规定，协助工作的女性一旦结婚，便会取消一切薪酬待遇。[②]

五、小结

作为西方殖民符号之一，传教士有其固有的宗教立场，带有文化帝国主义和后殖民主义的色彩。当然也不可否认，这些传教士成为推动中国近代化不可缺少的一股力量，起到了近代思想启蒙和传播的作用。从女性意识觉醒的角度看尤其如此。

① 王立新：《美国传教士与晚清中国现代化》，天津人民出版社 1997 年版，第 226 页。
② 谭楷：《枫落华西坝》，天地出版社 2018 年版，第 21 页。

成都地区名人家风研究之杨慎家族

川大附中项目课程开发规划纲要

课程首席教师：任菲菲（历史组）

课程参与教师：刘　武（历史组）　马方林（历史组）

<table>
<tr><td>课程名称</td><td colspan="8">成都地区名人家风研究之杨慎家族</td></tr>
<tr><td>课程类型
（勾选）</td><td></td><td>必修的综合实践
活动课程</td><td></td><td>必修的
劳动课程</td><td>√</td><td>选修的
学科课程</td><td></td><td>选修的
校本课程</td></tr>
<tr><td>实施对象</td><td colspan="3">高二年级学生</td><td colspan="2">建议选课
学生人数</td><td colspan="3">19 人</td></tr>
<tr><td>课程课时及
上课时段</td><td colspan="8">课程课时：5 次课共 10 课时；上课时段：周三下午第三四节</td></tr>
<tr><td>课程背景</td><td colspan="8">1.课程开发的意义：
家风是一个家庭世代相传的风气或风尚，其形成往往需要长辈的言传身教与几代人的传承，对家庭中的每个成员都有着潜移默化的影响。积极向上的家风能使家庭成员形成良好的行为品德，激发家庭成员源源不断的正能量，有助于形成文明健康的社会风尚。
2.学生背景：
当前中学生对中国传统优良家风家训的内涵与价值的认识相对不足，即便是有认知也较肤浅，但有以下优势，有利于本门学科选修课程的开设：
（1）对中国的传统文化有所了解，在初中也较为系统地学习过中国古代史，对中国传统文化有一定的了解。
（2）拥有一定的策划和探究调研执行能力，能综合运用相关知识开展课题研究，对课题中的问题进行研究并推进。
（3）有良好的沟通协调能力，有乐于与他人合作、分享和服务社会的意识。
3.资源背景：
新都杨慎家族自元明之际入蜀定居以来，从社会底层逐步上升为“一门七进士，宰相状元家”国家精英的传奇历程，一直备受世人关注。特别是在政治颓败、贪腐横行的时期，官宦世家如何做到从政清廉、洁身自好、笃志博学，尤其需要大智慧。
该课程便试着从家风来解读杨氏家族的智慧密码。该课程的开设有以下资源优势：
（1）新都天府家风馆和杨氏宗祠，为学生提供实地考察的场地。
（2）杨德力：杨慎第十四代孙，杨氏家族家风的传承者，可提供采访。
（3）四川大学图书馆和杨慎研究中心，资源丰富且距离近，方便搜集资料。
（4）爱如生古籍数据库等电子数据库可支持学生搜集史料。
（5）知网、国家哲学社会科学文献中心、超星学图书馆和学习强国等网站为查询资料提供便利。
（6）“问卷星”支持“家风建设调查调研”制作。
（7）“剪映”支持学生制作采访小视频。
（8）幻灯片、智慧课堂环境可支持小组展示交流、互动评价等活动。
综上所述，本课程的开设既有丰富的资源基础，又有重要的现实意义</td></tr>
</table>

续表

<table>
<tr><td>课程名称</td><td colspan="6">成都地区名人家风研究之杨慎家族</td></tr>
<tr><td>课程内容（核心问题）</td><td colspan="6">核心问题：搜集研习杨慎家族相关史料，提炼其家风并探讨成因和现实影响，撰写研究报告。
问题：史料搜集方法有哪些？史料分类及价值辨析的原理和方法是什么？影响家风的因素有哪些？研究传统家风对现代家风的意义。
活动：史料搜集、分类整理、价值辨析、史料研读、撰写报告</td></tr>
<tr><td>课程目标</td><td colspan="6">结果性目标：明确历史学研究的基本流程以及掌握撰写研究报告的规范格式；能够团队合作，流畅地展示研究成果；能够聆听他人的展示成果，善于学习，勤于思考；能够就展示情况进行评价与交流，提出恰当的建议与改进意见，并撰写研究报告。
体验性目标：在展示与评价研究报告的活动中，体验历史与现实的关联；体验家与国的关联；体验个人与社会的关联；体验史料实证、历史解释与历史结论之间的关联</td></tr>
<tr><td rowspan="6">课次计划</td><td>课次</td><td>主题</td><td>研究环节</td><td>学生活动</td><td>课前课后任务</td><td>活动地点及技术融入</td></tr>
<tr><td>1</td><td>确定主题</td><td>提出问题
团队组建</td><td>学习家风相关的理论知识，了解家风研究现状；选择杨氏家风感兴趣的方面进一步研究，明确研究任务</td><td>1.课前：学生了解、搜集家风的相关信息；阅读与杨慎相关的资料；
2.课后：查阅相关资料，并制作家风问卷调查内容</td><td>历史专用教室；幻灯片、视频</td></tr>
<tr><td>2</td><td>解决问题</td><td>史料搜集（一）</td><td>实地考察、深度采访；撰写杨慎家族家风的调研报告</td><td>1.课前：搜集资料，制定采访计划；
2.课后：整理采访实录，撰写杨氏家族家风相关报告</td><td>天府家风馆&杨氏宗祠；
“剪映”、语音识别</td></tr>
<tr><td>3</td><td>解决问题</td><td>史料搜集（二）</td><td>按家风内容划分小组，丰富资料并完成史料汇总，撰写分组报告</td><td>课前：史料搜集，初步分类；
课后：走进川大，查询书籍，完善史料</td><td>多媒体教室405；
互联网、幻灯片、音视频</td></tr>
<tr><td>4</td><td>反思提升</td><td>史料解读</td><td>在教师指导下进行史料分类、整理辨析和解读</td><td>1.课前：完善史料搜集；
2.课后：制作幻灯片，用于成果展示</td><td>多媒体教室405；
互联网、幻灯片、音视频</td></tr>
<tr><td>5</td><td>成果展示与评价反馈</td><td>成果展示</td><td>分组展示、小组互评，完善成果</td><td>1.课前：完善课程报告及PPT，收集汇总、整理设计的过程性资料；
2.课后，完善研究报告，将成果打包并提交教育科研处</td><td>多媒体教室；
幻灯片、智慧课堂</td></tr>
</table>

续表

课程名称	成都地区名人家风研究之杨慎家族
学生作品	关于“成都地区名人家风研究之杨慎家族”的研究报告、PPT及其他物化资料
评价方式	生生之间相互评价、学生自我评价、教师引导性评价、研究报告、方案等级评定
安全保障	一般校内活动安全保障与校外安全保障
条件保障	课程开发组外部保障：笔记本电脑及相关设备；多媒体教室（以便师生展示交流）； 课程开发组内部保障：相关资料的汇集整理与研讨；收集资料的分析、研讨
开发次第	首次开发
课程审批	1.课程教学处：　签　章　年　月　日 2.学生发展处：　签　章　年　月　日

成都地区名人家风研究之杨慎家族研究成果展示交流

一、教学设计分析

（一）内容分析

该课程本学期共安排了五次课，第一次课是家风相关理论知识的学习，师生共同确立核心问题，并进行初步分组，建立团队。第二节课为实地考察课程，参观新都的家风馆和杨氏宗祠，倾听杨氏家族的传承人杨德力先生对杨氏家风的解读。第三、四次课为解决问题的课程，分小组实施方案，并记录实施过程中遇到的问题，将课程开展中的实践与记录进行分析，修改并完善方案。最后撰写研究报告。第五次课为学生展示课，交流研究成果。

（二）学生分析

优秀的家风是中国优秀文化的重要组成部分，体现了中华民族传统的家国情怀，承载了中华民族的智慧，是民族文化的生动表征。

（1）通过前四节课的系统学习，学生已经基本掌握了该课所需要的知识，了解了历史研究的基本流程，熟悉了史料搜集、整理和辨析的基本方法，具备了一定的历史研究素养。不过，史料解读和报告撰写的能力需要进一步提高。

（2）学生研究意识有明显的提升，但知识储备和研究能力需要再进步。

（3）家风是一个小切口。从与学生息息相关的家庭生活入手，将理论与实际相结合，对缓和亲子关系有一定的作用，对学生有较强的吸引力。

（三）目标分析

1. 结果性目标

明确历史学研究的基本流程以及掌握撰写研究报告的规范格式；能够团队合作，流畅地展示研究成果；能够聆听他人的展示成果，善于学习，勤于思考，能够就展示情况进行评价与交流，提出恰当的建议与改进意见。

2. 体验性目标

在展示与评价研究报告的活动中，体验历史与现实的关联；体验家与国的关联；体验个人与社会的关联；体验史料实证、历史解释与历史结论之间的关联。

（四）资源分析

本次课程主要是室内展示交流课，所用的教学资源如下表所列：

教学资源	选用意图	来源	能力点
PPT、投影	用于教学引入、小组展示交流和体会反思。展示学生汇报课件、学生采访实录，播放学生收获的视频	科技楼多媒体设备；课程实践中所得的资料、图片、视频等；剪辑软件	B3

续表

教学资源	选用意图	来源	能力点
问卷星	收集家风相关的问卷	问卷调查网站	B1、B9
黑板	罗列本堂课的学习活动和关键信息，呈现教学活动中学生的观点及反思提升中学生的想法	教学内容，学生讲述	B3

（五）主题分析

按课程规划纲要的课次规划，基于前面对本次课程的活动与学生的分析，将本次课的活动主题确定为研究成果的展示分享交流。

二、教学实施设计

（一）教学环节

环节	学生活动	教师活动	设计意图	技术与教育教学融合
任务解说	领会老师解说，明确学习任务（约2分钟）	《三国演义》主题曲音乐导入，引出杨慎，回顾家族的时代背景，提出本节课的核心任务	学生明确本次课的任务、目标及要求，为在交流中彰显本组调研过程及方法的研究性做好准备	多媒体课件B3
展示交流	本堂课内容分别通过成员的PPT演示和解说以及组内其他成员的补充的方式进行展示交流： 1.主持人介绍家风的学术概念，引出我们所理解的家风，并对其下定义。（约3分钟） 2.史料搜集汇报组：介绍史料搜集、整理、分类及价值辨析。（约10分钟） 3.史料解读汇报组：依据史料总结出的杨慎家风的内容并探讨其成因。（约18分钟） 4.现实意义汇报组：从社会、家庭、个人等方面解读杨氏家族家风的现实意义（约6分钟）	教师聆听并板书学生发言要点，对史料学法、内涵解读和现实启示等进行辩证的总结性评价	通过展示交流，使学生的语言表达能力、逻辑思维能力、现场应变能力、团队协作能力得到锻炼和提升	多媒体课件B3；问卷星B9

续表

环节	学生活动	教师活动	设计意图	技术与教育教学融合
总结评价	聆听并思考同学、老师评价，对本小组的研究过程和研究成果进行再反思，深化对研究的认识（约5分钟）	教师根据学生发言的板书内容，分析学生在整个研究活动中的表现。引导学生反思史学研究的一般流程；通过史料研读，提炼出家风的内容，强化学生的唯物史观、史料实证和历史解释等核心素养；在传统观念与现实间找到结合点，以史为鉴，勇担社会重任，提升学生的家国情怀	完成课程提升，强化学生的成功体验，提高研究素养，进一步彰显学科选修课的研究性，让学生学会研究方法，培养其解读问题的能力，为后续研究打下基础	多媒体课件B3

（二）评价预设

1. 课程实施的评价预设

（1）任务解说环节：歌曲导入，激发学生对本堂课的兴趣，引起学生的注意力，营造积极的课堂氛围，激发学生的学习热情。

（2）展示交流环节：各小组在展示交流情况时，对其进行建议性评价。对学生交流中展现出的研究精神和小组默契合作等素养予以肯定，引导学生自信表达。

（3）总结评价环节：对学生在本节课以及整个研究活动中的表现从研究方法、研究过程、研究结果等给予激励性、肯定性评价，让学生对整个研究有更加深入的体验，提升其历史学科素养，积淀学生的科研素养。

2. 课程实施后的评价预设

从本课教学目标，尤其是体验性目标达成的视角来看，对学生上交的过程资料、研究报告、《写实记录表》等研究成果进行评价，并将学生在课题中撰写的《杨慎家风与川大附中学科选修课程融合》《杨慎家风的调研报告分析》的论文进行润色，予以发表。

（三）板书设计

成都地区名人家风研究之杨慎家族研究成果展示交流

核心问题：搜集研习杨慎家族相关史料，提炼其家风并探讨成因和现实影响，撰写研究报告。

史料搜集组：

史料解读组：　　　　学生在展示交流中的要点，现场生成

现实意义组：

（四）教学流程

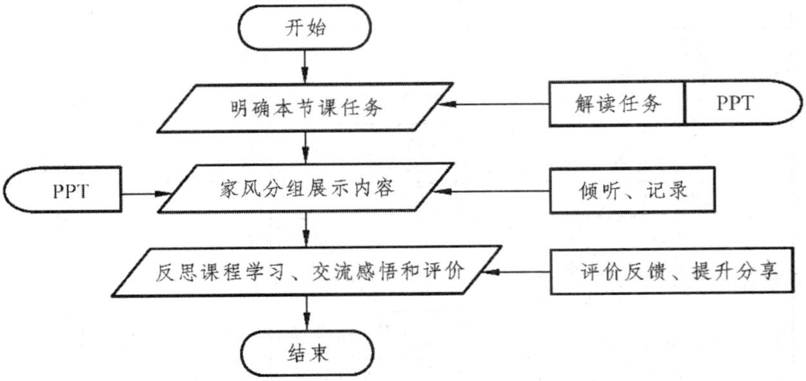

图 24-1　“成都地区名人家风研究之杨慎家族”教学流程图

三、教后评价设计

（一）信息搜集

这门课程是历史组首次开发的课程，属于历史学科选修课，有较强的历史性。对于选修该课程的理科同学来说，该课程有一定困难，需要有较高的文化素养，并且要对传统文化感兴趣，同时研究的家风属于传统家风，是需要建立在对古文献研读的基础上，才能总结出结论。

课程基于学生阶段性的研究成果进行调整。最初的设想是分组，选取杨慎家族的古代、近代和现代的各个时期的代表人物进行研究。在实施的过程中，发现难度较大。调整后变成了：搜集、整理、分类和研习杨慎家族相关史料，梳理家风并探析成因和现实意义。

整个过程中最为凸显的是学科性。在教师指导下，学生学习家风相关的理论知识，走近杨慎故居，多途径搜集史料，对史料进行整理、辨析和解读。在课程上，受时间的限制，学生的工作可能无法按照要求完成，随后学生们克服困难，利用周末的时间走进四川大学图书馆，找到权威的获取史料的途径。第四次课是将课上和课下的内容

进行梳理，撰写研究报告。第五次课是学生展示。在该次课的展示环节，学生流程熟练、吐字清晰、重点突出，不失为一堂高质量的课程。展现了附中学子较强的研究精神，彰显了历史学科素养。这精彩的背后是学生不怕苦、不怕累，勇于付出的研究精神。

本次展示课存在一些问题。由于考虑到给每个学生都提供一次展示交流的机会，略微超时；学生相互之间的评价交流较长，教师对每组成果的点评略有不够，特别是现实意义组。

（二）自我评价

川大附中项目课程核心问题教学评价表

<table>
<tr><th rowspan="2">评价目标</th><th colspan="4">评价指标</th><th rowspan="2" colspan="2">评价结果</th></tr>
<tr><th>一级指标</th><th>二级指标</th><th colspan="2">三级指标</th></tr>
<tr><td rowspan="21">实现活动体验中的学习与发展</td><td rowspan="12">具有核心问题教学形态</td><td rowspan="3">核心问题利于活动体验</td><td colspan="2">内含客观问题和学生活动方式</td><td>6</td><td rowspan="12">每项二级指标最高评8分

合计 86 分</td></tr>
<tr><td colspan="2">问题情景与真实生活密切相关</td><td>7</td></tr>
<tr><td colspan="2">能引发新知识、新方法的生成</td><td>7</td></tr>
<tr><td rowspan="3">教学目标价值引导恰当</td><td colspan="2">两类目标正确全面</td><td>8</td></tr>
<tr><td colspan="2">关联体验目标恰当</td><td>7</td></tr>
<tr><td colspan="2">目标价值引导显现</td><td>8</td></tr>
<tr><td rowspan="3">教学环节完整合理落实</td><td colspan="2">教学环节清晰完整</td><td>8</td></tr>
<tr><td colspan="2">环节内容合理充实</td><td>7</td></tr>
<tr><td colspan="2">学生活动时间充分</td><td>7</td></tr>
<tr><td rowspan="3">教学要素相互匹配促进</td><td colspan="2">问题目标环节两两匹配</td><td>6</td></tr>
<tr><td colspan="2">技术促进活动形式内容</td><td>8</td></tr>
<tr><td colspan="2">课程特点突出氛围浓郁</td><td>7</td></tr>
<tr><td rowspan="9">具有核心问题教学实质</td><td rowspan="3">拓宽学习视野</td><td colspan="2">课程与现实世界有恰当关联</td><td rowspan="9" colspan="2">选择一个表现突出的二级指标，在相应三级指标的引导下，以现场学生表现为依据，于本表的第二页写出150字以上的简要评价</td></tr>
<tr><td colspan="2">有基于缄默知识的问题解决</td></tr>
<tr><td colspan="2">有缄默知识运用的追踪剖析</td></tr>
<tr><td rowspan="3">投入实践活动</td><td colspan="2">有真实而且完整的实践活动</td></tr>
<tr><td colspan="2">能够全身心地浸渍于活动中</td></tr>
<tr><td colspan="2">活动的内容结果均丰富深入</td></tr>
<tr><td rowspan="3">感受意义关联</td><td colspan="2">有核心问题的深层意义感受</td></tr>
<tr><td colspan="2">有以知识为中心的关联感受</td></tr>
<tr><td colspan="2">有以个人为中心的关联感受</td></tr>
</table>

续表

评价目标	评价指标			评价结果
	一级指标	二级指标	三级指标	
实现活动体验中的学习与发展	具有核心问题教学形态	自觉反思体验	有实质性反思活动的开展	
			有课程新因素的追踪利用	
			有体验的交流与改善重构	
		乐于对话分享	乐于自我表达与认真倾听	
			乐于合作中成果与思路的分享	
			有宽容的对话氛围和双向交流	
		认同体验评价	认可体验评价	
			参与体验评价	
			利用体验评价	
核心问题教学实质的简要评价				
“成都地区名人家风研究之杨慎家族”这门选修课中，学生在第二次课时，绿色出行前往新都的杨氏宗祠和天府家风馆。尽管路途遥远，孩子们并没有叫苦叫累，在地铁上还就自己设计的采访提纲与其他同学进行讨论。到达目的地后，同学们聆听杨氏后人杨德力先生对杨氏家风的讲解，并走进祠堂，寻找与家风相关的物件，并进行了详细的记录，沉浸式地感受了杨氏的家风。之后学生对杨德力先生进行专访。通过面对面的交流，了解了杨氏家风的传承和守正。在本次的活动中，同学们在出行之初便做了很好的规划。通过实地考察、聆听讲解、专业采访等形式，加深了对家风的理解				

（三）反馈调整

川大附中项目课程体验性目标点检测表

基本信息	首席教师	任菲菲		组/处	历史组
	参与教师	刘武		组/处	历史组
		马方林		组/处	历史组
	年　　级	高二	上课时间	周三下午第三四节课	
	课程名称	成都地区名人家风研究之杨慎家族			
核心问题	搜集并研习杨慎家族相关史料，提炼其家风并探讨成因和现实影响，撰写研究报告				
教学目标	结果性目标	熟悉历史学研究的基本流程以及掌握撰写研究报告的规范格式；能够团队合作，流畅地展示研究成果；能够聆听他人的展示成果，善于学习，勤于思考；能够就展示情况进行评价与交流，提出恰当的建议与改进意见，并撰写研究报告			
	体验性目标	在展示与评价研究报告的活动中，体验历史与现实的关联；体验家与国的关联；体验个人与社会的关联，体验史料实证、历史解释与历史结论之间的关联			

续表

<table>
<tr><td>检测点</td><td colspan="3">体验性目标与学生论文报告的关联</td></tr>
<tr><td>检测任务</td><td colspan="3">是否达到了一个或者多个体验性目标</td></tr>
<tr><td rowspan="4">分类标准</td><td colspan="3">A．优秀。有两个或者以上的关联体验性目标</td></tr>
<tr><td colspan="3">B．良好。有一个明确的关联体验性目标</td></tr>
<tr><td colspan="3">C．一般。有一定的关联，但重点不突出</td></tr>
<tr><td colspan="3">D．不及格。没有关联体验性目标</td></tr>
<tr><td rowspan="5">检测统计</td><td>分类等级</td><td>学生人数（总人数 19 人）</td><td>所占百分比</td></tr>
<tr><td>A</td><td>3</td><td>15.8%</td></tr>
<tr><td>B</td><td>15</td><td>78.9%</td></tr>
<tr><td>C</td><td>1</td><td>5.3%</td></tr>
<tr><td>D</td><td>0</td><td>0%</td></tr>
<tr><td>检测分析及结果运用</td><td colspan="3">大多数学生能够达成体验性目标，很好地体验历史与现实的关联；体验家与国的关联；体验个人与社会的关联，体验史料实证、历史解释与历史结论之间的关联。体验最多的是个人与社会之间的关联</td></tr>
<tr><td>学生深度体验典型实例</td><td colspan="3">中国人历来注重家风家规，家风家规是勤俭治家之本，和顺齐家之本，谨慎保家之本，读书起家之本，忠孝传家之本。
著名作家莫言说过：“家风好代表这个家庭出身的人人品好。中国大多数 的家庭实际上是受中国儒家文化的熏陶，勤俭，节约，好学，上进等这些构成了家风的基本内容。家风也在与时俱进，更加开放自由，健康向上。”现代社会已进入“小家庭时代”，社会被分隔成小的家庭单元，家风的发展也就有了一定变化。近日我校做的“成都地区名人家风研究”调查，根据统计数据，我们进行了仔细的讨论后，我把调查结果结合讨论内容做了简要概括总结。
首先，中国古代传统家风文化根植于宗族文化、乡土文化，随着中国社会近代化现代化的历史发展进程，宗族观念淡化甚消失，乡土文化影响日益减弱，传统的大家族被分散为小家庭，家风文化的载体转变，依托缺失。
因此新时代重建家风文化应进行家风家训实施的适应性转变，顺应现代社会的发展需要。
其次，家风家训作为家族育人化人的文化依托，不同地区涵养不同精神，不同时代不同社会要求不同文化。家风家训中往往体现出地域性差异，所以作为四川人，我们尤其应关注当地
图 24-2 学生体验关联目标（一）
该同学能够梳理家风的演变，阐述不同时代家风的具体内涵，用唯物史观方法考察家风，并能结合杨慎家族的具体家风内容，为现代家风的构建提供经验借鉴，体现了“家是最小国，国是最大家”，家国同构共同推进文明建设的家国情怀，有传统与现代，有家国、个人与国家之间的情感关联体验，属于 A 等。</td></tr>
</table>

杨家重视教育的风气也传递给了杨春夫人。叶夫人也非常重视教育“家政皆详密，而子教尤为谆切。”便是对杨夫人的最高评价。作为五子皆登科的母亲,对于如何教育子女,叶氏当然自有一套心得方法。她教育几个孩子时必严词厉色,为防孩子饭后犯困,叶氏的方法一是每顿饭后都要求他们背诵所授之书,曰:“吾以隙时课汝,庶不妨本业。”二是设法让他们“动荡扬厉”,即饭后运动,不得呆坐不动—现在这已成为众所周知的卫生、养生常识。到晚上,叶氏允许孩子们少量饮酒,“以节其劳”,但不忘反复告诫不可多饮,因为“学者废业,仕者弛职”多因此物;还激励诸子说:“汝父少时,欲学书,无佳纸笔;欲夜诵,无膏火;欲博观,无多藏书。今汝辈皆有之,而不能如汝父,何也?

杨慎的母亲，黄夫人知书达理，出身名门世家，对杨慎的教育亦是十分重视。从小黄夫人教其句读，并授之以唐绝句，辄成诵。又用笔管印纸来作圈，令公书字于其中，母夫人曰：“吾虽不识书，然即此则楷正自可观矣”。从此之后杨慎更加刻苦读书了。

由此可见，杨氏家族的杰出女性在家庭生活和家庭教育中，重视家庭教育，给子女潜

图 24-3 学生体验关联目标（二）

该同学能够通过多种途径，搜集杨慎家族家风相关的史料，并将获得的史料进行分类整理辨析，概括出杨慎家风好读书的家风面貌，很好地体现了史料实证与历史解释的关联。同时能将杨慎家风中的重教育与现代家庭的子女教育相结合，在传统与现代方面也有所关联。属于 A 等。

通过这段时间对杨慎家族家风的学习于研究，我对“家风”一词有了进一步的了解。

教育的目的决定了教育的类容于方向。杨氏家训强调立德做人的价值取向，让子孙“以德为先，德才兼备”，即拥有好的品德和才干，这是杨氏家族历来以清白传家的关键。

当杨廷和考中进士，他虽身居高位，但仍不忘教育，告诫儿子杨慎：“读书登科是第二事，修身齐家乃是第一事。”强调个人德行比考取功名利禄更为重要。在父亲的教导和家庭氛围的熏陶下，杨慎自小敬老爱幼，勤思好学，一生著作四百多种。

这就是杨氏家风！不仅影响了杨慎的一生，也对后世影响深远。

对国家而言，毛泽东曾在党的六届六中全会上，提出了“才德兼备”的干部标准和“任人唯贤”的干部路线。改革开放初，邓小平同志也多次强调要坚持德才兼备。不能重德轻才，也不能重才轻德。习近平总书记在主持学习时也强调：“要严把德才标准。德才兼备，方堪重任。”

而对我们中学生而言，我们讲求的是“德、智、体、美、劳”全面发展。在日常学习中，我们团结友爱，尊敬师长，在日常生活中，我们尊老爱幼，礼仪廉孝，这是对德的体现。在

图 24-4 学生体验关联目标（三）

该同学从杨慎家风中的品德为切口，说明杨氏家族历来清白传家的关键，并梳理了德才兼备的历史，强调作为中学生要五育并举，较好地体现了个人与社会之间的关联。抓住了家风中的某一点进行挖掘，但其他家风方面涉及不足，对家风的认知不够全面，属于 B 等级。

	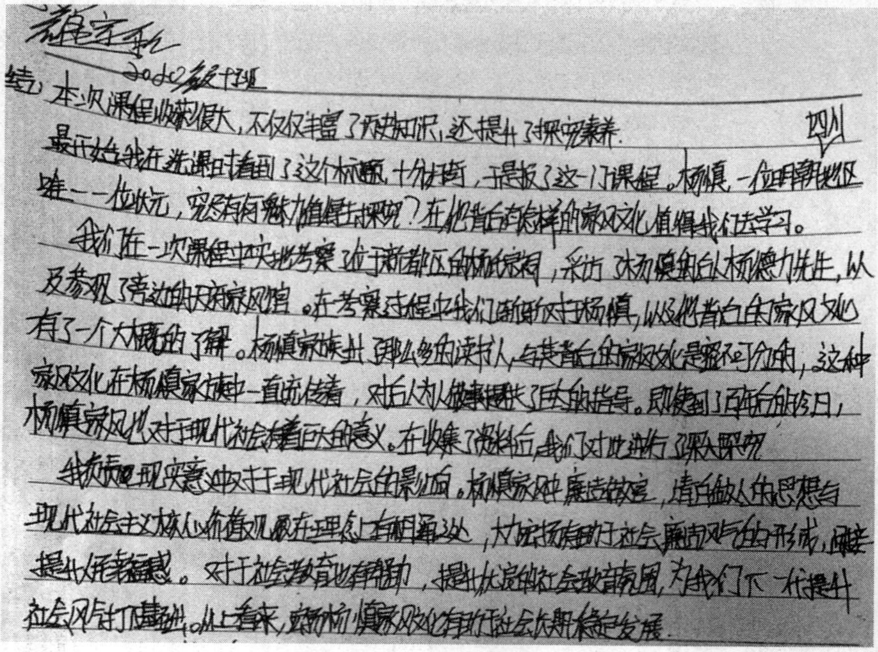 [illegible] [illegible]级十班 总结：本次课程收获很大，不仅仅丰富了历史知识，还提升了探究素养。 最开始我在选课时看到了这个标题，十分好奇，于是报了这一门课程。杨慎，一位明朝四川地区唯一一位状元，究竟有何魅力值得去探究？在他背后有怎样的家风文化值得我们去学习。 我们在一次课程中实地考察了位于新都区的杨氏宗祠，采访了[illegible]杨德力先生，以及参观了旁边的升庵家风馆。在考察过程中我们渐渐对于杨慎，以及他背后的家风文化有了一个大概的了解。杨慎家族出了那么多的读书人，与其背后的家风文化是密不可分的，这种家风文化在杨慎家族中一直流传着，对后人为人做事提供了巨大的指导。即使到了百年后的今日，杨慎家风也对于现代社会有着巨大的意义。在收集了资料后，我们对此进行了深入探究。 我们发现现实意义中对于现代社会的影响。杨慎家风中廉洁教育，清白做人的思想与现代社会主义核心价值观在理念上有相通之处，大力宣扬有助于社会廉洁风气的形成，同时提升人们[illegible]。对于社会教育也有帮助，提出良好的社会教育氛围，对我们下一代提升社会风气打下基础。从上看来，杨慎家风文化有助于社会长期稳定发展。 图 24-5 学生体验关联目标（四） 该同学较好地梳理了选修课程的心路历程，体现了其对杨慎家风研究的热爱，较好地体现了个人与时代社会之间的关联。但对杨慎家族家风的认知仍然停留在感性层面，需要在史料实证和历史解释上多下功夫，使研究报告突出历史味。属于 C 等
检测反馈	从检测结果来看，本课程的 19 位同学，能就杨慎家风中的某一点与检验目标相匹配，说明大部分学生在课程参与中，对家风以及杨慎家族的家风理解较为深刻，能树立起正确的情感价值观念，涵养历史学科素养。由此可见，大多数学生构建起了研究历史的一般方法，关联体验目标达成度较好。这是课题效率的直接体现

成都地区名人家风研究与中学学科选修课程的融合

——以新都杨慎家族为例

刘又歌　钟世佳

【摘　要】历史课程在传承优秀文化传统，提升立德树人的品质和水平方面发挥着重要作用。家风文化是中学生生活的重要组成部分，加强家风文化建设，有利于构建学生学习、研究、锤炼品质、成长发展的共同家园。优秀家风在传承“家国情怀”和“家风建设”上起着至关重要的作用。本文将本土名人杨慎的家风和中学历史课程相结合，通过对选题和资源开发的研究，形成对学科课程资源开发的基本途径。

【关键词】名人家风；杨慎家族；学科选修；融合

我国在开展新一轮的课程改革之后，根据高中历史课程改革新要求，高中历史课程由原来单一式的课程体系变成必修与选修两种类型。这种新型的课程形式，是我们新课改革的一次成功尝试。我们所在的中学，在多年综合实践课程研究的基础上，对学科选修课采取划课时阶段性研究，并且有了实质性的推进。在学科选修课的开设上进展顺利，得益于学校“五育并举，长于研究”的办学育人理念。

在课程实践中，充分开发相关课题资源，做好研究，让研究成果动起来、活起来、用起来，揭示科研给我们带来的时代价值。让研究性文化在校园里蔚然成风，把名人家风文化植入高中历史教学，培养学生的家国情怀、爱国主义观念，体验历史与现实的关联，体验家与国的关联，体验个人与社会的关联，体验史料实证、历史解释与历史结论之间的关联。

本文以“成都地区家风研究之杨慎家族”选修课为例，讲述中学历史教育如何将课堂与实践相结合，引导莘莘学子把爱国情、强国志、报国行融入实现中华民族伟大复兴的中国梦之中。

一、选择合适课题，体现课程核心内涵

成都是历史文化名城，有“天府之国”“蜀中江南”的美称，是古蜀文明的发祥地。自古以来，成都便物产丰富，人杰地灵，涌现出了一代代优秀的人才。如司马相如、卓文君、扬雄、花蕊夫人、三苏父子、范镇、杨廷和杨慎父子、郭沫若、巴金、李颉人等，他们是成都历史文化名人的重要组成部分。随着国家对家风建设的重视、保护，各个高校的政治学院在学习传统家风，各媒体也在做家风的节目，各机构也在做家风相关的研学活动，从而为本课程的开设提供了丰富的理论与实践资源。

那么为什么我们会以杨升庵家族为参考来研究家风文化呢？

杨慎出生于四川新都，是明代四川唯一的状元和著述最多的学者，他的著作丰富，对经、史、诗、文、词曲、音韵、金石、书画无所不通，并且在天文、地理、生物、医学等领域也有很深的造诣。他出身的杨氏家族是一个名门望族，杨家在数百年间“一门七进士，科第甲四川”，在历史上赫赫有名。而杨氏世家文化的形成，深受其家族优

良的家风家训的影响，这也是杨家人才辈出的根本原因。其家族的家训文化同时对中华民族精神的丰富和发展，以及中国家庭教育文化的进步也产生了积极的影响，值得探讨。

总结明代杨慎家族的家训文化，其主要内容表现为以下几部分：首先是杨家传承百年勤勉谨慎、廉洁爱民的“四重”“四足”家训以及代表了杨慎义利观的临终遗训，这些家训遗训也正是杨氏人才辈出、彪炳史册的思想根基。

教育学生们端正学习心态，认真学习和体会杨氏的家风家训、杨慎家族数代杰出人物的成长经历，也正进一步彰显了优良的家训对于家庭文化教育进步的重要意义。

二、多途径了解杨慎家族

“成都地区家风研究之杨慎家族”选修课在教学方式上不拘一格，教师多途径带领同学们全方位了解杨慎家风历史背景，为之后的研究做充分准备。

（一）“名人”进课堂，调动学生的积极性

在课堂上教师准备了从历史典籍中摘录的杨氏家族历史故事，供大家阅读了解，并以专业历史老师的角度为大家进行了仔细的分析讲解，增强学生的史料分析能力与素养。沟通是情感共鸣的桥梁，能激发学生对该课程的情感体验，加深对该课题的理解。教师接着进行了交流分享的环节，让学生们讨论现代家风的特点以及自己家庭的家风。通过交流分享环节，同学们发现，在诸如“和谐安康”“自由民主”“孝顺长辈”等新时代家风中仍然可见中国古代传统家风的影子。

在当下传统的历史课堂中，很多中学生不愿意主动学习，认为历史课堂、课本过于单调、枯燥，有些教师的教学手段单一，这些都不可避免地导致学生学习历史不主动、不积极，不利于学生从内心深处认可历史这门学科。而本门历史选修课准备充分且生动有趣，不仅能够让学生体会到课程的精髓，更能达到深化主题、陶冶情操的作用。

（二）借助多媒体等辅助设备，激发学生研究兴趣

家风文化在中学历史教学中的运用形式多样，历史教师通过相关书籍、博物馆、传承者搜集和了解中国传统家风文化的信息，经过整理归纳，以图片资料、文字资料、视频资料等形式将其作为一种课程资源运用于中学历史课堂教学中，为学生普及家风文化的相关知识，进而促进教学目标完成。

近代著名儿童心理学家让·皮亚杰认为：“强迫工作是违背心理学原则的，而且一切有效的活动必须以某种兴趣为先决条件。”[①]为了让学生把家风文化学习当成一件快乐的事，必须要激发学生学习历史的兴趣，从内心深处认可历史。为了提高学生的学习兴趣，让学生了解家风文化的形成和表现，我们为学生播放纪录片，让学生对杨慎家族有初步的认知，为进一步的学习做好铺垫。沉浸式的体验让学生了解在当时的时代背景下，杨氏父子的做法是符合传统礼学的，是爱国的至高表现，进而培养学生的家国情怀。

---

① 中共中央宣传部：《习近平新时代中国特色社会主义思想三十讲》，学习出版社 2018 年版，第 146-206 页。

（三）走出课堂，实地考察杨氏宗祠和天府家风馆

习近平总书记指出，“中华优秀传统文化是中华民族的‘根’和‘魂’，是最深厚的文化软实力，是中国特色社会主义植根的沃土，是我们在世界文化激荡站稳脚跟的根基”①。祠堂蕴含弥足珍贵的宗族历史文化信息，记载宗族繁衍传承、认祖归宗、开基创业的故事。祠堂匾额、楹联、堂号、族谱以及族规祖训等拥有丰富的文化内涵，对宣扬爱国、孝悌、敬业、勤劳等优良道德风尚具有积极的意义，有助于教化和规范族人的行为。

新都地区的杨氏宗祠是杨慎家族文化记忆的重要场所，是“杨氏家风”具体内涵的重要形成地，为我们研究杨慎家风提供了实地考察的机会，让我们走进杨氏宗祠，近距离了解杨慎家族的家风。

天府家风馆集天府名人的优良家风于一馆，发挥了“以文化人、以行悟理、以德聚心”的文化引领作用。其中专门设置杨氏家风体验馆，在这里，你可以了解以杨升庵为代表的杨氏家风，还可以穿越到明朝，体验服饰换装互动，在设置的明代城门场景里打卡合影，感受那个时代的人文气息。

（四）与后人面对面，感受传统家风的现代美

杨家家风从关西夫子杨镇的“四知”开始，发展到新都杨氏熊夫人的“四重”再到杨升庵的“四足”，并时隔百年传给了现代杨氏后人，更是每代谨遵家风家训，教育后人永葆清白传家的宗风遗范。②

杨德力是杨慎第十四代孙，现仍居住在杨氏宗祠。数年前杨德力从父亲杨崇逸那里接过了义务看守祠堂的任务，明白了父亲的期望不仅仅是看守好祠堂，更多的是把家风传承下去。这份坚守和信念促使杨德力先生不断发掘家族的历史，并在实践中把“四重”“四足”的历史继承和发扬，他的坚持使其被评为“全国最美家庭”，家风育人潜移默化，小家风发挥着大作用。③

我们安排学生进行采访，与杨氏后人面对面，深刻地感受到优良家风传递的正能量，切身感受家风给后人带来的冲击力。实践证明，文明健康的家风不仅是社会的“减压阀”，而且是社会文明发展的重要标志之一。作为中学学科选修课，将中学生的课程知识拓展和实践相结合，能充分发挥名人家风在育人方面的作用。

三、总结与提升

中国家风文化是优秀传统文化中不容忽视的一支。家是最小国，国是最大家，家风文化能够为现代文化氛围建设起到重要作用。通过开设校本化历史课程，将外出调研和课堂有机地结合到一起，为学生综合素养的提高架构了桥梁，为推动新时代教育

---

① 陈苏珍：《家风建设视域下的家庭协同育人价值探析》，《中国成人教育》，2021 年第 5 期，第 37-40 页。

② 汤欢：《杨氏家风家训研究》，《产业与科技论坛》， 2021 年第 20 期，第 73-74 页。

③ 郭华、王琳琳：《中国普通高中课程结构改革的 70 年探索》，《中国教育学刊》，2019 年第 10 期，第 9-16 页。

背景下的课程改革提供了经验。

首先，大众传媒的发展对当今文化起着不容忽视的作用，在课堂上借助多途径了解家风文化，多媒体教学的方式使得历史教学更加有趣、有效。其次，带领学生进行实地调研，勘查，寻访。在学生探究过程中，会培养学生主动发现问题、思考问题、解决问题的能力，这会使得他们的学习能力与方法都得到锻炼。再次，学生进行课程活动后，需要对搜集到的信息进行整理与分析，透过表象探究其中所蕴含的深层次文化，再通过集体交流的方式来汇总文化，梳理调研成果的整体脉络。这对培养学生学习思维、分析问题能力都有很大作用。最后，这些都使得历史课堂空间不仅仅限于教室，思维不仅仅限于课本，能够很好地发挥对历史教学改革的作用。

自然灾害防治
——城市内涝
川大附中项目课程开发实施规划纲要

课程首席教师：钟　姝（地理组）

课程参与教师：汪建军（地理组）　林凡珺（地理组）

<table>
<tr><td>课程名称</td><td colspan="8">自然灾害防治——城市内涝</td></tr>
<tr><td>课程类型
（勾选）</td><td></td><td>必修的综合实践活动课程</td><td></td><td>必修的劳动课程</td><td>√</td><td>选修的学科课程</td><td></td><td>选修的校本课程</td></tr>
<tr><td>实施对象</td><td colspan="3">高一年级学生</td><td colspan="3">建议选课学生人数</td><td colspan="2">16 人</td></tr>
<tr><td>课程课时及上课时段</td><td colspan="8">课程课时：5 次课 10 课时；上课时段：划定课程时段</td></tr>
<tr><td>课程背景</td><td colspan="8">1.学生背景：
近年来，被网民戏称为“城市看海”“街上游泳”“汽车变船”的景象在雨季特别是汛期时常冲上热搜，影响了人们的生活，也拷问着一些城市的治理能力。加强城市内涝治理，早日告别“城市看海”现象刻不容缓。成都市近年来的内涝现象也出现频繁，作为生活在城市化进程中的高一学生，在新闻和现实中对于城市内涝现象有所了解。
（1）知识储备方面：作为高一新生，学生们能够在生活中观察到很多与城市内涝相关的现象，但在研究方面，学生们实验操作基础薄弱，还不太明确实验设计的原则、观察记录的基本方法、相关实验操作的注意事项，实验设计、操作和分析实验结果的能力欠缺。但在高中教学前期的各类科学史的熏陶下，学生对科学研究的开展具有浓厚的兴趣。经过多年的数学和语文学习，学生具备了一定的数学统计、分析和计算能力，具备了一定的语言记录表达能力和检索信息的能力。
（2）研究素养方面：我校是“培养—研究型”大学附中，具有“以研究性课程和研究性教师培养研究性学生”的特征，能让学生在高一入学前就通过各类宣传宣讲活动了解了我校的这一办学特色。因此学生们的研究意识已见雏形，但研究方法和研究能力有待实践总结和提高。可以借助学生的研究意识，在本课程开展过程中深度吸引学生体验研究方法，体会研究过程。
（3）研究意愿方面：从近几年地理组开设的综合实践活动课程来看，学生们对与生活紧密联系的地理现象研究都非常感兴趣。在“雨水花园”系列课程研究中，每位参研学生都表现出了极为浓厚的兴趣。课程的研究内容和结果本身就具有很强的吸引力。我校师生前阶段的研究历程和结果也深深地吸引着高一新生，所以高一新生对这一综合实践活动会有饱满的热情。
2.资源背景：
2021 年 4 月 25 日国务院办公厅日前印发《关于加强城市内涝治理的实施意见》（以下简称《实施意见》）。《实施意见》提出，治理城市内涝事关人民群众生命财产安全，既是重大民生工程，又是重大发展工程。坚持人与自然和谐共生，</td></tr>
</table>

课程背景	将城市作为有机生命体，根据建设海绵城市、韧性城市要求，因地制宜、因城施策，提升城市防洪排涝能力，用系统的方法解决城市内涝问题。 改革开放以来，我国城市化进程迅速。然而近年来，每逢雨季，我国自北向南，一些城市内涝问题严重，人们戏称到城市“看海”，成都近年更是城市内涝的多发地。 为此，对本课程的资源背景分析如下： （1）硬件资源背景：2021 年 7 月 20 日的郑州特大暴雨，互联网上对暴雨与城市内涝有诸多的介绍与分析，学校提供可上网的机房，可利用互联网获取相关的视频、图片及数据资料。（A2 数字教育资源获取与评价） 运用 PPT 展示实验设计过程及结果分析，在获取实验数据后，将实验数据用 PPT 制作成分析图，对实验结果进行定量的思考与分析，小组互评提出意见和建议。用问卷星对实验小组进行评价。（B9 自评与互评活动的组织、B1 技术支持的测验与练习） （2）人力资源背景：城市内涝相关的“雨水花园”系列课程中，经历了几个学年的雨水花园项目建设：①雨水花园的理论研究和校园雨水花园建设方案设计；②校园雨水花园实验项目的初步建设；③对雨水花园项目讲解员的培养；④项目数据等信息收集、分析、调试和改进。⑤建设督学厅屋顶“雨水花园”。经过了多次雨水花园实验项目的综合实践课教学，参与的地理组老师们具有相关的丰富理论知识和动手实践能力，能够给予学生们有效的指导
课程内容（核心问题）	核心问题：调研城市内涝现状，实验探究其成因及防治措施，撰写研究报告。 问题： 1.什么是城市内涝、雨水花园、海绵城市？ 2.如何基于课题研究目标，科学设计探究实验方案？ 3.城市内涝与下垫面（裸地、植被、硬化地面）、降水强度、坡度之间的关系是什么？ 4.城市内涝的原因、危害和措施有哪些？ 活动：调研分析、设计实验、展开研究、撰写报告
课程目标	1.结果性目标： （1）调研城市内涝现状。 （2）设计实验并分析城市内涝形成的原因及危害。 （3）观察记录实验现象，分析撰写课题研究报告，展示、交流、评价研究过程 （4）提出应对城市内涝的方案。 2.体验性目标： （1）在调研城市内涝现状、实验探究其成因及防治措施的活动体验中，体验城市内涝与下垫面（土壤、植被、水泥地）、降水强度、坡度之间的关联。（综合思维和地理实践力） （2）在调研城市内涝现状，实验探究其成因及防治措施的活动体验中，体验地理环境与人类活动之间的关联；体验城市内涝成因与措施之间的关联。（人地协调观） （3）在调研城市内涝现状，实验探究其成因及防治措施的活动体验中，体验地理灾害防治措施与调研假设、实验探究之间的关联

续表

	课次	主题	研究环节	学生活动	课前课后任务	活动地点及技术融入
课次计划	1	提出问题，确定课题：如何让城市不再“看海”	调研现状，分组实验准备	1.了解城市内涝问题，明确自然灾害的研究内容：成因、危害、措施。 2.分组：分析影响径流的因素（降水强度、不同下垫面），并做实验分组	1.课前：了解城市内涝问题； 2.课后：完善实验方案，准备实验器材	机房； 可利用互联网获取相关的视频、图片及数据资料（A2 数字教育资源获取与评价）
	2	实验	完善实验方案，进行实验	进行分组实验，搜集数据，发现问题	课前:完善实验方案,准备实验器材。 课后:数据分析,发现问题,改进实验	机房； 运用“剪映”视频剪辑软件制作实验小视频并展示，小组互评，提出意见和建议（B9 自评与互评活动的组织）； 在获取实验数据后，将实验数据用 PPT 制作成分析图，对实验结果进行定量的思考与分析（A2 数字教育资源获取与评价）
	3	改进实验	改进实验、做实验，搜集数据，进行数据分析	做改进后的实验，记录数据，并分析数据	1.课前：改进实验； 2.课后：数据整理分析	机房； 运用“剪映”视频剪辑软件制作实验小视频并展示，小组互评提出意见和建议（B9 自评与互评活动的组织）； 在获取实验数据后，将实验数据用 PPT 制作成分析图，对实验结果进行定量的思考与分析（A2 数字教育资源获取与评价）

续表

	课次	主题	研究环节	学生活动	课前课后任务	活动地点及技术融入
课次计划	4	方案调整，成果整理、汇总	完善调整汇总	1.分析数据，形成报告，制作展示PPT； 2.对之前的方案进行调整、汇总	1.课前：数据整理分析； 2.课后：完善报告	在获取实验数据后，将实验数据用PPT制作成分析图，对实验结果进行定量的思考与分析（A2 数字教育资源获取与评价）
	5	方案展示	成果展示，互评自评	分组展示交流前期研究过程和研究成果，学生集体探讨互动	1.课前：完善PPT和阶段研究报告，做好小组内部展示交流分工； 2.课后：形成报告	科技楼六楼； 幻灯片、问卷星可支持小组展示交流、互动评价等活动（A2 数字教育资源获取与评价、B9 自评与互评活动的组织、B1 技术支持的测验与练习）
学生作品	1.学生《自然灾害防治——城市内涝》研究报告； 2.学生的PPT					
评价方式	1.在课程开设过程中进行生生互评、师生间的多向、多元评价； 2.实验研究的等级评定					
安全保障	加强安全教育（包括实验室的环境使用安全、川大校园内部和课后活动学生行为安全），建立小组活动安全保障机制					
条件保障	课程开发组外部保障：学校图书馆、信息中心、学校实验室等为课程开设提供了场地、资源获取和技术指导保障； 课程开发组内部保障：具有前期与城市内涝相关的雨水花园研究经验和一定研究能力，尤其是科学探究能力的地理教师指导					
开发次第	首次开发					
课程审批	1.课程教学处：　签　章　　年　月　日 2.学生发展处：　签　章　　年　月　日					

自然灾害防治

——城市内涝研究成果展示

一、教学分析设计

（一）内容分析

本次课为课程的第五次课——学生研究成果的展示。前四次课的主要研究活动包括：第一次课，了解城市内涝，调研现状，做好分组实验准备。第二次课，完善实验方案，进行实验，发现问题。第三次课，搜集数据，进行数据分析，改进实验。第四次课，根据实验数据的分析和对城市内涝的调查，制作 PPT，做好相关展示准备。

在前四次课的基础上，本次课的主要任务是汇报前期的实验过程及结论，并对城市内涝提出一些解决方案。重点关注学生在前期的调研和实验过程是否投入，是否以积极主动的态度参与实验，是否结合实验中探究的城市内涝成因提出有针对性的解决措施。本节展示课既是对学生前期学习探究成果的检验，也是锻炼学生综合素养能力的契机。

（二）学生分析

成都市近年来的内涝现象较为频繁，作为生活在城市中的高一学生。

1. 知识储备方面

作为高一新生，学生们能够在生活中观察到很多与城市内涝相关的现象，但在研究方面，学生们实验操作基础薄弱，还不太明确实验设计的原则、观察记录的基本方法、相关实验操作的注意事项，实验设计、操作和分析的能力欠缺。但在高中教学前期的各类科学史的熏陶下，学生对科学研究的开展具有浓厚的兴趣。经过多年的数学和语文学习，学生具备了一定的数学统计、分析和计算能力，具备了一定的语言记录表达能力和检索信息的能力。

2. 研究素养方面

我校是“培养—研究型”大学附中，具有“以研究性课程和研究性教师培养研究性学生”的特征。学生在高一入学前就通过各类宣传宣讲活动了解了我校的这一办学特色，学生们的研究意识已见雏形，但研究方法和研究能力有待实践总结和提高。可以借助学生的研究意识，在本课程开展的过程中深度吸引学生体验研究方法，体会研究过程。

3. 研究意愿方面

从近几年地理组开设的综合实践活动课程来看，学生们对与生活紧密联系的地理现象研究都非常感兴趣。在“雨水花园”系列课程研究中，每位参研学生都表现出了极为浓厚的兴趣。课程的研究内容和结果本身就具有很强的吸引力。我校师生前阶段的研究历程和结果也深深地吸引着高一新生，所以高一新生对这一综合实践活动有饱满的热情。

（三）目标分析

根据本课程规划纲要中确立的课程教学目标，基于本次课的活动分析及学生分析，撰写本次课的教学目标如下：

1. 结果性目标

展示、交流、评价研究过程，提出应对城市内涝的措施。

2. 体验性目标

（1）在调研城市内涝现状、实验探究其成因及防治措施的活动体验中，体验城市内涝与下垫面（土壤、植被、水泥地）、降水强度、坡度之间的关联。（综合思维和地理实践力）

（2）在调研城市内涝现状、实验探究其成因及防治措施的活动体验中，体验地理环境与人类活动之间的关联；体验城市内涝成因与措施之间的关联。（人地协调观）

（3）在调研城市内涝现状、实验探究其成因及防治措施的活动体验中，体验地理灾害防治措施与调研假设、实验探究之间的关联。

（四）资源分析

对本课程的资源背景分析如下。

1. 硬件资源

2021 年 7 月 20 日的郑州特大暴雨，互联网上对暴雨与城市内涝有诸多的介绍与分析，学校提供可上网的机房，可利用互联网获取相关的视频、图片及数据资料。（A2 数字教育资源获取与评价）

运用 PPT 展示实验设计过程及结果分析，在获取实验数据后，将实验数据用 PPT 制作成分析图，对实验结果进行定量的思考与分析，小组互评提出意见和建议。用问卷星对实验小组进行评价。（B9 自评与互评活动的组织、B1 技术支持的测验与练习）

综上，本次课的资源/技术融合可列表如下：

技术	功能	微能力点
黑板	板书课程核心问题及教学逻辑与结构； 板书学生交流活动的内容要点等	B3 多媒体课件
PPT	支持小组研究成果的展示与交流	A2 数字教育资源获取与评价
问卷星	支持小组研究成果的评价	B9 自评与互评活动的组织； B1 技术支持的测验与练习

2. 人力资源

城市内涝相关的“雨水花园”系列课程中，经历了几个学年的雨水花园项目建设：①雨水花园的理论研究和校园雨水花园建设方案设计；②校园雨水花园实验项目的初步建设；③对雨水花园项目讲解员的培养；④项目数据等信息收集、分析、调试和改进；⑤建设笃学厅屋顶“雨水花园”。经过了多次雨水花园实验项目的综合实践课教学，参与的地理组老师们具有相关的丰富理论知识和动手实践能力，能够给予学生们有效的指导。

（五）主题分析

通过以上分析，设计了本课程的核心问题——调研城市内涝现状，实验探究其成因及防治措施，撰写研究报告。按课程规划纲要的课次规划，基于前面对本次课程活动与学生的分析，将本次课的活动主题确定为“城市内涝现象的探究成果的现场展示”。

二、教学实施设计

（一）教学环节

按课程规划纲要的课次规划，本次课为核心问题教学中的反思提升环节，其下包括活动动员、活动展示、小组互评、课堂小结四个子环节，具体教学设计如下表所示。

教学环节（时间）	学生活动	教师活动	设计意图	技术融合
提出问题（3分钟）	学生明确本节课的主要任务与要求	1.概述本次课程的研究意义和过程进展，提出本堂课的主题； 2.对本次集中展示与交流提出相关要求	学生领会本次课堂任务及要求，为在展示和交流中彰显模拟实验过程方法及研究性做好必要准备	多媒体课件（B3）
展示交流（30分钟）	六个小组通过PPT演示、解说、板书方式，首先展示城市内涝现状的调研结果（城市内涝的国内外状况及危害），其次重点展示四组实验的设计过程及结果分析、城市内涝的应对措施	教师一边旁听，一边关注学生的表现并记录他们的发言闪光点，重点关注调研过程的规范性、实验方法的科学性、提出建议的合理性，是否有利于彰显该课程的综合性、实践性和研究性	将前期学生的调研、实验活动充分展示出来，学生在此过程中体验城市内涝与下垫面（土壤、植被、水泥地）、降水强度、坡度之间的关联（综合思维和地理实践力）；体验地理环境与人类活动之间的关联；体验城市内涝成因与措施之间的关联（人地协调观）	幻灯片、问卷星支持小组展示交流、互动评价等活动（A2 数字教育资源获取与评价、B9自评与互评活动的组织、B1技术支持的测验与练习）

续表

教学环节（时间）	学生活动	教师活动	设计意图	技术融合
反思提升（2分钟）	聆听教师的总结、评价及建议，学生在教师引导下归纳、反思、提升。进一步完善研究报告	教师对展示活动进行点评，从知识、地理综合思维、地理学研究的方法、精神和探究品质方面进行归纳总结提升	让学生获得参与本门课程的愉悦体验，本次展示活动承载了前期学生的所有努力，对学生的表现进行肯定	

（二）评价预设

1. 就展示活动前对学生即时、口语为主的评价预设

调查研究环节，对学生调查研究的方式方法予以肯定。

学习培训环节，对学生的专注听讲、认真记录、科学操作给予肯定，并就学生在学习中主动地向培训老师请教和探讨问题的自觉性给予赞赏。

实验环节，学生进行了充分的小组讨论，发挥了他们的主观能动性，要对学生的精彩表现做评价，对他们的实验探索精神予以充分肯定。

2. 就展示活动后的评价预设

展示活动后教师的评价至关重要，教师的事后评价直观生动，对学生的触动会远远大于其他评分形式，教师及时准确的评价不仅能升华学生形而下的对具体程序和活动细节的认知，还能引导学生进行形而上的深层次的理论思考和全方位的跨学科思考。在小组间互评的基础上，对展示过程中学生体现出的严谨态度、科学精神及实践能力给予充分肯定。结合本课程的结果性目标，对实验设计与实验结果分析表现突出的小组和个人给予高度表扬，对准备充分并严格按照活动各环节要求顺利进行各项工作的小组和个人给予充分肯定，对分析和设计中出现了漏洞或失误的也要给予中肯的专业化建议。除了对学生的现场表现的评价，也要对学生提交的各项书面成果进行评价，关注他们在此次课程中的进步。

（三）板书设计

自然灾害防治

——城市内涝研究成果展示

课程核心问题：调研城市内涝现状，实验探究其成因及防治措施，撰写研究报告。

一、调研组

二、实验探究组

组别		实验方案设计	实验探究过程	实验结论分析
下垫面	地表状况			
	土壤性状			
	坡度			
降水	降水强度			

三、防治措施组

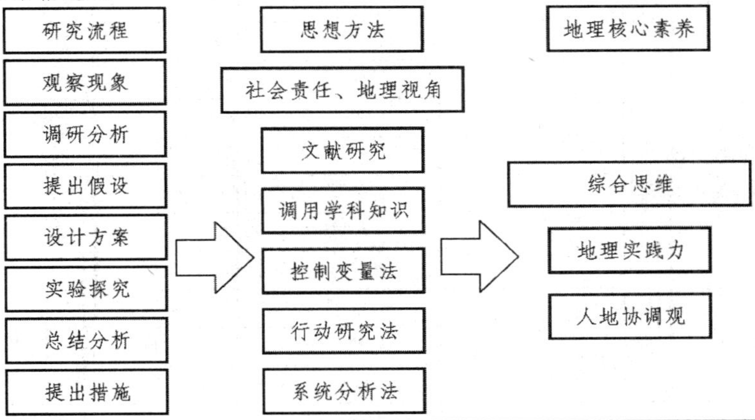

（四）教学流程

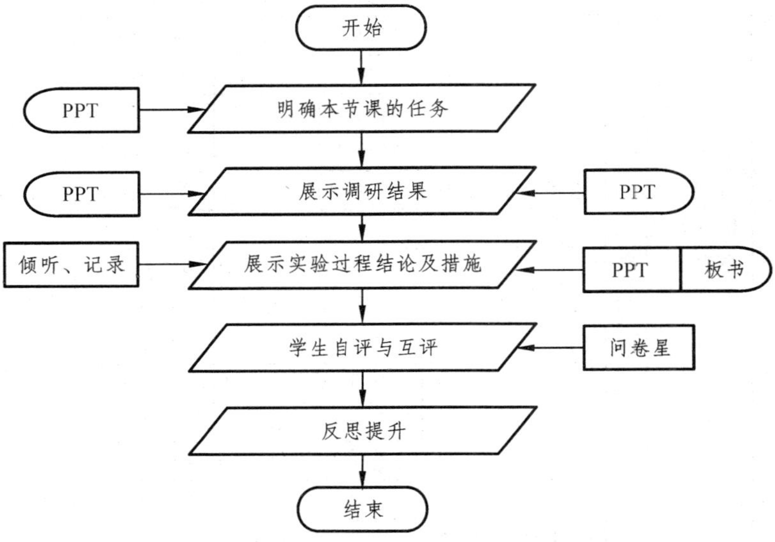

图 25-1　“自然灾害防治——城市内涝”教学流程图

三、教后评价设计

（一）信息搜集

成都市府南河合江亭至沙河公园河段水质检测分析报告。

（二）自我评价

川大附中项目课程核心问题教学评价表

<table>
<tr><th rowspan="2">评价目标</th><th colspan="3">评价指标</th><th rowspan="2" colspan="2">评价结果</th></tr>
<tr><th>一级指标</th><th>二级指标</th><th>三级指标</th></tr>
<tr><td rowspan="30">实现活动体验中的学习与发展</td><td rowspan="12">具有核心问题教学形态</td><td rowspan="3">核心问题
利于活动体验</td><td>内含客观问题和学生活动方式</td><td>8</td><td rowspan="12">每项指标最高评8分

合计 <u>91</u> 分</td></tr>
<tr><td>问题情景与真实生活密切相关</td><td>8</td></tr>
<tr><td>能引发新知识、新方法的生成</td><td>8</td></tr>
<tr><td rowspan="3">教学目标
价值引导恰当</td><td>两类目标正确全面</td><td>8</td></tr>
<tr><td>关联体验目标恰当</td><td>8</td></tr>
<tr><td>目标价值引导显现</td><td>8</td></tr>
<tr><td rowspan="3">教学环节
完整合理落实</td><td>教学环节清晰完整</td><td>8</td></tr>
<tr><td>环节内容合理充实</td><td>7</td></tr>
<tr><td>学生活动时间充分</td><td>8</td></tr>
<tr><td rowspan="3">教学要素
相互匹配促进</td><td>问题目标环节两两匹配</td><td>7</td></tr>
<tr><td>技术促进活动形式内容</td><td>6</td></tr>
<tr><td>课程特点突出氛围浓郁</td><td>7</td></tr>
<tr><td rowspan="18">具有核心问题教学实质</td><td rowspan="3">拓宽学习视野</td><td>课程与现实世界有恰当关联</td><td rowspan="18" colspan="2">选择一个表现突出的二级指标，在相应三级指标的引导下，以现场学生表现为主要依据，以其余指标为背景，于本表的第二页写出150字以上的简要评价</td></tr>
<tr><td>有基于缄默知识的问题解决</td></tr>
<tr><td>有缄默知识运用的追踪剖析</td></tr>
<tr><td rowspan="3">投入实践活动</td><td>有真实而且完整的实践活动</td></tr>
<tr><td>能够全身心地浸渍于活动中</td></tr>
<tr><td>活动的内容结果均丰富深入</td></tr>
<tr><td rowspan="3">感受意义关联</td><td>有核心问题的深层意义感受</td></tr>
<tr><td>有以知识为中心的关联感受</td></tr>
<tr><td>有以个人为中心的关联感受</td></tr>
<tr><td rowspan="3">自觉反思体验</td><td>有实质性反思活动的开展</td></tr>
<tr><td>有课程新因素的追踪利用</td></tr>
<tr><td>有体验的交流与改善重构</td></tr>
<tr><td rowspan="3">乐于对话分享</td><td>乐于自我表达与认真倾听</td></tr>
<tr><td>乐于合作中成果与思路的分享</td></tr>
<tr><td>有宽容的对话氛围和双向交流</td></tr>
<tr><td rowspan="3">认同体验评价</td><td>认可体验评价</td></tr>
<tr><td>参与体验评价</td></tr>
<tr><td>利用体验评价</td></tr>
</table>

续表

核心问题教学实质的简要评价
本节课在投入实践活动中较突出，每一个小组真实地投入了实验探究的全过程，而且在探究的过程当中都运用了控制自变量法。另外，每一个组都用到了模型化的思想方法，即把真实的问题通过模型化思考处理后，以地理的模拟实验来进行探究。在这个模拟实验的过程当中，孩子们的创造性和动手能力得到了很大的提升。在最后的结果分析中，学生都对各自的实验结果进行了横向与纵向的对比与分析，并将结果与城市内涝建立有效的关联

（三）反馈调整

学生在调研城市内涝现状、实验探究其成因及防治措施的活动体验中，体验地理环境与人类活动之间的关联；城市内涝成因与措施之间的关联。（人地协调观）

川大附中项目课程体验性目标点检测表

基本信息	课程名称	自然灾害防治——城市内涝	课程类别	学科选修
	首席教师	钟姝	组/处	地理组
	参与教师	林凡珺	组/处	地理组
		汪建军	组/处	地理组
	年　　级	高一	上课时间	2021 年 12 月 9 日
核心问题	调研城市内涝现状，实验探究其成因及防治措施，撰写研究报告			
课程目标	结果性目标	1.调研城市内涝现状； 2.设计实验并分析城市内涝形成的原因及危害； 3.观察记录实验现象，分析撰写课题研究报告，展示、交流、评价研究过程； 4.提出应对城市内涝的方案		
	体验性目标	1.在调研城市内涝现状、实验探究其成因及防治措施的活动体验中，体验城市内涝与下垫面（土壤、植被、水泥地）、降水强度、坡度之间的关联（综合思维和地理实践力）； 2.在调研城市内涝现状、实验探究其成因及防治措施的活动体验中，体验地理环境与人类活动之间的关联；体验城市内涝成因与措施之间的关联（人地协调观）； 3.在调研城市内涝现状、实验探究其成因及防治措施的活动体验中，体验地理灾害防治措施与调研假设、实验探究之间的关联		
检测点	下渗与下垫面（土壤、植被、水泥地）之间的关联			
检测任务	为研究城市内涝问题，我校师生自制实验设备，模拟在相同坡度、相同降水强度和降水总量（1500mL）情况下，三种不同下垫面（图 24-1）地表径流与地下径流量的差异（水消耗量指水总量中除去转化为地表径流和地下径流的部分），图 23-2 为三种下垫面景观图，图 23-3 为实验数据统计图。			

<table>
<tr><td></td><td colspan="3">

图 25-2　三种下垫面景观图

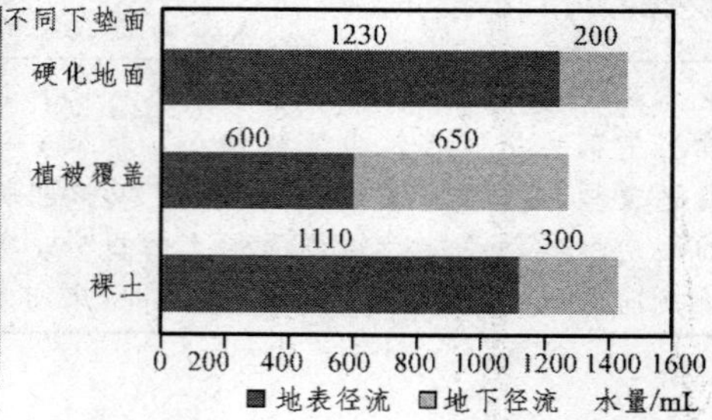

图 25-3　实验数据统计图

比较三类地面下渗量的差异并说明原因（12 分）</td></tr>
<tr><td>分类标准</td><td colspan="3">A.能准确说出三类地面下渗量的差异，硬化地面最少、裸土居中、植被最大。找到地下管道、流速、下渗时间（截留）、下渗中的四个关联点，且能具有逻辑性地、准确地描述</td></tr>
<tr><td rowspan="3">分类标准</td><td colspan="3">B.能准确说出三类地面下渗量的差异，硬化地面最少、裸土居中、植被最大。找到地下管道、流速、下渗时间（截留）、下渗中的三个关联点，且能具有逻辑性地、较为准确地描述</td></tr>
<tr><td colspan="3">C.能准确说出三类地面下渗量的差异，硬化地面最少、裸土居中、植被最大。找到地下管道、流速、下渗时间（截留）、下渗中的两个关联点，且能具有逻辑性地、较为准确地描述</td></tr>
<tr><td colspan="3">D.能准确说出三类地面下渗量的差异，硬化地面最少、裸土居中、植被最大。找到地下管道、流速、下渗时间（截留）、下渗中的一个关联点，且能具有逻辑性地、较为准确地描述</td></tr>
<tr><td rowspan="5">检测统计</td><td>分类等级</td><td>学生人数（总人数 15 人）</td><td>所占百分比</td></tr>
<tr><td>A</td><td>8</td><td>53.3%</td></tr>
<tr><td>B</td><td>4</td><td>26.7%</td></tr>
<tr><td>C</td><td>2</td><td>13.3%</td></tr>
<tr><td>D</td><td>1</td><td>6.7%</td></tr>
<tr><td>检测分析结果运用</td><td colspan="3">从学生关联体验目标的达成程度来看，全班 15 位同学能准确说出三类地面下渗量的差异，通过本节课的核心问题解决和反思提升，他们对下渗与下垫面（土壤、植被、水泥地）之间的关联的理解较为深刻，但体验的深度还是有区别的。有 53.3%（A）的同学能完全准确关联，26.7%的同学（B）不能完全准确关联。本节这部分知识其实是高二文科班学生需要深入探讨的内容，因此说明这种活动方式对高一学生突破水循环的影响过程这一难点是一个很有效的方式与方法，学生在分析这一现象的过程中训练了自己的地理综合思维能力，在动手做实验的同时也增强了地理实践力，且在认识城市内涝的过程中也能发展人地协调观。
当然，从统计数据来看，班上有 3 位同学（C+D=20%）体验不够深刻，究其根本是对现象和实验结论的思考不够深入，说明这部分学生在解决问题及反思提升环节中对教学目标达成度不够，需要课后追踪他们对实验现象和结论的深入思考，进一步理解城市内涝形成的过程</td></tr>
</table>

<table>
<tr>
<td>体验典型实例</td>
<td>
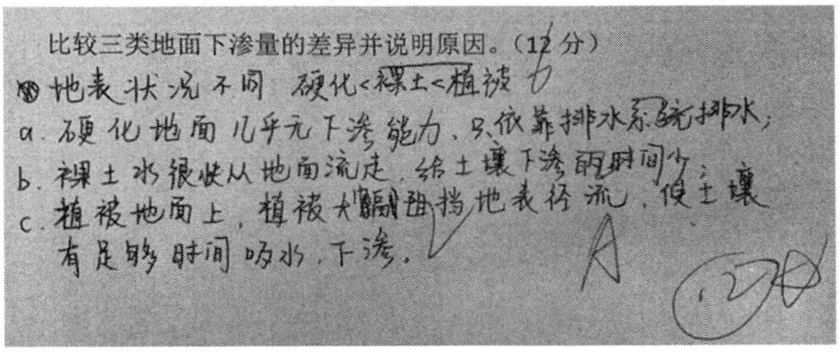
比较三类地面下渗量的差异并说明原因。(12分)
地表状况不同 硬化<裸土<植被
a.硬化地面几乎无下渗能力，只依靠排水系统排水；
b.裸土水很快从地面流走，给土壤下渗的时间少；
c.植被地面上，植被大量阻挡地表径流，使土壤有足够时间吸水，下渗。
图 25-4 A 等学生实验报告实例
A 等：该同学能准确说出三类地面下渗量的差异，硬化地面最少、裸土居中、植被最大。找到地下管道、流速、下渗时间（截留）、下渗中的四个关联点，且能具有逻辑性地、准确地描述。回答完全正确。
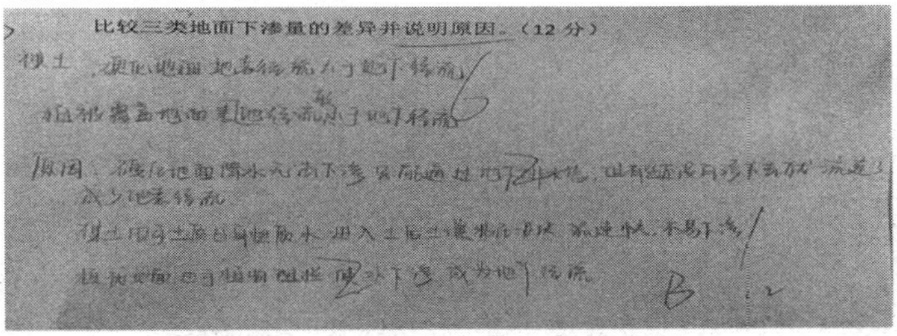
比较三类地面下渗量的差异并说明原因。(12分)
图 25-5 B 等学生实验报告实例
B 等：该同学能准确说出三类地面下渗量的差异，硬化地面最少、裸土居中、植被最大。找到地下管道、流速、下渗中的三个关联点，且能具有逻辑性地、较为准确地描述。
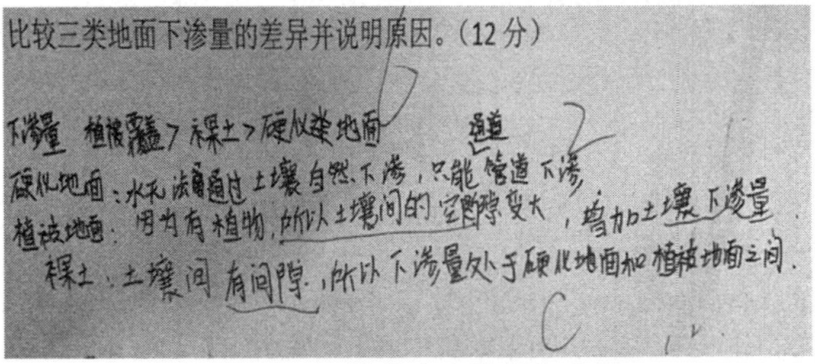
比较三类地面下渗量的差异并说明原因。(12分)
下渗量 植被覆盖>裸土>硬化地面
硬化地面：水无法通过土壤自然下渗，只能管道下渗
植被地面：因为有植物，所以土壤间的空隙变大，增加土壤下渗量
裸土：土壤间有间隙，所以下渗量处于硬化地面和植被地面之间。
图 25-6 C 等学生实验报告实例
C 等：该同学能准确说出三类地面下渗量的差异，硬化地面最少、裸土居中、植被最大。找到一个关联点，对水的下渗过程理解不清晰，描述不准确
</td>
</tr>
<tr>
<td>检测反馈</td>
<td>就检测本身而言，该题为非选择题，能较准确地反映学生对地表与地下径流转化过程的理解，此题是学生地理学科综合思维的考察，具有代表性。且此题源于学生真实实验数据的分析，所以更具情景性。
本节课课后，向学生公布了检测结果及和同学交流的情况，绝大多数同学能够厘清地表径流转化为地下径流之间的过程关联，也有同学对于其中的过程理解有误或者思考不够深入、表述不够准确。接下来需要：第一，对个别同学进行辅导，深入思考过程关联；第二，适当强化学生地理学科的表述能力及其正确的表述方式</td>
</tr>
</table>

自然灾害防治

——城市内涝研究报告

蒋祺实 易恬曲 孙路童 陈彦冰 胡锦豪 陈虹名 高雪仪 陈 澜

钟鼎鸣 戚浚浩 温大康 冯 琦 李婉君 侯伽芹 姜欣艾

一、城市内涝的调查分析

（一）城市内涝概念

城市内涝是指由于强降水或连续性降水超过城市排水能力致使城市内产生积水灾害的现象。造成内涝的客观原因是降雨强度大，范围集中。降雨特别急的地方可能形成积水，降雨强度比较大、时间比较长也有可能形成积水。

（二）国内城市内涝现状

图 25-7 2021 年成都城市内涝（一）

图 25-8 2021 年成都城市内涝（二）

我们首先发现成都近年来经常出现城市“看海”的现象。比如今年 8 月 17 日，成都天府大道在经历了一次暴雨后，道路积水严重。近年来我们也经常在成都各大街道看见这种城市内涝现象。

在文献的调查以及互联网的查找中，有数据表明 2015—2018 年，虽然发生城市内涝的次数有所下降，但是城市内涝发生的频率也很高。

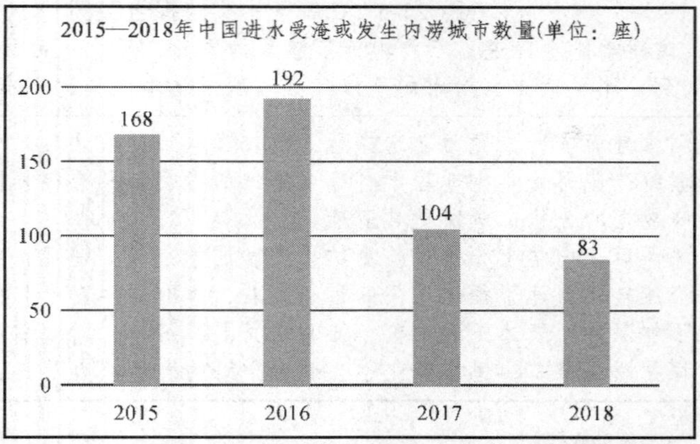

图 25-9 2015—2018 年中国进水受淹或发生内涝城市数量

2021 年 7 月，郑州、武汉等城市也遭遇了严重的城市内涝，造成了上亿元的损失。图 25-10 为 7 月的郑州，图 25-11 为 7 月的武汉。

图 25-10　2021 年 7 月郑州城市内涝

图 25-11　2021 年 7 月武汉城市内涝

（三）国外城市内涝现状

我们了解到在 2021 年的日本、印度以及西欧都有过严重城市内涝现象，而在更早之前，法国的埃菲尔铁塔曾被水包围。有着良好城市排水系统的德国，也在一次史无前例的暴雨中败下阵来。（图 25-12 为日本、图 25-13 为印度）

图 25-12　日本的内涝

图 25-13　印度的内涝

由此可见，城市内涝现象无论在国外还是国内来说都是值得我们研究的一个话题。

（四）城市内涝的危害

通过查阅文献和互联网我们发现，城市内涝产生的危害有很多，如淹没房屋、财产损失、影响城市水质、灾后疫情、交通受阻、破坏交通通信设施、人员伤亡等。

通过对城市内涝的了解我们发现，城市内涝涉及我们高中地理学过的水循环和自然灾害等知识。于是我们猜想，城市内涝的形成与下垫面和降水两个方面有关。

二、城市内涝成因的实验探究

（一）实验方案制定

模拟地理实验方案

——城市内涝影响因素模拟实验方案

一、实验作用与机理

内涝的形成与人类活动对城市地表环境的影响有着密切的关系。用沥青或混凝土等不透水材料覆盖城市的地表，导致城市中大面积的土地表面被硬化，被硬化了的城市地表改变了水循环中下渗、地表径流和地下径流等环节，影响了土壤的蓄水功能。因此，有些城市因局部地势低洼、地下管网排水不畅等导致内涝。真实的自然地理过程很难观察到，在地理实验室的条件下，可以在某些环节上设计“定性+定量”的模拟实验。本实验旨在探究下垫面对水循环的影响，从而分析城市内涝影响因素。

二、实验主题

比较不同地面状况对地表径流、地下径流及下渗的影响。

三、实验目标

分析不同地表物质和地表径流与下渗的关系，说明城市内涝影响因素，培养综合分析思维能力；观察实验现象、记录实验数据、分析实验结果，体验科学探究过程。

四、实验内容

实验主题为“城市内涝影响因素”，根据实验主题确定本实验需要解决的问题，即“探究城市地表物质材料与土壤下渗量及地表径流量之间的关系”。由实验主题和主要解决问题可以进一步将本实验内容确定为“通过模拟不同地表在相同降水强度下产生的下渗量和地表径流量的差异来分析城市内涝形成因素”。模拟三种城市地表，即不透水的地表、裸土的地表和植被覆盖的地表在相同降水强度和相同坡度下的下渗量和地表径流量，分析其差异所能带来的影响，从而探讨城市内涝的形成原因。根据地理实验内容，确定实验中的各种变量。本实验中主要变量是地表物质材料、下渗量和地表径流量。

五、实验原理

根据地理实验内容确定地理原理知识，本实验运用到的地理原理如下：

（1）水循环：水循环的强弱变化往往引发区域性的洪涝、干旱等自然灾害；雨涝灾害是 指由于大雨、暴雨或持续降雨等使低洼地区积水、淹没的现象。

（2）土壤的功能：土壤具有蓄水、保水功能。大气降水的一部分储存在土壤中，既能有效 减少地表径流，又可以持续提供植物所需的水分。“1 m厚的多孔隙土壤能截留300 mm的降水量。”

（3）自然地理环境的整体性：某一自然地理要素的变化会导致其他要素及其整

体的改变。例如，由于城市地面硬化导致其地表下渗功能减弱，从而使地表径流增加，进而使城市低洼的地区积水等。

（4）降水量：在一定时间内，从天空降落到地面上的液态或固态（经融化后）水，未经蒸发、渗透、流失，而在水平面上积聚的深度，以 mm 为单位，气象观测中取一位小数。

（5）降水强度：单位时间的降水量称为降水强度，常用 mm/h 或 mm/min 为单位，也称为雨强。

六、实验器材

依据地理实验目标和地理实验内容，结合实验变量，选择实验器材并组装实验装置。本实验使用的材料有裸土、草、超轻粘土，盛土容器 3 个，清水、量杯、计时器，接水器 3 个，纱布、沙土、壤土及黏土（水稻土）、漏斗、量筒、玻棒、电子测重器、细筛、滤纸、计时器。

七、实验示意图

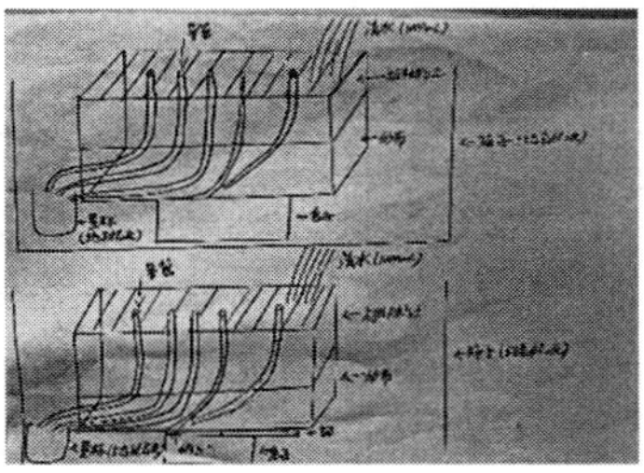

图 25-14　城市内涝实验设计方案（一）

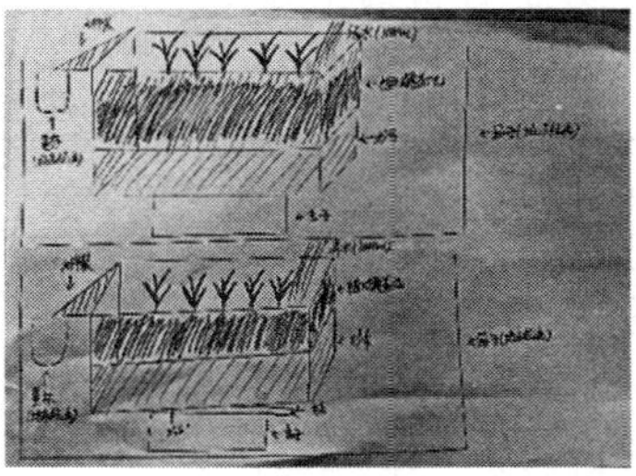

图 25-15　城市内涝实验设计方案（二）

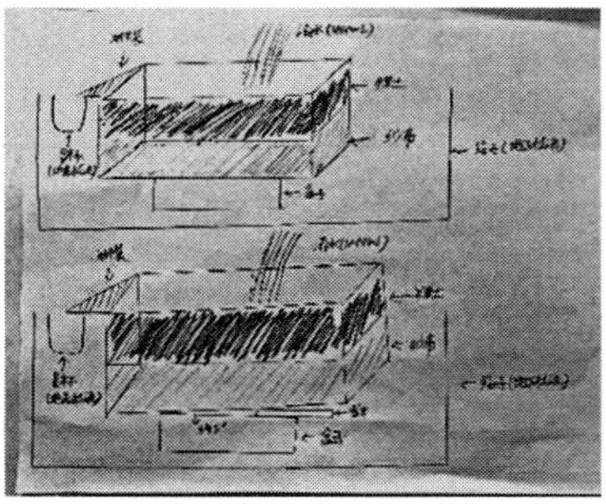

图 25-16　城市内涝实验设计方案（三）

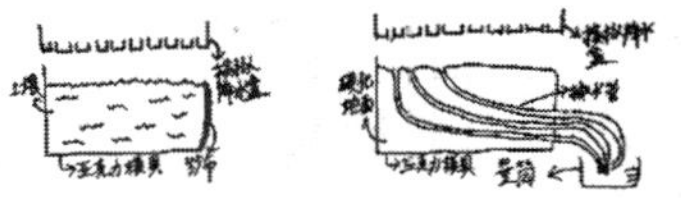

图 25-17　城市内涝实验设计方案（四）

八、实验设计

（1）控制变量——保持地表以下物质结构条件相同，保证降水强度、地表坡度条件相同，土壤质量相同。

（2）处理实验数据，分析实验结果。

九、数据分析及结论

实验一：下垫面不同，保持地表以下物质结构条件相同，保证降水量大小、降水强度、地表坡度条件相同。

表 25-1 实验结果记录（一）

实测 实验	地表径流水量/mL	地下径流水量/mL
裸地		
硬化地面		
草皮地面		

实验二：土壤的性质不同，保持土壤的质量相同，水量相同。

表 25-2 实验结果记录（二）（沙土、壤土、粘土）

不同性质土壤	下渗 10mL 水花的时间
沙土	
壤土	
黏土	

实验三：降水强度不同，保持地表以下物质结构条件相同，保证下垫面、降水量大小、地表坡度条件相同。

表 25-3 实验结果记录（三）（裸地、硬化地面、草皮地面）

实测 实验	地表径流水量 /mL	地下径流水量 /mL	泥沙量描述 （多、少）	下渗情况分析 （快、慢）
降水强度大				
降水强度中等				
降水强度小				

实验四：地表坡度不同，保持地表以下物质结构条件相同，保证下垫面、降水量大小、降水强度条件相同。

表 25-4 实验结果记录（四）（裸地、硬化地面、草皮地面）

实测 实验	地表径流水量 /mL	地下径流水量 /mL	泥沙量描述 （多、少）	下渗情况分析 （快、慢）
坡度大				
坡度中等				
坡度小				

参考文献

[1] 樊杰. 普通高中教科书·地理：必修第一册[M]. 北京：人民教育出版社，2019.

（二）实验结果及分析

1. 不同地表状况

从实验结果中我们可以看到，三种下垫面的地表径流和地下径流之和都不足1500mL，通过仔细回顾实验我们发现，一部分水积在了地表，另一部分储存于土壤中，还有一部分被植物截留。植被覆盖地表滞留的水是最多的，而硬化地面最少。

我们还从实验数据中可以看出，三个实验装置中，硬化地面的地表径流最多，地下径流最少，而植被覆盖地面则是地表径流最多，地下径流最少。说明被硬化的地表是最容易积水的，所以城市往往会产生内涝现象。

我们植被覆盖的地面为什么会有这样的抗涝能力？经过小组内的讨论与搜索资料，我们发现一是因为植物对水的截留作用，在降水落到地面以前，就有部分被植株截去；二是植被的存在使水流速度减缓，增加了下渗的时间。

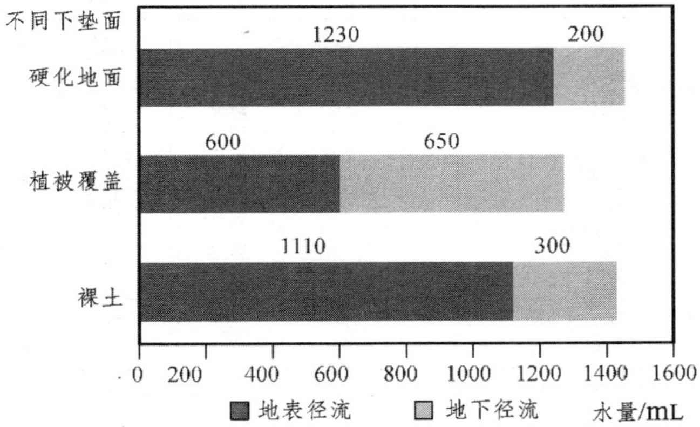

图 25-18　不同下垫面地表与地下径流量情况

2. 不同性质土壤渗水

通过分析发现，我们得出结论，因为沙土、壤土、黏土下渗相同水量的时间沙土 < 壤土 < 黏土，所以它们相同时间的渗水量将是沙土 > 壤土 > 黏土。所以我们思考，即使是同一下垫面，不同的性质条件下，它们的下渗能力仍然会不一样。因此我们可以进一步思考，能否在城市硬化表中选取不同性质的硬化地表来增加下渗，从而缓解城市内涝。

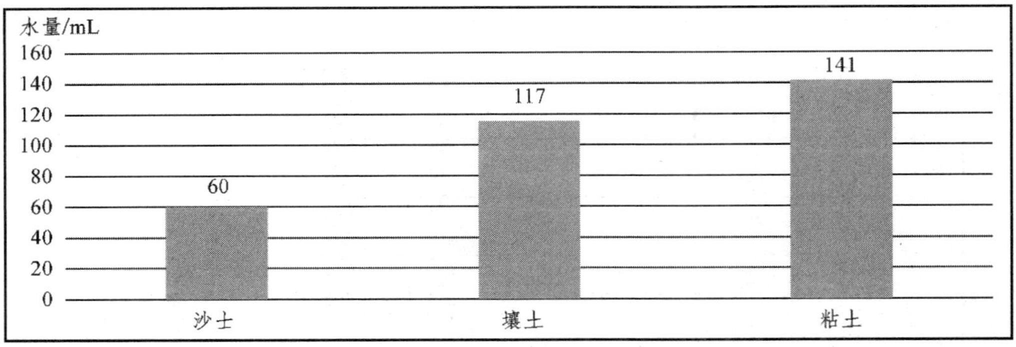

图 25-19　相同时间内不同性质土壤的渗水量

3. 不同坡度

我们实验的数据如图 25-20 所示。首先，可以明显发现，坡度大的地表与地下径流量总和比坡度小的大。通过观察我们发现，是因为坡度大让地表径流速度更快，还没有来得及下渗便流走了。可见坡度越小水越不易流走，越容易积水。其次，硬化地表坡度较小时的数据比较大时的数据少了 130 mL，我们推测坡度越小水更易水积在地表。因此地势低平的城市更易发生内涝现象。

通过数据分析我们还发现，硬化地面坡度不同，但地下径流却相同。我们观察发现，地下排水管道是有限的，且两次的排水管道没有变，所以排水能力没有变。故我们认为城市内涝还与城市的排水能力有关。

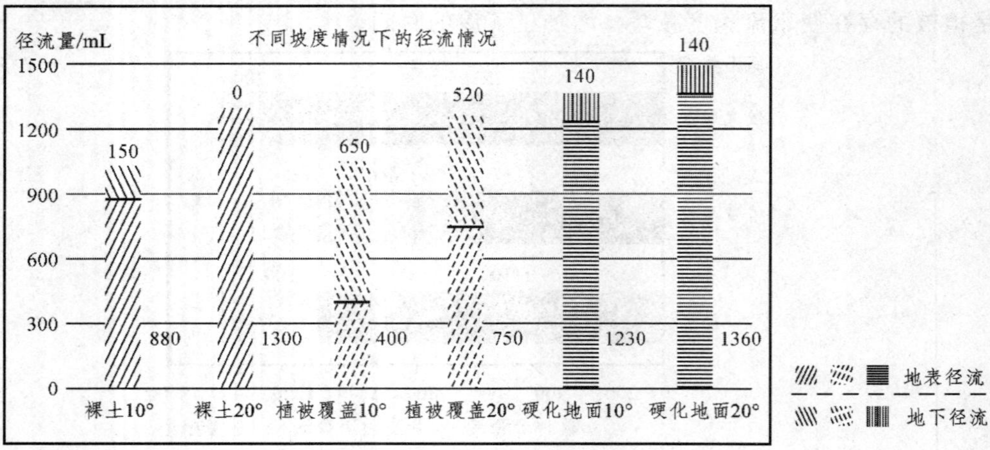

图 25-20　不同坡度情况下的径流量情况图

4. 不同降水强度

经过实验数据分析，我们发现，降水强度越大，地表径流、产流越多，城市内涝越严重。后来我们组思考发现，因为降水强度越大，地表径流速度越快，雨水还未来得及下渗便成为地下径流，才导致地表径流产流变多，城市内涝变严重。也就是说降水强度影响因子与城市内涝产生之间有着正相关性。

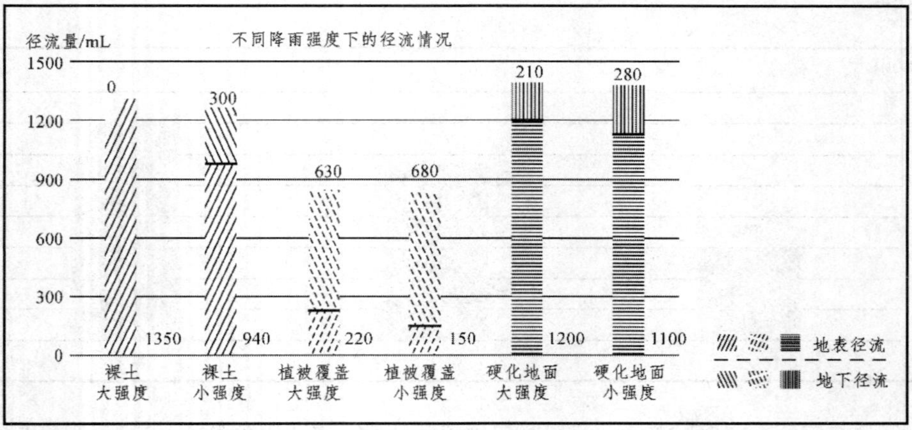

图 25-21　不同降雨强度下的径流量情况图

三、城市内涝应对措施

通过以上实验和资料、文献等查阅，我们对城市内涝的防治措施进行了以下思考。

通过实验，我们发现城市内涝的产生与降水和下垫面的下渗、蓄水、排水能力有关。

针对下渗能力，我们可以通过植树造林来改变下垫面的下渗能力。如近几年我们成都建设的环城生态区。此外，通过不同土壤的下渗能力探究实验我们发现，我们还可以改变城市硬化地面本身的透水能力，比如铺设渗水砖，增加透水通道。

针对蓄水能力,可以修建一些人工湖泊或水库,我们在查找资料的过程中也发现，各地有不同的蓄水和渗水的方式：储、渗水沟、井、池。

针对排水能力，建议可以进一步完善城市管道，定期疏通城市管道。通过查阅文献，我们发现在法国、美国、英国、意大利、日本和澳大利亚等国家都很注重排水系统的建设和完善。成都市每年也会发布自己的排水措施。

通过文献与资料，我们发现可以通过修建海绵城市和雨水花园来缓解内涝。让城市能够像海绵一样，在适应环境变化和应对自然灾害等方面具有良好的弹性，能够吸水、蓄水、渗水、净水，需要时再将蓄存的水释放并加以利用。

阿富汗撤军之我见
——时事观察选修课
川大附中项目课程开发实施规划纲要

课程首席教师：杨　浩（地理组）

课程参与教师：陈　娟（地理组）　肖晴文（地理组）

<table>
<tr><td>课程名称</td><td colspan="8">阿富汗撤军之我见——时事观察选修课</td></tr>
<tr><td>课程类型（勾选）</td><td></td><td>必修的综合实践活动课程</td><td></td><td>必修的劳动课程</td><td>√</td><td>选修的学科课程</td><td></td><td>选修的校本课程</td></tr>
<tr><td>实施对象</td><td colspan="3">高二年级学生</td><td>建议选课学生人数</td><td colspan="4">30人</td></tr>
<tr><td>课程课时及上课时段</td><td colspan="8">课程课时：5节课10个课时；上课时段：指定课程时段</td></tr>
<tr><td>课程背景</td><td colspan="8">政治地理学研究世界政治现象的分布、联系和差异，以及政治地区形成与地理环境的关系，并预测其发展变化的规律。研究内容主要包括政治疆界、政治区域的形成与演变；划分政治地区类型、论述其相似性与差异性；探讨国际关系、国际政治集团的形成、发展和变化，以及其对当代世界政治趋势的影响等。
1.学生背景：
（1）缄默知识：和平与发展是当今时代的主题，但是当今世界仍不安宁。有的大国常常打着“自由”“民主”“人权”的幌子，侵犯别国主权，干涉别国内政。民族冲突、宗教冲突等引起的战争还在持续进行，学生虽然在国内享受着和平与幸福的生活，但也在电视新闻上看到其他国家和地区的矛盾与动荡。
（2）显性知识：尽管对世界上的一些冲突与纷争有所耳闻，但学生不一定清楚各个地方纷争背后的缘由。比如，某个区域的政治动荡是如何在历史上进行演变的，发生冲突的地区和国家互相采取了什么对外政策，以及，还有哪些因素影响了该次冲突的结果，等等。若需要深刻看待冲突事件本身，就需要系统性的知识学习。
（3）研究素养：政治地理的学习有利于帮助学生从国家领土观念、综合国力、世界政治地理格局等方面，认识当今世界政治地理的基本问题和背景，理解国际政治、经济发展的变化和趋势，认识我国周边地缘政治的主要问题和背景，懂得和平发展、互利共赢的重要性。
2.资源背景：
国际局势保持总体和平、缓和与稳定态势，但局部性的战争、动荡与紧张有所加剧。霸权主义是当今世界动荡不安的主要根源；国际恐怖主义反弹强烈，国际反恐斗争形势严峻。2020 年，最值得注意的国际事件为美国从阿富汗撤军，此前，北约驻阿联军共有约 1.6 万名士兵，其中包括约 1.3 万名美军士兵，主要负责为阿富汗安全部队提供支持。
美国和阿富汗塔利班于 2020 年 2 月 29 日在卡塔尔首都多哈签署了旨在结束阿</td></tr>
</table>

续表

<table>
<tr><td>课程背景</td><td colspan="6">富汗战争的和平协议。根据协议，美国将开始逐步减少其在阿富汗的驻军，驻扎在阿富汗的外国军队有望在14个月内全部撤出。塔利班则承诺不再让阿富汗成为恐怖分子的庇护所。阿富汗战争的历史渊源、美国的军事动机、美国从阿富汗撤军对中国的影响等，都是值得学生关注并学习、分析的问题。同时，美国和阿富汗的军事交火有大量的视频、新闻资料，都为课程提供了丰富的网络资源</td></tr>
<tr><td>课程内容（核心问题）</td><td colspan="6">问题：学习美国、阿富汗国家的基本国家和地理信息，通过分析综合国力和国际政治格局，对美国从阿富汗撤军事件进行判断和评价。
活动：角色扮演法，分组模拟分析美国和塔利班的决策过程</td></tr>
<tr><td>课程目标</td><td colspan="6">1.结果性目标：
学生结合实例和热点地区，说明国际合作与冲突的背景、表现形式和前景，预测其未来发展方向。
2.体验性目标：
（1）体验国际政治与区域地理之间的关联；
（2）体验地理术语与时事热点相结合的关联</td></tr>
<tr><td rowspan="6">课次计划</td><td>课次</td><td>主题</td><td>研究环节</td><td>学生活动</td><td>课前课后任务</td><td>活动地点及技术融入</td></tr>
<tr><td>1</td><td>世界的肚脐——阿富汗地理概述</td><td>读图、阅读相关材料</td><td>课堂讨论</td><td>熟悉相关资料内容</td><td>多媒体教室</td></tr>
<tr><td>2</td><td>美国为什么这么强——美国地理概述</td><td>读图、阅读相关材料</td><td>课堂讨论</td><td>熟悉相关资料内容</td><td>多媒体教室</td></tr>
<tr><td>3</td><td>在阿富汗驻守的日子</td><td>读图、阅读相关材料</td><td>课堂讨论</td><td>熟悉相关资料内容</td><td>多媒体教室</td></tr>
<tr><td>4</td><td>别了，阿富汗</td><td>分组模拟美国的决策过程</td><td>角色扮演</td><td>总结发言，形成记录</td><td>多媒体教室</td></tr>
<tr><td>5</td><td>何去何从</td><td>分组模拟塔利班的决策过程</td><td>角色扮演</td><td>总结发言，形成记录</td><td>多媒体教室</td></tr>
<tr><td>学生作品</td><td colspan="6">两次会议记录</td></tr>
<tr><td>评价方式</td><td colspan="6">综合评价</td></tr>
<tr><td>安全保障</td><td colspan="6">教室活动：常规安全保障；校外考查：制定安全预案</td></tr>
<tr><td>条件保障</td><td colspan="6">课程开发组内部保障：整理资料交付油印室</td></tr>
<tr><td>开发次第</td><td colspan="6">首次开发</td></tr>
<tr><td>课程审批</td><td colspan="6">1.课程教学处：　签　章　　年　月　日
2.学生发展处：　签　章　　年　月　日</td></tr>
</table>

世界的肚脐：阿富汗地理概述

一、教学分析设计

（一）内容分析

当今国际局势保持总体和平、缓和与稳定态势，但局部性的战争、动荡与紧张有所加剧。霸权主义是当今世界动荡不安的主要根源；国际恐怖主义反弹强烈，国际反恐斗争形势严峻。2020 年，美国和阿富汗塔利班 2 月 29 日在卡塔尔首都多哈签署了旨在结束阿富汗战争的和平协议。根据协议，美国将开始逐步减少其在阿富汗的驻军，驻扎在阿富汗的外国军队有望在 14 个月内全部撤出。此前，北约驻阿联军共有约 1.6 万名士兵，其中包括约 1.3 万名美军士兵，主要负责为阿富汗安全部队提供支持。美国是世界上公认的第一强国，而阿富汗的政治和经济地位却在国际上居于倒数。在综合国力悬殊巨大的情况下，为何美国最终选择从阿富汗撤军，背后原因令人深思。

本次课为课程的第一次课。本次课程计划主要内容为“世界的肚脐：阿富汗地理概述”。通过研讨阿富汗的地理环境，让学生了解阿富汗的经济和政治地位，明确认识一个区域时分析区域地理环境的基本方法和思路，同时也为后面四次课程探讨美国从阿富汗撤军事件做好基础的认知铺垫。

（二）学生分析

1.知识储备

作为高二的学生，在学习了一年多的地理课程后，已经对世界地理概况和国家政治地理有了一个大概的认识。对于一个国家和地区，知道从地理的视角应该如何全面而客观地看待和分析。对于热点时事政治，学生平时也有所耳闻。当教师借助新闻作为知识的切入点时，学生会表现出浓厚的兴趣。

2.研究素养

限于学习时间和知识的有限性，学生对当今世界的国际局势的了解很有限，但是学生对了解国际局势又抱有高度的热情和兴趣，缺少认识国际局势的综合思维和基本知识、方法、大局观，缺乏基本的判断能力和评价能力，容易受某些别有用心媒体的引导。政治地理的学习有利于帮助学生从国家领土观念、综合国力、世界政治地理格局等方面，认识当今世界政治地理的基本问题和背景，理解国际政治、经济发展的变化和趋势，认识我国周边地缘政治的主要问题和背景，懂得和平发展、互利共赢的重要性。

3.研究意愿

高二的学生已经经历了两学期的选修课学习，对地理或其他学科的研究思路和方法已经比较熟悉。从往届开设的地理选修课的学习情况来看，学生对地理学习的热情很高，而本次地理政治选修课兼顾地理和时政知识，让学生在了解时事新闻的同时学习知识，学生对本门课的学习会有巨大的期待和热情。

（三）目标分析

根据本课程规划纲要中确立的课程教学目标，基于本次课的活动分析及学生分析，撰写本次课的教学目标如下：

1.结果性目标

研讨阿富汗的地理环境特征，明确认识区域的基本方法和思路。

2.体验性目标

（1）在研讨阿富汗的地理环境的活动体验中，体验地理、政治等学科的关联；体验地理环境的整体性，体验自然地理环境各个要素的密切关联、社会经济发展与自然地理环境的密切关联。（综合思维）

（2）在研讨阿富汗的地理环境对经济发展影响的活动体验中，体验地理环境与区域经济发展之间的关联性。（人地协调观）

（四）资源分析

对本课程的资源背景分析如下：

1.硬件资源

从互联网上搜索各种新闻视频以及相关的多方评论资料等资料。（A2 数字教育资源获取与评价）

运用 PPT 展示小组自主学习的相关收获后，提出本小组的疑问，由其他同学或是教师互评提出意见和解答。教师用智学网系统进行检测评价。（B9 自评与互评活动的组织、B1 技术支持的测验与练习）

综上，本次课的资源/技术融合可列表如下：

技术	功能	微能力点
黑板	板书课程核心问题及教学逻辑与结构； 板书学生交流活动内容要点等	
PPT	支持学习小组研究成果的展示与交流	A2 数字教育资源获取与评价； B9 自评与互评活动的组织
智学网	支持学生个体研讨成果的评价	B1 技术支持的测验与练习

2.人力资源

三位教师具备较高的地缘政治知识，对某一些时事了解比较综合深入，具有一定相关的地理、军事、政治等理论知识和全球视野，能够给予学生有效的指导。

（五）主题分析

通过以上分析，设计了本系列课程的核心问题：学习美国、阿富汗国家的基本国家和地理信息，通过分析综合国力和国际政治格局，对美国阿富汗撤军事件进行判断和评价。而第一次课程的核心问题为：查找阿富汗相关区域地理环境资料，研讨阿富汗地理背景与经济发展，明确认识区域的基本方法。

二、教学实施设计

（一）教学环节

按课程规划纲要的课次规划，本次课为核心问题教学中的反思提升环节，其下包括活动动员、活动展示、小组互评、课堂小结四个子环节，具体教学设计如下表所示。

教学环节（时间）	学生活动	教师活动	设计意图	技术融合
提出问题（2分钟）	学生明确本节课的主要任务与要求：研讨阿富汗的地理环境，明确认识一个区域时分析区域地理环境的基本方法和思路	1.概述本次课程的研究意义和过程进展，提出本堂课的主题：研讨阿富汗的地理环境，明确认识一个区域时分析区域地理环境的基本方法和思路； 2.对本次集中展示与交流提出相关要求	学生领会本次课堂任务及要求，在展示和交流中彰显自主学习、合作探究的成果	幻灯片，视频展示（A2数字教育资源获取与评价）
展示交流（35分钟）	三个小组通过PPT演示解说、板书方式讲解展示阿富汗区域地理环境部分自主学习、合作研讨的成果，提出疑问。其他小组同学给予评价解答。 小组1：阿富汗的地理位置 通过描述阿富汗在亚洲的地理位置，明晰阿富汗是东亚和西亚最便捷的陆上交通通道，自古以来就是兵家必经之地。如果占据了阿富汗，就能够同时对周边地区产生影响力。 小组2：阿富汗的自然地理环境 分别从地形、气候、水文、土壤、植被等方	教师一边旁听，一边关注学生的表现并记录他们的发言闪光点，重点关注自主学习和合作研讨过程的知识成果和方法成果、内容的不准确点、提出的疑问，是否有利于彰显该课程的综合性、实践性和研究性	将前期学生的自主学习、合作探究活动充分展示出来，学生在此过程中：1.在研讨阿富汗的地理环境的活动体验中，体验地理、政治等学科的关联（综合思维）； 2.在研讨阿富汗的地理环境对经济发展影响的活动体验中，体验地理环境与区域经济发展之间的关联性（人地协调观）； 3. 体验地理环境的整体性，体验自然地理环境各个要素的密切关联、社会经济发展与自然	幻灯片、PPT小组展示交流、互动评价等活动、智学网检测评价（A2数字教育资源获取与评价、B9自评与互评活动的组织、B1 技术支持的测验与练习）

续表

教学环节（时间）	学生活动	教师活动	设计意图	技术融合
展示交流（35分钟）	面描述阿富汗的自然背景，了解阿富汗的优势和稀缺资源。 小组3：阿富汗的人文地理环境 从阿富汗的人口、民族、宗教文化等方面总结阿富汗的人文地理特征，突出阿富汗的宗教文化特征，这对阿富汗抵御美国有着重要作用		地理环境的密切关联	
反思提升（3分钟）	聆听教师的总结、评价及建议，学生在教师引导下归纳、反思、提升；进一步完善笔记。	教师对展示活动进行点评，从知识、读图能力、地理综合思维、地理学研究的方法、研讨品质方面进行归纳总结与提升	让学生获得参与本门课程的愉悦体验，提升认识区域的基本方法和思路。对学生自主学习和合作研讨新知识的积极精神、研讨方法给予肯定	

（二）评价预设

1.就展示活动前对学生即时、口语为主的评价预设

自主学习环节，对学生自主查阅相关新闻等资料和自主去翻阅地图册的方式方法、精神予以肯定。

合作研讨环节，对学生的小组合作研讨给予肯定，并就学习中的疑问主动地、经常跑办公室和三位老师进行请教探讨的自觉性给予赞赏。

2.就展示活动后的评价预设

展示活动后教师的评价至关重要，教师的事后评价直观生动，对学生的触动会远远大于其他评分形式，能引导学生进行深层次的理论思考和全方位的跨学科思考。在小组间互评的基础上，帮助学生从国家领土观念、综合国力、世界政治地理格局等方面，认识当今世界政治地理的基本问题和背景，理解国际政治、经济发展的变化和趋势，认识我国周边地缘政治的主要问题和背景，懂得和平发展、互利共赢的重要性。

（三）板书设计

世界的肚脐：阿富汗地理概述

核心问题：查找阿富汗相关区域地理环境资料，研讨阿富汗地理背景与经济发展，明确认识区域的基本方法。

地理位置特征描述（陆上枢纽）

自然地理环境：

地形（多山、地形破碎）
气候（干旱）
水文（稀少）
土壤（贫瘠、多沙漠）
生物（草地、荒芜）
资源（矿产资源丰富）

人文地理环境：

人口（稀少）
民族（种类多，不统一）
文化（伊斯兰教）
经济发展（最不发达）　原因？

（四）教学流程

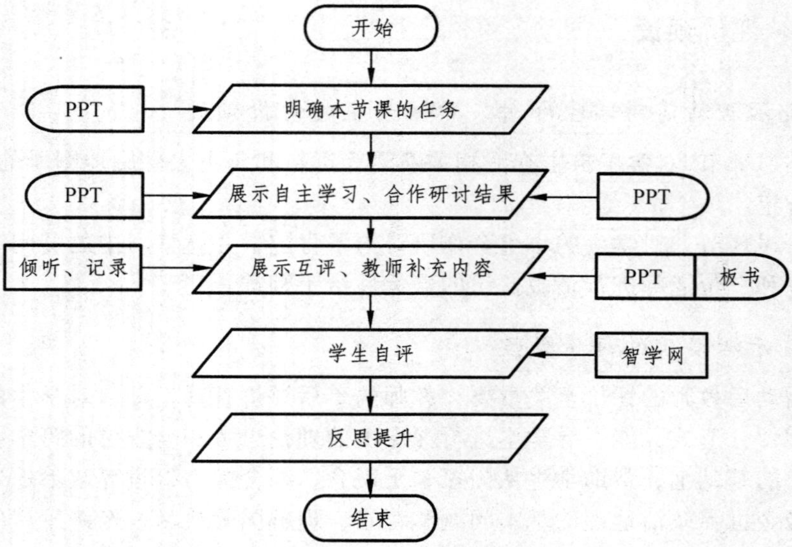

图 26-1“世界的肚脐：阿富汗地理概述”教学流程图

三、教后评价设计

（一）信息搜集

（1）课后认真搜集学生所做分析总结情况以及学生反馈的信息。

（2）课后认真搜集听课的其他两位教师的意见。

（二）自我评价

在本堂课中，学生了解了阿富汗的地理环境特征，探讨了其经济状况极不发达的原因，大致明确了认识一个区域的基本方法和思路。在认识区域自然地理特征时，学生容易孤立各个要素，因此教师要从地理环境的整体性予以强调，让学生明确一个区域的自然地理环境各个要素的密切关联以及社会经济发展与自然地理环境的密切关联，运用综合的思维方法进行思考。

川大附中项目课程核心问题教学评价表

<table>
<tr><th rowspan="2">评价目标</th><th colspan="3">评价指标</th><th rowspan="2" colspan="2">评价结果</th></tr>
<tr><th>一级指标</th><th>二级指标</th><th>三级指标</th></tr>
<tr><td rowspan="18">实现活动体验中的学习与发展</td><td rowspan="12">具有核心问题教学形态</td><td rowspan="3">核心问题利于活动体验</td><td>内含客观问题和学生活动方式</td><td>7</td><td rowspan="12">每项指标最高评8分
合计 91 分</td></tr>
<tr><td>问题情景与真实生活密切相关</td><td>8</td></tr>
<tr><td>能引发新知识、新方法的生成</td><td>8</td></tr>
<tr><td rowspan="3">教学目标价值引导恰当</td><td>两类目标正确全面</td><td>8</td></tr>
<tr><td>关联体验目标恰当</td><td>7</td></tr>
<tr><td>目标价值引导显现</td><td>7</td></tr>
<tr><td rowspan="3">教学环节完整合理落实</td><td>教学环节清晰完整</td><td>8</td></tr>
<tr><td>环节内容合理充实</td><td>8</td></tr>
<tr><td>学生活动时间充分</td><td>8</td></tr>
<tr><td rowspan="3">教学要素相互匹配促进</td><td>问题目标环节两两匹配</td><td>7</td></tr>
<tr><td>技术促进活动形式内容</td><td>7</td></tr>
<tr><td>课程特点突出氛围浓郁</td><td>8</td></tr>
<tr><td rowspan="6">具有核心问题教学实质</td><td rowspan="3">拓宽学习视野</td><td>课程与现实世界有恰当关联</td><td rowspan="6" colspan="2">选择一个表现突出的二级指标，在相应三级指标的引导下，以现场学生表现为依据，于本表的第二页写出150字以上的简要评价</td></tr>
<tr><td>有基于缄默知识的问题解决</td></tr>
<tr><td>有缄默知识运用的追踪剖析</td></tr>
<tr><td rowspan="3">投入实践活动</td><td>有真实而且完整的实践活动</td></tr>
<tr><td>能够全身心地浸渍于活动中</td></tr>
<tr><td>活动的内容结果均丰富深入</td></tr>
</table>

续表

评价目标	评价指标			评价结果
	一级指标	二级指标	三级指标	
实现活动体验中的学习与发展	具有核心问题教学实质	感受意义关联	有核心问题的深层意义感受	
			有以知识为中心的关联感受	
			有以个人为中心的关联感受	
		自觉反思体验	有实质性反思活动的开展	
			有课程新因素的追踪利用	
			有体验的交流与改善重构	
		乐于对话分享	乐于自我表达与认真倾听	
			乐于合作中成果与思路的分享	
			有宽容的对话氛围和双向交流	
		认同体验评价	认可体验评价	
			参与体验评价	
			利用体验评价	

核心问题教学实质的简要评价

当今国际局势保持总体和平、缓和与稳定态势，但局部性的战争、动荡与紧张有所加剧。霸权主义是当今世界动荡不安的主要根源；国际恐怖主义反弹强烈，国际反恐斗争形势严峻。2020 年，最值得注意的国际事件为美国从阿富汗撤军。美国和阿富汗塔利班 2 月 29 日在卡塔尔首都多哈签署了旨在结束阿富汗战争的和平协议。根据协议，美国将开始逐步减少其在阿富汗的驻军，驻扎在阿富汗的外国军队有望在 14 个月内全部撤出。塔利班则承诺不再让阿富汗成为恐怖分子的庇护所。此前，北约驻阿联军共有约 1.6 万名士兵，其中包括约 1.3 万名美军士兵，主要负责为阿富汗安全部队提供支持。众所周知，美国是公认的世界第一强国，而阿富汗在国际地位和排名上都不值得一提，美国在阿富汗撤军经历了怎样的演变，美国和阿富汗的战争对于世界格局的影响如何，拥有重要的战略位置的阿富汗应该如何周旋于大国之间的博弈，我国该如何看待阿富汗撤军，塔利班未来应如何发展阿富汗，这些都是学生对于国际关系、国际形势以及国际力量对比变化值得思考的内容。

该课程主要体现了核心问题下拓宽学习视野的项目。政治地理学，研究世界政治现象的分布、联系和差异，以及政治地区形成与地理环境的关系，并预测其发展变化的规律。该课程基于学生的兴趣点和现实事件出发，用时事热点让学生了解政治疆界、政治区域的形成与演变，划分政治地区类型、论述其相似性与差异性，体现了课程与现实世界有恰当关联；学生探讨国际关系、国际政治集团的形成、发展和变化，这些体现了基于缄默知识的问题解决；基于已有的知识推测未来政治局势，评价国际关系，从国家领土观念、综合国力、世界政治地理格局等方面，认识当今世界政治地理的基本问题和背景，理解国际政治、经济发展的变化和趋势，认识我国周边地缘政治的主要问题和背景，懂得和平发展、互利共赢的重要性，这体现了对学生缄默知识运用和综合分析思维能力的培养

（三）反馈调整

川大附中项目课程目标达成点检测表

<table>
<tr><td rowspan="4">基本信息</td><td>课程名称</td><td colspan="3">阿富汗撤军之我见：政治地理时事观察</td><td>课程类别</td><td colspan="3">选修的学科课程</td></tr>
<tr><td>首席教师</td><td colspan="3">杨浩</td><td>组/处</td><td colspan="3">地理组</td></tr>
<tr><td>参与教师</td><td>肖晴文</td><td>组/处</td><td>地理组</td><td>参与教师</td><td>陈娟</td><td>组/处</td><td>地理组</td></tr>
<tr><td>年　　级</td><td colspan="2">高二</td><td colspan="2">上课时间</td><td colspan="3">5 次 10 节课，周三</td></tr>
<tr><td>核心问题</td><td colspan="8">学习美国、阿富汗的基本国家和地理信息，通过分析综合国力和国际政治格局，对美国阿富汗撤军事件进行判断和评价</td></tr>
<tr><td rowspan="2">课程目标</td><td colspan="2">结果性目标</td><td colspan="6">学生结合实例和热点地区，说明国际合作与冲突的背景、表现形式和前景，预测其未来发展方向</td></tr>
<tr><td colspan="2">体验性目标</td><td colspan="6">1.在研讨美国撤军阿富汗的事件中，体验地理、政治等学科的关联；体验地理环境的整体性，体验政治地理环境各个要素的密切关联、社会经济发展与自然地理环境的密切关联；
2.在研讨美国、阿富汗的地理环境对经济发展影响的活动体验中，体验地理环境与区域经济发展之间的关联性</td></tr>
<tr><td>检测点</td><td colspan="8">对美国和阿富汗综合国力或工业化的看法</td></tr>
<tr><td>检测任务</td><td colspan="8">美国是世界上综合实力最强大的国家，而阿富汗的综合国力居于世界倒数的位置，在综合实力如此悬殊的情况下，美国却从阿富汗撤军了，背后原因令人深思。学生将从不同角度对两个国家的综合国力进行描述和分析</td></tr>
<tr><td rowspan="4">分类标准</td><td colspan="8">A.能够客观、全面地看待一个国家的综合国力和工业化水平，能够从国家的经济、政治、军事、文化、科技、教育、人力资源等多方面实力进行有逻辑的描述</td></tr>
<tr><td colspan="8">B.能够客观、全面地看待一个国家的综合国力和工业化水平，能够从国家的经济、政治、军事、文化、科技、教育、人力资源等三个到五个方面进行有逻辑的描述</td></tr>
<tr><td colspan="8">C.能够对一个国家的综合国力和工业化水平有基本的认识，能够从国家的经济、政治、军事、文化、科技、教育、人力资源等一个到两个方面进行简单描述</td></tr>
<tr><td colspan="8">D.对综合国力和工业化水平的认识较为模糊，不能从国家的经济、政治、军事、文化、科技、教育、人力资源等方面进行简单描述</td></tr>
<tr><td rowspan="5">检测统计</td><td colspan="2">分类等级</td><td colspan="3">学生人数（总人数 30 人）</td><td colspan="3">所占百分比</td></tr>
<tr><td colspan="2">A</td><td colspan="3">8</td><td colspan="3">26.7%</td></tr>
<tr><td colspan="2">B</td><td colspan="3">16</td><td colspan="3">53.3%</td></tr>
<tr><td colspan="2">C</td><td colspan="3">4</td><td colspan="3">13.3%</td></tr>
<tr><td colspan="2">D</td><td colspan="3">2</td><td colspan="3">6.7%</td></tr>
</table>

<table>
<tr><td>检测分析结果运用</td><td>从学生的交流分享中可以看出，学生对综合国力有一个基本客观、较全面的认识，并且能够从不同方面阐述一个国家综合国力的体现。综合国力是衡量一个国家基本国情和基本资源最重要的指标，也是衡量一个国家的经济、政治、军事、文化、科技、教育、人力资源等实力的综合性指标。通过对美国和阿富汗的综合国力进行描述和梳理，能够让学生非常直观地感受到两个国家悬殊的经济和政治地位差距</td></tr>
<tr><td>体验典型实例</td><td>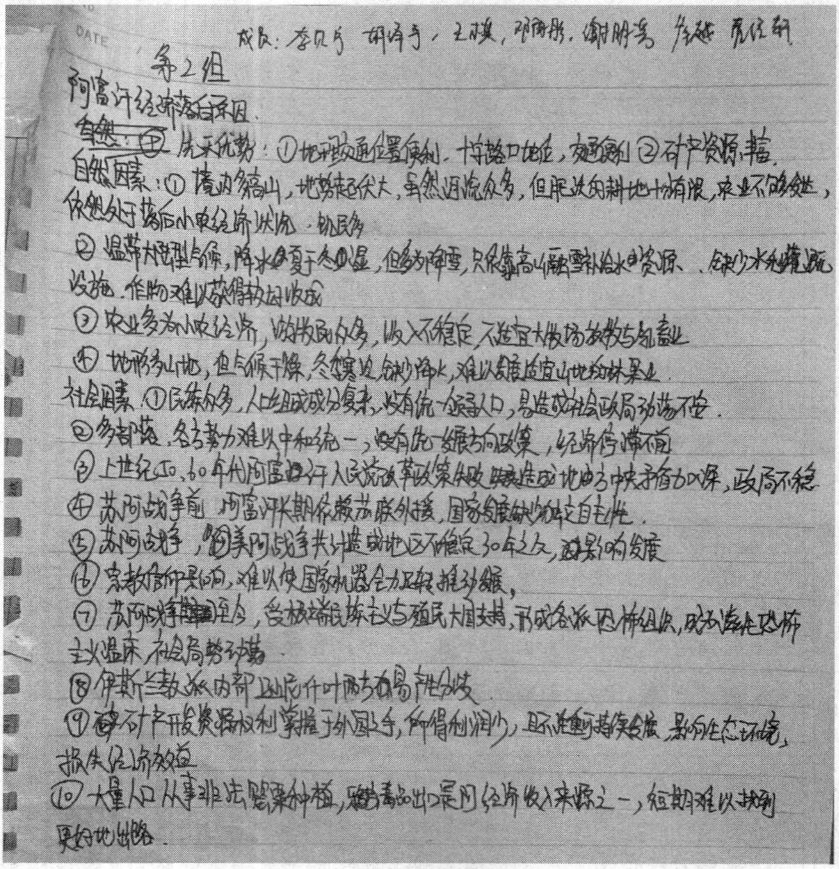
成员：李贝乐 胡泽宇，王琪，邓雨彤，谢明秀
第2组
阿富汗经济落后原因
自然因素：(1) 先天优势：①地理交通位置便利，十字路口地位，交通便利 ②矿产资源丰富
自然因素：① 境内多高山，地势起伏大，虽然河流众多，但肥沃的耕地十分有限，农业不够发达，依然处于落后小农经济状况，饥民多
② 温带大陆性气候，降水集中于冬季，但多为降雪，只依靠高山融雪补给水资源，缺少水利灌溉设施，作物难以获得较好收成
③ 农业多为小农经济，游牧民众多，收入不稳定，不适宜大规模放牧与畜牧业
④ 地形多山地，但气候干燥，冬季寒冷，缺少降水，难以发展适宜山地的林果业
社会因素 ①民族众多，人口组成成分复杂，没有统一的管理人口，易造成社会政局动荡不安。
②多部落，各方势力难以中和统一，没有统一的发展方向政策，经济停滞不前
③上世纪50、60年代阿富汗人民党政革政策失败，造成地方与中央矛盾加深，政局不稳
④苏阿战争前，阿富汗长期依赖苏联外援，国家发展缺少独立自主性。
⑤苏阿战争，美阿战争共计造成地区不稳定30年之久，严重影响发展
⑥宗教信仰影响，难以使国家机器全力推动发展，
⑦苏阿战争至今，受极端民族主义与殖民大国支持，形成各派恐怖组织，成为滋生恐怖主义温床，社会局势动荡
⑧伊斯兰教派内部逊尼派什叶派两方面易产生分歧
⑨矿产开发资源权利掌握于外国之手，所得利润少，且不注重可持续发展，影响生态环境，损失经济效益
⑩大量人口从事非法罂粟种植，毒品出口是阿经济收入来源之一，短期难以找到更好地出路。
图 26-2 学生体验优秀案例
该组同学对综合国力有一个基本客观的认识，并且从能够从国家的经济、政治、军事、文化、科技、教育、人力资源等多方面实力进行有逻辑的描述。能够看出该组同学已经充分认识到阿富汗的经济落后状况。该回答得分为 A</td></tr>
<tr><td>检测反馈</td><td>从学生的交流分享中可以看出，学生对综合国力进程有一个基本客观、较全面的认识，并且能够从不同方面阐述国家综合国力的体现。不少同学能够通过举例来分析美国和阿富汗的综合国力，并且强调了工业化对综合国力的重要影响。不过仍有部分同学未能深入、全面地分析一个国家的综合国力，这些知识检测的结果也是后期相关课程完善的重要参考内容</td></tr>
</table>

美国综合国力强大的地理因素

龙弘毅

美国是近代发展最快的国家，也被誉为上帝最眷顾的国家，从摆脱殖民掠夺，到成为超级大国，只用了不到200年时间。在“二战”后更是成为世界最强大的超级大国，尤其是苏联解体后，更是一手遮天。直到现在，尽管美国国力有所衰弱，但是不可否认的是，美国依旧强大无比，有以下地理因素促进了美国综合国力的稳固。

一、地理位置

位于北美洲南部，三面环海，陆地面积广大，在这样的地理位置条件下，旧大陆的资源和经济能够向美国集中。美国幅员辽阔，但地理上远离其他强国。邻国只有两个，一个加拿大，一个墨西哥。加拿大和美国的文化、语言、宗教几乎一样，发生冲突的概率很低。因此，周边国家难以对美国构成威胁。

二、气候和地形特征

美国气候类型多样，东部为亚热带季风性湿润气候，中部为温带大陆性气候，西部为温带海洋气候、高原山地气候和地中海气候。

美国多样的气候与多样的地形特征不可分开。中部为平坦广阔的大平原，利于土地集中利用，便于农业集约化；同时，平坦的地形也有利于大西洋和墨西哥湾暖湿气流深入内地，带来丰沛的降水。西海岸有内华达山脉和沿海山脉，总体为高原山地地形，为畜牧业的发展提供了良好的条件。

综上，可以看出，美国气候和地形类型多样为其农业区域专业化、结构多样化提供了自然条件。

三、自然资源

美国的自然资源十分丰富，各种碳和石油在世界范围内名列前茅。东部有丰富的煤炭资源，中部以铁和淡水资源为主，西部的有色金属资源、水力资源较为突出，南部墨西哥附近的油田为美国的石油提供了最大的能源储备。除此之外，美国三面环海，其海洋资源也极其丰富。

四、河流与交通

密西西比河和五大湖为灌溉、航运和发电提供便利。密西西比河是世界第四长河，河流流域面积广大，纵贯美国中部平原，利于灌溉、通航和进出口贸易：中部的地区土壤肥沃，利于农业发展；河流航道条件良好，利于发展水运；海岸线曲折绵长，多天然深水良港，利于对外进出口贸易。西部由于地形抬升，河流湍急，水力资源丰富。

五、农业特点

基于优越的自然地理条件，美国的农业是高度机械化和集约化的农业，商品率较高，且农业科技水平也较高。美国的主要农产品包括小麦、玉米、大豆、牛和牛犊、乳制品、鸡，等等。由于其较高的机械化水平，美国从事农业的人口比例并不高。但在过去几十年的时间里，美国是世界上输出农产品最多的国家，也一直是国际农产品市场，尤其是粮食国际贸易的主导者，制定了国际贸易规则并主导着粮食价格变化。

六、工业水平

美国是全球工业最发达的国家，其 GDP 长期稳居全球第一，有着极其强悍的工业实力。首先，工业区划分有条理，轻重工业协调发展，轻工业科技水平高，重工业资源丰富，有系统的侧链供给结构，经济效益十分高。在所有的工业中，美国的航天工业可以说是美国全部硬实力中的一个制高点，美国的波音公司至今还是世界上最大的航空航天公司，制造出来的民用飞机和军用飞机都非常受欢迎。

府南河合江亭至沙河公园河段水质检测分析

川大附中项目课程开发实施规划纲要

课程首席教师：房华金（地理组）

课程参与教师：谭　妍（地理组）　刘文娟（地理组）

<table>
<tr><td>课程名称</td><td colspan="8">府南河合江亭至沙河公园河段水质检测分析</td></tr>
<tr><td>课程类型
（勾选）</td><td></td><td>必修的综合
实践活动课程</td><td></td><td>必修的
劳动课程</td><td>√</td><td>选修的
学科课程</td><td></td><td>选修的
校本课程</td></tr>
<tr><td>实施对象</td><td colspan="3">高一年级学生</td><td colspan="2">建议选课
学生人数</td><td colspan="3">15 人</td></tr>
<tr><td>课程课时及
上课时段</td><td colspan="8">课程课时：10 课时；上课时段：周三下午第三节、第四节课</td></tr>
<tr><td>课程背景</td><td colspan="8">1.区域研究背景：成都府南河系岷江水系流经成都的主要河流，它流到成都形成府河和南河，府河进入成都市区后绕城北、城东而流，南河绕城西、城南而流，在合江亭处汇合，汇合后称府南河。一个良好的水环境关系着我们的饮用水和工农业生产以及日常生活，清澈的河流能让人享受到环境的宜人和生活的美好，利于修身养性和社会和谐。近年来，随着成都市社会经济的发展和城市人口数量的增长，成都府南河的水环境面临的压力也与日俱增。20 世纪 90 年代，成都市政府为治理府南河水环境投资 27 亿元，针对府南河的五大隐患分别从防洪、治污、绿化、管网、安居工程等方面进行了治理，府南河的污染得到极大改善。而经过 30 多年的发展变化，府南河水质目前情况到底如何，需要进一步进行实地勘查和检验。
2.学生背景：本学期开课对象是高一下期的学生，首先，他们通过高一上册地理必修一第三章“地球上的水”这一章节的学习，对自然界的水循环、水资源的利用以及人类活动和水环境的关系有一定的知识储备和认知体验。自然界中水分的循环与水质有密切关系，水是良好的溶剂，在自然界的水循环过程中，水和一些物质接触的时候，这些物质以各种形式溶解在水中，于是水质随之发生复杂的变化，使水遭到了污染。水在循环过程中不同的环节所受污染的情况各不相同。因此，学生初步具备研究此类问题的知识基础。
其次，从能力方面，地理学科的综合性要求学生具有对地理环境各要素、不同时间和空间、不同区域的综合思维能力。高中阶段的学生对于地理环境各要素之间的相互关系有一定的综合思维素养。同时，同学们在初中和高中阶段对实验室的各种理化实验有一定动手操作能力，对相关数据具有初步的整理和分析能力。
3.资源背景：从学科知识层面来看，府南河九眼桥河段水质检测分析这一课题契合地理学科环境保护水环境的内容，要求学生学会水质采样方法及方案设计，学会用简易方法检测水质；针对某一具体区域，设计水资源保护方案。采集河流水样，测试水污染状况，提出水资源保护方案。在硬件背景方面，学校购买了水质检测仪、水质检测试剂、采样装备等。在软件背景方面，我校与四川大学水电学院具有良好的合作关系，可以为我校课程团队提供良好的研究指导与支持；在信息技术方面，我校也提供可使用 Excel、Word、PPT 记录相关数据、制表制图</td></tr>
</table>

续表

<table>
<tr><td>课程背景</td><td colspan="6">分析的机房，学生也可以利用摄影机记录实验采样、检测过程，以便观察实验效果、反复验证</td></tr>
<tr><td>课程内容
（核心问题）</td><td colspan="6">拜访专业人士，研习水质检测相关知识，设计府南河合江亭至沙河公园河段水质检测方案，实地采样，实验检测，分析成因，撰写检测报告。
问题：1.水质检测的方案如何设计？
2.水质检测如何进行具体实施？
3.水质检测的意义是什么？
活动：1.水质采样。
2.水质检测实验。
3.数据处理与分析。
4.水质检测报告撰写</td></tr>
<tr><td>课程目标</td><td colspan="6">1.结果性目标：
研习水质检测相关知识，设计水质检测方案，在府南河九眼桥河段实地断面取点，采样，将水样带回实验室进行水质检测实验，收集结果并进行数据分析，撰写检测报告。
2.体验性目标：
（1）在水质检测活动中，体验检测实施与检测方案之间的关联。
（2）在水质检测活动中，体验水质检测结果与水污染成因的关联；体验水质污染程度与氨氮、总磷、叶绿素 a 的关联</td></tr>
<tr><td rowspan="7">课次计划</td><td>课次</td><td>主题</td><td>研究环节</td><td>学生活动</td><td>课前课后任务</td><td>活动地点及技术融入</td></tr>
<tr><td rowspan="2">1</td><td>理论学习</td><td rowspan="2">第一环节</td><td>明确本课程的研究任务，学习水质检测概况</td><td rowspan="2">1.课前：查阅相关资料或视频，初识水质检测；
2.课后：根据水质采样方案准备采样装备</td><td rowspan="2">教室；
电脑、办公软件 Word、Excel</td></tr>
<tr><td>水质采样方案</td><td>撰写水质采样方案</td></tr>
<tr><td rowspan="2">2</td><td rowspan="2">水质采样</td><td rowspan="2">第二环节</td><td>采样点布设：
监测断面水宽≤5m，设一条中泓垂线；水面宽5~10m，在近左右岸有明显水流处各设一条垂线。
水体水深为 0.5~5m，只在水面下 0.5m 处设一个采样点</td><td rowspan="2">1.课前：根据水质采样方案准备采样装备；
2.课后：准备水质检测试剂、器材、实验记录表格</td><td rowspan="2">府南河九眼桥河段；
电脑、办公软件 Word、Excel、摄影机</td></tr>
<tr><td>采样：
1.采样方法：采样器采样；
2.水样类型：瞬时水样；</td></tr>
</table>

续表

<table>
<tr><td rowspan="5">课次计划</td><td>课次</td><td>主题</td><td>研究环节</td><td>学生活动</td><td>课前课后任务</td><td>活动地点及技术融入</td></tr>
<tr><td>2</td><td>水质采样</td><td>第二环节</td><td>3.水样采集量：每份500mL；
4.所需器材：采水样器一个、矿泉水瓶 8 个；
5.采样频率：在控制断面采瞬时水样 2 次</td><td></td><td></td></tr>
<tr><td>3</td><td>水质检测</td><td>第三环节</td><td>水质检测实验：
1.悬浮物的测定：水样过滤称重，记录并处理数据；
2.溶解氧（DO）的测定：取适量水样用碘量法进行测定，记录数据；
3.化学需氧量（COD）的测定：重铬酸钾法测定，记录数据；
4.氨氮的测定：水样经预处理后，测定铵标准溶液的吸光度并绘制标准曲线，测定水样吸光度，记录并处理数据</td><td>1.课前：准备水质检测试剂、器材、实验记录表格；
2.课后：回看实验录像，检测瑕疵；整理表格</td><td>实验室：电脑、办公软件Word、Excel、摄影机</td></tr>
<tr><td>4</td><td>数据处理与分析</td><td>第三环节</td><td>1.数据处理：根据相关公式、实验数据计算；
2.结果分析：根据计算结果，对比分析九眼桥河段水污染情况，并分析出水污染的原因</td><td>1.课前：学习相关公式的计算方法；整理表格数据；
2.课后：归档成册</td><td>教室电脑、办公软件Word、Excel</td></tr>
<tr><td>5</td><td>课程展示与评价</td><td>第四环节</td><td>1.撰写《府南河九眼桥河段水质检测分析》报告册。
2.展示整个课程过程，思考得失</td><td>1.课前：归档成册
2.课后：修改、装订</td><td>教室电脑、办公软件Word、Excel、PPT</td></tr>
<tr><td>学生作品</td><td colspan="6">各阶段的活动照片及录像、水质检测报告册</td></tr>
<tr><td>评价方式</td><td colspan="6">准备性评价、过程性评价、终结性评价</td></tr>
<tr><td>安全保障</td><td colspan="6">加强安全教育、设立安全预案制度、建立小组活动安全保障机制</td></tr>
<tr><td>条件保障</td><td colspan="6">课程开发组外部保障：建立安全预案、加强安全教育、建立安全评价机制；
课程开发组内部保障：建立安全预案、加强安全教育、建立安全评价机制课程开发组内部保障</td></tr>
<tr><td>开发次第</td><td colspan="6">首次开发</td></tr>
<tr><td>课程审批</td><td colspan="6">1.课程教学处：　　签　章　　年　月　日
2.学生发展处：　　签　章　　年　月　日</td></tr>
</table>

府南河合江亭至沙河公园河段水质检测分析研究成果展示交流

一、教学分析设计

（一）内容分析

本次课为课程的第五次课,学生研究成果的展示。前四次课的主要研究活动包括：课前，课题组老师实地调查访问了四川大学水利水电学院，和水环境研究领域的专家李乃隐教授深入学习和交流，参观了四川大学水环境研究重点实验室。第一次课，了解水质检测相关知识，选取河流断面，设置采样点，做好分组实验准备。第二次课，现场勘查，走访，发现问题，设置断面。第三次课，现场取样，进行部分现场实验；进行实验室实验；整理数据，进行数据分析。第四次课，根据实验数据的分析和现场勘查，撰写分析小论文。

在前四次课的基础上，本次课的主要任务是汇报前期的实验过程及结论。重点关注学生在前期的调研，是否能够结合现场勘查、文献资料、实验数据进行有逻辑性的因果分析，展示和表达研究效果。本节展示课既是对学生前期学习探究成果的检验，也是锻炼学生综合素养能力的契机。

（二）学生分析

府南河与成都市人民生产生活息息相关，作为生活在城市中的高一学生，有探究的兴趣和热情。

1. 知识储备方面

作为高一新生，学生们能够在生活中观察到很多与水污染相关的现象，但从水质检测分析方面，学生们操作基础薄弱，还不太明确水质检测的原则、断面设置与采样的基本方法、相关实验操作的注意事项，实验设计、操作和分析的能力欠缺。但在高中教学前期的学校课程节关于研究方法、研究思维、研究案例的熏陶下，学生对科学研究的开展具有浓厚的兴趣。经过多年的数学和语文学习，学生具备了一定的数学统计、分析和计算能力，具备了一定的语言记录表达能力和检索信息的能力。

2. 研究素养方面

我校是“培养—研究型”大学附中，具有“以研究性课程和研究性教师培养研究性学生”的特征。学生在高一入学前就通过各类宣传宣讲活动了解了我校的这一办学特色，学生们的研究意识已见雏形，但研究方法和研究能力有待实践总结和提高。可以借助学生的研究意识，在本课程开展的过程中深度吸引学生体验研究方法，体会研究过程。

3. 研究意愿方面

从近几年地理组开设的综合实践活动课程来看，学生们对与生活紧密联系的地理现象研究都非常感兴趣。课程的研究内容和结果本身就具有很强的吸引力。我校师生前阶段的研究历程和结果也深深地吸引着高一新生，所以高一新生对这一综合实践活动会有饱满的热情。

（三）目标分析

根据本课程规划纲要中确立的课程教学目标，基于本次课的活动分析及学生分析，撰写本次课的教学目标如下：

1. 结果性目标

展示、交流研究过程、成果，分析府南河合江亭至沙河公园河段的水质情况。

2. 体验性目标

在展示、交流研究过程、成果的活动体验中：

（1）体验水体富营养化与氨氮、总磷、叶绿素 a 等水质检测要素的关联。（综合思维和地理实践力）

（2）体验地理环境与人类活动之间的关联。（人地协调观）

（3）体验水体环境成因分析与实地勘查、实验检测、实验数据分析之间的关联。

（四）资源分析

对本课程的资源背景分析如下：

1. 硬件资源

府南河九眼桥至沙河河段的距离、采样点图上作业，以及该河段两岸的人类生产生活活动，可以在百度地图上进行测距、设点，搜集两岸人类活动据点情况；学校提供可上网的机房，可利用互联网获取相关的视频、图片及数据资料；通过成都市数字图书馆下载本研究相关文献。四川大学水电学院李教授及其带领的硕士生为本课程提供了技术和专业知识的支撑，提供实验器材和实验指导。

可运用 WPS 图片编辑器生成本研究的区域地图；用 Excel 进行数据分析，生产评价所用的数据图表；利用摄影机记录采样过程、实验过程；用 Borland Delphi 7.0 软件绘制数据地理图，运用动画演示功能展示富营养化状况；运用 PPT 展示实验设计过程及结果分析，在获取实验数据后，将实验数据用 PPT 制作成分析图，对实验结果进行定量的思考与分析，小组互评提出意见和建议。

综上，本次课的资源/技术融合可列表如下：

技术	功能
黑板	板书课程核心问题及教学逻辑与结构；板书学生交流活动内容要点等
WPS 图片编辑、Excel、PPT	支持小组研究成果的展示与交流

续表

百度地图	地图测距、标记
快剪辑	视频编辑
成都市电子图书馆	文献查询
Borland Delphi 7.0 软件	绘制数据地理图

2. 人力资源

经过了多次的综合实践课教学，参与的地理组老师们具有相关的丰富理论知识和动手实践能力，能够给予学生们有效的指导。四川大学水电学院李教授及其带领的硕士生为本课程提供了技术和专业知识的支撑。

（五）主题分析

通过以上分析，设计了本课程的核心问题：拜访专业人士，研习水质检测相关知识，设计府南河合江亭至沙河公园河段水质检测方案，实地采样，实验检测，分析成因，撰写检测报告。按课程规划纲要的课次规划，基于前面对本次课程活动与学生的分析，将本次课的活动主题确定为“成都市府南河水质检测分析现场展示，归纳水质检测步骤，树立科学的人地协调观”。

二、教学实施设计

（一）教学环节

按课程规划纲要的课次规划，本次课为核心问题教学中的反思提升环节，其下包括活动动员、活动展示、小组互评、课堂小结四个子环节，具体教学设计如下表所示。

教学环节（时间）	学生活动	教师活动	设计意图	技术融合
提出问题（3分钟）	学生明确本节课的主要任务与要求	1.概述本次课程的研究意义和过程进展，提出本堂课的主题； 2.对本次集中展示与交流提出相关要求	学生领会本次课堂任务及要求，为在展示和交流中彰显模拟实验过程方法及研究性做好必要准备	PPT、图片编辑器

续表

教学环节（时间）	学生活动	教师活动	设计意图	技术融合
展示交流（30分钟）	3个小组通过PPT演示、解说、板书方式呈现成果。 第1小组：检测方案与实施，分四个环节展示。第一个环节：问题生成。通过视频展示府南河水体现状，生成问题：府南河水质状况怎么样？第二个环节：理论学习与展示。实地勘查、控制断面和采样点的选择； 第三个环节：展示采样工具的设置，实地采样过程。第四个环节：确立检测项目，实施检测实验、实验数据。 第2小组：数据分析，分五个环节展示。第一个环节：确定分析方向。根据实验数据，对照《地表水环境质量标准 GB3838》结果显示氨氮、总磷、叶绿素a指标介于三级到四级，因此确定分析水体富营养化情况。第二个环节：叶绿素a的分布特征。第三个环节：氨氮的分布特征。第四个环节：总磷的分布特征。第五个环节：叶绿素a与氨氮、总磷的相互作用。 第3小组：原因分析与结论，分四个环节展示。第一个环节：展示影响叶绿素a的分布因素。第二个环节：富营养化状况评价。第三个环节：检测结论。第四个环节：反思研究过程中，需要改进的方面，并思考个人在水污染防治中应该做些什么	教师一边旁听，一边关注学生的表现并记录他们发言的闪光点，重点关注调研过程的规范性、实验方法的科学性，数据分析的逻辑性，因果分析与评价的严谨性，提出建议的合理性，是否有利于彰显该课程的综合性、实践性和研究性	将前期学生的现场勘查、现场采样、实验活动充分展示出来，学生在此过程中体验富营养化与氨氮、总磷、叶绿素a的关联（综合思维和地理实践力）；体验地理环境与人类活动之间的关联（人地协调观）	WPS图片编辑器、Excel数据分析、剪映视频编辑器、幻灯片
反思提升（7分钟）	聆听教师的总结、评价及建议，学生在教师引导下归纳、反思、提升。进一步完善研究报告： 1.影响城市河流水体富营养化的因素是人口密度、城市生产生活污水排放、城市规划、降水量、流量、流速、河道弯曲等。 2.归纳河流水质检测分析的流程，理论学习、查阅文献—实地勘查—断面设置、采样点选取—实地采样、样品保存与检验—实验数据作相关分析—水质评价与原因分析—结论。 3.基于府南河合江亭至府河公园这一区域，去认识城市河流水质状况，以及它与人类活动的关系；通过考察、实验和调查等地理实践活动，在真实情境中观察和感悟地理环境与其人类活动的关系，并运用综合思维全面、系统、动态地分析和认识不同时空组合条件下，地理要素的相互作用；更好地去理解人口、资源、环境和发展问题，深刻地认识到尊重自然规律，协调好人类活动与地理环境的关系的重要性，成为和谐世界的建设者	教师对展示活动进行点评，从知识、地理综合思维、地理学研究的方法、精神和探究品质方面进行归纳总结提升	让学生获得参与本门课程的愉悦体验，本次展示活动承载了前期学生的所有努力，对学生的表现进行肯定	

（二）评价预设

1. 就展示活动前对学生即时、口语为主的评价预设

（1）现场勘查环节：对学生调查研究的方式方法予以肯定。

（2）现场采样环节：对学生的积极思考、创造性设置采样工具、根据现场实际情况调整采样方法给予赞赏。

（3）实验环节：学生进行了充分的小组讨论，发挥了他们的主观能动性，教师要对学生的精彩表现做评价，对于他们实验探索精神予以充分肯定。

（4）数据分析与检测报告撰写环节：学生进行综合性分析与讨论，显示出富有逻辑性的综合思维，对学生知识面的广博给予表扬。

2. 就展示活动后的评价预设

在小组间互评的基础上，对展示过程中学生体现出的严谨态度、科学精神及实践能力给予充分肯定。结合本课程的结果性目标，对现场采样与实验结果分析表现突出的小组和个人给予高度表扬，对准备充分并严格按照活动各环节要求顺利进行各项工作的小组和个人给予充分肯定，对分析和设计中出现了漏洞或失误的也要给予中肯的专业化建议。除了对学生的现场表现的评价，也要对学生提交的各项书面成果进行评价，关注他们在此次课程中的进步。

（三）板书设计

府南河合江亭至沙河公园河段水质检测分析

研究成果展示交流

核心问题：拜访专业人士，研习水质检测相关知识，设计府南河合江亭至沙河公园河段水质检测方案，实地采样，实验检测，分析成因，撰写检测报告。

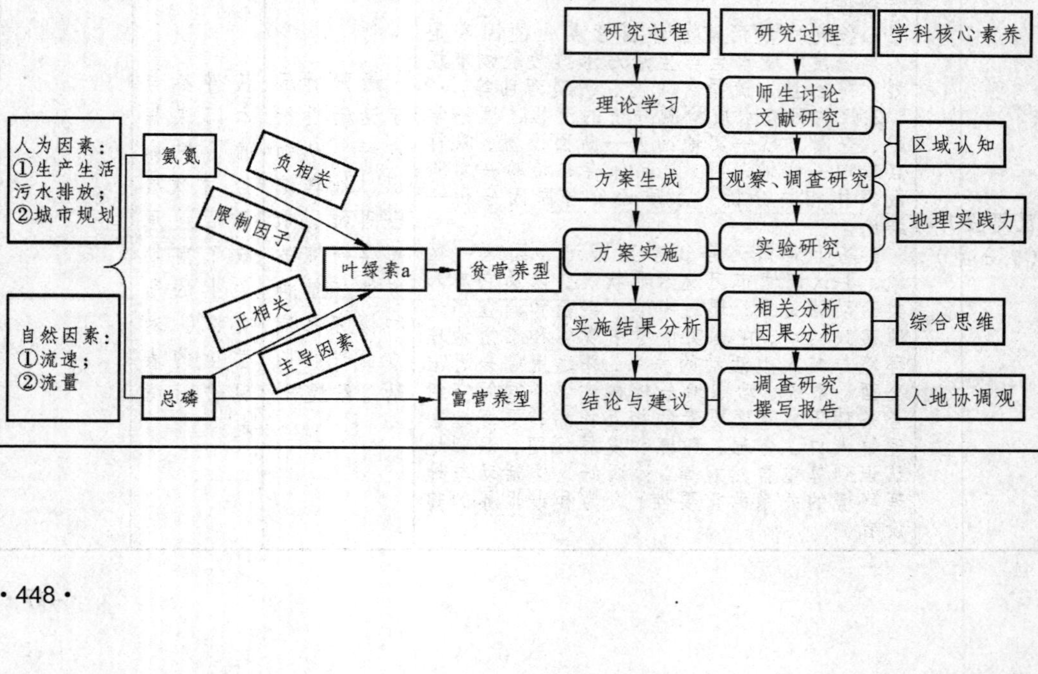

（四）教学流程

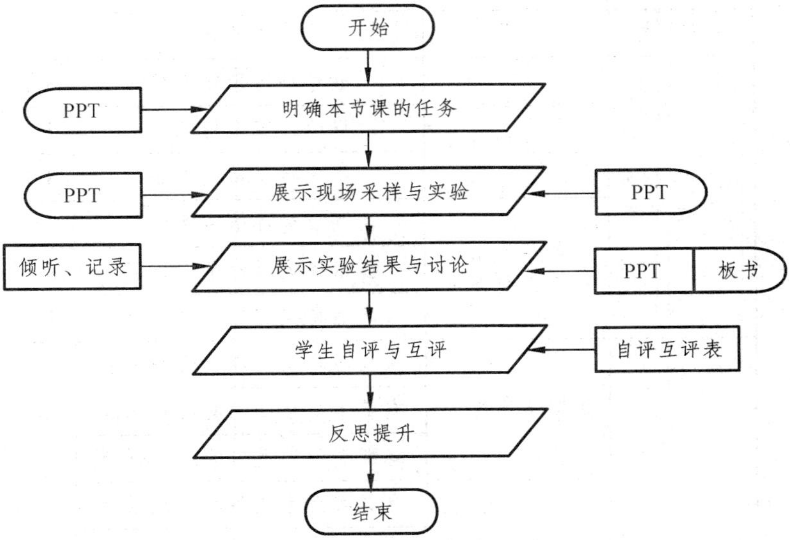

图 27-1　“府南河合江亭至沙河公园河段水质检测分析”教学流程图

三、教后评价设计

（一）信息搜集

成都市府南河合江亭至沙河公园河段水质检测分析报告。

（二）自我评价

在体验地理环境与人类活动之间的关联，树立人地协调观，体验水体环境成因分析与实地勘查、实验检测、实验数据分析之间的关联等方面，缺乏专业的数据分析能力，对富营养化的评价认识还存在片面性，相关数据的说服性不强。由于数据采集的局限性也影响到结果评价。

川大附中项目课程核心问题教学评价表

评价目标	评价指标			评价结果	
	一级指标	二级指标	三级指标		
实现活动体验中的学习与发展	具有核心问题教学形态	核心问题利于活动体验	内含客观问题和学生活动方式	8	每项指标最高评8分
			问题情景与真实生活密切相关	8	
			能引发新知识、新方法的生成	8	
		教学目标价值引导恰当	两类目标正确全面	7	
			关联体验目标恰当	8	
			目标价值引导显现	7	合计 91 分

续表

<table>
<tr><th rowspan="2">评价目标</th><th colspan="3">评价指标</th><th rowspan="2" colspan="2">评价结果</th></tr>
<tr><th>一级指标</th><th>二级指标</th><th>三级指标</th></tr>
<tr><td rowspan="24">实现活动体验中的学习与发展</td><td rowspan="6">具有核心问题教学形态</td><td rowspan="3">教学环节完整合理落实</td><td>教学环节清晰完整</td><td>8</td><td rowspan="6"></td></tr>
<tr><td>环节内容合理充实</td><td>7</td></tr>
<tr><td>学生活动时间充分</td><td>8</td></tr>
<tr><td rowspan="3">教学要素相互匹配促进</td><td>问题目标环节两两匹配</td><td>7</td></tr>
<tr><td>技术促进活动形式内容</td><td>8</td></tr>
<tr><td>课程特点突出氛围浓郁</td><td>7</td></tr>
<tr><td rowspan="18">具有核心问题教学实质</td><td rowspan="3">拓宽学习视野</td><td>课程与现实世界有恰当关联</td><td rowspan="18" colspan="2">选择一个表现突出的二级指标，在相应三级指标的引导下，以现场学生表现为主要依据，以其余指标为背景，于本表的第二页写出150字以上的简要评价</td></tr>
<tr><td>有基于缄默知识的问题解决</td></tr>
<tr><td>有缄默知识运用的追踪剖析</td></tr>
<tr><td rowspan="3">投入实践活动</td><td>有真实而且完整的实践活动</td></tr>
<tr><td>能够全身心地浸渍于活动中</td></tr>
<tr><td>活动的内容结果均丰富深入</td></tr>
<tr><td rowspan="3">感受意义关联</td><td>有核心问题的深层意义感受</td></tr>
<tr><td>有以知识为中心的关联感受</td></tr>
<tr><td>有以个人为中心的关联感受</td></tr>
<tr><td rowspan="3">自觉反思体验</td><td>有实质性反思活动的开展</td></tr>
<tr><td>有课程新因素的追踪利用</td></tr>
<tr><td>有体验的交流与改善重构</td></tr>
<tr><td rowspan="3">乐于对话分享</td><td>乐于自我表达与认真倾听</td></tr>
<tr><td>乐于合作中成果与思路的分享</td></tr>
<tr><td>有宽容的对话氛围和双向交流</td></tr>
<tr><td rowspan="3">认同体验评价</td><td>认可体验评价</td></tr>
<tr><td>参与体验评价</td></tr>
<tr><td>利用体验评价</td></tr>
<tr><td colspan="6">核心问题教学实质的简要评价</td></tr>
<tr><td colspan="6">从核心问题教学形态来看，核心问题的设置利于学生探究活动的顺利开展，教学环节完整，内容充实合理，学生活动也比较充分；从核心问题教学实质来看，先让同学们了解了水质检测的一般过程，然后通过数据分析，给同学们搭建了实践活动平台，对水质检测分析进入更深层次的聚焦，使学生能够体验到水质环境与人类活动的关联。但因个体兴趣点和关注程度差异，个人体会有偏差，对于核心问题的达成有理解上的差异</td></tr>
</table>

（三）反馈调整

学习统计分析类软件，增强研究能力。进一步深入探究府南河水质富营养化的状况，利用科学的数理逻辑观点厘清总磷、氮、叶绿素 a 之间的物理化学关联，反思人类活动对地理环境的影响。而对地理环境与人类的关系，应该通过长期的观测，才能准确地判断人类活动对地理环境影响的深度，才能协调好人类活动与地理环境的关系，提出具有可行性的建议。

川大附中项目课程体验性目标点检测表

<table>
<tr><td rowspan="5">基本信息</td><td>课程名称</td><td>府南河合江亭至沙河公园河段水质检测分析</td><td>课程类别</td><td>选修的
学科课程</td></tr>
<tr><td>首席教师</td><td>房华金</td><td>组/处</td><td>地理组</td></tr>
<tr><td rowspan="2">参与教师</td><td>钟姝</td><td>组/处</td><td>地理组</td></tr>
<tr><td>林凡珺</td><td>组/处</td><td>地理组</td></tr>
<tr><td>年　　级</td><td>高一</td><td>上课时间</td><td>2022 年 6 月 2 日下午第一节</td></tr>
<tr><td>核心问题</td><td colspan="4">拜访专业人士，研习水质检测相关知识，设计府南河合江亭至沙河公园河段水质检测方案，实地采样，实验检测，分析成因，撰写检测报告</td></tr>
<tr><td rowspan="2">课程目标</td><td>结果性目标</td><td colspan="3">研习水质检测相关知识，设计水质检测方案，在府南河九眼桥河段实地断面取点，采样，将水样带回实验室进行水质检测实验，收集结果并进行数据分析，撰写检测报告</td></tr>
<tr><td>体验性目标</td><td colspan="3">1.在水质检测活动中，体验检测实施与检测方案之间的关联；
2.在水质检测活动中，体验水质检测结果与水污染成因的关联；体验水质污染程度与氨氮、总磷、叶绿素 a 的关联</td></tr>
<tr><td>检测点</td><td colspan="4">水质污染程度与氨氮、总磷、叶绿素 a 的关联</td></tr>
<tr><td>检测任务</td><td colspan="4">分析府南河合江亭至沙河公园河段水质富营养化状况</td></tr>
<tr><td rowspan="4">分类标准</td><td colspan="4">A.了解府南河合江亭至沙河公园河段氨氮、总磷、叶绿素 a 的分布规律及相互作用，说出影响叶绿素 a 的主要因素，分析该河段水质富营养化状况</td></tr>
<tr><td colspan="4">B.了解府南河合江亭至沙河公园河段氨氮、总磷、叶绿素 a 的分布规律及相互作用，说出影响叶绿素 a 的主要因素</td></tr>
<tr><td colspan="4">C.了解府南河合江亭至沙河公园河段氨氮、总磷、叶绿素 a 的分布规律及相互作用</td></tr>
<tr><td colspan="4">D.了解府南河合江亭至沙河公园河段氨氮、总磷、叶绿素 a 的分布规律</td></tr>
<tr><td rowspan="5">检测统计</td><td>分类等级</td><td colspan="2">学生人数（总人数 21 人）</td><td>所占百分比</td></tr>
<tr><td>A</td><td colspan="2">15</td><td>71%</td></tr>
<tr><td>B</td><td colspan="2">3</td><td>14%</td></tr>
<tr><td>C</td><td colspan="2">2</td><td>9.5%</td></tr>
<tr><td>D</td><td colspan="2">1</td><td>5.5%</td></tr>
<tr><td>检测分析结果运用</td><td colspan="4">研习水质检测相关知识，设计水质检测方案，在府南河九眼桥河段实地断面取点，采样，将水样带回实验室进行水质检测实验，收集结果并进行数据分析，撰写检测报告</td></tr>
</table>

<table>
<tr>
<td>体验典型实例</td>
<td>

图 27-2　府南河与沙河交江河段断面选址

富营养化评价结果：

选取该文所考察的叶绿素 a、氨氮、总磷含量作为检验评价指标，参照美国环保局对叶绿素 a 含量作为富营养化单因子评价标准（大于 10mg/m³ 为富营养化，小于 4mg/m³ 为贫营养化，其他为中营养化）对府南河合江亭至沙河公园河段的富营养化状态进行评价，整个检测断面叶绿素 a 含量均未超过 4mg/m³，可见，府南河合江亭至沙河公园河段水体整体处于贫营养化状态。某些评价方法提出，当氮磷比超过 1mg/L 为富营养化状态，以此为依据判断府南河处于深度富营养化状态

</td>
</tr>
<tr>
<td>检测反馈</td>
<td>通过对府南河水质富营养化状况的分析，认识到影响河流富营养化的因素是多样的、复杂的，多数学生能够准确地找到主要因子，并作出相关性分析，个别学生缺乏对主要污染因子的认识，导致对河流富营养化的认识缺乏深度</td>
</tr>
</table>

府南河合江亭至沙河公园河段水质检测分析

陈彦冰　乐涵雨　谢盈盈　杨　馨

本次课题分析区域河段从合江亭向府河上游 100 米、南河上游 300 米设置起点，至沙河与府南河汇合处以下 650 米处，全程 6.5 千米。共设置 11 个断面，11 个采样点，各采样点采集 2 个样本，每个样本 400mL，共计 22 个样本。下面先介绍样本 1~3 选择的具体地点和理由。样本 1 选择在府河合江桥以北 100 米处，理由如下：一是附近有明显的雨污水排出口，同时附近有大型社区餐饮娱乐分布；二是与样本 2 南河的水质作比较；三是与样本 3 对比府河和南河汇合后的水质情况。样本 2 位于南河上游 300 米处，选择理由同样本 1。样本 3 位于安顺廊桥处，有两个理由：一是如前述与府河和南河的水质对比；二是与样本 4 对比。样本 4 位于九眼桥下游 350 米处，此处与样本 3 之间主要是在九眼桥有一个跌水区。样本 5 位于锦江（府南河又名锦江）河滨路府河北公园入口，主要考虑沿河主要分布的公园。

样本 6 位于府河西公园附近，主要是观察与样本 10 之间经过跌水区域水质的变化。样本 7 位于沙河萃锦桥上游 30 米处，检测沙河的水质情况。样本 8 与样本 9 位于沙河萃锦桥下游的跌水区域上下游。样本 10 位于锦江中环路，主要对比沙河和锦江汇合后的水质情况，也与样本 6 作比较。样本 11 位于锦江中环路下游 650 米处，该处河面加宽、雨污水排放明显、河道弯曲，因此可以考虑为一个断面。以上就是 11 个断面的设置情况。

根据百度地图测距，本检测河段大部分河段基本在 50~100 米，因此分别在河流左右两侧设置 1 条垂线。通过现场调查，目前时间河水深度约 1.6 米，因此取样点设置在上层，水面 0.5 米处。

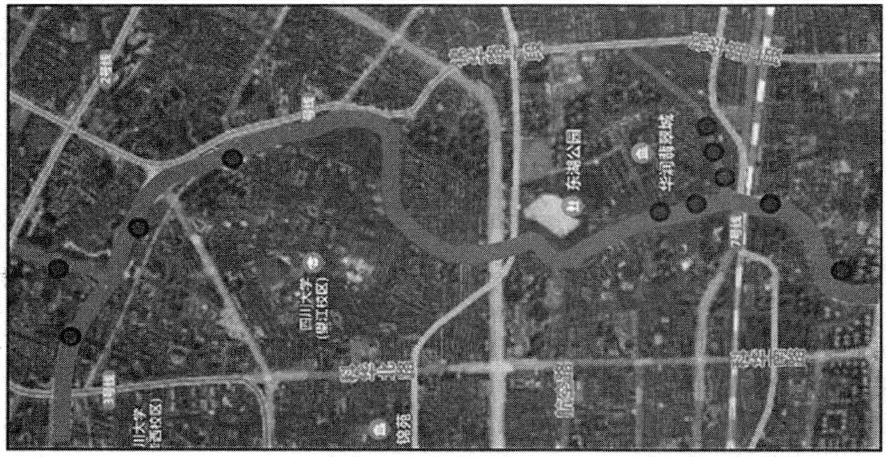

图 27-3　府南河合江亭至沙河段取样点分布图

各小组成员通过学习和讨论，计划根据“十四五”国家地表水监测及评价方案来进行本次课题的检测分析，同时结合实地探测情况和各小组同学的研究探究欲望，确定采用“5+X”评价模式。因此，最终确定对每个样本进行 pH 值、溶解氧、化学需氧量、氨氮、总磷、叶绿素 a、总有机碳检测。

采样环节，该环节三个小组群策群力，在有限条件下，多次尝试最终取样成功。取样成功后，当晚进行检测实验。检测主要分两部分组成，pH 和溶解氧现场采用多探头水质检测仪检测，其余项目送川大实验室检测。

表 27-1　府南河九眼桥、沙河河段水质检测记录表

单位：mg/L、pH 无量纲

	pH	溶解氧	化学需氧量	氨氮	总磷	叶绿素 a（ug/L）	总有机碳
样本 1	8.165	7.85	7.09	0.475	0.22	0.338	0.508
样本 2	8.192	8.03	5.07	0.379	0.31	0.448	0.874
样本 3	8.167	8.29	11.99	0.364	0.19	0.452	1.157
样本 4	8.184	8.06	12.31	0.334	0.13	0.44	1.042
样本 5	8.155	8.12	10.12	0.353	0.13	0.377	1.087
样本 6	8.067	7.63	13.14	0.307	0.13	0.489	1.131
样本 7	8.203	8.23	12.76	0.421	0.1	0.394	0.976
样本 8	8.229	7.77	11.34	0.376	0.18	0.439	0.859
样本 9	8.229	7.9	10.79	0.299	0.12	0.385	0.875
样本 10	8.402	9.36	11.74	0.404	0.12	0.294	0.988
样本 11	8.428	9.13	8.59	0.355	0.26	0.41	1.004

从 5 个方面展示数据分析过程，分别是水质检测分析方向的确定、叶绿素 a 的分布特征、氨氮的分布特征、总磷的分布特征，叶绿素 a 与氨氮、总磷的相互作用。

从检测分析方向的确定，折线图中所检测样本的 pH 值在 8.067~8.428 之间，大于 7，呈弱碱性。河水与空气中的二氧化碳、水中鱼虾类呼出的二氧化碳接触反应形成碳酸，因此河水正常情况下应为弱酸性。结论：本检测河段河水中碱性物质排放超标，河水被污染了。

那么是哪些物质超标了呢？《地表水环境质量标准基本项目标准限值 GB3838》中，地表水质从一类水域到五类水域，水质逐渐变差，一类水质最好，五类水质最差。通过此表我们将找出污染因子。

首先看溶解氧，溶解氧介于 7.63~9.36mg/L，均大于 7.5mg/L。根据国家《地表水环境质量标准基本项目标准限值 GB3838》，地表水溶解氧大于 7.5mg/L 为一类水域。结论：本检测河段河水中溶解氧饱和率高，溶解氧不是本河段污染的因子。

化学需氧量介于 5.07~13.14mg/L，均小于 15mg/L。根据国家《地表水环境质量标准基本项目标准限值 GB3838》，地表水化学需氧量小于 15mg/L 为一类水域。结论：本检测河段河水中化学需氧量不是本河段污染的因子。

氨氮介于 0.299~0.475mg/L，均大于 0.15mg/L，小于 0.5mg/L。根据国家《地表水环境质量标准基本项目标准限值 GB3838》，地表水氨氮大于 0.15mg/L，小于 0.5mg/L 为二类水域。结论：本检测河段河水中氨氮为河段污染的因子，其中氨基为碱性，是河水碱性物质来源之一。但是从数据上看氨氮含量较低。

总磷介于 0.1~0.31mg/L，最大值为 0.31mg/L。根据国家《地表水环境质量标准基本项目标准限值 GB3838》，地表水总磷大于 0.3mg/L，小于 0.4mg/L 为五类水域。属于水质最差等级，表明水体受到严重污染。结论：本检测河段河水中总磷是本河段最主要污染因子。

基于以上数据来看，影响府南河合江亭至沙河公园河段水质的因子为总磷、氨氮，而总磷和氨氮是富营养化最主要的营养盐类，那么该河段是否出现富营养化现象了呢？富营养化的评价方法主要以叶绿素 a 的不同浓度划分营养级别。因此，确定本河段检测分析方向为评价该河段的富营养化情况，主要从总磷、氨氮、叶绿素 a 三个要素分析评价。

从叶绿素 a 的分布特征来看，表 27-1 为府南河合江亭至沙河公园河段叶绿素 a 的分布走势表。从表中可以看出叶绿素 a 含量从位于府河上合江桥以北 100 米处（样本 1）至位于南河上合江亭上游 300 米处至安顺廊桥处（样本 2.3）处呈上升趋势。样本 2 至样本 3（安顺廊桥至河滨路府河北公园入口）叶绿素 a 呈下降趋势，府河和南河汇合后流量增大，叶绿素 a 被稀释。

样本 5 至样本 6（河滨路府河北公园入口至府河西公园附近）叶绿素 a 上升。在样本 6（府河西公园附近）叶绿素 a 为本检测河段最高值，为 0.489mg/m^3。样本 6 至样本 10（小沙河萃锦桥上游 30 米至锦江中环路）叶绿素 a 呈下降趋势。样本 10（锦江中环路处）为本检测河段最低值。样本 10 至样本 11（锦江中环路至锦江中环路下游 650 米处）叶绿素 a 回升。

本次采样为 4 月底，天气晴朗，平均水温约 15 摄氏度，较适宜于浮游生物的生长。因此从理论上说本河段从样本 1 到 11 叶绿素 a 值应该处于一个高值附近波动，但是样本 1 至 11，叶绿素 a 值高低起伏，且叶绿素 a 值处于较低值，说明叶绿素 a 在不同河段受到不同因素的影响，使叶绿素 a 在不同河段受到不同程度的稀释，这将是我们后面原因分析的一个重点。

总磷的分布特征，从表 27-1 看，样本 1 府河总磷在 0.22mg/L，属于四类水域；样本 2 南河总磷在 0.31mg/L，属于五类水域；因此南河的水质较府河水质差。从样本 3（安顺廊桥）至样本 10（锦江中环路处）总磷含量较低，小沙河上样本 8 稍微较高，表明河流汇合后总磷明显下降，样本 4 至样本 10 比较平衡处于较低值，属于三类水域。

样本 11（锦江中环路下游 650 米处）总磷含量增大，为四类水域。这表明营养盐类输入具有区域性和随机性，并未构成面源污染对府南河造成持续性压力。这与我们的采样点环境记录是吻合的。

表 27-1 表明样本 1 府河的氨氮含量相对较高，样本 7 小沙河氨氮含量位于次高峰。其余河段位于府南河上氨氮含量均较低，均属于二类水质。说明河流汇合后氨氮值降低，而氨氮又是评价富营养化的一个重要参数。

从叶绿素 a 与总磷、氨氮的相互作用来分析，首先我们需要明确，藻类的生长（藻类的多少用叶绿素 a 表示）和营养盐因子之间的关系非常密切，藻类通过光合作用吸收水中的氮和磷合成细胞所必需的物质。

总磷和叶绿素 a 的走势在表 27-1 中基本一致，高总磷对应高叶绿素 a，说明总磷在一定程度上促进叶绿素 a 的增长；氨氮与叶绿素 a 的走势基本相反，比如在样本 6（府河西公园附近）叶绿素 a 值达到最大，氨氮值处于低值，表现为氮的强烈亏损，说明藻类在生长过程中消耗了部分氮。因此，本检测河段出现了高总磷、低氨氮的情况。

高总磷、低氨氮的情况会对叶绿素 a 产生什么影响呢？我们通过计算出氮磷比来研究与叶绿素 a 的情况。从图 27-4 中可以看出氮磷比与叶绿素 a 走势基本相反，说明低氨氮和高总磷的环境可能会使河流藻类生长受到一定的阻碍。因此，这一发现与我们检测结果叶绿素 a 较低这一情况是相符合。

一般认为藻类氮磷比在 7 左右，水体中氮磷比高于 7 则磷为限制因子，若低于 7 则表现为氨氮为限制因子，本河段的氮磷比均小于 7，因此得出结论磷为该河段富营养化的主要影响因子，氮为限制因子。

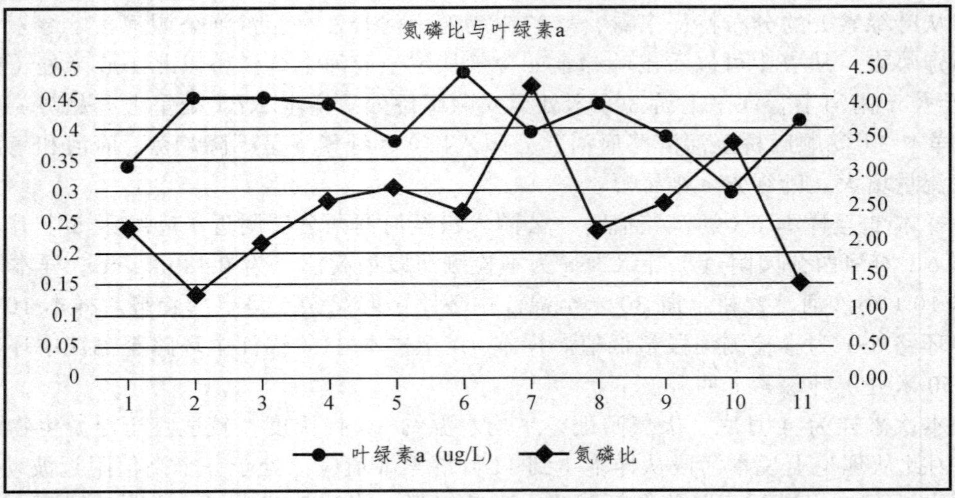

图 27-4　氮磷化与叶绿素 a 对比图

综上所述，府南河合江亭至沙河公园河段，较高的氮磷含量说明该河段已经处于较高营养负荷的环境，但是叶绿素 a 含量并不高。

收获与反思：

①影响城市河流水体富营养化的因素是人口密度、城市生产生活污水排放、城市规划、降水量、流量、流速、河道弯曲等。②归纳河流水质检测分析的流程：理论学习、查阅文献—实地勘查—断面设置、采样点选取—实地采样、样品保存与检验—实验数据作相关分析—水质评价与原因分析—结论。③基于府南河合江亭至府河公园这一区域，去认识城市河流水质状况，以及它与人类活动的关系；通过考察、实验和调查等地理实践活动，在真实情境中观察和感悟地理环境与其人类活动的关系，并运用综合思维全面、系统、动态地分析和认识不同时空组合条件下，地理要素的相互作用；更好地去理解人口、资源、环境和发展问题，深刻地认识到尊重自然规律，协调好人类活动与地理环境的关系的重要性，成为和谐世界的建设者。

秦九韶算法探究

川大附中项目课程开发实施规划纲要

课程首席教师：杨　洋（信息组）

课程参与教师：周大立（信息组）　校外教师：黄远梅

<table>
<tr><td>课程名称</td><td colspan="8">秦九韶算法探究</td></tr>
<tr><td>课程类型
（勾选）</td><td></td><td>必修的综合实践
活动课程</td><td></td><td>必修的
劳动课程</td><td>√</td><td>选修的
学科课程</td><td></td><td>选修的
校本课程</td></tr>
<tr><td>实施对象</td><td colspan="3">高一年级学生</td><td colspan="2">建议选课
学生人数</td><td colspan="3">36 人</td></tr>
<tr><td>课程课时及上
课时段</td><td colspan="8">课程课时：5 次 10 课时；上课时段：学校规定上课时段</td></tr>
<tr><td>课程背景</td><td colspan="8">1. 社会背景：
随着科学技术突飞猛进的发展，特别是信息技术的日新月异，技术日益成为我们生活中几乎无时不在、无处不在、无所不在的客观存在，成为引起社会变化、塑造社会变化和应对社会变化的重要因素，也成为实现中华民族伟大复兴的重要支柱。因此，信息技术与通用技术等技术素养是当代青少年的基本素养。
2. 学科背景：
基于算法研究设计与制作，有益于激发学生创新的兴趣，培养学生动手实践的能力。算法设计编程实现，能让学生体验程序的创意、设计、制作、测试、运行的完整过程，初步形成以信息技术学科方法观察事物和问题求解的能力，提升计算思维与创新能力。
3. 课程资源分析：
（1）硬件资源方面：我校具备三个可用的网络教室，作为学生操作电脑软件的场所，网络教室均安装有 python 软件。
（2）人力资源方面：我校自办学以来，已经经历了一百多年的历史，在算法研究方面已经开设过类似课程。
4. 学生背景：
随着信息技术日新月异的进步，大数据、5G、人工智能、物联网等在人们的生活、工作、学习等发挥的作用日益突显，有些技术也成为提升国家竞争力的重大战略，国家越来越重视编程教育，并出台了一系列政策普及和推广。在《普通高中信息技术课程标准（2017 版 2020 修订）》中，“算法初步”成为高中选修课程之一。学生在初中阶段接触过 python 编程，初步接触过算法，但对于项目设计的算法没有整体感受体验</td></tr>
<tr><td>课程内容
（核心问题）</td><td colspan="8">核心问题：研习秦九韶算法，用流程图表达并按程序实现，撰写研究小论文。
问题：多项式求解的算法优化。
活动：研习算法、编写程序、撰写心得</td></tr>
</table>

续表

<table>
<tr><td>课程目标</td><td colspan="6">1.结果性目标：
（1）用自然语言、伪代码、流程图等多种方式描述秦九韶算法；
（2）运用 python 初步编写一般算法程序和秦九韶算法程序；
（3）回顾学习过程，撰写算法学习的小论文。
2.体验性目标：
（1）体验算法设计与程序实现之间的关联；
（2）体验一般算法与秦九韶算法之间的关联</td></tr>
<tr><td rowspan="6">课次计划</td><td>课次</td><td>主题</td><td>研究环节</td><td>学生活动</td><td>课前课后任务</td><td>活动地点及技术融入</td></tr>
<tr><td>1</td><td>进入情境，提出问题</td><td>提出研究问题</td><td>1.思考秦九韶算法解决方案；
2.学习算法基础内容</td><td>查阅案例，提前了解算法的表达方式</td><td>网络教室；
利用互联网查询收集资料</td></tr>
<tr><td>2</td><td>查阅分析，拟定学习计划</td><td>解决问题</td><td>研习秦九韶算法，并画出算法流程图</td><td>思考学习计划并优化</td><td>网络教室；
利用互联网查询收集资料</td></tr>
<tr><td>3</td><td>实施方案</td><td>整理方案，实施学习计划</td><td>学习 python 编程的基本语法</td><td>反思方案</td><td>网络教室；
利用 Word 设计流程图</td></tr>
<tr><td>4</td><td>实施方案</td><td>多项式的一般算法实现</td><td>完善算法流程图，并用 python 初步实现</td><td>回顾 python 基本语法，熟悉编程语句</td><td>网络教室；
利用 python 初步实现</td></tr>
<tr><td>5</td><td>完善方案，评价成果</td><td>1.多项式的算法优化（秦九韶算法）；
2.生生评价，师生评价</td><td>1.编写 python 程序代码；
2.撰写研究小论文，上交学校资源包</td><td>巩固多项式一般算法</td><td>网络教室；
利用 python 完善</td></tr>
<tr><td>学生作品</td><td colspan="6">秦九韶算法应用程序及研究小论文</td></tr>
<tr><td>评价方式</td><td colspan="6">生生互评</td></tr>
<tr><td>安全保障</td><td colspan="6">一般课程保障</td></tr>
<tr><td>条件保障</td><td colspan="6">课程开发组外部保障：办公室各个老师和设备的信息硬件支持；
课程开发组内部保障：具有一定研究能力，尤其是技术研究能力的专业教师指导</td></tr>
<tr><td>开发次第</td><td colspan="6">首次开发</td></tr>
<tr><td>课程审批</td><td colspan="6">1.课程教学处：　签　章　年　月　日
2.学生发展处：　签　章　年　月　日</td></tr>
</table>

“秦九韶算法探究”

——多项式的算法优化

一、教学分析设计

（一）活动分析

这是秦九韶算法探究的第五次课，通过前面四次课，学生已经完成算法概念、算法描述、算法实现 python 语句、多项式一般算法实现的学习过程，学生已经体验了计算机解决问题的基本过程：分析问题—设计算法—编写程序—调试程序，已经把这个过程应用到真实的案例中，即多项式问题中，现在学生面临的则是在这些过程之后的学习方向问题——算法优化，这次课的活动更是本门课程的核心：秦九韶算法。这正是学生通过前面四次课接触的一种优化算法，那么本次课，在前面四次的基础上，将多项式一般算法进行优化。如何优化，优化后的结果怎样，则是本次课学生需要重点体验的内容。

（二）学生分析

本节课的授课对象是高中年级的学生，刚进入中学的他们渴求在新的环境中得到新的知识，对各学科抱有新奇感，尤其是算法与编程这一新兴又有挑战的学科，相对其他学科具有一定的特殊性。

课程设计时由浅入深，自然过渡，让学生学起来容易接受和理解，注重保护学生的求知欲，不因课程性质和难度过高打击学生的积极性。在实施教学前，学生在初中阶段接触过 python 编程，并在高一阶段初步接触过算法和 vb，但对于项目设计的算法没有整体感受体验。

（三）目标分析

（1）结果性目标：完成秦九韶算法的描述，并编写程序实现。

（2）体验性目标：体验普通算法与秦九韶算法之间的关联，并感受优化算法在速度上的优势。

（四）资源分析

本次课为室内的展示交流课，所用主要教学资源如下表所示：

教学资源	选用意图	来源
Python	编程软件	机房
局域电脑	编程，上网搜寻资料	机房
PPT、投影	用于教学引入，教师展示	学校多媒体设备
黑板	板书本堂课活动中的关键信息，呈现学生发现的问题	机房

（五）主题分析

按课程规划纲要的课次规划，基于前面对本次课程活动与学生的分析，将本次课的活动主题确定为“自学秦九韶算法，并编程实现，分析秦九韶算法与普通算法的区别”。

二、教学实施设计

（一）教学环节

按课程规划纲要的课次规划，本次课为核心问题教学中的进入情景环节，具体教学设计如下表所示。

教学环节	教师活动	学生活动	设计意图
提出问题	1.演示上次课的普通程序，最高次幂 n 输入十万； 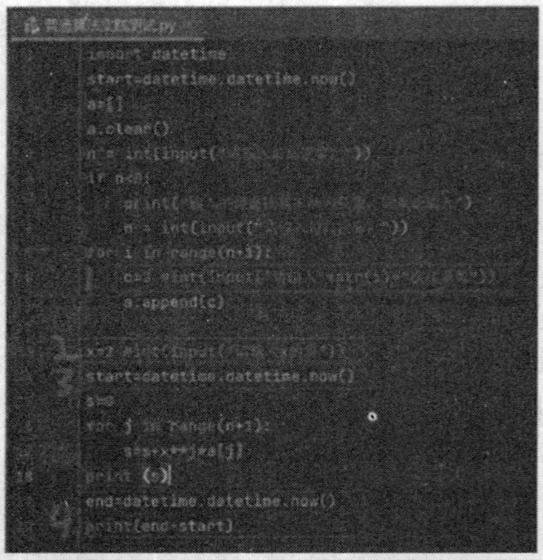  图 28-1　普通算法的 python 代码截图 2.多项式求值算法的优化：秦九韶算法，提出本次课的核心问题——自学秦九韶算法，并编程实现，分析秦九韶算法与普通算法的区别	1.观看程序，感受算法的效率； 2.领悟核心问题，了解本堂课需要完成的课程任务	1.引导学生分析问题并讨论，实现课堂互动。 2.引出自学的课堂任务

<table>
<tr><th>教学环节</th><th>教师活动</th><th>学生活动</th><th>设计意图</th></tr>
<tr><td>解决问题</td><td>1.下发自学 PPT 和自学网址；
2.巡视并解决小组集体出现的问题</td><td>1、自学秦九韶算法，编写程序
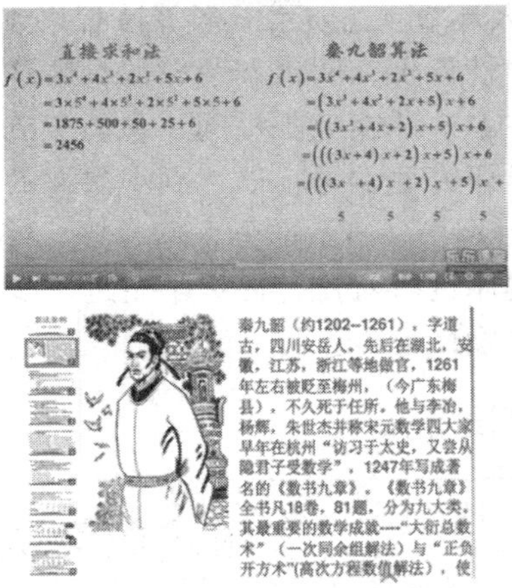

图 28-2　学生自学资源截图</td><td>1.自学；
2.巩固</td></tr>
<tr><td>编程实践</td><td>学生根据自己画的秦九韶算法流程图，完成编写程序实现</td><td>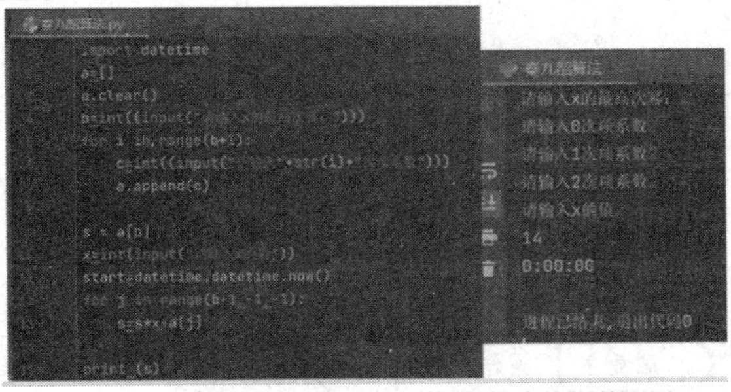

图 28-3　秦九韶算法的 python 代码截图</td><td>算法程序实践</td></tr>
<tr><td>反思提升</td><td>1. 演示一般算法与秦九韶算法的运行时间；
2.秦九韶算法为什么比普通算法快这么多？优化算法：减少计算次数；
3.反思整个过程，从知识技能、过程方法、核心素养进行反思提升</td><td>1.学生体验程序的对比效率；
2.思考问题，积极发言
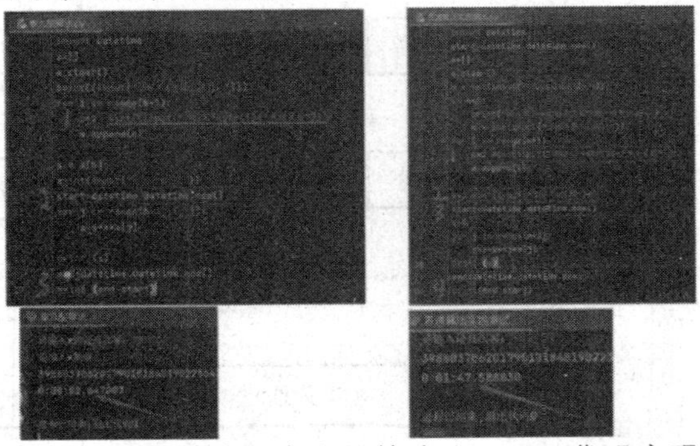
图 28-4　普通算法和秦九韶算法（python 代码实现后的调试运行图）</td><td>让学生体验算法之间的优劣</td></tr>
<tr><td>评价反馈</td><td>1.组织学生完善程序和算法；
2.组织学生撰写学习反思</td><td>1.编写 python 程序代码；
2.撰写研究课后反思</td><td>对本节课的课程内容进行巩固</td></tr>
</table>

（二）评价预设

就教学活动中对学生即时、口语为主的评价预设：

（1）教学引入环节：先演示一般算法程序十万次数据的执行时间，学生均表示惊讶，然后进行引导性评价，明确本节课的具体任务，让学生清楚这次课和前两次课的关联，鼓励学生在本次课能大胆提问、主动交流，营造积极的课堂氛围，激发学生学习热情，实现自学研究性学习，以达到本次课的目标。

（2）反思提升环节：演示部分正确程序，对已经完成的小组和个人给予激励性评价，对同学们的程序进行对比，促进学生进一步融入课堂，对能主动进行有效记录和反思的同学给予鼓励性评价。

（三）板书设计

多项式的算法优化
课程核心问题：自学秦九韶算法，并编程实现，分析秦九韶算法与普通算法的区别。 算法对比： 自学收获：

（四）教学流程

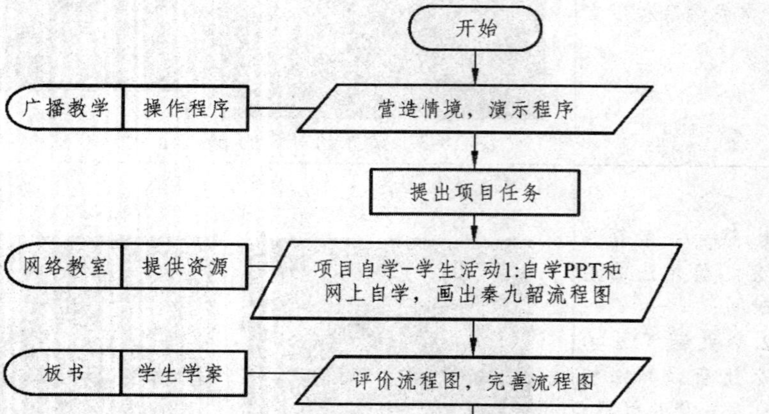

图 28-5　“秦九韶算法探究”教学流程图

三、教后评价设计

（一）信息搜集

本次课后，认真观看课堂录像，并在下课后收集学生的课后反思和程序源代码，用于学生及本门课程的教后评价。

（二）自我评价

根据学生的课后反思，在这次有关秦九韶算法的学科选修学习中，学生在课程组教师的带领下先从简单的一元二次方程的求解入手，通过算法编程解决问题。进而引申到复杂的一元多次方程的求解。在流程图的帮助下，提出使用循环结构来解决复杂的一元多次方程的求解。在这过程中虽然遇到了一些困难，但在课程组教师和同学的集体努力下，完成了这一程序的编写。

在整个五次课程的参与下，学生了解了什么是秦九韶算法，它与普通的算法有何区别，清楚了普通的一元 n 次多项式的求值需要经过$\frac{(n+1)\times n}{2}$次乘法和 n 次加法，而秦九韶算法只需要 n 次乘法和 n 次加法。在人工计算时，如果使用秦九韶算法，就可以大大降低运算难度。在这一次课中，学生用前几节课所获取的知识来自己编写秦九韶算法的程序，部分虽然没有成功，但在学生的一次次努力修改调试中还是正确编写出了最后的程序。

学生在参与秦九韶算法的学科选修学习中，收获了许多知识，秦九韶算法的学习同时也带给学生另一个思考，即在学习生活中也有许多可以简化的方法，从而可以让我们在遇到困难时有更好的解决方案。

川大附中项目课程核心问题教学评价表

<table>
<tr><th rowspan="2">评价目标</th><th colspan="3">评价指标</th><th colspan="2" rowspan="2">评价结果</th></tr>
<tr><th>一级指标</th><th>二级指标</th><th>三级指标</th></tr>
<tr><td rowspan="9">实现活动体验中的学习与发展</td><td rowspan="9">具有核心问题教学形态</td><td rowspan="3">核心问题利于活动体验</td><td>内含客观问题和学生活动方式</td><td>8</td><td rowspan="9">每项指标最高评8分

合计<u>86</u>分</td></tr>
<tr><td>问题情景与真实生活密切相关</td><td>8</td></tr>
<tr><td>能引发新知识、新方法的生成</td><td>8</td></tr>
<tr><td rowspan="3">教学目标价值引导恰当</td><td>两类目标正确全面</td><td>7</td></tr>
<tr><td>关联体验目标恰当</td><td>7</td></tr>
<tr><td>目标价值引导显现</td><td>6</td></tr>
<tr><td rowspan="3">教学环节完整合理落实</td><td>教学环节清晰完整</td><td>7</td></tr>
<tr><td>环节内容合理充实</td><td>8</td></tr>
<tr><td>学生活动时间充分</td><td>7</td></tr>
</table>

续表

<table>
<tr><th rowspan="2">评价目标</th><th colspan="3">评价指标</th><th colspan="2" rowspan="2">评价结果</th></tr>
<tr><th>一级指标</th><th>二级指标</th><th>三级指标</th></tr>
<tr><td rowspan="21">实现活动体验中的学习与发展</td><td rowspan="3"></td><td rowspan="3">教学要素相互匹配促进</td><td>问题目标环节两两匹配</td><td>6</td><td rowspan="3"></td></tr>
<tr><td>技术促进活动形式内容</td><td>8</td></tr>
<tr><td>课程特点突出氛围浓郁</td><td>6</td></tr>
<tr><td rowspan="9">具有核心问题教学实质</td><td rowspan="3">拓宽学习视野</td><td>课程与现实世界有恰当关联</td><td colspan="2" rowspan="18">选择一个表现突出的二级指标，在相应三级指标的引导下，以现场学生表现为主要依据，以其余指标为背景，于本表的第二页写出150字以上的简要评价</td></tr>
<tr><td>有基于缄默知识的问题解决</td></tr>
<tr><td>有缄默知识运用的追踪剖析</td></tr>
<tr><td rowspan="3">投入实践活动</td><td>有真实而且完整的实践活动</td></tr>
<tr><td>能够全身心地浸渍于活动中</td></tr>
<tr><td>活动的内容结果均丰富深入</td></tr>
<tr><td rowspan="3">感受意义关联</td><td>有核心问题的深层意义感受</td></tr>
<tr><td>有以知识为中心的关联感受</td></tr>
<tr><td>有以个人为中心的关联感受</td></tr>
<tr><td rowspan="9">具有核心问题教学实质</td><td rowspan="3">自觉反思体验</td><td>有实质性反思活动的开展</td></tr>
<tr><td>有课程新因素的追踪利用</td></tr>
<tr><td>有体验的交流与改善重构</td></tr>
<tr><td rowspan="3">乐于对话分享</td><td>乐于自我表达与认真倾听</td></tr>
<tr><td>乐于合作中成果与思路的分享</td></tr>
<tr><td>有宽容的对话氛围和双向交流</td></tr>
<tr><td rowspan="3">认同体验评价</td><td>认可体验评价</td></tr>
<tr><td>参与体验评价</td></tr>
<tr><td>利用体验评价</td></tr>
<tr><td colspan="6">核心问题教学实质的简要评价</td></tr>
<tr><td colspan="6">在本节课中，具有核心问题教学实质的六个方面都有所表现，其中投入实践活动这个方面体现得比较充分。
第一，本节课有真实而完整的实践活动。本节课以“自学秦九韶算法，并编程实现，分析秦九韶算法与普通算法的区别”为核心问题，学生在第四次课已经对多项式一般算法体验深刻，再自己优化算法编写程序，演示一般算法和优化算法的时间长短，体验算法优化的实质：减少计算次数。学生经历分析问题、提出方案、对比方案、实现方案的过程，体验计算机解决问题的一般思路，提升系统思维。
第二，本节课学生能够全身心地浸渍于活动中。首先，学生自学完成秦九韶算法的学习，学生通过教师提供的学习资料进行深入的探究式学习。学生在完成任务过程中，需要对比体验第四次课的学习内容，在老师的帮助下，完成这部分知识的学习，实践出算法优化的过程。学生在活动过程和应用过程中，都全身心地浸渍于活动中。
第三，学生的活动内容结果丰富深入。学生的活动不仅仅局限于完成核心问题，还有知识的扩展。在活动过程中，学生对算法知识以及信息技术的发展有了了解，通过这一过程，学生的信息技术素养得到一定的培养。
综上所述，本节课中，具有核心问题教学实质的六个方面中投入实践活动这个方面表现的比较突出</td></tr>
</table>

（三）反馈调整

由于本次课是课程的第五次课堂教学，本次课的核心问题是“自学秦九韶算法，并编程实现，分析秦九韶算法与普通算法的区别”。其中自学根据网络搜索和老师提供的资源，在老师的巡视跟进下进行单独学习；编写程序是在前四次课的基础上，结合本节课学习的算法，在老师的巡视帮助下用python语言实现；程序编写之后，则是和第四次课的内容进行比较，这是本次课的最终目的：了解算法优化的重要性，并亲身感受算法优化前后的变化，所以本次课的重要时间节点则是普通算法和秦九韶算法的运行时间对比，普通算法需要大概1分多钟，而秦九韶算法则只需要几秒，这是一个巨大的差距，也会给学生形成强烈的感受冲击，让学生去思考算法优化的实质，老师也行云流水般给出问题：算法优化的实质是什么？学生通过两个算法的对比发现，减少了运算次数是秦九韶算法最显著的特点。

所以，根据学生的反应，前面的自学、编写程序都是为两个算法的比较、体验程序运行时间的巨大差异做铺垫，能引导算法优化实质的实际问题产生，是一个课堂承上启下的重要时刻。因而，本次课，在演示两个程序的运行时间时，一定要高度重视，需要全体学生一起来见证观看，并认真思考，也为下次课程的实施提供保障。

川大附中项目课程体验性目标点检测表

<table>
<tr><td rowspan="5">基本信息</td><td>首席教师</td><td>杨洋</td><td>组/处</td><td>信息</td></tr>
<tr><td rowspan="2">参与教师</td><td>周大立</td><td>组/处</td><td>信息</td></tr>
<tr><td>龙老师</td><td>组/处</td><td>信息</td></tr>
<tr><td>年　级</td><td>高一</td><td>上课时间</td><td>2022年6月（第五次课）</td></tr>
<tr><td>课程名称</td><td colspan="3">秦九韶算法探究</td></tr>
<tr><td>核心问题</td><td colspan="4">自学秦九韶算法，并编程实现，分析秦九韶算法与普通算法的区别</td></tr>
<tr><td rowspan="2">教学目标</td><td>结果性目标</td><td colspan="3">完成秦九韶算法的描述，并编写程序实现</td></tr>
<tr><td>体验性目标</td><td colspan="3">体验普通算法与秦九韶算法之间的关联，并感受优化算法在速度上的优势</td></tr>
<tr><td>检测点</td><td colspan="4">体验普通算法与秦九韶算法之间的关联</td></tr>
<tr><td>检测任务</td><td colspan="4">编写正确的秦九韶程序和普通程序，并提出算法优化的实质</td></tr>
<tr><td rowspan="4">分类标准</td><td colspan="4">A.编写正确的秦九韶程序和普通程序，并提出算法优化的实质</td></tr>
<tr><td colspan="4">B.能编写正确的秦九韶程序和普通程序，但不能提出算法优化的实质</td></tr>
<tr><td colspan="4">C.不能编写正确的秦九韶程序和普通程序，但能提出算法优化的实质</td></tr>
<tr><td colspan="4">D.不能编写正确的秦九韶程序和普通程序，也不能提出算法优化的实质</td></tr>
</table>

<table>
<tr><td rowspan="5">检测统计</td><td>分类等级</td><td>学生人数（总人数 34 人）</td><td>所占百分比</td></tr>
<tr><td>A</td><td>10</td><td>29.4%</td></tr>
<tr><td>B</td><td>15</td><td>44.1%</td></tr>
<tr><td>C</td><td>6</td><td>17.6%</td></tr>
<tr><td>D</td><td>3</td><td>8.8%</td></tr>
<tr><td>检测分析及结果运用</td><td colspan="3">本节课以“自学秦九韶算法，并编程实现，分析秦九韶算法与普通算法的区别”为核心问题，让学生研习。在活动过程中，学生感受算法优化的过程，通过程序实践运用，体验算法优化的实质。
上课班级共 34 人，课后回收学生调试的程序 31 份，经过批阅统计，分析如下：
A 等学案 10 份，占比 29.4%，能编写正确的秦九韶程序和普通程序，并提出算法优化的实质；
B 等学案 15 份，能编写正确的秦九韶程序和普通程序，但不能提出算法优化的实质；
C 等学案 6 份，不能编写正确的秦九韶程序和普通程序，但能提出算法优化的实质；
D 等学案 3 份，占比 8.8%，不能编写正确的秦九韶程序和普通程序，也不能提出算法优化的实质</td></tr>
<tr><td>学生深度体验典型实例</td><td colspan="3">秦九韶算法比普通算法快了多少？
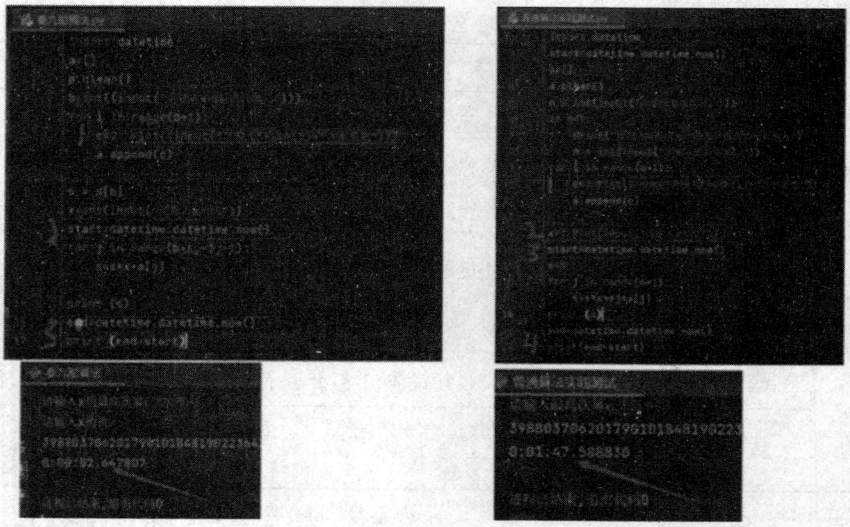
图 28-6　普通算法和秦九韶算法（python 代码实现后的调试运行图）
图 28-6 分别是学生学习 python 基础语法后，对多项式的普通算法和秦九韶算法进行 python 代码实现。学生深度体验自身编写程序实现普通算法和秦九韶算法的过程，并运行后，发现同样的一个多项式，结果计算的时间相差竟然如此巨大，由此而引发的思考则是:为什么会出现如此巨大的差距？进而对算法优化的实质做出比较实质性的思考和探索</td></tr>
<tr><td>检测反馈</td><td colspan="3">从检测的数据来看，25 位同学能够完成程序的编写，16 位同学能够通过活动，感受到算法优化的实质，虽然最后有 3 位同学不能编程出正确的程序，也不能理解优化算法的实质，但 34 位同学中，大部分学生体验到了普通算法与秦九韶算法之间的关联</td></tr>
</table>

秦九韶算法探究的学习心得

曾雅珣

一、问题的提出

首先是学习秦九韶算法，了解秦九韶算法的计算过程。

一般地，对于一个 n 次多项式

$f(x)=a_nx^n+a_{n-1}x^{n-1}+a_{n-2}x^{n-2}+\ldots+a_1x^1+a_0$ 我们可以改写成如下形式：

$f(x)=(\ldots(a_nx+\ a_{n-1})x+a_{n-2})x+\ldots+a_1)x+a_0$ 求多项式的值时，首先计算最内层括号内一次多项式的值，即 V1=anx+an-1。

然后由内向外逐层计算一次多项式的值，即 $V_2=V_1x+a_{n-2}$, $V_3=V_2x+a_{n-3}\ldots$, $V_n=V_{n-1}x+a_0$。

这样，求 n 次多项式 $f(x)$的值就转化为求 n 个一次多项式的值。这种算法称为秦九韶算法。

秦九韶算法主要是求解多项式的优化算法，而且是被公认的一种解决多项式的优秀算法，那提出的问题则是：为什么秦九韶算法是一种很优秀的算法?

二、分析问题

要解决关于秦九韶算法为什么是公认的计算多项式优秀的算法的这个问题，我们需要把这个算法用程序语句进行实现，并调试运行，除此之外，还需要把解决多项式的一般算法用程序语句进行实现，用来和秦九韶算法进行对比。

要完成一般算法和秦九韶算法的对比，就需要学习程序设计语言，这里选择的程序设计语言是 python。

三、问题解决

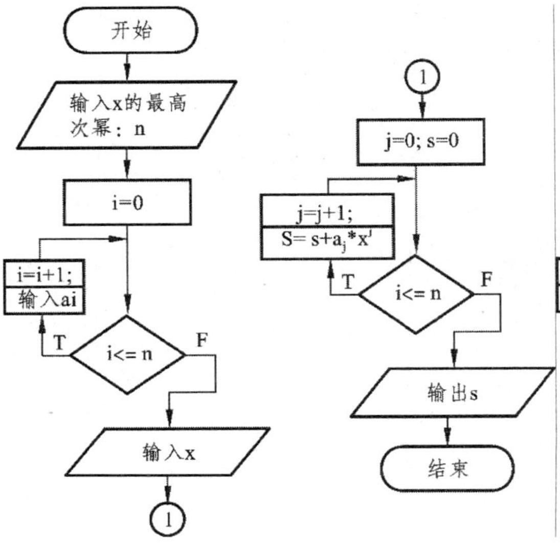

图 28-7 一般算法程序流程图

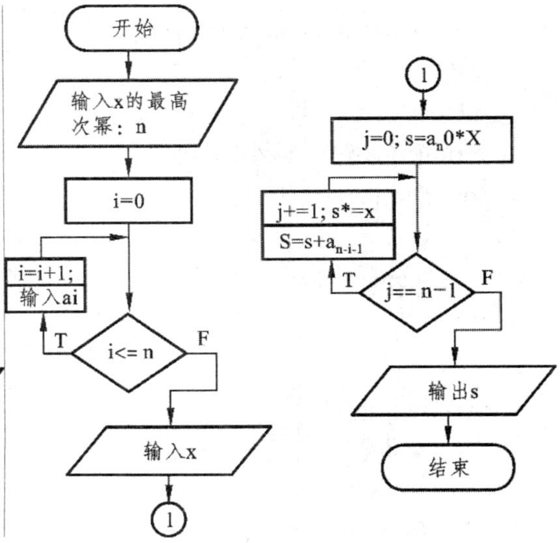

图 28-8 秦九韶算法流程图

根据一般算法流程图和秦九韶算法流程图学习 python 编程的基本语法格式：input；print；=；if；for；等等，最后根据所学编写相应程序进行对比。

普通算法程序演示：

```
import datetime
start=datetime.datetime.now()
a=[]
a.clear()
n = int(input("请输入最高次幂："))
if n<0:
    print("输入的最高次幂不能为负数，请重新输入")
    n = int(input("请输入最高次幂："))
for i in range(n+1):
    c=2 #int(input("请输入"+str(i)+"次项系数"))
    a.append(c)
x=2 #int(input("请输入 x 的值"))
start=datetime.datetime.now()
s=0
for j in range(n+1):
    s=s+x**j*a[j]
print (s)
end=datetime.datetime.now()
print(end-start)
```

秦九韶算法程序演示：

```
import datetime
start=datetime.datetime.now()
a=[]
a.clear()
b=int(input("请输入："))
for i in range(b+1):
    c=2
    a.append(c)
if b==0:
    s=a[b]
else:
    x=2
    s = a[b] * x
    for j in range(b+1):
        s=s+a[b-j-1]
```

```
        if j == b - 1:
            break
        s = s * x
print (s)
end=datetime.datetime.now()
print (end-start)
```

四、结论

通过运行两个程序，当 x=2，最高次幂为 300 000 的时候，普通算法运行时间为 1 分 47 秒，而秦九韶算法运行时间为 2 秒，而为什么秦九韶算法计算速度大幅度提升呢？最后分析得出其中的原因是，秦九韶算法大量减少了总体的计算次数，因此较少的运算次数是优化算法的一种方式，也是算法优化的目的。

最后再谈一下学习心得：在这次有关秦九韶算法的学科选修学习中，我们在老师的带领下先从简单的一元二次方程的求解入手，通过算法编程解决问题。进而引申到复杂的一元多次方程的求解。在流程图的帮助下，提出使用循环结构的方法来解决复杂的一元多次方程的求解。在这过程中虽然遇到了一些困难，但在老师和同学的帮助下，我完成了这一程序的编写。看着程序的顺利运行，我感到十分高兴。但这并不是我们的最终目标。随后，我们学习了什么是秦九韶算法，它与普通的算法有何区别等其他问题。在老师的解读下，我明白了普通的一元 n 次多项式的求值需要经过$(n+1)\times n/2$次乘法和 n 次加法，而秦九韶算法只需要 n 次乘法和 n 次加法。在人工计算时，如果使用秦九韶算法，就可以大大降低运算难度。在最后一节课中，我尝试了自己通过老师前几节课所讲解的知识来自己编写秦九韶算法的程序，但并没有成功。但最终我还是在老师详细地对每一个语句的讲解下编写出了最后的程序。在参与秦九韶算法的学科选修学习中，我收获了许多知识，我认为自己在这门学科选修的参与度还可以进一步提高，从而使自己更专注。秦九韶算法的学习同时也带给了我一个思考——是不是我们在学习生活中也有许多可以简化的方法，从而可以让我们在遇到困难时有更好的解决方法呢？

算法初步
——编程统计高考单词词频及排序算法研究
川大附中项目课程开发实施规划纲要

课程首席教师：宋德洪（信息组）

课程参与教师：苏　梅（信息组）　刘体斌（信息组）

<table>
<tr><td>课程名称</td><td colspan="8">算法初步——编程统计高考单词词频及排序算法研究</td></tr>
<tr><td>课程类型
（勾选）</td><td></td><td>必修的综合实践
活动课程</td><td></td><td>必修的
劳动课程</td><td>√</td><td>选修的
学科课程</td><td></td><td>选修的
校本课程</td></tr>
<tr><td>实施对象</td><td colspan="3">高一年级学生</td><td colspan="2">建议选课
学生人数</td><td colspan="3">35 人</td></tr>
<tr><td>课程课时及上
课时段</td><td colspan="8">课程课时：5 次 10 课时；上课时段：规定的实践段</td></tr>
<tr><td>课程背景</td><td colspan="8">1.课程开设背景：
随着信息技术日新月异的进步，物联网、大数据、云计算、人工智能、区块链等在人们的生活、工作、学习等发挥的作用日益突显。在新一代信息技术推动下，全球加速迈进数字经济时代。
在《普通高中信息技术课程标准（2017 版 2020 修订）》中，“算法初步”成为高中选修课程之一。
2.课程资源背景：
（1）硬件资源：学校机房可以提供学生完成学习资料查询、操作实践。
（2）软件资源：机房电脑上，都装有 python IDLE、Thonny、Office 等软件，方便学生完成作品设计制作。
3.学生背景：
（1）知识储备方面：高一学生经过高一上学期相关算法初步、数学等知识的学习，在理解能力、逻辑思维能力等方面达到了基础算法需要的程度。
（2）研究素养方面：我校是“培养—研究型”大学附中，具有“以研究性课程和研究性教师培养研究性学生”的特征，但学生在算法研究方法的认识上还有待提高。
（3）研究意愿方面：随着人工智能等技术的应用日益增多，学生对算法的学习和研究比较感兴趣</td></tr>
<tr><td>课程内容
（核心问题）</td><td colspan="8">核心问题：编程统计近几年英语高考真题单词出现频次，研习排序算法，用其对单词按频次排序，撰写算法学习小论文。
问题：在英语学习中，把出现次数多、使用较频繁的词，称为“高频词”。统计高频词，有利于英语单词记忆时的归纳和总结。在学生的学习资料中，对于高频词的统计分析，学生往往只看到一个结果，其中某些结果并不具有实时性。有学生提出，自己是否可以利用编程统计分析近几年英语高考真题中每年都出现的单词并根据出现频次进行排序？利用统计分析结果，有利于学生在高中学习时，有效利用时间在英语单词记忆时进行归纳和总结。</td></tr>
</table>

续表

<table>
<tr><td>课程内容
（核心问题）</td><td colspan="6">排序在对数据的处理过程中，是一项很重要很基础的工作，往往是数据处理的第一步。排序算法也可以很好地训练学生的计算思维。
活动：编程统计英语高考试卷高频词及排序</td></tr>
<tr><td>课程目标</td><td colspan="6">1.结果性目标：
（1）能够用 python 语言编写冒泡排序、简单交换排序、选择排序算法程序，并分析比较算法的运行效率。
（2）能够用 python 语言编写快速排序算法程序，并分析比较算法的运行效率。
（3）能够用研习的排序算法中的其中一个算法对统计的高考单词排序。
（4）能撰写相应研究小论文。
2.体验性目标：
在探究排序算法、分析比较每种算法的效率的活动中，体验贪心和分治思想，体验程序实现与算法思想、算法分析、算法设计之间的关系，体验算法的实际效率与算法性能之间的关联</td></tr>
<tr><td rowspan="4">课次计划</td><td>课次</td><td>主题</td><td>研究环节</td><td>学生活动</td><td>课前课后任务</td><td>活动地点及技术融入</td></tr>
<tr><td>1</td><td>提出问题：研究方向及问题的确立</td><td>调查问卷设计及制作。收集近几年高考英语试卷，查询基础排序算法，探究每种算法需要的基本编程知识</td><td>资料收集</td><td>课前：资料查询</td><td>机房；利用电脑查询资料，PPT 制作、展示</td></tr>
<tr><td>2</td><td>解决问题 1：文件的打开及保存</td><td>探究文件的打开及读写，对字符串进行处理，对文本中的英语单词分词处理</td><td>运用 Python 编程实现文件的打开及读写，去掉字符串中不需要的字符，英语单词分词</td><td>课前：预习 python 对文件打开的方式及每种方式的读写方法</td><td>机房；利用电脑查询资料，编程</td></tr>
<tr><td>3</td><td>解决问题 2：冒泡排序、直接交换排序、选择排序</td><td>探究冒泡排序、直接交换排序、选择排序</td><td>编程实现冒泡排序、直接交换排序、选择排序对数据进行处理，分析比较算法效率</td><td>课前：复习 python 的循环语句，双重循环</td><td>机房；利用电脑查询资料，编程</td></tr>
</table>

续表

	课次	主题	研究环节	学生活动	课前课后任务	活动地点及技术融入
课次计划	4	解决问题 3：快速排序及优化	探究快速排序及优化	编程实现插入排序、快速排序对数据进行处理，比较两种算法效率	课前：复习 python 的循环语句，冒泡排序、选择排序，预习递归算法及函数定义	机房；利用电脑查询资料，编程
	5	反思提升，评价反馈	展示交流、统计分析探究排序算法	展示交流每种算法的计算效率，体验不同算法的优劣	完善程序中的计算效率	机房；利用电脑查询资料，编程
学生作品	排序算法程序					
评价方式	学生从学习的积极性、参与度等方面进行自我的、学生间的评价，并进行作品等级评定					
安全保障	1.树立常规安全意识。按时到班上课，不迟到，不早退； 2.注意用电安全； 3.注意实践工具、器材使用安全； 4.合理处理好和老师、同学之间的关系； 5.深度熟悉川大附中各种灾害的应急预案逃离方式（地震、火灾、洪水等灾害）；了解遇到各种突发状况临危逃生的基本原则：保持镇静，趋利避害；学会自救、保护自己。 记住四个电话： “119”火警电话、“110”报警电话、“122”交通事故报警电话、“120”急救电话。 打电话必须要说清地点、相关情况、显著的特征。不要慌张、语无伦次					
条件保障	课程开发组外部保障： 课程开发组内部保障：相关开源硬件知识汇集整理；活动场所及相应软、硬件的准备					
开发次第	首次开发					
课程审批	1.课程教学处：　　签　章　　年　月　日 2.学生发展处：　　签　章　　年　月　日					

算法初步教学设计

——快速排序

一、教学分析设计

（一）活动分析

在实际英语的学习应用中，把出现次数多、使用较频繁的词，称为“高频词”。统计高频词，有利于英语单词记忆时的归纳和总结。在学生的学习资料中，对于高频词的统计分析，学生往往只看到一个结果，其中某些结果并不具有实时性，有学生提出，自己是否可以利用编程统计分析近几年英语高考真题中每年都出现的单词并根据出现频次进行排序？利用统计分析结果，有利于学生在高中学习时，有效利用时间在英语单词记忆时进行归纳和总结。

当前人类社会发展面临着土地、资源、能源和环境约束加大的情况，经济增长需要激活新动能。随着数字技术不断成熟，数据成为继土地、劳动、资本等之后人类又一重要生产要素。排序在对数据的处理过程中，是一个很重要又很基础的工作，往往是数据处理的第一步。排序算法也有助于培养学生的计算思维。本次课为本门课程的第四次课。第一次课：明确本课程的研究任务，明确项目完成大致步骤、每个阶段需要的技术准备。小组组合，小组人员任务分配。收集近几年高考英语试卷，查询基础排序算法，探究每种算法需要的基本编程知识。第二次课：探究 python 编程对文件的读入、写入，对字符串进行处理，对文本中的英语单词分词处理。第三次课：探究冒泡排序、直接交换排序、选择排序，并用 python 编程实现用冒泡排序、直接交换排序、选择排序的其中一种算法对数据进行处理，分析比较算法性能。本次课探究快速排序，用 python 编程实现快速排序算法中的某一种对数据进行处理，分析算法性能。

（二）学生分析

1. 知识储备方面

本课程参与的同学为高一年级的学生，他们有了相应的数学知识，经过高一上学期“算法初步——编程测试计算机硬件性能”课程的学习，学生对 python 语言的语法规则等知识有了一定的了解。本学期，通过前三次课的研习，学生已能用 python 语言实现对文本文件的读写操作，利用正则表达式对字符串进行处理，能够分词并统考，也能利用研习到的冒泡、直接交换、简单选择排序算法对数据进行排序处理，并分析算法性能及实际测试。

2. 研究素养方面

我校是“培养—研究型”大学附中，具有“以研究性课程和研究性教师培养研究性学生”的特征，学生在高一入学即参与到项目活动研究性课程中来，具备研究的基本素养，但在研究内容、研究方法的认识上还有待提高。

3. 研究意愿方面

面对我校研究文化的熏陶，学生希望自己能够用计算机编程统计高考英语单词词频并对其排序，并对相应排序算法进行探究分析，测试验证。

（三）目标分析

根据本课程规划纲要中确立的课程教学目标，基于本次课的活动分析及学生分析，撰写本次课的教学目标如下：

1. 结果性目标

（1）能够用 python 编程实现快速排序算法。
（2）能够迁移用快速排序算法实现对单词按词频排序。

2. 体验性目标

在实现快速排序算法的过程中，体验快速排序算法的算法优劣。

（四）资源分析

本次课为室内的展示交流课，所用主要教学资源如下表所示：

教学资源	选用意图	来源
python	编程软件	机房
互联网电脑	编程，上网搜寻资料	机房
PPT、投影	用于教学引入，教师展示	学校多媒体设备
黑板	板书本堂课活动中的关键信息，呈现学生发现的问题	机房

（五）主题分析

按课程规划纲要的课次规划，基于前面对本次课程活动与学生的分析，将本次课的活动主题确定为“研习快速排序算法，用其对单词按词频排序”。

二、教学实施设计

（一）教学环节

按课程规划纲要的课次规划，本次课为核心问题教学中问题解决环节中的探索新知，具体教学设计如下表所示。

教学环节	学生活动	教师活动	设计意图
提出问题	回忆旧知，进入问题情境	引导学生回顾上节课学习的累加及变形等旧知后，进入问题情境	复习旧知，进入新知探究
解决问题	进入新知的探究，python 编程实现快速排序算法	教师巡视、指导	探究新知
反思提升	交流注意事项，总结归纳	组织学生归纳、反思、提升	反思
评价反馈	对探究所得知识进行运用，复习巩固	巡视、指导	巩固、应用

（二）评价预设

1. 就教学活动中对学生即时、口语为主的评价预设

（1）教学引入环节：明确本节课的具体任务，让学生清楚这次课和前三次课的关联，对前期准备工作做得较好的小组和同学提出表扬，鼓励学生在本次课能大胆发言、主动交流，营造积极的课堂氛围，激发学生学习热情，以达到本次课的目标。

（2）问题需求分析、新知探究环节：激励学生思考要完成相应的任务，鼓励学生在本次课能大胆发言、主动交流。

（3）交流、反思环节：通过对个人或小组作品展示、交流过程给予的激励性评价，促进学生进一步融入课堂，重点引导学生在语言表述、环节逻辑性上的把握。

（4）应用环节：促使学生思考如何有效应用同学及教师的建议，提升自己的研究素养，为后续环节的开展打下基础。

2. 就教学活动后的评价预设

从本课次教学目标，尤其是体验性目标达成情况的视角，对学生的成果及优化扩展应用进行评价，并及时反馈。

（三）板书设计

算法初步教学设计

——快速排序

本课核心问题：探究快速排序，用 python 编程实现快速排序算法中的某一种对数据进行处理，分析算法性能。

思想：分治

步骤：

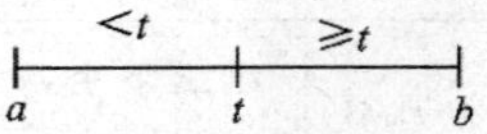

1.确定一个分界点 t;

2.调整数据，使分界点左边＜t，右边≥t;

3. 递归处理左右两部分。

（四）教学流程

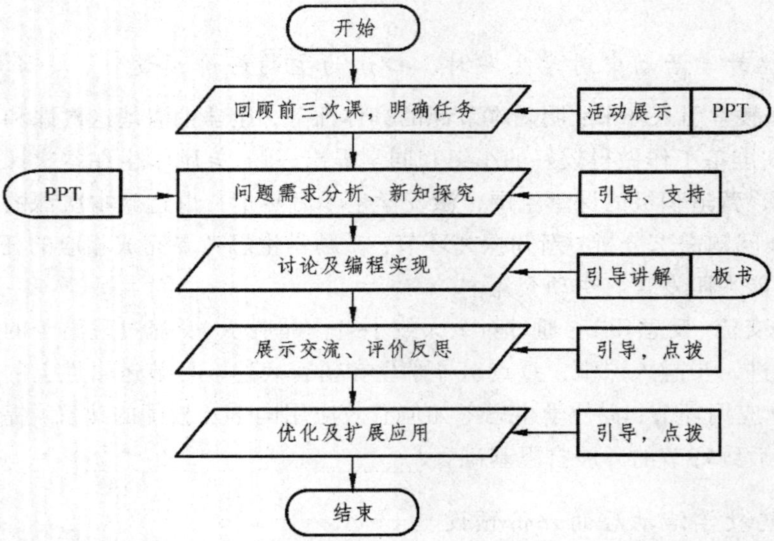

图 29-1 “算法初步——编程统计高考单词词频及排序算法研究”教学流程图

三、教后评价设计

（一）信息搜集

收集学生的编程成品，以便于下节课评价交流。

（二）自我评价

在本节课中，学生在核心任务的引领下，认真探究学习，能够用 python 编程实现快速排序算法。

川大附中项目课程核心问题教学评价表

<table>
<tr><th rowspan="2">评价目标</th><th colspan="3">评价指标</th><th rowspan="2" colspan="2">评价结果</th></tr>
<tr><th>一级指标</th><th>二级指标</th><th>三级指标</th></tr>
<tr><td rowspan="30">实现活动体验中的学习与发展</td><td rowspan="12">具有核心问题教学形态</td><td rowspan="3">核心问题利于活动体验</td><td>内含客观问题和学生活动方式</td><td>8</td><td rowspan="12">每项指标最高评8分

合计 92 分</td></tr>
<tr><td>问题情景与真实生活密切相关</td><td>8</td></tr>
<tr><td>能引发新知识、新方法的生成</td><td>8</td></tr>
<tr><td rowspan="3">教学目标价值引导恰当</td><td>两类目标正确全面</td><td>7</td></tr>
<tr><td>关联体验目标恰当</td><td>7</td></tr>
<tr><td>目标价值引导显现</td><td>8</td></tr>
<tr><td rowspan="3">教学环节完整合理落实</td><td>教学环节清晰完整</td><td>7</td></tr>
<tr><td>环节内容合理充实</td><td>8</td></tr>
<tr><td>学生活动时间充分</td><td>8</td></tr>
<tr><td rowspan="3">教学要素相互匹配促进</td><td>问题目标环节两两匹配</td><td>7</td></tr>
<tr><td>技术促进活动形式内容</td><td>8</td></tr>
<tr><td>课程特点突出氛围浓郁</td><td>8</td></tr>
<tr><td rowspan="18">具有核心问题教学实质</td><td rowspan="3">拓宽学习视野</td><td>课程与现实世界有恰当关联</td><td rowspan="18" colspan="2">选择一个表现突出的二级指标，在相应三级指标的引导下，以现场学生表现为主要依据，以其余指标为背景，于本表的第二页写出150字以上的简要评价</td></tr>
<tr><td>有基于缄默知识的问题解决</td></tr>
<tr><td>有缄默知识运用的追踪剖析</td></tr>
<tr><td rowspan="3">投入实践活动</td><td>有真实而且完整的实践活动</td></tr>
<tr><td>能够全身心地浸渍于活动中</td></tr>
<tr><td>活动的内容结果均丰富深入</td></tr>
<tr><td rowspan="3">感受意义关联</td><td>有核心问题的深层意义感受</td></tr>
<tr><td>有以知识为中心的关联感受</td></tr>
<tr><td>有以个人为中心的关联感受</td></tr>
<tr><td rowspan="3">自觉反思体验</td><td>有实质性反思活动的开展</td></tr>
<tr><td>有课程新因素的追踪利用</td></tr>
<tr><td>有体验的交流与改善重构</td></tr>
<tr><td rowspan="3">乐于对话分享</td><td>乐于自我表达与认真倾听</td></tr>
<tr><td>乐于合作中成果与思路的分享</td></tr>
<tr><td>有宽容的对话氛围和双向交流</td></tr>
<tr><td rowspan="3">认同体验评价</td><td>认可体验评价</td></tr>
<tr><td>参与体验评价</td></tr>
<tr><td>利用体验评价</td></tr>
</table>

续表

<table>
<tr><th>核心问题教学实质的简要评价</th></tr>
<tr><td>在本节课中，具有核心问题教学实质的六个方面都有所表现，其中投入实践活动这个方面体现得比较充分。
第一，本节课有真实而完整的实践活动。本节课以“研习快速排序算法，用其对单词按词频排序”为核心问题，学生通过完成探究原地快速排序法和非原地快速排序法，再编程实现。在活动过程中，体验原地快速排序和非原地快速排序的不同，体验原地排序与非原地排序算法之间的关联。学生深度体验所学知识，实践活动真实而又完整。
第二，本节课学生能够全身心地浸渍于活动中。首先，学生探究原地快速排序和非原地快速排序，在任务完成过程后，学生利用原地快速排序和非原地快速排序编程对统计过的高考单词按词频进行排序。学生在完成任务过程中，需要递归、函数等知识，在老师的帮助下，完成这部分知识的学习，再探究原地快速排序和非原地快速排序算法和迁移应用。学生在活动过程和应用过程中，都全身心地浸渍于活动中。
第三，学生的活动内容结果丰富深入。学生的活动不仅仅局限于完成核心问题，还有思维的提升，在活动过程中，学生分析问题，提炼问题特征，将问题抽象，形成问题解决方案，这是信息学科中的核心素养——计算思维，通过这一过程，学生的计算思维能力得到一定的培养</td></tr>
</table>

（三）评价反馈

由于本次课是课程的第四次课堂教学，主要是学生操作。学生都在认真地操作实践，都很积极主动，认真思考。

川大附中项目课程体验性目标点检测表

<table>
<tr><td rowspan="5">基本信息</td><td>首席教师</td><td>宋德洪</td><td>组/处</td><td>信息</td></tr>
<tr><td rowspan="2">参与教师</td><td>苏梅</td><td>组/处</td><td>信息</td></tr>
<tr><td>刘体斌</td><td>组/处</td><td>信息</td></tr>
<tr><td>年　　级</td><td>高一</td><td>上课时间</td><td>2022 年 5 月 17 日</td></tr>
<tr><td>课程名称</td><td colspan="3">算法初步——编程统计高考单词词频及排序算法研究</td></tr>
<tr><td>核心问题</td><td colspan="4">编程统计近几年英语高考真题单词出现频次，研习排序算法，用其对单词按频次排序，撰写算法学习小论文</td></tr>
<tr><td rowspan="2">教学目标</td><td>结果性目标</td><td colspan="3">1.能够用 python 编程实现快速排序算法；
2.能够迁移用快速排序算法实现按词频对单词排序</td></tr>
<tr><td>体验性目标</td><td colspan="3">在实现快速排序算法过程中，体验快速排序算法间的算法优劣</td></tr>
<tr><td>检测点</td><td colspan="4">体验快速排序算法间的算法优劣</td></tr>
<tr><td>检测任务</td><td colspan="4">用够用 python 编程实现快速排序算法，测试算法所用时间</td></tr>
<tr><td>分类标准</td><td colspan="4">A.能用原地排序和非原地排序编程实现快速排序并用其按词频对单词进行排序，测试算法所用时间。利用原地排序实现至少两种变形，能分别编程并测试算法所用时间</td></tr>
</table>

分类标准	B.能用原地排序和非原地排序编程实现快速排序并用其按词频对单词进行排序，测试算法所用时间。利用原地排序实现至少一种变形，能分别编程并测试算法所用时间
	C.能用原地排序或者非原地排序编程实现快速排序并用其按词频对单词进行排序，测试算法所用时间
	D.能用原地排序或者非原地排序编程之一实现快速排序，但不能用其按词频对单词进行排序，测试算法所用时间

检测统计	分类等级	学生人数（总人数 38 人）	所占百分比
	A	14	36.8%
	B	16	42.1%
	C	6	15.8%
	D	2	5.3%

检测分析及结果运用

本节课以“研习快速排序算法，用其按词频对单词排序”为核心问题，让学生研习。在活动过程中，学生研习快速排序算法，编程实现按词频对单词排序，测试算法的效率。其体验深度究竟如何？

1. 能够用 python 编程实现快速排序算法。

2. 能够迁移实现按词频对单词排序。

上课班级共 38 人，课后回收学生作业 38 份，经过批阅统计，分析如下：

A 等学案 14 份，占比 36.8%，这些同学能用原地排序和非原地排序编程实现快速排序，并用其按词频对单词进行排序，测试算法所用时间。利用原地排序实现至少两种变形，能分别编程并测试算法所用时间。

B 等学案 16 份，占比 42.1%，这些同学能用原地排序和非原地排序编程实现快速排序，并用其按词频对单词进行排序，测试算法所用时间。利用原地排序实现至少一种变形，能分别编程并测试算法所用时间。

C 等学案 6 份，占比 15.8%，这些同学能用原地排序或者非原地排序编程实现快速排序并用其按词频对单词进行排序，测试算法所用时间。

D 等学案 2 份，占比 5.3%，这两个同学能用原地排序或者非原地排序编程之一实现快速排序，但不能用其按词频对单词进行排序，测试算法所用时间

学生深度体验典型实例

```
with open("2015.txt",'r',encoding='utf-8',errors='ignore') as fp:
    #用正则表达式对文件内容里的标点符号全部清理掉
    content = re.sub(r'([^a-z^A-Z])+',' ',fp.read())



content = content.lower()  #将所有单词的大写转化为小写，方便我们统一处理


content = content.split()  #split分割所有的单词，默认是用空格做分割点，得到了一个单词列表
#我们定义一个空字典，来保存我们的单词和统计次数
word_counter = {}
#对单词列表做遍历循环每个单词
for word in content:
#如果字典里出现了这个单词，那就次数加1
    if word in word_counter:
        word_counter[word]+=1
#如果没出现过，那就次数赋值初始化为1
    else:
        word_counter[word]=1
#依据每个单词出现的次数，我们来对整个单词表做排序
#sort_items = sorted(word_counter.items(),key=lambda d:d[1],reverse=True)
wordList=list(word_counter.items())
listLength = len(wordList)
def quick_sort(lists,left,right):
    if left>=right: #出递归判断
        return lists
    #选择基准数，为调整范围的第一个值
    key=lists[left]
```

续表

学生深度体验典型实例

```python
        low=left
        high=right
        #循环判断直到遍历全部
        while left<right:
            #从右边开始往左查找大于基准数的值
            while left<right and lists[right][1]>=key[1]:
                right=right-1
            lists[left]=lists[right]  #找到小于基准数的值移动到左边
            #从左边开始往右查找小于基准数的值
            while left<right and lists[left][1]<=key[1]:
                left=left+1
            lists[right]=lists[left]  #找到大于基准数的值移动到右边
        lists[left]=key #写回改成的值
        quick_sort(lists,low,left-1) #递归左边部分
        quick_sort(lists,left+1,high)#递归右边部分
        return lists
    wordList_sorted=quick_sort(wordList,0,listLength-1)
    #print(wordList_sorted)
    #我们为了方便后面查阅，要把排序好的结果保存的文件里
    #新建一个文件，以"w"写文件的模式打开这个文件
    with open("result0501.txt","w") as fp:
    #循环遍历我们已经排序好的单词统计次数的列表
        for (key,value) in wordList_sorted:
        #每个单词和统计次数，按照行写入到我们的文件里
            fp.write(key+" "+str(value)+"\n")
with open("2022.txt",'r',encoding='utf-8',errors='ignore') as fp:
    #用正则表达式对文件内容里的标点符号全部清理掉
    content = re.sub(r'([^a-z^A-Z])+',' ',fp.read())


content = content.lower()  #将所有单词的大写转化为小写，方便我们统一处理


content = content.split()  #split分割所有的单词，默认是用空格做分割点，得到了一个单词列表
#我们定义一个空字典，来保存我们的单词和统计次数
word_counter = {}
#对单词列表做遍历循环每个单词
for word in content:
#如果字典里出现了这个单词，那就次数加1
    if word in word_counter:
        word_counter[word]+=1
#如果没出现过，那就次数赋值初始化为1
    else:
        word_counter[word]=1
#依据每个单词出现的次数，我们来对整个单词表做排序
#sort_items = sorted(word_counter.items(),key=lambda d:d[1],reverse=True)
wordList=list(word_counter.items())
listLength = len(wordList)
def quick_sort(lists):
    if len(lists)<2:
        return lists
    midnum=len(lists)//2  #选一个基准数，可任选，选中间便于理解
    mid=lists[midnum][1]
    miditem=lists[midnum]
    left,right=[],[]#定义左右两个数列

    lists.remove(miditem)  #把基准数从原始列表中移除
    for item in lists:
        if item[1]<=mid:
            left.append(item)  #把小于基准数的数据放在左边
        else:
            right.append(item)  #把大于基准数的数据放在右边


    return quick_sort(left)+[miditem]+quick_sort(right)
wordList_sorted=quick_sort(wordList)
#print(wordList_sorted)
#我们为了方便后面查阅，要把排序好的结果保存的文件里
#新建一个文件，以"w"写文件的模式打开这个文件
with open("result2022快4.txt","w") as fp:
#循环遍历我们已经排序好的单词统计次数的列表
    for (key,value) in wordList_sorted:
    #每个单词和统计次数，按照行写入到我们的文件里
```

图 29-2　两种快速排序算法程序实现代码

检测反馈	在下节课，对学生的检测情况进行了分析反馈，收回的学生作业共 38 份，其中 14 人的作业为 A 等，16 人的作业为 B 等，6 人的作业为 C 等，2 人的作业为 D 等

编程统计近几年高考单词词频及排序探究

周泓佑

一、发现问题

通过面向部分高中同学的调查问卷，我们发现：

学生认为记忆单词的难度如下：

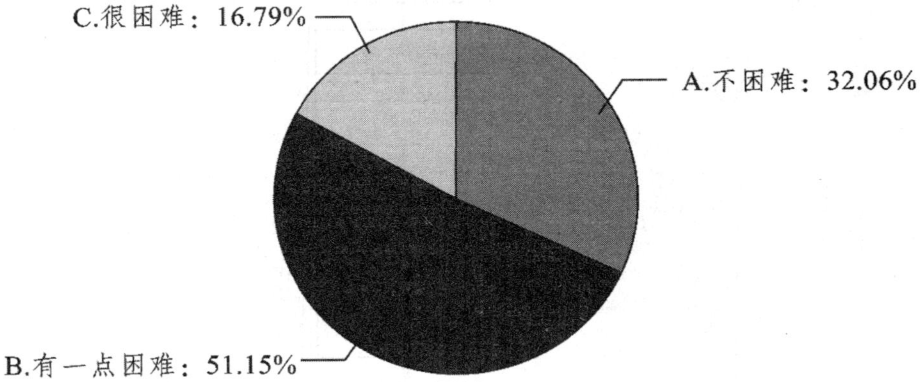

图 29-3　学生认为记忆单词的难度

所需要的记忆时间如下：

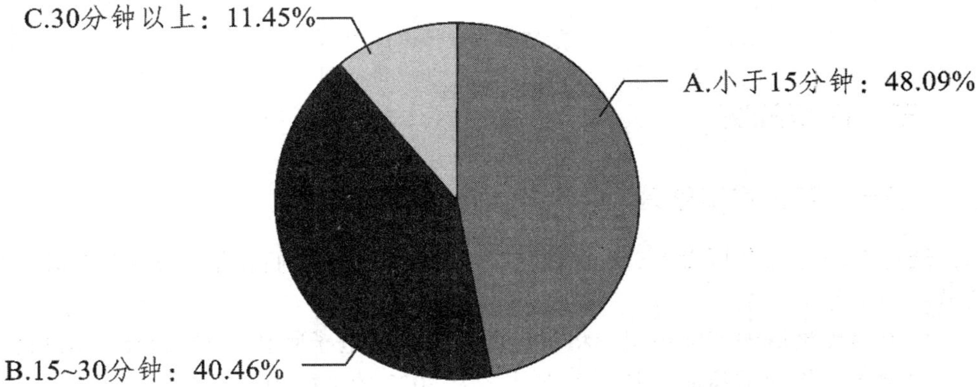

图 29-4　学生记忆单词所需的时间

我们想编程统计分析近几年英语高考真题中出现的单词并根据出现频次进行排序，利用分析结果，帮助同学们有效利用时间。

二、分析设计

图 29-5　分析设计图

三、问题解决

（一）信息收集整理

通过对问题的分析设计，要完成这个项目，首先，我们收集了 2015—2021 年全国高考英语试卷电子版。

根据学校机房的实际情况，将每年的四川高考电子版转化成以 utf-8 格式的 txt 文档，同时将每年的试卷汇总到一个文件名为 2022 的文档中。

（二）文件的读写操作

通过相关资料的研习与测试、纠错，最后我们用以下方法成功读入文本文件。

```
with open(file_name， mode='r'， encoding='utf-8'， errors='ignore') as f:
```

文件的写入方法与读入相似，只需修改一个参数。

（三）非字母字符处理和分词

利用正则表达式实验将非字母的其他所有字符去掉，比如：各种标点符号、汉字等。

（四）单词统计

利用计数器统计单词出现的次数。

（五）排序算法探究

1. 贪心算法

（1）贪心策略：

选择当前看上去最好的一个方案。例如，挑选苹果，如果你认为个大的是最好的，那你每次都从苹果堆中拿一个最大的，作为局部最优解，贪心策略就是选择当前最大的苹果；如果你认为最红的苹果是最好的，那你每次都从苹果堆中拿一个最红的，贪心策略就是选择当前最红的苹果。因此根据求解目标不同，贪心策略也会不同。

（2）局部最优解：

根据贪心策略，一步一步地得到局部最优解。例如，第一次选一个最大的苹果放起来，记为 $a1$，第二次再从剩下的苹果堆中选择一个最大的苹果放起来，记为 $a2$，以此类推。

（3）全局最优解：

把所有的局部最优解合成为原来问题的一个最优解($a1$,$a2$,...)

2. 冒泡算法

numlist=[12,10,78,25,56,61,82,9]

（1）策略：每次从列表中选取最大的数。

（2）局部最优解：根据贪心策略，得到局部最优解，例如第一次的局部最优解就是从列表中挑选最大的数 82，第二次的局部最优解就是从取出 82 后剩下的列表中挑选最大的数 78……（如何找到最大的数？）

（3）全局最优解：将所有的局部最优解合成原问题的一个最优解，那么我们就能将这个列表排序了。

（4）算法分析：

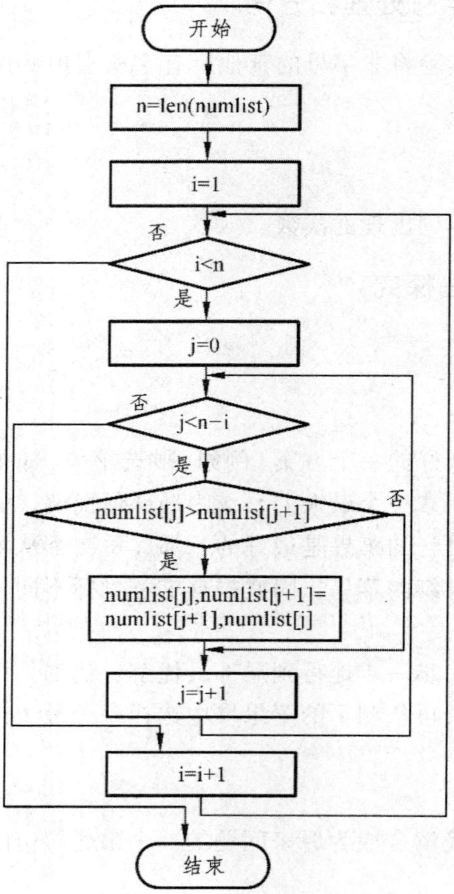

图 29-6　算法分析图

以列表 numlist=[12, 10, 78, 25, 56, 61, 82, 9]为例：

第一步最优解，将未排序数列从最左边开始，相邻两个数两两比较，将最大值 82 找出来，放到未排序数列最后。结果：[10, 12, 25, 56, 61, 78, 9, 82]。

第二步最优解，从最左边开始，相邻两个数比较，将余下数列[10, 12, 25, 56, 61, 78, 9, 82]最大值 78 找出来，放到未排序数列最后，结果：[10, 12, 25, 56, 61, 9, 78, 82]。

第三步最优解，从最左边开始，相邻两个数比较，将余下数列 [10, 12, 25, 56, 61, 9, 78, 82]中最大值 61 找出来，放到未排序数列最后，结果：[10, 12, 25, 56, 9, 61, 78, 82]。

第四步最优解，从最左边开始，相邻两个数比较，将余下数列[10, 12, 25, 56, 9, 61, 78, 82]中最大值 56 找出来，放到未排序数列最后，结果：[10, 12, 25, 9, 56, 61, 78, 82]。

用同样的方法，进行第五、第六、第七步。

（5）性能分析：

①时间复杂度：

计算时间复杂度的时候，往往计算的是最坏情况下的时间复杂度，显然这个情况下的时间复杂度是将整个数组的数据由大到小排列，比如长度为 n 的序列：$n,n-1,n-2,n-3, \ldots ,3,2,1$

第 1 次冒泡需要进行 $n-1$ 次交换得到 $n-1,n-2,n-3, \ldots ,3,2,1,n$。

第 2 次冒泡需要 $n-2$ 次交换得到 $n-2,n-3, \ldots ,3,2,1,n-1,n$。

……

第 $n-1$ 次冒泡需要交换 1 次得到最终的 $1,2,3,4, \ldots ,n-1,n$ 序列。

那么一共进行了多少次交换呢？一共进行了

$$(n-1)+(n-2)+(n-3)+\cdots\cdots+2+1=\frac{n\times(n-1)}{2}$$

上面的式子随着 n 的增加，增加最快的项是 $n2$，所以冒泡排序的时间复杂度 $T(n)=O(n2)$

②空间复杂度：

最优的空间复杂度，不用交换排序，一开始一切都排序好了，就是不需要借用第三方内存空间，则复杂度为 0。

最差的空间复杂度就是开始元素逆序排序，每次都要借用一次内存，按照实际的循环次数，为 $O(N)$。

平均的空间复杂度为：$O(1)$。

具体的算法实现：

```
numlist=[12,10,78,25,56,61,82,9]
for i in range(1,len(numlist)):
    for j in range(len(numlist)-i):
        if numlist[j]>numlist[j+1]:
            numlist[j],numlist[j+1]=numlist[j+1],numlist[j]
    print(numlist)
```

用冒泡排序对统计的近几年单词进行排序，多次实测平均数据为：2.459 375。

3. 简单交换排序

前面，是通过相邻两数，两两交换，从未排序数列中找最大数，放在未排序数列最后，简单交换排序，从待排序列表中找到最小的元素，存放到元素列表的起始位置（与起始位置进行交换），作为已排序序列，然后，继续从未排序序列中找到最小的元素，存放到未排序数列最前面（或已排序序列的末尾），直到排序完成。

numlist=[12, 10, 78, 25, 56, 61, 82, 9]

①策略：选择当前看上去你认为最好的一个方案——每次从列表中选取最小的数。

②局部最优解：根据贪心策略，得到局部最优解，例如第一次的局部最优解就是从列表中挑选最小的数 9，第二次的局部最优解就是从取出 9 后剩下的列表中挑选最小的数 10……（如何找到最小的数？）

③全局最优解：将所有的局部最优解合成原问题的一个最优解，那么我们就能将这个列表排序了。

④算法分析：

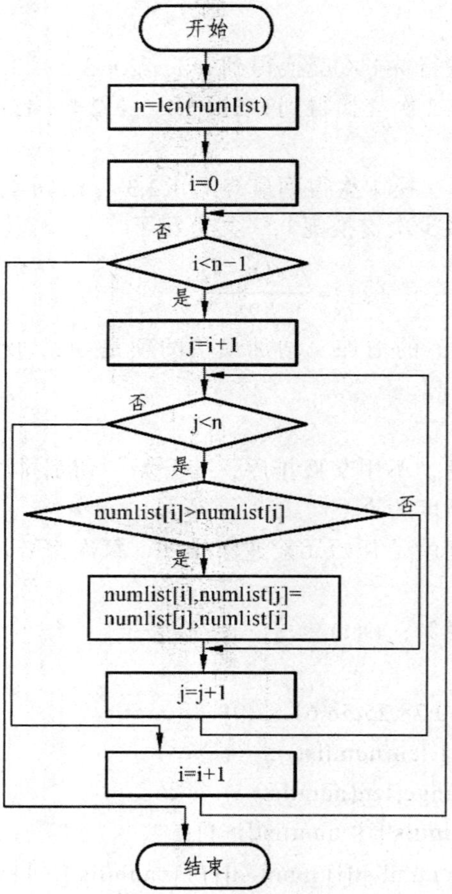

图 29-7　算法分析图

首先将待排序列表中第一元素和后面的每个元素比较，如果第一个元素较大，则两个元素交换，较小的数放在未排序列表的第一个元素，第一轮排序完成。然后，用同样的方法，继续从未排序序列中找到最小的元素，存放到已排序序列的末尾。直到所有元素都存放到了已排序序列中，列表排序完成。

第一步待排序列表[12, 10, 78, 25, 56, 61, 82, 9]中第一元素 12 和后面的每个元素比较，如果第一个元素较大，则两个元素交换，找到最小数 9，放在未排序列表的第一个元素，结果：[9, 12, 78, 25, 56, 61, 82, 10]。

第二步待排序列表[9, 12, 78, 25, 56, 61, 82, 10]中第一元素 12 和后面的每个元素比较，如果第一个元素较大，则两个元素交换，找到最小数 10，放在未排序列表的第一个元素，结果：[9, 10, 78, 25, 56, 61, 82, 12]。

……

第六步待排序列表[9, 10, 12, 25, 56, 61, 82, 78]中第一元素 82 和后面的每个元素比较，如果第一个元素较大，则两个元素交换，找到最小数 78，放在未排序列表的第一个元素，结果：[9, 10, 12, 25, 56, 61, 78, 82]。

具体的程序实现：

```
numlist=[12,10,78,25,56,61,82,9]
for i in range（0,len（numlist）-1）:
    for j in range（i+1,len（numlist））:
        if numlist[i]>numlist[j]:
            numlist[i],numlist[j]=numlist[j],numlist[i]
```

因为此算法的时间复杂度和空间复杂度与冒泡算法的一样，因此不再分析。

用简单交换排序对统计的近几年单词进行排序，多次实测平均用时：1.412 5。

四、结论

（1）简单交换排序和冒泡算法的时间复杂度、空间复杂度相同，但我们对统计的近几年单词进行排序的用时却相差较多，我们推测该列表有一定特殊性，在使用直接交换时只需比较无需交换，便节省了很多时间。

（2）2015—2021 年这几年在高考试卷中出现的单词共 3154 个，其中每年出现的单词在 1000 个左右。

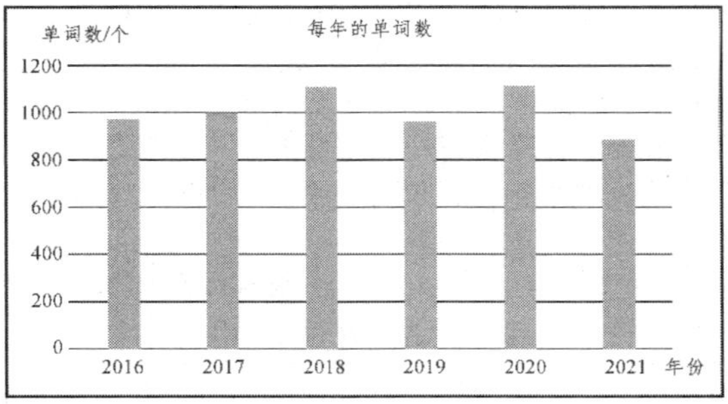

图 29-8　2015—2021 年英语高考试卷出现的单词数

（3）分析发现，对于统计次数在 8~787 次的单词，大多都是小学、初中的单词。3~8 次的所有单词及部分 9 次以上的所要熟记的高频词共 521 个，统计次数为 2 次的约 560 个单词为次高频词。1650 个统计次数为 1 次的一般记忆单词。

图 29-9　部分出现单词次数统计

桥梁设计与模型制作

川大附中项目课程开发实施规划纲要

课程首席教师：唐　凌（通用技术组）

课程参与教师：金　钊（通用技术组）　谢　芳（体育组）

<table>
<tr><td>课程名称</td><td colspan="8">桥梁设计与模型制作</td></tr>
<tr><td>课程类型（勾选）</td><td></td><td>必修的综合实践活动课程</td><td></td><td>必修的劳动课程</td><td>√</td><td>选修的学科课程</td><td></td><td>选修的校本课程</td></tr>
<tr><td>实施对象</td><td colspan="3">高二年级学生</td><td colspan="2">建议选课学生人数</td><td colspan="3">18 人（4~5 小组）</td></tr>
<tr><td>课程课时及上课时段</td><td colspan="8">课程课时：5 次 10 课时；上课时段：规定课程时间</td></tr>
<tr><td>课程背景</td><td colspan="8">1.学生背景：本期高二的学生新增设了通用技术课程，旨在进一步提高他们的技术素养；而在高一他们已经有了一些信息技术的相关知识与技能，生活中对于简单结构有初步的了解，动手能力较高一时也有了显著提高，对于设计与制作也有了一些初步体会。
2.资源背景（含技术融合）：学校有通用技术专用教室可提供给学生进行设计与制作，有相关的加工工具与材料</td></tr>
<tr><td>课程内容（核心问题）</td><td colspan="8">核心问题：寻找材料，设计制作桥梁模型，撰写设计说明与测试报告。
问题：
1.目前桥梁主要有哪些类型？有怎样的应用？
2.桥梁的主要功能使得设计它需要满足哪些需求？
3.桥梁模型的材质怎么选择？主要标准是什么？
4.针对不同材质选取哪些工具进行加工？主要加工流程有哪些？
5.如何对桥梁模型进行性能测试？测试工具有哪些？测试方案是什么？
6.针对此次设计中的问题，如何进行改进和优化？
活动：查阅资料，寻找材料，设计制作，成品测试，方案优化，撰写报告和设计说明</td></tr>
<tr><td>课程目标</td><td colspan="8">1.结果性目标：考查上网查找到的桥梁，利用适当材料，展示自己的桥梁模型设计方案，设计制作自己喜爱的桥梁模型。
2.体验性目标：在考查网上桥梁和设计制作自己喜爱的桥梁模型过程中，体验结构设计与结构功能之间的关联，体验设计表达与结构、刚性的技术与柔性的文化寓意之间的关联</td></tr>
</table>

续表

<table>
<tr><td rowspan="7">课次计划</td><td>课次</td><td>主题</td><td>研究环节</td><td>学生活动</td><td>课前课后任务</td><td>活动地点及技术融入</td></tr>
<tr><td>1</td><td>初识桥梁</td><td>提出任务要求</td><td>确定小组课题项目</td><td>课后寻找合适材料</td><td>校内、校外及通用技术设计室</td></tr>
<tr><td>2</td><td>我心中的桥梁模型</td><td>解决问题</td><td>展示小组设计方案</td><td>寻找合适材料</td><td>通用技术设计室</td></tr>
<tr><td>3</td><td rowspan="2">简单结构（桥梁模型）在我手中呈现</td><td rowspan="2">解决问题</td><td rowspan="2">制作桥梁模型</td><td rowspan="2">不断优化方案，完善作品制作</td><td rowspan="2">通用技术设计室及通用技术操作室</td></tr>
<tr><td>4</td></tr>
<tr><td>5</td><td>我们的桥梁模型</td><td>活动总结</td><td>展示交流各小组成果，评价各组成果并就再次优化拟定设计方案</td><td>撰写研究报告，准备展示、评价资料、材料等</td><td>校内、校外及通用技术设计室</td></tr>
<tr style="display:none"><td></td></tr>
<tr><td>学生作品</td><td colspan="6">桥梁模型，附设计说明和研究性学习报告</td></tr>
<tr><td>评价方式</td><td colspan="6">学生自我评价，生生间的口头激励性评价，作品与研学报告等级评定</td></tr>
<tr><td>安全保障</td><td colspan="6">一般校内活动安全保障，通用技术功能教室的相关安全保障</td></tr>
<tr><td>条件保障</td><td colspan="6">课程开发组外部保障：特殊材料的采买；可能邀请专业人士指导；
课程开发组内部保障：相关结构知识理论的汇集整理与研讨；活动所需场地、工具、材料等清理与准备</td></tr>
<tr><td>开发次第</td><td colspan="6">首次开发</td></tr>
<tr><td>课程审批</td><td colspan="6">1.课程教学处：　　签　章　　年　　月　　日
2.学生发展处：　　签　章　　年　　月　　日</td></tr>
</table>

桥梁模型设计作品展示分享会

一、教学分析设计

（一）课程背景分析

1. 问题背景

桥梁是生活中极为常见的事物，无论是大中小城市还是乡村，或多或少都有一座桥梁，它或贯通南北，或沟通东西，类型种类繁多，功能规模不一，是学生熟知而又陌生的物品。说它熟悉是因为学生基本都见过桥梁的实物，陌生是因为学生没有深入了解桥梁的经历，对它的了解往往仅限于外观，对于为什么要设计成这样的外观，以及这种外观对应着桥梁怎样的结构，怎样影响着桥梁的功能使用，学生是完全不知道、不了解的。

教学中，我们从学生熟知的身边的桥梁入手，带领学生分析和了解桥梁的不同功能类型、结构类型，从而发现学生原来视而不见的桥梁外形与其功能结构之间的关联关系，进而引导学生研究和思考针对某个有限制条件的现实问题如何去进行桥梁设计，并通过制作桥梁模型来检验自己设计的合理性，从中培养学生的系统思维、工程思维。

2. 学生背景

（1）知识储备方面：本课程参与的同学为高二年级的学生，他们在一学期的通用技术相关知识的学习中积累了初步的知识与经验，有初步的设计思想，知道设计全过程，在本期的教学中又进一步对结构材料有一定认识。

（2）研究素养方面：我校是“培养—研究型”大学附中，具有“以研究性课程和研究性教师培养研究性学生”的特征。学生在高一入学即参与到综合实践活动研究性课程中来，虽然到了高二才开始接触通用技术，但之前充分融入学校的研究氛围使得他们具备研究的基本素养，知晓研究的基本过程，但在具体的创新设计研究方面还有待提高。

（3）研究意愿方面：研究的方向由学生自己定，研究的对象是生活中熟知的桥梁，学生很愿意动手尝试。

3. 资源背景

（1）硬件资源背景：学校配套的通用技术设计室与操作室提供了活动场所；通用技术相关的工具、仪器、设备等提供了研究手段。

（2）人力资源背景：本次课是在上一年度的相关课程开发并实施后的再次开发，老师对此课程的开发有了进一步的认识与体会，可以为学生提供设计制作方面的理论与实践指导。

（二）目标分析

1. 结果性目标

考查上网查找到的桥梁，利用适当材料，展示自己的桥梁模型设计方案，设计制作自己喜爱的桥梁模型。

2. 体验性目标

在考查网上桥梁和设计制作自己喜爱的桥梁模型过程中，体验结构设计与结构功能之间的关联，体验设计表达与结构、刚性的技术与柔性的文化寓意之间的关联。

（三）主题分析

按课程规划纲要的课次规划，基于前面对本次课程活动与学生的分析，将本次课的活动主题确定为“展示交流各小组成果,评价各组成果并就再次优化拟定设计方案”。

二、教学实施设计

（一）教学环节

按课程规划纲要的课次规划，本次课为核心问题教学中活动总结环节中的反思总结，具体教学设计如下表所示。

教学环节		教师活动	学生活动	设计意图
布置活动任务	营造情境	展示各组学生作品，回顾活动要点	观看，回顾	营造学习氛围
	提出任务要求	提出学生交流展示作品的具体要求与品评他人作品的要求	思维与情绪定向	明确任务，学生完成思维与情绪上的定向
展示与品评活动		聆听并记录学生的作品展示要点	小组成果展示，包括实物模型展示、方案设计展示、实践过程展示、测试结果与自我评价展示等	展示过程也是一个对自己作品的再认识的过程，逐渐深入体验建筑设计与表达
		针对学生作品进行评价引导与提问	对老师和其他同学的提问进行解答	答辩的过程也是发现问题并寻求改进方案的过程
		展示其他小组对该作品的评价与优化建议		
活动总结		根据学生作品，总结桥梁模型设计对设计师核心素养的要求，对优化提出期望	课后完成方案的优化	在深入体验的过程中，学生对自己的方案设计有了更新的认识，明确了方案优化的设计方向
作业布置		课后：完善优化设计方案和作品，完成优化报告。有推广增益价值的作品准备专利申报等		

（二）评价预设

1. 普遍性评价：在设计与制作过程中普遍面临的困难

（1）结构的关键部位受力（荷载）考虑不足或者在结构连接处设计不合理，影响结构整体的强度；

（2）在制作中因为工艺技术不到位，使得实物模型规格形状大小与设计方案有一定差距，导致桥梁模型设计连接出现较大误差，进而使得其结构强度和稳定性受到影响；

（3）由于设计与制作经验不足，对手工制作过程的难度预计不够，导致中途改变方案设计或者无法预期完成作品。

2. 个性化评价：针对不同的桥梁模型设计，侧重评价其具有典型特征的方面

（1）实用性与功能性的实现；

（2）材料选择与加工的合理性；

（3）作品的外观设计、美观性的实现情况。

（三）板书设计

桥梁模型设计作品展示分享会

作品展示分享会			
小组	作品	关键词	评价及优化建议

（四）教学流程

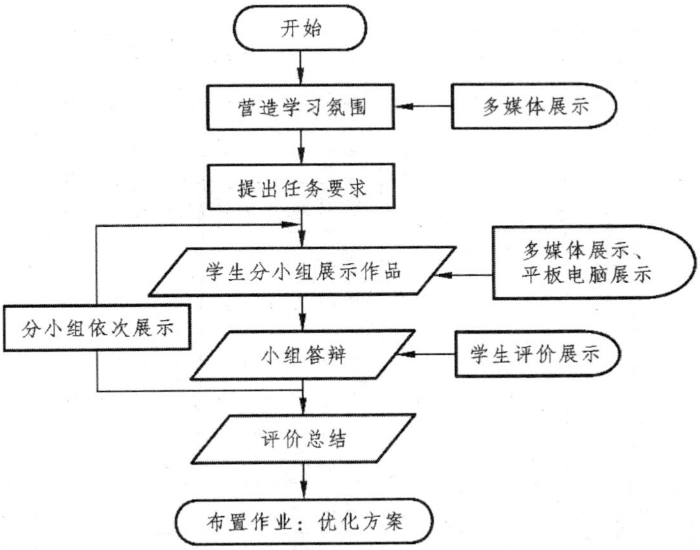

图 30-1　“桥梁设计与制作（第五课时）”教学流程图

三、教后评价设计

（一）信息搜集

为检测学生课堂上在本节课的关联体验目标上的达成情况，我搜集了学生的评价反馈练习共 39 份，基于关联体验目标达成情况评判标准，进行了批阅和分类。

（二）自我评价

川大附中项目课程核心问题教学评价表

评价目标	评价指标				评价结果
	一级指标	二级指标	三级指标		
实现活动体验中的学习与发展	具有核心问题教学形态	核心问题利于活动体验	内含客观问题和学生活动方式	8	每项指标最高评 8 分
			问题情景与真实生活密切相关	8	
			能引发新知识、新方法的生成	8	
		教学目标价值引导恰当	两类目标正确全面	8	
			关联体验目标恰当	8	
			目标价值引导显现	8	
		教学环节完整合理落实	教学环节清晰完整	8	
			环节内容合理充实	8	
			学生活动时间充分	6	
		教学要素相互匹配促进	问题目标环节两两匹配	7	
			技术促进活动形式内容	8	
			课程特点突出氛围浓郁	8	合计 93 分

续表

<table>
<tr><th rowspan="2">评价目标</th><th colspan="3">评价指标</th><th rowspan="2">评价结果</th></tr>
<tr><th>一级指标</th><th>二级指标</th><th>三级指标</th></tr>
<tr><td rowspan="18">实现活动体验中的学习与发展</td><td rowspan="18">具有核心问题教学实质</td><td rowspan="3">拓宽学习视野</td><td>课程与现实世界有恰当关联</td><td rowspan="18">选择一个表现突出的二级指标，在相应三级指标的引导下，以现场学生表现为主要依据，以其余指标为背景，于本表的第二页写出 150 字以上的简要评价</td></tr>
<tr><td>有基于缄默知识的问题解决</td></tr>
<tr><td>有缄默知识运用的追踪剖析</td></tr>
<tr><td rowspan="3">投入实践活动</td><td>有真实而且完整的实践活动</td></tr>
<tr><td>能够全身心地浸渍于活动中</td></tr>
<tr><td>活动的内容结果均丰富深入</td></tr>
<tr><td rowspan="3">感受意义关联</td><td>有核心问题的深层意义感受</td></tr>
<tr><td>有以知识为中心的关联感受</td></tr>
<tr><td>有以个人为中心的关联感受</td></tr>
<tr><td rowspan="3">自觉反思体验</td><td>有实质性反思活动的开展</td></tr>
<tr><td>有课程新因素的追踪利用</td></tr>
<tr><td>有体验的交流与改善重构</td></tr>
<tr><td rowspan="3">乐于对话分享</td><td>乐于自我表达与认真倾听</td></tr>
<tr><td>乐于合作中成果与思路的分享</td></tr>
<tr><td>有宽容的对话氛围和双向交流</td></tr>
<tr><td rowspan="3">认同体验评价</td><td>认可体验评价</td></tr>
<tr><td>参与体验评价</td></tr>
<tr><td>利用体验评价</td></tr>
<tr><td colspan="5">核心问题教学实质的简要评价</td></tr>
<tr><td colspan="5">选修桥梁模型设计制作的学生非常积极主动，思维十分活跃。无论是材料的选择还是设计与加工方式的选择都多种多样，让我看到学生思维的多样性。学生的动手能力也很强，木工锯割、打磨、钻孔，为了作业的呈现，他们想出各种方法来解决设计制作中遇到的问题。每个小组的成员都能够全身心地浸渍于活动中，积极地出策出力。其中有两个小组的成员利用整整一周的课间操时间主动到操作室完成小组的作品制作，他们的作品也得到其他小组的肯定和模仿</td></tr>
</table>

（三）评价反馈

本堂课是选修课“桥梁模型设计与制作”的最后一节课。在前几节课的研讨实践过程中，学生已经分小组完成自己观察生活后确定的桥梁模型设计的课题拟定、方案设计、模型制作及相关测试等内容。

在本节课中着重进行小组成果的展示与分享。成果的展示包括实物模型展示、方案设计展示、实践过程展示、测试结果与自我评价展示等。在学生展示的过程中，老师与其他组同学记录对小组成果的理解与认识，提出合理化建议与意见，还可以针对方案设计与作品提问，展示小组作出相应回答。通过答辩帮助学生更好地理解并完善自己的方案设计，以期寻求到一个相对较好的优化方向。

在教学过程中学生通过对自己小组作品的展示与反思和对其他小组成果的观摩，深入体验结构设计与桥梁模型设计功能实现之间的关联，体验实际生活中设计实现的不易，感知工程设计的必要性和合理性，进而逐步有意识地培养自己的工程思维和实际动手操作能力。

川大附中项目课程体验性目标点检测表

<table>
<tr><td rowspan="5">基本信息</td><td>首席教师</td><td>唐凌</td><td>组/处</td><td>通用技术</td></tr>
<tr><td rowspan="2">参与教师</td><td>金钊</td><td>组/处</td><td>通用技术</td></tr>
<tr><td>谢芳</td><td>组/处</td><td>体育</td></tr>
<tr><td>年　　级</td><td>高二</td><td>上课时间</td><td>2021 年 9 月—12 月</td></tr>
<tr><td>课程名称</td><td colspan="3">桥梁设计与模型制作</td></tr>
<tr><td>核心问题</td><td colspan="4">寻找材料，设计制作桥梁模型，撰写设计说明与测试报告</td></tr>
<tr><td rowspan="2">教学目标</td><td>结果性目标</td><td colspan="3">考查上网查找到的桥梁，利用适当材料，展示自己的桥梁模型设计方案，设计制作自己喜爱的桥梁模型</td></tr>
<tr><td>体验性目标</td><td colspan="3">在考查网上桥梁和设计制作自己喜爱的桥梁模型过程中，体验结构设计与结构功能之间的关联，体验设计表达与结构、刚性的技术与柔性的文化寓意之间的关联</td></tr>
<tr><td>检测点</td><td colspan="4">桥梁结构承重的关键因素</td></tr>
<tr><td>检测任务</td><td colspan="4">思考自己设计的桥梁模型主要的承重结构是什么？</td></tr>
<tr><td rowspan="4">分类标准</td><td colspan="4">A.清晰准确地分析出桥梁模型的主要承重结构，说明其承重的原理，指出不足</td></tr>
<tr><td colspan="4">B.准确地分析出桥梁模型的主要承重结构，知道其承重的原理</td></tr>
<tr><td colspan="4">C.指出桥梁模型中一个最重要承重结构</td></tr>
<tr><td colspan="4">D.不知道桥梁怎么承重的</td></tr>
<tr><td rowspan="5">检测统计</td><td>分类等级</td><td>学生人数（总人数 39 人）</td><td colspan="2">所占百分比</td></tr>
<tr><td>A</td><td>12</td><td colspan="2">30.8%</td></tr>
<tr><td>B</td><td>20</td><td colspan="2">51.3%</td></tr>
<tr><td>C</td><td>7</td><td colspan="2">17.9%</td></tr>
<tr><td>D</td><td>0</td><td colspan="2">0</td></tr>
<tr><td>检测分析及结果运用</td><td colspan="4">从学生关联体验目标的达成程度来看，所有学生能在规定时间内，基本正确地制作出自己的桥梁模型，基本体验到桥梁结构设计与承重功能之间的关联。因此本课体验性目标达成较好。
从学生结果性目标的达成情况来看，由于课堂学习过程中体验性目标的良好达成，没有学生不能制作出桥梁模型，结果性目标达成度也是很好的</td></tr>
</table>

学生深度体验典型实例	第 10 组由 4 班罗睿文、15 班朱心悦和唐敏毓同学组成，她们发挥耐心细致认真的研究态度，积极地思考，充分地查找资料，勇于探索桥梁设计并付诸实施，在制作过程中不骄不躁，深入地思考如何解决问题。最后她们的作品被其他小组纷纷仿效（因为大家都觉得太漂亮了）。她们在制作过程中同时也有相当丰富的体会。 学生在研究报告中的表述："本次桥梁制作、设计非常有意义，我们全身心投入到课程中，也实践动手了，这远比理论课更实际与有趣。我们习得了各种工具的使用方法以及桥梁的原理与应用，也让我们对通用技术产生了更浓郁的兴趣。我们在小组合作中充分发挥各自的优势和才能。在切割木材方面我们是初学者，但经过悉心请教老师、同学，我们的切割技能有了较大的提高。在钉钉子方面，因为量大且有的钉子会有通路的重叠，造成很多困难，但在不断地练习中，我们组的朱心悦同学成了钉钉子能手。"
检测反馈	课后，同学们根据小组讨论的结果和师生交流分析的经验所得将设计图纸进行了修改完善，在原有基础上针对以下几个方向做了设计方案的修改： 1.结构的强度：在关键承重构件上增加其横截面积，使其更能承受较大负荷； 2.结构的稳定性：根据原方案设计采用降低重心或增大支撑面的方式，使桥梁模型更稳定，能在更大的荷载侧压下保持不倒； 3.桥梁的人文设计：增加了具有设计者个性和民族特色的造型点缀，使其体现蓬勃的生命力和文化魅力

桥梁设计与模型制作研究报告

高　曼　谭经纬　周　滐　罗睿文　唐敏毓　朱心悦

一、桥梁模型结构方案设计

（一）设计要求

（1）功能性：承重桥，跨度>56cm。

（2）技术指标：承重超过 30 kg，总长 60cm。

（3）其他：

桥梁类型：斜拉桥。

模型制作材料：木料、麻绳、铁丝。

（二）项目所需材料与工具

木板、木条、铁丝、麻绳、锯子、钉子、榔头、台电钻。

（三）设计草图

我们设计了两个方案，经过组内的民主讨论，决定将这两个方案进行整合，取长补短。主体设计还是采用方案一进行，但斜拉索在塔柱上的锚点位置从方案一改为方案二的位置，即不再在塔柱顶端定锚点，而是改为在塔柱上方近顶端的位置定锚点。方案一的顶端是相对两个塔柱的连接点位，如果再在这里打孔穿斜拉索，这会导致连接点位强度变弱，应力变大，将很难保证桥梁模型的承重能力，有可能在较大荷载的作用下，模型会受到毁灭性破坏。

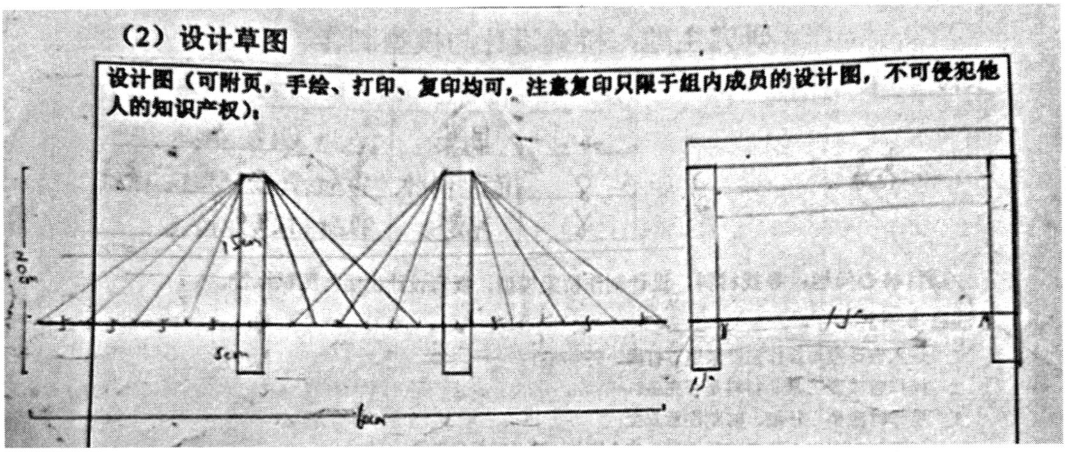

图 30-2　桥梁设计草图（一）

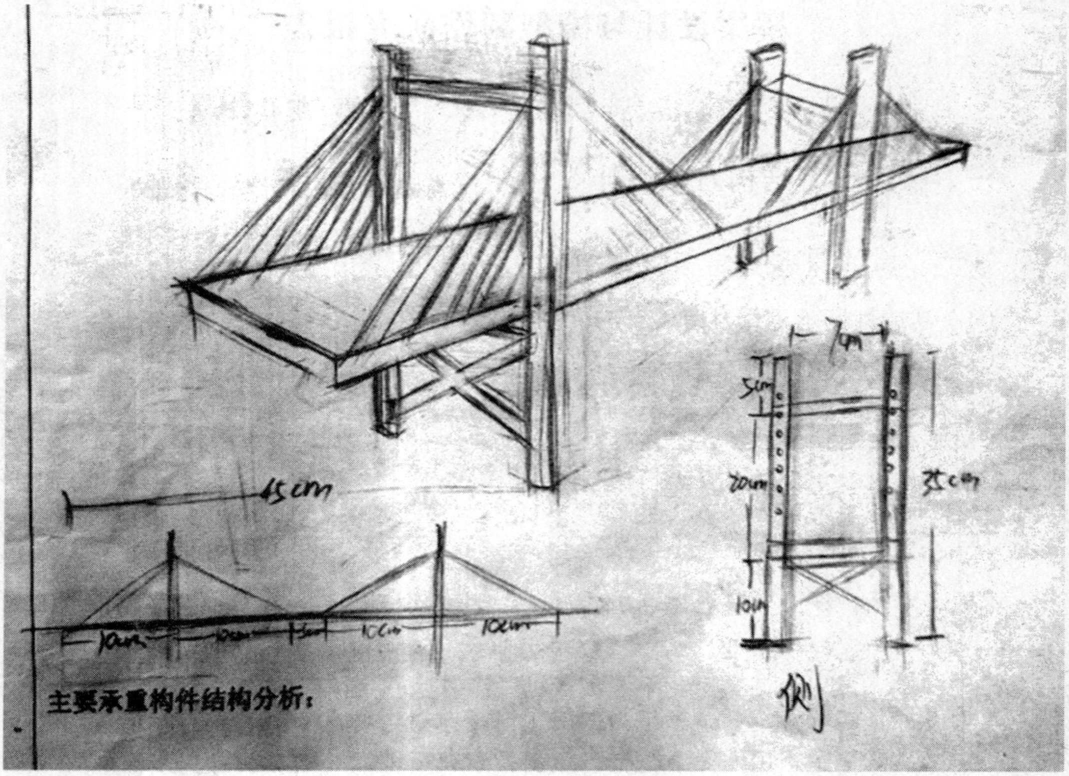

图 30-3　桥梁设计草图（二）

二、桥梁模型制作过程及相关工艺

（一）制作过程

（1）第一次制作课：

主要内容：绘制物料加工图，分析物料的分配。

小组成员分成两组，每组三人：其中一人对完成划线的物料进行切割下料，另外有两人对切割好的构件进行测量和打磨，力求使该构件符合设计要求。

（2）第二次制作课：

主要内容：组内对已经完成的构件进行再次验收，不合格的构件重新划线制作。对符合要求的构件进行深加工，在相应位置做好标记，联系老师启用台电钻完成钻孔。老师在一旁关注我们的操作，不时提醒我们规范操作，注意安全。

（3）第三次制作课：

主要内容：按照方案完成构件的拼接。对完成的作品进行外观、功能、结构等方面的测试，撰写测试报告。

（二）制作中出现的问题及解决方案

在制作的过程中，我们发现如果按照原计划将塔柱截成 35 cm 长，那斜拉索与桥面板的夹角就很小，斜拉索对桥面板向上的拉力分力就较小，塔柱帮桥面板分担荷载的能力就十分有限了。但如果塔柱的高度过大，必然会造成桥梁模型的整体重心上移，这对桥梁模型的整体稳定性又会有影响。

在权衡利弊之后，我们通过计算决定将塔柱的高度定在 45 cm，这样既能够满足让塔柱帮桥面板充分分担荷载的目的，又可以避免重心大幅上移带来的结构稳定性变差的不良后果。

三、作品测试报告

表 30-1　桥梁作品测试表

测试内容	测试选用的工具或方法	测试结果及相关数据	测试结果说明
外形	刻度尺，角尺	长 58 cm、宽 12 cm、高 45 cm	基本满足设计要求，误差在设计范围内
强度	堆放重物，脚踏	1.堆放重物采用堆放书本和砖头的方式，堆放后用弹簧秤称重，但因为不方便堆放，都没有达到 30 kg； 2.而后尝试由身体较轻的同学用脚踩到桥面上进行测试，结果当她单脚支撑时，桥梁模型没有明显的变形，成功完成测试。她的体重为 42 kg	由于担心同学的安全问题，我们没有让其他同学再来做承重测试，但从测试过程中桥梁没有明显变形的结果来看，它的强度已经超过了我们的设计预期 30 kg。模型的连接固定没有问题，构件的应力也达到了设计要求
稳定性	手推，斜坡测试	1.将桥梁模型放置在水平桌面上，用手轻推，模型没有晃动，用手轻压模型的两端，模型也没有侧翻。 2.将桥梁放置在平整的木板上，抬高木板的一端，慢慢升高，当木板与桌面夹角大于 50° 时，模型滑落翻倒	模型的稳定性很好，说明模型高度虽高，但重心较低，支撑面足够大

通过如表 30-1 所示测试可以看出，我们的作品——斜拉索桥梁模型完全达到了设计预期，是一个较为完美的作品。

四、作品展示

图 30-4　学生展示桥梁作品

五、方案优化设计

（一）优化方向：斜拉索的塔柱多设置锚点

这次我们设计与制作选择了在每根塔柱上只打一个锚点，相关的斜拉索都经过这个锚点。因此这个锚点必须打成一个较大的孔，以方便斜拉索的通过。这样导致在锚点处塔柱应力较大，有易折断的危险。

解决的方法是用方案二的方式，在塔柱上多打几处锚点，这样虽然也有塔柱上有许多孔导致塔柱应力变大的问题，但这样应力点位分散，不至于将受力点都集中在一个点位上，让这个点位因应力过大而被破坏。同时，从力矩的角度来看，近顶端力矩最大，变形的可能性最大，而分散后，靠下的力矩较小，就使得顶端受力变形可能性变小了。

（二）优化实施手段

申请材料，按照新方案重新制作一个斜拉索桥梁模型。

（三）优化实施日程表

第一节课完成优化方案的绘制，第二至三节课完成优化设计制作，第四节课对优化后的作品进行测试，并对比本次的测试结果，得出孰优孰劣的结论，第五次课写出优化研究报告。

六、感想与评价

本小组全体成员都认真参与课程，积极参加小组活动，同学间、小组成员间和谐相处、团结友爱、尽职尽责。我们在操作中严格遵守通用教室器材使用规则，学会熟练使用各种加工工具，对于不同材料有了新的认识，也增强了自身在使用过程中的安全意识。

本次桥梁设计、制作非常有意义，我们全身心投入到课程中，也实践动手了，这远比理论课更实际与有趣。我们习得了各种工具的使用方法以及桥梁的原理与应用，也让我们对通用技术产生了更浓郁的兴趣。我们在小组合作中充分发挥各自的优势和才能。在切割木材方面我们是初学者，但经过悉心请教同学、老师，我们的切割技能有了较大的提高。在钉钉子方面，因为量大且有的钉子会有通路的重叠，造成很多困难，但在不断的练习中，我们组的朱心悦同学成了钉钉子能手。

如果还有机会再做一次桥梁模型，我们将使桥梁更稳定、承重性能更好，如果可以，我们想把麻绳改成钢索，让它成为真正的桥梁。

营养与运动

川大附中项目课程开发实施规划纲要

课程首席教师：张红琼（体育组）

课程参与教师：冯　刚（体育组）　周　智（体育组）

<table>
<tr><td>课程名称</td><td colspan="8">营养与运动</td></tr>
<tr><td>课程类型
（勾选）</td><td></td><td>必修的综合实践活动课程</td><td></td><td>必修的劳动课程</td><td>√</td><td>选修的学科课程</td><td></td><td>选修的校本课程</td></tr>
<tr><td>实施对象</td><td colspan="3">高一年级学生</td><td colspan="2">建议选课学生人数</td><td colspan="3">20 人</td></tr>
<tr><td>课程课时及上课时段</td><td colspan="8">课程课时：5 次课 10 课时；上课时段：周二下午第三四节</td></tr>
<tr><td>课程背景</td><td colspan="8">1.学生背景：
（1）高中生生理、心理发展接近成熟，个体的自觉性、独立性有了显著的增长，达到前所未有的水平。但由于他们刚刚进入成熟期，由于知识积累的缺失，认知以及心理发展并没有完全成熟；
（2）高中学生的思维发展达到了新的水平，具有更高的抽象概括性、反省性和监控性特点。他们能够用理论指导分析各种材料，以不断加深对事物发展规律的认识。就思维品质发展而言，高中生思维具有更大的组织性、独立性、深刻性和批判性。他们一般不盲从，喜欢探究事物的本质，敢于大胆发表自己的见解，但有时也会出现思想片面性、主观性的现象；
（3）高中阶段又称青年初期。当学生进入高中阶段，从生理上讲，个体身体系统生理功能，包括感知能力、心肺功能、体力、速度、免疫力和性机能等都达到最佳状态，疾病的发生率最低，进入身体健康的顶峰时期。此时，对于健康知识以及科学体育锻炼的需求无论是从客观上还是主观上都显得尤为重要。
2.资源背景：
（1）前期学校综合实践活动课程中有关于高中生营养需求的调查研究，学生们可借鉴之前的研究调查分析报告，对高中生这个整体和营养需求之间的联系有一个基本的认识；
（2）学生可利用校田径队学生训练时不同阶段脉搏的测量，分析不同运动量下脉搏的变化，以及身体功能锻炼目标实现之间的联系；
（3）幻灯片、智慧课堂环境可支持小组展示交流、互动评价等活动（B1 技术支持的测验和练习、B3 探究性学习活动设计、B5 学习小组组织与管理）</td></tr>
</table>

续表

<table>
<tr><td>课程内容
（核心问题）</td><td colspan="6">观察分析身体特征，结合意向确定研究项目，研习营养知识，探究提升相应运动能力的营养建议，撰写研究报告。
问题：
1.身体特征与运动项目之间有什么联系？
2.什么是“营养”，以及营养的分类和不同营养素对人体的作用又是什么？
3.营养和运动有怎样的联系？针对不同的运动项目，基于耗能特点的分析，如何进行科学合理的补充？
活动：研习营养、对比研究、统计分析、提出建议、报告撰写</td></tr>
<tr><td>课程目标</td><td colspan="6">1.结果性目标：能通过观察、测量、计算等方式，分析个体的身体特征；能通过研习营养知识，结合不同项目的营养需求特点，提出合理科学的营养补给建议。
2.体验性目标：在观察分析身体特征活动中，体验项目选择与先天条件、自身意向之间的关联；在探究营养和运动关系的活动中，体验营养需求与项目特点、机体耗能特点三者之间的关联；在提出营养补给建议活动中，体验营养素含量与科学合理补给及均衡营养之间的关联；在课程推进过程中，体验增强体能与科学运动、合理营养之间的关联</td></tr>
<tr><td rowspan="4">课次计划</td><td>课次</td><td>主题</td><td>研究环节</td><td>学生活动</td><td>课前课后任务</td><td>活动地点及技术融入</td></tr>
<tr><td>1</td><td>认识体格</td><td>提出问题；选择研究方向；团队组建</td><td>1.观察、测量，认识体格；
2.选择研究方向，组成研究小组并商讨研究方案，组内分工</td><td>课后：细化研究方案</td><td>教室 A405（B5）</td></tr>
<tr><td>2</td><td>研习营养知识</td><td>修正完善研究方案；梳理营养素的作用</td><td>1.结合学校一周食谱，归纳食物种类；
2.结合生物和体育学科，学习“营养素”</td><td>1.课前：观察了解学校食堂及身边同学的日常饮食；
2.课后：查阅资料，了解“营养”及它们的日常代表食物</td><td>教室 A405（B1、B3）</td></tr>
<tr><td>3</td><td>基于不同的运动项目，分析该项目的营养需求特点</td><td>探究运动项目与营养需求的关联</td><td>1.分析运动项目自身的运动特点；
2.结合生物和体育知识，分析运动项目的耗能特点；
3.厘清运动项目的营养需求特点</td><td>1.课前：查阅资料，形成对“营养素”的来源、含量及作用再认识；
2.课后：厘清探究的运动项目与营养需求之间的关联，并形成文字记录</td><td>教室 A405（B3）</td></tr>
</table>

续表

<table>
<tr><td rowspan="3">课次计划</td><td>课次</td><td>主题</td><td>研究环节</td><td>学生活动</td><td>课前课后任务</td><td>活动地点及技术融入</td></tr>
<tr><td>4</td><td>融入实际情境（一日三餐），提出相应运动项目的营养补给建议</td><td>日常与需求“量”的对比，提出建议</td><td>1.统计分析每人每天重点营养素的摄入量；
2.结合运动项目营养需求，提出可行的、合理的营养补充建议</td><td>1.课前：了解单位（100g）食物的重点食物的营养素含量。如100g瘦肉、250mL牛奶、1个鸡蛋等；
2.课后：修订营养补给建议</td><td>教室A405（B3、B5）</td></tr>
<tr><td>5</td><td>成果交流，汇报总结</td><td>自评互评，完善建议，撰写报告</td><td>1.交流分享“营养与运动”的探究过程；
2.提出针对不同运动项目的科学营养建议；
3.拟定研究报告的撰写提纲</td><td>1.课前：制作交流PPT，准备分享；
2.课后：修订营养建议；撰写“营养与运动”的研究报告</td><td>科技楼智慧教室（B3、B5）</td></tr>
<tr><td>学生作品</td><td colspan="6">1.学生的总结PPT；
2.针对不同项目的营养补给建议；
3.关于“营养与运动”的研究报告</td></tr>
<tr><td>评价方式</td><td colspan="6">1.在课程实施过程中进行学生自评、互评，与教师评价相结合；
2.研究报告的等级评定</td></tr>
<tr><td>安全保障</td><td colspan="6">授课教师组织好课堂并课前课后点名</td></tr>
<tr><td>条件保障</td><td colspan="6">课程开发组外部保障：课教处组织协调教室和选修学生名单；
课程开发组内部保障：课程首席和参与教师负责课程开发和授课</td></tr>
<tr><td>开发次第</td><td colspan="6">首次开发</td></tr>
<tr><td>课程审批</td><td colspan="6">1.课程教学处：　签　章　年　月　日
2.学生发展处：　签　章　年　月　日</td></tr>
</table>

营养与运动

——营养建议分享交流

一、教学分析设计

（一）活动分析

“营养与运动”选修课程共五次课。第一次课：观察、测量，认识体格；选择研究方向，组成研究小组并商讨研究方案，组内分工；课后细化研究方案。第二次课：利用就餐时间，观察了解学校食堂及身边同学的日常饮食现状；组织学生结合学校一周食谱，归纳食物种类；学生结合生物和体育学科已有的知识，研习“营养素”；课后通过查阅资料，了解“营养”及它们的日常代表食物。第三次课：组织学生分享资料整理的情况，并厘清资料与研究主题之间的关联；与学生一起分析运动项目自身的运动特点；基于项目特点分析结合生物和体育知识，分析运动项目的供能特点；厘清运动项目的营养需求特点。第四次课：统计分析每人每天重点营养素的摄入量；结合运动项目营养需求，提出可行的、合理的营养补充建议。组织学生进行小组间的分享交流，修订营养补给建议；汇总资料，厘清运动和营养之间的关系，制作 PPT，为第五次课的汇报交流，尤其是研究报告的撰写做好准备。

本次课为本门课第五次课的第一课时，为课程核心问题教学的评价反馈环节。各小组将展示、交流本组的探究结果，并开展小组间、小组内的自评和互评。课后各小组依据本次课的意见和信息，再一次整理汇总资料，撰写研究报告。

（二）学生分析

本课程选课学生为高一年级上期的学生。

“营养与运动”这一教材为人教版《体育与健康》全一册第二章“促进身体健康”中第二节的内容。就教材本身而言，教学目标意在学生通过六大营养素的学习，养成合理健康的饮食习惯。但作为高中生，仅仅是知识的罗列是完全不够的，加之我校研究文化的熏陶，习得知识，更要探知知识背后的关联便成了川大附中学生的成长目标。

就学生本身而言，运动之于学生来说并不陌生，尤其是刚刚经历过体育中考的高一学生。首先，他们因兴趣、求知欲等，总想探知运动成绩千差万别背后的原因。基本运动技能训练的相关知识，无论是理论上的还是实践中的，通过近十年的体育学习已有所积淀。其次，“营养”一词，如碳水化合物、蛋白质等，在学生的生物学科知识学习时就已经习得。对营养素的来源以及对人体的作用已有所厘清。这就为学生结合运动项目分析营养需求提供了最重要的两大知识基础。最后，当前中学生有良好的沟通协调能力，乐于与他人合作、分享，同时还具有一定的策划执行和探究调研能力，能通过文献查阅、走访调查、实地考察等形式，综合运用相关知识开展课题研究。

本课程的设置是从理论上分析、厘清运动项目和营养之间的关联。随着课程的推进，学生能通过自己的归纳分析，深刻体验到营养与运动作为“健康”两大关键“基石”不可分割的关联。同时，因个人或小组的走访调查，明白“吃”并不是乱吃，要科学、合理、适度地吃，最终达成科学、健康的饮食习惯。

（三）目标分析

基于前述教材及学生分析，为更好地关注、实现学生体验基础上的学习与发展，将本课的教学目标从结果性目标与体验性目标两个维度进行分析。

1. 结果性目标

（1）能通过观察、测量、计算等方式，分析个体的身体特征。

（2）能通过研习营养知识，结合不同项目的营养需求特点，提出合理科学的营养补给建议。

2. 体验性目标

（1）在观察分析身体特征活动中，体验项目选择与先天条件、自身意向之间的关联。

（2）在探究营养和运动关系的活动中，体验营养需求与项目特点、机体供能特点三者之间的关联。

（3）在提出营养补给建议活动中，体验营养素含量与科学合理补给及均衡营养之间的关联。

（4）在课程推进过程中，体验增强体能与科学运动、合理营养之间的关联。

（四）资源分析

本次课为室内的展示交流课，所用到的教学资源如下表所示：

教学资源	选用意图	来源	能力点
PPT、投影	用于教学引入、小组展示、交流和反思	科技楼多媒体设备、学生准备的分享 PPT	B3、B5
黑板	板书本堂课活动中的关键信息；呈现学生素养；辅助教师讲解提炼	学生的分享及学生的评价反思	

（五）主题分析

按课程规划纲要的课次规划，基于前面对本课程活动与学生活动的分析，将本次课的活动主题确定为“针对不同运动项目营养补给建议”的展示分享交流。

二、教学实施设计

（一）教学环节

环节	学生活动	教师活动	设计意图	信息技术融合
提出问题（3分钟）	讲述课题产生的背景，回顾整个课程，领会老师的解说，明确本次课的任务	引导学生回顾整个课程，提出展示交流的课堂任务	引出本节课任务。学生领会本次课堂任务及要求，为展示和交流做好必要的心理准备	多媒体课件（B3）
展示交流（32分钟）	3个小组通过PPT演示、解说方式，展示研究活动设计的构想、对于运动项目及营养知识的理解。重点展示运动项目和对应营养需求之间的关联，以及营养补给的建议	教师一边旁听，一边关注学生的表现，并记录他们发言的闪光点，重点关注相关知识的正确性、探究过程的规范性、提出建议的合理性，是否有利于彰显该课程的学科性、研究性	将前期学生的探究活动及结果充分展示出来。学生在此过程中体验运动项目特点与机体主要供能系统、功能系统与营养素、适合科学补充与均衡营养之间的关联	幻灯片支持小组展示、交流、互动、评价等活动（B3、B5）
反思提升（5分钟）	聆听教师的总结、评价及建议，学生在教师引导下归纳、反思、提升，进一步完善研究报告	教师对展示活动进行点评，从学科知识、研究素养、学科核心素养方面进行归纳、总结、提升	通过教师的提升，让学生在自我认知的基础上对学科以及学科核心素养再认识。通过教师的点评，让学生获得参与本门课程的愉悦体验以及自我的高度认同，建立自信	

（二）评价预设

1. 提出问题环节

通过与全班同学一起回忆前四次课的历程，将学生的思维快速引入“营养与运动”的关联之中，以此激发学生的分享热情。鼓励学生大胆发言、主动交流，营造积极的课堂氛围。

2. 展示交流环节

通过有效记录学生们展示交流的关键信息，给予学生认同的心理暗示，增强学生自信以及助长研究欲望。通过教师的语言、肢体动作对学生分享展示的逻辑性以及正确性给予肯定，引导学生认真倾听并记录。

3. 自评互评环节

引导学生围绕研究初衷、研究路径与方法，充分进行自评和互评。进一步肯定与表扬学生在研究推进过程中的积极参与，分工合作、不断探索的优秀表现。鼓励学生找出研究实践中存在的不足，进而提升研究素养。

4. 反思提升环节

通过整理学生在展示交流阶段的板书要点，引导学生对提出营养补给建议的基本思路、方法进行反思小结。引导学生在研究历程的回顾中归纳此类研究的流程和方法。同时，鼓励学生重视研究资料收集与研究成果的整理，培养优良的研究习惯与素养。

（三）板书设计

营养与运动

课程核心问题：观察分析身体特征，结合意向确定研究项目，研习营养知识，探究提升相应运动能力的营养建议，撰写研究报告。

	第一组	第二组	第三组	共识
研究方向				
探究过程				

（四）教学流程

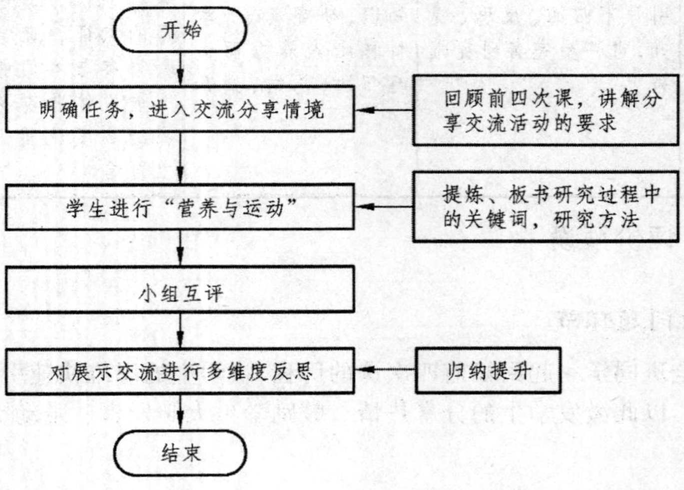

图 31-1 “营养与运动”教学流程图

三、教后评价设计

（一）信息收集

为检测学生课堂上在本节课的关联体验目标上的达成情况，我搜集了学生的评价反馈练习共20份，基于关联体验目标达成情况评判标准，进行了批阅和分类。

（二）自我评价

川大附中项目课程核心问题教学评价表

价目标	评价指标			评价结果	
	一级指标	二级指标	三级指标		
实现活动体验中的学习与发展	具有核心问题教学形态	核心问题利于活动体验	内含学科问题和学生活动方式	8	每项指标最高评8分
			问题情景与真实生活密切相关	8	
			能引发新知识、新方法的生成	7	
		教学目标价值引导恰当	两类目标正确全面	8	
			关联体验目标恰当	8	
			目标价值引导显现	7	
		教学环节完整合理落实	教学环节清晰完整	8	
			环节内容合理充实	8	
			学生活动时间充分	8	
		教学要素相互匹配促进	问题目标环节两两匹配	7	
			技术促进活动形式内容	7	
			学科特点突出氛围浓郁	8	合计<u>92</u>分
	具有核心问题教学实质	拓宽学习视野	课堂与现实世界有恰当关联	选择一个表现突出的二级指标，在相应三级指标的引导下，以现场学生表现为主要依据，以其余指标为背景，于本表的第二页写出150字以上的简要评价	
			有基于缄默知识的问题解决		
			有缄默知识运用的追踪剖析		
		投入实践活动	有真实而且完整的实践活动		
			能够全身心地浸渍于活动中		
			活动的内容结果均丰富深入		
实现活动体验中的学习与发展	具有核心问题教学实质	感受意义关联	有核心问题的深层意义感受		
			有以知识为中心的关联感受		
			有以个人为中心的关联感受		
		自觉反思体验	有实质性反思活动的开展		
			有课堂新因素的追踪利用		
			有体验的交流与改善重构		

续表

价目标	评价指标			评价结果
	一级指标	二级指标	三级指标	
实现活动体验中的学习与发展	具有核心问题教学实质	乐于对话分享	乐于自我表达与认真倾听	
			乐于合作中成果与思路的分享	
			有宽容的对话氛围和多向交流	
		认同体验评价	认可体验评价	
			参与体验评价	
			利用体验评价	
核心问题教学实质的简要评价				
核心问题教学中的“投入实践活动”这个二级指标较为凸显。四个不同研究方向小组在前四次课探究营养和运动之间关系的过程中，都经历了在分析运动项目特点的前提下找项目的机体供能特点，基于前两者的综合分析，引出相应项目的营养需求特点，最后提出相应的饮食建议的过程。如引体向上小组：基于对引体向上主要考察上肢肌肉群力量的项目特点分析，结合生物学科知识，认识机体三大供能系统中的糖酵解供能。在此基础上，引出肌肉力量和蛋白质之间的关联。同时，考虑到引体向上是垂吊项目，必然需要克服重力，以此引出与增加肌肉力量相关联的减重。合并二者的需求，提出健康饮食习惯基础上的增加蛋白质摄入方案				

（三）反馈调整

川大附中项目课程体验性目标点检测表

基本信息	课题名称	营养与健康——营养建议分享交流		
	执教教师	张红琼	学　科	体育与健康
	年级	高一年级	上课时间	2021 年 12 月 10 日
核心问题	观察分析身体特征，结合意向确定研究项目，研习营养知识，探究提升相应运动能力的营养建议，撰写研究报告			
教学目标	结果性目标	1.能通过观察、测量、计算等方式，分析个体的身体特征； 2.能通过研习营养知识，结合不同项目的营养需求特点，提出合理科学的营养补给建议		
	体验性目标	1.在观察分析身体特征活动中，体验项目选择与先天条件、自身意向之间的关联； 2.在探究营养和运动关系的活动中，体验营养需求与项目特点、机体供能特点三者之间的关联； 3.在提出营养补给建议的活动中，体验营养素含量与科学合理补给及均衡营养之间的关联； 4.在课程推进过程中，体验增强体能与科学运动、合理营养之间的关联		
检测点	在分析营养与运动项目二者关系的基础上，增强相应体能与营养补给之间关联的体验			

续表

<table>
<tr><td>检测工具</td><td colspan="3">营养补给方案</td></tr>
<tr><td rowspan="5">分类标准</td><td>等级</td><td colspan="2">评定标准</td></tr>
<tr><td>A</td><td colspan="2">熟知营养相关知识；能通过分析不同运动项目的供能特点，归纳总结出营养需求的特点；能根据营养素的含量给出短期提升相应运动项目体能的营养补给方案；能充分、正确认识营养补给与均衡营养以及健康之间的辩证关系</td></tr>
<tr><td>B</td><td colspan="2">熟知营养相关知识；能通过分析不同运动项目的供能特点，归纳总结出营养需求的特点；能根据营养素的含量给出短期提升相应运动项目体能的营养补给方案；对营养补给与均衡营养以及健康之间的辩证关系有一定程度上的感知</td></tr>
<tr><td>C</td><td colspan="2">熟知营养相关知识；能通过分析不同运动项目的供能特点，归纳总结出营养需求的特点，但不全面；能根据营养素的含量给出短期提升相应运动项目体能的营养补给方案，但不完善；忽略营养补给与均衡营养之间的关系</td></tr>
<tr><td>D</td><td colspan="2">熟知营养相关知识；能通过分析不同运动项目的供能特点，归纳总结出营养需求的特点；不能给出短期提升相应运动项目体能的营养补给方案</td></tr>
<tr><td rowspan="5">检查统计</td><td>分类等级</td><td>学生人数（总人数 20 人）</td><td>百分比</td></tr>
<tr><td>A</td><td>11</td><td>55%</td></tr>
<tr><td>B</td><td>7</td><td>35%</td></tr>
<tr><td>C</td><td>2</td><td>10%</td></tr>
<tr><td>D</td><td>0</td><td>0</td></tr>
<tr><td>检测分析</td><td colspan="3">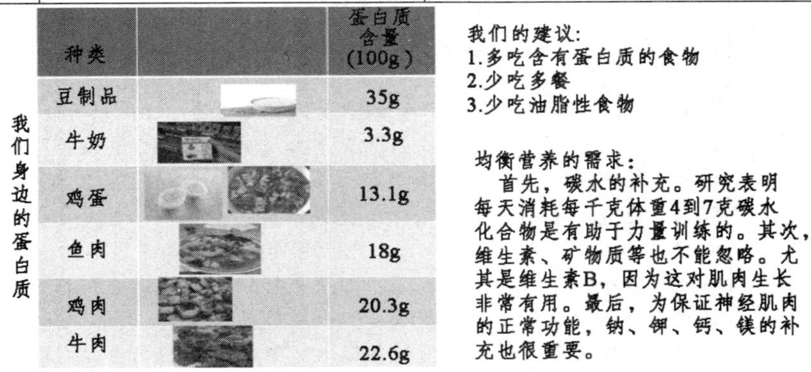

图 31-2　常见食物蛋白质含量</td></tr>
<tr><td>检测分析</td><td colspan="3">从结果性目标的完成情况来看，根据课堂上各小组的交流分享以及课后收集的学生交流材料以及研究报告，我们发现，4 个小组 20 名同学均能通过观察、测量、计算等方式，分析出个体的身体特征。同时，还能随着课程的推进，在熟知营养知识的前提条件下，结合学校的日常饮食，提出较完善的营养补给建议。
从体验性目标的完成情况来看，100%的同学能在基于营养知识习得的基础上，结合不同运动项目的供能特点，体验到不同运动项目与营养需求的关联。90%的同学能够较为完整地认识到营养补给与均衡营养以及身体健康三者之间的辩证关系，这也为学生树立科学的营养观、健康观奠定了思想基础</td></tr>
</table>

<table>
<tr>
<td>学生深度体验典型实例</td>
<td>
1.“中长跑”小组：对优质蛋白的选择有了自己的方法——“观察配料表”。

图 31-3　牛奶配料表
<table>
<tr><th></th><th>蛋白质含量</th><th>营养素参考值</th></tr>
<tr><td>纯牛奶（100ml）</td><td>3.3克</td><td>6%</td></tr>
<tr><td>乳酸饮料（100ml）</td><td>1.0克</td><td>2%</td></tr>
</table>
我们不难发现，上一张图片中两瓶似乎都是牛奶，但对比发现，所谓“优酸乳”不过是一种果汁饮料，所含蛋白质少，碳水化合物多，对于我们补充营养效果甚微。
所以，选择食物也是重要的一环，同时要有意识地观察营养成分表。
选择正确的食物
图 31-4　蛋白质含量对比
2.“引体向上”小组：通过实践，对“引体向上”项目的供能特点分析。
引体向上的运动强度相对较大，属于无氧运动项目，在进行引体向上练习时，主要是通过人体的无氧代谢途径提供能量进行运动。人体的无氧代谢供能主要分为两部分组成：一是ATP-CP分解供能(非乳酸能)；二是糖无氧酵解供能(乳酸能)。ATP-CP分解供能的能力主要取决于ATP和CP的含量，人体每千克肌肉中的ATP和CP的含量为15~25mg之间，在极限强度的运动中，肌肉中的ATP和CP在10s内就几乎耗竭；糖原含量和酵解酶的活性是糖无氧酵解能力的基础，糖无氧酵解供能是指由糖原无氧酵解分解成乳酸、水和二氧化碳时所释放出能量的过程，其主要能力取决于肌组织中糖原的含量及其酵解酶的活性。在引体向上运动中，运动的速度并不快，运动时间持续较长，运动强度较大，其主要的供能方式为糖酵解供能。
机体主要供能分析

图 31-5　引体向上
对于“均衡营养”的认识：均衡营养的必要性。我们前期研究的关注点基本在三大供能营养素上，那其他的元素比如维生素、矿物质以及脂肪，对我们人体来说就是可有可无的吗？答案肯定不是，对吧？在现代社会里，食物的种类繁多，我们的选择也应有尽有。而保障健康的重要手段之一就是平衡膳食、均衡营养。通过我们对营养知识的研习，相信大家也清楚地知道了各大营养素各司其职并协同配合。举一个最简单的例子：如果要补钙，最好能够同时补充维生素D，以便钙离子转化后让肠道更容易吸收。如果想要补充铁，可以同时补充维生素C和蛋白质，这样可以促进人体对铁的吸收，预防贫血的发生。所以，即使我们在不同运动项目提升的训练期间，我们也应该是在均衡营养的前提下，适量适度地科学补足
</td>
</tr>
</table>

营养与运动

——以引体向上为例

薛家睿（组长） 张俊康 昝 鹏 田依超 熊友一

一、研究背景

（一）确立课题的缘由

从小到大，在体育锻炼这一方面，我们的关注点往往落在了训练方法、训练时间、训练强度等上，很少有人将体育训练和“吃”联系到一块儿。但每当我们感觉疲累时，父母们就会说，“你多吃点儿”“多吃点儿肉”，那么“多吃点儿”究竟是怎么吃、吃多少，对于我们来说是一直是一个不解之谜。再一联想到优秀的运动员都有专门的营养师负责一日三餐，因此我们想：在营养这个方向，对我们体育运动究竟有怎样的作用？所以我们选择了营养作为我们的关注点。

（二）理论意义

随着近年来体育科学的迅速发展，营养学作为一门学科也越来越受到人们的重视。一些体育科学发达国家已开始将运动营养学与训练学有机地结合在一起，成为训练整体中不可缺少的组成部分，从而促使运动训练效果和运动成绩的迅速提高。运动营养学是一门非常广泛的课题。它的作用是提供人体能量以适应运动强度的需要。营养是恢复和提高工作能力的最有效手段之一。它在机体中完成两种非常重要的机能，即能量供应机能和可塑性机能（修复被破坏了的细胞、创造新细胞、组织和器官），积极影响代谢过程的进行。因此，合理的营养可以显著提高运动员的机体状况。相反，营养不合理，可能引起机体严重紊乱，直到产生疾病和创伤。

（三）实践意义

首先要解决我们之前对“吃什么”和“吃多少”的疑问。力量素质是人体的重要身体素质之一，若需要提升力量素质，尤其是在上肢力量以及身体核心力量训练期间，对于重点营养素的补充以促进更好训练效果的达成有积极的意义。其次，在生物学的基础上，更进一步了解在运动锻炼过程中的身体机能供能系统对于营养的特殊需求，在营养与运动的理论知识层面是一个进步。同时，通过对营养素知识的研习，有利于我们树立科学合理的营养观，养成健康的生活方式，进而走向健康。

二、研究目标

（1）结合引体向上自身特点，探知引体向上项目的机体供能特点，综合分析，提出合理的营养补给建议或方案。

（2）研习营养知识，树立正确科学的营养观，进而养成健康的生活方式。

三、研究综述

关于营养和运动的关联，在理论意义上那是必然的。就如同人们虽有意识地认为合理营养、坚持运动能为我们的身体健康创造条件。但在实际生活中，大部分群体都未将营养和运动联系起来看，忽视了营养对运动的促进作用，同样也忽视了运动对合理营养补充的指导意义。在高中这个阶段，正值青春期过渡到成年期，高强度的学习和有限的运动时间对学生的身体健康是一项巨大的考验。加之生活环境的相对固定，为了提升我们的体质健康水平，结合日常深刻体验营养和运动之间的关联，并提出合理科学的营养补给建议或方案，便成了我们此次研究的主要内容。

四、研究方法及过程

（一）解读引体向上的项目特点

第一步，分析项目本身特点。

引体向上，有时候简称引体，指依靠自身力量克服自身体重向上做功的垂吊练习。主要测试上肢肌肉力量的发展水平，以及臂力和腰腹力量。在完成一个完整的引体向上的过程中需要众多背部骨骼肌和上肢骨骼肌的共同参与做功，引体向上是一项多关节复合动作练习，是较好的锻炼上肢的方法，是所有发展背部骨骼肌肌力和肌耐力的练习方式中参与肌肉最多、运动模式最复杂、发展背部骨骼肌的肌力和肌耐力最有效的练习方式，是最基本的锻炼背部的方法。引体向上也是中考和高中体育会考的考试选择项目之一，是衡量男性体质的重要参考标准和项目之一。

引体向上对于青少年的意义在于既能塑形，又能缓解长期学习伏案带来的肩颈，尤其是脊柱类疾病。引体向上还可以帮助减肥，因为其增强了肌肉，提高了基础代谢，从而增加日常热量的消耗。另外还有助于脊柱的健康，引体向上不但可以矫正脊柱位置，改变轻度的脊柱侧弯、驼背、含胸等不良体态，对于轻度的腰椎间盘突出、颈肩疼等也有显著治疗效果。

第二步，分析机体供能特点。

引体向上的运动强度相对较大，属于无氧运动项目，在进行引体向上练习时，主要是通过人体的无氧代谢途径提供能量进行运动。人体的无氧代谢功能主要分为两部分：一是 ATP-CP 分解功能（非乳酸能）；二是糖无氧酵解功能（乳酸能）。ATP-CP 分解功能的能力主要取决于 ATP 和 CP 的含量，在极限强度的运动中，肌肉中的 ATP 和 CP 在 10 秒内就几乎耗竭；糖原含量和酵解酶的活性是糖无氧酵解能力的基础，糖无氧酵解供能是指由糖原无氧酵解分解成乳酸、水和二氧化碳时所释放出能量的过程。在引体向上运动中，运动的速度并不快，运动时间持续较长，运动强度较大，其主要的供能方式为糖无氧酵解供能，因此，提高机体组织中的糖原含量可以有助于引体向上的练习。

（二）研习营养知识，确立重点营养素

营养其实就是人体从外界的环境当中摄取食物，通过吃饭和饮食进入体内的这些食物，经过胃肠道的消化，对其中的营养素进行吸收和代谢。六大营养素包括蛋白质、脂类、矿物质、维生素、碳水化合物以及水（如表 31-1 所示）。

表 31-1　人体六大营养素

营养素名称	机体的作用	功能
蛋白质	构成人体组织最主要的营养素，也是体内物质主要的输送者	供给能量，调节生理机能
糖类	人体日常生活热能的主要来源	供给能量
脂类	人体热能的主要来源之一	供给热能，维生素载体，可合成激素
矿物质	构成身体细胞有机物质的主要原料	调节生理机能
维生素	构成辅酶	促进新陈代谢，调节生理机能
水	物质代谢载体、关节润滑剂	促进食物的消化及吸收作用

基于对营养知识的研习，加之对引体向上项目的分析，我们将营养素的关注点落在了对增加肌肉力量有决定作用的“蛋白质”上。

（三）结合学校食堂，提出补给建议

第一步，了解青少年以及引体向上项目训练期间的蛋白质需求量。普通人：你体重多少千克就该摄入多少克蛋白质，也就是说 50~60g 的蛋白质适用于体重在 50~60kg 的人。引体向上：每天 1.3~1.8 克每公斤体重，也就是说，60 kg 的高中生应摄入 78~108g 蛋白质。

第二步，收集分析学校三周食谱以及优质蛋白质的来源及含量，提出我们的补给建议：鸡蛋，可以从原有的一天一个，增加至 2~3 个。肉类中，鸡肉、鸭肉、猪肉少碰（鸡胸肉除外），尽管它们也含有一定的蛋白质，但是脂肪含量同样很高，没必要为了补充蛋白质反而多摄入脂肪。牛肉是陆上跑的动物里脂肪含量最低且蛋白质最高的，鱼肉也是高蛋白低脂肪的肉类，可以多吃。米、面这类细粮类的碳水化合物要少吃，多吃玉米、高粱、燕麦这类粗粮类碳水化合物。

（四）修正方案

引体向上运动是一项不仅要增强肌肉力量，同时也需要克服自身体重的上下垂吊运动。我们在走访同学营养补给的时候，同样也关注到了另外一个点，那就是必须减脂。因此，我们走访了小卖部以及周边的同学后发现：（1）超市一天可卖出 60~80 袋薯片，若遇上打折活动，可卖出上百袋，并且每到晚自习下课，高三同学购买泡面的人数很多。一袋薯片所含脂肪为 21 g，一袋饼干所含脂肪为 20 g，而人体一天所需脂肪仅有 50~70 g，再加上每餐摄入，会导致脂肪与碳水化合物摄入过量，造成不必要的肥胖，有害身体健康。（2）选择正确的食物也很重要。经过我们调查发现：同样是

250 mL 的新希望纯牛奶和一瓶乳酸饮料，它们的蛋白质含量的差异其实是比较大的。两瓶虽然似乎都是牛奶，但对比发现，优酸乳不过是一种果汁饮料，它的营养素参考值仅仅是 2%，100 mL 优酸乳中的蛋白质只有 1g。而 100 mL 的纯牛奶，它的营养素参考值为 6%，100 mL 纯牛奶中的蛋白质含量有 3.3 g。因此，如果你选择乳酸饮料作为你的蛋白质补充的话，那么你不仅对蛋白质的摄入比较少，反而碳水化合物等还相对较多，不仅对我们补充蛋白质效果甚微，反而可能会造成体脂率升高。所以我们在选择食物的时候，首先要有意识地观察它的营养成分表。

五、研究结论

我们对营养（蛋白质）的补给建议如下：

（1）多吃含有蛋白质的食物；少吃多餐；少吃油脂性食物。

（2）均衡营养的需求。首先，注意碳水的补充。研究表明每天消耗每千克体重 4~7 g 碳水化合物是有助于力量训练的。其次，维生素、矿物质等也不能忽略。尤其是维生素 B，因为这对肌肉生长非常有用。最后，为保证神经肌肉的正常功能，钠、钾、钙、镁的补充也很重要。

（3）均衡营养的必要性。我们前期研究的关注点基本在三大供能营养素上，那其他元素，如维生素、矿物质以及脂肪，对我们人体来说就是可有可无的吗？答案肯定不是，对吧？在现代社会里，食物的种类繁多，我们的选择也应有尽有。而保障健康的重要手段之一就是平衡膳食、均衡营养。通过我们对营养知识的研习，相信大家也清楚地知道了各大营养素各司其职并协同配合。举一个最简单的例子：如果要补钙，最好能够同时补充维生素 D，以便钙离子转化后让肠道更容易吸收。如果想要补充铁，可以同时补充维生素 C 和蛋白质，因为这样可以促进人体对铁的吸收，预防贫血的发生。所以，即使我们在不同运动项目提升训练期间，我们也应该是在均衡营养的前提下，适量适度地进行科学补足。

（4）营养与运动的关联。科学、合理、营养地饮食在提升我们的运动能力上起到了不可估量的积极作用，尤其是蛋白质、糖类以及脂肪这三大直接供能物质的合理补充。首先，这三大供能营养素虽然都是直接供能，但因为项目的不同，它们对营养素的需求又有所不同。因此，运动中的营养补给既有它的共性，也有它的个性存在。其次，营养和运动必须两手都要抓。要提升体质，为健康打基础，运动和营养缺一不可。只有这样，我们才有成为一个健康人的可能。因此，我们既要养成锻炼的习惯，同样我们也需要科学合理的饮食习惯。就如同我们组熊友一同学说的一样，知识如果只停留在理论层面，而不付诸行动，那么，再高级的知识也会失去它最大的价值和存在的意义。